HISTOIRE

DU

CONSULAT

ET DE

L'EMPIRE

TOME XX

L'auteur déclare réserver ses droits à l'égard de la traduction en Langues étrangères, notamment pour les Langues Allemande, Anglaise, Espagnole et Italienne.

Ce volume a été déposé au Ministère de l'Intérieur (Direction de la Librairie) le 5 août 1862.

PARIS. IMPRIMÉ PAR HENRI PLON, RUE GARANCIÈRE, 8.

HISTOIRE

DU

CONSULAT

ET DE

L'EMPIRE

FAISANT SUITE
A L'HISTOIRE DE LA RÉVOLUTION FRANÇAISE

PAR M. A. THIERS

TOME VINGTIÈME

PARIS

LHEUREUX ET Cie, LIBRAIRES-ÉDITEURS
60, RUE RICHELIEU

1862

HISTOIRE
DU CONSULAT
ET
DE L'EMPIRE.

LIVRE SOIXANTIÈME.

WATERLOO.

Forces que Napoléon avait réunies pour l'ouverture de la campagne de 1815. — Les places occupées, Paris et Lyon pourvus de garnisons suffisantes, la Vendée contenue, il lui restait 124 mille hommes présents au drapeau pour prendre l'offensive sur la frontière du Nord. — En attendant un mois Napoléon aurait eu cent mille hommes de plus. — Néanmoins il se décide en faveur de l'offensive immédiate, d'abord pour ne pas laisser dévaster par l'ennemi les provinces de France les plus belles et les plus dévouées, et ensuite parce que la colonne envahissante de l'Est étant en retard sur celle du Nord, il a l'espérance en se hâtant de pouvoir les combattre l'une après l'autre. — Combinaison qu'il imagine pour concentrer soudainement son armée, et la jeter entre les Anglais et les Prussiens avant qu'ils puissent soupçonner son apparition. — Le 15 juin à trois heures du matin, Napoléon entre en action, enlève Charleroy, culbute les Prussiens, et prend position entre les deux armées ennemies. — Les Prussiens ayant leur base sur Liége, les Anglais sur Bruxelles, ne peuvent se réunir que sur la grande chaussée de Namur à Bruxelles, passant par Sombreffe et les Quatre-Bras. — Napoléon prend donc le parti de se porter sur Sombreffe avec sa droite et son centre, pour livrer bataille aux Prussiens, tandis que Ney avec la gauche contiendra les Anglais aux Quatre-Bras. — Combat de Gilly sur la route de Fleurus. — Hésitations de Ney aux Quatre-Bras. —

LIVRE LX.

Malgré ces hésitations tout se passe dans l'après-midi du 15 au gré de Napoléon, et il est placé entre les deux armées ennemies de manière à pouvoir le lendemain combattre les Prussiens avant que les Anglais viennent à leur secours. — Dispositions pour la journée du 16. — Napoléon est obligé de différer la bataille contre les Prussiens jusqu'à l'après-midi, afin de donner à ses troupes le temps d'arriver en ligne. — Ordre à Ney d'enlever les Quatre-Bras à tout prix, et de diriger ensuite une colonne sur les derrières de l'armée prussienne. — Vers le milieu du jour Napoléon et son armée débouchent en avant de Fleurus. — Empressement de Blücher à accepter la bataille, et position qu'il vient occuper en avant de Sombreffe, derrière les villages de Saint-Amand et de Ligny. — Bataille de Ligny, livrée le 16, de trois à neuf heures du soir. — Violente résistance des Prussiens à Saint-Amand et à Ligny. — Ordre réitéré à Ney d'occuper les Quatre-Bras, et de détacher un corps sur les derrières de Saint-Amand. — Napoléon voyant ses ordres inexécutés, imagine une nouvelle manœuvre, et avec sa garde coupe la ligne prussienne au-dessus de Ligny. — Résultat décisif de cette belle manœuvre. — L'armée prussienne est rejetée au delà de Sombreffe après des pertes immenses, et Napoléon demeure maître de la grande chaussée de Namur à Bruxelles par les Quatre-Bras. — Pendant qu'on se bat à Ligny, Ney, craignant d'avoir à combattre l'armée britannique tout entière, laisse passer le moment propice, n'entre en action que lorsque les Anglais sont en trop grand nombre, parvient seulement à les contenir, et d'Erlon de son côté, attiré tantôt à Ligny, tantôt aux Quatre-Bras, perd la journée en allées et venues, ce qui le rend inutile à tout le monde. — Malgré ces incidents le plan de Napoléon a réussi, car il a pu combattre les Prussiens séparés des Anglais, et il est en mesure le lendemain de combattre les Anglais séparés des Prussiens. — Dispositions pour la journée du 17. — Napoléon voulant surveiller les Prussiens, compléter leur défaite, et surtout les tenir à distance pendant qu'il aura affaire aux Anglais, détache son aile droite sous le maréchal Grouchy, en lui recommandant expressément de toujours communiquer avec lui. — Il compose cette aile droite des corps de Vandamme et de Gérard fatigués par la bataille de Ligny, et avec son centre, composé du corps de Lobau, de la garde et de la réserve de cavalerie, il se porte vers les Quatre-Bras, pour rallier Ney et aborder les Anglais. — Ces dispositions l'occupent une partie de la matinée du 17, et il part ensuite pour rejoindre ses troupes qui ont pris les devants. — Surprise qu'il éprouve en trouvant Ney, qui devait former la tête de colonne, immobile derrière les Quatre-Bras. — Ney, croyant encore avoir l'armée anglaise tout entière devant lui, attendait l'arrivée de Napoléon pour se mettre en mouvement. — Ce retard retient longtemps l'armée au passage des Quatre-Bras. — Orage subit qui convertit la contrée en un vaste marécage. — Profonde détresse des troupes. — Combat d'arrière-garde à Genappe. — Napoléon poursuit l'armée anglaise, qui s'arrête sur le plateau de Mont-Saint-Jean, en avant de la forêt de Soignes. — Description de la contrée. — Desseins du duc de Wellington. — Son intention est de s'établir sur le plateau de Mont-Saint-Jean, et d'y attendre les Prussiens pour livrer avec eux une bataille décisive. — Blucher quoique mécontent des Anglais pour la journée du 16, leur fait dire qu'il sera sur leur gauche le 18 au matin, en avant de la forêt de Soignes. — Longue reconnaissance exécutée par Napoléon le 17 au soir sous une grêle de boulets. — Sa vive satisfaction en acquérant la conviction que les Anglais sont décidés à combattre. — Sa confiance dans le résultat. — Ordre à Grouchy de se rapprocher et d'envoyer un détachement pour prendre à revers la gauche des Anglais. — Mouvements de Grouchy pendant cette journée du 17. — Il court inutilement après les Prussiens sur la route de Namur, et ne s'aperçoit que vers la fin du jour de leur marche sur Wavre. — Il achemine alors sur Gembloux son infanterie qui n'a fait que deux lieues et demie dans la journée. — Pourtant on est si près les uns des autres, que Grouchy peut encore, en partant à quatre heures du matin le 18, se trouver sur la trace des Prussiens, et les prévenir dans toutes les directions. — Il écrit le 17 au soir à Napoléon qu'il est sur leur piste, et qu'il mettra tous ses soins à les tenir séparés des Anglais. — Napoléon se lève plusieurs fois dans la nuit pour observer l'ennemi. — Les feux de bivouac des Anglais ne laissent aucun doute sur leur résolution de livrer bataille. — La pluie n'ayant cessé que vers six heures du matin, Drouot, au nom de l'artillerie, déclare qu'il sera impossible de manœuvrer avant dix ou onze heures du matin. — Napoléon se décide à différer la bataille jusqu'à ce moment. — Son plan pour cette journée. — Il veut culbuter la gauche des Anglais sur leur centre, et leur enlever la chaussée de Bruxelles, qui est la seule issue praticable à travers la forêt de Soignes. — Distribution de ses forces. — Aspect des deux armées. — Napoléon après avoir sommeillé quelques instants prend place sur un tertre en avant de la ferme de la Belle-Alliance. — Avant de donner le signal du combat, il expédie un nouvel officier à Grouchy pour lui faire part de la situation, et lui ordonner de venir se placer sur sa droite. — A onze heures et demie le feu commence. — Grande batterie sur le front de l'armée française, tirant à outrance sur la ligne anglaise. — A peine le feu est-il commencé qu'on aperçoit une ombre dans le lointain à droite. — Cavalerie légère envoyée en reconnaissance. — Attaque de notre gauche commandée par le général Reille contre le bois et le château de Goumont. — Le bois et le verger sont enlevés, malgré l'opiniâtreté de l'ennemi; mais le château résiste. — Fâcheuse obstination à enlever ce poste. — La cavalerie légère vient annoncer que ce sont des troupes qu'on a vues dans le lointain à droite, et que ces troupes sont prussiennes. — Nouvel officier envoyé à Grouchy. — Le comte de Lobau est chargé de contenir les Prussiens. — Attaque au centre sur la route de Bruxelles afin d'enlever la Haye-Sainte, et à droite afin d'expulser la gauche des Anglais du plateau de Mont-Saint-Jean. — Ney dirige cette double attaque. — Nos soldats enlèvent le verger de la Haye-Sainte, mais sans pouvoir s'emparer des bâtiments de ferme. — Attaque du corps de d'Erlon contre la gauche des Anglais. — Élan des troupes. — La position est d'abord emportée, et on est près de déboucher sur le plateau, lorsque nos colonnes d'infanterie sont assaillies par une charge furieuse des dragons écossais, et mises en désordre pour n'avoir pas été disposées de manière à résister à la cavalerie. — Napoléon lance sur les dragons écossais une brigade de cuirassiers. — Horrible carnage des dragons écossais. — Quoique réparé, l'échec de d'Erlon laisse la tâche à recommencer. — En ce moment, la présence des Prussiens se fait sentir, et Lobau traverse le champ de bataille pour aller leur tenir tête. — Napoléon suspend l'action contre les Anglais, ordonne à Ney d'enlever la Haye-Sainte pour s'assurer un point d'appui au centre, et de s'en tenir là jusqu'à ce qu'on ait apprécié la portée de l'attaque des Prussiens. — Le comte de Lobau repousse les premières divisions de Bulow. — Ney attaque la Haye-Sainte et s'en empare. — La cavalerie anglaise voulant se jeter sur lui, il la repousse, et la suit sur le plateau. — Il aperçoit alors l'artillerie des Anglais qui semble abandonnée, et croit le moment venu de porter un coup décisif. — Il demande des forces, et Napoléon lui confie une division de cuirassiers pour qu'il puisse se lier à Reille autour du château de Goumont. — Ney se saisit des cuirassiers, fond sur les Anglais, et renverse leur première ligne. — Toute la réserve de cavalerie et toute la cavalerie de la garde, entraînées par lui, suivent son mouvement sans ordre de l'Empereur. — Combat de cavalerie extraordinaire. — Ney accomplit des prodiges, et fait demander de l'infanterie à Napoléon pour achever la défaite de l'armée britannique. — Engagé dans un combat acharné contre les Prussiens, Napoléon ne peut pas donner de l'infanterie à Ney, car il ne lui reste que celle de la garde. — Il fait dire à Ney de se maintenir sur le plateau le plus longtemps possible, lui promettant de venir terminer la bataille contre les Anglais, s'il parvient à la finir avec les Prussiens. — Napoléon à la tête de la garde livre un combat formidable aux Prussiens. — Bulow est culbuté avec grande perte. — Ce résultat à peine obtenu Napoléon ramène la garde de la droite au centre, et la dispose en colonnes d'attaque pour terminer la bataille contre les Anglais. — Premier engagement de quatre bataillons de la garde contre l'infanterie britannique. — Héroïsme de ces bataillons. — Pendant que Napoléon va les soutenir avec six autres bataillons, il est soudainement pris en flanc par le corps prussien de Ziethen, arrivé le dernier en ligne. — Affreuse confusion. — Le duc de Wellington prend alors l'offensive, et notre armée épuisée, assaillie en tête, en flanc, en queue, n'ayant aucun corps pour la rallier, saisie par la nuit, ne voyant plus Napoléon, se trouve pendant quelques heures dans un état de véritable débandade. — Retraite désordonnée sur Charleroy. — Opérations de Grouchy pendant cette funeste journée. — Au bruit du canon de Waterloo, tous ses généraux lui demandent de se porter au feu. — Il ne comprend pas ce conseil et refuse de s'y rendre. — Combien il lui eût été facile de sauver l'armée. — A la fin du jour il est éclairé, et conçoit d'amers regrets. — Caractère de cette dernière campagne, et cause véritable des revers de l'armée française.

Juin 1815.

Malgré l'activité que Napoléon avait déployée dans les deux mois et demi écoulés du 25 mars au 12 juin, les résultats n'avaient répondu ni à ses efforts, ni à son attente, ni à ses besoins. Il avait compté d'abord sur 150 mille hommes pour se jeter par la frontière du Nord sur les Anglais et les Prussiens, puis sur 130 mille après les événements de la Vendée, et enfin il n'était arrivé à réunir que 124 mille combattants pour tenter la fortune une dernière fois. Quiconque par l'étude ou la pratique a pu connaître les difficultés du gouvernement, jugera ce résultat surprenant. Ainsi qu'on l'a vu au volume précédent, Napoléon lorsqu'il était rentré en possession de l'autorité suprême au 20 mars, avait trouvé un effectif réel de 180 mille hommes, desquels en retranchant les non-valeurs (c'est-à-dire les gendarmes, vétérans, états-majors, punitionnaires, etc., montant alors à 32 mille), il restait 148 mille hommes, desquels en retranchant encore les dépôts et en faisant les répartitions indispensables entre les diverses parties du territoire, il eût été impossible de tirer une force active de 30 mille soldats pour la concentrer sur un point quelconque de nos frontières. Telle est la vérité, et elle n'aura rien d'étonnant pour ceux qui ont tenu dans les mains les rênes d'un grand État.

Forces que Napoléon était parvenu à réunir pour l'ouverture de la campagne de 1815.

Afin de sortir au plus vite de cette impuissance, Napoléon avait rappelé 50 mille soldats en congé de semestre, ce qui avait porté l'effectif total de 180 mille hommes à 230 mille, et immédiatement après les anciens militaires, qui n'avaient donné que 70 mille recrues, au lieu de 90 mille qu'on s'était flatté d'obtenir, parce qu'un grand nombre de ces anciens militaires étaient entrés dans les gardes nationales mobilisées. Cette dernière mesure avait porté l'effectif général le 12 juin non pas à 300 mille hommes, mais à 288 mille, parce qu'à cette date 12 mille anciens militaires sur 70 mille étaient encore en route pour rejoindre. Restait la conscription de 1815 qui devait donner 112 mille hommes, dont 46 mille appelables sur-le-champ, et 66 mille lorsque la loi concernant cette levée serait rendue, ainsi que nous l'avons expliqué déjà. Les ménagements à garder en fait de conscription étaient cause qu'aucun individu n'avait encore été demandé à cette classe. Les gardes nationales mobilisées, qui avaient répondu avec beaucoup de zèle à l'appel de l'État, avaient déjà fourni 170 mille hommes, dont 138 mille rendus au 12 juin, et 32 mille prêts à se ranger sous les drapeaux. De ces 138 mille gardes nationaux arrivés, 50 mille formés en divisions actives composaient la principale partie des corps de Rapp sur le Rhin, de Lecourbe aux environs de Béfort, de Suchet sur les Alpes. Les 88 mille restants tenaient garnison dans les places. Pour le moment l'armée de ligne, la seule vraiment active, se réduisait à 288 mille hommes, et à 256 mille en déduisant les non-valeurs dont il vient d'être parlé, telles que gendarmes, vétérans, etc.... Elle était ainsi répartie : 66 mille hommes formaient le dépôt des régiments, 20 mille constituaient le fond du corps de Rapp, 12 mille celui du corps de Suchet,

4 mille celui du corps de Lecourbe. (On vient de voir que le surplus de ces corps se composait de gardes nationales mobilisées.) Quatre mille hommes étaient en réserve à Avignon, 7 à 8 mille à Antibes sous le maréchal Brune, 4 mille à Bordeaux sous le général Clausel; environ 17 à 18 mille occupaient la Vendée. Restaient 124 mille combattants, destinés à opérer par la frontière du Nord sous les ordres directs de Napoléon, mais ces derniers tous valides, tous présents dans le rang, et n'ayant à subir aucune des réductions qu'il faut admettre dans les évaluations d'armée lorsqu'on veut savoir la vérité rigoureuse.

Nous ajouterons que chaque jour écoulé devait augmenter ces forces, qu'il allait arriver 12 mille anciens militaires actuellement en marche, 46 mille conscrits de la classe de 1815, 30 à 40 mille gardes nationaux mobilisés, c'est-à-dire environ cent mille hommes, qui auraient permis de tirer des dépôts 40 ou 50 mille recrues pour l'armée de ligne, et d'ajouter 30 mille hommes aux divisions actives des gardes nationales mobilisées. Un mois aurait suffi pour un tel résultat, et si on en suppose deux, c'est une nouvelle augmentation de cent mille hommes qu'on aurait obtenue, et l'armée active aurait pu être de 400 mille combattants, les gardes nationales mobilisées de 200 mille. Ces troupes étaient pourvues du matériel nécessaire. L'armée de ligne avait reçu des fusils neufs, les divisions actives de gardes nationaux des fusils réparés. Les gardes nationaux en garnison dans les places avaient été obligés de se contenter de fusils vieux, qu'on devait réparer

Juin 1815.

La France avait 124 mille hommes présents au drapeau, pour ouvrir les hostilités sur la frontière du Nord.

Chaque jour qui s'écoulait devait augmenter ces forces.

Juin 1815.

État
satisfaisant
du
matériel.

successivement. Le matériel d'artillerie surabondait; les attelages seuls laissaient à désirer. Napoléon avait trouvé 2 mille chevaux de trait au 20 mars; il en avait retiré 6 mille de chez les paysans, et levé 10 mille, dont une partie était déjà rendue aux corps. L'armée du Nord possédait 350 bouches à feu bien attelées, ce qui suffisait, puisque c'était près de trois pièces par mille hommes. La cavalerie comptait déjà 40 mille chevaux, et on espérait en porter le nombre à 50 mille. Elle était superbe, car les chevaux étaient bons, et les hommes avaient tous servi. L'habillement était presque complet. Dans l'armée de ligne pourtant, quelques hommes n'avaient que la veste et la capote. Les gardes nationaux se plaignaient de n'avoir pas encore reçu l'uniforme adopté pour eux, c'est-à-dire la blouse bleue et le collet de couleur, ce qui les exposait à être traités par l'ennemi comme paysans révoltés, non comme soldats réguliers. Les préfets, fort pressés dans ces premiers moments, et manquant souvent des fonds nécessaires, n'avaient pas eu les moyens de pourvoir à cet objet, et c'était chez les gardes nationaux mobiles une cause de mécontentement, parce que c'était pour eux une cause de danger, ce qui n'empêchait pas du reste qu'ils ne fussent animés du meilleur esprit.

Ainsi en deux mois et demi, Napoléon avait tiré la France d'un état complet d'impuissance, car tandis qu'au 20 mars elle n'aurait pu réunir sur aucun point une force de quelque importance, elle avait le 12 juin sur la frontière du Nord 124 mille hommes pourvus de tout, et capables si la fortune ne les trahissait pas, de changer la face des choses. Elle avait sur le Rhin, sur le Jura, sur les Alpes, des noyaux d'armées tels qu'en se joignant à eux, Napoléon pouvait en faire sur-le-champ des corps imposants, et très-présentables à l'ennemi. Les places étaient fortement occupées, et chacun des mois suivants devait augmenter d'une centaine de mille la masse des défenseurs du sol. Quelques juges sévères ont demandé pourquoi une quarantaine de mille hommes étaient répartis entre les corps de Rapp, de Lecourbe, de Suchet, où ils ne formaient pas des armées véritables, tandis que joints à Napoléon ils auraient décidé la victoire. Ces critiques sont dénuées de fondement. On ne pouvait laisser le Rhin, le Jura, les Alpes sans défense : il y fallait au moins des corps qui, renforcés promptement si le danger devenait sérieux de leur côté, fussent capables d'arrêter l'invasion. Napoléon les avait composés en grande partie de gardes nationaux mobilisés; mais ceux-ci avaient besoin d'un soutien, et 20 mille soldats de ligne ajoutés au corps de Rapp, 4 mille à celui de Lecourbe, 12 mille à celui de Suchet, devaient leur procurer une plus grande consistance, et leur fournir d'ailleurs les armes spéciales, artillerie, cavalerie, génie, que les gardes nationales mobilisées ne contenaient point. Rapp avait ainsi 40 à 45 mille hommes, Lecourbe 12 à 15 mille, Suchet 30 à 32 mille, et si Napoléon après avoir triomphé des Prussiens et des Anglais se reportait vers le Rhin pour tenir tête aux Autrichiens et aux Russes qui arrivaient par la frontière de l'Est, il devait trouver un fond d'armée qu'il porterait à

Juin 1815.

Nécessité de placer des noyaux d'armées sur le Rhin, le Jura et les Alpes.

120 mille combattants en amenant seulement 70 à 80 mille hommes avec lui. Assurément il ne pouvait faire moins pour le Rhin, le Jura, les Alpes; mais en faisant cela il avait fait l'indispensable, et il s'était réservé en même temps des ressources suffisantes pour frapper au Nord un coup décisif. Lui seul parmi les généraux anciens et modernes a entendu au même degré la distribution des forces, de manière à pourvoir à tout en ne faisant partout que l'indispensable, et en se réservant au point essentiel des moyens décisifs. Nos malheurs de 1815 n'infirment en rien cette vérité.

La situation que nous venons d'exposer prouve combien eût été folle la pensée de courir au Rhin le lendemain du 20 mars, pour profiter de l'élan imprimé aux esprits par le merveilleux retour de l'île d'Elbe. En prenant ce parti on eût rencontré des forces triples ou quadruples de celles qu'on aurait amenées; on aurait, en se portant si loin, rendu beaucoup plus difficile et presque impossible la reconstitution de nos régiments, et enfin Napoléon eût révolté contre lui les hommes qui voulaient épuiser tous les moyens de conserver la paix, et qui n'étaient disposés à lui pardonner la guerre que si elle était absolument inévitable. Si donc la résolution d'attendre que nos forces fussent tirées de la nullité où elles étaient au 20 mars, et que les dispositions hostiles de l'Europe fussent devenues évidentes, si cette résolution était d'une sagesse incontestable, il s'élevait néanmoins une question fort grave, celle de savoir si après avoir attendu jusqu'au milieu de juin, il ne valait pas mieux différer jusqu'au milieu de juillet ou d'août, afin d'atteindre le moment où nos forces seraient complétement organisées.

En effet, Blucher et Wellington ayant pris le parti de rester immobiles à la tête de la colonne du Nord, jusqu'à ce que la colonne de l'Est sous le prince de Schwarzenberg fût en mesure d'agir, il devait s'écouler encore un mois avant les premières hostilités, et un mois devait être de très-grande conséquence pour le développement de nos forces. Ainsi les anciens militaires, les conscrits de 1815, les gardes nationaux mobilisés, auraient achevé de rejoindre, ce qui nous aurait procuré cent mille hommes de plus, lesquels auraient presque tous profité à l'armée active, et au lieu de 124 mille combattants, Napoléon aurait pu en avoir 200 mille sous la main. Si on suppose que, persistant dans ce plan d'expectative, il eût comme en 1814 laissé l'ennemi s'avancer au sein de nos provinces, les deux grandes armées ennemies n'auraient pu être avant le 1er août, l'une à Langres, l'autre à Laon. Les dépôts en se repliant auraient versé un plus grand nombre d'hommes dans les régiments ; Rapp en évacuant l'Alsace aurait rejoint Napoléon, qui se serait trouvé ainsi à la tête de 250 mille combattants recevant ses ordres directs. Pendant ce temps, Paris se serait rempli de marins, de fédérés, de dépôts, et eût peut-être compté cent mille défenseurs. Lyon, entouré de solides ouvrages, se serait rempli aussi des marins de Toulon, des gardes nationaux mobilisés du Dauphiné, de la Franche-Comté, de l'Auvergne : Suchet, rejoint par Lecourbe, aurait

Juin 1815.

Fallait-il prendre l'offensive, ou attendre l'ennemi sous Paris, en lui opposant des forces qui eussent été doublées si Napoléon s'était ménagé un mois de plus ?

été en avant de Lyon avec cinquante mille hommes, et alors, tandis que Suchet appuyé sur Lyon eût couvert le Midi, Napoléon manœuvrant avec 250 mille soldats, et ayant derrière lui Paris bien défendu, aurait couvert le Nord, et on ne peut guère douter du résultat de la campagne, les envahisseurs fussent-ils 500 mille, comme on prétendait qu'ils seraient, dont 100 mille toutefois devaient être forcément retenus sur les derrières. Or, quand on se rappelle ce que fit Napoléon en 1814 avec 70 mille hommes dans sa main, Paris n'ayant pour le protéger ni un canon, ni un homme, ni un général, Lyon étant livré à l'ineptie d'Augereau, on ne peut, nous le répétons, s'empêcher de regretter amèrement que le système de la défensive ne l'emportât pas alors dans son esprit sur celui de l'offensive. Pourtant ce plan défensif, tout avantageux qu'il paraissait, avait aussi ses inconvénients graves. Il fallait d'abord abandonner sans coup férir les plus belles provinces de France, les plus riches, les plus dévouées, celles de l'Est et du Nord; il fallait livrer à l'ennemi leurs ressources qui étaient immenses, et les livrer elles-mêmes à une seconde invasion quand elles avaient tant souffert de la première, quand elles venaient de fournir presque en entier les 170 mille gardes nationaux mobilisés, qu'on aurait menés dans l'intérieur en laissant exposés à l'ennemi leurs biens, leurs femmes et leurs enfants. Il fallait donc, outre un immense sacrifice, commettre une cruauté, une ingratitude, et de plus une espèce de faiblesse en présence de la France dévorée d'anxiété, et autorisée à croire que puisqu'il agissait ainsi le gouvernement était réduit au dernier état de détresse. Le parti libéral et révolutionnaire devait en être contristé et abattu, et le parti royaliste plus audacieux que jamais. Les esprits déjà fort agités à Paris et dans les Chambres devaient se troubler, s'aigrir, se diviser davantage. Ainsi livrer à l'ennemi l'Alsace, la Franche-Comté, la Lorraine, la Bourgogne, la Champagne, après leur avoir pris leurs bras les plus valides, afficher un état de détresse désolant, exalter ses ennemis, décourager ses amis, laisser le pays deux mois dans une anxiété cruelle, y être soi-même, abandonner les Chambres à toutes les divagations de la crainte, c'étaient là des inconvénients de la plus extrême gravité, et même sans l'ardeur naturelle au caractère de Napoléon, on comprend que s'il y avait un autre plan il le préférât !

Juin 1815.

Il y en avait un en effet sur lequel il n'avait cessé de méditer avec la force de pensée qui lui était propre, et sur la valeur duquel il n'avait aucun doute. Les deux colonnes d'invasion se trouvaient à cent lieues l'une de l'autre, et de plus la seconde, celle de l'Est, ne pouvait être prête à agir qu'au milieu de juillet, c'est-à-dire un mois après celle du Nord, de manière qu'elles étaient, par la distance et par le temps, dans l'impuissance de se soutenir. Lord Wellington et Blucher campaient le long de notre frontière du Nord, derrière Charleroy, et eux-mêmes, quoique fort rapprochés, n'étaient pas tellement unis qu'on ne pût pénétrer entre eux pour accomplir de grands desseins. L'un avait sa base à Bruxelles, l'autre à Liége. Ils avaient bien cherché à se relier par des postes nombreux, ré-

Juin 1815.

Avantages
du système de
l'offensive.

pandus sur la gauche et sur la droite de la Sambre qui les séparait, mais ils l'avaient fait à la manière des esprits de second ordre, qui entrevoient plutôt qu'ils ne voient les choses; et de Paris, avec son coup d'œil que la nature avait fait si prompt, que l'expérience avait fait si sûr, Napoléon avait clairement discerné le point par où il pourrait s'introduire dans leurs cantonnements trop faiblement unis, s'interposer entre eux, battre les Prussiens d'abord, les refouler sur la Meuse, puis battre les Anglais après les Prussiens, les acculer à la mer, et du premier coup produire en Europe un ébranlement qui exercerait une forte influence, à Londres sur les divisions du parlement britannique, à Vienne sur les appréhensions du cabinet autrichien. Ce premier coup frappé sur la colonne du Nord, il pouvait revenir sur la colonne de l'Est, et s'il avait employé à combattre et à vaincre ce mois qui allait lui procurer cent mille hommes de plus, il devait avoir plus nombreux et mieux disposés ces cent mille hommes, il devait en se jetant avec eux sur le prince de Schwarzenberg, le ramener probablement au Rhin, et s'il n'était pas trop exigeant obtenir la paix de la politique européenne déconcertée. Supposez que Napoléon se fît illusion, que cette hardie offensive n'eût pas tout le succès qu'il en espérait, rien ne l'empêchait de revenir de l'offensive à la défensive, c'est-à-dire à la dispute pied à pied du sol national qu'il avait si admirablement soutenue en 1814, et après avoir épuisé les chances du premier plan, de revenir au second sans que la situation fût compromise. L'Alsace, la Franche-Comté, la Lorraine, la Bourgogne, la Champagne, n'auraient plus à se plaindre s'il ne les abandonnait qu'après les avoir disputées, et dans ce système qui le faisait passer par l'offensive avant d'en venir à la défensive, il n'aurait pas négligé une seule chance heureuse pour le pays et pour lui-même.

Juin 1815.

A ce plan il n'y avait qu'une objection, mais elle était grave. En allant tenter la fortune si hardiment au milieu des Anglais et des Prussiens, on pouvait rencontrer une grande défaite, et alors tout cet édifice de ressources si laborieusement préparé était exposé à s'écrouler soudainement avec le gouvernement lui-même. C'est pour ce motif que Napoléon avait craint la réunion des Chambres opérée si tôt, car un revers pouvait les jeter dans une sorte de délire. Mais c'était chose faite, et il fallait raffermir les Chambres, le pays, tout le monde, en tâchant d'obtenir le plus tôt possible un succès décisif. Napoléon voyait avec sa pénétration supérieure, la possibilité d'obtenir ce succès décisif, et il en avait l'impatience propre aux capitaines inspirés. Le génie de la politique consiste le plus souvent à savoir attendre, celui de la guerre à voir vite le côté où l'on peut frapper, et à frapper sur-le-champ. Aussi tandis que les plus grands politiques ont été patients, les plus grands capitaines ont été prompts. Chaque génie a ses inconvénients, et il faut admettre qu'il se comporte à sa façon. Ainsi par des raisons de situation et de caractère, Napoléon résolut de se jeter d'abord sur les Anglais et les Prussiens avec les 124 mille hommes qu'il avait actuellement sous la main, pour se reporter ensuite avec les renforts

Raisons qui décident Napoléon en faveur de l'offensive.

qui lui arriveraient, sur les Russes et les Autrichiens. Ce plan conçu de bonne heure, il l'avait préparé avec une profondeur incroyable de calcul, et les débuts en furent, comme on va le voir, singulièrement heureux.

Tandis que les Prussiens s'appuyaient sur Liége et les Anglais sur Bruxelles, se reliant par des postes sur les deux rives de la Sambre, Napoléon avait ses 124 mille hommes étendus en une longue ligne de cantonnements de Lille à Metz, avec leur arrière-garde à Paris. Il fallait les concentrer rapidement, c'est-à-dire les réunir sur deux ou trois lieues de terrain, sans tirer l'ennemi de son incurie, ou du moins sans lui donner plus qu'un demi-éveil, lequel ne provoque que des demi-mesures. Le premier corps sous d'Erlon était à Lille, le second sous Reille à Valenciennes, le troisième sous Vandamme à Mézières, le quatrième sous Gérard à Metz, le sixième sous Lobau à Paris, de manière qu'entre celui de d'Erlon à gauche, et celui de Gérard à droite, il y avait cent lieues, et de la tête à la queue, de la frontière à Paris, soixante. Le mouvement de concentration n'était donc pas facile à opérer. Voici comment Napoléon s'y prit pour en assurer le succès.

Le mouvement de Paris à la frontière, qui devait s'opérer par Soissons, Laon et Maubeuge, ne pouvait pas être très-indicateur des desseins de Napoléon, car c'était la route par laquelle tout passait depuis un mois. D'ailleurs une forte partie des masses ennemies étant à la frontière du Nord, il était naturel que des troupes marchassent de ce côté, comme il y en avait aussi qui marchaient vers Metz, Strasbourg et Lyon. Il aurait fallu pour découvrir la vérité calculer combien il en passait sur chacune de ces routes, mais l'ennemi n'est jamais ni assez bien informé, ni assez vigilant pour se livrer à de semblables calculs, ni assez pénétrant pour en tirer de justes conclusions, à moins qu'il n'ait à sa tête un génie supérieur. Napoléon avait donc fait partir successivement les divisions du comte de Lobau et celles de la garde avec tout le matériel d'artillerie, sans autre crainte que d'apprendre aux généraux alliés qu'on préparait une armée au Nord, ce qui n'avait rien de bien étonnant, puisque là se trouvait le gros des Anglais et des Prussiens. Le mouvement dangereux pour les indices qu'il fournirait était celui de gauche à droite, de Lille à Maubeuge, et celui de droite à gauche, de Metz à Maubeuge, car il pouvait révéler le projet de se concentrer vers Maubeuge, et dès lors de marcher sur Charleroy. Le corps de Gérard étant le plus éloigné, devait se mettre en mouvement le premier; mais heureusement il y avait peu d'ennemis devant Metz, dès lors peu de surveillance, peu de communications à craindre. Napoléon ordonna au général Gérard de partir le 7 juin en grand secret, de fermer les portes de Metz, de veiller à ce que personne ne sortît de la place, et de s'acheminer sur Philippeville sans qu'aucun officier de son corps sût où il se rendait. Personne, excepté le ministre de la guerre, ne connaissait le plan de campagne, et le général Gérard lui-même, malgré la confiance qu'il méritait, ne savait qu'une chose, c'est qu'il se dirigeait sur

Philippeville. Le général d'Erlon, le plus éloigné du centre après le général Gérard, avait ordre de se mettre en mouvement le 9, c'est-à-dire deux jours après le corps de Gérard, et de se porter de Lille sur Valenciennes, également en grand secret. Le général Reille devait partir de Valenciennes le 11 juin, quand d'Erlon en approcherait, et marcher vers Maubeuge, où Vandamme, qui était à Mézières, n'avait qu'un pas à faire pour se rendre. Cependant les mouvements de Lille à Valenciennes, de Valenciennes à Maubeuge, pouvaient devenir significatifs. Napoléon imagina un moyen ingénieux de tromper le duc de Wellington, auquel il supposait beaucoup plus de pénétration qu'au maréchal Blucher. Il avait parfaitement entrevu que le général britannique, venant de la mer, s'appuyant à la mer, devait mettre infiniment de soin à empêcher qu'on ne le coupât de cette base d'opération. Il ordonna donc qu'on fît sortir de Lille, de Dunkerque et des places voisines les gardes nationales mobilisées, et qu'on repliât les avant-postes ennemis avec un appareil militaire qui pût faire craindre une opération sérieuse. Ce mouvement fut prescrit de manière à le rendre très-apparent, et surtout visiblement dirigé vers les côtes, afin que s'il arrivait des nouvelles des corps partis de Metz et de Mézières, on pût croire que la tendance générale de nos troupes était de se porter vers Lille, Gand et Anvers. D'ailleurs ces indices de notre marche, en supposant l'ennemi plus vigilant, mieux servi qu'il ne l'était, ne parviendraient au quartier général de Bruxelles que deux, trois, quatre jours après qu'ils auraient été recueillis, de

---

Juin 1815.

Moyen imaginé par Napoléon pour dérober à l'ennemi son mouvement de concentration.

plus ils seraient contradictoires, ils devaient dès lors agiter l'ennemi sans l'éclairer, et ne pouvaient amener de détermination que lorsque notre concentration serait complétement opérée. Tous nos corps étaient ainsi en mouvement lorsque Napoléon quitta Paris le 12 juin.

Parti du palais de l'Élysée à trois heures et demie du matin, il s'arrêta quelques instants à Soissons, où il inspecta les ouvrages destinés à mettre cette place à l'abri d'un coup de main, donna suivant sa coutume une foule d'ordres, et alla finir sa journée à Laon. Le lendemain 13, il examina la position où s'était livrée la sanglante bataille de l'année précédente, prescrivit ce qui était à faire pour s'en assurer la possession dans le cas d'une retraite forcée, et le soir du même jour alla coucher à Avesnes. Après avoir vérifié l'état des magasins de cette place, après avoir recueilli le dire de ses espions, qui lui annonçaient que tout était tranquille chez l'ennemi, il vint prendre gîte à Beaumont le 14 au soir, au milieu d'une vaste forêt qui bordait la frontière. Les nouvelles de tous nos corps d'armée étaient excellentes. La marche de Gérard s'était accomplie à travers la Lorraine et les Ardennes sans qu'aucun avis en fût parvenu aux Prussiens. De Lille, de Valenciennes s'étaient échappés quelques indices, mais la forte démonstration en avant de Lille portait à croire que les Français avaient des vues sur Gand, et probablement sur Anvers. Napoléon avait donc tous ses corps autour de lui, à une distance de cinq à six lieues les uns des autres, masqués par une épaisse forêt, et sans que l'ennemi

Juin 1815.

Emplacement de nos corps d'armée le 14 juin au soir.

en sût rien, à en juger du moins par son immobilité. Voici comment étaient placés tous ces corps le 14 au soir.

Sur la gauche, le comte d'Erlon se trouvait à Solre-sur-Sambre avec le 1er corps comprenant environ 20 mille fantassins, et sur la même ligne le général Reille campait à Leers-Fosteau avec le 2e corps fort de 23 mille. Ces deux généraux étaient destinés à former la gauche de l'armée, qui devait ainsi s'élever à 43 ou 44 mille hommes d'infanterie. A droite, mais à une distance double parce qu'il arrivait de Metz, le général Gérard était venu coucher à Philippeville avec le 4e corps, dont l'effectif était de 15 à 16 mille combattants. Il devait devenir plus tard la droite de l'armée après avoir reçu diverses adjonctions. Au centre enfin, c'est-à-dire à Beaumont même, et dans un rayon d'une lieue, se trouvaient Vandamme avec le 3e corps, venu de Mézières et comptant 17 mille hommes, le comte de Lobau avec le 6e corps, formé à Paris et réduit à 10 mille hommes depuis les détachements envoyés en Vendée, enfin la garde forte de 13 mille fantassins, de 5 mille cavaliers, de 2 mille artilleurs, ce qui constituait un effectif total d'environ 20 mille combattants. Comme dans toutes ses campagnes, Napoléon ne laissant à chaque corps d'armée que ce qu'il lui fallait de cavalerie pour s'éclairer, avait réuni le gros de cette arme en quatre corps spéciaux, comprenant la cavalerie légère sous Pajol, les dragons sous Exelmans, les cuirassiers sous les généraux Kellermann et Milhaud, et composant à eux quatre une superbe réserve de 13 mille cavaliers aguerris, qu'il entendait garder sous sa main pour en user selon les circonstances. N'ayant pour la diriger ni Murat, ni Bessières, ni Montbrun, ni Lasalle, frappés les uns par la fortune, les autres par la mort, il avait choisi Grouchy devenu récemment maréchal, bon officier de cavalerie, plus capable d'exécuter un mouvement que de le concevoir, plus propre en un mot à obéir qu'à commander. Il faut ajouter à ces troupes 4 à 5 mille soldats des parcs et des équipages, complétant l'effectif général et tous réunis en ce moment autour de Beaumont. Jamais opération plus difficile n'avait été exécutée plus heureusement, car 124 mille hommes et 350 bouches à feu étaient concentrés à la lisière d'une forêt dont la seule épaisseur les séparait de l'ennemi, et sans que cet ennemi en eût connaissance.

Juin 1815.

La disposition morale des troupes, sous le rapport du dévouement et de l'ardeur à combattre, surpassait tout ce qu'on avait jamais vu. Il n'y avait pas un homme qui n'eût servi. Les plus novices avaient fait les campagnes de 1814 et de 1813. Les deux tiers étaient de vieux soldats, revenus des garnisons lointaines, ou des prisons de Russie et d'Angleterre. Auteurs de la révolution du 20 mars, ils en avaient le fanatisme [1]. Dès qu'ils voyaient Napoléon, ils criaient *Vive l'Empereur!* avec une sorte de furie militaire et patriotique. Les officiers, tirés

Dispositions morales de l'armée.

Son enthousiasme pour Napoléon, et sa défiance envers ses chefs.

[1] Le général Foy dans son journal militaire, que son fils a eu l'obligeance de me communiquer, s'exprime de la sorte à la date du 14 juin : « Les troupes éprouvent non du patriotisme, non de l'en- » thousiasme, mais une *véritable rage*, pour l'Empereur et contre » ses ennemis. Nul ne pense à mettre en doute le triomphe de la » France. »

de la demi-solde, partageaient les sentiments des soldats. Malheureusement les cadres avaient été remaniés plusieurs fois, d'abord sous les Bourbons, puis sous Napoléon, et il s'y trouvait une masse d'officiers, nouveaux dans le régiment quoique vieux dans l'armée, qui n'étaient pas assez connus des hommes qu'ils devaient commander. C'était l'une des causes de la défiance générale qui régnait à l'égard des chefs. L'opinion vulgaire dans les rangs de l'armée, c'était que non-seulement les maréchaux, mais les généraux, et beaucoup d'officiers au-dessous de ce grade, s'étaient accommodés des Bourbons, que Napoléon les avait surpris désagréablement en revenant de l'île d'Elbe, que dès lors leur dévouement dans la lutte qui se préparait serait au moins douteux. Cette opinion vraie sous quelques rapports, était fausse en ceci que les officiers de grade élevé, quoique ayant vu avec regret le retour de Napoléon, étaient pour la plupart incapables de le trahir, du moins avant que la fortune l'eût trahi elle-même. Il leur en coûtait de se dévouer de nouveau à sa cause, mais ils sentaient qu'il y allait de leur gloire, de celle de la France, et ils étaient prêts à se battre avec la plus grande énergie, sans compter que plusieurs d'entre eux, ayant contribué à la révolution du 20 mars, étaient prêts à se battre non pas seulement avec courage mais avec passion. Néanmoins la confiance des soldats, fanatique en Napoléon, était nulle envers les chefs. L'idée que quelques-uns communiquaient avec Gand était générale. Tous ceux qui ne parlaient pas aussi vivement que les soldats, devenaient suspects à l'instant même. Les bivouacs étaient devenus de vrais clubs, où soldats et officiers s'entretenaient de politique, et discutaient leurs généraux, comme dans les partis on discute les chefs politiques. Ce n'était pas l'ardeur de combattre, mais la subordination, l'union, le calme, qui devaient en souffrir. En un mot, héroïque et toute de flamme, cette armée manquait de cohésion; mais Napoléon formait son lien, et dès qu'elle le voyait, elle retrouvait en lui son unité. Elle frémissait de contentement à l'idée de rencontrer l'ennemi le lendemain même, de venger sur lui les années 1813 et 1814, et jamais, on peut le dire, victime plus noble, plus touchante, ne courut avec plus d'empressement s'immoler sur un autel qui pour elle était celui de la patrie.

Juin 1815.

Sa résolution de vaincre ou de mourir.

Napoléon était résolu à la satisfaire, et à la mener la nuit même au milieu des bivouacs des Anglais et des Prussiens. Comme il l'avait prévu, les deux généraux alliés, tout en se disant qu'il fallait être bien serrés l'un à l'autre, avaient cependant négligé le point de soudure entre leurs cantonnements, et n'avaient pas pris les précautions nécessaires pour empêcher qu'on y pénétrât. Le duc de Wellington, tout occupé de couvrir le royaume des Pays-Bas, Blucher de barrer la route des provinces rhénanes, s'étaient placés conformément à l'idée qui les dominait. La Sambre, coulant de nous à eux, et se réunissant à la Meuse près de Namur, séparait leurs cantonnements. Blucher, avec quatre corps d'armée d'environ trente mille hommes chacun, formant ainsi un total de 120 mille combattants, occupait les bords de la Sambre et de

Position des armées prussienne et anglaise.

Composition et distribution de l'armée prussienne de Liège à Charleroy.

la Meuse. (Voir la carte n° 61.) Bulow avec le 4ᵉ corps était à Liége, Thielmann avec le 3ᵉ entre Dinant et Namur, Pirch avec le 2ᵉ à Namur même. Ziethen avec le 1ᵉʳ corps, placé tout à fait à notre frontière, avait à Charleroy deux de ses divisions, et tenait ses avant-postes au delà de la Sambre, le long de la forêt de Beaumont qui nous cachait à sa vue. Ses deux autres divisions étaient en arrière de Charleroy, communiquant par des patrouilles avec l'armée anglaise chargée de couvrir le royaume des Pays-Bas. De Namur partait une belle chaussée pavée, se rendant des provinces rhénanes en Belgique, et conduisant à Bruxelles par Sombreffe, les Quatre-Bras, Genappe, Mont-Saint-Jean, Waterloo. (Voir la carte n° 63.) Elle formait par conséquent la communication la plus importante pour les alliés, puisque c'était sur un point quelconque de son développement que Prussiens et Anglais devaient se réunir pour venir au secours les uns des autres. Aussi s'étaient-ils promis d'y accourir s'ils étaient menacés par cette frontière, car de Charleroy on n'avait que cinq ou six lieues à faire pour atteindre cette grande chaussée de Namur à Bruxelles. Prenait-on à gauche en sortant de Charleroy, on la joignait aux Quatre-Bras, et on était sur la route de Bruxelles : prenait-on à droite, on la joignait à Sombreffe, et on était sur la direction de Namur et de Liége. C'est par ce motif que les Prussiens avaient deux des divisions de Ziethen à Charleroy, les autres à Fleurus et à Sombreffe.

Le duc de Wellington disposait de cent mille hommes, Anglais, Hanovriens, Hollando-Belges,

Brunswickois, sujets de Nassau. Les Anglais étaient de vieux soldats, éprouvés par vingt ans de guerre, et justement enorgueillis de leurs succès en Espagne. Ce qu'il y avait de meilleur dans l'armée britannique après les Anglais c'était la légion allemande, composée des débris de l'ancienne armée hanovrienne, recrutée avec des Allemands et fort aguerrie. Les Hollando-Belges, les Hanovriens proprement dits, les Brunswickois, le corps de Nassau, avaient été levés en 1813 et 1814, à la suite du soulèvement européen contre nous, les uns organisés en troupes de ligne, les autres en milices volontaires. Les troupes de ligne avaient plus de consistance que les milices, mais les unes et les autres étaient animées de passions vives contre la France, confiantes dans le chef qui les commandait, et habilement mêlées aux troupes anglaises de manière à participer à leur solidité. Dans cette masse les Anglais comptaient pour 38 mille hommes, les soldats de la légion allemande pour 7 à 8 mille, les Hanovriens pour 15 mille, les Hollando-Belges pour 25 mille, les Brunswickois pour 6 mille, les sujets de Nassau, naturellement fort attachés à la maison de Nassau-Orange, pour 7 mille.

Juin 1815.

ment de l'armée anglaise.

Le duc de Wellington, ainsi qu'on l'a vu au précédent volume, s'était attaché à persuader à Blucher qu'il fallait attendre que la seconde colonne d'invasion, composée des Russes, des Autrichiens, des Bavarois, des Wurtembergeois, etc., laquelle arrivait par l'Est, fût parvenue à la même distance de Paris que la colonne qui entrait par le Nord, avant d'agir offensivement. Afin de tuer le temps et de sa-

Résolution des généraux ennemis d'attendre l'arrivée de la grande colonne de l'Est.

tisfaire l'ardeur des Prussiens, le duc de Wellington avait consenti à entreprendre quelques siéges, et des parcs d'artillerie avaient été préparés dans cette intention. Mais en attendant on n'avait pris que de médiocres précautions pour se garantir contre une brusque apparition des Français. Le duc de Wellington, dont la perspicacité était ici en défaut, n'avait songé qu'à se préserver d'une attaque le long de la mer, ce qui pourtant n'était guère à craindre, car Napoléon l'eût-il coupé d'Anvers, ne l'eût certainement pas coupé d'Amsterdam, et ne lui eût dès lors pas enlevé sa base d'opération, tandis qu'il avait grand intérêt à le séparer de Blucher, et à se jeter entre les Anglais et les Prussiens pour les battre les uns après les autres. De ce dernier danger, de beaucoup le plus réel, le duc de Wellington et Blucher n'avaient rien entrevu. Seulement, instruits par les leçons de Napoléon à se tenir bien serrés les uns aux autres, ils s'étaient promis de se réunir sur la chaussée de Namur à Bruxelles en cas d'attaque vers Charleroy, et d'y accourir le plus vite possible, les uns de Bruxelles, les autres de Namur et de Liége. Le duc de Wellington avait fait trois parts de son armée : l'une formant sa droite sous le brave et excellent général Hill, s'étendait d'Oudenarde à Ath; l'autre sous le brillant prince d'Orange, d'Ath à Nivelles, pas loin de Charleroy et de la Sambre (voir la carte n° 65); la troisième était en réserve à Bruxelles. Le duc de Wellington par cette distribution avait voulu se mettre en mesure de se concentrer, ou sur sa droite en cas d'attaque vers la mer, ou sur sa gauche en cas qu'il fallût se porter au secours des Prussiens. Mais même dans cette double intention, ses corps étaient trop dispersés, car il fallait au moins deux ou trois jours pour qu'ils fussent réunis sur leur droite ou sur leur gauche. Quoi qu'il en soit, en cas d'une attaque vers Charleroy, contre les Anglais ou les Prussiens, le point de ralliement avait été fixé sur la chaussée de Namur à Bruxelles, et c'est pour garantir cette chaussée que le corps prussien de Ziethen avait été distribué comme nous venons de le dire, deux divisions à Charleroy sur la Sambre, deux autres en arrière entre Fleurus et Sombreffe.

Le 14 juin au soir on ne soupçonnait rien ou presque rien aux quartiers généraux de Bruxelles et de Namur des desseins des Français : on savait seulement qu'il y avait du mouvement sur la frontière, sans soupçonner le but et la gravité de ce mouvement. C'était donc une grande et merveilleuse opération que d'avoir rassemblé ainsi à quatre ou cinq lieues de l'ennemi une armée de 124 mille hommes, venant de distances telles que Lille, Metz et Paris, sans que les deux généraux anglais et prussien s'en doutassent, et l'histoire de la guerre ne présente pas que nous sachions un phénomène de ce genre. Napoléon n'était pas homme à perdre le fruit de ce premier succès, en ne se hâtant pas assez d'en profiter. Il résolut d'entrer en action dans la nuit même du 14 au 15, de se porter brusquement sur Charleroy, d'enlever par surprise cette place probablement mal gardée, d'y franchir la Sambre, et de tomber tout à coup sur la chaussée de Namur à Bruxelles, certain que si rapprochés que fussent les Prussiens et les

Juin 1815.

Le moment de l'approche des Français complétement ignoré.

Plan de Napoléon, et son ordre de mouvement pour la nuit du 14 au 15.

Anglais, il les trouverait faiblement reliés à leur point de jonction, et parviendrait à s'établir entre eux avec la masse de ses forces. Il avait prescrit les plus minutieuses précautions pour que dans les bivouacs on se rendît aussi peu apparent que possible, qu'on se couvrît des bois, des mouvements de terrain assez fréquents sur cette frontière, qu'on cachât ses feux, et qu'on ne laissât passer ni un voyageur, ni un paysan, afin de retarder le plus qu'il se pourrait la nouvelle positive de notre approche. Quant à la nouvelle vague elle était certainement répandue, et celle-là, comme l'expérience le prouve, provoque rarement de la part d'un ennemi menacé des déterminations suffisantes.

Napoléon donna le 14 au soir les ordres qui suivent. A trois heures du matin toutes nos têtes de colonnes devaient être en marche de manière à se trouver vers neuf ou dix heures sur la Sambre. A gauche, le général Reille avec le 2ᵉ corps devait se porter de Leers-Fosteau à Marchiennes, s'emparer du pont de Marchiennes situé à une demi-lieue au-dessus de Charleroy, y passer la Sambre, et se mettre en mesure d'exécuter les instructions ultérieures du quartier général. Le comte d'Erlon avec le 1ᵉʳ corps, partant de deux lieues en arrière de Solre-sur-Sambre, devait deux heures après le général Reille entrer à Marchiennes, et y prendre position derrière lui. Au centre, le général Vandamme partant des environs de Beaumont avec le 3ᵉ corps, avait l'ordre formel de se trouver entre neuf et dix heures du matin devant Charleroy. Avec lui devait marcher le général Rogniat, suivi des

WATERLOO.   29

troupes du génie et des marins de la garde, afin d'enlever le pont et la porte de Charleroy. Le général Pajol était chargé d'escorter Rogniat avec la cavalerie légère de la réserve. Napoléon se proposait de l'accompagner à la tête de quatre escadrons de la garde, pour tout voir et tout diriger par lui-même. Il était prescrit au comte de Lobau de partir avec le 6ᵉ corps une heure après le général Vandamme, afin de laisser à celui-ci le temps de défiler à travers les bois. La garde devait s'ébranler une heure après le comte de Lobau. Défense était faite aux bagages de suivre les corps, et il ne leur était permis de se mettre en marche qu'après que toutes les troupes auraient défilé. A droite enfin le général Gérard, qui n'était encore qu'à Philippeville, devait en partir à trois heures du matin, tomber brusquement sur le Châtelet, à deux lieues au-dessous de Charleroy, y passer la Sambre, s'établir sur la rive gauche, et attendre là les ordres du quartier général. Ainsi, entre neuf et dix heures du matin, 124 mille hommes allaient fondre sur tous les points de la Sambre, tant au-dessus qu'au-dessous de Charleroy, et il était difficile qu'ainsi concentrés sur un espace de deux lieues, ils ne parvinssent pas à percer la ligne ennemie quelque forte qu'elle pût être. (Voir la carte n° 63.)

Juin 1815.

Le 15 juin à trois heures du matin, l'armée s'ébranla tout entière, Vandamme excepté, qui cependant aurait dû être en mouvement le premier. On n'était ni plus énergique, ni plus habile que le général Vandamme, ni surtout plus dévoué à la cause sinon de l'Empire, du moins de la Révolution

L'armée s'ébranle tout entière le 15 à trois heures du matin, à l'exception du corps de Vandamme.

française. Il était prêt à bien servir, mais il ne s'était pas corrigé de ses défauts, qui étaient la violence et le goût extrême du bien-être. On l'avait forcé de quitter Beaumont pour céder la place au corps de Lobau, à la garde impériale et à l'Empereur. Après avoir manifesté beaucoup d'humeur il était allé s'établir sur la droite, et s'était logé de sa personne dans une maison de campagne assez difficile à découvrir. Le maréchal Soult qui possédait la plupart des qualités d'un chef d'état-major, sauf la netteté d'esprit et l'expérience de ce service, n'avait pas, comme Berthier, doublé et triplé l'expédition des ordres afin d'être assuré de leur transmission. L'unique officier envoyé à Vandamme le chercha longtemps, se cassa la jambe en le cherchant, et ne put remettre à un autre le message dont il était porteur. Vandamme ne sut donc rien, et resta paisiblement endormi dans ses bivouacs. Le général Rogniat étant parvenu à le joindre, lui témoigna son étonnement de le trouver immobile, et le prévint qu'il fallait se porter immédiatement sur Charleroy. Vandamme assez mécontent du ton du général Rogniat, lui répondit durement qu'on ne lui avait adressé aucune instruction du quartier général, et que ce n'était pas d'un subalterne qu'il avait à recevoir des ordres. Toutefois malgré cette réponse, Vandamme se mit en devoir de marcher. Mais il fallait du temps pour éveiller, réunir, et mettre en mouvement 17 mille hommes, et ce ne fut qu'entre cinq et six heures du matin que le 3ᵉ corps put s'acheminer vers Charleroy. Ayant à défiler par de petits chemins, à travers des bois épais, des villages étroits et longs, Vandamme ne pouvait avancer bien rapidement, et son retard de trois heures ralentit d'autant le corps de Lobau et la garde qui devaient suivre la même route. Heureusement le général Rogniat n'attendit point l'infanterie, et se trouvant assez fort avec la cavalerie légère de Pajol, il s'élança sans hésiter sur Charleroy. Napoléon, impatienté de rencontrer tant de troupes attardées sur cette route, prit les devants avec les quatre escadrons de la garde qui l'accompagnaient, et courut vers Charleroy de toute la vitesse de ses chevaux.

Juin 1815.

Pendant ce temps Pajol battant la campagne avec ses escadrons, refoula les avant-postes prussiens après leur avoir fait deux à trois cents prisonniers. Rogniat qui le suivait avec quelques compagnies du génie et les marins de la garde, se jeta brusquement sur le pont de Charleroy, s'en saisit avant que l'ennemi pût le détruire, fit sauter avec des pétards les portes de la ville, y pénétra, et fraya ainsi la route à Pajol. Celui-ci traversa Charleroy au galop, et se mit à la poursuite des Prussiens qui se repliaient en toute hâte.

Malgré le retard de Vandamme, Charleroy est enlevé.

A quelques centaines de toises de Charleroy la route se bifurquait. Par la gauche elle allait joindre aux Quatre-Bras, par la droite elle allait joindre à Sombreffe, la grande chaussée de Namur à Bruxelles, dont nous avons déjà parlé. (Voir la carte n° 65.) Les Prussiens, voulant conserver cette chaussée par laquelle Blucher et Wellington pouvaient se réunir, firent leur retraite sur les deux embranchements qui venaient y aboutir, celui de Bruxelles et celui de Namur, mais en plus grand nombre sur ce dernier.

Retraite des Prussiens vers les Quatre-Bras et Fleurus.

Pajol lança le colonel Clary avec le 1ᵉʳ de hussards sur la route de Bruxelles, et avec le reste de sa cavalerie se dirigea sur la route de Namur, suivi de près par les dragons d'Exelmans.

Tandis que ces événements se passaient sur la route de Beaumont à Charleroy, le général Reille avec le 2ᵉ corps, parti de Leers-Fosteau à trois heures du matin, avait rencontré les Prussiens à l'entrée du bois de Montigny-le-Tilleul, les avait culbutés, et leur avait fait trois à quatre cents prisonniers. Il s'était immédiatement porté sur Marchiennes, en avait surpris le pont, et avait franchi la Sambre vers onze heures du matin. Il s'était ensuite avancé jusqu'à Jumel et Gosselies, dans la direction de Bruxelles, et s'y était arrêté pour laisser respirer ses troupes, et y attendre les ordres du quartier général. Le comte d'Erlon partant de plus loin avec le 1ᵉʳ corps, n'avait pas encore atteint la Sambre. Sur la droite, le général Gérard ayant été retenu par l'une de ses divisions, n'avait quitté Philippeville qu'assez tard, et soit par cette raison, soit par celle de la distance à parcourir, ne devait arriver au pont du Châtelet avec le 4ᵉ corps que fort avant dans la journée. Mais ces divers retards étaient sans importance, la Sambre étant franchie sur deux points, Marchiennes et Charleroy, et Napoléon pouvant en quelques heures porter 60 mille hommes entre les Anglais et les Prussiens, de manière à rendre leur réunion impossible.

Napoléon suivant de près les généraux Rogniat et Pajol, avait traversé Charleroy entre onze heures et midi, ne s'y était point arrêté, et avait rejoint au plus vite sa cavalerie légère. Il s'était porté au point où la route de Charleroy se bifurquant, jette un embranchement sur Bruxelles, un autre sur Namur. Craignant que le colonel Clary ne fût pas suffisant avec son régiment de hussards pour tenir tête aux postes ennemis qui avaient pris la direction de Bruxelles, il prescrivit au général Lefebvre-Desnoëttes, commandant la cavalerie légère de la garde, d'appuyer le colonel Clary avec sa division, forte de 2,500 cavaliers, et au général Duhesme, commandant l'infanterie de la jeune garde, d'en détacher un régiment dès qu'elle arriverait, afin d'appuyer Clary et Lefebvre-Desnoëttes. Il expédia en même temps l'ordre à sa gauche, composée des généraux Reille et d'Erlon, de hâter le pas, et de gagner Gosselies, pour accumuler ainsi de grandes forces dans la direction de Bruxelles, par laquelle devaient se présenter les Anglais. Le général Reille, comme on vient de le voir, ayant passé la Sambre à Marchiennes, était en marche sur Jumet et Gosselies, et pouvait déjà réunir sur ce point si essentiel 23 mille hommes d'infanterie.

Ces précautions prises sur la route de Bruxelles, Napoléon se transporta sur la route de Namur où il devait avoir affaire aux Prussiens, et où l'on pouvait les supposer déjà très-nombreux, leur quartier général étant à Namur, c'est-à-dire à sept ou huit lieues, tandis que le quartier général anglais, établi à Bruxelles, se trouvait à quatorze.

Des deux divisions du corps prussien de Ziethen qui occupaient Charleroy, l'une, la division Steinmetz, s'était retirée sur la route de Bruxelles, l'autre, la division Pirch II [1], sur la route de Namur passant par Fleurus et Sombreffe. Celle-ci s'était arrêtée au village de Gilly, qu'on rencontre à une lieue de Charleroy sur le chemin de Fleurus. Pajol l'avait suivie avec la cavalerie légère, Exelmans avec les dragons, et Grouchy lui-même commandant en chef la réserve de cavalerie, était venu prendre le commandement des troupes réunies à cette avant-garde. Le général Ziethen avait ordre en cas d'attaque de disputer le terrain, de manière à ralentir notre marche, mais non pas de manière à s'engager sérieusement. Voyant six mille chevaux à sa poursuite, il avait évacué le village de Gilly, et s'était établi derrière un gros ruisseau qui venant de l'abbaye de Soleilmont va tomber dans la Sambre près du Châtelet. Placé sous ses ordres, le général Pirch II avait barré le pont de ce ruisseau, disposé deux bataillons en arrière du pont, et plusieurs autres à gauche et à droite de la route, dans les bois de Trichehève et de Soleilmont. Il résolut d'attendre les Français dans cette position, qui lui permettait de leur opposer une assez longue résistance. De son côté le maréchal Grouchy quoique ayant sous la main les deux divisions Pajol et Exelmans, crut devoir s'arrêter, car des troupes à cheval ne suffisaient pas pour forcer l'obstacle qu'il avait devant lui, et il se serait exposé à perdre beaucoup d'hommes sans obtenir aucun résultat.

[1] Il y avait dans l'armée prussienne deux généraux du nom de Pirch : Pirch Ier et Pirch II. Pirch Ier commandait en chef le 2e corps d'armée de Blucher ; Pirch II commandait une division sous les ordres de Ziethen, général en chef du 1er corps.

C'est dans cette situation que Napoléon trouva les choses en arrivant à Gilly. Il prit bientôt son parti avec cette sûreté de jugement qui ne l'abandonnait jamais à la guerre. On avait devant soi une chaîne de coteaux boisés, dont le ruisseau de Soleilmont baignait le pied. Au revers s'étendait la plaine de Fleurus, déjà célèbre par la bataille qu'y avaient livrée les généraux Jourdan et Kléber, et dans laquelle une rencontre avec les Prussiens était très-vraisemblable, puisque la grande chaussée de Namur à Bruxelles la traversait tout entière. Napoléon, qui désirait fort cette rencontre afin de battre les Prussiens avant les Anglais, voulait s'assurer l'entrée de la plaine de Fleurus, mais ne songeait nullement à occuper la plaine elle-même, car il en aurait éloigné les Prussiens, ce qui aurait fait échouer ses desseins. Jusqu'ici en effet tout se passait comme il l'avait prévu et souhaité. Il avait pensé que les Anglais et les Prussiens, quelque intérêt qu'ils eussent à se tenir fortement unis, laisseraient entre eux un espace moins fortement occupé, sur lequel en appuyant avec toute la force de son armée concentrée il pourrait pénétrer victorieusement. Ce calcul profond se trouvait vérifié. La Sambre, si heureusement enlevée à l'ennemi, laissait apercevoir le vide qui séparait les Anglais des Prussiens. Il était aisé de reconnaître qu'on avait les Anglais sur sa gauche dans la direction de Bruxelles, leurs avant-postes à cinq ou six lieues, leur corps de bataille à douze ou quatorze, et les Prussiens sur sa droite, dans la direction de Namur, leurs avant-postes à une ou deux lieues, leur corps de ba-

Juin 1815.

Le plan de Napoléon est en voie de pleine réussite.

D'après ce plan, Napoléon devait d'abord se jeter sur les Prussiens, en barrant la route des Quatre-Bras, par laquelle les Anglais pouvaient se présenter.

Juin 1815.

taille à cinq ou six. Le but qu'on avait en cherchant à se placer entre eux étant de les rencontrer séparément, il fallait faire deux choses, se jeter tout de suite sur l'une des deux armées, et pendant qu'on se battrait avec elle, opposer à la marche de l'autre un obstacle qui ne lui permît pas de venir au secours de l'armée attaquée. Ces deux objets étaient de toute évidence : mais sur laquelle des deux armées fallait-il se jeter d'abord? Évidemment encore sur l'armée prussienne, premièrement parce qu'elle était la plus rapprochée, et secondement parce que si nous l'avions laissée sur notre droite, elle se serait portée sur nos derrières, et nous aurait pris à revers, pendant que nous aurions été occupés à lutter avec les Anglais. De plus, par l'humeur entreprenante de son chef, il était probable qu'elle serait impatiente de combattre, et profiterait de la proximité pour se mesurer avec nous, tandis que les Anglais à cause de la distance, à cause de leur lenteur naturelle, nous laisseraient le temps d'accabler leurs alliés avant de les secourir. Mais de cette nécessité de choisir les Prussiens pour nos premiers adversaires, il résultait forcément qu'au lieu de les empêcher d'arriver dans la plaine de Fleurus, il fallait plutôt leur en faciliter les moyens, car autrement ils auraient exécuté un grand mouvement rétrograde, et seraient allés par Wavre rejoindre les Anglais derrière Bruxelles. Or si les deux armées alliées allaient opérer leur jonction au delà de Bruxelles, le plan de Napoléon se trouvait déjoué, et sa position devenait des plus dangereuses, car il ne pouvait trop s'enfoncer en Belgique, ayant bientôt à revenir sur ses pas pour faire face à la colonne envahissante de l'Est, et il ne pouvait combattre 220 mille hommes avec 120 qu'à la condition de les combattre séparément. S'il les trouvait réunis, il était contraint de repasser la frontière après un plan de campagne manqué, et l'ascendant de sa supériorité manœuvrière perdu. Il ne fallait donc pas pousser plus loin que Fleurus dans la direction de Namur, tandis qu'au contraire dans la direction de Bruxelles il était indispensable d'occuper la position qui empêcherait les Anglais d'arriver sur le champ de bataille où nous combattrions les Prussiens.

Juin 1815.

Le corps de Ziethen s'étant établi, comme nous venons de le dire, derrière le pont de Soleilmont et dans les bois à gauche et à droite de la route, il fallait nécessairement le déloger pour être maîtres du débouché de la plaine de Fleurus, et ne pas faire un pas au delà. Napoléon ordonna donc à Grouchy de forcer le ruisseau dès qu'il aurait de l'infanterie, de fouiller ensuite les bois, et de pousser ses reconnaissances seulement jusqu'à Fleurus. Ces ordres donnés, il rebroussa chemin au galop pour veiller de nouveau à ce qui pouvait survenir du côté de Bruxelles. Il fit dire à Vandamme qui n'avait pu atteindre Charleroy qu'à midi, et avait mis deux heures à traverser les rues étroites de cette ville, de se hâter, d'abord pour laisser le passage libre à Lobau et à la garde, et ensuite pour aller appuyer Grouchy. On était au 15 juin : la chaleur était étouffante, les troupes avaient déjà fait les unes cinq lieues, les autres six ou sept; mais leur ardeur n'était pas diminuée, et elles marchaient

Les Prussiens s'arrêtent un peu au delà de Gilly, derrière le ruisseau de Soleilmont.

Napoléon ordonne de les déloger, et se porte un instant sur la route des Quatre-Bras, pour prescrire les précautions nécessaires de ce côté.

Juin 1815.

Importance capitale du point des Quatre-Bras.

avec empressement dans toutes les directions qui leur étaient indiquées. Après avoir pressé la marche de Vandamme, Napoléon dépassant le point où la route de Charleroy se bifurque, se porta un peu en avant sur l'embranchement de Bruxelles. Cet embranchement, avons-nous dit, rencontrait aux Quatre-Bras la grande chaussée de Namur à Bruxelles, formant la communication entre les deux armées alliées. La possession des Quatre-Bras était donc de la plus extrême importance, car c'était tout à la fois le point par lequel l'armée anglaise pouvait se relier aux Prussiens, et celui par lequel elle pouvait opérer sa propre concentration. On a vu en effet que le duc de Wellington ayant établi sa réserve à Bruxelles, avait rangé en avant et en un demi-cercle le gros de son armée, qu'ainsi le général Hill s'étendait d'Oudenarde à Ath, le prince d'Orange d'Ath à Nivelles. Nivelles était par conséquent le point par lequel les Anglais pouvaient réunir leur droite à leur gauche : en outre, de Nivelles même une route pavée les conduisait par un trajet fort court aux Quatre-Bras, où ils devaient trouver leur réserve arrivant de Bruxelles, de façon que les Quatre-Bras, ainsi nommés à cause des routes qui s'y croisent, étaient à la fois le point de ralliement des Anglais avec les Prussiens, et celui des Anglais entre eux. Aucun point de ce vaste théâtre d'opérations n'avait donc une égale importance. Or le prix qu'il avait pour les alliés il l'avait naturellement pour nous, et Napoléon devait tenir comme à la condition essentielle de son plan de campagne que les Quatre-Bras fussent invinciblement occupés, pour

que les Anglais ne pussent, à moins de détours
longs et difficiles, ni se réunir entre eux, ni se réunir
aux Prussiens. C'est par ce motif que Napoléon, à
peine Charleroy enlevé, avait lancé dans la direction
des Quatre-Bras, d'abord le colonel Clary avec un
régiment de hussards, puis Lefebvre-Desnoëttes avec
la cavalerie légère de la garde, puis un des régiments d'infanterie de la jeune garde, et enfin les
corps de Reille et d'Erlon, forts de plus de 40 mille
hommes d'infanterie et de 3 mille chevaux, tout
cela pour contenir les Anglais, pendant qu'il combattrait les Prussiens avec quatre-vingt mille hommes. Tandis qu'il était de sa personne un peu en
avant du point de bifurcation, pressant tant qu'il
pouvait la marche des troupes, il aperçut le maréchal Ney qui arrivait en toute hâte suivi d'un seul
aide de camp, le colonel Heymès. Napoléon, comme
on doit s'en souvenir, lui avait donné après le 20
mars une mission sur la frontière, pour diminuer
l'embarras de sa position en l'éloignant de Paris, et
cette mission terminée l'avait laissé dans ses terres,
d'où le maréchal n'était revenu que pour la cérémonie du Champ de Mai. Napoléon même, comme
on doit encore s'en souvenir, lui en avait témoigné
quelque humeur le jour de la cérémonie. Tenant
cependant à se servir de la grande énergie du maréchal, il lui avait fait dire en quittant Paris de
venir le joindre au plus vite s'il voulait assister à
la première bataille. Ney averti si tard n'avait eu
que le temps de prendre avec lui son aide de camp
Heymès, et était parti pour Maubeuge sans équipage de guerre. N'ayant pas même de chevaux,

Juin 1815.

Napoléon
rencontre
Ney, qui arri-
vait de Paris,
et lui donne
le commande-

Juin 1815.

ment de sa gauche, en lui prescrivant d'occuper les Quatre-Bras.

il avait été réduit à emprunter ceux du maréchal Mortier, resté malade à Maubeuge. Il arrivait donc ne sachant rien de l'état des choses, ne connaissant ni le rôle qui lui était réservé, ni les troupes qu'il allait commander, livré à cette agitation fébrile qui suit le mécontentement de soi et des autres, n'ayant pas dès lors tout le calme d'esprit désirable dans les situations difficiles, bien que sa prodigieuse énergie n'eût jamais été plus grande qu'en ce moment. Napoléon, après avoir souhaité la bienvenue au maréchal, lui dit qu'il lui confiait la gauche de l'armée, composée du 2ᵉ et du 1ᵉʳ corps (généraux Reille et d'Erlon), des divisions de cavalerie attachées à ces corps, de la cavalerie légère de la garde qu'il lui prêtait pour la journée, avec recommandation de la ménager, le tout comprenant au moins 45 mille hommes de toutes armes. Napoléon ajouta qu'il fallait avec ces forces, transportées actuellement au delà de la Sambre, et rendues en partie à Gosselies, pousser vivement l'ennemi l'épée dans les reins, et s'établir aux Quatre-Bras, clef de toute la position. — Connaissez-vous les Quatre-Bras ? dit Napoléon au maréchal. — Comment, répondit Ney, ne les connaîtrais-je pas ? j'ai fait la guerre ici dans ma jeunesse, et je me souviens que c'est le nœud de tous les chemins. — Partez donc, lui répliqua Napoléon, et emparez-vous de ce poste, par lequel les Anglais peuvent se rejoindre aux Prussiens. Éclairez-vous par un détachement vers Fleurus[1]. — Ney partit plein d'ardeur, et en appa-

---

[1] Je dois prévenir le lecteur que l'assertion de Napoléon adoptée dans ce récit est l'une de celles qui ont été contestées dans la longue

rence disposé à ne pas perdre de temps. Il était environ quatre heures et demie.

Juin 1815.

Napoléon, après avoir expédié le maréchal Ney sur les Quatre-Bras, se reporta vers Gilly, où il avait laissé Grouchy, Pajol, Exelmans, attendant l'infanterie de Vandamme pour attaquer l'arrière-garde des Prussiens. Il n'avait, comme nous l'avons dit, d'autre intérêt de ce côté que d'occuper le débouché de la plaine de Fleurus, afin de pouvoir y livrer bataille aux Prussiens le lendemain, et il se serait bien gardé de les pousser au delà, car en leur ôtant le jour même la grande chaussée de Namur à Bruxelles, il les eût forcés d'aller chercher derrière Bruxelles le point de ralliement avec les Anglais, ce qui aurait ruiné tous ses desseins. Il n'avait donc aucune autre intention que celle de passer le ruisseau de Soleilmont, et d'occuper le revers des coteaux boisés qui enceignent la plaine de Fleurus. Vandamme était enfin arrivé avec son infanterie, et il était venu se ranger derrière la cavalerie de Grouchy. Mais ni lui, ni Grouchy, ni Pajol, ni Exelmans, ne voulaient attaquer avant que Napoléon fût présent. Ils étaient disposés à croire que l'armée prussienne se trouvait tout entière derrière le ruisseau de Soleilmont. Effectivement on aurait pu le supposer à en juger d'après les simples apparences. Le général Pirch II, renforcé par quelques bataillons de la division Jagow, avait rempli de troupes les bois à droite et à gauche de la route, barré le pont,

Napoléon se reporte vers Gilly, et ordonne l'attaque immédiate du poste occupé par les Prussiens

et vive polémique dont la campagne de 1815 a été le sujet. On trouvera la vérité de cette assertion longuement discutée dans une note page 47.

et derrière le pont rangé plusieurs bataillons en colonnes serrées. Dans l'impossibilité de voir à travers l'épaisseur des bois et au delà de la chaîne des coteaux, on avait le champ libre pour toutes les suppositions, et l'imagination, qui joue un grand rôle à la guerre, pouvait se figurer l'armée prussienne réunie tout entière derrière ce rideau. Mais la puissante raison de Napoléon, plus puissante encore que son imagination, lui montrait dans tout ce qu'il avait sous les yeux un ennemi surpris, qui n'avait pas eu le temps de concentrer ses forces. Le lendemain il en devait être autrement, mais pour le moment Napoléon était convaincu de n'avoir qu'une ou deux divisions devant lui, et il regardait comme l'affaire d'un coup de main de les déloger du poste qu'elles occupaient. Il ordonna donc d'attaquer immédiatement les Prussiens et de leur enlever la position qu'ils montraient l'intention de défendre.

Le ruisseau qui nous séparait d'eux venant de l'abbaye de Soleilmont qu'on apercevait à notre gauche, passait devant nous sous un très-petit pont, et allait vers notre droite se perdre dans la Sambre, près du Châtelet. Le maréchal Grouchy dirigea vers la droite les dragons d'Exelmans, et leur ordonna de franchir le ruisseau à gué, afin de tourner la position de l'ennemi. En même temps trois colonnes d'infanterie, une de jeune garde, et deux du corps de Vandamme, s'ébranlèrent pour enlever le pont. Les Prussiens menacés d'une double attaque de front et de flanc, se hâtèrent de battre en retraite, leurs instructions portant qu'il fallait ralentir les Français en évitant tout engagement sérieux avec eux. On franchit donc le ruisseau presque sans difficulté, mais Napoléon vit alors avec dépit l'infanterie prussienne prête à lui échapper. Dans son impatience de l'atteindre, il jeta sur elle les quatre escadrons de la garde actuellement de service auprès de lui. Le général Letort s'élança sur les Prussiens à la tête de ces quatre escadrons, les joignit au moment où ils se formaient en carrés dans une éclaircie du bois, enfonça l'un de ces carrés, le sabra presque en entier, et se jeta sur un second qu'il rompit également. Courant sur un troisième, il tomba malheureusement sous les balles ennemies. Les Prussiens laissèrent dans nos mains quelques centaines de morts et de blessés, plus trois ou quatre cents prisonniers, mais nous payâmes cher cet avantage par la perte du général Letort. C'était l'un de nos officiers de cavalerie les plus intelligents, les plus braves et les plus entraînants. Napoléon lui accorda de justes regrets, et lui a consacré à Sainte-Hélène quelques lignes faites pour l'immortaliser.

Les dragons d'Exelmans achevant le détour qu'ils étaient chargés d'exécuter sur notre droite, menèrent battant les Prussiens de Pirch et de Jagow, et ne s'arrêtèrent qu'à la lisière des bois. Une avant-garde s'avança seulement jusqu'à Fleurus[1].

Ce résultat obtenu, Napoléon rentra à Charleroy pour avoir des nouvelles de ce qui se passait à son

[1] Le maréchal Grouchy, dans l'un de ses écrits, s'est plaint de ce que Vandamme n'avait pas voulu aller plus loin pendant cette soirée; mais Napoléon, en donnant à Sainte-Hélène, dans la réfutation de l'ouvrage du général Rogniat, ses motifs de s'arrêter à cette limite, a complétement justifié le général Vandamme.

Juin 1815.

Défaite des Prussiens, et mort du général français Letort.

aile gauche et sur ses derrières. Il n'avait pas entendu le canon de Ney, et il en était surpris. Il sut bientôt le motif de cette inaction.

Ney en le quittant avait rencontré aux environs de Gosselies le général Reille avec les quatre divisions du 2ᵉ corps, lesquelles après avoir passé la Sambre à Marchiennes, n'avaient cessé de marcher dans la direction des Quatre-Bras. Ces quatre divisions comptant plus de 20 mille hommes d'infanterie, et s'étendant sur un espace d'une lieue, étaient précédées par la cavalerie légère de Piré attachée au 2ᵉ corps, et par celle de Lefebvre-Desnoëttes détachée de la garde impériale. Ces deux divisions de cavalerie comprenaient ensemble 4,500 chevaux. Ney avait donc en ce moment plus de vingt-cinq mille hommes sous la main. A leur aspect la division de Steinmetz, craignant d'être coupée de l'armée prussienne si elle persistait à couvrir la route de Bruxelles, regagna par un détour la route de Namur, et découvrit ainsi les Quatre-Bras. Ney à qui Napoléon avait recommandé de s'éclairer vers Fleurus, détacha la division Girard pour observer la division Steinmetz, et ensuite prenant la division Bachelu d'environ 4,500 hommes d'infanterie, avec les 4,500 chevaux de Piré et de Lefebvre-Desnoëttes, se porta en avant à la tête de ces 9 mille hommes. Laissant derrière lui les divisions d'infanterie Foy et Jérôme fortes d'environ 12 mille hommes, et de plus les 20 mille hommes de d'Erlon, il n'avait certes rien à craindre. De Gosselies aux Quatre-Bras il y a environ trois lieues métriques, qu'on peut franchir en moins de deux heures et demie si on a

Juin 1815.

Événements aux Quatre-Bras.

Forces dont Ney disposait aux Quatre-Bras le 15 au soir.

quelque hâte d'arriver. Les soldats de Reille avaient déjà fait, il est vrai, sept lieues métriques, mais partis à trois heures du matin ils avaient eu quatorze heures pour exécuter ce trajet, et s'étaient reposés plus d'une fois. Ils pouvaient par conséquent ajouter trois lieues aux fatigues de la journée, sans qu'il y eût abus de leurs forces. Ney avait donc le moyen de tenir la parole donnée à Napoléon, et de s'emparer des Quatre-Bras, mais tout à coup, pendant qu'il était en marche, il entendit le canon de Vandamme, qui retentissait le long du ruisseau de Soleilmont vers six heures, et conçut de vives inquiétudes. Il craignit que Napoléon n'eût sur les bras toute l'armée prussienne, et si Napoléon l'avait sur les bras, il devait l'avoir à dos. Il commença donc à hésiter, et à délibérer sans agir.

Aux inquiétudes que lui inspira le canon qu'il venait d'entendre, vinrent bientôt s'en ajouter d'autres. En approchant de Frasnes qui n'est pas loin des Quatre-Bras, il aperçut une masse d'infanterie qu'il supposa anglaise, bien qu'elle n'en portât pas l'uniforme, mais qu'il jugea telle parce qu'elle venait du côté des Anglais. Il raisonna comme raisonnaient tout à l'heure à Gilly Vandamme, Grouchy, Pajol, Exelmans, qui croyaient avoir affaire à l'armée prussienne tout entière, et il se dit qu'il pourrait bien avoir devant lui l'avant-garde de lord Wellington, laquelle disparaissant comme un rideau subitement replié, découvrirait bientôt l'armée anglaise elle-même. Ney, malgré sa bravoure, devenu très-hésitant, comme la plupart de nos généraux, fut atteint de la double crainte de ce qu'il pouvait avoir sur

Juin 1815.

Ney en entendant le canon de Vandamme, craint d'avoir l'armée prussienne à dos, tandis qu'il a sur son front tout ou partie de l'armée anglaise, et il s'arrête à Frasnes.

son front et sur ses derrières. Il s'arrêta devant la route ouverte des Quatre-Bras, c'est-à-dire devant la fortune de la France, qui était là, et qu'il eût, en étendant la main, infailliblement saisie!

Qu'avait-il en ce moment devant lui? Exactement ce qu'il voyait, et rien de plus. En effet le duc de Wellington resté à Bruxelles, et n'ayant recueilli le matin que des avis vagues, n'avait encore rien ordonné. Mais le prince de Saxe-Weimar, appartenant à la division Perponcher, l'une de celles qui composaient le corps du prince d'Orange, avait suppléé aux instructions qu'il n'avait pas reçues, et par une inspiration de simple bon sens s'était porté de Nivelles aux Quatre-Bras, avec quatre mille soldats de Nassau. Le maréchal Ney s'était donc arrêté devant quatre mille hommes d'infanterie médiocre, tandis qu'il en avait 4,500 d'infanterie excellente, sans compter 4,500 de cavalerie, de la première qualité. Assurément s'il avait fait un pas de plus, il eût balayé le détachement ennemi en un clin d'œil.

A la vérité Ney pouvait craindre d'avoir affaire à plus de quatre mille hommes, mais il allait en réunir vingt mille par l'arrivée des autres divisions du général Reille, et il fallait bien mal calculer pour croire que l'armée anglaise, surprise à dix ou onze heures du matin, eût déjà reçu de Bruxelles des ordres de concentration, et, si elle les avait reçus, les eût déjà exécutés. En tout cas avec 4,500 chevaux, comment ne pas s'assurer de ce qu'on avait devant soi? Une charge de cavalerie, dût-elle être ramenée, aurait suffi pour éclaircir le mystère. Ney, qui le lendemain et le surlendemain fut encore une fois le

plus héroïque des hommes, n'était plus cet audacieux général qui à Iéna, à Eylau, nous avait engagés dans des batailles sanglantes pour s'être trop
témérairement avancé. Il n'est pas rare, hélas! qu'on
devienne timide pour avoir été jadis trop hardi. Ney
ne poussa donc pas au delà de Frasnes, situé à une
lieue des Quatre-Bras, y laissa la division Bachelu
avec la cavalerie Piré et Lefebvre-Desnoëttes, et
revint à Charleroy pour y faire connaître à l'Empereur ce qui s'était passé.

Napoléon qui était monté à cheval à trois heures
du matin et n'en était descendu qu'à neuf heures
du soir, qui par conséquent y était resté dix-huit
heures (bien que cet exercice lui fût rendu pénible
par une indisposition dont il souffrait en ce moment), avait enfin pris quelques minutes de repos, et
jeté sur un lit, écoutait des rapports, expédiait des
ordres. Debout de nouveau à minuit, il reçut Ney
qui vint lui raconter ce qu'il avait fait, et lui exposer
les motifs de ses hésitations. Napoléon s'emportait
quelquefois, quand tout allait bien, mais il était
d'une douceur parfaite dans les situations délicates
et graves, ne voulant pas lui-même agiter les hommes que les circonstances agitaient déjà suffisamment. Il n'adressa donc pas de reproches au maréchal, bien que l'inexécution des ordres qu'il lui
avait donnés fût infiniment regrettable[1]. Jusqu'ici

[1] C'est le cas d'examiner ici les diverses assertions dont les ordres donnés verbalement à Ney dans l'après-midi du 15 ont été l'occasion. Nous allons donc le faire aussi brièvement que possible, pour l'édification de ceux qui ne craignent pas les longueurs de la critique historique. D'abord, le colonel Heymès, aide de camp du maréchal Ney, dans un récit sincère, mais consacré à prouver que le maréchal n'avait pas com-

d'ailleurs, tout était facile à réparer, et dans son ensemble la journée avait suffisamment réussi. Napoléon amenant de cent lieues de distance les 124 mille hommes qui composaient son armée, était parvenu à surprendre les Prussiens et les Anglais, et à prendre position entre eux de manière à les forcer de combattre séparément. Ce résultat était

mis une seule faute pendant ces tristes journées, a prétendu que Napoléon n'avait témoigné au maréchal aucun mécontentement dans la soirée du 15, qu'il soupa même avec lui et le traita fort amicalement. Après avoir consulté beaucoup de témoins oculaires, nous croyons cette assertion exacte. La faute du maréchal était en ce moment si réparable, que Napoléon qui avait grand besoin de lui, se serait gardé de le blesser sans de graves motifs. Le mécontentement fut beaucoup plus sérieux le lendemain, et témoigné très-franchement, comme on le verra tout à l'heure. Nous croyons donc qu'en parlant des reproches adressés à Ney, on a transposé les faits, et placé la veille ce qui n'eut lieu que le lendemain. Mais il y a une question infiniment plus importante, c'est celle de savoir si Napoléon était fondé à adresser des reproches à Ney, et si effectivement il lui avait enjoint d'une manière précise d'occuper les Quatre-Bras. On l'a nié, et on a prétendu que Napoléon, en donnant à Ney l'ordre de pousser vivement l'ennemi sur la route de Bruxelles, n'avait pas fait mention des Quatre-Bras. Quant à moi, je crois absolument le contraire, et je vais fournir de cette opinion des preuves qui me semblent décisives.

Il y a deux fondements de toute bonne critique historique, les témoignages et la vraisemblance. Je vais examiner si ces deux espèces de preuves existent en faveur de la version que j'ai adoptée.

En fait de témoignage direct, il n'y a que celui de Napoléon, et aucun contre.

Napoléon a écrit deux relations de la campagne de 1815, l'une vive, spontanée, antérieure à toute discussion, dictée au général Gourgaud à Sainte-Hélène, et publiée sous le nom de ce général; l'autre étudiée, réfléchie, plus savante, plus fortement colorée, mais moins vraie à mon avis, l'une et l'autre, du reste, admirables, et destinées à vivre comme toutes les œuvres de ce puissant génie.

Dans les deux, Napoléon, racontant son colloque avec Ney, affirme, comme la chose la plus naturelle du monde, qu'il désigna expressément les Quatre-Bras, en recommandant au maréchal de s'y porter en toute hâte. Dans la première relation, celle qui porte le nom du gé-

incontestable, car il avait sur sa droite, et tout près de lui, les Prussiens dans la direction de Namur, et sur sa gauche, mais beaucoup plus loin, les Anglais dans la direction de Bruxelles. Il était donc assuré, après que ses troupes auraient eu la nuit pour se reposer, d'avoir le lendemain une rencontre avec les Prussiens, bien avant que les Anglais pussent venir à leur aide, et de combattre ainsi chaque armée l'une après l'autre. Il eût mieux valu sans doute que Ney eût déjà occupé les Quatre-

néral Gourgaud, il donne des détails si précis de ses paroles et des réponses du maréchal Ney, lequel affirma qu'il connaissait ce lieu et en savait l'importance, qu'il est à mon avis impossible de supposer que Napoléon ait falsifié la vérité. Les prévenus ne mentent pas plus impudemment devant le tribunal de police correctionnelle, qu'il n'aurait menti devant la postérité, si son assertion était fausse. Pour moi, je n'aime pas plus qu'un autre le joug que Napoléon a fait peser sur la France, mais je me sens la double force d'aimer la liberté et d'être juste envers un despote. Napoléon a dissimulé souvent pendant son règne, quelquefois même il a trompé pour l'accomplissement de ses entreprises; mais à Sainte-Hélène, ne s'occupant que d'histoire, il est celui des contemporains qui a le moins menti, parce qu'il est celui qui avait le plus de mémoire et le plus d'orgueil, et qu'il comptait assez sur sa gloire pour ne pas la fonder sur le décri de ses lieutenants. Je ne crois donc pas qu'il ait altéré la vérité sur le point dont il s'agit, qui, du reste, à l'époque où il a écrit n'était pas en contestation. Quant au maréchal Ney, Napoléon à Sainte-Hélène connaissait ses malheurs, et il l'a traité avec les plus nobles ménagements.

Contre son témoignage y en a-t-il un seul? Pas un. Le maréchal Ney a-t-il nié? Pas du tout. Il est vrai que lorsque l'héroïque maréchal a expiré sous des balles françaises, aucune contestation ne s'était élevée sur ce point, et qu'on n'avait controversé que sur la fameuse charge de cavalerie exécutée par lui dans la journée de Waterloo. Toujours est-il qu'on ne sait rien du maréchal qui puisse être opposé au témoignage de Napoléon.

Un témoin oculaire et auriculaire a existé toutefois, c'est le major général, M. le maréchal Soult. Lui seul avait tout vu, tout entendu, et pouvait déposer utilement. Pendant sa vie il avait souvent dit qu'il avait le 15 juin, dans l'après-midi, entendu Napoléon prescrire au ma-

Bras, pour mettre les Anglais dans l'impossibilité absolue de secourir les Prussiens, mais ce qui ne s'était pas fait le soir du 15, pouvait se faire le matin du 16, pendant que Napoléon serait aux prises avec les Prussiens, et s'achever même assez tôt pour que Ney pût l'aider de quelques détachements, surtout Napoléon et Ney devant être adossés l'un à l'autre pendant qu'ils combattraient chacun de son côté. On peut par conséquent affirmer que tout avait réussi, puisque malgré les hésitations de Ney, nous

réchal Ney de se porter aux Quatre-Bras. M. le duc d'Elchingen, fils du maréchal Ney, jeune général à jamais regrettable par ses talents et ses nobles sentiments, mort depuis dans la campagne de Crimée, avait pris à tâche de défendre en toutes choses la mémoire de son père, mémoire certes assez glorieuse pour qu'on n'ait rien à faire pour elle. Mais, de la part d'un fils, il était bien naturel et bien honorable de la vouloir défendre même au delà du vrai. Le duc d'Elchingen se rendit chez le maréchal Soult, et ce dernier, par un sentiment que l'on comprend en présence d'un fils, ne parut pas se souvenir que Napoléon eût donné au maréchal Ney, le 15 juin, l'ordre de se porter aux Quatre-Bras. M. le duc d'Elchingen a rapporté son entretien avec le maréchal Soult dans un écrit qu'il a publié sous le titre de *Documents inédits sur la campagne de* 1815. Mais voici un témoignage tout aussi respectable, et diamétralement contraire. M. le général Berthezène, commandant une des divisions de Vandamme, raconte dans ses Mémoires intéressants et véridiques, tome II, page 359, que Napoléon, dans l'après-midi du 15, recommanda vivement au maréchal Ney l'occupation bien précisée des Quatre-Bras, et qu'il tenait ce détail du maréchal Soult, témoin oculaire du colloque de Ney avec Napoléon. Lorsque le général Berthezène écrivait ces lignes, le maréchal Soult vivait, et il aurait pu démentir cette assertion.

Ainsi le témoignage du maréchal Soult se trouve rapporté contradictoirement, et pour moi, si j'avais à choisir entre les deux manières dont ce témoignage a été présenté, je croirais plutôt à celle qui remonte à l'année 1818, c'est-à-dire à une époque fort rapprochée des événements, et qui ne fut pas influencée par la présence d'un fils sollicitant en quelque sorte pour la mémoire de son père.

En négligeant donc un témoignage devenu incertain, il reste le témoignage unique de Napoléon, donné spontanément, avant toute dis-

WATERLOO.   51

étions en masse entre les Prussiens et les Anglais, les Prussiens surpris dans un état de demi-concentration, les Anglais dans un état de dispersion complète. En tout cas s'il manquait quelque chose à la journée, c'était la faute de Ney, car de cinq à huit heures il aurait eu le temps d'occuper les Quatre-Bras avec les 20 mille hommes de Reille que les 20 mille de d'Erlon allaient appuyer. Du reste Napoléon content du résultat total, sans chercher des torts où il n'y avait pas grand intérêt à en trou-

Juin 1815.

Napoléon passe une partie de la nuit avec le maréchal Ney, et ne lui adresse pas de reproches pour une faute aisément réparable, car il était temps encore le lendemain matin 16 d'occuper les Quatre-Bras.

cussion, et portant au plus haut degré le caractère de la simplicité et de la véracité.

Maintenant reste un genre de preuve, supérieur, selon moi, à tous les témoignages humains, la vraisemblance.

Pour que le 15, à quatre heures de l'après-midi, Napoléon n'eût pas songé aux Quatre-Bras, et eût poussé Ney en avant, sans assigner un but précis à sa marche, il aurait fallu tout simplement ou que Napoléon n'eût pas regardé la carte, ou qu'il fût le plus inepte des hommes, pas moins que cela. Je laisse au lecteur à juger si l'une ou l'autre de ces deux suppositions est vraisemblable.

De tous les généraux connus, celui qui passe pour avoir fait la plus profonde étude de la carte, c'est Napoléon. Ceux qui ont vécu avec lui, ou ceux qui ont lu ses ordres et sa correspondance, le savent. Son travail sur la carte était prodigieux, et c'est ce qui a fait de lui le premier des hommes de guerre dans les mouvements généraux qu'il appelait la *partie sublime* de l'art. Dans l'occasion présente en particulier, il fallait qu'il eût bien profondément étudié la carte, pour avoir choisi si juste ce point de Charleroy, par lequel il pouvait s'introduire à travers les cantonnements de l'ennemi, et s'interposer entre les deux armées alliées. Il avait choisi Charleroy, parce que de ce point il tombait d'aplomb sur la grande chaussée de Namur à Bruxelles, par laquelle les deux masses ennemies devaient se rejoindre; il y tombait sur deux points : à Sombreffe, s'il prenait à droite la direction de Namur, aux Quatre-Bras, s'il prenait à gauche la direction de Bruxelles. A Sombreffe, il arrêtait les Prussiens; aux Quatre-Bras, les Anglais. Aux Quatre-Bras il faisait plus, il empêchait la portion de l'armée britannique qui occupait le front d'Ath à Nivelles, de se réunir à celle qui formait la réserve à Bruxelles. Les Quatre-Bras étaient donc bien plus importants que Sombreffe, et tandis qu'il songeait à se porter à

4.

ver, traita le maréchal amicalement, le renvoya à Gosselies vers deux heures du matin, s'appliquant toujours à lui faire sentir l'importance des Quatre-Bras, et lui promettant des ordres précis dès qu'il aurait reçu et comparé les rapports de ses lieutenants. Il se jeta ensuite sur un lit pour prendre deux ou trois heures de repos, pendant que ses troupes en prenaient sept ou huit qui leur étaient indispensables après le trajet qu'elles avaient exécuté dans la journée, et avant les combats qu'elles allaient livrer le lendemain.

Sombreffe par Fleurus, il n'aurait pas songé à se porter aux Quatre-Bras par Frasnes! Mais ce n'est pas tout. Dans le moment il n'était pas pressé d'arrêter les Prussiens, il était disposé au contraire à les laisser déboucher pour les combattre tout de suite, tandis qu'à l'égard des Anglais, il voulait à tout prix les contenir pour les empêcher de venir au secours des Prussiens. Il regardait cette besogne comme tellement plus importante, qu'il y envoyait ses principales forces actuellement transportées au delà de la Sambre, c'est-à-dire Reille, d'Erlon, Piré, Lefebvre-Desnoëttes, disposant de 45 mille hommes, et il aurait formé cette masse, aurait mis le vigoureux Ney à sa tête, uniquement pour les pousser vaguement en avant! Il lui aurait dit: *Allez jusqu'à Frasnes*, Frasnes où on ne pouvait rien empêcher, et il ne lui aurait pas dit: *Allez aux Quatre-Bras*, les Quatre-Bras qui sont à une lieue de Frasnes, et où l'on pouvait empêcher les Anglais de se réunir entre eux et de se réunir aux Prussiens! Vraiment c'est supposer trop d'impossibilités, pour démontrer l'ineptie en cette circonstance de l'un des plus grands capitaines connus! Le lendemain matin, dans un ordre écrit, Napoléon précisait les Quatre-Bras de manière à faire voir l'importance qu'il y attachait, et il n'aurait pas connu cette importance la veille! Il se serait jeté sur Charleroy qui était si bien choisi, par un pur hasard, et il n'aurait étudié que dans la nuit la carte du pays, pour y faire à la fin de cette nuit la découverte des Quatre-Bras! Ce sont là, je le répète, impossibilités sur impossibilités, invraisemblances sur invraisemblances! Maintenant, tandis que cet ignorant, ce paresseux, cet étourdi, se lançait à travers les masses ennemies sans avoir même regardé la carte, le duc de Wellington qui certainement n'étudiait pas la carte comme Napoléon (ses plans le prouvent), ne

WATERLOO.

En ce moment l'armée française était répartie ainsi qu'il suit (voir la carte n° 65) : sur la droite Grouchy avec la cavalerie légère de Pajol et les dragons d'Exelmans, passait la nuit dans les bois de Lambusart, ayant une simple avant-garde à Fleurus ; Vandamme bivouaquait un peu en arrière, mais en avant de Gilly, après avoir exécuté un trajet de sept à huit lieues par une forte chaleur. A l'extrême droite Gérard avec le 4° corps s'était emparé du pont du Châtelet, mais n'y était arrivé que fort tard, ayant eu à attendre l'une de ses divisions à Philippeville, et de Philippeville au Châtelet ayant eu à

Juin 1815.

Distribution de l'armée française dans les deux directions de Fleurus et des Quatre-Bras.

---

songeait qu'aux Quatre-Bras ! Ses lieutenants, même les moins renommés, s'y portaient, comme on va le voir, en toute hâte, sans même avoir encore reçu ses ordres ! Napoléon seul, l'aveugle Napoléon, qui le lendemain devait si bien ouvrir les yeux, n'apercevait pas les Quatre-Bras, et dans une position si difficile, si délicate, confiait au maréchal Ney les deux cinquièmes de ses forces actuellement réunies, et le poussait en avant, en lui donnant un ordre comme il n'en a jamais donné, c'est-à-dire un ordre vague, ambigu, comme en donnent les généraux ineptes : *Marchez en avant*, sans dire où, quand les Quatre-Bras étaient à une lieue !

Croira qui voudra une telle supposition ! Quant à moi, je ne veux point violenter le lecteur, je lui laisse la liberté, qu'il prendra sans moi, d'adopter l'une ou l'autre version ; mais l'historien est juré, et, la main sur la conscience, je déclare qu'à mes yeux il y a ici certitude absolue en faveur de l'assertion que j'ai préférée. Personne plus que moi ne porte d'intérêt à la victime sacrée immolée en 1815 à des passions déplorables, mais la gloire de Ney, parce qu'il se sera trompé en telle ou telle occasion, n'est aucunement diminuée à mes yeux : ce que je cherche ici, c'est la vérité. C'est elle (je l'ai déjà dit bien des fois, et je le répéterai sans cesse), c'est elle qu'il faut chercher, trouver et dire, en la laissant ensuite devenir ce qu'elle peut. La vérité est sainte, et aucune cause juste n'en peut souffrir. La gloire militaire de Napoléon ne fait pas que son despotisme en vaille mieux, et la liberté moins. Il s'agit de prononcer entre lui et un de ses lieutenants en toute sincérité. Quoi qu'on décide, Napoléon n'en sera pas moins grand, et Ney moins héroïque.

Juin 1815.

La garde à cheval, le corps de Lobau, la réserve de cavalerie, le grand parc, n'avaient pas encore passé la Sambre le 15 au soir.

franchir une distance de sept lieues. Il se trouvait sur la Sambre, moitié de son corps au delà, moitié en deçà.

Au centre la garde à pied avait traversé la Sambre, mais la garde à cheval, la grosse cavalerie de la réserve, le 6ᵉ corps (celui du comte de Lobau), la réserve d'artillerie, le grand parc, les bagages, n'avaient point eu le temps de traverser les ponts de Charleroy encombrés d'hommes, de chevaux et de canons. C'était beaucoup néanmoins qu'ils eussent déjà fait les uns six lieues, les autres sept, malgré la chaleur, avec un immense matériel, et à travers d'étroits défilés. Il leur suffisait au surplus de deux ou trois heures le lendemain pour avoir franchi la Sambre. A gauche, sur la route de Bruxelles, le maréchal Ney avait à Frasnes la division d'infanterie Bachelu, la cavalerie de Piré et de Lefebvre-Desnoëttes, en arrière, de Mellet à Gosselies, le reste du 2ᵉ corps, dont une division, celle de Girard, avait été portée à Wagnelée, et enfin entre Gosselies et Marchiennes, le comte d'Erlon avec le 1ᵉʳ corps tout entier. Ce dernier s'étant mis au repos de bonne heure, pouvait entrer en action le lendemain de grand matin. Dans cette position Napoléon ayant à droite Grouchy, Pajol, Exelmans, Vandamme, Gérard, qui comptaient environ 38 mille hommes, à gauche, Ney, Reille, d'Erlon, Lefebvre-Desnoëttes, qui en comptaient 45 mille, au centre la garde, Lobau, la grosse cavalerie, la réserve d'artillerie, les parcs, s'élevant à environ 40 mille et n'ayant besoin que de deux ou trois heures pour avoir franchi la Sambre, pouvait dès le matin se jeter sur les Prussiens ou sur les Anglais, séparés les uns des autres par la position qu'il avait prise, et choisir en pleine liberté, selon les circonstances, l'adversaire auquel il voudrait s'attaquer dans la journée.

Juin 1815.

Un événement fâcheux s'était passé au corps du général Gérard. Le général de Bourmont avec son aide de camp le colonel Clouet, avait pris une résolution fatale pour le reste de sa vie, celle de quitter l'armée le 15 au matin, au moment où toutes nos colonnes s'ébranlaient. Énergique à la guerre, doux, sensé dans la vie civile, estimé dans l'armée impériale où il avait servi d'une manière brillante, désiré des royalistes, ses anciens amis, auxquels il eût apporté un beau nom militaire, et tandis qu'il était ainsi attiré par l'un et l'autre parti, voyant les fautes de tous deux, les jugeant, les condamnant, mais ayant de la peine à se décider entre eux, le général de Bourmont avait d'abord refusé de prendre du service, bien que ses goûts l'y portassent, et que la modicité de sa fortune lui en fît une nécessité. Ayant enfin cédé au désir naturel de reprendre sa carrière, et ayant obtenu, grâce au général Gérard, un commandement conforme à son grade, il l'avait bientôt regretté en apprenant que la Vendée s'insurgeait, et qu'on y sévissait avec rigueur contre ses parents et ses amis. Assailli des reproches des royalistes, il avait pris tout à coup la résolution de quitter l'armée pour se rendre à Gand. Le soir du 14 il fit dire au général Hulot, le plus ancien de ses commandants de brigade, qu'il s'absenterait le lendemain sans ajouter pourquoi, lui transmit les

Le général de Bourmont quitte l'armée le matin du 15.

instructions du général en chef pour qu'il eût à s'y conformer, adressa au général Gérard son ami, son garant, une lettre d'excuse, puis franchit les avant-postes ennemis en déclarant qu'il allait rejoindre le roi Louis XVIII. Ce bruit répandu tout de suite dans le 4ᵉ corps, y produisit une exaspération extraordinaire, et loin d'y abattre les troupes, ne fit que les exalter davantage. Seulement, elle y devint une nouvelle cause de défiance envers les chefs, qui presque tous devenaient suspects dès qu'ils n'étaient pas anciennement connus et aimés des soldats. Le général de Bourmont parti le matin du 15, n'arriva au quartier général prussien que vers le milieu du jour, lorsque notre entrée à Charleroy avait déjà révélé au maréchal Blucher tout ce qu'il avait intérêt à savoir. C'était donc de la part du général de Bourmont une grande faute pour lui-même, sans utilité et sans honneur pour son parti, qui devait triompher par d'autres moyens et par des causes plus générales.

Les chefs alliés n'avaient pas employé le temps aussi bien que Napoléon. Le maréchal Blucher n'avait recueilli dans la journée du 14, pendant que nous nous réunissions à Beaumont, que des avis vagues de notre approche. Pourtant dans la soirée, ces avis avaient pris un peu plus de consistance, et il avait ordonné à Bulow (4ᵉ corps) établi à Liége, à Thielmann (3ᵉ corps) établi entre Dinant et Namur, de se transporter à Namur même. Il avait prescrit à Pirch Iᵉʳ (2ᵉ corps) de se porter à Sombreffe, et à Ziethen (1ᵉʳ corps) de se concentrer entre Charleroy et Fleurus. Le 15 Ziethen expulsé de Charleroy le matin, du pont de Soleilmont l'après-midi, s'était replié sur Fleurus. Pirch Ier était venu occuper à Sombreffe la grande chaussée menant de Namur à Bruxelles. Thielmann accourait au même point; Bulow averti tard quittait Liége pour s'approcher de Namur. L'intention du fougueux Blucher était d'accepter la bataille dès le lendemain 16, entre Fleurus et Sombreffe, sans attendre l'armée britannique, mais avec l'espérance d'en voir arriver une bonne partie aux Quatre-Bras.

Du côté des Anglais, soit effet du caractère, soit effet des distances, l'activité avait été moindre. Le duc de Wellington, toujours soucieux de ses communications avec la mer, avait résolu de ne pas se laisser abuser par de fausses démonstrations, et d'attendre pour s'émouvoir que les attaques fussent bien déterminées dans un sens ou dans un autre, ce qui l'exposait à se tromper lui-même de peur d'être trompé par Napoléon. Quoique ayant recueilli plus d'un avis de l'approche des Français, avis malheureusement partis de chez nous, il n'avait opéré aucun mouvement, attendant toujours que la clarté fût plus grande. Il aurait pu cependant former ses divisions, pour n'avoir plus qu'un ordre de marche à transmettre, lorsqu'il serait fixé sur la direction à leur indiquer; mais commandant à des soldats qui pardonnaient plus aisément de les faire tuer que de les fatiguer, il n'avait encore rien prescrit. Dans la journée du 15, le général prussien Ziethen lui ayant enfin mandé notre apparition positive, il avait ordonné la réunion de ses troupes autour des trois quartiers principaux de l'armée anglaise, d'Ath

Juin 1815.

Mouvements du maréchal Blucher.

Mouvements du duc de Wellington.

pour sa droite, de Braine-le-Comte pour sa gauche, de Bruxelles enfin pour sa réserve. Il n'en était pas moins allé assister à une fête que la duchesse de Richemont donnait à Bruxelles. Le soir, au milieu de cette fête qui réunissait les chefs de l'armée anglaise avec tous les diplomates accrédités auprès de la cour de Gand, il reçut l'avis détaillé de notre entrée à Charleroy et de notre marche au delà de la Sambre. Il quitta immédiatement, mais sans trouble, cette fête de la coalition, et alla expédier ses ordres.

Il prescrivit à sa réserve de se mettre tout de suite en marche de Bruxelles vers les Quatre-Bras (voir la carte n° 65). Il enjoignit au général Hill et au prince d'Orange de se porter, par un mouvement de droite à gauche, le premier d'Ath vers Braine-le-Comte, le second de Braine-le-Comte vers Nivelles, et à ce dernier surtout de diriger sur les Quatre-Bras tout ce qu'il aurait de disponible. Il se prépara lui-même à partir dans la nuit pour être au point du jour entre les Quatre-Bras et Sombreffe, afin de voir le maréchal Blucher, et de concerter ses efforts avec ceux de l'armée prussienne.

Pendant que le général anglais donnait ces instructions un peu tardives, ses lieutenants, éclairés sans doute par le danger, prenaient des dispositions meilleures, et surtout plus promptes que les siennes. Le chef d'état-major du prince d'Orange, apprenant notre apparition devant Charleroy, réunissait dans l'après-midi du 15 la division Perponcher, dont une brigade, celle du prince de Saxe-Weimar, se portait spontanément aux Quatre-Bras. Ce même chef d'état-major concentrait aux environs de Nivelles la division Chassé et la cavalerie de Collaert, de telle sorte qu'en arrivant à son quartier général, le prince d'Orange allait trouver, grâce à la prévoyance d'un subordonné, les mesures les plus urgentes déjà prescrites, et en partie exécutées.

Juin 1815.

Ainsi dans la soirée de cette journée du 15 l'armée anglaise s'ébranlait sur tous les points, mais sans avoir encore une division entière aux Quatre-Bras, tandis que l'armée prussienne, plus rapprochée et plus tôt avertie, pouvait réunir la moitié de son effectif dans la plaine de Fleurus, et était en mesure d'en présenter les trois quarts au moins dans la matinée du lendemain 16.

Positions des armées anglaise et prussienne le soir du 15.

Napoléon qui ne s'était couché qu'à deux heures après minuit, était debout à cinq heures du matin. Atteint dans ce moment d'une indisposition assez incommode, il n'en avait pas moins passé dix-huit heures à cheval dans la journée du 15, et il allait en passer encore autant dans la journée du 16, preuve assez frappante que son activité n'était point diminuée [1]. Son opinion sur la conduite

[1] Les témoignages contemporains sont fort contradictoires relativement à l'état de santé de Napoléon pendant ces quatre journées. Le prince Jérôme, frère de Napoléon, et un chirurgien attaché à l'état-major, m'ont affirmé que Napoléon souffrait alors de la vessie. M. Marchand, attaché au service de sa personne, et d'une véracité non suspecte, m'a déclaré le contraire. On voit que la vérité n'est pas facile à démêler au milieu de ces témoignages, contradictoires quoique sincères, et je pourrais fournir pour cette même époque d'autres preuves non moins étranges de la difficulté de mettre d'accord des témoins oculaires, tous présents aux faits qu'ils affirment, et tous véridiques, au moins d'intention. Je ne le ferai pas, pour ne pas surcharger de notes fatigantes le texte de cette histoire. Je me bornerai à dire que quelle que fût la santé de Napoléon à cette époque, son activité ne

à tenir dans cette journée était faite même avant de recevoir les rapports de ses lieutenants. Le quartier général anglais se trouvant à quatorze lieues sur la gauche, et le quartier général prussien à huit lieues sur la droite, les corps de l'armée prussienne étant en outre concentrés, tandis que ceux de l'armée anglaise étaient disséminés de l'Escaut à la Sambre, il était certain qu'il rencontrerait dans la journée les Prussiens réunis dans la plaine de Fleurus, et qu'il ne pourrait avoir affaire aux Anglais que le lendemain au plus tôt. Tourner à droite pour livrer bataille aux Prussiens, et placer à gauche un fort détachement pour arrêter les premiers arrivés de l'armée anglaise, était évidemment ce que commandait la situation bien comprise. Mais quoique équivalentes à une certitude, ces conjectures ne devaient pas être absolument déterminantes, et il fallait attendre les rapports des avant-postes avant de donner des ordres définitifs. Si l'armée tout entière avait franchi la Sambre la veille, et qu'il eût été possible d'agir immédiatement, sans doute il eût mieux valu prendre son parti sur-le-champ, et sans perdre de temps marcher dans les deux directions indiquées, en proportionnant les forces sur chaque direction au danger prévu. Mais il restait à faire

s'en ressentit point, et on pourra en juger par le récit qui va suivre. Quant à ses mouvements je les ai constatés au moyen de témoignages nombreux et authentiques, et je me suis servi notamment de ceux de M. le général Gudin, digne fils de l'illustre Gudin tué à Valoutina, et commandant récemment la division militaire de Rouen. M. le général Gudin, alors âgé de dix-sept ans, et premier page de l'Empereur, lui présentait son cheval. Il ne quitta pas Napoléon un instant, et l'exactitude de sa mémoire, la sincérité de son caractère, m'autorisent à ajouter foi entière à ses assertions.

passer vingt-cinq mille hommes au moins, dont dix mille de cavalerie, plus le grand parc d'artillerie, par le pont de Charleroy et par les rues étroites de la ville. Il ne fallait pas moins de trois heures pour une telle opération, et pendant qu'elle s'accomplissait, et que les troupes déjà portées au delà de la Sambre se reposaient des fatigues de la veille, Napoléon prenait le temps de recueillir les rapports de la cavalerie légère, ce qui était fort important, placé qu'il était entre deux armées ennemies, et ce qui était difficile, les généraux un peu effarés croyant toujours avoir sur les bras les Anglais et les Prussiens réunis. D'ailleurs le 16 juin on devait avoir au moins dix-sept heures de jour, et un retard de trois heures ne pouvait être de grande considération.

Juin 1815.

Napoléon après s'être porté sur plusieurs points, et avoir entendu lui-même les rapports des espions et de la cavalerie légère, se confirma dans ses conjectures de la veille. Il ne devait y avoir aux Quatre-Bras que les troupes anglaises ramassées dans les environs, tandis qu'entre Fleurus et Sombreffe l'armée prussienne devait se trouver aux trois quarts réunie. Un rapport de Grouchy, daté de six heures, annonçait que l'armée prussienne se déployait tout entière en face de Fleurus. Il fallait donc aller à elle par deux raisons capitales, c'est qu'elle était la seule à portée, et qu'ensuite on l'aurait laissée sur notre flanc et nos derrières si on eût marché en avant sans la combattre. Napoléon, après avoir examiné de nouveau ses cartes, donna ses ordres vers sept heures du matin, et les donna verbalement au major général, pour qu'il les transmît par écrit

Opinion que Napoléon se fait des projets de l'ennemi.

aux divers chefs de corps. Il commença par la droite dont la concentration pressait davantage, et prescrivit de porter le corps de Vandamme et celui de Gérard (3ᵉ et 4ᵉ corps) en avant de Fleurus. Vandamme ayant bivouaqué aux environs de Gilly, avait deux lieues et demie à faire, et Gérard qui avait campé au Châtelet, en avait trois. En supposant qu'il n'y eût pas de retard dans l'expédition des ordres, ces troupes ne pouvaient guère être rendues sur le terrain avant onze heures du matin. C'était suffisant puisqu'on avait jusqu'à neuf heures du soir pour livrer bataille. Napoléon prescrivit en outre d'acheminer la garde qui avait campé autour de Charleroy, dans la direction de Fleurus. Il y ajouta la division de cuirassiers de Milhaud, qui était de plus de trois mille cavaliers superbes. On va voir à quel usage il destinait les cuirassiers de Valmy.

Ces troupes, comprenant la cavalerie légère de Pajol, les dragons d'Exelmans, les corps d'infanterie de Vandamme et de Gérard, la garde, les cuirassiers de Milhaud, et enfin la division Girard, détachée la veille du corps de Reille pour s'éclairer vers Fleurus, ne comprenaient pas moins de 63 à 64 mille soldats de la meilleure qualité. C'était assez pour tenir tête aux Prussiens, qui, en supposant qu'ils eussent réuni les trois quarts de leur armée, ne pouvaient présenter plus de 90 mille hommes dans la plaine de Fleurus. Il restait encore les dix mille hommes du comte de Lobau (6ᵉ corps), troupe également excellente, qui en portant les forces de notre droite à 74 mille combattants[1], devaient assurer à Napoléon

[1] J'ai mis à constater les forces le même soin qu'à préciser les

WATERLOO.

les moyens de ne pas craindre les Prussiens. C'était dans une bien autre infériorité numérique qu'il s'était battu contre eux en 1814. Pourtant, bien qu'il fût persuadé que les Anglais ne pouvaient pas être encore réunis, ne voulant pas dans un moment aussi décisif courir la chance de se tromper, il prit le parti de laisser pour quelques heures à l'embranchement des deux routes de Fleurus et des Quatre-Bras, le comte de Lobau, se fiant à la sagacité de celui-ci du soin de se porter là où le danger lui paraîtrait le

Juin 1815.

Il veut avec sa droite et son centre livrer bataille aux Prussiens, pendant que Ney avec la gauche contiendra les Anglais aux Quatre-Bras.

heures et les mouvements, et je crois que voici les nombres les plus rapprochés de la vérité.

	Pajol.	2,800 hommes.	
	Exelmans.	3,300	
	Milhaud	3,500	
Sous les ordres de Napoléon dans la direction de Fleurus.	Vandamme.	17,000	
	Gérard.	15,400	
	Garde (infanterie).	13,000	
	Garde (grosse cavalerie).	2,500	Lefebvre-Desnoëttes était avec Ney.
	Garde, artillerie.	2,000	
	Girard (division détachée de Reille).	4,500	
		64,000	
Le corps de Lobau laissé entre deux.		10,000	
		74,000 ... ci 74,000	
Sous les ordres de Ney aux Quatre-Bras.	Cavalerie Piré.	2,000	
	Reille (moins Girard).	17,000	
	D'Erlon	20,000	
	Lefebvre-Desnoëttes.	2,500	
	Valmy.	3,500	
		45,000 ... ci 45,000	
			119,000
Parcs, hommes en arrière, blessés et tués dans les combats d'avant-garde le 15.			5,000
			124,000

plus sérieux. La situation devant s'éclaircir dans trois ou quatre heures, le comte de Lobau aurait le temps d'accourir là où serait la principale masse des ennemis.

Instructions précises adressées au maréchal Ney.

Quant à la route de Bruxelles et à l'importante position des Quatre-Bras, Napoléon ordonna au maréchal Ney de s'y porter immédiatement avec les corps des généraux Reille et d'Erlon, avec la cavalerie attachée à ces corps, avec les cuirassiers du comte de Valmy. Napoléon confiait ces beaux cuirassiers au maréchal afin de pouvoir lui retirer la cavalerie légère de la garde, qu'il lui avait prêtée la veille en lui recommandant de la ménager. Pourtant il lui permit de la garder dans une position intermédiaire, si elle était déjà trop avancée pour qu'elle pût rétrograder facilement, et il voulut que les cuirassiers de Valmy fussent laissés à la chaussée dite *des Romains*, vieille route qui traversait le pays de gauche à droite (voir la carte n° 65), afin qu'on pût les ramener vers Fleurus si par hasard on avait besoin d'eux. Les troupes confiées à Ney formaient un total d'environ 45 mille hommes. Relativement à leur emploi dans la journée, voici quelles furent les instructions de Napoléon. Ney devait s'établir fortement aux Quatre-Bras, de manière à en interdire l'accès aux Anglais, quelque effort qu'ils fissent pour s'en emparer; il devait même avoir une division un peu au delà, c'est-à-dire à Genappe, et se tenir prêt à former la tête de notre colonne sur Bruxelles, soit que les Prussiens eussent évité notre rencontre pour se réunir aux Anglais derrière cette ville, soit qu'ils eussent été battus et rejetés sur Liége. Napoléon débarrassé d'eux, se proposait en effet de se rabattre vivement sur Ney pour l'appuyer dans la marche sur Bruxelles. A ces instructions si bien calculées pour tous les cas, Napoléon ajouta une prescription éventuelle, qui était, on le verra, d'une profonde prévoyance. Il voulait que Ney qui allait avoir 45 mille Français, et qui n'aurait pas à beaucoup près autant d'Anglais à combattre s'il se hâtait d'occuper les Quatre-Bras, fît un détachement sur Marbais, petit village situé sur la chaussée de Namur à Bruxelles. Cet ordre était fort exécutable, car Napoléon et Ney dans la lutte qu'ils allaient soutenir, le premier à Fleurus, le second aux Quatre-Bras, devaient se trouver adossés (voir la carte n° 65), et celui des deux qui aurait fini le premier, serait facilement en mesure de détacher au profit de l'autre un nombre quelconque de combattants, qui pourrait être d'un grand secours, et prendre par exemple l'ennemi à revers. La direction de Marbais, sur la chaussée de Namur à Bruxelles, assez près de Sombreffe, était parfaitement choisie pour une fin pareille.

Juin 1815.

Ces dispositions arrêtées vers sept heures du matin, durent être traduites par le maréchal Soult en style d'état-major, et expédiées immédiatement à tous les chefs de corps.

Heure de l'expédition des ordres.

Malheureusement le nouveau major général, fort novice dans l'exercice de ses délicates fonctions, n'avait pas la promptitude de rédaction de Berthier, et ne savait pas comme lui, saisir, rendre, préciser en quelques mots la vraie pensée de Napoléon. Ces ordres donnés vers sept heures, étaient à peine

Juin 1815.

Lettre au maréchal Ney confirmant les ordres déjà expédiés.

rédigés et expédiés entre huit et neuf. Cette perte de temps, quoique regrettable, n'avait cependant rien de très-fâcheux, les troupes achevant dans l'intervalle de franchir la Sambre, et la journée, quoi qu'il arrivât, ne pouvant être consacrée qu'à une bataille contre les Prussiens, qu'on avait bien le temps de livrer dans la seconde moitié du jour[1]. Napoléon qui n'avait aucun motif de hâter ses mouvements personnels, puisqu'il exécutait à cheval le trajet que ses troupes exécutaient à pied, voulut avant de partir pour Fleurus écrire lui-même au maréchal Ney une lettre détaillée, dans laquelle il lui exposerait ses intentions avec la netteté et la précision qui lui étaient propres. — Il disait au ma-

[1] Des juges sévères ont reproché à Napoléon des lenteurs dans la matinée du 16 juin. Les uns les ont expliquées par une diminution d'activité, les autres, ne croyant guère à cette raison après la marche de Cannes à Paris, ont déclaré ces lenteurs inexplicables : c'est que ni les uns ni les autres n'ont cherché la véritable explication où elle était, c'est-à-dire dans le détail de ces journées, étudié sur les documents authentiques et sans passion d'aucun genre. Certes Napoléon, qui, monté à cheval à trois heures du matin le 15, n'en était descendu qu'à neuf heures du soir pour se jeter sur un lit, qui après s'être relevé à minuit et être resté debout avec Ney jusqu'à deux heures, avait ensuite donné trois heures au sommeil, et s'était remis à cheval à cinq heures le 16, n'était pas encore un prince amolli par l'âge et les grandeurs. Placé entre deux armées ennemies, ne pouvant faire un faux mouvement sans périr, l'essentiel pour lui n'était pas de combattre deux heures plus tôt, dans une journée de dix-sept heures, mais de bien savoir où étaient les forces qui lui étaient opposées, avant de diriger les siennes dans un sens ou dans un autre. La principale des reconnaissances, celle de Grouchy, opérée devant les Prussiens, et constatant leur déploiement, n'ayant été envoyée qu'à six heures, n'ayant pu arriver avant sept, on ne peut pas dire qu'il y eut du temps perdu, du moins de la part du général en chef, lorsque les ordres étaient donnés immédiatement au major général, et expédiés par celui-ci entre huit et neuf heures, surtout lorsque les troupes employaient ce

réchal que ses officiers courant plus vite que ceux du major général, il lui expédiait par l'un d'eux ses instructions définitives. Il lui annonçait qu'il allait partir pour Fleurus où les Prussiens paraissaient se déployer, afin de leur livrer bataille s'ils résistaient, ou de marcher sur Bruxelles s'ils battaient en retraite. Il lui recommandait d'occuper fortement les Quatre-Bras, en plaçant une division en avant des Quatre-Bras, et une autre sur la droite au village de Marbais, celle-ci par conséquent en position de se rabattre sur Sombreffe. Il lui prescrivait de nouveau de ne pas trop engager la cavalerie légère de la garde, et de tenir les cuirassiers de Valmy un peu en arrière, de manière qu'ils pussent se rabattre eux aussi sur Fleurus, en cas qu'on eût besoin de

Juin 1815.

temps, les unes à se reposer de trajets de dix et douze lieues exécutés la veille, les autres à passer la Sambre. On verra dans le récit qui va suivre que les troupes étant à midi sur le terrain, la bataille contre les Prussiens ne put pas s'entamer avant deux heures et demie de l'après-midi, que livrée à cette heure elle fut parfaitement gagnée, et que sans un pur accident elle eût été gagnée bien avant la fin du jour. Les délais forcés de la matinée du 16 n'eurent donc aucune conséquence fâcheuse pour la bataille de Ligny, et même pour le combat des Quatre-Bras, qui aurait pu atteindre complètement son but, si les ordres donnés avaient été fidèlement exécutés. Ces délais du matin résultèrent de la nécessité de se renseigner, et eussent été commandés en tout cas par le passage de la Sambre, qui, pour une partie des troupes, restait à exécuter. Quant aux délais de l'après-midi, ceux-là beaucoup plus regrettables furent dus, comme on le verra, soit à des accidents, soit à des fautes des chefs de corps indépendantes du général en chef. Nous répéterons toujours que s'il n'y a guère à s'inquiéter de ce qu'on fait lorsqu'on critique la politique de Napoléon, ordinairement si critiquable, il faut y regarder de près quand on critique les opérations militaires d'un capitaine aussi accompli dans toutes les parties de son art, et s'appliquant plus que jamais à bien faire dans une circonstance qui allait décider de l'existence de la France et de la sienne.

leur concours. Il répétait que les Prussiens battus ou repliés, il reviendrait sans perte de temps vers la droite, pour appuyer Ney dans le mouvement de l'armée sur Bruxelles. Enfin il lui exposait son plan pour le reste de la campagne. — Il voulait, disait-il, avoir deux ailes, l'une sous le maréchal Ney, composée des corps de Reille et d'Erlon, avec une portion de la cavalerie, l'autre sous Grouchy, composée des corps de Vandamme et Gérard, également avec un contingent de cavalerie, et se proposait avec la garde, Lobau, la réserve de cavalerie, comprenant environ 40 mille hommes, de se porter tantôt à l'une, tantôt à l'autre de ces deux ailes, et de les élever ainsi alternativement à la force et au rôle d'armée principale.

Ces doubles instructions furent confiées au comte de Flahault, aide de camp de l'Empereur, officier de confiance, connaissant bien la langue anglaise et les Anglais, et pouvant être fort utile au maréchal Ney. Le comte de Flahault devait en passant à Gosselies et sur les divers points de la route des Quatre-Bras, communiquer aux chefs de corps les intentions de l'Empereur, pour qu'ils s'y conformassent immédiatement, même avant l'arrivée des ordres du major général. M. de Flahault partit environ à neuf heures[1].

Ces divers ordres expédiés à droite dans la direction de Fleurus, à gauche dans celle des Quatre-

[1] Une lettre du général Reille, datée de dix heures un quart de Gosselies, annonce le passage du comte de Flahault comme ayant déjà eu lieu. Ce pouvait donc être entre neuf heures et demie et dix heures que M. de Flahault avait passé à Gosselies.

Bras, parvinrent à leur destination, les uns à neuf, les autres à dix heures. En ce moment les troupes étaient de toute part en marche. Vandamme s'était avancé de Gilly sur Fleurus, et s'était rangé en avant de cette petite ville, couvert par la cavalerie légère de Pajol et par les dragons d'Exelmans. Le général Gérard avait passé la Sambre au Châtelet, et par un mouvement à gauche s'était acheminé sur Fleurus. La garde forte de 18 mille hommes de toutes armes (nous ne comprenons dans ce chiffre que les combattants, les autres étaient au parc), avait dépassé Gilly, et s'approchait de Fleurus. La journée était belle, mais chaude. Déjà on voyait les Prussiens se déployer en avant de Sombreffe, derrière les coteaux de Saint-Amand et de Ligny, avec l'intention évidente de livrer bataille.

A Charleroy même le comte de Lobau avait franchi la Sambre, et la grosse cavalerie après lui. Celle-ci divisée en deux corps avait pris deux directions différentes. Les cuirassiers de Milhaud étaient allés joindre Vandamme, Gérard et la garde du côté de Fleurus. Les cuirassiers de Valmy s'étaient dirigés à gauche, vers Gosselies et les Quatre-Bras. Sur cette route des Quatre-Bras, d'Erlon avec le 1ᵉʳ corps, parvenu tard la veille à Marchiennes, laissait reposer ses troupes, en attendant les ordres de son chef, le maréchal Ney. Si le service d'état-major eût été fait comme du temps de Berthier, communication directe lui eût été donnée des instructions destinées à Ney, afin qu'il pût sans perte de temps concourir à leur exécution, en se mettant tout de suite en marche. Le général Reille rendu la veille à Gosselies, avec la totalité du 2ᵉ corps, y avait passé la nuit. Il avait à Gosselies même les divisions Foy et Jérôme, un peu à droite la division Girard envoyée à Wagnelée, et enfin très-près des Quatre-Bras, c'est-à-dire à Frasnes, la division Bachelu, avec laquelle Ney avait la veille tenu en respect le prince de Saxe-Weimar. Là étaient encore la division de cavalerie Piré et la cavalerie légère de Lefebvre-Desnoëttes. Ney après avoir passé la nuit à Gosselies avec le général Reille, l'avait quitté pour se transporter à Frasnes, afin d'observer les mouvements des Anglais, et lui avait laissé le soin d'ouvrir les dépêches du quartier général pour communiquer à tous les chefs de corps les ordres impériaux, et en rendre ainsi l'exécution immédiate. Il s'était ensuite approché des Quatre-Bras, où il avait reçu de ce qui s'y passait une impression extrêmement vive.

Arrivée sur les lieux du prince d'Orange et du duc de Wellington.

En ce moment le prince d'Orange et le duc de Wellington étaient arrivés en personne aux Quatre-Bras. Ils y avaient été précédés par le général Perponcher, commandant la division la plus voisine qui se composait des brigades Saxe-Weimar et Bylandt. La brigade Saxe-Weimar était, comme nous l'avons dit, spontanément accourue dès la veille, et la brigade Bylandt était en marche pour se joindre à elle. Celle-ci ne devait pas être aux Quatre-Bras avant deux heures de l'après-midi. Les divisions anglaises, venant les unes d'Ath et de Nivelles, les autres de Bruxelles, ne pouvaient arriver que successivement, à trois, à quatre et à cinq heures.

Rôle assigné au prince d'Orange.

Néanmoins le prince d'Orange avait promis au duc de Wellington de faire tous ses efforts pour conserver les Quatre-Bras, et de sacrifier lui et ses soldats à l'accomplissement de ce devoir essentiel. Le duc de Wellington comptant sur ce brave lieutenant, s'était ensuite transporté sur la grande chaussée de Bruxelles à Namur, afin de se concerter avec le maréchal Blucher. Il avait trouvé celui-ci déployant son armée en avant de Sombreffe, et résolu à livrer bataille, qu'il fût ou ne fût pas soutenu. Le duc de Wellington aurait voulu le voir moins prompt à s'engager, pourtant il avait promis de lui apporter un secours efficace vers la fin du jour, en occupant les Quatre-Bras, et en tâchant de s'établir sur la droite de l'armée prussienne. Ces accords faits, le duc de Wellington était revenu sur la route de Bruxelles pour accélérer lui-même la marche de ses troupes.

Telles étaient les dispositions des généraux ennemis sur les diverses parties de ce vaste champ de bataille. Les généraux français, aussi vaillants que jadis, mais moins confiants, regardaient avec une sorte d'appréhension ce qui se passait autour d'eux. Ney plein d'ardeur, mais privé de sang-froid, craignait fort d'avoir sur les bras l'armée anglaise tout entière, et auprès de lui il ne manquait pas de généraux qui affirmaient qu'on allait avoir affaire à cent mille Anglais, tandis qu'on ne pourrait leur opposer que quelques milliers de Français. L'attitude presque offensive du prince d'Orange ne laissait pas de le lui faire croire, et tantôt il voulait se ruer sur ce prince avec les quatre mille chevaux dont il disposait, tantôt il écoutait ce qu'on lui rapportait des forces de l'ennemi, cachées, disait-on,

Juin 1815.

Entrevue du duc de Wellington et du maréchal Blucher; promesse d'unir leurs efforts pour arrêter Napoléon.

Hésitations et inquiétudes des généraux français.

derrière les bois, et de l'imprudence qu'il y aurait à les attaquer avant d'avoir réuni les quarante-cinq mille hommes que Napoléon lui avait promis.

Même chose se passait vers la droite. Le général Girard, l'un des plus braves officiers de l'armée, et des plus dévoués, avait été dirigé avec sa division sur Wagnelée, pour s'éclairer vers Fleurus, et, par ordre de l'Empereur, il y était resté afin de servir de lien entre les deux portions de l'armée française. Du point où il était, il apercevait très-distinctement les Prussiens, et les voyait se déployer en avant de Sombreffe. Aussi en avait-il fait rapport à son chef direct, le général Reille, en lui affirmant que l'Empereur allait bientôt avoir sur les bras l'armée prussienne entre Sombreffe et Fleurus. Ce rapport adressé à Gosselies, avait produit sur le général Reille une vive impression. Ce général, dont la conduite avait été si belle à Vittoria, avait malheureusement conservé de cette journée un souvenir ineffaçable, et il était de ceux qui se défiaient trop de la fortune pour agir avec décision et à propos. En ce moment, avoir les Anglais devant soi, et les Prussiens à dos, lui semblait une position des plus dangereuses, à laquelle il était bien possible qu'ils fussent exposés par la témérité accoutumée de Napoléon. Il était tout plein de ces pensées, lorsque passa le général de Flahault, se rendant auprès du maréchal Ney. Le général de Flahault lui communiqua les ordres impériaux, et comme le maréchal Ney avait laissé en partant la recommandation d'exécuter ces ordres dès qu'ils arriveraient, le général Reille aurait dû acheminer sur-le-champ vers

Frasnes son corps tout entier. Ce corps y aurait été au plus tard à midi, c'est-à-dire bien à temps pour culbuter les quelques bataillons du prince d'Orange. Loin de là, profitant de son crédit auprès du maréchal Ney, le général Reille prit sur lui de réunir son corps en avant de Gosselies, mais de l'y retenir jusqu'à ce que de nouveaux rapports du général Girard eussent révélé plus clairement les mouvements des Prussiens. Il est toujours très-hasardeux de substituer ses vues à celle du général en chef, mais sous un général en chef tel que Napoléon, dont la vaste prévoyance embrassait tout, prendre sur soi de modifier ses ordres, ou d'en différer l'exécution, était une conduite bien téméraire, et qui pouvait avoir, comme on le verra bientôt, les plus graves conséquences. Le général Reille informa le maréchal Ney du parti qu'il venait de prendre, et se hâta d'envoyer au comte d'Erlon placé en arrière, les ordres du quartier général, pour qu'il se mît en marche, et vînt se joindre au 2ᵉ corps, sur la route des Quatre-Bras. Ney, que les craintes de ses lieutenants, jointes à ses propres appréhensions, faisaient hésiter, dépêcha un officier de lanciers à Charleroy, pour dire à Napoléon qu'il craignait d'avoir sur son front l'armée anglaise, sur son flanc droit l'armée prussienne, et qu'il l'en informait, ne sachant pas s'il devait s'engager avec aussi peu de forces qu'il en avait en ce moment.

Napoléon allait quitter Charleroy pour se rendre à Fleurus, lorsqu'il reçut l'officier expédié par Ney. Il éprouva un véritable dépit en voyant Ney, ordinairement si résolu, retomber dans ses hésitations

Juin 1815.

Le général Reille, par suite des craintes qu'il a conçues, prend sur lui de ralentir la marche de son corps vers les Quatre-Bras.

Il en fait part à Ney.

Ney communique ses inquiétudes à Napoléon.

Napoléon lui répond pour le rassurer, et lui enjoint d'attaquer

74   LIVRE LX.

Juin 1815.
sur-le-champ les Quatre-Bras.

de la journée précédente, et lui fit répondre à l'instant que Blucher était la veille encore à Namur, qu'il ne pouvait par conséquent être aujourd'hui aux Quatre-Bras, qu'il ne devait y avoir là que quelques troupes anglaises venues de Bruxelles, et certainement peu nombreuses, qu'il fallait donc se hâter de réunir l'infanterie de Reille et de d'Erlon, la grosse cavalerie de Valmy, et de culbuter tout ce qu'on avait devant soi. Napoléon laissa au major général le soin de rédiger cet ordre, qui cette fois fut rédigé de la manière la plus nette et la plus précise. Napoléon partit aussitôt après pour Fleurus.

Ces ordres donnés, Napoléon se transporte à Fleurus où il arrive vers midi.

Il y arriva vers midi. Les troupes venaient à peine de le précéder, et elles se déployaient dans la plaine de Fleurus. A gauche de la grande route de Charleroy à Namur se trouvait le corps de Vandamme, composé des divisions d'infanterie Lefol, Berthezène et Habert, avec la cavalerie légère du général Domon. Plus à gauche encore la division Girard appartenant au corps de Reille, était restée dans la position intermédiaire de Wagnelée par ordre de Napoléon. (Voir la carte n° 63.) A droite se déployait sous Gérard le 4° corps, comprenant les divisions Vichery, Pecheux, Hulot, et la cavalerie de Maurin. Plus à droite et en avant on voyait la cavalerie légère de Pajol avec les dragons d'Exelmans, et en arrière les cuirassiers de Milhaud. Enfin en seconde ligne et en réserve, s'était rangée la garde tout entière, infanterie et cavalerie, avec une superbe artillerie. Ces belles troupes présentaient environ 64 mille hommes de toutes armes, conformé-

Déploiement de l'armée française

ment au compte que nous avons donné plus haut. A trois lieues en arrière, le comte de Lobau, demeuré avec 10 mille hommes au point de bifurcation, attendait le signal de se porter sur la route de Fleurus ou sur celle des Quatre-Bras. Le temps, comme nous l'avons déjà dit, était magnifique, mais la chaleur étouffante. Les troupes en proie à une singulière exaltation désiraient ardemment une bataille décisive, laquelle ne pouvait se faire attendre, à en juger par ce qu'on avait sous les yeux. L'arrivée du 4º corps avait appris à toute l'armée la défection du général de Bourmont. Cette nouvelle avait excité une colère inouïe. On qualifiait cette défection de trahison abominable, et on ne manquait pas d'ajouter que beaucoup d'autres officiers étaient prêts à en faire autant. La défiance contre ceux qui avaient servi la Restauration, ou qui ne partageaient pas assez complétement l'exaltation générale, était parvenue au comble. Un soldat, sortant des rangs pour aller droit à Napoléon, lui dit : Sire, défiez-vous de Soult, il vous trahit. — Tiens-toi en repos, repartit Napoléon, je te réponds de lui. — Soit, répliqua le soldat, et il rentra dans les rangs sans paraître convaincu. Ce soupçon d'ailleurs fort injuste, car le major général faisait en ce moment de son mieux, prouve l'état moral de l'armée, dévouée jusqu'au fanatisme, mais dépourvue de tout sang-froid. Le général Gérard, accouru près de Napoléon, éprouva d'abord quelque embarras pour lui parler du général de Bourmont, dont il s'était fait le garant. Napoléon, sans témoigner aucune humeur, lui dit en lui tirant l'oreille : « Vous le voyez, mon cher

Juin 1815.

en avant de Fleurus.

Exaltation des soldats, et désir d'une bataille décisive.

Défiance à l'égard des chefs, et irritation contre leur mollesse.

Gérard, *les bleus sont toujours bleus, les blancs sont toujours blancs* [1]. —

Les Prussiens se déployant devant nous, se montraient d'instant en instant plus nombreux. La plaine accidentée de Fleurus, dans laquelle allait se livrer l'une des plus terribles batailles du siècle, présentait l'aspect le plus imposant.

La grande chaussée de Namur à Bruxelles, dont nous avons déjà parlé plusieurs fois, et sur laquelle viennent aboutir les deux embranchements de la route de Charleroy, l'un aux Quatre-Bras, l'autre à Sombreffe, courait de notre droite à notre gauche sur une arête de terrain assez élevée, formant partage entre les eaux qui se rendent vers la Sambre et celles qui se jettent dans la Dyle. L'armée prussienne s'y portait en masse. A mesure qu'elle parvenait à la hauteur de Sombreffe, elle faisait demi-tour à gauche, et s'établissant vis-à-vis de Fleurus, venait se joindre aux divisions qui avaient quitté la veille Charleroy. Le terrain qu'elle occupait sur le flanc de la route et en face de nous était extrêmement favorable à la défensive.

Le ruisseau de Ligny sorti d'un pli de terrain le long de la chaussée de Namur à Bruxelles, assez près de Wagnelée, là même où la division Girard était en position, coulait de notre gauche à notre droite, presque parallèlement à la chaussée, et après plusieurs contours sinueux traversait trois villages appelés Saint-Amand-le-Hameau, Saint-Amand-la-

---

[1] Ce mot, si fameux, et souvent placé dans des occasions où il n'a pas été dit, fut adressé ce jour-là au général Gérard, de la bouche de qui je tiens ce récit.

Haye, le grand Saint-Amand. (Voir le plan particulier du champ de bataille de Ligny, dans la carte n° 65.) Arrivé au grand Saint-Amand ce ruisseau se détournait brusquement, et au lieu de suivre parallèlement la chaussée de Namur à Bruxelles, coulait presque perpendiculairement à elle, passait à travers le village de Ligny, continuait jusque près de Sombreffe, puis se redressant pour reprendre sa première direction, allait, en longeant des coteaux assez saillants, tomber dans un affluent de la Sambre. La route de Charleroy par laquelle nous arrivions, le franchissait sur un petit pont, et ensuite allait joindre la chaussée de Namur à Bruxelles à un endroit dit le *Point-du-Jour*, tout près de Sombreffe. Ce ruisseau de Ligny peu profond mais fangeux, bordé de saules et de hauts peupliers, était un champ de bataille tout indiqué pour un ennemi qui prétendait nous empêcher d'occuper l'importante chaussée de Namur à Bruxelles. Au delà de son lit et des villages qu'il traversait, le terrain s'élevait en talus jusque sur le flanc de la chaussée que les Prussiens voulaient défendre, et présentait un amphithéâtre chargé de quatre-vingt mille hommes. Vers le sommet de ce talus on distinguait le moulin de Bry, et derrière le moulin, dans un pli de terrain, le village de Bry lui-même, dont on n'apercevait que le clocher.

<small>Juin 1815.</small>

Les Prussiens s'étaient distribués de la manière suivante sur ce champ de bataille. Les deux divisions Steinmetz et Henkel, appartenant au corps de Ziethen, repoussé la veille de Charleroy, occupaient la première les trois villages de Saint-Amand, la

<small>Distribution de l'armée prussienne sur ce champ de bataille.</small>

seconde celui de Ligny. Elles avaient quelques bataillons dans les villages, et le reste était disposé en masses serrées sur le talus en arrière. Les divisions Pirch II et Jagow servaient de réserve, la première aux troupes défendant Saint-Amand, la seconde à celles qui défendaient Ligny. Il y avait là environ 30 mille hommes. Le corps de Pirch Ier, le deuxième de l'armée prussienne, placé sur la grande chaussée de Namur, à l'endroit dit *les Trois-Burettes*, formait avec ses quatre divisions, Tippelskirchen, Brauze, Krafft, Langen, une seconde ligne d'environ 30 mille hommes, prête à appuyer la première. Le 3e corps prussien, celui de Thielmann, arrivait dans le moment de Namur, et Blucher l'avait placé à son extrême gauche, en avant du Point-du-Jour, à l'endroit même où la route de Charleroy joint la chaussée de Namur. Il voulait ainsi défendre sa communication avec Namur et Liége, par laquelle devaient lui arriver le corps de Bulow et tout son matériel. La précaution était sage, mais allait paralyser la meilleure partie de son armée. Son plan consistait, d'abord à bien protéger le point où la route de Charleroy coupait la grande chaussée de Namur à Bruxelles, c'est-à-dire le Point-du-Jour et Sombreffe, puis à défendre vigoureusement Ligny et les trois Saint-Amand, et enfin comme la présomption ne manquait jamais à son énergie, à percer au delà de Saint-Amand, à refouler Napoléon sur Charleroy, et à le jeter même dans la Sambre, les Anglais et la fortune aidant. Mais il se berçait d'une vaine illusion, et cette campagne de 1815, qui devait si bien finir pour lui, ne devait pas si bien commencer, et au moins dans cette journée du 16, la victoire devait encore une fois adoucir nos revers!

Bien que le terrain de Saint-Amand à Ligny disposé en amphithéâtre, dût être assez visible pour nous, cependant l'épaisse rangée d'arbres qui bordait le ruisseau gênait fort notre vue, et nous pouvions tout au plus distinguer à travers quelques percées les masses accumulées de l'armée prussienne. Au milieu de la plaine de Fleurus et un peu sur notre droite, s'élevait un moulin, dont le propriétaire effrayé pour son bien, était accouru afin d'y veiller. Le bonnet à la main, et tout ému de se trouver en face de Napoléon, il le fit monter par des échelles tremblantes jusqu'au toit de son moulin, d'où l'on pouvait examiner à l'aise le champ de bataille choisi par l'ennemi. Du haut de cet observatoire Napoléon aperçut très-distinctement les trente mille hommes de Ziethen rangés partie dans les villages de Saint-Amand et de Ligny, partie sur le talus en arrière, et au-dessus, sur la grande chaussée de Namur à Bruxelles, le corps de Pirch Ier, égal en nombre à celui de Ziethen, enfin les troupes de Thielmann qui venant de Namur commençaient à garnir les coteaux situés vis-à-vis de notre extrême droite. Il évalua cette armée à environ 90 mille hommes, et il ne se trompait guère, puisqu'elle était en réalité de 88 mille, par suite des légères pertes de la veille. Napoléon comprit aussitôt qu'il avait sous les yeux l'armée prussienne à peine réunie, et n'ayant pas pu se joindre encore aux Anglais, puisqu'elle ne faisait que d'arriver bien qu'elle eût été avertie la première de notre

Juin 1815.

Napoléon monte dans un moulin pour observer le champ de bataille

apparition, tandis que les Anglais, avertis douze heures plus tard, et ayant une distance double au moins à franchir, ne pouvaient évidemment pas être encore au rendez-vous. Il forma donc le projet de l'attaquer immédiatement en s'y prenant de la manière suivante. Il résolut à son extrême droite, le long des coteaux que borde le ruisseau de Ligny en s'approchant de la Sambre, de se borner à des démonstrations apparentes mais peu sérieuses, afin de retenir sur ce point une partie des forces de Blucher en l'inquiétant pour ses communications avec Namur, puis avec sa droite elle-même composée de l'infanterie de Gérard, d'attaquer vigoureusement Ligny, d'attaquer tout aussi vigoureusement avec sa gauche, composée de Vandamme et de la division Girard, les trois Saint-Amand, et de tenir enfin la garde en réserve, pour la porter là où la résistance paraîtrait le plus difficile à vaincre. Mais pour assurer de plus grandes conséquences à cette bataille, qui ne serait pas très-avantageuse si elle se réduisait à une position vaillamment emportée, il imagina d'y faire contribuer les troupes de Ney d'une façon qui devait être décisive. Si nous avons bien retracé la configuration du pays, le lecteur doit comprendre que l'ensemble du champ de bataille présentait un triangle allongé, dont le sommet était à Charleroy, et dont les deux côtés venaient tomber sur la grande chaussée de Namur à Bruxelles, l'un aux Quatre-Bras, l'autre à Sombreffe (Sombreffe et le Point-du-Jour sont à peu près équivalents. Voir la carte n° 65). Napoléon et Ney, en faisant face le premier aux Prussiens, le second aux Anglais, étaient rangés chacun sur un côté du triangle, et étaient pour ainsi dire adossés l'un à l'autre, à la distance de trois lieues environ. Il était donc facile à Ney qui ne pouvait pas encore avoir beaucoup de monde à combattre, de détacher 12 ou 15 mille hommes sur les 45 mille dont il disposait, lesquels faisant volte-face devaient prendre à revers la position de Ligny et de Saint-Amand, et envelopper la plus grande partie de l'armée prussienne. Si cette manœuvre était exécutée à temps, Marengo, Austerlitz, Friedland, n'auraient pas procuré de plus vastes résultats que la bataille qui se préparait, et certes nous avions grand besoin qu'il en fût ainsi !

Juin 1815.

Ordre à Ney de se rabattre sur les Prussiens.

Les routes ne manquaient pas pour opérer la manœuvre projetée, car outre beaucoup de bons chemins de traverse aboutissant de Frasnes à Saint-Amand, il était facile en rétrogradant quelque peu sur la route des Quatre-Bras, de gagner l'ancienne chaussée dite *des Romains*, laquelle coupe le triangle que nous venons de décrire, et passe près de Saint-Amand pour aller rejoindre la chaussée de Namur à Bruxelles.

Napoléon, descendu du moulin d'où il avait si bien jugé la situation, donna sur-le-champ les ordres d'attaque. Les chefs de corps rangés autour de lui étaient comme la veille fort préoccupés de ce qu'ils avaient sous les yeux. Tandis que Ney aux Quatre-Bras croyait avoir toute l'armée anglaise devant lui, eux s'imaginaient avoir à combattre les Anglais et les Prussiens réunis. Pourtant l'armée anglaise ne pouvait être à la fois aux Quatre-Bras et

Inquiétudes des généraux français du côté de Fleurus comme du côté des Quatre-Bras.

Juin 1815.

Napoléon les rassure.

à Saint-Amand. Néanmoins le raisonnement de nos généraux, pour des gens qui n'avaient pas l'ensemble des choses présent à l'esprit, était spécieux. Suivant eux, Blucher déjà établi sur la grande chaussée de Namur à Bruxelles, devait s'être relié aux Anglais qui allaient unir leurs forces aux siennes, car s'il en était autrement sa droite à Saint-Amand se trouverait sans soutien, et exposée au plus grave péril. N'admettant pas une telle faute, ils croyaient que Blucher devait avoir l'appui de l'armée anglaise soit derrière lui, soit sur sa droite. Napoléon leur répondit que Blucher, brave mais irréfléchi, n'y regardait pas de si près, qu'il s'avançait même avant de pouvoir être appuyé par les Anglais, dans l'espérance de se relier à eux, que probablement il le payerait cher, l'arrivée en ce moment de l'armée anglaise sur le prolongement de Saint-Amand étant absolument impossible. Il leur ordonna d'aller occuper sur-le-champ leur position d'attaque, sauf à attendre un dernier signal pour ouvrir le feu. Il dit au général Gérard qu'il affectionnait particulièrement, que si la fortune le secondait un peu dans cette journée, il comptait sur des résultats qui décideraient du sort de la guerre. Ses lieutenants partirent pour prendre la position qu'il leur avait assignée.

D'après ses ordres, Vandamme avec ses trois divisions prenant à gauche de la route de Charleroy par laquelle nous étions arrivés, vint se déployer devant Saint-Amand, ayant à son extrême gauche la division Girard qu'il commandait pour la journée, et un peu au delà la cavalerie du général Domon. Gérard avec le 4ᵉ corps, suivant droit devant lui la grande route, s'avança l'espace d'une demi-lieue, puis pivotant sur sa gauche la droite en avant, vint se ranger devant le village de Ligny, de manière à former un angle presque droit avec Vandamme. Grouchy, avec la cavalerie légère de Pajol et les dragons d'Exelmans, poursuivit au grand trot les tirailleurs ennemis jusqu'au pied des coteaux que baigne le ruisseau de Ligny en coulant vers la Sambre. Enfin la garde tout entière s'établit en avant de Fleurus, entre Vandamme et Gérard, formée en colonnes serrées. Elle avait sur son front la réserve d'artillerie, sur l'un de ses flancs sa propre cavalerie, et sur l'autre les superbes cuirassiers de Milhaud.

Cette masse de 64 mille hommes, rangée ainsi en bataille, demeura immobile pendant plus d'une heure, dans l'attente du canon de Ney. Napoléon aurait voulu qu'avant de commencer dans la plaine de Fleurus, l'action fût préalablement engagée aux Quatre-Bras, afin que Ney eût le temps de se rabattre sur les Prussiens. A deux heures il lui avait expédié un message pour lui annoncer qu'on allait attaquer l'armée prussienne établie en avant de Sombreffe, qu'il devait lui de son côté refouler tout ce qui était aux Quatre-Bras, et ensuite exécuter un mouvement en arrière, afin de prendre les Prussiens à revers. Un détachement de 12 à 15 mille hommes, facile à opérer vu le peu d'ennemis réunis aux Quatre-Bras, devait produire d'immenses résultats.

Cet ordre expédié, et après avoir différé encore jusqu'à deux heures et demie, non sans étonnement et sans humeur, Napoléon donna le signal de l'at-

Juin 1815.

Napoléon, après avoir longtemps attendu le canon de Ney, finit par donner le signal du combat.

Nouvel ordre à Ney de hâter son attaque.

A deux heures et demie Vandamme commence l'action.

taque. La réponse à ce signal ne se fit pas attendre.

Vandamme lança sur le grand Saint-Amand la division Lefol qui formait sa droite. Au moment de commencer le feu, le général Lefol rangea sa division en carré, et lui adressa une harangue chaleureuse, à laquelle elle répondit par des cris passionnés de *Vive l'Empereur!* La distribuant ensuite en plusieurs colonnes il la mena droit à l'ennemi. En approchant du grand Saint-Amand le terrain allait en pente : des haies, des clôtures, des vergers, précédaient le village lui-même construit en grosse maçonnerie. Au delà se trouvait le lit du ruisseau, marqué par une bordure d'arbres très-épaisse, à travers laquelle quelques éclaircies laissaient apercevoir les réserves prussiennes pourvues d'une nombreuse artillerie. A peine nos soldats se furent-ils mis en mouvement que la mitraille partant des abords du village, et les boulets lancés par les batteries au-dessus, firent dans leurs rangs de cruels ravages. Un seul boulet emporta huit hommes dans une de nos colonnes. L'enthousiasme était trop grand pour que nos soldats en fussent ébranlés. Ils se précipitèrent en avant presque sans tirer, et pénétrant dans les jardins, les vergers, ils en chassèrent les Prussiens à coups de baïonnette, après avoir du reste rencontré une vive résistance. Ils entrèrent ensuite dans le village, malgré les obstacles dont on avait obstrué les rues, malgré le feu des fenêtres, et contraignirent l'ennemi à repasser le ruisseau. Enhardis par ce succès qui n'avait pas laissé de leur coûter cher, ils voulurent poursuivre les fuyards, mais au delà du ruisseau ils aperçurent soudainement les six bataillons de réserve de la division Steinmetz, qui firent pleuvoir sur eux les balles et la mitraille, et ils furent ramenés non par la violence du feu, mais par l'impossibilité de triompher des masses d'infanterie rangées en amphithéâtre sur le talus que surmontait le moulin de Bry.

Juin 1815.

Le général Steinmetz voulut à son tour reconquérir le village perdu, et ajoutant de nouveaux bataillons à ceux qui venaient d'être repoussés du grand Saint-Amand, il s'efforça d'y rentrer. Mais nos soldats, s'ils ne pouvaient dépasser le village conquis, n'étaient pas gens à s'en laisser expulser. Ils attendirent les Prussiens de pied ferme, puis les accueillirent par un feu à bout portant, et les obligèrent de se replier sur leurs réserves. Alors le général Steinmetz revint à la charge avec sa division tout entière, en dirigeant quelques bataillons sur sa droite pour essayer de tourner le grand Saint-Amand.

La division Steinmetz essaye en vain de reprendre Saint-Amand.

Vandamme qui suivait attentivement les phases de ce combat, envoya une brigade de la division Berthezène pour faire face aux troupes chargées de tourner le grand Saint-Amand, et dirigea la division Girard sur les deux villages au-dessus, Saint-Amand-la-Haye et Saint-Amand-le-Hameau. Tandis que la division Lefol faisait tomber sous ses balles ceux qui essayaient de franchir le ruisseau, la brigade Berthezène contint tout ce qui tenta de tourner le grand Saint-Amand, et le brave général Girard, partageant l'ardeur de ses soldats, s'avança sur la Haye, ayant la brigade de Villiers à droite, la brigade Piat à gauche. Il pénétra dans la Haye malgré

La division Girard s'empare de Saint-Amand-la-Haye.

un feu épouvantable, et parvint à s'y établir. Nous demeurâmes ainsi maîtres des trois Saint-Amand, sans néanmoins pouvoir déboucher au delà, en présence des masses de l'armée prussienne, car derrière la division Steinmetz se trouvaient les restes du corps de Ziethen et tout le corps de Pirch Ier, c'est-à-dire une cinquantaine de mille hommes.

L'action avait commencé un peu plus tard, mais non moins vivement, du côté de Ligny. Le général Gérard, après avoir exécuté le long du ruisseau de Ligny une reconnaissance dans laquelle il faillit être enlevé, comprit que devant la cavalerie prussienne et le corps de Thielmann accumulés au Point-du-Jour, il fallait de grandes précautions pour son flanc droit et ses derrières. Il se pouvait en effet que pendant qu'il se porterait sur Ligny par un mouvement de conversion, l'infanterie de Thielmann descendant du Point-du-Jour le prît en flanc, et que la cavalerie prussienne passant le ruisseau de Ligny sur tous les points courût sur ses derrières. En présence de ce double danger il rangea en bataille, de Tongrinelle à Balâtre, la division de Bourmont, que commandait maintenant le général Hulot, et lui ordonna de défendre opiniâtrément les bords du ruisseau de Ligny. Cette division placée ainsi en potence sur sa droite, appuyée en outre par la cavalerie du 4e corps sous les ordres du général Maurin, et par les nombreux escadrons de Pajol et d'Exelmans, devait le garantir contre une attaque de flanc et contre des courses sur ses derrières. Ces précautions prises, le général Gérard s'avança sur le village de Ligny avec les divisions Vichery et Pecheux, décrivant, comme nous l'avons dit, un angle presque droit avec la ligne de bataille du général Vandamme.

Juin 1815.

Il disposa ses troupes en trois colonnes afin d'aborder successivement le village de Ligny, qui s'étendait sur les deux rives du ruisseau. Il fallait pour y arriver franchir une petite plaine, et puis enlever des vergers et des clôtures précédant le village lui-même. En approchant les trois colonnes de Gérard furent assaillies par un tel feu, que malgré leur énergie elles furent contraintes de rétrograder. Le général Gérard fit alors avancer une nombreuse artillerie, et cribla le village de Ligny de tant de boulets et d'obus, qu'il en rendit le séjour impossible aux bataillons détachés des divisions Henkel et Jagow. Profitant de leur ébranlement il lança ses trois colonnes, et les dirigeant lui-même sous un feu violent, il emporta d'abord les vergers, puis les maisons, et parvint jusqu'à la grande rue du village, parallèle au ruisseau de Ligny. Alors il s'engagea une suite de combats furieux qui avaient, au dire d'un témoin oculaire, la férocité des guerres civiles, car la haine connue des Prussiens contre nous avait provoqué chez nos soldats une sorte de rage, et on ne leur faisait pas de quartier, pas plus qu'ils n'en faisaient aux Français. Le général Gérard ayant lui-même amené sa réserve, poussa la conquête de la grande rue jusqu'à la ligne du ruisseau, et pénétra même au delà, mais un brusque retour de la division Jagow l'obligea de rétrograder. Tandis que la grande rue longeait le village parallèlement au ruisseau, une autre rue formant croix avec elle, et

Combat furieux dans l'intérieur du village de Ligny.

traversant le ruisseau sur un petit pont, passait devant l'église qui était construite sur une plate-forme élevée. Les bataillons de Jagow qui avaient repris l'offensive, débouchant par cette rue transversale, fondirent jusqu'à la place de l'église, et nous ramenèrent presque à l'extrémité du village. Mais Gérard l'épée à la main, reportant ses soldats en avant, demeura maître de la grande rue. A droite il plaça une artillerie nombreuse sur la plate-forme de l'église, laquelle couvrait de mitraille les Prussiens dès qu'ils essayaient de revenir par la rue transversale, et il établit à gauche, dans un vieux château à demi ruiné (lequel n'existe plus aujourd'hui), une garnison pourvue d'une bonne artillerie. Il parvint ainsi à se soutenir dans l'intérieur de Ligny, grâce à des prodiges d'énergie et de dévouement personnel. Mais là comme à Saint-Amand le caractère de la bataille restait le même : nous avions conquis les villages qui nous séparaient des Prussiens, sans pouvoir aller au delà en présence de leurs réserves rangées en amphithéâtre jusqu'au moulin de Bry.

Cette situation justifiait la savante manœuvre imaginée par Napoléon, car une attaque à revers contre la ligne des Prussiens, de Saint-Amand à Ligny, pouvait seule mettre fin à leur résistance; et elle devait faire mieux encore, elle devait en les plaçant entre deux feux nous livrer une moitié de leur armée.

Napoléon, impatient de voir exécuter cette manœuvre, expédia un nouvel ordre à Ney, dont le canon commençait à gronder, mais qui, d'après

WATERLOO.

Juin 1815.

toutes les vraisemblances, ne pouvait pas être tellement occupé avec les Anglais qu'il fût dans l'impossibilité de détacher dix ou douze mille hommes sur les derrières de Blucher. Daté de trois heures un quart, rédigé par le maréchal Soult, et confié à M. de Forbin-Janson, cet ordre disait au maréchal Ney : « Monsieur le maréchal, l'engagement que je » vous avais annoncé *est ici très-prononcé*. L'Em» pereur me charge de vous dire que vous devez » manœuvrer sur-le-champ de manière à envelop» per la droite de l'ennemi, et *tomber à bras rac*» *courcis sur ses derrières*. L'armée prussienne est » perdue si vous agissez vigoureusement : *le sort de* » *la France est entre vos mains*. »

Tandis que M. de Forbin-Janson portait en toute hâte cet ordre aux Quatre-Bras, la bataille continuait avec une égale fureur, sans que les Prussiens parvinssent à nous enlever le cours du ruisseau de Ligny, mais sans que nous pussions le franchir nous-mêmes. Le vieux général Friant qui commandait les grenadiers à pied de la garde, et dont une vie entière passée au feu avait exercé le coup d'œil, s'avança vers Napoléon et lui dit en lui montrant les villages : Sire, nous ne viendrons jamais à bout de ces gens-là, si vous ne les prenez à revers, au moyen de l'un des corps dont vous disposez. — Sois tranquille, lui répondit Napoléon ; j'ai ordonné ce mouvement trois fois, et je vais l'ordonner une quatrième. — Il savait en effet que le corps de d'Erlon, mis en marche le dernier, devait avoir dépassé tout au plus Gosselies, et qu'un officier dépêché au galop le trouverait assez près de nous pour qu'il

Juin 1815.

fût facile de le ramener sur Saint-Amand. Il envoya La Bédoyère avec un billet écrit au crayon, contenant l'ordre formel à d'Erlon de rebrousser chemin s'il était trop avancé, ou s'il était seulement à hauteur, de se rabattre immédiatement par la vieille chaussée romaine sur les derrières du moulin de Bry. Cet ordre, dont l'exécution ne paraissait pas douteuse, devait assurer un résultat égal aux plus grands triomphes du temps passé. Mais la fortune le voudrait-elle?

Nouveaux et violents efforts de Blucher pour reprendre Ligny et les trois Saint-Amand.

Pendant ce temps Blucher, dont l'énergie et le patriotisme ne se décourageaient point, avait lancé sur Ligny tout ce qui restait des divisions Henkel et Jagow. Ces bataillons frais se jetant dans le village avaient un moment atteint la grande rue, et le général Gérard redoublant d'art et de courage, employant jusqu'à ses dernières réserves, tenant toujours à droite sur la plate-forme de l'église, à gauche dans le vieux château, ne s'était pas laissé arracher sa conquête, mais faisait dire à Napoléon qu'il était à bout de ressources, et qu'il fallait indispensablement venir à son secours. Quatre mille cadavres jonchaient déjà le village de Ligny.

Du côté de Saint-Amand, Blucher avait également tenté un effort violent, en portant en ligne le corps de Pirch Ier, pour soutenir celui de Ziethen, c'est-à-dire en engageant les 60 mille hommes qui se trouvaient entre Bry et Saint-Amand. Il avait envoyé la division Pirch II au secours de celle de Steinmetz, avec ordre de reprendre à tout prix Saint-Amand-la-Haye, et dirigé la division Tippelskirchen sur Saint-Amand-le-Hameau avec des instructions tout aussi énergiques. Il avait joint à cette masse d'infanterie la cavalerie entière des 2ᵉ et 1ᵉʳ corps, sous le général de Jurgas, dans l'intention de tourner la gauche de Vandamme. En même temps il avait fait avancer les trois autres divisions du 2ᵉ corps, celles de Brauze, Krafft, Langen, afin de remplacer sur les hauteurs de Bry les troupes qui allaient s'engager, et prescrit au général Thielmann de se diriger sur Sombreffe, sans trop dégarnir le Point-du-Jour, par où devait déboucher Bulow (4ᵉ corps). Il lui avait même recommandé d'inquiéter les Français pour leur droite en exécutant une démonstration sur la route de Charleroy. *Juin 1815.*

En conséquence de ces dispositions, Blucher, marchant lui-même à la tête de ses soldats, tenta sur les trois Saint-Amand une attaque des plus vigoureuses. La division Pirch II se précipita sur Saint-Amand-la-Haye avec la plus grande impétuosité, et parvint à y pénétrer. Le général Girard [1] repoussé, y rentra avec sa brigade de gauche, celle du général Piat, et réussit à s'y maintenir. Blucher à la tête des bataillons ralliés de Pirch II, reparut une seconde fois dans les avenues de ce village couvert de morts; mais Girard, par un dernier effort, repoussa de nouveau l'énergique vieillard qui prodiguait pour sa patrie un courage inépuisable. Girard qui avait annoncé qu'il ne survivrait pas aux désastres de la France si elle devait être encore vaincue, fut frappé mortellement dans cette lutte désespérée. Ses deux géné- *Efforts héroïques de la division Girard dans Saint-Amand-la-Haye.*

[1] Le lecteur n'aura pas oublié que le général Girard, commandant une division détachée du 2ᵉ corps, n'est point le général Gérard commandant le 4ᵉ corps et attaquant en ce moment le village de Ligny.

Juin 1815.

raux de brigade, de Villiers et Piat, furent mis hors de combat. Chaque colonel commandant alors où il était, le brave Tiburce Sébastiani, colonel du 11ᵉ léger, réussit par des prodiges de valeur et de présence d'esprit à se maintenir dans Saint-Amand-la-Haye. Sur 4,500 hommes, la division Girard en avait déjà perdu un tiers, outre ses trois généraux.

Plus à gauche, c'est-à-dire vers Saint-Amand-le-Hameau, la division Habert, envoyée par Vandamme au secours de Girard, arrêta très-heureusement la cavalerie de Jurgas et l'infanterie de la division Tippelskirchen. Cachant dans les blés qui étaient mûrs et très-élevés une nuée de tirailleurs, le général Habert attendit sans se montrer l'infanterie et la cavalerie prussiennes, et les laissa s'avancer jusqu'à demi-portée de fusil. Alors ordonnant tout à coup un feu de mousqueterie bien dirigé, il causa une telle surprise à l'ennemi, qu'il l'obligea de se replier en désordre. Grâce à ces efforts combinés, nous restâmes maîtres des trois Saint-Amand, sans réussir néanmoins à dépasser le cours sinueux du ruisseau de Ligny. A l'extrémité opposée du champ de bataille, c'est-à-dire à notre droite, l'infanterie de Thielmann ayant descendu du Point-du-Jour par la route de Charleroy, une charge vigoureuse des dragons d'Exelmans la ramena au fatal ruisseau, et la division Hulot, répandue en tirailleurs, l'y contint par un feu continuel. Arrêtés ainsi à la ligne tortueuse de ce ruisseau de Ligny, nous usions l'ennemi et il nous usait, ce qui était plus fâcheux pour nous que pour lui, car il nous aurait fallu une victoire prompte et complète pour venir à bout

Horrible effusion de sang résultant de la prolongation de la bataille.

WATERLOO. 93

des deux armées que nous avions sur les bras. Mais Napoléon, toujours à cheval et en observation, avait soudainement imaginé un moyen de rendre la prolongation du combat beaucoup plus meurtrière pour les Prussiens que pour les Français. Nous avons dit que le ruisseau sur lequel étaient situés les villages disputés changeant brusquement de direction au sortir du grand Saint-Amand, il en résultait que le village de Ligny formait presque un angle droit avec celui de Saint-Amand. Napoléon en se portant vers Ligny, c'est-à-dire sur le côté de l'angle, découvrit une éclaircie dans la rangée d'arbres qui bordait le ruisseau, et à travers laquelle on apercevait les corps de Ziethen et de Pirch Ier disposés les uns derrière les autres jusqu'au moulin de Bry. Il fit amener sur-le-champ quelques batteries de la garde qui prenant ces masses en écharpe, y causèrent bientôt d'affreux ravages. Chaque décharge emportait des centaines d'hommes, renversait les canonniers et les chevaux, et faisait voler en éclats les affûts des canons. Contemplant ce spectacle avec l'horrible sang-froid que la guerre développe chez les hommes les moins sanguinaires, Napoléon dit à Friant, qui ne le quittait pas : Tu le vois, le temps qu'ils nous font perdre leur coûtera plus cher qu'à nous. — Pourtant tuer, tuer des hommes par milliers ne suffisait pas : il était tard, et il fallait en finir avec l'armée prussienne, pour être en mesure le lendemain de courir à l'armée anglaise. Le général Friant se désolant de ce que le mouvement ordonné sur les derrières de l'armée prussienne ne s'exécutait pas, Tiens-toi tranquille, lui répéta Na-

Juin 1815.

Napoléon établit des batteries qui, prenant les Prussiens en écharpe, leur causent de grandes pertes.

Le comte d'Erlon n'arrivant pas, Napoléon imagine de déboucher

Juin 1815.

avec la garde au-dessus de Ligny, et de couper en deux l'armée prussienne.

poléon; il n'y a pas qu'une manière de gagner une bataille; et avec sa fertilité d'esprit il imagina sur-le-champ une autre combinaison pour terminer promptement cette lutte affreuse.

L'effet de son artillerie tirant d'écharpe sur les masses prussiennes lui suggéra tout à coup l'idée de se porter plus haut encore sur leur flanc, de dépasser Ligny, d'en franchir le ruisseau avec toute la garde, et de prendre ainsi à revers les soixante mille hommes qui attaquaient les trois Saint-Amand. Si ce mouvement réussissait, et exécuté avec la garde on ne pouvait guère en douter, l'armée prussienne était coupée en deux; Ziethen et Pirch étaient séparés de Thielmann et de Bulow, et bien que le résultat ne fût pas aussi grand qu'il aurait pu l'être si un détachement de Ney eût paru sur les derrières de Blucher, il était grand néanmoins, très-grand encore, et même suffisant pour nous débarrasser des Prussiens pendant le reste de la campagne.

Napoléon allait exécuter cette manœuvre, lorsqu'un cri d'alarme est poussé du côté de Vandamme.

Cette combinaison imaginée, Napoléon prescrivit à Friant de former la garde en colonnes d'attaque, de s'élever jusqu'à la hauteur de Ligny, et de passer derrière ce village, pour aller franchir au-dessus le sinistre ruisseau qui était déjà rempli de tant de sang.

Ces ordres commençaient à s'exécuter, lorsque l'attention de Napoléon fut brusquement attirée du côté de Vandamme. Blucher en effet tentant un nouvel effort, avait ramené en arrière les divisions épuisées de Ziethen, et porté en avant celles de Pirch Ier, pour livrer encore un assaut aux trois Saint-Amand. Vandamme avait épuisé ses réserves, et demandait instamment du secours. Il n'était plus possible de le lui faire attendre dans l'espérance d'un mouvement sur les derrières de l'ennemi, qui bien qu'ordonné plusieurs fois ne s'exécutait pas. Napoléon lui envoya sans différer une partie de la jeune garde sous le général Duhesme, et fit continuer la marche de la vieille garde et de la grosse cavalerie dans la direction de Ligny. A la vue de la garde qui s'ébranlait pour les secourir, les troupes de Vandamme à gauche, celles de Gérard à droite, poussèrent des cris de joie. Les acclamations de *Vive l'Empereur !* furent réciproquement échangées. Le comte de Lobau que la violence de la canonnade avait décidé à se rapprocher de Fleurus, vint prendre la place de la garde impériale et former la réserve.

Il était temps que le secours de la jeune garde arrivât à Vandamme, car la division Habert placée à Saint-Amand-le-Hameau pour soutenir la division Girard à moitié détruite, voyant de nouvelles masses prussiennes s'avancer contre elle, et apercevant d'autres colonnes prêtes à la prendre à revers, commençait à céder du terrain. Vandamme accouru sur les lieux, et moins effrayé des masses qu'il avait devant lui que de celles qui se montraient sur ses derrières, n'avait pu se défendre d'un trouble subit. Kulm avec toutes ses horreurs s'était présenté soudainement à son esprit, et il en avait frémi. Effectivement il avait aperçu des colonnes profondes portant un habit assez semblable à l'habit prussien, qui semblaient manœuvrer de manière à l'envelopper. Ne voulant pas comme en Bohême être pris entre

Juin 1815.

On a cru voir des troupes ennemies sur la gauche et les derrières de Vandamme.

Un officier

deux feux, il chargea un officier d'aller reconnaître la troupe qui s'avançait ainsi sur les derrières de la division Habert. Cet officier, n'ayant pas observé d'assez près l'ennemi supposé, revint bientôt au galop, persuadé qu'il avait vu une colonne prussienne, et l'affirmant à Vandamme. Celui-ci alors reploya la division Habert, et la plaça en potence sur sa gauche, de manière à la soustraire aux ennemis trop réels qui la menaçaient par devant, et aux ennemis imaginaires qui la menaçaient par derrière. En même temps il dépêcha officiers sur officiers à Napoléon, pour lui faire part de ce nouvel incident.

Napoléon fut singulièrement surpris de ce qu'on lui mandait. Il ne pouvait se rendre compte d'un événement aussi singulier, car pour qu'une colonne anglaise ou prussienne eût réussi à se glisser entre l'armée française qui combattait aux Quatre-Bras et celle qui combattait à Saint-Amand, il aurait fallu que les divers corps de cavalerie placés à la droite de Ney, à la gauche de Vandamme, eussent passé la journée immobiles et les yeux fermés. Il aurait fallu surtout que le corps de d'Erlon, resté en arrière de Ney, n'eût rien aperçu, et ces diverses suppositions étaient également inadmissibles. Mais toutes les conjectures ne valaient pas un rapport bien fait et recueilli sur les lieux mêmes. Napoléon envoya plusieurs aides de camp au galop pour s'assurer par leurs propres yeux de ce qui se passait véritablement entre Fleurus et les Quatre-Bras, et avoir l'explication de cette apparition inattendue sur son flanc gauche de troupes réputées prussiennes. En attendant, il suspendit le mouvement de sa vieille garde vers

Ligny, car ce n'était pas le cas de se démunir de ses réserves, si un corps considérable était parvenu à se porter sur ses derrières. Mais il laissa la jeune garde s'avancer au soutien des divisions Habert et Girard épuisées, et fit continuer l'horrible canonnade qui prenant en flanc les masses prussiennes produisait tant de ravage parmi elles.

Pendant ce temps Blucher, que rien n'arrêtait, avait de nouveau lancé sur Saint-Amand-le-Hameau et sur Saint-Amand-la-Haye, les bataillons ralliés de Ziethen et de Pirch II. Attaquée pour la cinquième fois, la ligne de Vandamme était en retraite, lorsque la jeune garde, conduite par Duhesme, chargeant tête baissée sur le Hameau et la Haye, refoula les Prussiens, et reprit une dernière fois la ligne du ruisseau de Ligny. Au moment où elle rétablissait le combat, les aides de camp envoyés en reconnaissance revinrent, et dissipèrent l'erreur fâcheuse qu'un officier dépourvu de sang-froid avait fait naître dans l'esprit de Vandamme. Ce prétendu corps prussien qu'on avait cru apercevoir n'était que le corps de d'Erlon lui-même, qui d'après les ordres réitérés de Napoléon se dirigeait sur le moulin de Bry, et par conséquent venait prendre à revers la position de l'ennemi. Il n'y avait donc plus rien à craindre de ce côté, il n'y avait même que de légitimes espérances à concevoir, si les ordres déjà donnés tant de fois finissaient par recevoir leur exécution. Napoléon les renouvela, et néanmoins il se hâta de reprendre la grande manœuvre interrompue par la fausse nouvelle actuellement éclaircie. Chaque instant qui s'écoulait en augmentait l'à-propos, car

Blucher accumulant ses forces vers les trois Saint-Amand, laissait un vide entre lui et Thielmann, et un coup vigoureux frappé au-dessus de Ligny, dans la direction de Sombreffe, devait séparer les corps de Ziethen et de Pirch Ier de ceux de Thielmann et de Bulow, les jeter dans un grand désordre, et les rendre prisonniers de d'Erlon, si ce dernier achevait son mouvement. La manœuvre était dans tous les cas fort opportune, car elle portait le coup décisif si longtemps attendu, le rendait désastreux pour l'armée prussienne si d'Erlon était vers Bry, et s'il n'y était pas, ne terminait pas moins la bataille à notre avantage, en faisant tomber la résistance opiniâtre que nous rencontrions au delà du ruisseau de Ligny.

Napoléon ordonne donc à la vieille garde de reprendre son mouvement suspendu, et de défiler derrière Ligny jusqu'à l'extrémité de ce malheureux village. Il n'était pas homme à jeter ses bataillons d'élite dans Ligny même, où ils seraient allés se briser peut-être contre un monceau de ruines et de cadavres; il les porte un peu au delà, dans un endroit où l'on n'avait à franchir que le ruisseau et la rangée d'arbres qui en formait la bordure. Dirigeant lui-même ses sapeurs, il fait abattre les arbres et les haies, de manière à livrer passage à une compagnie déployée. Sur la gauche il place trois bataillons de la division Pecheux, qui débouchant du village de Ligny en même temps que la garde débouchera du ravin, doivent favoriser le mouvement de celle-ci. Il dispose ensuite six bataillons de grenadiers en colonnes serrées, et quatre de chasseurs pour les appuyer. Une sorte de silence d'attente règne chez ces admirables troupes, fières de l'honneur qui leur est réservé de terminer la bataille. En ce moment, le soleil se couchant derrière le moulin de Bry, éclaire de ses derniers rayons la cime des arbres, et Napoléon donne enfin le signal impatiemment attendu. La colonne des six bataillons de grenadiers se précipite alors dans le fond du ravin, traverse le ruisseau, et gravit la berge opposée, pendant que les trois bataillons de la division Pecheux débouchent de Ligny. L'obstacle franchi, les grenadiers s'arrêtent pour reformer leurs rangs, et aborder la hauteur où se trouvaient les restes des divisions Krafft et Langen soutenus par toute la cavalerie prussienne. Pendant qu'ils rectifient leur alignement, l'ennemi fait pleuvoir sur eux les balles et la mitraille; mais ils supportent ce feu sans en être ébranlés. La cavalerie prussienne les prenant à leur costume pour des bataillons de garde nationale mobilisée, s'avance et essaye de parlementer pour les engager à se rendre. L'un de ces bataillons se formant aussitôt en carré, couvre la terre de cavaliers ennemis. Les autres formés en colonnes d'attaque marchent baïonnette baissée, et culbutent tout ce qui veut leur tenir tête. La cavalerie prussienne revient à la charge, mais au même instant les cuirassiers de Milhaud fondent sur elle au galop. Une sanglante mêlée s'engage; mais elle se termine bientôt à notre avantage, et l'armée prussienne, coupée en deux, est obligée de rétrograder en toute hâte.

En ce moment Blucher après avoir tenté sur les

Juin 1815.

Il débouche avec la garde et la grosse cavalerie au-dessus de Ligny, et jette l'armée prussienne dans un affreux désordre.

Danger

trois Saint-Amand un dernier et inutile effort, était accouru pour rallier les troupes restées autour du moulin de Bry. Arrivé trop tard, et rencontré par nos cuirassiers, il avait été renversé, et foulé à leurs pieds. Cet héroïque vieillard, demeuré à terre avec un aide de camp qui s'était gardé de donner aucun signe qui pût le faire reconnaître, entendait le galop de nos cavaliers sabrant ses escadrons, et terminant la défaite de son armée. Pendant ce temps Vandamme débouchait enfin de Saint-Amand, Gérard de Ligny, et à droite le général Hulot avec la division Bourmont, perçant par la route de Charleroy à Namur, ouvrait cette route à la cavalerie de Pajol et d'Exelmans. Il était plus de huit heures du soir, l'obscurité commençait à envelopper cet horrible champ de bataille, et de la droite à la gauche la victoire était complète. Pourtant l'armée prussienne qui se retirait devant la garde impériale victorieuse, ne paraissait point harcelée sur ses derrières : d'Erlon tant appelé par les ordres de Napoléon, tant attendu, ne se montrait point, et on ne pouvait plus compter sur d'autres résultats que ceux qu'on avait sous les yeux. L'armée prussienne partout en retraite, nous livrait le champ de bataille, c'est-à-dire la grande chaussée de Namur à Bruxelles, ligne de communication des Anglais et des Prussiens, et laissait en outre le terrain couvert de 18 mille morts ou blessés. Nous avions à elle quelques bouches à feu et quelques prisonniers. Ce n'étaient pas là, il est vrai, toutes les pertes qu'elle avait essuyées. Beaucoup d'hommes, ébranlés par cette lutte acharnée, s'en allaient à la débandade. Une douzaine de mille avaient ainsi quitté le drapeau, et cette journée privait l'armée prussienne de trente mille combattants sur 120 mille. Qu'étaient-ce néanmoins que ces résultats auprès des trente ou quarante mille prisonniers qu'on aurait pu faire si d'Erlon avait paru, ce qui eût rendu complète la ruine de l'armée prussienne, et livré sans appui l'armée anglaise à nos coups? Napoléon était trop expérimenté pour s'étonner des accidents qui à la guerre viennent souvent déjouer les plus savantes combinaisons, pourtant il avait peine à s'expliquer une telle inexécution de ses ordres, et en cherchait la cause sans la découvrir. D'après ses calculs l'armée anglaise n'avait pu se trouver tout entière aux Quatre-Bras dans la journée, et il ne comprenait pas comment le maréchal Ney n'avait pu lui envoyer un détachement, comment surtout d'Erlon rencontré si près de Fleurus, n'était point arrivé. Dans le doute, il s'était arrêté sur ce champ de bataille qu'enveloppait déjà une profonde obscurité, et avait permis à ses soldats harassés de fatigue, ayant fait huit ou dix lieues la veille, quatre ou cinq le matin, et s'étant battus en outre toute la journée, de bivouaquer sur le terrain où avait fini la bataille. Il avait seulement fait avancer le comte de Lobau (6ᵉ corps), devenu sa seule réserve, et l'avait établi autour du moulin de Bry. L'envoyer à la poursuite des Prussiens, si on avait été informé de ce qui se passait aux Quatre-Bras, eût été possible; mais n'ayant reçu aucun officier de Ney, n'ayant que cette réserve de troupes fraîches (la garde tout entière avait donné), Napoléon pensa

Juin 1815.

L'armée prussienne est affaiblie de trente mille combattants, et nous sommes maîtres de la grande chaussée de Namur à Bruxelles, qui est la ligne de communication des Anglais avec les Prussiens.

Napoléon ne pouvant s'expliquer l'inexécution des ordres donnés à Ney, s'arrête et couche sur le champ de bataille de Ligny.

Juin 1815.

qu'il fallait la conserver autour de lui, car, en cas d'un retour offensif de l'ennemi, c'était le seul corps qu'on pût lui opposer. Toutefois il en détacha une division, celle de Teste, et la confia à l'intelligent et alerte Pajol, pour suivre les Prussiens à la piste, et précipiter leur retraite. Il garda le reste afin de couvrir ses bivouacs.

Hésitations de Ney aux Quatre-Bras dès le commencement du jour.

Ce qu'il ne savait pas encore, et ce qu'il entrevoyait au surplus, peut facilement se conclure des dispositions du maréchal Ney. On se rappelle que dès le matin le maréchal était hésitant en présence des quatre mille hommes du prince de Saxe-Weimar, qu'il prenait sinon pour l'armée anglaise, au moins pour une portion considérable de cette armée, surtout en voyant des officiers de haut grade exécuter une reconnaissance qui semblait le préliminaire d'une grande bataille. La résolution singulière du général Reille retardant de sa propre autorité le mouvement du 2ᵉ corps, avait ajouté aux perplexités du maréchal, et il avait passé la matinée dans le doute, tantôt voulant attaquer, tantôt craignant de s'exposer à une échauffourée. C'est sous l'influence de ces diverses impressions qu'il avait envoyé à Napoléon un officier de lanciers, pour lui dire qu'il croyait avoir sur les bras des forces très-supérieures aux siennes, à quoi Napoléon avait répondu vivement que ce qu'on voyait aux Quatre-Bras ne pouvait être considérable, que c'était tout au plus ce qui avait eu le temps d'accourir de Bruxelles, que Blucher ayant son quartier général à Namur n'avait rien pu envoyer sur les Quatre-Bras, que par conséquent il fallait attaquer avec les corps de Reille et de d'Erlon, avec la cavalerie de Valmy, et détruire le peu qu'on avait devant soi. Assurément si Napoléon avait été au milieu même de l'état-major ennemi, il n'aurait pu voir plus juste, ni ordonner plus à propos. Ney ayant reçu, indépendamment de la lettre apportée par M. de Flahault, l'ordre formel d'attaquer expédié du quartier général, y était tout disposé, mais par malheur le 2ᵉ corps n'était point arrivé à midi. Le général Reille continuait de le retenir en avant de Gosselies, toujours fortement ému de l'apparition des Prussiens, que lui avait signalée le général Girard. Ney aurait pu sans doute avec la division Bachelu seule, et la cavalerie de Lefebvre-Desnoëttes et de Piré, s'élevant ensemble à 9 mille hommes, culbuter le prince de Saxe-Weimar qui n'avait reçu à midi que 2 mille hommes de renfort, ce qui lui en faisait six mille en tout. Le prince d'Orange accouru précipitamment n'avait amené que sa personne, et Ney avec 4,500 hommes d'infanterie, avec 4,500 de cavalerie de la meilleure qualité, lui aurait certainement passé sur le corps. On comprend néanmoins qu'apercevant un brillant état-major, pouvant craindre d'avoir devant lui toute une armée, il n'osât pas se hasarder à commencer l'action avec les forces dont il disposait. Cependant pressé par les dépêches réitérées de l'Empereur, il perdit patience, et envoya enfin aux généraux Reille et d'Erlon l'ordre d'avancer en toute hâte. Si le général Reille, après avoir pris connaissance du message du général de Flahault, eût marché avec les deux divisions Foy et Jérôme, il eût porté les forces de Ney à 22 mille hommes au moins, à

Juin 1815.

Le général Reille en différant l'envoi du 2ᵉ corps, contribue à augmenter les hésitations de Ney.

Juin 1815.

Le général Reille arrive de sa personne sur le terrain, engage encore Ney à différer.

près de 26 mille avec les cuirassiers de Valmy, et aurait pu être aux Quatre-Bras à midi. C'était plus qu'il n'en fallait pour tout culbuter, soit à midi, soit à une heure. Malheureusement le général Reille n'en avait rien fait, et il s'était borné, sur les vives instances de son chef, à venir de sa personne aux Quatre-Bras, où il était arrivé vers deux heures. Ney alors lui avait témoigné le désir d'attaquer ce qu'il avait devant lui, disant que c'était peu de chose, et qu'on en viendrait facilement à bout. Le général Reille plein de ses souvenirs d'Espagne, comme Vandamme de ceux de Kulm, loin d'exciter l'ardeur de Ney, s'était appliqué plutôt à la calmer, lui répondant que ce n'était pas ainsi qu'on devait en agir avec les Anglais, qu'avoir affaire à eux était chose sérieuse, et qu'il ne fallait engager le combat que lorsque les troupes seraient réunies; que maintenant on voyait peu de monde, mais que derrière les bois se trouvait probablement l'armée anglaise, qui apparaîtrait tout entière dès qu'on en viendrait aux mains, qu'il ne fallait donc se présenter à elle qu'avec toutes les forces dont on pouvait disposer. En principe le conseil était bon; dans la circonstance il était funeste, puisqu'il n'y avait actuellement aux Quatre-Bras que la division Perponcher, arrivée aux trois quarts vers midi, tout entière à deux heures, et ne se composant que de huit mille hommes dans sa totalité. Ney se résigna donc à attendre les divisions Foy et Jérôme, car si le général Reille était présent de sa personne, ses divisions mises trop tard en mouvement n'étaient point encore en ligne. Pourtant le canon de Saint-

Amand et de Ligny grondait fortement; il était près de trois heures, et Ney[1] n'y tenant plus prit le parti d'attaquer, dans l'espérance que le bruit du canon hâterait le pas des troupes en marche. Il avait depuis la veille la division Bachelu; celle du général Foy venait de rejoindre, ce qui lui assurait près de 10 mille hommes d'infanterie. Il avait outre la cavalerie des généraux Piré et Lefebvre-Desnoëttes, celle de Valmy composée de 3,500 cuirassiers, ce qui faisait un total de près de 8 mille hommes de cavalerie. Il est vrai qu'on lui avait recommandé de ménager Lefebvre-Desnoëttes, et de tenir Valmy un peu en arrière; mais ce n'étaient point là des ordres, c'étaient de simples recommandations que la nécessité du moment rendait complétement nulles. Il se décida donc à engager l'action[2]. La division Jérôme

Juin 1815

Vers trois heures Ney se décide enfin à attaquer.

---

[1] Je rapporte ces détails d'après le Journal militaire du général Foy, écrit jour par jour, et méritant dès lors une confiance que ne méritent pas au même degré des récits faits vingt ou trente ans après les événements. Ce Journal constate que Ney voulait attaquer, que le général Reille l'en dissuada, en alléguant le caractère particulier des troupes anglaises, qu'il lui conseilla d'attendre la concentration des divisions, et que cette délibération avait lieu au moment même où l'on entendait le canon de Ligny. Or le canon s'était fait entendre vers deux heures et demie au plus tôt. Ainsi à cette heure l'attaque n'avait pas commencé aux Quatre-Bras. Ney aurait voulu l'entreprendre un peu plus tôt, mais le conseil du général Reille et la tardive arrivée de ses divisions l'en avaient empêché. On voit aussi par le récit du colonel Heymès, que le maréchal était impatient de voir arriver les divisions du 2ᵉ corps, et qu'il engagea le feu avant d'avoir toutes ses forces, dans l'espérance que le bruit du canon hâterait la marche de celles qui se trouvaient en arrière.

[2] Pour décharger Ney de la responsabilité des événements survenus aux Quatre-Bras et la reporter sur Napoléon, on a dit qu'en attaquant à deux heures il devançait de beaucoup l'ordre expédié de Fleurus à deux heures, et qui n'avait pu arriver à Frasnes avant trois heures et demie. C'est là une double erreur. D'abord on entendait le canon de

Juin 1815.

Description du champ de bataille des Quatre-Bras.

commençait à se montrer, et quant au corps de d'Erlon on le savait en route, et on comptait sur le bruit du canon pour stimuler son zèle et accélérer son arrivée.

Voici quel était le champ de bataille sur lequel allait s'engager cette lutte tardive, mais héroïque. Ney occupait la grande route de Charleroy à Bruxelles, passant par Frasnes et les Quatre-Bras. Il était actuellement un peu en avant de Frasnes, au bord d'un bassin assez étendu, ayant en face les Quatre-Bras, composés d'une auberge et de quelques maisons. Devant lui il voyait la route de Charleroy à Bruxelles, traversant le milieu du bassin, puis se relevant vers les Quatre-Bras, où elle se rencontrait d'un côté avec la route de Nivelles,

Ligny, il était donc deux heures et demie au moins, et probablement trois heures quand Ney prit le parti d'attaquer. De plus Ney avait reçu le message de M. de Flahault, arrivé bien avant onze heures, lequel prescrivait de se porter même au delà des Quatre-Bras; enfin, il avait reçu également le message expédié de Charleroy en réponse à l'envoi d'un officier de lanciers, par lequel Napoléon, prêt à partir pour Fleurus, et répondant aux inquiétudes du maréchal, lui avait ordonné de réunir immédiatement Reille et d'Erlon, et de culbuter tout ce qu'il avait devant lui. Ney avait dû recevoir à onze heures et demie au plus tard ce dernier message, expédié de Charleroy avant que Napoléon en fût parti. Il ne devançait donc pas les ordres impériaux, puisque ces ordres arrivés les uns à dix heures et demie, les autres à onze heures et demie, lui enjoignaient de ne tenir aucun compte de ce qu'il croyait voir, et de le détruire. Il est du reste bien vrai que dès ce second ordre il avait un grand désir d'agir; mais il attendait les troupes de Reille, que celui-ci avait retenues sous l'influence de l'avis, donné par le général Girard, de l'apparition de l'armée prussienne. Je discuterai plus loin la part de chacun dans ces événements. Mais tout de suite on peut dire qu'il y eut dans ces événements une déplorable fatalité, et surtout une immense influence de nos derniers malheurs, agissant sur l'imagination de nos généraux, et produisant chez eux des hésitations, des faiblesses qui n'étaient pas dans leur caractère.

de l'autre avec la chaussée de Namur. A gauche il avait les coteaux de Bossu couverts de bois, derrière lesquels circulait sans être aperçue la route de Nivelles, au centre la ferme de Gimioncourt située sur la route même, à droite divers ravins bordés d'arbres et aboutissant vers la Dyle, enfin à l'extrémité de l'horizon la chaussée de Namur à Bruxelles, d'où partaient les éclats continus du canon de Ligny. (Voir la carte n° 63.)

Juin 1815.

Les dispositions de l'ennemi en avant des Quatre-Bras pouvaient s'apercevoir distinctement, mais celles qui se faisaient sur le revers des Quatre-Bras nous étaient dérobées, ce qui laissait Ney dans le doute sur les forces qu'il aurait à combattre. Pour le moment le prince d'Orange ayant sous la main les neuf bataillons de la division Perponcher, en avait placé quatre à notre gauche dans le bois de Bossu, deux au centre à la ferme de Gimioncourt, un sur la route pour appuyer son artillerie, et deux en réserve en avant des Quatre-Bras.

Forces des Anglais au début de l'action.

Ney résolut d'enlever ce qu'il y avait devant lui, ne sachant pas au juste ce qu'il y avait derrière, mais comptant sur l'arrivée de la division Jérôme qu'on apercevait, et sur le corps de d'Erlon qui ne pouvait tarder à paraître. Il porta la division Bachelu à droite de la grande route, la division Foy sur la grande route elle-même, la cavalerie Piré à droite et à gauche. Nos tirailleurs eurent bientôt repoussé ceux de l'ennemi, et la cavalerie de Piré, chargeant au galop l'un des bataillons hollandais qui était posté en avant de la ferme de Gimioncourt, nettoya le terrain. Sur la chaussée notre artillerie,

Première attaque de Ney.

Notre cavalerie culbute les premiers bataillons de l'ennemi.

supérieure en qualité, en nombre, surtout en position, à celle de l'ennemi, démonta plusieurs de ses pièces, et causa des ravages dans les rangs de son infanterie. Incommodé par son feu, le brillant prince d'Orange eut la hardiesse de la vouloir enlever. Il tâcha de communiquer son courage au bataillon qui couvrait sa propre artillerie, et de le porter au pas de charge sur nos canons. Tandis qu'il le conduisait en agitant son chapeau, le général Piré lança un de ses régiments qui, prenant le bataillon en flanc, le culbuta, renversa le prince, et faillit le faire prisonnier.

Le général Foy s'empare de la ferme de Gimioncourt.

Ce fut alors le tour de notre infanterie. La division Foy suivant la grande route attaqua par la brigade Gautier la ferme de Gimioncourt. Cette brigade, que le général Foy menait lui-même, enleva la ferme, et dépassa le ravin sur lequel elle était située. La brigade Jamin, la seconde de la division Foy, prenant à gauche, s'avança vers le bois de Bossu, et obligea les bataillons de Saxe-Weimar à s'y enfermer. Le prince d'Orange se trouvait dans une situation critique, car les deux bataillons qu'il avait en réserve en avant des Quatre-Bras étaient incapables d'arrêter les divisions Foy et Bachelu victorieuses. Si en ce moment Ney plus confiant se fût jeté sur les Quatre-Bras, ce poste décisif eût certainement été emporté, et les divisions anglaises, les unes venant de Nivelles, les autres de Bruxelles, ne pouvant se rejoindre, auraient été contraintes de faire un long détour en arrière pour combiner leurs efforts, ce qui eût laissé à Ney le temps de s'établir aux Quatre-Bras et de s'y rendre invincible. Mais toujours incertain de ce qu'il avait devant lui, n'osant se servir ni des cuirassiers de Valmy, ni de la cavalerie de Lefebvre-Desnoëttes, Ney voulut attendre la division Jérôme qui était la plus nombreuse du 2ᵉ corps, avant de pousser plus loin ses succès. Elle parut enfin vers trois heures et demie, mais à ce même instant le prince d'Orange recevait un puissant renfort. La division Picton, de huit bataillons anglais et écossais, et de quatre bataillons hanovriens, arrivait de Bruxelles, et lui amenait près de 8 mille combattants; une partie de la cavalerie de Collaert, forte de 1,100 chevaux, débouchait par la route de Nivelles; peu après les troupes de Brunswick, parties de Vilvorde, survenaient également, et le duc de Wellington, de retour de ses diverses reconnaissances, paraissait lui-même pour prendre la direction du combat. Les troupes de Brunswick, celles du moins qui étaient rendues sur le terrain, apportaient aux Quatre-Bras un nouveau renfort de 3 mille fantassins et d'un millier de chevaux. Le duc de Wellington, avec les divisions Perponcher, Picton et Brunswick, avait déjà 20 mille hommes sous la main, et était donc à peu près égal en force au maréchal Ney, même après l'arrivée de la division Jérôme [1].

Juin 1815.

En ce moment, Ney en brusquant l'action, eût enlevé les Quatre-Bras.

Il attend la division Jérôme.

Lorsque cette division est arrivée, les Anglais ne sont pas moins de vingt mille, ce qui les met en égalité de forces avec nous.

---

[1] Voici le compte aussi exact que possible des forces respectives à trois heures et demie, ou trois heures trois quarts.

Le duc de Wellington avait :

Perponcher.	7,500	hommes.
Collaert.	1,100	
Picton (Anglais et Hanovriens).	8,000	20,600
Brunswick.	4,000	

Juin 1815.

Tandis que ces choses se passaient du côté de l'armée britannique, la division Jérôme parvenue sur le bord du bassin où nous combattions, apportait à Ney le secours de 7,500 fantassins excellents. Il avait ainsi à peu près 19 mille hommes en ligne. Il aurait pu à la rigueur disposer des 3,500 cuirassiers de Valmy, car la dernière dépêche impériale expédiée au moment où Napoléon quittait Charleroy, en lui disant de prendre les corps de Reille, de d'Erlon, de Valmy, et de balayer ce qu'il avait devant lui, l'autorisait évidemment à user du dernier. Mais il avait laissé Valmy en arrière, et n'osait se servir de Desnoëttes. Il prescrivit de nouveau à d'Erlon de hâter le pas, et avec la division Jérôme il reprit le combat dans l'intention de le rendre décisif. Il ordonna à la division Bachelu, formant sa droite, de prendre pour point de départ la ferme de Gimioncourt, et de s'avancer, si elle pouvait, jusqu'à la grande chaussée de Namur. Il réunit sur la grande route les deux brigades Gautier et Jamin de la division Foy, appuyées sur leurs flancs par la cavalerie Piré, et leur enjoignit de marcher droit aux Quatre-Bras. A gauche, le long du bois de Bossu, il

Vive reprise du combat.

Ney avait, rendus en ligne :

Bachelu (artillerie comprise)	4,500
Foy	5,000
Jérôme	7,500
Piré	2,000
	19,000

25,000

Un peu en arrière, qu'il aurait pu, mais qu'il n'osait pas employer :

Lefebvre-Desnoëttes (cavalerie légère)	2,500
Valmy (cuirassiers)	3,500

WATERLOO. 111

remplaça la brigade Jamin par la belle et nombreuse
division Jérôme, qui avait le général Guilleminot
pour commandant en second. Ney porta ainsi toute
sa ligne en avant de droite à gauche, ce qui n'était
pas la meilleure des dispositions, car il allait rencontrer sur ses ailes de redoutables obstacles, tandis que s'il se fût tenu à de simples démonstrations
d'un côté vers la ferme de Gimioncourt, de l'autre
vers le bois de Bossu, et qu'il eût concentré ses forces sur la grande route, il aurait probablement enlevé les Quatre-Bras, et coupé la ligne des Anglais,
dont les deux parties rejetées l'une sur le bois de
Bossu, l'autre sur la chaussée de Namur, auraient
été dans l'impossibilité de se rejoindre. En effet, le
duc de Wellington avait accumulé ses principales
forces sur ses ailes. A sa gauche, vis-à-vis de notre
droite, il avait placé le long de la chaussée de Namur six des huit bataillons anglais de Picton, et les
quatre bataillons hanovriens en seconde ligne. Des
deux autres bataillons de Picton, il en avait mis un
à l'embranchement du petit chemin de Sart-Dame-
Avelines avec la grande chaussée de Namur, et un
seulement aux Quatre-Bras. A sa droite, il avait
replié soit dans l'intérieur du bois de Bossu, soit
dans les Quatre-Bras même, les troupes fatiguées
de Perponcher, et placé en avant celles de Brunswick, ainsi que la cavalerie de Collaert. Le centre,
c'est-à-dire les Quatre-Bras, constituant la partie la
plus importante, était donc très-peu gardé.

Ney saisi d'un trouble fébrile, ne fit aucune de
ces remarques, et marcha à l'ennemi en tenant
toute sa ligne à la même hauteur, sa droite vers la

Juin 1815.

Dispositions
de Ney.

chaussée de Namur, son centre vers les Quatre-Bras, sa gauche vers le bois de Bossu. Au moment où ce mouvement s'exécutait, le prince d'Orange qui voyait s'avancer la division Foy, voulut l'arrêter en jetant sur elle la cavalerie Collaert composée des hussards hollandais et des dragons belges. Il lança d'abord sur notre infanterie les hussards hollandais, en tenant en réserve les dragons belges. Mais à peine avait-il lancé les hussards, que le 6° chasseurs conduit par le colonel de Faudoas se précipita sur eux, les culbuta sur l'infanterie placée derrière, et sabra même les canonniers d'une batterie. Les dragons belges ayant voulu soutenir les hussards hollandais furent culbutés à leur tour par nos chasseurs, et rejetés sur un bataillon anglais qui, les prenant pour ennemis, tira sur eux et compléta ainsi leur déroute.

Violent engagement de la division Bachelu contre la division anglaise Picton.

Après cet incident notre ligne entra tout entière en action sous la protection d'une nombreuse artillerie. A droite la division Bachelu, composée de quatre régiments d'infanterie, s'avança déployée au delà de la ferme de Gimioncourt que nous avions conquise. Elle avait à franchir plusieurs ravins bordés de haies, qu'elle fit abattre par ses sapeurs, et marcha résolûment sans essuyer de grandes pertes, secondée qu'elle était par le feu de nos canons. Après le premier ravin s'en trouvait un deuxième qu'elle franchit également. Mais à cette distance notre artillerie, dont les coups auraient porté sur elle, cessa de l'appuyer. Elle gravissait néanmoins le bord du deuxième ravin pour s'emparer d'un plateau couvert de blés mûrs, lorsque tout à coup elle essuie à l'improviste un feu terrible. C'était celui des six bataillons anglais de Picton, qui étaient cachés dans ces blés hauts de trois à quatre pieds, et qui attendaient pour tirer que nous fussions à bonne portée. Sous ce feu exécuté de près et avec une extrême justesse, nos soldats tombent en grand nombre. Picton avec beaucoup de présence d'esprit, ordonne alors une charge à la baïonnette. Notre infanterie poussée vivement sur un terrain en pente, ne peut soutenir le choc, descend pêle-mêle dans le fond du ravin, et se retire sur le bord opposé. Mais là un heureux hasard vient lui fournir soudainement le moyen de se rallier. Des quatre régiments d'infanterie composant la division Bachelu, trois seulement s'étaient portés en avant. Le quatrième à gauche, qui était le 108° de ligne, commandé par un officier aussi ferme qu'intelligent, le colonel Higonet, avait été retenu par une haie trop épaisse, et il était encore occupé à la couper, lorsqu'il aperçoit nos trois régiments en retraite. Sur-le-champ il fait face à droite, et déploie ses bataillons en leur recommandant d'attendre son signal pour tirer. Dès que nos soldats en retraite ont dépassé la pointe de ses fusils, il ordonne le feu sur les Anglais animés à la poursuite, et couvre la terre de leurs morts. Puis il se précipite sur eux à la baïonnette et en fait un épouvantable carnage. A cette vue, les soldats du 72°, placés immédiatement à la droite du 108°, se rallient les premiers; les autres suivent cet exemple, et les Anglais sont ramenés au point d'où ils étaient partis. La division Foy qui avait aperçu ce mouvement, le soutient en

Juin 1815.

La division Bachelu menace la grande chaussée de Namur à Bruxelles.

s'avançant sur la chaussée, et contribue à refouler la gauche anglaise en arrière. Le terrain est couvert d'autant d'habits rouges que d'habits bleus. Cependant, pour forcer la gauche anglaise, il faudrait de nouveau braver le feu plongeant des six bataillons de Picton, et des quatre bataillons hanovriens qui les soutiennent. Bachelu reconnaissant la difficulté, prend la résolution fort bien entendue de porter son effort tout à fait à droite, vers la ferme dite de Piraumont, adossée à la chaussée de Namur.

Attaque de la division Jérôme sur le bois de Bossu.

Sur la grande route le général Foy s'avance lentement avec ses deux brigades, n'osant tenter encore un coup de vigueur contre les Quatre-Bras à la vue de ce qui vient de se passer à notre droite, à la vue surtout des obstacles que notre gauche rencontre le long du bois de Bossu. La brave division Jérôme dirigée contre ce bois s'obstine à y pénétrer, mais les troupes de Brunswick et de Bylandt, profitant de l'avantage des lieux, réussissent à s'y maintenir. Appuyée néanmoins par le mouvement de la division Foy sur la grande route, elle va se rendre maîtresse du bois si violemment disputé, et déboucher au delà sur la route de Nivelles, lorsque le duc de Brunswick essaye contre elle une charge de cavalerie. Il se précipite avec ses uhlans sur notre infanterie, qui l'arrête par ses feux, et il est bientôt culbuté, mis en fuite par les chasseurs et les lanciers de Piré. Ce brave prince tombe mortellement frappé d'une balle. Nos lanciers et nos chasseurs une fois lancés sur la route poursuivent les uhlans de Brunswick jusque sur l'infanterie de Picton, qui se hâte de former ses carrés. Malgré ces

Combat de nos lanciers et de nos chasseurs contre

carrés nos lanciers, conduits par le colonel Galbois, enfoncent le 42⁰ dont ils font un horrible carnage. Ils pénètrent aussi dans le 44⁰, dont ils ne peuvent toutefois achever la ruine, repoussés par le feu de ses soldats ralliés. Nos chasseurs jaloux d'imiter nos lanciers, se précipitent sur le 92⁰ qu'ils ne parviennent point à rompre, mais poussant jusqu'aux Quatre-Bras, ils arrivent en sabrant les fuyards jusqu'à la grande chaussée de Namur, et un instant sont près d'enlever le duc de Wellington lui-même. Ne pouvant toutefois se soutenir aussi loin, lanciers et chasseurs sont obligés de battre en retraite pour se reformer derrière notre infanterie.

Juin 1815.

la cavalerie de Brunswick.

Il est six heures, et nous approchons du but, car à gauche la division Jérôme est sur le point de déboucher au delà du bois de Bossu; au centre la division Foy, appuyée par notre artillerie, gravit la pente qui aboutit aux Quatre-Bras; à droite enfin Bachelu est près d'atteindre la grande chaussée de Namur par la ferme de Piraumont. Il faudrait au centre un coup décisif, pour assurer la victoire en enlevant les Quatre-Bras. Les moments pressent, car les renforts affluent de toutes parts autour du duc de Wellington. Il lui est arrivé successivement le contingent de Nassau du général Von Kruse [1], fort de trois mille hommes, et la division Alten, composée d'une brigade anglaise et d'une brigade allemande, comptant environ six mille combattants.

L'action se soutient avec des alternatives diverses, lorsque vers six heures les Anglais reçoivent dix mille hommes de renfort.

---

[1]. Le contingent de Nassau n'était pas le même que les troupes de Nassau du prince de Saxe-Weimar, qui avaient défendu la veille les Quatre-Bras. Ces dernières étaient appelées Nassau-Orange, parce qu'elles étaient au service de la maison d'Orange.

Juin 1815.

Ney apprend en ce moment que le corps de d'Erlon a été retenu par Napoléon.

Son désespoir.

Il enjoint à d'Erlon d'accourir sans tenir compte des ordres impériaux.

Le général anglais va donc réunir près de 30 mille hommes, contre le général français qui n'en a que 19 mille réduits déjà de trois mille par les ravages du feu. Ney, n'apercevant point les renforts qui parviennent à son adversaire, sentant cependant la résistance s'accroître, se désole de ne pouvoir la surmonter, et tandis qu'il compte pour la vaincre sur l'arrivée de d'Erlon, il reçoit tout à coup une nouvelle qui le plonge dans un vrai désespoir. Le chef d'état-major de d'Erlon, le général Delcambre, accouru au galop, vient lui apprendre que sur un ordre impérial écrit au crayon et porté par La Bédoyère, le corps de d'Erlon qu'il avait itérativement mandé aux Quatre-Bras, a dû rebrousser chemin, pour se diriger sur le canon de Ligny. A cette nouvelle, Ney s'écrie qu'agir ainsi c'est le mettre dans une position affreuse, que dans l'espérance et même la certitude du concours de d'Erlon, il s'est engagé contre l'armée anglaise, qu'il l'a tout entière sur les bras, et qu'il va être détruit si on lui manque de parole. Au milieu de cette agitation, sans réfléchir trop à ce qu'il fait, il use de l'autorité qu'on lui a donnée sur d'Erlon, et envoie à celui-ci par le chef d'état-major Delcambre l'ordre formel de revenir aux Quatre-Bras.

A l'instant même où il donne cet ordre irréfléchi, Ney reçoit la lettre écrite à trois heures un quart de Fleurus, et apportée par M. de Forbin-Janson, dans laquelle Napoléon lui prescrit de se rabattre sur les hauteurs de Bry, lui disant pour l'exciter que s'il exécute ce mouvement, l'armée prussienne sera anéantie, que par conséquent *le salut de la*

WATERLOO. 417

France est dans ses mains. Si le maréchal avait eu son sang-froid, il aurait fait une réflexion fort simple, c'est qu'en ce moment l'action principale n'était pas aux Quatre-Bras, mais à Ligny, que l'armée prussienne détruite, l'armée anglaise le serait infailliblement le lendemain, qu'il fallait donc obtempérer à la volonté de Napoléon, y obtempérer sur-le-champ, renoncer dès lors à emporter les Quatre-Bras, s'y borner à la défensive, qui était possible, comme il le prouva une heure après, et envoyer tout de suite à d'Erlon l'ordre de se diriger sur Fleurus. En une demi-heure un officier au galop pouvait transmettre cet ordre, et une heure après, c'est-à-dire à sept heures et demie, d'Erlon se serait trouvé sur le revers du moulin de Bry, en mesure de mettre l'armée prussienne entre deux feux. Mais cette réflexion si simple, Ney ne la fait point. Préoccupé uniquement de ce qu'il a sous ses yeux, la seule chose qu'il considère, c'est qu'il faut d'abord se hâter de vaincre là où il est, pour se rabattre ensuite sur Napoléon. Il ne songe donc qu'à surmonter en furieux l'obstacle qui l'arrête. Il a vu les prodiges effectués dans le cours de la journée par notre cavalerie. Se rattachant à l'espérance de tout emporter avec elle, il appelle le comte de Valmy, dont il avait fait approcher une brigade, et lui répétant les paroles de l'Empereur, Général, lui dit-il, *le sort de la France est entre vos mains.* Il faut faire un grand effort contre le centre des Anglais, et enfoncer la masse d'infanterie que vous avez devant vous. La France est sauvée, si vous réussissez. Partez, et je vous ferai appuyer par la cavalerie de Piré. — Le

Juin 1815.

Ney tente avec les cuirassiers de Valmy un coup de désespoir contre les Quatre-Bras.

général Kellermann, qui aimait à contredire, oppose plus d'une objection à ce qu'on lui ordonne; il cède néanmoins aux instances convulsives du maréchal, et se prépare à exécuter l'attaque désespérée qu'on attend de son courage.

A tenter ce que demandait le maréchal Ney, il fallait le faire avec les quatre brigades réunies du comte de Valmy, formant 3,500 cuirassiers et dragons; il fallait y employer Lefebvre-Desnoëttes lui-même avec la cavalerie légère de la garde, et après avoir tout renversé sous les pieds de nos chevaux, compléter ce mouvement avec une masse d'infanterie qui pût prendre possession définitive du terrain qu'on aurait conquis. Au lieu de laisser la belle division Jérôme, forte de près de huit mille combattants, s'épuiser contre un bois, où l'énergie des hommes allait expirer devant des obstacles physiques, il aurait fallu ne laisser qu'une brigade d'infanterie pour entretenir le combat de ce côté, et avec les quatre mille hommes restants de la division Jérôme, avec les cinq mille de la division Foy, avec les cuirassiers et les dragons de Valmy, les lanciers, les chasseurs de Piré et de Lefebvre-Desnoëttes, c'est-à-dire avec neuf mille cavaliers et neuf mille hommes d'infanterie, enfoncer le centre des Anglais comme Masséna en 1805 enfonça le centre des Autrichiens à Caldiero. Mais plein à la fois d'ardeur et de trouble, Ney ne songe qu'à des coups de désespoir! Malheureusement pour réussir le désespoir même ne saurait se passer de calcul. Tandis qu'il manque aux prescriptions les plus essentielles de Napoléon en appelant d'Erlon à lui, Ney s'attache à l'ordre qui n'avait plus de sens de laisser Kellermann à l'embranchement de la vieille chaussée romaine, à l'ordre plus insignifiant encore de ménager Lefebvre-Desnoëttes, et il se borne à lancer une brigade de Valmy, en laissant s'épuiser la division Jérôme dans le bois de Bossu.

Cependant quelque peu raisonnable que soit la pressante invitation qu'il a reçue, le comte de Valmy après avoir donné à ses chevaux le temps de souffler, se prépare à charger avec la plus grande vigueur. Piré s'apprête à l'appuyer à la tête de ses chasseurs et de ses lanciers. Le comte de Valmy suivant la grande route gravit au trot la pente qui aboutit aux Quatre-Bras, puis tournant brusquement à gauche dans la direction du bois de Bossu, il s'élance avec sa brigade composée du 8e et du 11e de cuirassiers sur l'infanterie anglaise du général major Halkett. Les balles pleuvent sur les cuirasses et les casques de nos cavaliers sans les ébranler. Le 8e fond sur le 69e régiment, l'enfonce, tue à coups de pointe une partie de ses hommes, et lui prend son drapeau enlevé par le cuirassier Lami. Ce régiment anglais se réfugie dans le bois. Kellermann après avoir rallié ses escadrons se jette sur le 30e qu'il ne peut enfoncer, mais culbute et sabre le 33e, après lui deux bataillons de Brunswick, et arrive ainsi aux Quatre-Bras. Pendant ce temps, Piré donne à droite sur l'infanterie de Picton. Celle-ci formée sur plusieurs lignes résiste par des feux violents et bien dirigés à toutes les charges de notre cavalerie légère. Mais le 6e de lanciers, qui en cette journée se signala par ses exploits, gagne sous la conduite de son colonel Galbois la chaussée de Na-

Juin 1815.

Prodiges de nos cuirassiers, qui enfoncent plusieurs bataillons anglais.

mur, et détruit un bataillon hanovrien sur les derrières de Picton. Le duc de Wellington n'a que le temps de se jeter sur un cheval et de s'enfuir.

Notre cavalerie se maintient ainsi sur le plateau des Quatre-Bras dont elle a réussi à s'emparer. Si quelque infanterie venait en ce moment l'appuyer, si la division Foy, si une partie de la division Jérôme venaient occuper le terrain qu'elle a conquis, et surtout si les trois autres brigades du comte de Valmy étaient envoyées à son secours, son triomphe serait assuré. Malheureusement, lancée par un acte de désespoir au milieu d'une nuée d'ennemis, elle reste sans appui, et tout à coup elle se sent assaillie par des feux terribles. L'infanterie anglaise réfugiée dans les maisons des Quatre-Bras, fait pleuvoir sur nos cuirassiers une grêle de balles. Surpris par ce feu, ne se voyant point soutenus, ils rétrogradent d'abord avec lenteur, bientôt avec la précipitation d'une panique. Le comte de Valmy veut en vain les retenir sur la pente du plateau qu'ils ont naguère gravi victorieusement : la déclivité et l'entraînement de la retraite précipitent leur course. Leur général démonté, privé de son chapeau, n'a d'autre ressource, pour n'être pas abandonné sur le terrain, que de s'attacher à la bride de deux cuirassiers, et il revient ainsi suspendu à deux chevaux au galop. A ce spectacle Ney accourt, et fait barrer la route par Lefebvre-Desnoëttes, qui rallie en les retenant nos deux régiments de cuirassiers fuyant après avoir opéré des prodiges.

Ney qui dans cette circonstance déploie l'héroïsme incomparable dont la nature l'avait doué, rallie ses troupes, et conserve avec fermeté sa ligne de bataille. Sur la grande route il maintient la division Foy à la hauteur où elle s'est portée, tandis qu'à droite la division Bachelu est près de déboucher par la ferme de Piraumont sur la grande chaussée de Namur; puis il court à la division Jérôme à gauche pour enlever le bois de Bossu, qui n'aurait pas dû être le but de ses efforts. Mais la résistance s'accroît de minute en minute. Au lieu des troupes qui disputaient le bois de Bossu sans essayer d'en sortir, on voit tout à coup apparaître des bataillons superbes qui font mine de nous déborder. En effet le duc de Wellington, qui avait déjà plus de 30 mille hommes, venait de recevoir les gardes anglaises du général Cooke, le reste du corps de Brunswick, de nouveaux escadrons de cavalerie, et comptait maintenant 40 mille hommes contre Ney, à qui il en restait à peine 16 mille. En cet instant, Ney, redevenu ce qu'il fut toujours, un lion, se précipite avec la division Jérôme sur les bataillons qui débouchent du bois, et les arrête. Retrouvant dans le péril, quand ce péril est devenu physique, toute sa présence d'esprit, il reconnaît qu'à s'obstiner il y aurait risque d'un désastre. Il se décide enfin à passer de l'offensive à la défensive, ce qu'il aurait dû faire plus tôt, dès qu'il n'avait pas profité de la matinée pour culbuter les Anglais. En conséquence de cette sage résolution, il replie lentement sa ligne entière de la droite à la gauche, se tenant à cheval au milieu de ses soldats, et les rassurant par sa noble contenance. En remontant sur le bord du bassin d'où il était

Juin 1815.

à la défensive, et se maintient à Frasnes avec une fermeté héroïque.

parti, l'avantage du terrain se retrouve de son côté. Les Anglais ont à leur tour à gravir une pente sous un feu plongeant des plus meurtriers. Ney fait pleuvoir sur eux les balles et la mitraille, et tantôt les arrêtant par des charges à la baïonnette, tantôt par des décharges à bout portant, met deux heures à revenir sur le bord du bassin qui s'étend de Frasnes aux Quatre-Bras.

Tandis qu'au milieu des boulets qui tombent autour de lui, il est l'objet de la crainte de l'ennemi et de l'admiration de ses soldats, il sent vivement l'amertume de cette situation, et s'écrie avec une noble et déchirante douleur : *Ces boulets, je les voudrais tous avoir dans le ventre!* — Hélas, ce qu'il avait sous les yeux était une victoire auprès de ce qu'il devait voir dans deux jours!

Il était neuf heures : la nuit enveloppait ces plaines funèbres, de Sombreffe aux Quatre-Bras, des Quatre-Bras à Charleroy, et dans ce triangle de quelques lieues plus de quarante mille cadavres couvraient déjà la terre. Aux Quatre-Bras, Ney avait mis hors de combat près de six mille ennemis, soit par le feu, soit par le sabre de ses cavaliers, et avait perdu environ quatre mille hommes. A Ligny, comme nous l'avons dit, onze ou douze mille Français, dix-huit mille Prussiens jonchaient la terre, sans compter la foule des hommes débandés. Ainsi 40 mille braves gens venaient d'être de nouveau sacrifiés aux formidables passions du siècle!

On se demande sans doute ce qu'était devenu pendant cette journée le comte d'Erlon, qu'on n'avait vu figurer ni à Ligny pour y compléter la victoire, ni aux Quatre-Bras pour culbuter les Anglais sur la route de Bruxelles. La réponse est triste : il avait toujours marché, pour n'arriver nulle part, malgré une ardeur sans pareille, rendue stérile par la fatalité qui planait en ce moment sur nos affaires!

Le matin il avait attendu à Gosselies des ordres qui ne lui étaient arrivés qu'à onze heures, par la communication que le général Reille lui avait donnée du message de M. de Flahault. A l'instant même il s'était mis en marche sur Frasnes, et conformément aux instructions reçues, il avait dirigé sa division de droite, celle du général Durutte, vers Marbais. En se voyant sur les derrières des Prussiens les soldats de cette division avaient battu des mains, et applaudi à la prévoyance de Napoléon qui les plaçait si bien. Mais à peine avaient-ils fait une lieue dans cette direction, que les officiers de Ney, partis à l'instant où ce maréchal se décidait à attaquer les Anglais, étaient venus appeler le corps entier aux Quatre-Bras. La division Durutte avait donc été comme les autres ramenée vers Frasnes, au milieu des murmures des soldats désolés d'être détournés de la voie où ils apercevaient de si beaux résultats à recueillir. Tout à coup vers trois heures et demie le général La Bédoyère arrivant avec un billet de l'Empereur, avait réitéré l'injonction de marcher sur Bry. A ce nouveau contre-ordre nouvelle joie des soldats, qui s'applaudissaient d'être remis sur la voie d'un grand triomphe. D'Erlon obéissant à l'ordre apporté par La Bédoyère avait alors envoyé, comme on l'a vu, son chef d'état-major Delcambre à Ney, pour lui faire part de l'incident qui l'éloignait des Quatre-Bras. Ce général avait rempli sa mission auprès de Ney, qui l'avait renvoyé porter à d'Erlon l'ordre formel et absolu de rebrousser chemin vers les Quatre-Bras. Le général Delcambre était donc venu entre cinq et six heures arrêter une dernière fois le 1er corps dans sa marche sur Bry, pour l'amener aux Quatre-Bras. D'autres officiers suivant le général Delcambre, étaient venus dire au comte d'Erlon, que sur la foi de son concours Ney s'était engagé dans un combat inégal contre les Anglais, que s'il n'était pas secouru il allait succomber, qu'alors tous les plans de Napoléon seraient renversés, et qu'en n'accourant pas aux Quatre-Bras, le comte d'Erlon prenait sur sa tête la plus grave responsabilité. Ces assertions étaient exagérées, et le résultat de la journée prouvait bien qu'en se réduisant à la défensive entre Frasnes et les Quatre-Bras, on ne s'exposait qu'au danger d'une journée indécise, laquelle indécise aux Quatre-Bras serait immensément fructueuse à Ligny. Mais d'Erlon ne connaissait pas le véritable état des choses sur les deux champs de bataille. Du côté de Ligny on ne lui parlait que de compléter un triomphe : du côté des Quatre-Bras il s'agissait, lui disait-on, de prévenir un désastre. Ney, son chef immédiat, le sommait au nom de la hiérarchie, au nom d'une nécessité pressante, de venir à lui, et il était naturel qu'il penchât du côté de ce dernier. Par le fait il eut tort, comme on le verra mieux tout à l'heure; mais il céda de très-bonne foi, et sous l'inspiration de la meilleure volonté, au visage effaré de ceux qui arrivaient des Quatre-Bras. Ainsi, pour la seconde fois depuis le matin, il abandonna la route de Bry pour celle de Frasnes. Cependant tandis qu'il se décidait à prendre ce parti, il tint conseil avec le général Durutte, officier très-distingué, commandant sa première division qui était la plus avancée sur la route de Bry, et à la suite de ce conseil il eut recours à un terme moyen. D'une part, Ney semblait avoir un besoin urgent de secours; d'autre part, une force quelconque paraissant sur les derrières des Prussiens pouvait décider la victoire du côté de Ligny : en outre, laisser vide l'espace compris entre Fleurus et Frasnes, présentait de grands inconvénients, car c'était ouvrir à l'ennemi une issue qui lui permettrait de pénétrer entre les deux armées françaises. Enfin on était, quant à la valeur des ordres, entre le chef immédiat qui était Ney, et Napoléon qui était le chef des chefs. Après avoir pesé ces considérations diverses, d'Erlon prit la résolution de marcher avec trois divisions aux Quatre-Bras, et de laisser la division Durutte seule sur la route de Bry. Mais en s'arrêtant à ce parti il recommanda au général Durutte d'être prudent, et il le lui fit recommander plus fortement encore en apprenant en route que les choses allaient mal du côté de Ney. D'Erlon était ainsi parti pour les Quatre-Bras au grand regret de ses soldats, et le général Durutte avait marché sur Bry en tâtonnant, ce qui avait fourni autour de lui l'occasion de dire qu'il était de mauvaise volonté, qu'il trahissait même, supposition fort injuste, car ce général était aussi zélé que sage, et ne cédait qu'à des ordres supérieurs. Il arriva vers neuf ou dix heures à Bry, où il précipita la retraite des Prussiens sans

Juin 1815.

La journée s'écoule sans que le corps de d'Erlon ait pu être utile ni à Napoléon ni à Ney.

faire un prisonnier, et d'Erlon de son côté arriva à Frasnes sur les derrières de Ney, quand le canon avait cessé de retentir, et qu'il ne pouvait plus lui être d'aucune utilité.

Telle fut la sanglante journée du 16 juin 1815, la seconde de cette campagne, consistant en deux batailles, l'une gagnée à Ligny, l'autre indécise aux Quatre-Bras. On l'apprécierait mal si on la jugeait sous l'impression des événements des Quatre-Bras, et des faux mouvements qui rendirent inutile partout le corps de d'Erlon. D'abord en réalité, notre plan de campagne, si profondément conçu, avait réussi. Napoléon avait occupé victorieusement la grande chaussée de Namur à Bruxelles, non pas, il est vrai, sur deux points, mais sur un seul, celui de Sombreffe, et c'était suffisant pour l'objet qu'il avait en vue. Sans doute le duc de Wellington avait conservé sur cette chaussée le point des Quatre-Bras : mais si ce point, nécessaire pour le ralliement de l'armée anglaise, lui était resté, il n'en était pas moins séparé de son allié Blucher, qu'il ne pouvait rejoindre que fort en arrière. Les Anglais étaient donc condamnés ou à combattre sans les Prussiens, ou à faire un long détour pour les retrouver. Ce premier résultat, le seul véritablement essentiel, était donc obtenu. Secondement celle des deux armées alliées que Napoléon se proposait de rencontrer d'abord, était battue et bien battue, puisqu'en morts, blessés ou débandés, elle avait perdu le quart de son effectif, et qu'elle était réduite de 120 mille hommes à 90 mille. Sans doute elle aurait pu être frappée de manière à ne pouvoir plus reparaître de

---

Juin 1815.

Appréciation de la journée du 16 dans son ensemble.

Le principal résultat obtenu par la victoire de Ligny, c'est que les Prussiens étaient décidément séparés des Anglais.

la campagne, ce qui eût changé la face des événements, car l'armée anglaise obligée de livrer bataille le lendemain sans être secourue, aurait été détruite à son tour. Ce résultat décisif était manqué, et c'était un malheur; mais enfin on était entre les deux armées alliées, en mesure de les rencontrer l'une après l'autre, et on avait déjà battu celle qu'il fallait battre la première. La partie essentielle du plan était par conséquent réalisée. Maintenant, si l'immense résultat auquel on avait failli atteindre, et qui eût changé le sort de la France, avait été manqué, à qui faut-il s'en prendre? L'histoire doit le rechercher, car si elle est un exposé de faits, elle doit être aussi un jugement. Voici donc à notre avis ce qu'il faut conclure des événements très-simplement interprétés.

Juin 1815.

Seulement les Prussiens n'étaient pas aussi maltraités qu'ils auraient pu l'être.

Le principal reproche adressé aux opérations de cette journée, c'est le temps perdu dans la matinée du 16. Ce reproche, comme on a pu le voir, n'est nullement fondé pour ce qui se passa du côté de Ligny, bien qu'il le soit tout à fait pour ce qui se passa aux Quatre-Bras. On a raisonné sur ce sujet comme si l'armée de Napoléon eût été tout entière dans sa main le matin du 16, et qu'il ne lui restât qu'à la mettre en mouvement dès la pointe du jour. Or il n'en était point ainsi. Environ 25 mille hommes avaient bivouaqué pendant la nuit à la droite de la Sambre, et avaient dû défiler le matin par le pont de Charleroy et par les rues étroites de cette ville avec un matériel considérable. Au Châtelet également les troupes du général Gérard n'avaient pas toutes franchi la Sambre, et étaient harassées

Y eut-il du temps perdu dans cette journée du 16?

Juin 1815.

de fatigue. Par suite de cette double circonstance il ne fallait pas moins de trois heures pour que les divers corps de l'armée française fussent, non pas en ligne, mais en mesure de s'avancer vers la ligne de bataille où ils devaient combattre. De plus, bien que Napoléon n'eût presque aucun doute sur la distribution des forces ennemies, cependant dans une situation aussi grave que la sienne (il se trouvait entre deux armées, dont chacune égalait presque l'armée française), il était naturel de ne vouloir agir qu'à coup sûr, et d'employer à se renseigner le temps que les troupes emploieraient à marcher. Or le maréchal Grouchy, qui aurait dû être en reconnaissance dès quatre heures du matin, a lui-même avoué qu'il n'avait connu et mandé qu'à six heures le déploiement des Prussiens en avant de Sombreffe. Cet avis ne put arriver à Charleroy que bien après sept heures, et tous les ordres étaient donnés avant huit, et partis de huit à neuf. Berthier par sa promptitude à rendre la pensée de Napoléon, aurait peut-être gagné une demi-heure : mais certainement quand il s'agissait de telles déterminations, on ne saurait dire qu'il y eût là du temps perdu. Les troupes qui cheminaient à pied ayant besoin de plusieurs heures pour se transporter à Fleurus, tandis que Napoléon voyageant à cheval devait y arriver en une heure, celui-ci pouvait bien prolonger son séjour à Charleroy pour recueillir divers renseignements dont il avait besoin, et pour expédier une multitude d'ordres indispensables. Lors donc qu'on se demande ce que faisait Napoléon à Charleroy jusqu'à dix ou onze heures du matin, il faut tenir compte de tous

Il n'y eut aucun temps perdu du côté de Napoléon.

ces détails, avant d'accuser d'inactivité un homme qui, ne se portant pas bien en ce moment, était resté dix-huit heures à cheval le 15, n'avait pris pendant la nuit que trois heures de sommeil, puis s'était levé à la pointe du jour pour commencer la sanglante et terrible journée du 16 finie seulement à onze heures du soir, et dans laquelle il était encore resté dix-huit heures à cheval. Enfin il y a une dernière considération plus concluante que toutes les autres, c'est que du côté de Fleurus l'entrée en action ne pressait pas comme du côté des Quatre-Bras, car si aux Quatre-Bras il fallait se hâter de barrer le chemin aux Anglais, en avant de Fleurus au contraire il fallait laisser déboucher les Prussiens afin d'avoir occasion de les combattre sur ce point le plus avantageux pour nous. Sans doute il ne fallait pas livrer la bataille trop tard, si on voulait avoir le temps de la rendre décisive, mais il n'importait guère de la livrer l'après-midi ou le matin. Le jour d'ailleurs commençant avant quatre heures, et finissant après neuf, on avait du loisir pour se battre, et on n'avait pas à regretter les instants consacrés pendant la matinée à se renseigner et à faire marcher les troupes.

A Ligny même le temps ne fut pas moins bien employé. Napoléon rendu à Fleurus avant midi, et trouvant tous les généraux hésitants, n'hésita pas, et résolut de livrer bataille. Mais les troupes n'étaient pas encore arrivées, celles de droite notamment (4ᵉ corps), et Napoléon dut patienter. A deux heures il était en mesure, mais ayant conçu la belle combinaison de rabattre sur lui une partie des troupes de Ney afin de prendre les Prussiens à revers, il voulut laisser à ce maréchal un peu d'avance, et attendre son canon. Impatient de l'attendre inutilement, il lui dépêcha ordre sur ordre, et donna enfin le signal du combat vers deux heures et demie. Même alors, le temps qui restait aurait suffi pour tirer de la victoire tout le parti désirable, si à cinq heures et demie une fausse alarme conçue par Vandamme n'eût fait perdre des instants précieux, et différer jusqu'à près de sept heures la charge décisive que devait exécuter la garde impériale. Exécutée à cinq heures et demie cette charge aurait laissé le moyen de poursuivre et d'accabler les Prussiens. On eut néanmoins le temps de les battre complétement, puisqu'en morts, blessés ou fuyards, on leur fit perdre le tiers des troupes engagées.

Vers les Quatre-Bras on ne saurait prétendre que la journée eût été aussi bien employée. Si à Ligny le temps n'importait pas, du moins dans une certaine mesure, aux Quatre-Bras au contraire chaque minute perdue était un malheur. De ce côté, en effet, outre l'immense intérêt de posséder le plus tôt possible le point de jonction entre les Anglais et les Prussiens, il y avait cet intérêt non moins grand d'attaquer les Anglais avant qu'ils fussent en force. Or le 15 au soir ils n'étaient que quatre mille, tous soldats de Nassau. Jusqu'au lendemain 16 à midi, ils n'étaient pas davantage. Ce ne fut que de midi à deux heures qu'ils parvinrent à être sept mille, et ils ne comptèrent pas un homme de plus jusqu'à trois heures et demie. Or Ney avait neuf mille combattants le 15 au soir, il les avait encore à onze heures le lendemain 16, et à ce moment il aurait pu en avoir 20 mille. Quant aux ordres verbaux qu'il avait reçus dans l'après-midi du 15, il faudrait admettre les plus fortes invraisemblances pour supposer qu'ils ne portassent pas l'indication des Quatre-Bras; mais en tout cas le 16 au matin des ordres écrits, remis à dix heures et demie par M. de Flahault, et réitérés plusieurs fois dans la matinée, contenaient l'indication formelle des Quatre-Bras, et l'injonction de les enlever à tout prix. Or de dix heures et demie du matin à trois heures et demie de l'après-midi il restait cinq heures, pendant lesquelles on aurait pu accabler avec vingt mille hommes la division Perponcher qui n'en comptait que 7 mille.

A la vérité Ney, vers onze heures, c'est-à-dire après la remise des ordres écrits de Napoléon, n'avait plus hésité, et avait fini par vouloir fortement l'attaque des Quatre-Bras; mais le général Reille ayant pris sur lui de retenir les troupes par suite d'un rapport mal interprété du général Girard, Ney fut obligé de les attendre près de trois heures. Ainsi à partir de onze heures le tort ne fut plus à lui, et à deux heures encore lorsqu'il voulait se jeter brusquement sur l'ennemi, le général Reille, la mémoire toute pleine des événements d'Espagne, le retint, à très-bonne intention certainement, mais le retint de nouveau. Enfin, quand on entreprit sérieusement l'attaque, les Anglais étaient déjà en nombre égal, et ils furent bientôt en nombre supérieur.

Ainsi aux Quatre-Bras le temps fut déplorablement perdu le 15 au soir et la moitié de la journée du 16, perdu là où il était de la plus grande importance qu'il ne le fût pas.

Voilà ce qu'on peut dire quant à l'emploi du temps, et voici maintenant ce qu'on peut ajouter quant à la manière d'opérer. La combinaison première de Napoléon à Ligny fut l'une des plus belles de sa carrière militaire. Voyant les Prussiens sans souci de leur droite et de leurs derrières se déployer entre Ligny et Saint-Amand, tandis qu'ils avaient à dos les 45 mille hommes du maréchal Ney, il conçut la pensée de rabattre sur eux une partie de ces quarante-cinq mille hommes, ce qui devait faire tomber dans nos mains une moitié de l'armée de Blucher. Le général Rogniat, juge sévère de Napoléon après sa chute, aurait voulu qu'il employât une autre manœuvre, celle d'attaquer par l'extrémité des trois Saint-Amand, c'est-à-dire sur notre extrême gauche, contre l'extrême droite des Prussiens, pour les rejeter sur Sombreffe et les séparer des Anglais. Napoléon à Sainte-Hélène a repoussé ces critiques avec la hauteur du génie offensé répondant à la médiocrité présomptueuse et dénigrante. Il ne s'agissait pas, comme il l'a très-bien dit, de séparer les Prussiens des Anglais, ce qui se faisait par Ney aux Quatre-Bras, mais d'enlever une portion de leur armée, et en rabattant Ney sur eux, on en aurait pris une portion considérable. Enfin lorsque par des retards, par des malentendus déplorables, cette belle combinaison vint à manquer, Napoléon prenant le parti de percer la ligne ennemie au-dessus de Ligny, prouva une fois de plus son inépuisable

WATERLOO. 133

fertilité de ressources sur le champ de bataille.

Aux Quatre-Bras le terrain ne fut ni si bien jugé ni si bien abordé. Ney, plus héroïque que jamais, n'avait cependant plus son sang-froid. Il s'épuisa sur les deux ailes, à droite en avant de la ferme de Gimioncourt, à gauche contre le bois de Bossu. Les charges prodigieuses de sa cavalerie, restées stériles faute d'appui, démontrèrent qu'au centre, c'est-à-dire aux Quatre-Bras, on aurait pu percer la ligne ennemie. Effectivement, si au lieu de s'arrêter à un ordre, révoqué par un second et par les événements eux-mêmes, Ney eût lancé à la fois les quatre brigades du comte de Valmy et la cavalerie légère de Lefebvre-Desnoëttes, ce qui avec la cavalerie de Piré lui eût procuré sept mille chevaux, si au lieu de forcer la belle division du prince Jérôme, qui était de près de huit mille hommes, à s'épuiser contre le bois de Bossu, il eût laissé devant ce bois une brigade du général Foy, et qu'il eût précipité sur les Quatre-Bras sept mille chevaux et huit mille hommes d'infanterie, il eût certainement écrasé le centre du duc de Wellington, rejeté une partie de ses troupes sur la route de Nivelles, l'autre sur la route de Sombreffe, et conquis ainsi la position si précieuse des Quatre-Bras.

Au surplus ce succès, désirable assurément, car il eût fort abattu l'orgueil des Anglais et détruit une portion de leurs forces, ce succès n'était pas ce qui importait le plus dans cette journée. Grâce en effet à la fermeté admirable de Ney, on avait à la fin du jour occupé, contenu, arrêté les Anglais aux Quatre-Bras, ce qui était l'essentiel, et on n'au-

Juin 1815.

Comment on opéra aux Quatre-Bras.

Résultat véritable de la bataille de Ligny.

rait eu rien à regretter, si d'Erlon, appelé tantôt à droite, tantôt à gauche, et resté inutile partout, n'eût laissé évader l'armée prussienne dont il pouvait prendre la moitié. Là fut le vrai malheur de cette journée, qui fit de la bataille de Ligny, au lieu d'un triomphe décisif, une victoire glorieuse sans doute et même importante, mais très-inférieure à ce qu'elle aurait pu être sous le rapport des résultats. Là se manifeste en traits sinistres la fatalité redoutable qui, dans ces derniers jours, fit échouer les combinaisons les plus profondes, l'héroïsme le plus extraordinaire! On est confondu quand on voit combien de fois d'Erlon fut près de toucher au but, et combien de fois il en fut détourné au moment de l'atteindre, au grand désespoir des soldats, plus clairvoyants cette fois que leurs chefs!

Les allées et venues de d'Erlon, qui devint inutile partout, furent le seul événement tout à fait regrettable de la journée.

Là, nous le répétons, fut le vrai malheur de la journée. Y eut-il dans ce malheur faute de quelqu'un, ou bien pure rigueur de la fortune? c'est ce qui nous reste à examiner. Napoléon qui savait que dans les premiers moments Ney devait avoir peu d'ennemis sur les bras, pouvait bien lui redemander 12 ou 15 mille hommes sur 45 mille, pour un objet tout à fait décisif, plus décisif même que l'occupation des Quatre-Bras. Ainsi de sa part l'ordre à d'Erlon n'était pas une faute. Quant à Ney, il aurait dû en recevant cet ordre se résigner à passer tout de suite à la défensive, qui était possible avec vingt mille hommes comme il le prouva deux heures après, et se priver de d'Erlon pour le laisser à Napoléon. D'Erlon de son côté, aurait dû obéir non pas à son chef immédiat, mais au chef des chefs, c'est-à-dire à l'Empereur. Cependant on comprend qu'acharné au combat, voyant la masse des ennemis s'accroître autour de lui, Ney voulut vaincre d'abord où il était, sauf à aller ensuite compléter le triomphe de Napoléon. On comprend que d'Erlon, recevant de mauvaises nouvelles des Quatre-Bras, crut devoir obtempérer à l'ordre de Ney donné en termes désespérés, et dans tous ces malentendus on est beaucoup plus fondé à accuser la fortune que les hommes. Et en effet, cette parole pressante de Napoléon : *Le salut de la France est en vos mains*, dite pour exalter le zèle de Ney, et interprétée comme la nécessité de vaincre aux Quatre-Bras, tandis qu'elle signifiait la nécessité d'achever la victoire de Ligny, cette parole prononcée pour assurer le triomphe des desseins de Napoléon, ne produisit que leur confusion, trait frappant des dispositions de la fortune à notre égard, ou pour mieux dire, preuve évidente d'une situation forcée, pleine de trouble, où personne, excepté Napoléon, n'avait conservé ses facultés ordinaires, et que Napoléon lui-même avait créée en essayant de recommencer malgré l'Europe, malgré la France, malgré la raison universelle, un règne désormais impossible[1] !

---

[1] Je ne terminerai pas ces trop longues réflexions, sans ajouter quelques mots en réponse à une supposition tout à fait gratuite, consistant à prétendre que si le comte d'Erlon après de nombreuses allées et venues finit par se rendre aux Quatre-Bras, au lieu de venir à Bry, c'est qu'il y fut décidé par un dernier ordre de Napoléon. Dans ce cas, les mouvements de va-et-vient qui dans cette journée le rendirent inutile partout, seraient non pas le tort de Ney qui voulut absolument l'attirer à lui, ou de d'Erlon qui désobéit à Napoléon pour obéir à Ney, mais de Napoléon lui-même qui aurait renoncé à l'exécution de ses ordres. C'est M. Charras qui, dans son ouvrage sur la

Juin 1815.

Quelque regret que pût éprouver Napoléon d'avoir remporté une victoire incomplète, il avait lieu, nous le répétons, d'être satisfait, car son plan avait jusqu'à ce moment parfaitement réussi. Il était parvenu à surprendre les armées anglaise et prussienne, à s'interposer entre elles, à vaincre l'armée prussienne, à contenir l'armée anglaise, et à les rejeter l'une et l'autre dans des directions assez divergentes, pour avoir le lendemain ou le surlendemain le temps de battre séparément le duc de Wellington. Blucher effectivement venant de perdre la grande chaussée de Namur aux Quatre-Bras, ne pouvait

campagne de 1815, ouvrage savant, spirituel, remarquablement écrit, a imaginé cette hypothèse.

Les suppositions sont admissibles en histoire quand elles sont nécessaires pour expliquer un fait qui autrement serait inexplicable, quand elles reposent sur la vraisemblance, et sur des inductions tirées de l'ensemble des événements. Ici rien de pareil. Les faits, loin d'être inexplicables sans la supposition de M. Charras, le deviennent par cette supposition même. Placé entre l'ordre de Napoléon et celui du maréchal Ney, le comte d'Erlon, sans méconnaître la hiérarchie, se livra aux interprétations, toujours hasardeuses à la guerre, et croyant Ney en grand danger, croyant Napoléon dans l'ignorance de ce danger, finit par se porter aux Quatre-Bras. Tout est simple et clair dans cette donnée; ce qui n'est ni simple ni clair, c'est que Napoléon, regardant le sort de la guerre comme attaché au mouvement qu'il ordonnait, eût contremandé ce mouvement, sans même avoir eu le temps d'apprendre ce qui se passait aux Quatre-Bras, et de savoir que la position de Ney y était des plus difficiles. La supposition de M. Charras rend donc inexplicable ce qui s'explique de soi, et loin d'être conforme à la vraisemblance, est absolument invraisemblable. Toutefois si elle reposait sur quelque témoignage, il faudrait sinon l'admettre, du moins en tenir un certain compte; mais de témoignages il n'y en a que deux, et ils sont l'un et l'autre absolument contraires. Ces témoignages sont ceux du comte d'Erlon, et du général Durutte qui commandait l'une des divisions du 1er corps. Certes, si en fait d'ordres donnés par Napoléon au comte d'Erlon il y a un témoignage décisif, c'est celui du comte d'Erlon lui-même qui recevait et devait exécuter ces ordres. Or,

plus rejoindre le duc de Wellington par cette voie, la seule directe, et il était réduit, ou à se séparer définitivement des Anglais en se portant par Namur sur le Rhin, ou, s'il voulait continuer la campagne avec eux, à tâcher de les retrouver aux environs de Bruxelles. Entre les armées belligérantes et Bruxelles s'étendait une forêt vaste et profonde, celle de Soignes, enveloppant cette ville du sud-ouest au nord-est, présentant une bande de bois épaisse de trois ou quatre lieues, longue de dix ou douze, par conséquent très-difficile à franchir par des armées nombreuses, pourvues d'un

<small>interrogé par le duc d'Elchingen sur ces événements, voici sa réponse rapportée par le duc d'Elchingen lui-même dans son écrit intitulé : *Documents inédits sur la campagne de 1815.*

« Au delà de Frasnes, je m'arrêtai avec des généraux de la garde, » où je fus joint par le général La Bédoyère, qui me fit voir une Note » au crayon qu'il portait au maréchal Ney, et qui enjoignait à ce ma- » réchal de diriger mon corps d'armée sur Ligny. Le général La Bé- » doyère me prévint qu'il avait déjà donné l'ordre pour ce mouvement, » en faisant changer de direction à ma colonne, et m'indiqua où je » pourrais le rejoindre. Je pris aussitôt cette route, et envoyai au ma- » réchal mon chef d'état-major, le général Delcambre, pour le préve- » nir de ma nouvelle destination. M. le maréchal Ney me le renvoya » en me prescrivant impérativement de revenir sur les Quatre-Bras, où » il s'était fortement engagé, comptant sur la coopération de mon corps » d'armée. *Je devais donc supposer qu'il y avait urgence, puisque » le maréchal prenait sur lui de me rappeler, quoiqu'il eût reçu la » Note dont j'ai parlé plus haut.* » —

Je devais supposer, dit le comte d'Erlon, *qu'il y avait urgence, puisque le maréchal prenait sur lui de me rappeler, quoiqu'il eût reçu la Note dont j'ai parlé*..... — N'est-il pas évident, rien qu'à la lecture de ce passage, que si le comte d'Erlon avait reçu un dernier ordre de Napoléon, l'autorisant à se rendre aux Quatre-Bras au lieu de venir à Bry, il l'eût dit tout simplement, car alors sa justification eût été établie d'un seul mot, et il n'aurait pas eu besoin de s'appuyer sur l'urgence de la situation de Ney, et sur la supposition que Ney contredisant les ordres de Napoléon, y était autorisé. Il aurait dit tout</small>

Juin 1815.

matériel considérable. Si les Prussiens, privés de leur communication directe avec les Anglais par la chaussée de Namur aux Quatre-Bras, voulaient les rejoindre, ils le pouvaient en se portant par Gembloux et Wavre à la lisière de la forêt de Soignes, et en se réunissant à eux en avant, ou en arrière de cette vaste forêt. Si, pour plus de sûreté, ils s'y enfonçaient, afin d'opérer leur jonction au delà, c'est-à-dire sous les murs de Bruxelles, il n'y avait pas fort à s'inquiéter d'eux, car ils arriveraient trop tard pour secourir leurs alliés. S'ils voulaient au contraire les rejoindre en avant de la forêt de

uniment que Napoléon avait contremandé l'ordre au crayon porté par La Bédoyère, et l'explication eût été complète et péremptoire. La conclusion forcée, c'est que ce dernier contre-ordre, qui le couvrait complétement, il ne le reçut pas, puisqu'il n'en a pas parlé dans sa justification, qui en ce cas eût été sans réplique. Cette preuve nous semble absolue et ne pas admettre de contestation.

Après ce témoignage il y en a un second tout aussi péremptoire, c'est celui du général Durutte. Ce général, fort capable, fort éclairé, commandait la division du 1ᵉʳ corps qui formait tête de colonne. Il a rédigé une note que je possède, et dont le duc d'Elchingen cite aussi un fragment, page 71.

Le général Durutte après avoir raconté comment un ordre de Napoléon avait amené le comte d'Erlon sur Bry, pour prendre les Prussiens à revers, ajoute ce qui suit : « Tandis qu'il était en marche, plusieurs ordonnances du maréchal Ney arrivèrent à la hâte pour arrêter le 1ᵉʳ corps et le faire marcher sur les Quatre-Bras. Les officiers qui apportaient ces ordres disaient que le maréchal Ney avait trouvé aux Quatre-Bras des forces supérieures, et qu'il était repoussé. Ce second ordre embarrassa beaucoup le comte d'Erlon, car *il recevait en même temps de nouvelles instances de la droite pour marcher sur Bry*. Il se décida néanmoins à retourner vers le maréchal Ney; mais comme il remarquait, avec le général Durutte, que l'ennemi pouvait faire déboucher une colonne dans la plaine qui se trouve entre Bry et le bois de Delhutte, ce qui aurait totalement coupé la partie de l'armée commandée par l'Empereur d'avec celle commandée par le maréchal Ney, il se décida à laisser le général Durutte dans cette plaine. »

Soignes, le danger pouvait devenir sérieux, mais Napoléon se trouvant actuellement entre les Prussiens et les Anglais, et à cinq lieues seulement de la lisière de la forêt, il était impossible que la jonction s'opérât en avant, c'est-à-dire sous ses yeux, à moins qu'il ne le permît, ou que ses lieutenants chargés de l'empêcher ne laissassent faire à l'ennemi ce qu'il voudrait. Étant de plus face à face avec les Anglais aux Quatre-Bras, il avait la certitude, autant qu'il était possible de l'avoir, de pouvoir le lendemain les aborder et les battre avant que les Prussiens vinssent à leur secours. Il était donc bien vrai que jusqu'ici, quoique les Prussiens ne fussent que battus au lieu d'être détruits,

Ce témoignage est aussi décisif que le précédent. On y voit en effet par le récit d'un témoin oculaire que le comte d'Erlon fut placé entre des ordres contraires, qu'il hésita d'abord, mais que le danger de Ney le détermina, et ce danger seul, car, ajoute-t-il, *il recevait en même temps de nouvelles instances de la droite pour marcher sur Bry*. Or, les instances de la droite, c'étaient les ordres réitérés de l'Empereur, et ce passage prouve surabondamment qu'ils ne furent pas révoqués, car s'ils l'avaient été, le général Durutte, assistant à ces perplexités et les partageant, n'aurait pas manqué de dire qu'un nouvel ordre de l'Empereur y avait mis fin. Il est donc de toute évidence que la supposition d'un dernier contre-ordre de l'Empereur est non-seulement gratuite, mais en opposition avec les seuls témoignages connus, possibles et concluants. Ainsi, les mouvements qui rendirent le corps de d'Erlon inutile à tout le monde furent le fait de Ney, qui ne voulut pas se réduire à la défensive, et qui appela d'Erlon à son secours coûte que coûte, et de d'Erlon qui, placé entre des ordres contraires, se laissa entraîner par les cris désespérés partis des Quatre-Bras. Ce fut un malheur, remontant à Napoléon, non pas directement et par suite d'un ordre mal donné, mais indirectement et par suite d'un état moral de ses lieutenants dont il était la cause générale et supérieure. Que Napoléon fût un très-mauvais politique, il n'y a pas besoin de preuve pour être autorisé à le déclarer tel; mais mauvais général, la supposition me semble téméraire, et pour moi je ne puis encore me résoudre à l'admettre.

Juin 1815.

son plan avait réussi, puisqu'il était en mesure de rencontrer ses ennemis les uns après les autres. D'ailleurs, si les Prussiens n'étaient pas détruits comme ils auraient dû l'être, ils étaient fort maltraités, et une poursuite active pouvait produire ce qu'aurait produit la manœuvre manquée de d'Erlon. Il s'agissait de ne leur laisser aucun repos le lendemain, et de leur tenir sans cesse l'épée dans les reins, pour que les hommes débandés devinssent des hommes perdus, et que l'armée prussienne fût diminuée par la poursuite autant qu'elle aurait pu l'être par la bataille elle-même.

A la fin du jour Napoléon donne des ordres pour la poursuite des Prussiens, et prend quelques heures de repos.

Napoléon rentré à Fleurus vers onze heures du soir, après avoir toujours été en mouvement depuis cinq heures du matin, donna les ordres indispensables avant de prendre le repos dont il avait besoin. On venait de lui annoncer, mais sans aucun détail, que Ney, après s'être battu toute la journée avec les Anglais, n'avait réussi qu'à les contenir. Il lui fit dire d'être sous les armes dès la pointe du jour pour marcher sur Bruxelles, sans craindre les Anglais qui ne pouvaient plus tenir après la bataille de Ligny, car en marchant sur eux par la grande chaussée de Sombreffe aux Quatre-Bras, on les tournerait s'ils essayaient de résister. Il enjoignit à Pajol de se lancer après un peu de repos sur la trace des Prussiens, et il le fit suivre par la division d'infanterie Teste, détachée de Lobau, afin de lui ménager un appui contre les retours de la cavalerie prussienne. Il se jeta ensuite sur un lit pour refaire ses forces par quelques heures de sommeil.

Projets

A cinq heures du matin, Napoléon était debout,

prêt à continuer ses opérations, et regardant comme venu le moment de s'attaquer à l'armée anglaise. Les Prussiens étant hors de cause pour deux ou trois jours au moins, c'étaient les Anglais qu'il fallait chercher et battre, et avec les soldats qu'il avait, et sous sa direction suprême, le résultat ne lui semblait guère douteux. Ayant pour cette campagne adopté le système de deux ailes, qu'il voulait tour à tour renforcer avec son centre comprenant le corps de Lobau, la garde et la réserve de cavalerie, c'est-à-dire près de quarante mille hommes, il devait quitter son aile droite victorieuse à Ligny, pour se porter à son aile gauche qui n'avait été ni vaincue ni victorieuse aux Quatre-Bras. Son aile gauche déjà composée de Reille, de d'Erlon, d'une partie de la grosse cavalerie, renforcée maintenant avec les troupes du centre, s'élèverait à environ 75 mille combattants, force suffisante pour tenir tête aux Anglais. Il était naturel de former l'aile droite des corps qui avaient combattu à Ligny, et qui étaient trop fatigués pour livrer une seconde bataille dans la journée, c'est-à-dire du 4ᵉ corps (Gérard), du 3ᵉ (Vandamme), de la division Girard, des chasseurs et hussards de Pajol, des dragons d'Exelmans, déjà placés les uns et les autres sous les ordres du maréchal Grouchy.

Le rôle de cette aile droite pendant que Napoléon serait occupé contre les Anglais, était tout indiqué, c'était de veiller sur les Prussiens, de compléter leur défaite, de l'aggraver au moins en les poursuivant l'épée dans les reins, et de les contenir s'ils montraient l'intention de revenir sur nous. C'eût été

Juin 1815.

de Napoléon pour la suite des opérations.

Il prend le parti de se porter avec son centre au soutien de sa gauche, afin de livrer bataille aux Anglais

Rôle assigné à sa droite, commandée par Grouchy, et composée des corps de Gérard, de Vandamme.

Juin 1815.

de la cavalerie de Pajol et d'Exelmans.

en effet une trop grande incurie, et bien indigne d'un vrai capitaine, que de laisser les Prussiens vaincus devenir ce qu'ils voudraient, peut-être chercher à rejoindre les Anglais en avant de la forêt de Soignes, peut-être même encouragés par notre négligence se porter sur Charleroy, menacer ainsi nos derrières, bouleverser nos communications, et dans tous les cas, se remettre paisiblement de leur défaite pour apporter soit aux Anglais, soit aux Russes et aux Autrichiens le contingent redoutable de leurs forces rétablies. Les négliger était par conséquent impossible, et d'ailleurs comme on manœuvrait à quatre ou cinq lieues les uns des autres, il était facile de tenir le détachement qu'on mettait à leur poursuite à une distance telle qu'on pût toujours le rappeler à soi. Ajoutons que ce détachement devait avoir une certaine importance, si on voulait qu'il pût occuper, contenir et poursuivre les Prussiens. Napoléon n'ayant plus que 110 mille hommes contre 190 mille, et peut-être moins par suite des pertes des journées précédentes, obligé de s'en réserver au moins 75 mille pour combattre le duc de Wellington, ne pouvait dès lors en donner plus de trente-cinq ou trente-six mille à Grouchy. Mais dans la main d'un homme habile et résolu, c'était assez contre une armée battue. Le maréchal Davout avec 26 mille Français avait bien tenu tête en 1806 à 70 mille Prussiens, dans la mémorable journée d'Awerstaedt. Grouchy, il est vrai, n'était pas Davout, les dispositions morales de 1815 n'étaient pas celles de 1806, mais nos soldats étaient aussi aguerris, et apportaient dans cette guerre le courage du désespoir.

Napoléon prit donc le parti, indiqué par son plan et par les règles de la prudence, de se diriger avec son centre vers son aile gauche, pour aller combattre les Anglais, en laissant à sa droite le soin d'observer les Prussiens, d'aggraver leur défaite, et de les tenir à distance pendant qu'il serait aux prises avec l'armée britannique. Debout dès cinq heures, il eût voulu marcher tout de suite pour atteindre le duc de Wellington dans la journée, mais la distance où l'on se trouvait de la forêt de Soignes était si petite qu'il était impossible de gagner le général anglais de vitesse, et qu'on ne pouvait avoir une rencontre avec lui que s'il le voulait bien, car s'il songeait à s'enfoncer dans la forêt de Soignes pour rallier les Prussiens au delà, toute la promptitude qu'on mettrait à le suivre ne ferait que rendre sa retraite plus hâtive, sans donner une seule chance de le joindre. Néanmoins Napoléon par caractère, par impatience de résoudre la question de vie et de mort posée entre l'Europe et lui, aurait voulu courir sur-le-champ aux Anglais. Mais on lui objecta l'immense fatigue des troupes qui avaient marché trois jours, et combattu deux sans s'arrêter. Il n'avait certainement pas la pensée d'employer Gérard et Vandamme (4ᵉ et 3ᵉ corps), car leurs soldats, couchés dans le sang, dormaient encore d'un profond sommeil au milieu de trente mille cadavres, et on ne pouvait leur refuser quelques heures pour nettoyer leurs armes, faire la soupe, respirer enfin. Disposant du corps de Lobau qui n'avait pas tiré un coup de fusil, il voulait naturellement le mouvoir le

Juin 1815.

Emploi du temps pendant la matinée du 17.

Impossibilité de devancer les Anglais au passage de la forêt de Soignes.

premier. Mais il était indispensable d'y ajouter la garde qui avait été vivement engagée la veille, et qui, toute dévouée qu'elle était, ne pouvait cependant pas se passer de dormir et de manger. Il combina donc ses mouvements de la journée de manière à concilier la célérité des opérations avec le besoin de repos éprouvé par ses troupes. Comme il fallait traverser les Quatre-Bras pour marcher aux Anglais, c'était à Ney qui s'y trouvait, à défiler le premier, et comme il avait près de quarante mille hommes à faire écouler par un seul débouché, on était sûr, en arrivant à neuf ou dix heures du matin aux Quatre-Bras, d'y arriver juste à temps pour défiler après lui, et comme enfin on pouvait être en deux ou trois heures à la lisière de la forêt de Soignes, il n'était pas impossible encore de livrer, ainsi qu'on l'avait fait la veille, une bataille dans l'après-midi même, si toutefois les Anglais consentaient à l'accepter. Napoléon, sans espérer beaucoup cette rencontre en avant de la forêt de Soignes qu'il désirait trop pour croire que les Anglais la désirassent aussi, disposa tout pour se la ménager si elle était possible, et dans le cas contraire pour entrer à Bruxelles le soir ou le lendemain matin, ce qui devait produire un grand effet moral, et rejeter les Anglais bien loin des Prussiens. Il décida donc que Lobau se porterait le premier aux Quatre-Bras par la grande chaussée de Namur, de manière à défiler immédiatement après Ney. Il décida que la garde suivrait Lobau, et que la grosse cavalerie suivrait la garde.

Cette disposition devait procurer deux heures de

WATERLOO. 445

repos à la garde et à la grosse cavalerie. Quant aux troupes de Gérard et de Vandamme, fort éprouvées par la bataille de la veille, elles auraient la matinée pour se refaire, car avant de se mettre à la poursuite des Prussiens, il fallait que la cavalerie en eût retrouvé les traces. On se serait exposé sans cette précaution à s'engager dans une fausse voie, et ce qui n'était pas un inconvénient pour la cavalerie légère qui avait des ailes, en aurait eu de très-grands pour l'infanterie qui n'avait que ses jambes, et qui était déjà très-fatiguée.

Juin 1815.

Tandis que Napoléon expédiait les ordres nécessaires, le comte de Flahault qui avait quitté Ney pendant la nuit après avoir assisté aux événements des Quatre-Bras, arriva au quartier général vers six heures du matin. Sans desservir Ney, dont l'héroïsme touchait ceux mêmes qui n'approuvaient pas sa manière d'opérer, il ne dissimula pas à l'Empereur combien les dispositions du maréchal avaient été médiocres au combat des Quatre-Bras; combien surtout l'agitation fébrile dont il semblait atteint, en ajoutant s'il était possible à l'énergie de son dévouement, nuisait cependant à la rectitude de son jugement militaire. Napoléon s'en était bien aperçu depuis le 20 mars, mais il fallait se servir de ce héros sans pareil tel qu'il était, tel que l'avaient fait des événements supérieurs alors à tous les caractères. Napoléon en conclut seulement qu'il serait sage de le tenir près de lui, pour le lancer comme un lion au plus fort du danger. A tous les détails qu'il donna, M. de Flahault en ajouta un qui était de grande importance, c'est que Ney, dans sa défiance

Nouvelles de ce qui s'était passé la veille aux Quatre-Bras.

des événements, doutait encore du résultat de la bataille de Ligny, et loin d'être disposé à pousser en avant, était enclin au contraire à garder la défensive aux Quatre-Bras. Napoléon en fut fort contrarié, car il aurait voulu apprendre que Ney, au moment où on lui parlait, était déjà en mouvement. Il fit donc écrire sur-le-champ par le maréchal Soult au maréchal Ney, pour lui affirmer que la bataille de la veille était complétement gagnée, pour lui enjoindre de marcher hardiment et sans perte de temps aux Quatre-Bras, car les Anglais décamperaient en voyant venir par la chaussée de Namur quarante mille hommes, prêts à les prendre en flanc s'ils s'obstinaient dans leur résistance; pour lui conseiller de tenir ses divisions réunies, et lui adresser quelques reproches, fort adoucis du reste dans la forme, sur sa manière de procéder la veille, laquelle avait été cause qu'au lieu de résultats extraordinaires, on en avait de grands sans doute, mais moins grands que ceux qu'on avait droit et besoin d'obtenir. Napoléon envoya en même temps des officiers en reconnaissance sur la chaussée de Namur aux Quatre-Bras, pour voir si Ney était en marche et le duc de Wellington en retraite. Ces ordres expédiés vers sept heures du matin, il se rendit en voiture à Ligny, et une fois sur les lieux il monta à cheval pour visiter le champ de bataille, pour faire donner des soins aux blessés, pour distribuer enfin des soulagements et des récompenses aux combattants de la veille, pendant que les combattants du jour emploieraient le temps à marcher.

Ces soulagements et ces récompenses étaient bien

dus à des soldats qui s'étaient conduits le jour précédent avec un dévouement sans bornes, et en pareil cas on peut dire que la reconnaissance est un excellent calcul. Les soldats de Gérard et de Vandamme étaient occupés en ce moment à nettoyer leurs fusils, à faire la soupe, et à se remettre un peu de leur formidable lutte de la veille. Dès qu'ils aperçurent Napoléon, ils se précipitèrent au-devant de lui en agitant leurs schakos, en brandissant leurs sabres, et en poussant des cris d'enthousiasme. Sa vue seule les transportait, et les dédommageait de leurs dangers et de leurs souffrances. Ce n'était vraiment pas un temps perdu que celui que l'on consacrait à satisfaire et à entretenir de pareils sentiments! Napoléon après avoir salué les blessés, et répondu de la main aux acclamations des soldats, voulut traverser successivement les villages de Saint-Amand et de Ligny. Dans l'intérieur de Saint-Amand les morts français et prussiens étaient presque en nombre égal, mais au delà du ruisseau, on ne voyait qu'un monceau de cadavres prussiens. Ces malheureux s'étant obstinés à reprendre Saint-Amand, avaient couvert de leurs corps les approches du village. Sur le talus en arrière jusqu'au moulin de Bry, l'artillerie de la garde ayant pris en écharpe les réserves prussiennes, les cadavres d'hommes, de chevaux, les débris de canons, couvraient la terre, et présentaient un spectacle satisfaisant pour nous, mais cruel pour l'humanité. A Ligny, le spectacle devenait atroce. Là, le combat s'était livré dans l'intérieur du village; on s'était battu corps à corps, et égorgé avec toute la fureur des guerres civiles. Les morts français et

Juin 1815.

Aspect horrible de ce champ de bataille.

prussiens s'y trouvaient dans la même proportion, et on ne voyait pas autre chose que des cadavres, car les habitants avaient fui leurs demeures, ou s'étaient cachés dans leurs caves. Quelques blessés gémissants étaient les seuls êtres vivants dans cette espèce de nécropole. En sortant de Ligny, et en gravissant le terrain sur lequel la garde impériale avait décidé la victoire, les cadavres étaient encore presque exclusivement prussiens, et en faisant de ces débris humains une triste comparaison, on pouvait dire que dans l'ensemble il y avait deux ou trois Prussiens morts pour un Français. Il n'y a donc pas d'exagération à avancer que si la bataille nous avait coûté environ neuf mille hommes, elle en avait coûté dix-huit mille aux Prussiens, sans compter les hommes débandés. Nous n'avions pour prisonniers que les blessés, plus il est vrai mille ou deux mille traînards recueillis par la cavalerie. Trente pièces de canon étaient restées en notre pouvoir.

Napoléon, après avoir fait ramasser le plus qu'il put de blessés français, soin auquel les paysans belges se prêtèrent avec empressement, fit aussi relever quelques officiers prussiens, frappés dans une proportion beaucoup plus grande que leurs soldats. Ces braves officiers avaient payé de leur sang la violence de leurs passions. Napoléon leur adressa une allocution courtoise et généreuse, pour leur dire que la France tant haïe des Prussiens ne leur rendait pas haine pour haine; que si elle avait pesé sur eux pendant les dernières guerres, c'était par une juste et inévitable représaille de leur agression de 1792, de la convention de Pilnitz, du manifeste de Brunswick, et de la guerre de 1806; que d'ailleurs ils s'étaient assez vengés en 1814, qu'il était temps d'apporter un terme à ces représailles sanglantes, que pour lui il s'appliquerait à y mettre fin par la paix la plus prochaine, et qu'en témoignage de ces intentions pacifiques il allait commencer par les faire soigner comme les officiers de sa propre garde. L'allocution de Napoléon, immédiatement traduite en allemand, fut fort bien accueillie de ces infortunés qu'il salua en les quittant, et qui lui rendirent son salut de leurs mains défaillantes. Cette scène, mandée aux journaux, était destinée à calmer les passions allemandes, si la victoire nous restait fidèle encore vingt-quatre heures.

Parvenu sur les hauteurs de Bry, Napoléon mit pied à terre pour attendre le résultat des reconnaissances dirigées vers les Quatre-Bras. Conservant sa liberté d'esprit accoutumée, il s'entretint avec ses généraux des sujets les plus divers, de la guerre, de la politique, des partis qui divisaient la France, des royalistes et des jacobins, paraissant fort content de ce qui s'était fait depuis deux jours, et espérant encore davantage pour les jours qui allaient suivre[1]. Pendant cet entretien il reçut un premier

[1] Le maréchal Grouchy, qui était noblement inconsolable de ses fautes militaires en 1815, sans vouloir cependant les avouer, a essayé de faire remonter jusqu'à la journée du 17 juin la cause du temps perdu le 18, et, dans un récit inexact, a présenté Napoléon pendant cette matinée comme perdant le temps à la façon d'un prince bavard, paresseux, irrésolu. Il est difficile de reconnaître à ce portrait l'homme arrivé en vingt jours de l'île d'Elbe à Paris, l'homme qui, en deux jours, s'était jeté à l'improviste entre les armées anglaise et prussienne, avant qu'elles pussent se douter même de sa présence. On ne persuadera à personne que Napoléon, qui, pouvant

avis des officiers envoyés sur la chaussée de Namur aux Quatre-Bras, et apprit qu'au lieu de rencontrer Ney sur ce dernier point, on n'y avait rencontré que les Anglais. Il en éprouva un mécontentement assez vif, fit expédier au maréchal un nouvel ordre de se porter en avant, sans tenir compte des Anglais qu'on prendrait en flanc s'ils résistaient, enjoignit à Lobau de hâter sa marche vers les Quatre-Bras, et fit accélérer le départ de la garde. Il se disposa à partir lui-même pour aller diriger le mouvement en personne. Dans le même instant on lui remit un rapport du général Pajol, qui dès la pointe du jour s'était jeté sur la trace des Prussiens. Ce rapport assez singulier disait qu'on avait ramassé des fuyards et surtout des canons du côté de Namur, par conséquent dans la direction de Liége. S'il fallait s'en rappor-

attendre la guerre en Champagne, était venu la porter hardiment en Belgique, pour se ménager l'occasion de surprendre et de battre les armées ennemies les unes après les autres, fût devenu subitement mou et irrésolu. Mais le maréchal Grouchy a fait comme beaucoup de témoins oculaires, qui, ne sachant pas le secret des personnages agissant devant eux, leur prêtent souvent les motifs les plus puérils et les plus chimériques. En prétendant que Napoléon se conduisait dans la matinée du 17 comme un prince oriental s'arrachant avec peine au repos, le maréchal Grouchy prouve tout simplement qu'il ne se rendait pas compte de la situation, qu'il ignorait ou ne comprenait pas que Napoléon devait attendre, 1° que Ney eût défilé aux Quatre-Bras avec quarante mille hommes; 2° que les troupes de Lobau fussent en marche sur les Quatre-Bras; 3° que la garde eût fait la soupe et quitté ses bivouacs; 4° que quelques nouvelles de la cavalerie de Pajol eussent donné une première idée de la direction suivie par les Prussiens. Il était environ huit heures du matin, et ce n'était pas trop assurément de deux ou trois heures pour que toutes ces choses pussent se faire. En attendant, Napoléon s'entretenait de sujets divers avec une liberté d'esprit que les hommes ne montrent pas toujours quand ils sont préoccupés de grandes choses, et qui prouve qu'ils sont dignes d'en porter le poids lorsqu'ils savent la conserver.

ter à ce premier indice, on aurait dû en conclure que les Prussiens prenaient le parti de regagner le Rhin, et que laissant les Anglais s'appuyer sur la mer, ils allaient faire campagne avec les Autrichiens et les Russes. Napoléon ne croyait guère à une pareille résolution de leur part. Il supposait que Blucher, tel qu'il le connaissait, tâcherait de se réunir avec les Anglais en avant ou en arrière de la forêt de Soignes, et que c'était dès lors dans la direction de Wavre qu'il fallait le chercher. Pourtant à la guerre comme en politique il faut n'être pas esclave de la vraisemblance, et tout en lui accordant la préférence dans ses calculs, avoir l'esprit ouvert à toutes les éventualités. C'est ce que fit Napoléon. Le maréchal Grouchy était en ce moment auprès de lui. Il lui donna verbalement ses instructions, lesquelles résultaient tellement de la situation, qu'on les pressent avant qu'elles soient énoncées. Il lui recommanda de poursuivre les Prussiens à outrance, d'aggraver leur défaite le plus qu'il pourrait, de les empêcher au moins de se remettre trop tôt, surtout de ne jamais les perdre de vue, et de manœuvrer de manière à rester constamment en communication avec la grande armée française, et toujours entre elle et les Prussiens. Le maréchal Grouchy effrayé, il faut lui rendre cette justice, de se voir livré à lui-même dans cette circonstance délicate, en témoigna un regret modeste à Napoléon, et parut également fort embarrassé de deviner la route que suivraient les Prussiens. Napoléon lui répondit qu'il avait la grande chaussée de Namur à Bruxelles pour communiquer avec le quartier général, que par con-

Juin 1815.

Instructions verbales données à Grouchy pour la conduite de l'aile droite.

séquent il serait toujours en mesure de demander et de recevoir des ordres, que relativement à la marche des Prussiens, l'avis envoyé par Pajol pouvait sans doute provoquer des incertitudes, mais qu'il n'avait qu'à lancer sa cavalerie sur Wavre d'un côté, sur Namur de l'autre, et qu'il saurait en quelques heures à quoi s'en tenir. Montant alors à cheval, Napoléon lui répéta de vive voix avec une insistance marquée : *Surtout poussez vivement les Prussiens, et soyez toujours en communication avec moi par votre gauche*[1]. — Grouchy partit immédiatement pour obéir aux ordres de Napoléon, et son premier mouvement fut de courir sur la route de Namur où Pajol avait déjà ramassé des fuyards et des canons. Napoléon lui laissait Gérard (4ᵉ corps) réduit à 12,000 hommes, Vandamme (3ᵉ corps) réduit à 13,000, Pajol à 1,800, Exelmans à 3,200. Il lui laissait en outre la division Teste détachée du corps de Lobau, et forte de 3 mille fantassins environ. C'était donc un total de 33 mille combattants,

---

[1] Je tiens ces détails d'un témoin oculaire, qui me les a cent fois répétés comme les ayant, disait-il, encore devant les yeux, et ce témoin est le maréchal Gérard, l'un des hommes les plus droits, les plus véridiques que j'aie connus. Ils m'ont été confirmés par un grand nombre de témoins oculaires et auriculaires. Le maréchal Grouchy a cherché à faire naître des doutes sur la nature des instructions qu'il avait reçues; pourtant ses propres assertions, ses lettres à Napoléon, constatent ces points essentiels : 1º qu'il devait chercher les Prussiens; 2º les poursuivre vivement; 3º ne jamais les perdre de vue; 4º se tenir en communication avec le quartier général; 5º enfin, toujours s'efforcer de séparer les Prussiens des Anglais. Ces points établis suffisent pour les conclusions à porter dans ce grand débat historique. En tout cas, les instructions données au maréchal Grouchy résultaient tellement des faits et de la situation, que, même sans en avoir ou la preuve ou l'aveu, on peut affirmer qu'il n'en a pas été donné d'autres.

WATERLOO. 153

sans comprendre la division Girard qui avait perdu tous ses généraux, et qui ne comptait plus que 2,500 hommes. Elle dut rester en arrière pour se remettre, s'occuper des blessés, et garder Charleroy, ce qui dispensait Grouchy de faire aucun détachement de ce côté.

Juin 1815.

Napoléon avec Ney, Lobau (réduit à deux divisions), la garde, les cuirassiers de Milhaud et la division de Subervic enlevée à Pajol, emmenait avec lui environ 70 mille hommes. C'était assez pour venir à bout des Anglais, vu la qualité des troupes, si une immense faute ou un immense malheur ne lui donnait pas deux armées à combattre. Avec les 36 mille hommes laissés à Grouchy (la division Girard comprise), avec environ 4 mille hommes attachés au grand parc et au train, il avait encore 110 mille soldats, déduction faite de 14 mille morts ou blessés perdus en plusieurs combats et deux batailles. Les Prussiens et les Anglais qui, en morts, blessés ou débandés, venaient de perdre trente à quarante mille hommes, avaient certes bien autrement à se plaindre des derniers événements, et jusqu'ici le résultat de la campagne pouvait être considéré comme tout entier à notre avantage. Il ne fallait plus qu'une journée heureuse pour le rendre décisif.

Forces que Napoléon se réservait pour combattre les Anglais.

Napoléon quitta les hauteurs de Bry vers onze heures du matin [1], et se porta au galop sur la grande

Napoléon, après avoir donné ses ordres, se dirige de sa personne sur les Quatre-Bras.

[1] Je donne ces heures d'après les indications les plus certaines. Le maréchal Grouchy en a donné d'autres, mais la preuve est acquise, comme on le verra plus tard, que, sous le rapport des heures, il s'est trompé presque constamment, et que ses indications à cet égard sont complètement erronées. Voici du reste deux preuves de l'inexactitude avec laquelle le maréchal Grouchy a fixé les heures dans ses divers

Juin 1815.

chaussée de Namur aux Quatre-Bras pour voir ce qui s'y passait. Il trouva la garde prête à quitter ses bivouacs, Lobau en pleine marche vers les Quatre-Bras, et déjà même parvenu à Marbais. Arrivé en ce dernier endroit Napoléon aperçut les Anglais tiraillant sur la grande chaussée, et paraissant n'avoir pas évacué jusqu'alors les Quatre-Bras, ce qui prouvait que Ney n'avait opéré aucun mouvement. Pourtant en approchant davantage, on vit les Anglais se retirer peu à peu à l'aspect de notre infanterie, qu'ils pouvaient du point culminant des Quatre-Bras découvrir en colonne profonde sur la chaussée de Namur. A notre gauche, c'est-à-dire du côté de Frasnes, on apercevait encore des habits rouges, ce qui était un sujet sinon d'inquiétude, au moins d'étranges incertitudes. Comment Ney, après les ordres réitérés qu'il avait reçus, et avec l'assurance d'être appuyé, n'avait-il pas encore marché, et comment surtout était-il entouré d'Anglais? Le mystère fut bientôt éclairci :

A onze heures du matin Ney n'avait encore fait aucun mouvement, et les Anglais étaient toujours aux Quatre-Bras.

Nouvel ordre à Ney de se porter en avant.

récits, inexactitude qu'il faut imputer non à son caractère, mais au chagrin qu'il éprouvait d'avoir commis une faute si funeste, et au désir bien naturel de s'en exonérer. Racontant les événements de la matinée du 18, il a prétendu avoir quitté Gembloux à six heures. Or, des preuves irréfragables démontrent que le départ a eu lieu pour une partie des troupes à huit heures et à neuf, même à dix pour quelques autres. Il a encore prétendu que le conseil de marcher au canon lui fut donné dans l'après-midi du 18, vers trois heures. Or, il est constaté par des témoignages unanimes, dont lui-même a reconnu plus tard l'exactitude, que le conseil fut donné vers onze heures et demie du matin. Nous citons ces faits non pour attaquer la véracité du maréchal, mais pour prouver que, dans le trouble où le jetaient ses souvenirs, ses allégations ne peuvent être acceptées avec confiance, surtout relativement aux heures, qui, dans les événements militaires comme dans les événements civils, sont toujours ce qu'il y a de plus difficile à déterminer.

c'étaient les lanciers rouges de la garde qu'on avait pris pour des Anglais, et qui observés de plus près par notre cavalerie légère, furent reconnus comme Français et traités comme tels. Cependant aucune portion des troupes de Ney ne s'était mise en mouvement. Dans le voisinage on voyait le comte d'Erlon (1ᵉʳ corps), qui n'ayant pas combattu la veille, et ne s'étant pas même fatigué, avait pris la position la plus avancée vers les Quatre-Bras. Napoléon lui envoya l'ordre d'y marcher sur-le-champ, et s'y porta lui-même à la suite des Anglais qui se retiraient. Il y fut rendu promptement, mais il fallait faire défiler les troupes par un seul débouché, et ce n'était pas trop de trois heures pour que 70 mille hommes eussent passé par le pont de Genappe qui se trouvait sur la route de Bruxelles. Toutefois si le temps continuait à être beau, il n'était pas impossible d'arriver à quatre heures aux approches de la forêt de Soignes, en face de la position de Mont-Saint-Jean, et en mesure de livrer bataille de quatre à neuf heures. Malheureusement le temps se chargeait de nuages, et menaçait d'un de ces orages d'été qui rendent en quelques instants les routes impraticables. Au surplus Napoléon n'avait guère espéré atteindre les Anglais dans la journée, et il n'avait considéré une bataille en avant de la forêt de Soignes que comme un effet de leur pleine volonté, sur lequel il ne fallait pas trop fonder ses espérances. Si en effet ils se décidaient à combattre, ils s'arrêteraient, et on les aurait en face le lendemain au lieu de les avoir dans la journée, ce qui n'était pas à regretter pour les troupes. Entre Mar-

Juin 1815.

Perte de temps résultant du défilé de l'armée aux Quatre-Bras.

LIVRE LX.

Juin 1815.

Une reconnaissance de la cavalerie légère porte à croire que les Prussiens ont pris la route de Wavre.

bais et les Quatre-Bras, la cavalerie légère lancée à travers champs sur notre droite, avait vu des blés couchés par le passage de troupes nombreuses, et c'était une preuve qu'un corps prussien avait pris la route de Tilly, conduisant vers Wavre, et suivant le cours de la Dyle (voir la carte n° 65). C'était une indication qui détruisait tout à fait la supposition d'une retraite des Prussiens vers le Rhin, et Napoléon n'ayant pas en ce moment le maréchal Soult auprès de lui, se servit du grand maréchal Bertrand pour donner au maréchal Grouchy une direction plus positive que celle qu'il lui avait assignée de vive voix deux heures auparavant. Il lui prescrivit de se diriger sur Gembloux, qui était sur la route de Wavre, et qui avait aussi l'avantage d'être par la vieille chaussée romaine en communication avec Namur et Liége. Il lui recommandait de bien s'éclairer sur tous les points, de ne pas perdre de vue que si les Prussiens pouvaient être tentés de se séparer des Anglais pour regagner le Rhin, ils pouvaient aussi vouloir se réunir à eux pour livrer une seconde bataille aux environs de Bruxelles, de se tenir sans cesse sur leurs traces afin de découvrir leurs véritables intentions, d'avoir dans tous les cas ses divisions rassemblées dans une lieue de terrain, et de semer la route de postes de cavalerie afin d'être constamment en rapport avec le quartier général.

Napoléon en informe Grouchy.

Aux Quatre-Bras Napoléon fut rejoint par le maréchal Ney, et apprit de sa propre bouche les motifs de ses nouvelles hésitations pendant cette matinée. Fortement affecté des événements de la veille, le maréchal n'avait pas osé s'avancer, croyant toujours avoir sur les bras la totalité de l'armée anglaise, et n'avait fait un pas en avant que lorsqu'il avait vu les Anglais se retirer devant le comte de Lobau. Il chercha à s'excuser de ses lenteurs, et Napoléon qui ne voulait pas lui causer plus d'agitation qu'il n'en éprouvait déjà, se contenta de lui adresser quelques observations, exemptes du reste de toute amertume. Néanmoins les soldats, dont la sagacité avait compris qu'il y avait quelque chose à reprocher au *brave des braves*, ne manquèrent pas de raconter entre eux que le *Rougeot*, comme ils appelaient l'illustre maréchal, avait reçu une bonne semonce. Napoléon attendit avec une vive impatience le défilé des troupes aux Quatre-Bras, qui n'était pas terminé à trois heures.

Juin 1815.

A peu près vers ce moment le ciel chargé d'épais nuages finit par fondre en torrents d'eau, et une pluie d'été, comme on en voit rarement, inonda tout à coup les campagnes environnantes. En quelques instants le pays fut converti en un vaste marécage impraticable aux hommes et aux chevaux. Les troupes composant les divers corps d'armée furent contraintes de se réunir sur les deux chaussées pavées, celle de Namur et celle de Charleroy, qui se rejoignaient pour n'en former qu'une aux Quatre-Bras. Bientôt l'encombrement y devint extraordinaire, et les troupes de toutes armes y marchèrent confondues dans un pêle-mêle effroyable. Ce spectacle affligeant ôtait tout regret pour les retards du matin, car se fût-on mis en route trois heures plus tôt, un tel débordement du ciel aurait égale-

Orage affreux qui rend tout à coup les routes impraticables.

ment interrompu les opérations militaires, et tourné le matin comme le soir au profit des Anglais, qui ayant le projet de se replier sur la belle position de Mont-Saint-Jean, devaient tirer grand avantage de tout ce qui rendrait l'attaque plus difficile.

Les troupes se succédaient dans l'ordre suivant : la cavalerie légère de Subervie, les cuirassiers de Milhaud avec quelques batteries d'artillerie à cheval, l'infanterie de d'Erlon (1ᵉʳ corps), celle de Lobau (6ᵉ corps), les cuirassiers de Kellermann, la garde, et enfin le corps de Reille (2ᵉ), qui, fortement engagé aux Quatre-Bras, avait employé la matinée à se remettre du rude combat de la veille. Napoléon marchait avec l'avant-garde qu'il dirigeait en personne. On avait à traverser le gros bourg de Genappe, où l'on franchit le Thy qui devient la Dyle quelques lieues au-dessous. Les Anglais avaient mis leur cavalerie à l'arrière-garde, pour ralentir notre marche par des charges exécutées avec à-propos et vigueur, toutes les fois que le terrain le permettrait. En approchant de Genappe le sol s'abaissait, et une fois le Thy passé se relevait, de manière que nous avions en face de nous l'arrière-garde anglaise, vivement pressée par notre avant-garde. Napoléon ordonnant lui-même tous les mouvements sous une pluie torrentueuse, avait fait amener vingt-quatre bouches à feu, qui tiraient à outrance sur les colonnes en retraite. Les Anglais ayant hâte de s'éloigner ne prenaient pas le temps de riposter, et recevaient sans les rendre des boulets qui faisaient dans leurs masses vivantes des trouées profondes. Au sortir de Genappe les hussards anglais chargèrent notre cavalerie, mais ils furent presque aussitôt culbutés par nos lanciers. A son tour lord Uxbridge à la tête des gardes à cheval chargea nos lanciers et les ramena. Mais nos cuirassiers fondant sur les gardes à cheval les forcèrent de se replier. En quelques minutes la route fut couverte de blessés et de morts, la plupart ennemis. Notre canon surtout avait jonché la terre de débris humains qui étaient hideux à voir. Dans ces diverses rencontres le colonel Sourd, le modèle des braves, se couvrit de gloire. Avec un bras haché de coups de sabre et à moitié séparé du corps, il s'obstina à rester à cheval. Il n'en descendit que pour subir une amputation qui ne diminua ni son ardeur ni son courage, car à peine amputé il se remit en selle, et commanda son régiment jusque sous les murs de Paris.

Napoléon, au milieu de ces charges de cavalerie, ne cessa pas un instant de diriger lui-même l'avant-garde. La marche fut lente néanmoins, car Anglais et Français pliaient sous la violence de l'orage. Quelques heures n'avaient pas suffi pour décharger le ciel des masses d'eau qu'il contenait, et nos troupes étaient tombées dans un état déplorable. La chaussée pavée ne pouvant plus les porter toutes, il avait fallu que l'infanterie cédât le pas à l'artillerie et à la cavalerie; elle s'était donc jetée à droite et à gauche de la route, et elle enfonçait jusqu'à mi-jambe dans les terres grasses de la Belgique. Bientôt il lui devint impossible de conserver ses rangs; chacun marcha comme il voulut et comme il put, suivant de loin la colonne de cavalerie et d'artillerie qu'on apercevait sur la

Juin 1815.

Horrible confusion produite par le mauvais temps.

chaussée pavée. Vers la fin du jour la souffrance s'accrut avec la durée de la pluie et avec la nuit. Les cœurs se serrèrent, comme si on avait vu dans ces rigueurs du ciel un signe avant-coureur d'un désastre. On se serait consolé si au terme de cette pénible marche on avait espéré joindre les Anglais, et terminer sur un terrain propre à combattre les longues inimitiés des deux nations. Mais on ne savait s'ils n'allaient pas disparaître dans les profondeurs de la forêt de Soignes, et se réunir aux Prussiens derrière l'épais rideau de cette forêt.

Parmi les blessés ennemis on avait recueilli un officier, appartenant à la famille de lord Elphinston, et on l'avait amené à Napoléon qui l'avait accueilli avec beaucoup d'égards, et interrogé avec adresse dans l'espoir de lui arracher le secret du duc de Wellington, qu'il était en position de connaître. Cet officier répondant à Napoléon avec autant de noblesse que de convenance, lui déclara que tombé au pouvoir des Français, il ne trahirait point son pays pour se ménager de meilleurs traitements. Napoléon respectant ce sentiment, chargea M. de Flahault de lui prodiguer tous les soins qu'on aurait donnés à un Français objet de la plus grande faveur. Mais il n'avait rien appris, ou presque rien, des projets de l'armée britannique. A la chute du jour, en suivant la chaussée de Bruxelles à travers une plaine fortement ondulée, on arriva sur une éminence d'où l'on découvrait tout le pays d'alentour. On était au pied de la célèbre position de Mont-Saint-Jean, et au delà on apercevait la sombre verdure de la forêt de Soignes. Les Anglais qui s'étaient mis en marche de bonne heure, avaient eu le temps de se bien asseoir derrière cette position, où l'élévation du sol les préservait d'une partie des souffrances que nous endurions, et où leur service des vivres, chèrement payé, leur avait préparé d'abondantes ressources. Établis sur le revers du coteau de Mont-Saint-Jean, on les entrevoyait à peine. D'ailleurs une brume épaisse succédant à la pluie, enveloppait la campagne, et avait ainsi hâté de deux heures l'obscurité de la nuit. On ne pouvait donc rien discerner, et Napoléon restait dans un doute pénible, car si les Anglais s'étaient engagés dans la forêt de Soignes pour la traverser pendant la nuit, il était à présumer qu'ils iraient rejoindre les Prussiens derrière Bruxelles, et que le plan de les rencontrer séparément, si heureusement réalisé jusqu'ici, finirait par échouer. Il était difficile en effet de se porter au delà de Bruxelles pour combattre deux cent mille ennemis braves et passionnés, avec cent mille soldats, héroïques mais réduits à la proportion d'un contre deux, en songeant surtout qu'à cent cinquante lieues sur notre droite avançait la grande colonne des Autrichiens et des Russes. Dévoré de l'inquiétude que cette situation faisait naître, Napoléon pour la dissiper, ordonna aux cuirassiers de Milhaud de se déployer en faisant feu de toute leur artillerie. Cette manœuvre s'étant immédiatement exécutée, les Anglais démasquèrent une cinquantaine de bouches à feu, et couvrirent ainsi de boulets le bassin qui les séparait de nous. Napoléon descendit alors de cheval, et suivi de deux ou trois officiers seulement se mit à étudier lui-même la po-

Juin 1815.

Napoléon voulant forcer les Anglais à manifester leurs desseins, fait déployer les cuirassiers de Milhaud.

sition dont l'armée britannique semblait avoir fait choix. Il entendait à chaque instant les boulets s'enfoncer lourdement dans une boue épaisse qu'ils faisaient jaillir de tous côtés. Il fut soulagé par ce spectacle d'une partie de ses inquiétudes, car il conclut de cette canonnade si prompte et si étendue, qu'il n'avait pas devant lui une simple arrière-garde s'arrêtant au détour d'un chemin pour ralentir la poursuite de l'ennemi, mais une armée entière en position, se couvrant de tous ses feux. Il ne doutait donc presque plus de la bataille, et sur son cœur si chargé de soucis il ne restait désormais que les incertitudes de la bataille elle-même. C'était bien assez pour le cœur le plus ferme! Au surplus, il avait un tel sentiment de son savoir-faire et de l'énergie de ses soldats, qu'il ne demandait à la Providence que la bataille, se chargeant comme autrefois d'en faire une victoire!

Cette preuve de la présence des Anglais obtenue, il ordonna au général Milhaud de replier ses cuirassiers, afin de leur procurer le repos dont ils avaient grand besoin pour la formidable journée du lendemain. Quant à lui ayant laissé son état-major en arrière, il se mit à longer le pied de la hauteur qu'occupaient les Anglais. Accompagné du grand maréchal Bertrand et de son premier page Gudin, il se promena longtemps, cherchant à se rendre compte de la position qui devait être bientôt arrosée de tant de sang. A chaque pas il enfonçait profondément dans la boue, et pour en sortir s'appuyait tantôt sur le bras du grand maréchal, tantôt sur celui du jeune Gudin, puis dirigeait sur l'ennemi la petite lunette qu'il avait dans sa poche. Ne prêtant guère attention aux boulets qui tombaient autour de lui, il fut cependant tiré un moment de ses préoccupations en voyant à ses côtés l'enfant de dix-sept ans qui remplissait auprès de lui l'office de page, et dont le père qui lui était cher, avait succombé à Valoutina. — Mon ami, lui dit-il, tu n'avais jamais assisté à pareille fête. Ton début est rude, mais ton éducation se fera plus vite. — L'enfant, digne fils de son père, était, comme le grand maréchal Bertrand, exclusivement occupé du maître qu'il servait, mais personne n'aurait osé devant Napoléon exprimer une crainte, même pour lui, et cette reconnaissance, exécutée les pieds dans une boue profonde, la tête sous les boulets, dura jusque vers dix heures du soir. Napoléon qui ne faisait rien d'inutile, ne l'avait prolongée que pour voir de ses propres yeux les Anglais établir leurs bivouacs. Bientôt l'horizon s'illumina de mille feux, entretenus avec le bois de la forêt de Soignes. Les Anglais, aussi mouillés que nous, employèrent la soirée à sécher leurs habits et à cuire leurs aliments. *L'horizon*, comme Napoléon l'a écrit si grandement, *parut un vaste incendie*, et ces flammes, qui en ce moment ne lui présageaient que la victoire, le remplirent d'une satisfaction, malheureusement bien trompeuse !

Remontant à cheval, Napoléon revint à la ferme dite *du Caillou*, où l'on avait établi son quartier général. Il annonça pour le lendemain une bataille décisive, qui devait, disait-il, sauver ou perdre la France. Il ordonna à ses généraux de s'y préparer.

464 LIVRE LX.

Juin 1815.

De tous les ordres, le plus pressant était celui que Napoléon devait adresser à Grouchy, car il ne fallait pas le laisser errer à l'aventure dans une circonstance pareille, et comme le maréchal se trouvait à quatre ou cinq lieues, il importait de lui expédier ses instructions immédiatement, pour qu'il pût les recevoir en temps utile. A dix heures environ Napoléon lui adressa les instructions que comportait la situation envisagée sous toutes ses faces.

Instructions envoyées à Grouchy le 17 à dix heures du soir.

Grouchy avait été chargé de suivre les Prussiens pour compléter leur défaite, surveiller leurs entreprises, et se tenir toujours, quelque parti qu'ils prissent, entre eux et les Anglais, comme un mur impossible à franchir. Quelles éventualités y avait-il à prévoir dans une situation pareille? Les Prussiens avaient pu, ainsi qu'on l'avait supposé un instant d'après les canons et les fuyards recueillis sur la route de Namur, gagner Liége pour rejoindre sur le Rhin les autres armées alliées, ou bien encore gagner par Gembloux et Wavre la route qui traverse l'extrémité orientale de la forêt de Soignes, et qui les aurait réunis aux Anglais au delà de Bruxelles. Ils avaient pu enfin s'arrêter à Wavre même, le long de la Dyle, avant de s'enfoncer dans la forêt de Soignes, dans l'intention de se joindre aux Anglais en avant de la forêt. De toutes ces suppositions aucune n'était alarmante, même la dernière, si le maréchal Grouchy ne perdait point la tête, qu'il n'avait jamais perdue jusqu'ici. Les instructions pour ces divers cas ressortaient de la nature des choses, et Napoléon, qui ne les puisait jamais ailleurs, les traça avec une extrême précision. Si les Prussiens, dit-il dans la dépêche destinée au maréchal Grouchy, si les Prussiens ont pris la route du Rhin, il n'y a plus à vous en occuper, et il suffira de laisser mille chevaux à leur suite pour vous assurer qu'ils ne reviendront pas sur nous. Si par la route de Wavre ils se sont portés sur Bruxelles, il suffit encore d'envoyer après eux un millier de chevaux, et dans ce second cas, comme dans le premier, il faut vous replier tout entier sur nous, pour concourir à la ruine de l'armée anglaise. Si enfin les Prussiens se sont arrêtés en avant de la forêt de Soignes, à Wavre ou ailleurs, il faut vous placer entre eux et nous, les occuper, les contenir, et détacher une division de sept mille hommes afin de prendre à revers l'aile gauche des Anglais. — Ces instructions ne pouvaient être différentes, quand même le génie militaire de Napoléon n'eût été ni aussi grand, ni aussi sûr qu'il l'était. Laisser quelques éclaireurs sur la trace des Prussiens soit qu'ils eussent regagné le Rhin ou qu'ils se fussent enfoncés sur Bruxelles, et dans ces deux cas rejoindre Napoléon avec la totalité de l'aile droite, ou bien, s'ils s'étaient arrêtés à Wavre, les occuper, les tenir éloignés du terrible duel qui allait s'engager entre l'armée française et l'armée britannique, et enfin dans ce dernier cas détacher sept mille hommes pour prendre à dos l'aile gauche anglaise, étaient les instructions que comportait ce qu'on savait de la situation. Qu'elles pussent arriver et être exécutées à temps, ce n'était pas chose plus douteuse que le reste. Il était environ dix heures du soir : en admettant que l'officier qui les porterait ne partît qu'à

Juin 1815.

Napoléon ne peut douter de la remise de ces instructions en temps utile.

onze, il devait être rendu au plus tard à deux heures du matin à Gembloux, où l'on devait présumer que se trouverait le maréchal Grouchy. En effet de la ferme du Caillou à Gembloux, en suivant toujours la chaussée pavée de Namur, et en la quittant à Sombreffe pour prendre celle de Wavre, il n'y avait qu'environ sept ou huit lieues métriques de distance, tandis qu'en ligne droite il y en avait à peine cinq. (Voir la carte n° 65.) Un homme à cheval devait certainement franchir cet espace en moins de trois heures. Recevant ses instructions à deux heures du matin, le maréchal Grouchy pouvait partir à quatre de Gembloux, et devait être bien près de Napoléon lorsque commencerait la bataille, car soit qu'il négligeât les Prussiens en route vers le Rhin ou vers Bruxelles, soit qu'il eût à les suivre sur Wavre, et à faire un détachement vers Mont-Saint-Jean, il n'avait pas plus de cinq à six lieues à parcourir avec son corps d'armée [1]. Ces ordres

---

[1] L'existence de cet ordre a été contestée. Le maréchal Grouchy a dit ne l'avoir pas reçu, et nous admettons la chose, d'abord parce qu'il l'a affirmée, et ensuite parce qu'elle n'est que trop vraisemblable, car des officiers voyageant la nuit au milieu des patrouilles ennemies, pouvaient être enlevés, pouvaient aussi, comme on en vit le triste exemple dans cette campagne, aller remettre aux généraux prussiens ou anglais les dépêches destinées aux généraux français. Mais si nous en croyons le maréchal Grouchy, beaucoup plus suspect que Napoléon dans ce débat, parce qu'il avait une grande faute à justifier, nous ne voyons pas pourquoi on ne croirait pas aussi Napoléon, qui, dans les deux versions venues de Sainte-Hélène, a affirmé de la manière la plus formelle, et avec des détails infiniment précis, l'existence de l'ordre en question. Nous n'admettons pas qu'une assertion venue de Sainte-Hélène soit nécessairement une vérité, mais nous n'admettons pas non plus qu'elle soit nécessairement un mensonge. Ainsi, nous acceptons l'assertion du maréchal Grouchy, parce que si nous l'avons vu dans cette polémique altérer souvent les faits par besoin de se justifier, nous

expédiés. Napoléon prit quelques instants de repos au milieu de la nuit, comme il en avait l'habitude quand il était engagé dans de grandes opérations. Il dormit profondément à la veille de la journée la plus terrible de sa vie, et l'une des plus funestes qui aient jamais lui sur la France.

Juin 1815.

Les résolutions des généraux ennemis étaient du reste à peu près telles que Napoléon les souhaitait, sans se douter de ce qu'il désirait en demandant à la Providence de lui accorder encore une bataille. Lord Wellington la veille au soir, après le combat des Quatre-Bras, s'était arrêté à Genappe, où il avait établi son quartier général. N'ayant rien reçu du maréchal Blucher, soit que celui-ci fût mécon-

Projets des généraux alliés.

croyons cependant qu'il était incapable de mentir positivement, et de nier le fait matériel d'un ordre reçu. De plus nous en croyons la vraisemblance. Ainsi le maréchal Grouchy, s'il avait reçu l'ordre dont il s'agit, l'aurait certainement exécuté, car il aurait fallu qu'il fût traître ou fou pour se conduire autrement, et il n'était ni l'un ni l'autre. Mais si nous appliquons ces règles de moralité et de vraisemblance au témoignage du maréchal Grouchy, si, malgré beaucoup de circonstances altérées dans ses récits, par erreur de mémoire ou par besoin ardent de se créer des excuses, nous n'admettons pas qu'il ait pu mentir sur un fait matériel tel qu'un ordre reçu, si nous nous en rapportons à la vraisemblance qui dit qu'il aurait exécuté cet ordre s'il lui était parvenu, nous ne voyons pas pourquoi nous n'appliquerions pas ces mêmes règles à Napoléon lui-même. Affirmer si positivement à Sainte-Hélène, affirmer avec tant de précision et de détails l'envoi d'un ordre qui n'aurait pas été envoyé, est un mensonge tel que pour notre part nous nous refusons à le croire possible. Et ici encore il reste la vraisemblance. Or, admettre que dans cette nuit, Napoléon qui était la vigilance même, à la veille de la bataille la plus décisive de sa vie, n'ait pas donné d'ordre à sa droite, qui était appelée à jouer un rôle si important, c'est tout simplement admettre l'impossible. Le prince le plus amolli, le plus stupide de l'Orient, n'aurait pas commis une telle négligence. Comment la prêter au plus vigilant, au plus actif des capitaines? Il y a d'ailleurs une autre preuve morale, plus concluante entent de n'avoir pas été plus activement secouru, soit que son affreuse chute de cheval l'eût empêché de vaquer à ses devoirs, le général britannique avait supposé que les Prussiens étaient vaincus, surtout en voyant de toute part les vedettes françaises tant aux Quatre-Bras que sur la chaussée de Namur. Les Français en effet auraient dû se retirer s'ils n'avaient pas remporté une victoire qui leur permit d'occuper une position aussi avancée. Le duc de Wellington avait donc pris le parti de se replier sur Mont-Saint-Jean, à la lisière de la forêt de Soignes, bien résolu à se battre dans cette position, qu'il avait longuement étudiée dans la prévision d'une bataille défensive, livrée sous les murs de Bruxelles pour la conservation du royaume des Pays-Bas. Toutefois

core s'il est possible. Si Napoléon avait inventé cet ordre pour se justifier à Sainte-Hélène d'une négligence absolument incompréhensible, il l'aurait inventé autrement. Au lieu de le baser sur l'ignorance où il était des mouvements des Prussiens le 17 au soir, au lieu de dire qu'il n'avait demandé à Grouchy qu'un secours de sept mille hommes, il aurait calqué son ordre mensonger sur les faits connus depuis, et se serait vanté d'avoir prescrit à Grouchy de passer la Dyle avec son corps tout entier, pour venir se placer entre les Prussiens et les Anglais. L'assertion modeste de Napoléon, consistant à s'attribuer un ordre fondé sur des doutes, et qu'on aurait droit de juger insuffisant s'il avait pu tout savoir, prouve d'une manière irréfragable à notre avis, qu'à Sainte-Hélène il ne mentait point, et qu'il ne s'attribuait que ce qu'il avait prescrit véritablement. Ainsi, que dans cette nuit il n'ait rien ordonné à Grouchy, nous ne l'admettons pas, et en supposant qu'il ait donné des ordres, ceux qu'il mentionne, fondés sur le peu qu'il savait, nous paraissent les véritables, et nous pensons qu'à mentir, il aurait menti plus complétement et plus à son avantage. Nous croyons par conséquent lui et le maréchal Grouchy dans leur double assertion, si facile à expliquer, d'un ordre donné et d'un ordre intercepté. La saine critique ne consiste pas sans doute à supposer que les acteurs disent toujours la vérité, mais elle ne consiste pas non plus à supposer qu'ils mentent toujours.

il ne voulait livrer cette bataille défensive, quelque bonne que lui parût la position, qu'à la condition d'être soutenu par les Prussiens. En conséquence il avait dépêché un officier au maréchal Blucher pour savoir s'il pouvait compter sur son secours.

Juin 1815.

Tandis que les choses se passaient ainsi du côté des Anglais, le vieil et inflexible Blucher, quoique fort maltraité à Ligny, ne se tenait pas pour vaincu, et entendait renouveler la lutte le lendemain ou le surlendemain, dès qu'il rencontrerait un poste favorable à ses desseins. Loin de songer à s'éloigner du théâtre des hostilités en regagnant le Rhin, il voulait s'y tenir au contraire, et ne pas aller plus loin que la forêt de Soignes, pour y livrer, avec ou sans les Anglais, une nouvelle bataille, non pas en arrière mais en avant de Bruxelles. En conséquence il s'était replié en deux colonnes sur Wavre, en attirant à lui le corps de Bulow (4° corps prussien), lequel était en marche pendant la bataille de Ligny. Ziethen et Pirch 1ᵉʳ, qui avaient combattu entre Ligny et Saint-Amand, et s'étaient trouvés les plus avancés sur la chaussée de Namur aux Quatre-Bras, s'étaient retirés par Tilly et Mont-Saint-Guibert, en suivant la rive droite de la Dyle, pendant la nuit du 16 au 17. (Voir la carte n° 65.) Thielmann, qui n'avait pas dépassé Sombreffe, avait rétrogradé par la route de Gembloux, et donné la main à Bulow arrivant de Liége. Ils avaient tous pris position autour de Wavre à la fin de cette journée du 17, les uns plus tôt, les autres plus tard, les uns au delà, les autres en deçà de la Dyle. Blucher avait employé le reste du jour à leur ménager un peu de repos, à leur pro-

Le duc de Wellington et Blucher ont résolu de se réunir, pour livrer bataille en avant de la forêt de Soignes.

Marche des Prussiens dans la journée du 17.

curer des vivres, à remplacer les munitions consommées, et à rallier une multitude de fuyards que sa cavalerie tâchait de recueillir, et que la nôtre aurait pu ramasser par milliers si elle avait été mieux dirigée. Averti des intentions du duc de Wellington, il lui avait répondu qu'il serait le 18 à Mont-Saint-Jean, espérant bien que si les Français n'attaquaient pas le 18, on les attaquerait le 19 : noble et patriotique énergie dans un vieillard de soixante-treize ans !

Les deux généraux ennemis étaient donc décidés à livrer bataille dans la journée du 18, en avant de la forêt de Soignes, après s'être réunis par un mouvement de flanc, que Blucher devait exécuter le long de la forêt, si toutefois les Français lui en laissaient le temps et les moyens.

Conduite de Grouchy, chargé de la poursuite des Prussiens.

C'était au maréchal Grouchy qu'appartenaient naturellement la mission et la faculté de s'y opposer. Si on jette en effet les yeux sur la carte du pays, on verra que rien n'était plus facile que son rôle, bien qu'il eût à manœuvrer devant 88 mille Prussiens avec environ 34 mille Français. (Voir la carte n° 65.) Napoléon s'étant emparé brusquement de la grande chaussée de Namur aux Quatre-Bras, par laquelle les Anglais et les Prussiens auraient pu se rejoindre, les uns et les autres avaient été contraints de se reporter en arrière, les premiers par la route de Mont-Saint-Jean, les seconds par celle de Wavre. Ces deux routes traversent la vaste forêt de Soignes qui enveloppe Bruxelles, avons-nous dit, du sud-ouest au nord-est, et se réunissent à Bruxelles même. Napoléon, poursuivant le duc de Wellington

sur Mont-Saint-Jean, Grouchy devant poursuivre
Blucher sur Wavre, marchaient à environ quatre
lieues l'un de l'autre, mesurées à vol d'oiseau.
Grouchy n'avait guère plus de chemin à faire pour
rejoindre Napoléon, que Blucher pour rejoindre
Wellington. De plus, partant d'auprès de Napoléon,
ayant mission de communiquer toujours avec lui,
Grouchy s'il ne perdait pas la piste des Prussiens,
devait obtenir l'un des deux résultats que voici, ou
de s'interposer entre eux et Napoléon, et de retarder assez leur arrivée pour qu'on eût le temps
de battre les Anglais, ou s'il n'avait pas pu leur
barrer le chemin, de les prendre en flanc pendant
qu'ils chercheraient à se réunir à l'armée britannique. Mais ne pas les rencontrer, ne pas même
les voir dans un espace aussi étroit, était un miracle, un miracle de malheur, qui n'était guère à supposer! Pour remplir sa mission la plus indiquée,
celle de s'interposer entre les Prussiens et les Anglais, Grouchy avait en sa faveur une circonstance
locale des plus heureuses. La Dyle, petite rivière de
peu d'importance sans doute, mais dont les abords
étaient très-faciles à défendre, coulant de Genappe
vers Wavre, séparait Napoléon de Grouchy, comme
Wellington de Blucher. En suivant à la lettre ses
instructions qui lui prescrivaient de communiquer
toujours par sa gauche avec le quartier général,
Grouchy pouvait se porter sur la Dyle, la franchir,
la mettre ainsi entre lui et les Prussiens, et leur en
disputer le passage afin d'empêcher leur arrivée à
Mont-Saint-Jean, ou s'ils l'avaient franchie avant
lui, les surprendre dans leur marche de flanc, et

Juin 1815.

Facilités
qu'il avait
pour
découvrir
leur marche et
les contenir.

Juin 1815.

les arrêter net avant qu'ils eussent rejoint le duc de Wellington. L'ascendant de la victoire remportée à Ligny, la surprise de flanc, suffisaient pour compenser l'inégalité du nombre, et donner à Grouchy sinon le moyen de vaincre, du moins celui d'occuper les Prussiens, et de les faire arriver trop tard au rendez-vous commun de Waterloo.

Longues incertitudes du maréchal Grouchy.

A la vérité, pour ne point perdre de temps, pour bien suivre les mouvements des Prussiens, il aurait fallu connaître, ou soupçonner du moins leur direction, de manière à ne pas courir trop tard après eux. Mais les suppositions à faire en cette circonstance étaient si peu nombreuses, si faciles à vérifier avec les treize régiments de cavalerie dont Grouchy disposait, et les espaces à parcourir si peu considérables, qu'il était facile de regagner le temps qu'on aurait perdu en fausses recherches. Si les Prussiens vaincus à Ligny se retiraient par Liége sur le Rhin, il n'y avait qu'un détachement de cavalerie à laisser sur leurs traces, et à ne plus s'en inquiéter ensuite; s'ils marchaient sur Wavre pour combattre en avant ou en arrière de la forêt de Soignes, ils avaient deux routes à prendre, l'une par Tilly et Mont-Saint-Guibert, l'autre par Sombreffe et Gembloux, toutes deux aboutissant à Wavre. (Voir la carte n° 65.) Trois reconnaissances de cavalerie, une sur Namur, deux sur Wavre, devaient en quelques heures constater ce qui en était, et Grouchy que Napoléon avait quitté à onze heures du matin, aurait dû à trois ou quatre heures de l'après-midi savoir la vérité, et de quatre à neuf être bien près de Wavre, s'il prenait le parti de s'y rendre, ou se trouver sur la gauche de la Dyle, si, ce qui valait mieux, il traversait cette rivière pour se mettre en communication plus étroite avec Napoléon.

De tout cela le maréchal Grouchy n'avait rien fait dans la journée. Ayant du coup d'œil et de la vigueur sur le terrain, il n'avait aucun discernement dans la direction générale des opérations, et surtout rien de la sagacité d'un officier d'avant-garde chargé d'éclairer une armée. Ainsi il n'avait envoyé aucune reconnaissance sur sa gauche, de Tilly à Mont-Saint-Guibert, route qu'avaient prise Ziethen et Pirch Ier : il n'en avait pas même envoyé une par sa droite sur Gembloux, et en se séparant de Napoléon à Sombreffe, il avait couru comme une tête légère sur Namur, où on lui avait dit que Pajol avait ramassé des fuyards et du canon.

Tandis qu'il galopait fort inconsidérément dans cette direction, il avait appris que sa cavalerie battant l'estrade pendant la matinée, avait aperçu les Prussiens en grand nombre du côté de Gembloux, lesquels semblaient marcher sur Wavre. En même temps la dépêche que Napoléon lui avait adressée de Marbais par la main du grand maréchal, lui avait donné la même information, et alors il s'était mis à courir sur Gembloux, en ordonnant à son infanterie de l'y suivre. Cette infanterie, composée des corps de Vandamme et de Gérard, n'avait été mise en mouvement que vers trois ou quatre heures de l'après-midi. Sans doute elle avait gagné à ce retard de se reposer un peu des fatigues de la veille, mais il eût mieux valu l'acheminer dès midi sur Gembloux, où elle se serait trouvée convenablement

Juin 1815.

Grouchy finit par s'apercevoir que les Prussiens ont pris la route de Wavre.

Il s'achemine tard sur Gembloux.

placée pour toutes les hypothèses, car à Gembloux elle eût été à la fois sur la route directe de Wavre, et en communication avec Liége par la vieille chaussée romaine. Elle aurait eu de la sorte l'avantage d'arriver à Gembloux avant l'orage qui vers deux heures de l'après-midi s'étendit sur toutes les plaines de la Belgique, et en mesure encore, après y avoir pris un repos de trois ou quatre heures, de s'approcher de Wavre, si de nouveaux indices signalaient cette direction comme définitivement préférable.

A Gembloux les rapports des gens du pays indiquèrent Wavre comme le véritable point de retraite de l'armée prussienne, et il y avait dans leurs dires un ensemble qui aurait certainement décidé un esprit moins flottant que celui du maréchal Grouchy. Mais comme Bulow arrivait par la route de Liége, comme il y avait dès lors du matériel sur cette route, les perplexités du maréchal Grouchy s'augmentèrent, et il ne sut plus à quelle supposition s'arrêter. Les indices à la guerre, de même que dans la politique, troublent l'esprit par leur multiplicité même, si par une raison à la fois sagace et ferme on ne sait pas les rapprocher et les concilier. Ce qu'il y avait de plus supposable, c'est que les Prussiens allaient se réunir aux Anglais pour combattre avec eux, en avant ou en arrière de la forêt de Soignes; ce qui l'était moins, c'est qu'ils retournassent vers le Rhin; ce qui ne l'était pas du tout, c'est qu'ils se partageassent entre ces deux directions. Ce fut pourtant à cette dernière supposition que le maréchal Grouchy s'arrêta, influencé qu'il était par les doubles traces observées sur la route de Wavre et sur celle de Liége, doubles traces qui s'expliquaient facilement, puisque les Prussiens ayant leur tête vers Wavre, leur queue vers Liége d'où ils venaient, devaient sur ces deux points laisser des signes de leur présence. Une autre et puissante raison aurait dû décider le maréchal dans son choix. Si on se trompait en se dirigeant sur Wavre, le mal n'était pas grand, car on laissait les Prussiens gagner le Rhin sans les poursuivre, mais on apportait à Napoléon un renfort accablant contre les Anglais. Si au contraire on se trompait en marchant vers Liége, il y avait le danger mortel de laisser les Prussiens gagner tranquillement Wavre, s'y placer dans le voisinage immédiat des Anglais, et se mettre ainsi en mesure d'accabler Napoléon avec leurs forces réunies. Cette pensée chez un esprit clairvoyant, n'aurait pas dû permettre un moment d'hésitation à l'égard de la conduite à tenir. Malheureusement il n'en fut rien, et le maréchal Grouchy sembla complétement oublier que sa mission essentielle était de suivre les Prussiens, et de les empêcher de revenir sur nous pendant que nous aurions affaire aux Anglais, ce qui résultait des instructions verbales de Napoléon et de l'évidente nature des choses.

Vers la chute du jour les indices étant devenus plus nombreux et plus concordants, la direction de Wavre se présenta définitivement comme celle que les Prussiens avaient dû suivre. En conséquence, le maréchal Grouchy se contenta, comme dernière précaution contre une éventualité dont la crainte n'avait pas entièrement disparu de son esprit, de laisser quelque cavalerie sur la route de Liége, mais il eut

Juin 1815.

Simple considération qui aurait dû ne laisser subsister aucun doute dans l'esprit du maréchal Grouchy.

soin d'en placer la plus grande partie sur celle de Wavre, en avant de Sauvenière. Il laissa toute son infanterie se reposer à Gembloux, où elle était arrivée tard par suite du mauvais temps, afin de lui procurer une bonne fin de journée, et de pouvoir la mettre en marche le lendemain de très-bonne heure. Il était bien fâcheux sans doute, lorsqu'on avait les Prussiens à poursuivre vivement, de n'avoir fait que deux lieues et demie dans la journée, mais en partant à quatre heures le lendemain 18, tout était réparable, car on n'avait qu'un trajet de quatre lieues à exécuter pour être rendu à Wavre, qu'un de six pour se trouver à côté de Napoléon, lieues métriques qu'un homme à pied parcourt en trois quarts d'heure. Il était donc possible de faire à temps, et très à propos, tout ce qu'on n'avait pas fait dans cette journée du 17. A dix heures du soir, moment même où Napoléon venait d'écrire au maréchal Grouchy pour le rappeler à lui, le maréchal écrivait à Napoléon pour l'informer du parti qu'il avait pris, lequel, disait-il, lui laissait encore le choix entre Wavre et Liége, et pour lui annoncer la résolution de marcher tout entier sur Wavre dès le matin, si cette direction paraissait définitivement la véritable, *afin*, ajoutait-il, *de séparer les Prussiens du duc de Wellington.* — Ces dernières expressions avaient cela de rassurant qu'en ce moment le maréchal semblait comprendre enfin le fond de sa mission, et elles prouvent aussi que Napoléon, en lui donnant le matin ses instructions verbales, s'était fort clairement expliqué.

Telle était la manière dont chacun avait achevé

la journée du 17 sur ce théâtre de guerre, large tout au plus de cinq à six lieues dans les divers sens, et sur lequel trois cent mille hommes se cherchaient pour terminer en s'égorgeant vingt-deux ans de luttes acharnées.

Pendant que tout dormait dans le camp des quatre armées, Napoléon, après un court repos, se leva vers deux heures après minuit, ayant toujours la crainte de voir les Anglais se soustraire à son approche, pour se réunir aux Prussiens derrière Bruxelles. En effet, le danger des grandes batailles contre lui était tellement reconnu des généraux européens, ce danger était si évident pour les Anglais qui avaient une immense forêt à dos, à travers laquelle la retraite serait des plus difficiles, et au contraire la réunion avec les Prussiens derrière la forêt de Soignes présentait un jeu si sûr, qu'il ne comprenait pas comment les Anglais pouvaient être tentés de l'attendre. Il raisonnait sans tenir compte de deux passions violentes, la haine chez le général prussien, l'ambition chez le général britannique. Le premier effectivement était prêt à payer de sa vie la ruine de la France; le second aspirait à terminer lui-même la querelle de l'Europe contre nous, et à en avoir le principal honneur. Napoléon néanmoins doutait toujours, et malgré la pluie qui tombait de nouveau, il recommença avec deux ou trois officiers la reconnaissance qu'il avait déjà tant prolongée quelques heures auparavant. La terre était encore plus détrempée, la boue plus profonde que dans la soirée. Malgré cette fâcheuse circonstance, qui pouvait rendre bien difficile l'attaque

Juin 1815.

Nouvelle reconnaissance opérée par Napoléon, pour s'assurer de la présence de l'armée anglaise.

178 LIVRE LX.

Juin 1815.

Grande satisfaction en apercevant de nouveau que l'armée anglaise est résolue à combattre.

d'une armée en position, il éprouva une véritable joie en apercevant les feux des bivouacs britanniques. Ces feux resplendissant d'un bout à l'autre de ce champ de bataille, attestaient la présence persévérante de l'armée anglaise. Un moment Napoléon fut troublé par un bruit de voiture sur sa gauche, dans la direction de Mont-Saint-Jean, mais bientôt ce bruit cessa, et des espions revenant du camp ennemi ne laissèrent plus d'incertitude sur la résolution du duc de Wellington de livrer bataille. Napoléon en fut à la fois surpris et content, et ne put d'ailleurs en douter lorsque le jour commença à poindre, car le général anglais, s'il avait voulu battre en retraite, n'aurait pas attendu qu'il fît jour pour s'enfoncer, en ayant son terrible adversaire sur ses traces, dans le long et dangereux défilé de la forêt de Soignes.

Arrivée de la dépêche écrite par Grouchy dans la soirée.

Tandis qu'il opérait cette reconnaissance, Napoléon reçut la dépêche que Grouchy venait de lui expédier de Gembloux à dix heures du soir, et dans laquelle il lui annonçait la position qu'il avait prise entre les deux directions de Liége et de Wavre, avec penchant cependant à préférer celle de Wavre, afin de tenir les Prussiens séparés des Anglais. Quoiqu'il trouvât bien médiocre la conduite du maréchal, bien mal employée une journée de poursuite dans laquelle on n'avait fait que deux lieues et demie, Napoléon se consola pourtant en voyant que Grouchy tendait vers Wavre, et qu'il semblait comprendre la portion essentielle de son rôle, celle qui consistait à tenir les Prussiens séparés des Anglais. Il se rassura en songeant que Grouchy, pourvu qu'il se mît en

Espérances que Napoléon est fondé à concevoir.

WATERLOO.   179

marche à quatre ou cinq heures du matin, pourrait le rejoindre vers dix heures, et exécuter ainsi les instructions expédiées le soir du quartier général, lesquelles lui enjoignaient de suivre les Prussiens sur Wavre et de détacher vers lui une division de sept mille hommes. L'état du sol, sur lequel avaient coulé les eaux du ciel pendant douze heures consécutives, ne rendant pas possible une bataille avant dix heures du matin, il suffisait qu'à ce moment, et même plus tard, Grouchy parût en entier ou en partie sur la gauche des Anglais, pour obtenir les plus grands résultats. Napoléon pour plus de sûreté, lui fit adresser à l'instant même, c'est-à-dire à trois heures du matin, un duplicata de l'ordre de dix heures du soir. Berthier avait l'habitude d'expédier plusieurs copies du même ordre par des officiers différents, afin que sur trois ou quatre il en parvînt au moins une : le maréchal Soult, tout nouveau à ce service, n'avait pas pris cette précaution. Mais deux expéditions, parties l'une à dix heures du soir, l'autre à trois heures du matin, pouvaient paraître suffisantes, sur une route d'ailleurs praticable, puisque l'officier porteur d'un rapport daté de dix heures du soir était arrivé à deux heures du matin.

Rassuré sans être très-satisfait, Napoléon ne formait plus qu'un vœu, c'est que le temps se remît, et rendît possibles les manœuvres de l'artillerie. Il passa le reste de la nuit en reconnaissances, revenant de temps en temps à la ferme *du Caillou*, pour se sécher auprès d'un grand feu. Vers quatre heures il faisait jour, et le ciel commençait à s'éclaircir. Bientôt un rayon de soleil perçant une bande épaisse

Juin 1815.

Répétition de l'ordre envoyé à Grouchy à dix heures du soir.

Napoléon recommence plusieurs fois ses reconnaissances pendant la nuit.

Juin 1815.

La bataille différée de quelques heures pour laisser le sol se raffermir sous les pas de l'artillerie.

Napoléon, à huit heures du matin, réunit ses généraux autour de lui.

de nuages illumina tout l'horizon, et l'espérance, la trompeuse espérance, pénétra au cœur agité de Napoléon! Il se flatta qu'avec le retour du soleil les nuages se dissiperaient, et que la pluie cessant, le sol en quelques heures deviendrait praticable à l'artillerie. Drouot, les officiers de l'arme consultés, déclara que dans cinq ou six heures, et grâce à la saison, le sol serait non pas tout à fait consolidé, mais assez raffermi pour mettre en position des pièces de tout calibre. Le ciel effectivement devint plus clair, et Napoléon prit patience, ne se doutant point que ce n'était pas seulement au soleil, mais aux Prussiens qu'il donnait ainsi le temps d'arriver!

Vers huit heures, la pluie ne semblant plus à craindre, il appela ses généraux, les fit asseoir à sa table où était servi son frugal repas du matin, et discuta avec eux le plan de la bataille qu'on allait livrer à l'armée britannique. Du sommet d'un tertre élevé, il avait parfaitement discerné la forme du terrain, ainsi que la distribution des forces ennemies, et avait arrêté déjà dans son esprit la manière de l'attaquer, au point qu'il paraissait très-confiant dans le résultat de ses combinaisons. Le général Reille, très-habitué à la guerre contre les Anglais, et ayant conservé de leur solidité une impression qui avait beaucoup nui aux opérations des Quatre-Bras, eut en cette occasion le mérite de faire entendre à Napoléon des vérités utiles. Il lui dit que les Anglais médiocres dans l'offensive étaient dans la défensive supérieurs à presque toutes les armées de l'Europe, et qu'il fallait chercher à les vaincre par des manœuvres plutôt que par des attaques directes. — Je sais, répondit Napoléon, que les Anglais sont difficiles à battre en position, aussi *vais-je manœuvrer*. — Il songeait en effet à joindre les manœuvres à la vigueur des attaques, et ne croyait pas que les Anglais pussent résister à la manière dont il les aborderait. — Nous avons, ajouta-t-il, *quatre-vingt-dix chances sur cent*, et il achevait à peine ces paroles, que Ney entrant subitement lui dit qu'il pourrait avoir raison si les Anglais consentaient à l'attendre, mais qu'en ce moment ils battaient en retraite. Napoléon n'attacha pas la moindre créance à cette nouvelle, car, répliqua-t-il, les Anglais, s'ils avaient voulu se retirer, n'auraient pas différé jusqu'au jour. — Cet argument était sans réplique. Napoléon néanmoins monta à cheval pour voir ce qui en était, et après avoir reconnu que l'armée anglaise demeurait en position, dicta son plan d'attaque, qui fut immédiatement transcrit par des officiers pour être communiqué à tous les chefs de corps.

Le moment est venu de décrire ce champ de bataille, triste théâtre de l'une des actions les plus sanglantes du siècle, et la plus désastreuse de notre histoire, quoique la plus héroïque! Les Anglais s'étaient arrêtés sur le plateau de Mont-Saint-Jean (voir les cartes n°⁸ 65 et 66), lequel s'étendant sur deux lieues environ de droite à gauche, et s'abaissant vers nous par une pente assez douce, donnait ainsi naissance à un petit vallon qui séparait les deux armées. Derrière ce plateau et sur un espace de plusieurs lieues la forêt de Soignes étalait sa sombre verdure. Les Anglais, pour être à l'abri de notre artillerie, se tenaient sur le revers du plateau, et

Juin 1815.

Entretien avec Ney, qui croit l'armée anglaise en retraite.

Description du champ de bataille de Waterloo.

Forme du plateau de Mont-Saint-Jean.

n'avaient sur le bord même que quelques batteries bien attelées et bien gardées. Le long du plateau et pour ainsi dire à mi-côte, un chemin de traverse, allant du village d'Ohain à notre droite, vers celui de Merbe-Braine à notre gauche, bordé de haies vives en quelques endroits, fort encaissé en quelques autres, présentait une espèce de fossé qui couvrait entièrement la position des Anglais, et qu'on aurait pu croire exécuté pour cette occasion. Le vallon qui courait entre les deux armées, passant successivement au-dessous des fermes de Papelotte et de la Haye, puis au pied du village d'Ohain, devenait en s'abaissant le lit d'un ruisseau, affluent de la Dyle, et s'ouvrait vers la petite ville de Wavre, qu'avec des lunettes on pouvait apercevoir à environ trois lieues et demie sur notre droite. A notre gauche, ce même vallon descendant en sens contraire, et tournant autour de la position de l'ennemi, déversait les eaux environnantes dans la petite rivière de Senne. Le partage des eaux entre la Senne et la Dyle se faisait ainsi devant nous par une sorte de remblai, qui allant de nous aux Anglais, portait la grande chaussée de Charleroy à Bruxelles. Cette chaussée, après avoir franchi le plateau de Mont-Saint-Jean, se confondait à Mont-Saint-Jean même avec la route de Nivelles, qu'on apercevait sur notre gauche bordée de grands arbres, de manière que Mont-Saint-Jean était le point de réunion des deux principales chaussées pavées. C'est par ces deux chaussées en effet que les diverses parties de l'armée britannique, celles qui avaient eu le temps d'accourir aux Quatre-Bras, et celles qui n'avaient pas eu le temps de dépasser Nivelles, s'étaient rejointes pour former sous le duc de Wellington la masse chargée de nous disputer Bruxelles. Un peu au delà de Mont-Saint-Jean, et à l'entrée de la forêt de Soignes, se trouvait le village de Waterloo, qui a donné son nom à la bataille, parce que c'est de là que le général anglais écrivait et datait ses dépêches.

Juin 1815.

Les Anglais étaient établis au revers du plateau, sur les deux côtés de la chaussée de Bruxelles. Le duc de Wellington, entré en campagne avec environ 98 mille hommes, en avait perdu près de six mille dans les diverses rencontres des jours précédents. Il avait envoyé à Hal un gros détachement qui n'était pas de moins de quinze mille hommes, dans la crainte d'être tourné par sa droite, c'est-à-dire vers la mer, crainte qui n'avait pas cessé de préoccuper son esprit, et qui dans le moment n'était pas digne de son discernement militaire. Il avait donc à Mont-Saint-Jean, en défalquant quelques autres détachements, 75 mille soldats, Anglais, Belges, Hollandais, Hanovriens, Nassauviens, Brunswickois. Il avait placé à sa droite, en avant de Merbe-Braine, entre les deux chaussées de Nivelles et de Charleroy, les gardes anglaises, plus la division Alten, formée d'Anglais et d'Allemands. En arrière et comme appui se trouvait la division Clinton, disposée en colonne serrée et profonde. La brigade anglaise Mitchell, détachée de la division Colville, occupait l'extrême droite. Cette aile avait donc été fortement composée à cause des chaussées de Nivelles et de Charleroy dont elle gardait le point d'intersection, et elle avait en outre

Distribution de l'armée anglaise sur le plateau de Mont-Saint-Jean.

en seconde ligne le corps de Brunswick avec une grande partie de la cavalerie alliée. Pour dernière et bien inutile précaution, le duc de Wellington avait posté à trois quarts de lieue, au bourg de Braine-l'Alleud, la division anglo-hollandaise Chassé, toujours afin de parer au danger chimérique d'être tourné par sa droite. A son centre, c'est-à-dire sur la grande chaussée de Charleroy à Bruxelles, il avait pratiqué un abatis à l'endroit où elle débouchait sur le plateau. Sur la chaussée même il avait mis peu de monde, les troupes accumulées à droite et à gauche devant suffire à la défendre. Seulement, un peu en arrière, vers Mont-Saint-Jean, il avait laissé en réserve la brigade anglaise Lambert. A sa gauche, vis-à-vis de notre droite, il avait établi la division Picton, composée des brigades anglaises Kempt et Pack, des brigades hanovriennes Best et Vincke, partie embusquée dans le chemin de traverse d'Ohain, partie rangée en masse en arrière. Enfin la division Perponcher formait son extrême gauche, et communiquait par les troupes de Nassau avec le village d'Ohain. Cette aile gauche avait été laissée la plus faible, parce que le duc de Wellington comptait que l'armée prussienne viendrait la renforcer. Les masses de la cavalerie étaient répandues sur le revers du plateau, presque hors de notre vue.

Postes détachés sur le front de l'armée anglaise.

Le duc de Wellington avait en outre occupé quelques postes détachés en avant de sa position. A sa droite et en face de notre gauche, là où le plateau de Mont-Saint-Jean commence à former un contour en arrière, se trouvait le château de Goumont, composé de divers bâtiments, d'un verger, et d'un bois qui descendait presque jusqu'au fond du ravin. Le duc de Wellington y avait mis une garnison de 1,800 hommes de ses meilleures troupes. Au centre, sur la chaussée de Bruxelles, et également à mi-côte, se voyait la ferme de la Haye-Sainte, consistant en un gros bâtiment et un verger. Le duc de Wellington en avait confié la garde à un millier d'hommes. A sa gauche enfin, et vers le bas du plateau, il avait placé quelques détachements de la brigade de Nassau dans les fermes de la Haye et de Papelotte.

Ainsi, en avant trois ouvrages détachés et fortement occupés, au-dessus, dans le petit chemin longeant le plateau à mi-côte, de nombreux bataillons en embuscade, et enfin sur le revers du plateau, à droite et à gauche de la route de Bruxelles, des masses d'infanterie et de cavalerie, partie déployées, partie en colonnes serrées, telles étaient la position et la distribution de l'armée anglaise. Comme on le voit, par le site qu'elle avait choisi, par le nombre et la qualité des combattants, elle présentait à l'audace des Français un obstacle formidable.

Après avoir examiné la position, Napoléon avait arrêté sur-le-champ la manière de l'attaquer. Il avait résolu de déployer son armée au pied du plateau, d'enlever d'abord les trois ouvrages avancés, le château de Goumont à sa gauche, la ferme de la Haye-Sainte à son centre, les fermes de la Haye et de Papelotte à sa droite, puis de porter son aile droite, renforcée de toutes ses réserves, sur l'aile gauche des Anglais qui était la moins forte par le site et

Juin 1815.

Plan de bataille arrêté par Napoléon.

Il veut avec sa droite renforcée culbuter la gauche des Anglais sur leur centre, et leur enlève

Juin 1815.

La route de Bruxelles passant à travers la forêt de Soignes.

le nombre de ses soldats, de la culbuter sur leur centre qui occupait la grande chaussée de Bruxelles, de s'emparer de cette chaussée, seule issue praticable à travers la forêt de Soignes, et de pousser ainsi l'armée britannique sur cette forêt mal percée alors, et devant sinon empêcher absolument, du moins gêner beaucoup la retraite d'un ennemi en déroute. En opérant par sa droite contre la gauche des Anglais, Napoléon avait l'avantage de diriger son plus grand effort contre le côté le moins solide de l'ennemi, de le priver de son principal débouché à travers la forêt de Soignes, et de le séparer des Prussiens dont la présence à Wavre, sans être certaine, était du moins infiniment présumable. Ce plan, où éclataient une dernière fois toute la promptitude et la sûreté du coup d'œil de Napoléon, était incontestablement le meilleur, le plus efficace d'après la forme des lieux et la répartition des forces ennemies. Une fois fixé sur ce qu'il avait à faire, Napoléon donna des ordres pour que ses troupes vinssent se placer conformément au rôle qu'elles devaient remplir dans la journée. La pluie ayant cessé depuis plusieurs heures, et le sol commençant à se raffermir, elles se déployèrent avec une célérité et un ensemble admirables. A notre gauche, entre les chaussées de Nivelles et de Charleroy, vis-à-vis du château de Goumont, le corps du général Reille (2e) se déploya sur le bord du vallon qui nous séparait de l'ennemi, chaque division formée sur deux lignes, la cavalerie légère de Piré jetée à l'extrême gauche, afin de porter ses reconnaissances jusqu'à l'extrême droite des Anglais. A l'aile droite, c'est-à-dire de l'autre

Le sol s'étant un peu raffermi, l'armée française vient prendre position en face de l'armée britannique.

côté de la chaussée de Bruxelles, le corps du comte d'Erlon (1er), qui n'avait pas encore combattu et qui comptait 19 mille fantassins, vint s'établir en face de la gauche des Anglais, ses quatre divisions placées l'une à la suite de l'autre, et chacune d'elles rangée sur deux lignes. Le général Jacquinot avec sa cavalerie légère, était en vedette à notre extrême droite, poussant ses reconnaissances dans la direction de Wavre. Avec l'artillerie de ces divers corps on avait composé sur leur front une vaste batterie de quatre-vingts bouches à feu.

Derrière cette première ligne, le corps du comte de Lobau, distribué également sur chaque côté de la chaussée de Bruxelles, formait réserve au centre. A sa gauche, par conséquent derrière le général Reille, se déployaient les magnifiques cuirassiers de Kellermann, à droite, derrière le général d'Erlon, les cuirassiers non moins imposants de Milhaud. Telle était notre seconde ligne, un peu moins étendue que la première, mais plus profonde, et resplendissante des cuirasses de notre grosse cavalerie. Enfin la garde, dont la superbe infanterie était rangée en masse sur les deux côtés de la chaussée de Bruxelles, ayant à gauche les grenadiers à cheval de Guyot, à droite les chasseurs et les lanciers de Lefebvre-Desnoëttes, la garde formait notre troisième et dernière ligne, plus profonde encore et moins étendue que la seconde, de manière que notre armée présentait un vaste éventail, étincelant des feux du soleil reflétés sur nos baïonnettes, nos sabres et nos cuirasses. En moins d'une heure ces belles troupes eurent pris leur position, et leur déploiement produisit un

Juin 1815.

Magnifique aspect qu'elle présente.

Juin 1815.

Napoléon passe une dernière fois la revue de ses troupes.

effet des plus saisissants. Napoléon en éprouva un mouvement d'orgueil et de confiance, qui se manifesta sur son visage et dans ses paroles. Voulant dans cette journée exciter encore davantage, s'il était possible, l'enthousiasme de ses soldats, il parcourut de nouveau le champ de bataille, passant de la gauche à la droite devant le front des troupes. A son aspect les fantassins mettaient leurs schakos au bout de leurs baïonnettes, les cavaliers leurs casques au bout de leurs sabres, et poussaient des cris violents de *Vive l'Empereur!* qui se prolongeaient longtemps après qu'il s'était éloigné. Il vit ainsi l'armée tout entière, qu'il laissa ivre de joie et d'espérance, malgré une affreuse nuit passée dans la boue, sans feu, presque sans vivres, tandis que l'armée anglaise, arrivée à ses bivouacs plusieurs heures avant nous, et y ayant trouvé des aliments abondants, avait très-peu souffert. Nos soldats toutefois avaient eu la matinée pour préparer leur soupe, et ils étaient d'ailleurs dans un état d'exaltation qui les élevait au-dessus des souffrances comme des dangers.

Napoléon, d'après l'avis de Drouot, ayant pris le parti de laisser sécher le sol, n'avait plus aucun motif de hâter la bataille, surtout depuis qu'il voyait les Anglais résolus à ne pas l'éviter. Il avait à différer deux avantages, celui de laisser le sol se raffermir, ce qui devait être uniquement au profit de l'attaque, et de donner à Grouchy le temps d'arriver. Tout en effet devait lui faire espérer la prochaine apparition du lieutenant auquel il avait confié son aile droite. A dix heures du soir, comme on l'a vu, Grouchy avait mandé qu'il était à Gembloux, prêt à se porter sur Liége ou sur Wavre, mais plus disposé à marcher vers Wavre, et commençant à comprendre qu'il avait pour mission principale de séparer les Prussiens des Anglais. A deux heures de la nuit il avait écrit pour annoncer que définitivement il marcherait sur Wavre dès la pointe du jour. Dès lors, après l'ordre de dix heures du soir, réitéré à trois heures du matin, Napoléon pensait que si Grouchy n'arrivait pas avec la totalité de son corps d'armée, il enverrait au moins un détachement de sept mille hommes, ce qui lui en laisserait 26 mille, avec lesquels il pourrait contenir les Prussiens, ou bien se replier en combattant sur la droite de Mont-Saint-Jean. Napoléon comptait donc ou sur un détachement de son aile droite, ou sur son aile droite tout entière. Néanmoins malgré les ordres expédiés le soir, et répétés pendant la nuit, il voulut envoyer un nouvel officier à Grouchy pour lui faire bien connaître la situation, et lui expliquer encore une fois quel était le concours qu'on attendait de sa part. Il manda auprès de lui l'officier polonais Zenowicz, destiné à porter ce nouveau message, le conduisit sur un mamelon d'où l'on embrassait tout l'horizon, puis se tournant vers la droite, J'attends Grouchy de ce côté, lui dit-il, je l'attends impatiemment.... allez le joindre, amenez-le, et ne le quittez que lorsque *son corps d'armée débouchera sur notre ligne de bataille.* — Napoléon recommanda à cet officier de marcher le plus vite possible, et de se faire remettre par le maréchal Soult une dépêche écrite, qui devait préciser mieux encore les

Juin 1815.

Confiance fondée dans l'arrivée du maréchal Grouchy.

Nouvelle mission auprès du maréchal Grouchy, donnée à l'officier polonais Zenowicz.

ordres qu'il venait de lui donner verbalement. Cela fait, Napoléon, qui avait passé la nuit à exécuter des reconnaissances dans la boue, et qui depuis qu'il avait quitté Ligny, c'est-à-dire depuis la veille à cinq heures du matin, n'avait pris que trois heures de repos, se jeta sur son lit de camp. Il avait en ce moment son frère Jérôme à ses côtés. — Il est dix heures, lui dit-il, je vais dormir jusqu'à onze; je me réveillerai certainement, mais en tout cas tu me réveilleras toi-même, car, ajouta-t-il, en montrant les officiers qui l'entouraient, ils n'oseraient interrompre mon sommeil. — Après avoir prononcé ces paroles, il posa sa tête sur son mince oreiller, et quelques minutes après il était profondément endormi.

Les deux armées prennent successivement position.

Pendant ce temps, tout était en mouvement autour de lui, et chacun prenait de son mieux la position qui lui était assignée. Les Anglais bien reposés, bien nourris, n'étaient occupés qu'à se placer méthodiquement sur le terrain où ils devaient déployer leur opiniâtreté accoutumée. Les Français achevaient en hâte un faible repas, et à peine reposés, à peine nourris, attendaient impatiemment le signal du combat, qu'ils étaient habitués à recevoir des batteries de la garde. Certaines divisions venaient seulement d'arriver en ligne, et celle du général Durutte notamment, mise tardivement en marche par la faute de l'état-major général, se hâtait d'accourir à son poste n'ayant presque pas eu le temps de manger la soupe. Mais l'ardeur dont nos soldats étaient animés leur faisait considérer toutes les souffrances comme indifférentes, qu'elles fussent dues aux circonstances ou à la faute de leurs chefs.

Au loin le mouvement des diverses armées avait également pour but l'action décisive qui allait s'engager sur le plateau de Mont-Saint-Jean. Blucher après avoir dès la veille réuni ses quatre corps à Wavre, et rallié un certain nombre de ses fuyards, que notre cavalerie mal dirigée n'avait point ramassés, s'apprêtait à tenir la parole donnée au duc de Wellington, et à lui amener tout ou partie de ses forces. Il lui restait environ 88 mille hommes, fort éprouvés par la journée du 16, mais grâce à ses patriotiques exemples, prêts à combattre de nouveau avec le dernier dévouement. Le 4ᵉ corps, celui de Bulow, n'avait pas encore tiré un coup de fusil, et il le destinait à marcher le premier vers Mont-Saint-Jean. En conséquence il lui avait prescrit de franchir la Dyle dès la pointe du jour; mais ce corps, ralenti par un incendie dans son passage à travers la ville de Wavre, n'avait pu être en marche vers Mont-Saint-Jean qu'après sept heures du matin. Il avait ordre de se diriger vers la chapelle Saint-Lambert, située sur le flanc de la position où allait se livrer la bataille entre les Anglais et les Français. Il pouvait y être vers une heure de l'après-midi. Le projet de Blucher était de faire appuyer Bulow par Pirch Iᵉʳ (2ᵉ corps), et de diriger Ziethen (1ᵉʳ corps) le long de la forêt de Soignes, par le petit chemin d'Ohain, de manière qu'il pût déboucher plus près encore de la gauche des Anglais. Ces deux corps de Pirch Iᵉʳ et de Ziethen, réduits à environ 15 mille hommes chacun, et joints à Bulow qui était entier, portaient à 60 mille combattants le secours que les Prussiens allaient fournir

Juin 1815.

Mouvements des divers corps alliés.

Marche des Prussiens vers Mont-Saint-Jean.

au duc de Wellington. Enfin Blucher avait résolu de laisser en arrière-garde Thielmann (3ᵉ corps) qui avait peu souffert à Ligny, et lui avait prescrit de retenir Grouchy devant Wavre, en lui disputant le passage de la Dyle.

Certainement l'apparition possible de 60 mille Prussiens sur son flanc droit était pour Napoléon une chose extrêmement grave. Mais il restait 34 mille Français, victorieux l'avant-veille à Ligny, pleins de confiance en eux-mêmes et de dévouement à leur drapeau, et leur position était telle qu'ils pouvaient faire retomber sur la tête des Prussiens le coup suspendu en ce moment sur la nôtre. Arrivés à Mont-Saint-Jean avant Blucher, ils devaient rendre Napoléon invulnérable pendant une journée au moins : arrivés après, ils plaçaient Blucher entre deux feux, et devaient l'accabler. Toute la question était de savoir s'ils arriveraient, et en vérité il était difficile d'en douter.

On a vu en effet comment le maréchal Grouchy après avoir perdu la moitié de la journée précédente en vaines recherches, avait fini par découvrir la marche des Prussiens vers Wavre, et par se porter à Gembloux. Il y était parvenu tard, mais ses troupes n'ayant fait que deux lieues et demie dans la journée, auraient pu en partant le lendemain 18 à quatre heures du matin, être rendues au milieu de la matinée sur les points les plus éloignés de ce théâtre d'opération. Malheureusement, bien qu'à la fin du jour Grouchy ne conservât plus de doute sur la direction suivie par les Prussiens, il n'avait donné les ordres de départ à Vandamme qu'à six heures du matin, à Gérard qu'à sept, et comme le temps nécessaire pour les distributions de vivres n'avait pas été prévu, les troupes de Vandamme n'avaient pu être en route avant huit heures, celles de Gérard avant neuf[1]. Néanmoins, malgré ces lenteurs, rien n'était perdu, rien même n'était compromis, car on était à quatre lieues les uns des autres à vol d'oiseau, à cinq au plus par les chemins de traverse. Le canon, qui allait bientôt remplir la contrée de ses éclats, devait être de tous les ordres le plus clair, et en supposant qu'il fallût cinq heures pour rejoindre Napoléon (ce qui est exagéré, comme on le verra), il restait assez de temps pour apporter un poids décisif dans la balance de nos destinées. Ainsi donc si Blucher marchait vers Mont-Saint-Jean, Grouchy, d'après toutes les probabilités, devait y marcher aussi, et à onze heures du matin, soit qu'on ignorât, soit qu'on connût les détails que nous venons de rapporter, il y avait autant d'espérances que de craintes à concevoir pour le sort de la France. Que disons-nous, autant d'espérances que de craintes! il n'y avait que des espérances à concevoir, si le canon qui atteindrait les oreilles de ces 34 mille Français, ouvrait en même temps leur esprit! Hélas, il allait leur ouvrir l'esprit à tous, le remplir même de lumière, un seul excepté, celui qui les commandait!

L'officier polonais Zenowicz, que Napoléon avait chargé de porter une dernière instruction au ma-

Juin 1815.

Espérance de le voir déboucher sur notre droite.

---

[1] Il y eut même des troupes qui ne quittèrent Gembloux qu'à dix heures. J'ai en ma possession des lettres écrites par des habitants qui attestent ces détails.

réchal Grouchy, avait perdu une heure auprès du maréchal Soult, pour obtenir la dépêche écrite qu'il devait prendre des mains de ce maréchal. Cette dépêche, tout à fait ambiguë, ne valait pas le temps qu'elle avait coûté. Elle disait qu'une grande bataille allait se livrer contre les Anglais, qu'il fallait par conséquent se hâter de marcher vers Wavre, pour se tenir en communication étroite avec l'armée, et *se mettre en rapport d'opérations avec elle*. — Cependant quelque vague que fût ce langage, rapproché des ordres de la veille, interprété par la situation elle-même, il disait suffisamment qu'il fallait se hâter, soit pour s'interposer entre les Anglais et les Prussiens, soit pour assaillir ceux-ci, les assaillir n'importe comment, pourvu qu'on les occupât, et qu'on les empêchât d'apporter la victoire aux Anglais.

Onze heures venaient de sonner : Napoléon, sans laisser à son frère le soin de l'arracher au sommeil, était déjà debout. Il avait quitté la ferme du *Caillou*, et s'était établi à la ferme de la *Belle-Alliance*, d'où il dominait tout entier le bassin où il allait livrer sa dernière bataille. Il avait pris place sur un petit tertre, ayant ses cartes étalées sur une table, ses officiers autour de lui, ses chevaux sellés au pied du tertre. Les deux armées attendaient immobiles le signal du combat. Les Anglais étaient tranquilles, confiants dans leur courage, dans leur position, dans leur général, dans le concours empressé des Prussiens. Les Français (nous parlons des soldats et des officiers inférieurs), exaltés au plus haut point, ne songeaient ni aux Prussiens ni à

Grouchy, mais aux Anglais qu'ils avaient devant eux, ne demandaient qu'à les aborder, et attendaient la victoire d'eux-mêmes et du génie fécond qui les commandait, et qui toujours avait su trouver à propos des combinaisons irrésistibles.

A onze heures et demie, Napoléon donna le signal, et de notre côté cent vingt bouches à feu y répondirent. D'après le plan qu'il avait conçu de rabattre la gauche des Anglais sur leur centre, afin de leur enlever la chaussée de Bruxelles, la principale attaque devait s'exécuter par notre droite, et Napoléon y avait accumulé une grande quantité d'artillerie. Il avait amené là non-seulement les batteries de 12 du comte d'Erlon, chargé de cette opération, mais celles du général Reille, chargé de l'attaque de gauche, celles du comte de Lobau, laissé en réserve, et un certain nombre de pièces de la garde. Il avait formé ainsi une batterie de quatre-vingts bouches à feu, qui, tirant par-dessus le petit vallon situé entre les deux armées, envoyait ses boulets jusque sur le revers du plateau. La gauche des Anglais obliquant un peu en arrière pour obéir à la configuration du terrain, notre droite la suivait dans ce mouvement, et formait un angle avec la ligne de bataille, de manière que beaucoup de nos boulets prenant d'écharpe la grande chaussée de Bruxelles, tombaient au centre de l'armée britannique. (Voir la carte n° 66.)

A notre gauche le général Reille avait réuni les batteries de ses divisions, celles de la cavalerie de Piré, et tirait sur le bois et le château de Goumont. Napoléon, pour soutenir le feu de cette aile, avait

Juin 1815

Ouverture du feu à onze heures et demie du matin

Violente canonnade sur le front des deux armées.

ordonné d'y joindre l'artillerie attelée de Kellermann, lequel était placé derrière le corps de Reille, et de ce côté quarante bouches à feu au moins couvraient de leurs projectiles la droite du duc de Wellington. Beaucoup de boulets étaient perdus, mais d'autres portaient la mort au plus épais des masses ennemies, et y produisaient des trouées profondes, malgré le soin qu'on avait eu de les tenir sur le revers du plateau.

Attaque du château de Goumont.

Après une demi-heure de cette violente canonnade, Napoléon ordonna l'attaque du bois et du château de Goumont. Il avait deux raisons pour commencer l'action par notre gauche, l'une que le poste de Goumont étant le plus avancé se présentait le premier, l'autre qu'en attirant l'attention de l'ennemi sur sa droite, on la détournait un peu de sa gauche, où devait s'opérer notre principal effort.

Le 2e corps, composé des divisions Foy, Jérôme, Bachelu, descendit dans le vallon, et, se ployant autour du bois de Goumont, l'embrassa dans une espèce de demi-cercle. La division Foy formant notre extrême gauche et flanquée par la cavalerie de Piré, dut se porter un peu plus en avant, afin de joindre cette partie de la ligne anglaise qui décrivait un contour en arrière. Mais ce n'était pas elle qui devait s'engager la première. La division Jérôme, rencontrant le bois de Goumont allongé vers nous, s'y jeta vivement, tandis qu'à sa droite la division Bachelu remplissait l'espace compris entre Goumont et la chaussée de Bruxelles. Nos tirailleurs repoussèrent les tirailleurs de l'ennemi, puis la brigade Bauduin, composée du 1er léger et du 3e de ligne, s'élança sur le bois qui consistait dans une haute futaie très-claire, et dans un taillis épais placé au-dessous de la futaie. Il était occupé par un bataillon de Nassau et par plusieurs compagnies hanovriennes. Quatre compagnies des gardes anglaises gardaient les bâtiments situés au delà du bois, et complétaient une garnison qui était, avons-nous dit, de 1,800 hommes.

Juin 1815

La brigade Bauduin essuya un feu meurtrier parti du taillis qui remplissait les intervalles de la futaie. Il était difficile de répondre à coups de fusil à un ennemi qu'on ne voyait point. Aussi nos soldats se hâtèrent-ils de pénétrer dans le fourré, tuant à coups de baïonnette les adversaires qui les avaient fusillés à bout portant. Le brave général Bauduin reçut la mort dans cette attaque. Les gens de Nassau favorisés par la nature du lieu, se défendirent opiniâtrément; mais le prince Jérôme, amenant la brigade Soye, et tournant le bois par la droite, les força de se retirer. A peine avions-nous conquis le bois, que nous arrivâmes devant un obstacle plus difficile encore à vaincre. Au sortir du bois se trouvait un verger enceint d'une haie vive, et cette haie formée d'arbres très-gros et fortement entrelacés, présentait une espèce de mur impénétrable, d'où partait une grêle de balles. Les premiers soldats qui voulurent déboucher du bois tombèrent sous le feu. Mais l'audace de nos fantassins ne s'arrêta point devant le péril. Ils se précipitèrent sur cette haie si épaisse, s'y frayèrent un passage la hache à la main, et tuèrent à coups de baïonnette tout ce qui n'avait pas eu le temps de fuir. Ce deuxième obstacle surmonté, ils

Prise du bois de Goumont.

en rencontrèrent un troisième. Au delà de la haie s'élevaient les bâtiments du château, consistant vers notre droite en un gros mur crénelé, et vers notre gauche en un corps de ferme d'une remarquable solidité. Six cents hommes des gardes anglaises les occupaient.

Ce n'était pas la peine assurément de perdre des centaines et surtout des milliers d'hommes pour enlever un tel obstacle, car là n'était pas le véritable point d'attaque, et il suffisait d'avoir conquis le bois pour s'assurer un appui contre les entreprises de l'ennemi sur notre gauche, sans sacrifier à un objet tout à fait secondaire la belle infanterie du 2ᵉ corps, qui comprenait un tiers de l'infanterie de l'armée. Le général Reille qui pensait ainsi, donna l'ordre de ne pas s'entêter à prendre ces bâtiments, mais il n'alla pas veiller d'assez près à l'exécution de cet ordre, et nos généraux de brigade et de division, entraînés par leur ardeur et celle des troupes, s'obstinèrent à conquérir la ferme et le château. De son côté, le duc de Wellington, voyant l'acharnement que nous y mettions, y envoya aussitôt un bataillon de Brunswick, et de nouveaux détachements des gardes anglaises. La lutte de ce côté devint ainsi des plus violentes.

Tandis que notre aile gauche s'engageait de la sorte, Napoléon, obligé de s'en fier à ses lieutenants du détail des attaques, suivait attentivement l'ensemble de la bataille, et préparait l'opération principale contre le centre et la gauche de l'ennemi. Ney devait exécuter sous ses yeux cette opération, qui avait pour but, comme nous l'avons dit, d'enlever aux Anglais la chaussée de Bruxelles, seule issue praticable à travers la forêt de Soignes. Les troupes du 1er corps, désolées d'être restées inutiles le 16, attendaient avec impatience le signal du combat. Napoléon, la lunette à la main, cherchait à discerner si l'ennemi avait fait quelques dispositions nouvelles par suite de l'attaque commencée contre le château de Goumont. Tout ce qu'on pouvait apercevoir, c'est que de Braine-l'Alleud s'avançaient quelques troupes. C'était la division Chassé, très-inutilement laissée par le duc de Wellington à son extrême droite, pour se lier aux troupes laissées encore plus inutilement à Hal. Tandis que le général anglais faisait avancer cette division pour renforcer sa droite, il paraissait inactif vers son centre et sa gauche, se bornant de ce côté à serrer les rangs éclaircis par nos boulets.

Tout à coup cependant, Napoléon, toujours attentif à son extrême droite par où devait venir Grouchy, aperçut dans la direction de la chapelle Saint-Lambert comme une ombre à l'horizon, dont il n'était pas facile de saisir le vrai caractère. Si on a présente la description que nous avons donnée de ce champ de bataille, on doit se souvenir que le vallon qui séparait les deux armées, s'allongeant vers Wavre, passait successivement au pied des fermes de Papelotte et de la Haye, traversait ensuite des bois épais, se réunissait près de la chapelle Saint-Lambert au vallon qui servait de lit au ruisseau de Lasne, et allait enfin beaucoup plus loin se confondre avec la vallée de la Dyle. (Voir les cartes nos 65 et 66.) C'est sur ces hau-

Juin 1815.

Tandis que Napoléon s'apprête à ordonner au centre l'attaque de la Haye-Sainte, il croit apercevoir au loin sur sa droite des troupes venant de Wavre.

Juin 1815.

Opinions diverses sur cette apparition.

teurs lointaines de la chapelle Saint-Lambert que se montrait l'espèce d'ombre que Napoléon avait remarquée à l'extrémité de l'horizon. L'ombre semblait s'avancer, ce qui pouvait faire supposer que c'étaient des troupes. Napoléon prêta sa lunette au maréchal Soult, celui-ci à divers généraux de l'état-major, et chacun exprima son avis. Les uns croyaient y voir la cime de quelques bois, d'autres un objet mobile qui paraissait se déplacer. Dans le doute, Napoléon suspendit ses ordres d'attaque pour s'assurer de ce que pouvait être cette apparition inquiétante. Bientôt avec son tact exercé il y reconnut des troupes en marche, et ne conserva plus à cet égard aucun doute. Était-ce le détachement demandé à Grouchy, ou bien Grouchy lui-même? Étaient-ce les Prussiens? A cette distance il était impossible de distinguer l'habit français de l'habit prussien, l'un et l'autre étant de couleur bleue. Napoléon appela auprès de lui le général Domon, commandant une division de cavalerie légère, le fit monter sur le tertre où il avait pris place, lui montra les troupes qu'on apercevait à l'horizon, et le chargea d'aller les reconnaître, avec ordre de les rallier si elles étaient françaises, de les contenir si elles étaient ennemies, et de mander immédiatement ce qu'il aurait appris. Il lui donna pour le seconder dans l'accomplissement de sa mission, la division légère de Subervic, forte de 12 ou 1300 chevaux. Les deux en comprenaient environ 2,400, et étaient en mesure non-seulement d'observer mais de ralentir la marche du corps qui s'avançait, si par hasard il était ennemi.

Envoi du général Domon pour observer de plus près les troupes qu'on a cru apercevoir.

WATERLOO.

Cet incident n'inquiéta pas encore Napoléon. Si Grouchy en effet avait laissé échapper quelques colonnes latérales de l'armée prussienne, il ne pouvait manquer d'être à leur poursuite, et paraissant bientôt après elles, l'accident loin d'être malheureux deviendrait heureux, car ces colonnes prises entre deux feux seraient inévitablement détruites. Le mystère pourtant ne tarda point à s'éclaircir. On amena un prisonnier, sous-officier de hussards, enlevé par notre cavalerie légère. Il portait une lettre du général Bulow au duc de Wellington, lui annonçant son approche, et lui demandant des instructions. Ce sous-officier était fort intelligent. Il déclara que les troupes qu'on apercevait étaient le corps de Bulow, fort de 30 mille hommes, et envoyé pour se joindre à la gauche de l'armée anglaise. Cette révélation était sérieuse, sans être cependant alarmante. Si Bulow, qui venait de Liége par Gembloux, et qui avait dû défiler sous les yeux de Grouchy, était si près, Grouchy, qui aurait dû fermer les yeux pour ne point le voir, ne pouvait être bien loin. Ou son corps tout entier, ou le détachement qu'on lui avait demandé, allait arriver en même temps que Bulow, et il était même possible de tirer un grand parti de cet accident. En plaçant en effet sur notre droite qu'on replierait en potence, un fort détachement pour arrêter Bulow, ce dernier serait mis entre deux feux par les sept mille hommes demandés à Grouchy, ou par les trente-quatre mille que Grouchy amènerait lui-même. Napoléon fit appeler le comte de Lobau, et lui ordonna d'aller choisir sur le penchant des hauteurs tournées vers la

Juin 1815.

Napoléon n'est point alarmé d'abord.

Il pense que les Prussiens ne peuvent apparaître sans être précédés ou suivis du corps de Grouchy.

Ordre au comte de Lobau d'aller choisir

Dyle, un terrain où il pût se défendre longtemps avec ses deux divisions d'infanterie, et les deux divisions de cavalerie de Domon et de Subervic. Le tout devait former une masse de dix mille hommes, qui dans les mains du comte de Lobau vaudrait beaucoup plus que son nombre, et qui pourrait bien attendre les sept mille hommes que dans la pire hypothèse on devait espérer de Grouchy, s'il n'accourait pas avec la totalité de ses forces. On aurait ainsi 17 mille combattants à opposer aux 30 mille de Bulow, et distribués de manière à le prendre en queue, tandis qu'on l'arrêterait en tête. Il n'y avait donc pas de quoi s'alarmer. Toutefois c'étaient dix mille hommes de moins à jeter sur la gauche des Anglais pour la culbuter sur leur centre et pour les déposséder de la chaussée de Bruxelles. Mais la garde, qu'on ne ménageait plus dans ces guerres à outrance, serait tout entière engagée comme réserve, et s'il devait en coûter davantage, le triomphe n'en serait pas moins décisif. Napoléon n'éprouva par conséquent aucun trouble. Seulement au lieu de 75 mille hommes, il allait en avoir 105 mille à combattre avec 68 mille : les chances étaient moindres, mais grandes encore.

Il aurait pu à la vérité se replier, et renoncer à combattre : mais se replier au milieu d'une bataille commencée, devant les Anglais et devant les Prussiens, était une résolution des plus graves. C'était perdre l'ascendant de la victoire de Ligny, c'était repasser en vaincu la frontière que deux jours auparavant on avait passée en vainqueur, avec la certitude d'avoir quinze jours après deux cent cinquante mille ennemis de plus sur les bras, par l'arrivée en ligne des Autrichiens, des Russes et des Bavarois. Mieux valait continuer une bataille qui, si elle était gagnée, maintenait définitivement les choses dans la situation où nous avions espéré les mettre, que de reculer pour voir les deux colonnes envahissantes du Nord et de l'Est se réunir, et nous accabler par leur réunion. Dans la position où l'on se trouvait, il fallait vaincre ou mourir. Napoléon le savait, et il n'apprenait rien en voyant combien la journée devenait sérieuse. D'ailleurs pour imaginer que les Prussiens viendraient sans Grouchy, il fallait tout mettre au pire, et supposer la fortune tellement rigoureuse, qu'en vingt ans de guerre elle ne l'avait jamais été à ce point. Il se borna donc à prendre de nouvelles précautions afin de faire arriver Grouchy en ligne. Il prescrivit au maréchal Soult d'expédier un officier avec une dépêche datée d'une heure, annonçant l'apparition des troupes prussiennes sur notre droite, et portant l'ordre formel de marcher à nous pour les écraser. Un officier au galop courant au-devant de Grouchy, devait le rencontrer dans moins de deux heures, et l'amener dans moins de trois à portée des deux armées. Ainsi Grouchy devait se faire sentir avant six heures, et certes la bataille serait loin d'être décidée à ce moment de la journée. Loban tiendrait bien jusque-là sur notre flanc droit, aidé par la forme des lieux et par son énergie.

Pourtant c'était une raison de hâter l'attaque contre la gauche des Anglais, car outre l'avantage de pouvoir reporter nos forces du côté de Bulow si on

Juin 1815.

Napoléon se hâte au contraire d'ordonner

Juin 1815.

L'attaque contre le centre et la gauche des Anglais.

en avait fini avec eux, il y avait celui de les séparer des Prussiens, et d'empêcher tout secours de leur parvenir. Napoléon donna donc au maréchal Ney le signal de l'attaque.

Cette importante opération devait commencer par un coup de vigueur au centre, contre la ferme de la Haye-Sainte située sur la grande chaussée de Bruxelles. Notre aile droite déployée devait ensuite gravir le plateau, se rendre maîtresse du petit chemin d'Ohain qui courait à mi-côte, se jeter sur la gauche des Anglais, et tâcher de la culbuter sur leur centre, pour leur enlever Mont-Saint-Jean au point d'intersection des routes de Nivelles et de Bruxelles. La brigade Quiot de la division Alix (première de d'Erlon), disposée en colonne d'attaque sur la grande route, et appuyée par une brigade des cuirassiers de Milhaud, avait ordre d'emporter la ferme de la Haye-Sainte. La brigade Bourgeois (seconde d'Alix), placée sur la droite de la grande route, devait former le premier échelon de l'attaque du plateau ; la division Donzelot devait former le second, la division Marcognet le troisième, la division Durutte le quatrième. Ney et d'Erlon avaient adopté pour cette journée, sans doute afin de donner plus de consistance à leur infanterie, une disposition singulière, et dont les inconvénients se firent bientôt sentir. Il était d'usage dans notre armée que les colonnes d'attaque se présentassent à l'ennemi un bataillon déployé sur leur front, pour fournir des feux, et sur chaque flanc un bataillon en colonne serrée pour tenir tête aux charges de la cavalerie. Cette fois au contraire Ney et d'Erlon

Préparatifs de cette attaque.

Disposition peu usitée, adoptée par d'Erlon pour son infanterie.

avaient déployé les huit bataillons de chaque division, en les rangeant les uns derrière les autres à distance de cinq pas, de manière qu'entre chaque bataillon déployé il y avait à peine place pour les officiers, et qu'il leur était impossible de se former en carré sur leurs flancs pour résister à la cavalerie. Ces quatre divisions formant ainsi quatre colonnes épaisses et profondes, s'avançaient à la même hauteur, laissant de l'une à l'autre un intervalle de trois cents pas. D'Erlon était à cheval à la tête de ses quatre échelons; Ney dirigeait lui-même la brigade Quiot, qui allait aborder la Haye-Sainte.

Juin 1815.

Le général Picton commandait la gauche des Anglais. Il avait en première ligne le 95ᵉ bataillon de la brigade anglaise Kempt, embusqué le long du chemin d'Ohain, et sur le prolongement du 95ᵉ, toujours dans ce même chemin, la brigade Bylandt de la division Perponcher. Il avait en seconde ligne, sur le bord du plateau, le reste de la brigade Kempt, la brigade écossaise Pack, les brigades hanovriennes Vincke et Best. La brigade de Saxe-Weimar (division Perponcher) occupait les fermes de Papelotte et de la Haye. La cavalerie légère anglaise Vivian et Vandeleur flanquait l'extrême gauche en attendant les Prussiens. Vingt bouches à feu couvraient le front de cette partie de l'armée ennemie.

Comment les Anglais étaient distribués sur leur gauche.

Vers une heure et demie, Ney lance la brigade Quiot sur la Haye-Sainte, et d'Erlon descend avec ses quatre divisions dans le vallon qui nous sépare des Anglais. Ce qu'il y aurait eu de plus simple, c'eût été de démolir la Haye-Sainte à coups de ca-

Attaque de la Haye-Sainte.

non, et là comme au château de Goumont on eût épargné bien du sang. Mais l'ardeur est telle qu'on ne compte plus avec les obstacles. Les soldats de Quiot, conduits par Ney, se jettent d'abord sur le verger qui précède les bâtiments de ferme, et qui est entouré d'une haie vive. Ils y pénètrent sous une grêle de balles, et en expulsent les soldats de la légion allemande. Le verger conquis, ils veulent s'emparer des bâtiments, mais des murs crénelés part un feu meurtrier qui les décime. Un brave officier, tué depuis sous les murs de Constantine, le commandant du génie Vieux, s'avance une hache à la main pour abattre la porte de la ferme, reçoit un coup de feu, s'obstine, et ne cède que lorsque atteint de plusieurs blessures il ne peut plus se tenir debout. La porte résiste, et du haut des murs les balles continuent à pleuvoir.

À la vue de cette attaque, le prince d'Orange sentant le danger du bataillon allemand qui défend la Haye-Sainte, envoie à son secours le bataillon hanovrien de Lunebourg. Ney laisse approcher les Hanovriens, et lance sur eux l'un des deux régiments de cuirassiers qu'il avait sous la main. Les cuirassiers fondent sur le bataillon de Lunebourg, le renversent, le foulent aux pieds, lui enlèvent son drapeau, et après avoir sabré une partie de ses hommes, poursuivent les autres jusqu'au bord du plateau. À leur tour les gardes à cheval de Somerset chargent les cuirassiers, qui, surpris en désordre, sont obligés de revenir. Mais Ney opposant un bataillon de Quiot aux gardes à cheval les arrête par une vive fusillade. Tandis que le combat se prolonge autour de la Haye-Sainte, dont le verger seul est conquis, d'Erlon s'avance avec ses quatre divisions sous la protection de notre grande batterie de quatre-vingts bouches à feu, parcourt le fond du vallon, puis en remonte le bord opposé. Cheminant dans des terres grasses et détrempées, son infanterie franchit lentement l'espace qui la sépare de l'ennemi. Bientôt nos canons ne pouvant plus tirer par dessus sa tête, elle continue sa marche sans protection, et gravit le plateau avec une fermeté remarquable. En approchant du sommet, un feu terrible de mousqueterie partant du chemin d'Ohain dans lequel était embusqué le 95°, accueille notre premier échelon de gauche, formé par la seconde brigade de la division Alix. (On vient de voir que la première brigade attaquait la Haye-Sainte.) Pour se soustraire à ce feu la division Alix appuie à droite, et raccourcit ainsi la distance qui la sépare du second échelon (division Donzelot). Toutes deux marchent au chemin d'Ohain, le traversent malgré quelques portions de haie vive, et après avoir essuyé des décharges meurtrières, se précipitent sur le 95° et sur les bataillons déployés de la brigade Bylandt. Elles tuent un grand nombre des soldats du 95°, et culbutent à la baïonnette les bataillons de Kempt et de Bylandt. A leur droite notre troisième échelon (division Marcognet), après avoir gravi la hauteur sous la mitraille, franchit à son tour le chemin d'Ohain, renverse les Hanovriens, et prend pied sur le plateau, à quelque distance des deux divisions Alix et Donzelot. Déjà la victoire se prononce pour nous, et la position semble emportée, lorsqu'à un signal

Juin 1815.

Attaque de d'Erlon sur la gauche et le centre des Anglais.

du général Picton, les Écossais de Pack cachés dans les blés se lèvent à l'improviste, et tirent à bout portant sur nos deux premières colonnes. Surprises par ce feu au moment même où elles débouchaient sur le plateau, elles s'arrêtent. Le général Picton les fait alors charger à la baïonnette par les bataillons de Pack et de Kempt ralliés. Il tombe mort atteint d'une balle au front, mais la charge continue, et nos deux colonnes vivement abordées cèdent du terrain. Elles résistent cependant, se reportent en avant, et se mêlent avec l'infanterie anglaise, lorsque tout à coup un orage imprévu vient fondre sur elles. Le duc de Wellington accouru sur les lieux, avait lancé sur notre infanterie les douze cents dragons écossais de Ponsonby, appelés les *Écossais gris*, parce qu'ils montaient des chevaux de couleur grise. Ces dragons formés en deux colonnes, et chargeant avec toute la vigueur des chevaux anglais, pénètrent entre la division Alix et la division Donzelot d'un côté, entre la division Donzelot et la division Marcognet de l'autre. Abordant par le flanc les masses profondes de notre infanterie qui ne peuvent se déployer pour se former en carré, ils s'y enfoncent sans les rompre, ni les traverser à cause de leur épaisseur, mais y produisent une sorte de confusion. Ployant sous le choc des chevaux, et poussées sur la déclivité du terrain, nos colonnes descendent pêle-mêle avec les dragons jusqu'au fond du vallon qu'elles avaient franchi. Les Écossais gris enlèvent d'un côté le drapeau du 105ᵉ (division Alix), et de l'autre celui du 45ᵉ (division Marcognet). Ils ne bornent pas là leurs exploits. Deux batteries qui faisaient partie de la grande batterie de quatre-vingts bouches à feu, s'étaient mises en mouvement pour appuyer notre infanterie. Les dragons dispersent les canonniers, égorgent le brave colonel Chandon, culbutent les canons dans la fange, et ne pouvant les emmener tuent les chevaux.

Heureusement ils touchent au terme de leur triomphe. Napoléon du haut du tertre où il était placé, avait aperçu ce désordre. Se jetant sur un cheval, il traverse le champ de bataille au galop, court à la grosse cavalerie de Milhaud, et lance sur les dragons écossais la brigade Travers composée des 7e et 12e de cuirassiers. L'un de ces régiments les aborde de front, tandis que l'autre les prend en flanc, et que le général Jacquinot dirige sur leur flanc opposé le 4e de lanciers. Les dragons écossais surpris dans le désordre d'une poursuite à toute bride, et assaillis dans tous les sens, sont à l'instant mis en pièces. Nos cuirassiers brûlant de venger notre infanterie, les percent avec leurs grands sabres, et en font un horrible carnage. Le 4e de lanciers conduit par le colonel Bro, ne les traite pas mieux avec ses lances. Un maréchal des logis des lanciers, nommé Urban, se précipitant dans la mêlée, fait prisonnier le chef des dragons, le brave Ponsonby. Les Écossais s'efforçant de délivrer leur général, Urban le renverse mort à ses pieds, puis menacé par plusieurs dragons, il va droit à l'un d'eux qui tenait le drapeau du 45e, le démonte d'un coup de lance, le tue d'un second coup, lui enlève le drapeau, se débarrasse en le tuant encore d'un

Juin 1815.

Les cuirassiers chargent et détruisent les Écossais gris.

autre Écossais qui le serrait de près, et revient tout couvert de sang porter à son colonel le trophée qu'il avait si glorieusement reconquis. Les Écossais cruellement maltraités regagnent les lignes de l'infanterie de Kempt et de Pack, laissant sept à huit cents morts ou blessés dans nos mains, sur douze cents dont leur brigade était composée.

A l'extrême droite de d'Erlon la division Durutte qui formait le quatrième échelon avait eu à peu près le sort des trois autres. Elle s'était avancée dans l'ordre prescrit aux quatre divisions, c'est-à-dire ses bataillons déployés et rangés les uns derrière les autres à distance de cinq pas. Cependant comme elle avait aperçu la cavalerie Vandeleur prête à charger, elle avait laissé en arrière le 85° en carré pour lui servir d'appui. Assaillie par les dragons légers de Vandeleur, elle n'avait pas été enfoncée, mais sa première ligne avait ployé un moment sous le poids de la cavalerie. Bientôt elle s'était dégagée à coups de fusil, et secourue par le 3° de chasseurs, elle s'était repliée en bon ordre sur le carré du 85° demeuré inébranlable.

Pertes résultant de cet engagement pour les deux partis

Tel avait été le sort de cette attaque sur la gauche des Anglais, de laquelle Napoléon attendait de si grands résultats. Une faute de tactique imputable à Ney et à d'Erlon avait laissé nos quatre colonnes d'infanterie en prise à la cavalerie ennemie, et leur avait coûté environ trois mille hommes, en morts, blessés ou prisonniers. Les Anglais avaient à regretter leurs dragons, une partie de l'infanterie de Kempt et de Pack, les généraux Picton et Ponsonby, et en total un nombre d'hommes à peu près égal à celui que nous avions perdu. Mais ils avaient conservé leur position, et c'était une opération à recommencer, avec le désavantage d'une première tentative manquée. Toutefois il nous restait une partie de la ferme de la Haye-Sainte, et nos soldats dont l'ardeur n'était pas refroidie, se ralliaient déjà sur le bord du vallon qui nous séparait des Anglais. Napoléon s'y était porté, et se promenait lentement devant leurs rangs, au milieu des boulets ricochant d'une ligne à l'autre, et des obus remplissant l'air de leurs éclats. Le brave général Desvaux, commandant l'artillerie de la garde, venait d'être tué à ses côtés.

Quoique fort contrarié de cet incident, Napoléon montrait à ses soldats un visage calme et confiant, et leur faisait dire qu'on allait s'y prendre autrement, et qu'on n'en viendrait pas moins à bout de la ténacité britannique. Mais un autre objet attirait en cet instant son attention. Le général Domon, envoyé à la rencontre des troupes qu'on avait cru apercevoir sur les hauteurs de la chapelle Saint-Lambert, mandait que ces troupes étaient prussiennes, qu'il était aux prises avec elles, qu'il avait fourni plusieurs charges contre leur avant-garde, et qu'il fallait de l'infanterie pour les arrêter. Déjà des boulets lancés par elles venaient mourir en arrière de notre flanc droit, sur la chaussée de Charleroy. En même temps un officier du maréchal Grouchy, ayant réussi à traverser l'espace qui nous séparait de lui, annonçait qu'au lieu de partir de Gembloux à quatre heures du matin il en était parti à neuf, et qu'il se dirigeait sur Wavre. Si le maréchal eût marché en ligne droite sur Mont-Saint-Jean, il aurait pu re-

[marginalia: Juin 1815.]

[marginalia: Pendant ce temps, le général Domon avait constaté l'arrivée des Prussiens sur notre extrême droite.]

joindre l'armée dans le moment même, c'est-à-dire vers trois heures. Mais Napoléon voyait clairement que Grouchy n'avait compris ni les lieux ni sa mission, et commençait à ne plus compter sur son arrivée. Il allait donc avoir deux armées sur les bras. Il était trop tard pour battre en retraite, car on aurait été assailli en queue et en flanc par cent trente mille hommes autorisés à se croire victorieux, auxquels on ne pouvait en opposer que 68 mille, réduits à 60 mille par la bataille engagée, et qui se seraient crus vaincus si on leur avait commandé un mouvement rétrograde. Napoléon résolut donc de tenir tête à l'orage, et ne désespéra pas de faire face à toutes les difficultés avec les braves soldats qui lui restaient, et dont l'exaltation semblait croître avec le péril.

Le comte de Lobau était allé sur la droite reconnaître un terrain propre à la défensive. Napoléon lui ordonna de s'y transporter avec son corps réduit à deux divisions depuis le départ de la division Teste, et comptant 7,500 baïonnettes. Il lui adjoignit quelques batteries de sa garde pour remplacer sa batterie de 12, qui était l'une de celles que les dragons écossais avaient culbutées. Le comte de Lobau partit immédiatement, et son corps quittant le centre, traversa le champ de bataille au pas avec une lenteur imposante. Il alla s'établir en potence sur notre droite, parallèlement à la chaussée de Charleroy, et formant un angle droit avec notre ligne de bataille.

Le terrain que le comte de Lobau avait résolu d'occuper était des mieux choisis pour résister avec peu de monde à des forces supérieures. Ainsi que nous l'avons dit, le petit vallon placé entre les deux armées devenait en se prolongeant le lit du ruisseau de Smohain, et plus loin faisait sa jonction avec le ruisseau de Lasne. Entre les deux s'élevait une espèce de promontoire dont les pentes étaient boisées. (Voir les cartes n°s 65 et 66.) Le comte de Lobau s'établit en travers de ce promontoire, la droite à la ferme d'Hanotelet, la gauche au château de Frichermont, se liant avec la division Durutte vers la ferme de Papelotte, barrant ainsi tout l'espace compris entre l'un et l'autre ruisseau, et ayant sur son front une batterie de trente bouches à feu, qui attendait l'ennemi la mèche à la main.

Le corps de Bulow était descendu de la chapelle Saint-Lambert dans le lit du ruisseau de Lasne par un chemin des plus difficiles, marchant tantôt dans un sable mouvant, tantôt dans une argile glissante, et ayant la plus grande peine à se faire suivre de son artillerie. Après avoir franchi ces mauvais terrains, il avait eu à traverser des bois épais, où quelques troupes bien postées auraient pu arrêter une armée. Malheureusement, dans la confiance où l'on était qu'il ne pouvait arriver de ce côté que Grouchy lui-même, aucune précaution n'avait été prise, et à cette vue Blucher qui venait de rejoindre Bulow, tressaillit de joie. A trois heures à peu près, les deux premières divisions de Bulow approchaient de la position de Lobau, la division de Losthin vers le ruisseau de Smohain, celle de Hiller vers le ruisseau de Lasne, l'une et l'autre précédées par de la cavalerie. Les escadrons de Domon et de Subervic faisaient avec elles le coup de

Juin 1815.

Marche du corps de Bulow vers la chapelle Saint-Lambert.

sabre, et retardaient autant que possible leur approche. Lobau en bataille sur le bord du coteau les attendait, prêt à les couvrir de mitraille.

Juin 1815.

Napoléon modifie son plan, et ralentit l'action contre les Anglais, sauf à la reprendre pour la rendre décisive, lorsqu'il aura réussi à contenir les Prussiens.

Napoléon sans être encore alarmé de ce qui allait survenir de ce côté, avait néanmoins modifié son plan. Ayant pris l'offensive contre les Anglais, il dépendait de lui de suspendre l'action vis-à-vis d'eux, et de ne la reprendre pour la rendre décisive, que lorsqu'il aurait pu apprécier toute l'importance de l'attaque des Prussiens. Son projet était donc d'accueillir ces derniers d'une manière si vigoureuse qu'ils fussent arrêtés pour une heure ou deux au moins, puis de revenir aux Anglais, de se porter par la chaussée de Bruxelles sur le plateau de Mont-Saint-Jean avec le corps de d'Erlon rallié, avec la garde, avec la grosse cavalerie, et se jetant ainsi avec toutes ses forces sur le centre du duc de Wellington, d'en finir par un coup de désespoir. Mais pour agir avec sûreté il fallait au centre être en possession de la Haye-Sainte, afin de contenir les Anglais pendant qu'on temporiserait avec eux, et de pouvoir ensuite déboucher sur le plateau quand on voudrait frapper ce dernier coup. Il fallait sur la gauche avoir du château de Goumont tout ou partie, ce qui serait nécessaire en un mot pour s'y soutenir. Il recommanda donc à Ney d'enlever la Haye-Sainte coûte que coûte, de s'y établir, puis d'attendre le signal qu'il lui donnerait pour une tentative générale et définitive contre l'armée britannique. En même temps le général Reille ayant manqué de grosse artillerie dans l'attaque du château de Goumont, parce que sa batterie de 12 avait

Ordre à Ney d'enlever la Haye-Sainte, et de s'y arrêter.

Continuation du combat devant le château de Goumont.

été portée à la grande batterie de droite. Napoléon lui envoya quelques obusiers afin d'incendier la ferme et le château.

Pendant ce temps le combat ne s'était ralenti ni à gauche ni au centre. La division Jérôme s'était acharnée contre le verger et les bâtiments du château de Goumont, et avait perdu presque autant d'hommes qu'elle en avait tué à l'ennemi. Elle avait fini par traverser la haie épaisse qui se présentait au sortir du bois; puis, ne pouvant forcer les murs crénelés du jardin, elle avait appuyé à gauche pour s'emparer des bâtiments de ferme, tandis que la division Foy la remplaçant dans le bois se fusillait avec les Anglais le long du verger. Le colonel Cubières, commandant le 1ᵉʳ léger qui s'était déjà signalé deux jours auparavant dans l'attaque du bois de Bossu, avait tourné les bâtiments sous un feu épouvantable parti du plateau. Apercevant par derrière une porte qui donnait dans la cour du château, il avait résolu de l'enfoncer. Un vaillant homme, le sous-lieutenant Legros, ancien sous-officier du génie, et surnommé par ses camarades *l'enfonceur*, se saisissant d'une hache avait abattu la porte, et, à la tête d'une poignée de braves gens, avait pénétré dans la cour. Déjà le poste était à nous, et nous allions en rester les maîtres, lorsque le lieutenant-colonel Macdonell accourant à la tête des gardes anglaises, était parvenu à repousser nos soldats, à refermer la porte, et à sauver ainsi le château de Goumont. Le brave Legros était resté mort sur le terrain. Le colonel Cubières, blessé l'avant-veille aux Quatre-Bras, atteint en ce moment de plusieurs coups de feu, renversé

Juin 1815.

Un moment les Français sont près d'emporter le château de Goumont.

sous son cheval, allait être égorgé, lorsque les Anglais, touchés de sa bravoure et de son âge, l'avaient épargné, et l'avaient emporté tout sanglant. Il avait donc fallu revenir à la lisière du bois sans avoir conquis ce fatal amas de bâtiments. Pourtant la batterie d'obusiers étant arrivée, on l'avait établie sur le bord du vallon, et on avait fait pleuvoir sur la ferme et le château une grêle d'obus qui bientôt y avaient mis le feu. Au milieu de cet incendie, les Anglais, sans cesse renforcés, s'obstinaient à tenir dans une position qu'ils regardaient comme de la plus grande importance pour la défense du plateau. Déjà ce combat avait coûté trois mille hommes aux Français, et deux mille aux Anglais, sans autre résultat pour nous que d'avoir conquis le bois de Goumont. Les divisions Jérôme et Foy s'étaient accumulées autour de ce bois, où elles trouvaient une sorte d'abri, et la division Bachelu, réduite à trois mille hommes par l'affaire des Quatre-Bras, s'en était rapprochée également pour se dérober aux coups de l'artillerie britannique, en attendant qu'on employât plus utilement son courage. L'espace entre le château de Goumont et la chaussée de Bruxelles, où Ney attaquait la Haye-Sainte, était ainsi demeuré presque inoccupé.

A la Haye-Sainte Ney avait redoublé d'efforts pour enlever un poste dont Napoléon voulait se servir pour tenter plus tard une attaque décisive contre le centre des Anglais. La brigade Quiot était restée dans le verger, et de là continuait à tirer sur les bâtiments de ferme. Les divisions de d'Erlon s'étaient reformées sur le bord du vallon, et Ney les avait rapprochées de lui, afin de les jeter sur le plateau par la chaussée de Bruxelles, lorsque le moment serait venu. Cet illustre maréchal n'avait certes pas besoin d'être stimulé, car sa bravoure sans pareille semblait dans cette journée portée au delà des forces ordinaires de l'humanité. Sachant que Napoléon voulait avoir la Haye-Sainte à tout prix, il se saisit de deux bataillons de la division Donzelot qui s'était ralliée la première, et marchant droit sur la Haye-Sainte, il s'y précipita avec impétuosité. Entraînés par lui les soldats enfoncèrent la porte de la ferme, y pénétrèrent sous un feu épouvantable, et massacrèrent le bataillon léger de la légion allemande qui la défendait. Sur près de cinq cents hommes, quarante seulement avec cinq officiers réussirent à s'enfuir, poursuivis à coups de sabre par nos cuirassiers, dont une brigade n'avait pas cessé de prendre part à ce combat.

La légion allemande, placée le long du chemin d'Ohain, en voyant revenir ces malheureux débris de l'un de ses bataillons, voulut se porter à leur secours. Deux bataillons détachés par elle descendirent jusqu'à la Haye-Sainte pour essayer de reprendre la ferme. Aussitôt qu'il les vit, Ney lança sur eux la brigade des cuirassiers. Les deux bataillons allemands se formèrent immédiatement en carré, mais nos cuirassiers fondant sur eux avec impétuosité, rompirent l'un des deux, le sabrèrent et prirent son drapeau. L'autre, ayant eu le temps de se former, résista à deux charges consécutives, et allait être enfoncé à son tour quand il fut dégagé par les gardes à cheval de Somerset. Nos cuirassiers se replièrent, obligés de laisser échapper l'un des deux bataillons, mais ayant eu la cruelle satisfaction d'égorger l'autre presque en entier.

Ney, maître de la Haye-Sainte, se croyait en mesure de déboucher victorieusement sur le plateau par la chaussée de Bruxelles, et il en demandait les moyens, pensant que le moment était venu de livrer à l'armée anglaise un assaut décisif. Ayant déjà rapproché les divisions de d'Erlon de la Haye-Sainte, il les porta en avant, et parvint à occuper sur sa droite la partie la plus voisine du chemin d'Ohain, que les troupes de Kempt et de Pack, à moitié détruites, ne pouvaient plus lui disputer. Il aurait voulu se joindre par sa gauche avec les troupes de Reille, dont les trois divisions pelotonnées autour du bois de Goumont, avaient laissé un vide entre ce bois et la Haye-Sainte. Il fit plusieurs fois demander à Napoléon des forces pour remplir ce vide, et le visage rayonnant d'une ardeur héroïque, il dit à diverses reprises au général Drouot, que si on mettait quelques troupes à sa disposition, il allait remporter un triomphe éclatant et en finir avec l'armée britannique.

Il était quatre heures et demie, et en ce moment sur notre extrême droite repliée en potence, l'attaque de Bulow était fortement prononcée. Les troupes prussiennes sortant des fonds boisés entre le ruisseau de Smohain et celui de Lasne, avaient gravi la pente du terrain, la division de Losthin à leur droite, celle de Hiller à leur gauche. Le brave Lobau, les attendant avec un sang-froid imperturbable, les avait d'abord criblées de ses boulets, sans parvenir toutefois à les arrêter. Elles avaient en effet riposté de leur mieux, et leurs projectiles tombant derrière nous, au milieu de nos parcs et de nos bagages, répandaient déjà un certain trouble sur la chaussée de Charleroy. Lobau voyant bien avec son coup d'œil exercé qu'elles n'étaient pas soutenues, avait saisi l'à-propos, et détaché sa première ligne qui les abordant à la baïonnette les avait refoulées vers les fonds boisés d'où elles étaient sorties. Pourtant ce succès dû à la vigueur, à la présence d'esprit du chef du 6ᵉ corps, n'était que du temps gagné, car on commençait à découvrir de nouvelles colonnes prussiennes qui venaient soutenir les premières, et quelques-unes même qui, faisant un détour plus grand sur notre flanc droit, s'apprêtaient à nous envelopper. Napoléon, qui avait à sa disposition les vingt-quatre bataillons de la garde, ne craignait guère une semblable entreprise, mais il voulut y parer tout de suite, et en avoir raison avant de frapper sur l'armée anglaise le coup par lequel il se flattait de terminer la bataille. Il ordonna donc au général Duhesme de se porter à la droite du 6ᵉ corps avec les huit bataillons de jeune garde qu'il commandait, et lui donna vingt-quatre bouches à feu pour cribler les Prussiens de mitraille.

Napoléon resta au centre avec quinze bataillons de la moyenne et vieille garde[1], comptant avec ces quinze bataillons, avec la cavalerie de la garde et toute la réserve de grosse cavalerie, fondre sur les

Juin 1815.

Pendant ce temps, Lobau avait repoussé les premiers efforts des Prussiens.

Napoléon, malgré les instances de Ney, ne veut pas encore ordonner l'effort décisif contre les Anglais, mais lui accorde les cuirassiers de Milhaud pour relier le corps de d'Erlon à celui de Reille.

---

[1] Deux de ces bataillons avaient été convertis en un après la bataille de Ligny.

Anglais comme la foudre, lorsqu'il aurait vu le terme de l'attaque des Prussiens. D'ailleurs Grouchy, après s'être tant fait attendre, pouvait enfin paraître. Il était près de cinq heures, et en ne précipitant rien, en tenant ferme, on lui donnerait le temps d'arriver, et de contribuer à un triomphe qui ne pouvait manquer d'être éclatant, s'il prenait les Prussiens à revers, tandis qu'on les combattrait en tête. Napoléon d'après ces vues, fit dire à Ney qu'il lui était impossible de lui donner de l'infanterie, mais qu'il lui envoyait provisoirement les cuirassiers de Milhaud pour remplir l'intervalle entre la Haye-Sainte et le bois de Goumont, et lui recommanda en outre d'attendre ses ordres pour l'attaque qui devait décider du sort de la journée [1].

D'après la volonté de Napoléon les cuirassiers de Milhaud qui étaient derrière d'Erlon, s'ébranlèrent au trot, parcoururent le champ de bataille de droite à gauche, traversèrent la chaussée de Bruxelles, et allèrent se placer derrière leur première brigade, que Ney avait déjà plusieurs fois employée contre l'ennemi. Ils prirent position entre la Haye-Sainte et le bois de Goumont, pour remplir l'espace laissé vacant par les divisions de Reille, qui s'étaient, avons-nous dit, accumulées autour du bois. Le mouvement de ces formidables cavaliers, comprenant huit régiments et quatre brigades, causa une vive sensation. Tout le monde crut qu'ils allaient charger et que dès lors le moment suprême approchait. On les salua du cri de *Vive l'Empereur!* auquel ils

[1] Le lecteur trouvera plus loin, à la page 231, la discussion de cette assertion de Napoléon.

répondirent par les mêmes acclamations. Le général Milhaud en passant devant Lefebvre-Desnoëttes, qui commandait la cavalerie légère de la garde, lui dit en lui serrant la main : *Je vais attaquer, soutiens-moi.* — Lefebvre-Desnoëttes, dont l'ardeur n'avait pas besoin de nouveaux stimulants, crut que c'était par ordre de l'Empereur qu'on lui disait de soutenir les cuirassiers, et, suivant leur mouvement, il vint prendre rang derrière eux. On avait eu à déplorer à Wagram, à Fuentes-d'Oñoro, l'institution des commandants en chef de la garde impériale, qui l'avait paralysée si mal à propos dans ces journées fameuses, on eut ici à déplorer la défaillance de l'institution (due à la maladie de Mortier), car il n'y avait personne pour arrêter des entraînements intempestifs, et, par surcroît de malheur, Napoléon obligé de quitter la position qu'il occupait au centre, s'était porté à droite pour diriger le combat contre les Prussiens, de manière que ceux-ci nous enlevaient à la fois nos réserves et la personne même de Napoléon.

Lorsque Ney vit tant de belle cavalerie à sa disposition, il redoubla de confiance et d'audace, et il en devint d'autant plus impatient de justifier ce qu'il avait dit à Drouot, que, si on le laissait faire, il en finirait à lui seul avec l'armée anglaise. En ce moment, le duc de Wellington avait apporté quelques changements à son ordre de bataille, provoqués par les changements survenus dans le nôtre. La division Alten, placée à son centre et à sa droite, avait cruellement souffert. Il l'avait renforcée en faisant avancer le corps de Brunswick, ainsi que

Juin 1815.

Ils entraînent à leur suite la cavalerie légère de la garde.

Ney, en se voyant à la tête d'une si belle cavalerie, s'élance sur le plateau de Mont-Saint-Jean.

les brigades Mitchell et Lambert. Il avait prescrit au général Chassé, établi d'abord à Braine-l'Alleud, de venir appuyer l'extrémité de son aile droite. Il avait rapproché aussi la division Clinton, laissée jusque-là sur les derrières de l'armée britannique, et avait rappelé de sa gauche, qui lui semblait hors de danger depuis la tentative infructueuse de d'Erlon et l'apparition des Prussiens, la brigade hanovrienne Vincke. Déjà fort maltraité par notre artillerie, exposé à l'être davantage depuis que nous avions occupé la Haye-Sainte, il avait eu soin en concentrant ses troupes vers sa droite, de les ramener un peu en arrière, et se tenant à cheval au milieu d'elles, il les préparait à un rude assaut, facile à pressentir en voyant briller les casques de nos cuirassiers et les lances de la cavalerie légère de la garde.

L'artillerie des Anglais était restée seule sur le bord du plateau, par suite du mouvement rétrograde que leur infanterie avait opéré, et par suite aussi d'une tactique qui leur était habituelle. Ils avaient en effet la coutume, lorsque leur artillerie était menacée par des troupes à cheval, de retirer dans les carrés les canonniers et les attelages, de laisser sans défense les canons que l'ennemi ne pouvait emmener sans chevaux, et, quand l'orage était passé, de revenir pour s'en servir de nouveau contre la cavalerie en retraite. Soixante pièces de canon étaient donc en avant de la ligne anglaise, peu appuyées, et offrant à un ennemi audacieux un objet de vive tentation.

Tout bouillant encore du combat de la Haye-

Sainte, confiant dans les cinq mille cavaliers qui venaient de lui arriver, et qui formaient quatre belles lignes de cavalerie, Ney n'était pas homme à se tenir tranquille sous les décharges de l'artillerie anglaise. S'étant aperçu que cette artillerie était sans appui, et que l'infanterie anglaise elle-même avait exécuté un mouvement rétrograde, il résolut d'enlever la rangée de canons qu'il avait devant lui, et se mettant à la tête de la division Delort composée de quatre régiments de cuirassiers, ordonnant à la division Wathier de le soutenir, il partit au trot malgré le mauvais état du sol. Ne pouvant déboucher par la chaussée de Bruxelles qui était obstruée, gêné par l'encaissement du chemin d'Ohain, très-profond en cet endroit, il prit un peu à gauche, franchit le bord du plateau avec ses quatre régiments, et fondit comme l'éclair sur l'artillerie qui était peu défendue. Après avoir dépassé la ligne des canons, voyant l'infanterie de la division Alten qui semblait rétrograder, il jeta sur elle ses cuirassiers. Ces braves cavaliers, malgré la grêle de balles qui pleuvait sur eux, tombèrent à bride abattue sur les carrés de la division Alten, et en renversèrent plusieurs qu'ils se mirent à sabrer avec fureur. Cependant quelques-uns de ces carrés, enfoncés d'abord par le poids des hommes et des chevaux, mais se refermant en toute hâte sur nos cavaliers démontés, eurent bientôt réparé leurs brèches. D'autres, restés intacts, continuèrent à faire un feu meurtrier. Ney, en voyant cette résistance, lance sa seconde division, celle de Wathier, et sous cet effort violent de quatre nouveaux ré-

Juin 1815.

Il enlève d'abord l'artillerie anglaise.

Il se précipite sur l'infanterie et renverse plusieurs carrés.

Ney, après les cuirassiers, lance

giments de cuirassiers, la division Alten est culbutée sur la seconde ligne de l'infanterie anglaise. Plusieurs bataillons des légions allemande et hanovrienne sont enfoncés, foulés aux pieds, sabrés, privés de leurs drapeaux. Nos cuirassiers, qui étaient les plus vieux soldats de l'armée, assouvissent leur rage en tuant des Anglais sans miséricorde.

Inébranlable au plus fort de cette tempête, le duc de Wellington fait passer à travers les intervalles de son infanterie la brigade des gardes à cheval de Somerset, les carabiniers hollandais de Trip, et les dragons de Dornberg. Ces escadrons anglais et allemands, profitant du désordre inévitable de nos cavaliers, ont d'abord sur eux l'avantage, et parviennent à les repousser. Mais Ney, courant à Lefebvre-Desnoëttes, lui fait signe d'arriver, et le jette sur la cavalerie anglaise et allemande du duc de Wellington. Nos braves lanciers se précipitent sur les gardes à cheval, et, se servant avec adresse de leurs lances, les culbutent à leur tour. Ayant eu le temps de se reformer pendant cette charge, nos cuirassiers reviennent, et joints à nos chasseurs, à nos lanciers, fondent de nouveau sur la cavalerie anglaise. On se mêle, et mille duels, le sabre ou la lance à la main, s'engagent entre les cavaliers des deux nations. Bientôt les nôtres l'emportent, et une partie de la cavalerie anglaise reste sur le carreau. Ses débris se réfugient derrière les carrés de l'infanterie anglaise, et nos cavaliers se voient arrêtés encore une fois, avec grand dommage pour la cavalerie légère de la garde, qui n'étant pas revêtue de cuirasses, perd par le feu beaucoup d'hommes et de chevaux.

Ney, au milieu de cet effroyable débordement de fureurs humaines, a déjà eu deux chevaux tués sous lui. Son habit, son chapeau sont criblés de balles; mais toujours invulnérable, le brave des braves a juré d'enfoncer l'armée anglaise. Il s'en flatte à l'aspect de ce qu'il a déjà fait, et en voyant immobiles sur le revers du plateau, trois mille cuirassiers et deux mille grenadiers à cheval de la garde, qui n'ont pas encore donné. Il demande qu'on les lui confie pour achever la victoire. Il rallie ceux qui viennent de combattre, les range au bord du plateau pour leur laisser le temps de respirer, et galope vers les autres pour les amener au combat.

Juin 1815.

Prodiges de Ney.

Il demande les cuirassiers de Valmy.

Toute l'armée avait aperçu de loin cette mêlée formidable, et au mouvement des casques, des lances, qui allaient, venaient sans abandonner la position, avait bien auguré du résultat. L'instinct du dernier soldat était qu'il fallait continuer une telle œuvre une fois commencée, et les soldats avaient raison, car si c'était une faute de l'avoir entreprise, c'eût été une plus grande faute de l'interrompre.

Napoléon, dont l'attention avait été rappelée de ce côté par cet affreux tumulte de cavalerie, avait aperçu l'œuvre tentée par l'impatience de Ney. Tout autour de lui on y avait applaudi. Mais ce capitaine consommé, qui avait déjà livré en personne plus de cinquante batailles rangées, s'était écrié : *C'est trop tôt d'une heure...* — *Cet homme,* avait ajouté le maréchal Soult en parlant de Ney, *est toujours le même! il va tout compromettre comme à Iéna, comme à Eylau!...* — Napoléon néanmoins

Napoléon, en désapprouvant cette attaque anticipée, accorde les cuirassiers de Valmy.

Juin 1815.

pensa qu'il fallait soutenir ce qui était fait, et il envoya l'ordre à Kellermann d'appuyer les cuirassiers de Milhaud. — Les trois mille cuirassiers de Kellermann avaient derrière eux la grosse cavalerie de la garde, forte de deux mille grenadiers à cheval et dragons, et les uns comme les autres brûlant d'impatience d'en venir aux mains, car la cavalerie était au moins aussi ardente que l'infanterie dans cette funeste journée.

Nouvelle charge des cuirassiers.

Kellermann, qui venait d'éprouver aux Quatre-Bras ce qu'il appelait la folle ardeur de Ney, blâmait l'emploi désespéré qu'on faisait en ce moment de la cavalerie. Se défiant du résultat, il retint une de ses brigades, celle des carabiniers, pour s'en servir comme dernière ressource, et livra le reste au maréchal Ney avec un profond chagrin. Celui-ci, accouru à la rencontre des cuirassiers de Kellermann, les enflamme par sa présence et ses gestes, et gravit avec eux le plateau, au bord duquel la cavalerie précédemment engagée reprenait haleine. Le duc de Wellington attendait de sang-froid ce nouvel assaut. Derrière la division Alten, presque détruite, il avait rangé le corps de Brunswick, les gardes de Maitland, la division Mitchell, et en troisième ligne, les divisions Chassé et Clinton. Abattre ces trois murailles était bien difficile, car on pouvait en renverser une, même deux, mais il n'était guère à espérer qu'on vînt à bout de la troisième. Néanmoins l'audacieux Ney débouche sur le plateau avec ses escadrons couverts de fer, et à son signal ces braves cavaliers partent au galop en agitant leurs sabres, en criant *Vive l'Empereur!* Jamais, ont dit les témoins de cette scène épouvantable[1], on ne vit rien de pareil dans les annales de la guerre. Ces vingt escadrons, officiers et généraux en tête, se précipitent de toute la force de leurs chevaux, et malgré une pluie de feux, abordent, rompent la première ligne anglaise. L'infortunée division Alten, déjà si maltraitée, est culbutée cette fois, et le 69ᵉ anglais est haché en entier. Les débris de cette division se réfugient en désordre sur la chaussée de Bruxelles. Ney, ralliant ses escadrons, les lance sur la seconde ligne. Ils l'abordent avec la même ardeur, mais ils trouvent ici une résistance invincible. Plusieurs carrés sont rompus, toutefois le plus grand nombre se maintient, et quelques-uns de nos cavaliers perçant jusqu'à la troisième ligne, expirent devant ses baïonnettes, ou se dérobent au galop pour se reformer en arrière, et renouveler la charge. Le duc de Wellington se décide alors à sacrifier les restes de sa cavalerie. Il la jette dans cette mêlée où bientôt elle succombe, car si l'infanterie anglaise peut arrêter nos cuirassiers par ses baïonnettes, aucune cavalerie ne peut supporter leur formidable choc. Dans cette extrémité il veut faire emploi de mille hussards de Cumberland qui sont encore intacts. Mais à la vue de cette arène sanglante ces hussards se replient en désordre, entraînant sur la route de Bruxelles les équipages, les blessés, les fuyards, qui déjà s'y précipitent en foule.

Ney, malgré la résistance qu'il rencontre, ne

Juin 1815.

Les deux premières lignes de l'infanterie anglaise sont renversées.

---

[1] Notamment le général Foy, dans son Journal militaire. Il dit, comme témoin oculaire, que jamais dans sa longue carrière militaire il n'avait assisté à un tel spectacle.

Juin 1815.

La grosse cavalerie de la garde, participant à l'élan général, charge sans avoir reçu d'ordre.

désespère pas d'en finir le sabre au poing avec l'armée anglaise. Un nouveau renfort imprévu lui arrive. Tandis qu'il livre ce combat de géants, la grosse cavalerie de la garde accourt sans qu'on sache pourquoi. Elle était demeurée un peu en arrière dans un pli du terrain, lorsque quelques officiers s'étant portés en avant pour assister au combat prodigieux de Ney, avaient cru à son triomphe, et avaient crié victoire en agitant leurs sabres. A ce cri d'autres officiers s'étaient avancés, et les escadrons les plus voisins, se figurant qu'on leur donnait le signal de la charge, s'étaient ébranlés au trot. La masse avait suivi, et par un entraînement involontaire les deux mille dragons et grenadiers à cheval avaient gravi le plateau, au milieu d'une terre boueuse et détrempée. Pendant ce temps, Bertrand envoyé par Napoléon pour les retenir, avait couru en vain après eux sans pouvoir les rejoindre. Ney s'empare de ce renfort inattendu, et le jette sur la muraille d'airain qu'il veut abattre. La grosse cavalerie de la garde fait à son tour des prodiges, enfonce des carrés, mais, faute de cuirasses, perd un grand nombre d'hommes sous les coups de la mousqueterie. Ney, que rien ne saurait décourager, lance de nouveau les cuirassiers de Milhaud, qui venaient de se reposer quelques instants, et opère ainsi une sorte de charge continue, au moyen de nos escadrons qui après avoir chargé, vont au galop se reformer en arrière pour charger encore. Quelques-uns même tournent le bois de Goumont, pour venir se remettre en rang et recommencer le combat. Au milieu de cet acharnement, Ney apercevant la bri-

Combat de cavalerie sans exemple.

gade des carabiniers que Kellermann avait tenue en réserve, court à elle, lui demande ce qu'elle fait, et malgré Kellermann s'en saisit, et la conduit à l'ennemi. Elle ouvre de nouvelles brèches dans la seconde ligne de l'infanterie britannique, renverse plusieurs carrés, les sabre sous le feu de la troisième ligne, mais ruine aux trois quarts le second mur sans atteindre ni entamer le troisième. Ney s'obstine, et ramène jusqu'à onze fois ses dix mille cavaliers au combat, tuant toujours, sans pouvoir venir à bout de la constance d'une infanterie qui, renversée un moment, se relève, se reforme, et tire encore. Ney tout écumant, ayant perdu son quatrième cheval, sans chapeau, son habit percé de balles, ayant une quantité de contusions et heureusement pas une blessure pénétrante, dit au colonel Heymès que si on lui donne l'infanterie de la garde, il achèvera cette infanterie anglaise épuisée et arrivée au dernier terme des forces humaines. Il lui ordonne d'aller la demander à Napoléon.

Dans cette espérance, voyant bien que ce n'est pas avec les troupes à cheval qu'il terminera le combat, et qu'il faut de l'infanterie pour en finir avec la baïonnette, il rallie ses cavaliers sur le bord du plateau, et les y maintient par sa ferme contenance. Il parcourt leurs rangs, les exhorte, leur dit qu'il faut rester là malgré le feu de l'artillerie, et que bientôt, si on a le courage de conserver le plateau, on sera débarrassé pour jamais de l'armée anglaise. —C'est ici, mes amis, leur dit-il, que va se décider le sort de notre pays, c'est ici qu'il faut vaincre pour assurer notre indépendance.—Quittant un moment la cavalerie, et courant à droite auprès de d'Erlon dont l'infanterie avait réussi à s'emparer du chemin d'Ohain, et continuait à faire le coup de fusil avec les bataillons presque détruits de Pack et de Kempt, *Tiens bien, mon ami,* lui dit-il, *car toi et moi, si nous ne mourons pas ici sous les balles des Anglais, il ne nous reste qu'à tomber misérablement sous les balles des émigrés!* — Triste et douloureuse prophétie! Ce héros sans pareil, allant ainsi de ses fantassins à ses cavaliers, les maintient sous le feu, et y demeure lui-même, miracle vivant d'invulnérabilité, car il semble que les balles de l'ennemi ne puissent l'atteindre. Quatre mille de ses cavaliers jonchent le sol, mais en revanche dix mille Anglais, fantassins ou cavaliers, ont payé de leur vie leur opiniâtre résistance. Presque tous les généraux anglais sont frappés plus ou moins gravement. Une multitude de fuyards, sous prétexte d'emporter les blessés, ont couru avec les valets, les cantiniers, les conducteurs de bagages, sur la route de Bruxelles, criant que tout est fini, que la bataille est perdue. Au contraire les soldats qui n'ont pas quitté le rang, se tiennent immobiles à leur place. Le duc de Wellington montant sa fermeté au niveau de l'héroïsme de Ney, leur dit que les Prussiens approchent, que dans peu d'instants ils vont paraître, qu'en tout cas il faut mourir en les attendant. Il regarde sa montre, invoque la nuit ou Blucher comme son salut! Mais il lui reste trente-six mille hommes sur ce plateau contre lequel Ney s'acharne, et il ne désespère pas encore. Ney ne désespère pas plus que lui, et ces deux grands cœurs balancent les destinées des deux nations! Un étrange phénomène de lassitude se produit alors. Pendant près d'une heure les combattants épuisés cessent de s'attaquer. Les Anglais tirent à peine quelques coups de canon avec les débris de leur artillerie, et de leur côté nos cavaliers ayant derrière eux soixante pièces conquises et six drapeaux, demeurent inébranlables, ayant des milliers de cadavres sous leurs pieds.

Pendant ce combat sans exemple, digne et terrible fin de ce siècle sanglant, le colonel Heymès était accouru auprès de Napoléon pour lui demander de l'infanterie au nom de son maréchal. — De l'infanterie! répondit Napoléon avec une irritation qu'il ne pouvait plus contenir, où veut-il que j'en prenne? veut-il que j'en fasse faire?... Voyez ce que j'ai sur les bras, et voyez ce qui me reste.... — En effet la situation vers la droite était devenue des plus graves. Au corps de Bulow, fort de trente mille hommes, que Napoléon essayait d'arrêter avec les dix mille soldats de Lobau, venaient se joindre d'épaisses colonnes qu'on apercevait dans les fonds boisés d'où sortait l'armée prussienne. Il était évident qu'on allait avoir affaire à toutes les forces de Blucher, c'est-à-dire à 80 mille hommes, auxquels on n'aurait à opposer que l'infanterie de la garde, c'est-à-dire 13 mille combattants, car la cavalerie de cette garde et toute la réserve, dragons, cuirassiers, venaient d'être employés et usés par le maréchal Ney dans une tentative prématurée[1]! Quant à l'arrivée

Juin 1815.

Impossibilité où se trouve Napoléon d'appuyer l'attaque de la cavalerie avant d'avoir repoussé les Prussiens

---

[1] Les assertions de Napoléon sur ce sujet ont été contestées; on est allé même jusqu'à prétendre qu'il avait ordonné le mouvement de cava-

Juin 1815.

Ordre à Ney de se maintenir tant qu'il pourra sur le plateau de Mont-Saint-Jean, en attendant qu'on puisse le secourir.

de Grouchy, Napoléon avait cessé de l'espérer, car on n'avait aucune nouvelle de ce commandant de notre aile droite, et en promenant sur tout l'horizon l'œil le plus exercé, l'oreille la plus fine, il était impossible de saisir une ombre, un bruit qui accusât sa présence, même son voisinage. L'infanterie de la garde qu'on demandait à Napoléon était donc sa seule ressource contre une effroyable catastrophe. Sans doute s'il avait pu voir de ses propres yeux ce que Ney lui mandait de l'état de l'armée britannique, si le péril ne s'étant pas aggravé à droite il avait pu contenir Bulow avec Lobau seul, il aurait dû se jeter avec l'infanterie de la garde sur les Anglais, achever de les écraser, et revenir ensuite sur les

lerie exécuté par Ney d'une manière si prématurée. Je répéterai d'abord que si toute assertion venue de Sainte-Hélène n'est pas nécessairement vraie, elle n'est pas non plus nécessairement fausse. Napoléon a dit dans la Relation qui porte le nom du général Gourgaud, et redit dans celle qui porte son nom, qu'il recommanda à Ney de s'établir à la Haye-Sainte, et d'y attendre de nouveaux ordres, qu'il regretta vivement la charge de cavalerie de Ney, mais qu'une fois entreprise il se décida à la soutenir. Cette assertion est si vraisemblable, que, pour moi, je suis disposé à y croire. Il y a d'ailleurs de son exactitude des preuves qui me paraissent convaincantes. Premièrement Napoléon était si préoccupé de l'attaque des Prussiens qu'il suspendit toute autre action que celle qui était dirigée contre eux, et que par exemple il ne voulut pas détourner un seul bataillon de la garde avant d'avoir contenu Bulow. Comment donc admettre que, ne voulant pas détourner de sa droite une portion quelconque de son infanterie de réserve, il consentît à lancer sa grosse cavalerie sans aucun appui d'infanterie? Comment admettre qu'un général aussi expérimenté commît la faute de lancer sa cavalerie, quand il ne pouvait détacher encore aucune partie de son infanterie pour la soutenir? C'est vraiment trop entreprendre que de vouloir lui faire ordonner ce que le plus incapable des généraux n'aurait pas osé prescrire. On répondra peut-être que cependant Ney le fit. Mais d'abord Ney n'était pas Napoléon. Ney était sur le terrain, entraîné, hors de lui; il ne commandait pas en chef; il ne savait pas ce que savait Napoléon, c'est que pour le moment il n'y

Prussiens pour leur opposer des débris il est vrai, mais des débris victorieux! Il serait sorti de cette mêlée comme un vaillant homme, qui ayant deux ennemis à combattre, parvient à triompher de l'un et de l'autre, en tombant à demi mort sur le cadavre du dernier. Mais il doutait du jugement de Ney, il ne lui pardonnait pas sa précipitation, et il voyait l'armée prussienne sortir tout entière de cet abîme béant qui vomissait sans cesse de nouveaux ennemis. Il voulut donc arrêter les Prussiens par un engagement à fond avec eux, avant d'aller essayer de gagner au centre une bataille douteuse, tandis qu'à sa droite il en laisserait une qui serait probablement perdue et mortelle. Toute-

avait pas un seul secours d'infanterie à espérer. La faute concevable de la part de Ney ne l'aurait donc pas été de Napoléon. Restent en outre les témoignages qui sont concluants.

Le défenseur le plus absolu de Ney, le colonel Heymès, témoin oculaire, parlant de cette fameuse charge de cavalerie, n'a pas osé dire qu'elle avait été ordonnée par Napoléon. Certes, si cette excuse eût existé, il l'eût donnée. Il se borne à dire que Ney avait voulu prendre possession du terrain et de l'artillerie qui semblaient abandonnés par le duc de Wellington dans son mouvement rétrograde. De ce qu'une excuse si radicale n'est pas invoquée par ceux mêmes qui ont défiguré les faits pour justifier le maréchal Ney, il résulte évidemment qu'elle n'existe pas. Enfin, il y a une autre preuve, à mon avis tout aussi décisive. Napoléon, écrivant à Laon le Bulletin développé de la bataille à la face de Ney qui pouvait démentir ses assertions, et qui ne manqua pas en effet d'attaquer ce bulletin à la Chambre des pairs deux jours après, n'a pas hésité à dire que la cavalerie *cédant à une ardeur irréfléchie*, avait chargé sans son ordre. Je tiens de témoins oculaires dignes de foi, qu'à Laon rédigeant le Bulletin il dit ces mots : Je pourrais mettre sur le compte de Ney la principale faute de la journée, je ne le ferai pas. — C'est pourquoi, sans nommer Ney, il attribua à *l'ardeur de la cavalerie* (et c'était vrai) la faute commise de dépenser toutes nos forces en troupes à cheval avant le moment opportun. Certes, il n'aurait pas, devant Drouot, devant tant de témoins oculaires, avancé une telle chose, s'il eût ordonné lui-

fois après un moment d'irritation, reprenant son empire sur lui-même, il envoya à Ney une réponse moins dure et moins désolante que celle qu'il avait d'abord faite au colonel Heymès. Il chargea ce dernier de dire au maréchal que si la situation était difficile sur le plateau de Mont-Saint-Jean, elle ne l'était pas moins sur les bords du ruisseau de Lasne; qu'il avait sur les bras la totalité de l'armée prussienne, que lorsqu'il serait parvenu à la repousser, ou du moins à la contenir, il irait avec la garde achever, par un effort désespéré, la victoire à demi remportée sur les Anglais; que jusque-là il fallait rester à tout prix sur ce plateau, puisque Ney s'était tant pressé d'y monter, et que pourvu qu'il

même la charge dont il s'agit. Enfin Ney, deux jours après, faisant à la Chambre des pairs une sortie violente contre la direction générale des opérations, c'est-à-dire contre Napoléon, n'osa pas avancer pour son excuse qu'on lui avait prescrit cet emploi intempestif de la cavalerie, ce qui eût fait tomber un reproche qui en ce moment était dans toutes les bouches. Or, la scène racontée dans la relation Gourgaud, page 97, et dans laquelle le maréchal Soult dit : *Cet homme va tout compromettre comme à Iéna,* avait acquis dans l'armée une véritable notoriété, et j'ai entendu des témoins oculaires la raconter plus d'une fois.

Ainsi pour moi, les preuves irréfragables consistent en ce que Napoléon, suspendant l'action à cause des Prussiens, ne pouvait pas en ce moment ordonner une charge générale de toute sa cavalerie; que Ney étant là pour le démentir, il ne craignit pas d'écrire dans le Bulletin de la bataille, que cette charge fut due à une *ardeur irréfléchie,* et que Ney, deux jours après, récriminant violemment contre lui, ne fit pas valoir l'excuse si simple, si complète, que cette *ardeur irréfléchie* était le fait de Napoléon, qui l'avait autorisée par son ordre. Je considère donc comme certain que Ney fut entraîné, et qu'une fois le mouvement commencé, Napoléon se résigna à le soutenir, parce qu'en effet il ne pouvait pas agir autrement. C'est le second ordre, devenu inévitable, qu'on a confondu avec le premier. Je ne suis point ici apologiste, mais historien, cherchant la vérité, rien de plus, rien de moins.

s'y maintînt une heure, il serait prochainement et vigoureusement secouru.

En effet, pendant que le colonel Heymès allait porter à Ney cette réponse si différente de celle que le maréchal attendait, le combat avec les Prussiens était devenu aussi terrible qu'avec les Anglais. Blucher rendu de sa personne sur les lieux, c'est-à-dire sur les hauteurs qui bordent le ruisseau de Lasne, voyait distinctement ce qui se passait sur le plateau de Mont-Saint-Jean, et bien qu'il ne fût pas fâché de laisser les Anglais dans les angoisses, de les punir ainsi du secours, tardif selon lui, qu'il en avait reçu à Ligny, il ne voulait pas compromettre la cause commune par de mesquins ressentiments. En apercevant de loin les assauts formidables de nos cuirassiers, il avait ordonné à Bulow d'enfoncer la droite des Français, il avait prescrit à Pirch qui amenait quinze mille hommes, de seconder Bulow de tous ses moyens, à Ziethen qui en amenait à peu près autant, d'aller soutenir la gauche des Anglais par le chemin d'Ohain, et aux uns comme aux autres, de hâter le pas, et de se comporter de manière à terminer la guerre dans cette journée mémorable.

L'ardeur de Blucher avait pénétré toutes les âmes, et les Prussiens excités par le patriotisme et par la haine, faisaient des efforts inouïs pour s'établir sur cette espèce de promontoire qui s'avance entre le ruisseau de Smohain et le ruisseau de Lasne. Tandis que la division de Losthin tâchait d'emporter le château de Frichermont, et celle de Hiller la ferme de Hanotelet, elles avaient laissé entre elles

Juin 1815.

Arrivée de Blucher sur les lieux; il ordonne à Bulow d'enlever à tout prix le poste auquel s'appuyait la droite de l'armée française.

Juin 1815.

Héroïque résistance du comte de Lobau.

un intervalle que Bulow avait rempli avec la cavalerie du prince Guillaume. Le brave comte de Lobau à cheval au milieu de ses soldats, dont il dominait les rangs de sa haute stature, montrait un imperturbable sang-froid, se retirait lentement comme sur un champ de manœuvre, tantôt lançant la cavalerie de Subervic et de Domon sur les escadrons du prince Guillaume, tantôt arrêtant par des charges à la baïonnette, l'infanterie de Losthin à sa gauche, celle de Hiller à sa droite. Il était six heures, et sur 7,500 baïonnettes il en avait perdu environ 2,500, ce qui le réduisait à cinq mille fantassins en présence de trente mille hommes. Son danger le plus grand était d'être débordé par sa droite, les Prussiens faisant d'immenses efforts pour nous

Bulow essaye de tourner les Français en pénétrant dans le village de Planchenois.

tourner. En effet, en remontant le ruisseau de Lasne jusqu'à sa naissance, on arrivait au village de Planchenois (voir la carte n° 66), situé en arrière de la Belle-Alliance, c'est-à-dire sur notre droite et nos derrières. Si donc l'ennemi en suivant le ravin, pénétrait dans ce village bâti au fond même du ravin, nous étions tournés définitivement, et la chaussée de Charleroy, notre seule ligne de retraite, était perdue. Aussi Bulow faisant appuyer la division Hiller par la division Ryssel, les avait-il poussées dans le ravin de Lasne jusqu'à Planchenois, tandis que vers Frichermont il faisait appuyer la division Losthin par la division Haaken. C'est en vue de ce grave danger que Napoléon, qui s'était personnellement transporté vers cet endroit, avait envoyé au comte de Lobau tous les secours dont il avait pu disposer. A gauche il avait détaché la division Durutte du corps de d'Erlon, et l'avait portée vers les fermes de la Haye et de Papelotte (voir la carte n° 66), pour établir un pivot solide au sommet de l'angle formé par notre ligne de bataille. A droite, il avait envoyé à Planchenois le général Duhesme avec la jeune garde, et 24 bouches à feu de la réserve, pour y défendre un poste qu'on pouvait appeler justement les Thermopyles de la France. En ce moment le général Duhesme, officier consommé, disposant de huit bataillons de jeune garde, forts d'à peu près quatre mille hommes, avait rempli de défenseurs les deux côtés du ravin à l'extrémité duquel était construit le village de Planchenois. Tandis qu'il faisait pleuvoir les boulets et la mitraille sur les Prussiens, ses jeunes fantassins, les uns établis dans les arbres et les buissons, les autres logés dans les maisons du village, se défendaient par un feu meurtrier de mousqueterie, et ne paraissaient pas près de se laisser arracher leur position, quoique assaillis par plus de vingt mille hommes.

Juin 1815.

Belle défense de Planchenois par la jeune garde.

Vers six heures et demie, Blucher ayant donné l'ordre d'enlever Planchenois, Hiller forme six bataillons en colonne, et après avoir criblé le village de boulets et d'obus, essaye d'y pénétrer baïonnette baissée. Nos soldats postés aux fenêtres des maisons font d'abord un feu terrible, puis Duhesme lançant lui-même un de ses bataillons, refoule les Prussiens à la baïonnette, et les rejette dans le ravin, où notre artillerie les couvre de mitraille. Ils se replient en désordre, horriblement maltraités à la suite de cette inutile tentative. Blucher alors réitère à ses lieutenants l'ordre absolu d'enlever Planchenois, et Hiller, sous les yeux mêmes de son chef, rallie ses bataillons après les avoir laissés respirer un instant, leur en adjoint huit autres, et avec quatorze revient à la charge, bien résolu d'emporter cette fois le poste si violemment disputé. Ces quatorze bataillons s'enfoncent dans le ravin bordé de chaque côté par nos soldats, et s'avancent au milieu d'un véritable gouffre de feux. Quoique tombant par centaines, ils serrent leurs rangs en marchant sur les cadavres de leurs compagnons, se poussent les uns les autres, et finissent par pénétrer dans ce malheureux village de Planchenois, par s'élever même jusqu'à la naissance du ravin. Ils n'ont plus qu'un pas à faire pour déboucher sur la chaussée de Charleroy. Nos jeunes soldats de la garde se replient, tout émus d'avoir subi cette espèce de violence. Mais Napoléon est auprès d'eux! c'est à la vieille garde à tout réparer. Cette troupe invincible ne peut se laisser arracher notre ligne de retraite, salut de l'armée. Napoléon appelle le général Morand, lui donne un bataillon du 2ᵉ de grenadiers, un du 2ᵉ de chasseurs, et lui prescrit de repousser cette tentative si alarmante pour nos derrières. Il passe à cheval devant ces bataillons. — Mes amis, leur dit-il, nous voici arrivés au moment suprême : il ne s'agit pas de tirer, il faut joindre l'ennemi corps à corps, et avec la pointe de vos baïonnettes le précipiter dans ce ravin d'où il est sorti, et d'où il menace l'armée, l'Empire et la France! — *Vive l'Empereur!* est la seule réponse de cette troupe héroïque. Les deux bataillons désignés rompent le carré, se forment en colonnes, et l'un à gauche, l'autre à droite, se portent au bord du ravin d'où les Prussiens débouchaient déjà en grand nombre. Ils abordent les assaillants d'un pas si ferme, d'un bras si vigoureux, que tout cède à leur approche. Furieux contre l'ennemi qui voulait nous tourner, ils renversent ou égorgent tout ce qui résiste, et convertissent en un torrent de fuyards les bataillons de Hiller qui venaient de vaincre la jeune garde. Tantôt se servant de la baïonnette, tantôt de la crosse de leurs fusils, ils percent ou frappent, et telle est l'ardeur qui règne parmi eux que le tambour-major de l'un des bataillons assomme avec la pomme de sa canne les fuyards qu'il peut joindre. Entraînés eux-mêmes par le torrent qu'ils ont produit, les deux bataillons de vieille garde se précipitent dans le fond du ravin, et remontent à la suite des Prussiens la berge opposée, jusqu'auprès du village de Maransart, situé en face de Planchenois. Là cependant on les arrête avec la mitraille, et ils sont obligés de se replier. Mais ils restent maîtres de Planchenois et de la chaussée de Charleroy, et pour cette vengeance de la jeune garde par la vieille, deux bataillons avaient suffi! On pouvait évaluer à deux mille les victimes qu'ils avaient faites dans cette charge épouvantable.

En ce moment la redoutable attaque de flanc tentée par les Prussiens semblait repoussée, à en juger du moins par les apparences. Si un incident nouveau survenait, ce ne pouvait être d'après toutes les probabilités que l'apparition de Grouchy, laquelle si longtemps attendue, devait se réaliser enfin, et dans ce cas amener pour les Prussiens un vrai désastre, car ils se trouveraient entre deux

Juin 1815.

Horrible déroute des Prussiens.

Napoléon profite du succès obtenu à Planchenois pour reporter la vieille garde vers le centre, et terminer sur le plateau de Mont-Saint-Jean la bataille

feux. On entendait en effet du côté de Wavre une canonnade qui attestait la présence sur ce point de notre aile droite, mais le détachement qu'on avait formellement demandé à Grouchy devait être en route, et sa seule arrivée sur les derrières de Bulow suffisait pour produire d'importantes conséquences. A l'angle de notre ligne de bataille, à Papelotte, Durutte se soutenait; au centre, à la gauche, le plateau de Mont-Saint-Jean restait couvert de notre cavalerie; on venait d'apporter aux pieds de Napoléon les six drapeaux conquis par nos cavaliers sur l'infanterie anglaise. L'aspect d'abord sombre de la journée semblait s'éclaircir. Le cœur de Napoléon, un instant oppressé, respirait, et il pouvait compter sur une nouvelle victoire en portant sa vieille garde, désormais libre, derrière sa cavalerie pour achever la défaite des Anglais. Jusqu'ici soixante-huit mille Français avaient tenu tête à environ cent quarante mille Anglais, Prussiens, Hollandais, Allemands, et leur avaient arraché la plus grande partie du champ de bataille.

Saisissant avec promptitude le moment décisif, celui de l'attaque repoussée des Prussiens, pour jeter sa réserve sur les Anglais, Napoléon ordonne de réunir la vieille garde, de la porter au centre de sa ligne, c'est-à-dire sur le plateau de Mont-Saint-Jean, et de la jeter à travers les rangs de nos cuirassiers, sur l'infanterie britannique épuisée. Quoique épuisée, elle aussi, notre cavalerie en voyant la vieille garde engagée, ne peut manquer de retrouver son élan, de charger une dernière fois, et de terminer cette lutte horrible. Il est vrai qu'il n'y aura plus aucune réserve pour parer à un accident imprévu, mais le grand joueur en est arrivé à cette extrémité suprême, où la prudence c'est le désespoir!

Il restait à Napoléon sur vingt-quatre bataillons de la garde, réduits à vingt-trois après Ligny, treize qui n'avaient pas donné. Huit de la jeune garde s'étaient épuisés à Planchenois, et y étaient encore indispensables; deux de la vieille garde avaient décidé la défaite des Prussiens, et ne devaient pas non plus quitter la place. Des treize restants, un était établi en carré à l'embranchement du chemin de Planchenois avec la chaussée de Charleroy, et ce n'était pas trop assurément pour garder notre ligne de communication. Même en usant de ses dernières ressources, on ne pouvait se dispenser de laisser deux bataillons au quartier général pour parer à un accident, tel par exemple qu'un nouvel effort des Prussiens sur Planchenois. Napoléon laisse donc les deux bataillons du 1ᵉʳ de grenadiers à Rossomme, un peu en arrière de la ferme de la Belle-Alliance, et porte lui-même en avant les dix autres, qui présentaient une masse d'environ six mille fantassins. Ils comprenaient les bataillons de la moyenne et de la vieille garde, soldats plus ou moins anciens, mais tous éprouvés, résolus à vaincre ou à mourir, et suffisants pour enfoncer quelque ligne d'infanterie que ce fût.

Napoléon était occupé à les ranger en colonnes d'attaque sur le bord du vallon qui nous séparait des Anglais, lorsqu'il entend quelques coups de fusil vers Papelotte, c'est-à-dire à l'angle de sa ligne de bataille. Une sorte de frémissement saisit

Juin 1815.

Napoléon se dirige sur la Haye-Sainte avec dix bataillons de la vieille garde.

Panique parmi les troupes de la division Durutte à la ferme de Papelotte.

son cœur. Ce peut être l'arrivée de Grouchy; ce peut être aussi un nouveau débordement de Prussiens, et dans le doute il aimerait mieux que ce ne fût rien. Mais ses inquiétudes augmentent en voyant quelques troupes de Durutte abandonner la ferme de Papelotte, au cri de *sauve qui peut*, proféré par la trahison, ou par ceux qui la craignent. Napoléon pousse son cheval vers les fuyards, leur parle, les ramène à leur poste, et revient à la Haye-Sainte, lorsque levant les yeux vers le plateau, il remarque un certain ébranlement dans sa cavalerie jusque-là immobile. Un sinistre pressentiment traverse son âme, et il commence à croire que de ce poste élevé nos cavaliers ont dû apercevoir de nouvelles troupes prussiennes. Sur-le-champ ne donnant rien au chagrin, tout à l'action, il envoie La Bédoyère au galop parcourir de droite à gauche les rangs des soldats, et dire que les coups de fusil qu'on entend sont tirés par Grouchy, qu'un grand résultat se prépare, pourvu qu'on tienne encore quelques instants. Après avoir chargé La Bédoyère de répandre cet utile mensonge, il se décide à lancer sur le plateau de Mont-Saint-Jean les dix bataillons de la garde qu'il avait amenés. Il en confie quatre au brave Friant pour exécuter une attaque furieuse, de concert avec Reille qui doit rallier pour cette dernière tentative ce qui lui reste de son corps, puis il dispose les six autres diagonalement, de la Haye-Sainte à Planchenois, de manière à lier son centre avec sa droite, et à pourvoir aux nouveaux événements qu'il redoute. Son intention, si ces événements n'ont pas la gravité qu'il suppose, est de

WATERLOO.

mener lui-même ces six bataillons à la suite des quatre premiers, pour enfoncer à tout prix la ligne anglaise, et terminer ainsi la journée.

Conduisant par la chaussée de Bruxelles les quatre bataillons destinés à la première attaque, il rencontre en chemin Ney presque hors de lui, s'écriant que la cavalerie va lâcher pied si un puissant secours d'infanterie n'arrive à l'instant même. Napoléon lui donne les quatre bataillons qu'il vient d'amener, lui en promet six autres, sans ajouter, ce qui malheureusement est trop inutile à dire, que le salut de la France dépend de la charge qui va s'exécuter. Ney prend les quatre bataillons, et gravit avec eux le plateau au moment même où les restes du corps de Reille se disposent à déboucher du bois de Goumont.

Tandis que Ney et Friant s'apprêtent à charger avec leur infanterie, le duc de Wellington à la vue des bonnets à poil de la garde, sent bien que l'heure suprême a sonné, et que la grandeur de sa patrie, la sienne, vont être le prix d'un dernier effort. Il a vu de loin s'approcher de nouvelles colonnes prussiennes, et, dans l'espérance d'être secouru, il est résolu à tenir jusqu'à la dernière extrémité, bien que derrière lui des masses de fuyards couvrent déjà la route de Bruxelles. Il tâche de communiquer à ses compagnons d'armes la force de son âme. Kempt qui a remplacé dans le commandement de l'aile gauche Picton tué tout à l'heure, lui fait demander des renforts, car il n'a plus que deux à trois milliers d'hommes. — Qu'ils meurent tous, répond-il, je n'ai pas de renforts à leur en-

Juin 1815.

Ney doit déboucher sur le plateau de Mont-Saint-Jean avec quatre bataillons, Napoléon avec six.

Résolution désespérée du duc de Wellington.

voyer. — Le général Hill, commandant en second de l'armée, lui dit : Vous pouvez être tué ici, quels ordres me laissez-vous ? — Celui de mourir jusqu'au dernier, s'il le faut, pour donner aux Prussiens le temps de venir. — Ces nobles paroles prononcées, le duc de Wellington serre sa ligne, la courbe légèrement comme un arc, de manière à placer les nouveaux assaillants au milieu de feux concentriques, puis fait coucher à terre les gardes de Maitland, et attend immobile l'apparition de la garde impériale.

Ney et Friant en effet portent leurs quatre bataillons en avant, et les font déboucher sur le plateau en échelons, celui de gauche le premier, les autres successivement, chacun d'eux un peu à droite et en arrière du précédent. Dès que le premier paraît, ferme et aligné, la mitraille l'accueille, et perce ses rangs en cent endroits. La ligne des bonnets à poil flotte sans reculer, et elle avance avec une héroïque fermeté. Les autres bataillons débouchent à leur tour, essuyant le même feu sans se montrer plus émus. Ils s'arrêtent pour tirer, et par un feu terrible rendent le mal qu'on leur a fait. A ce même instant, les divisions Foy et Bachelu du corps de Reille débouchant sur la gauche, attirent à elles une partie des coups de l'ennemi. Après avoir déchargé leurs armes, les bataillons de la garde se disposent à croiser la baïonnette pour engager un duel à mort avec l'infanterie britannique, lorsque tout à coup à un signe du duc de Wellington, les gardes de Maitland couchés à terre se lèvent, et exécutent presque à bout portant une affreuse décharge. Devant cette cruelle surprise nos soldats ne reculent pas, et serrent leurs rangs pour marcher en avant. Le vieux Friant, le modèle de la vieille armée, gravement blessé, descend tout sanglant pour annoncer que la victoire est certaine si de nouveaux bataillons viennent appuyer les premiers. Il rencontre Napoléon qui, après avoir placé à mi-côte un bataillon de la garde en carré, afin de contenir la cavalerie ennemie, s'avance pour conduire lui-même à l'assaut de la ligne anglaise les cinq bataillons qui lui restent. Tandis qu'il écoute les paroles de Friant, l'œil toujours dirigé vers sa droite, il aperçoit soudainement dans la direction de Papelotte, environ trois mille cavaliers qui se précipitent sur la déclivité du terrain. Ce sont les escadrons de Vandeleur et de Vivian, qui voyant arriver le corps prussien de Ziethen par le chemin d'Ohain, et se sentant dès lors appuyés, se hâtent de charger. En effet pendant que le corps de Pirch était allé soutenir Bulow, celui de Ziethen était venu, en longeant la forêt de Soignes, soutenir la gauche de Wellington. Il était huit heures, et sa présence allait tout décider. En un clin d'œil la cavalerie de Vandeleur et de Vivian inonde le milieu du champ de bataille. Napoléon qui avait laissé en carré, à mi-côte du vallon, l'un de ses bataillons, court aux autres pour les former également en carrés, et empêcher que sa ligne ne soit percée entre la Haye-Sainte et Planchenois. Si la cavalerie de la garde était intacte, il se débarrasserait aisément des escadrons de Vivian et de Vandeleur, et le terrain nettoyé, il pourrait ramener à lui sa gauche et son

Juin 1815.

Tandis que Napoléon va soutenir l'attaque des quatre premiers bataillons avec les six autres, le corps prussien de Ziethen débouche sur le champ de bataille.

Brusque apparition de la cavalerie prussienne.

Juin 1815.

Privé de cavalerie, Napoléon est tout à coup enveloppé par une nuée de cavaliers.

centre engagés sur le plateau de Mont-Saint-Jean, se retirer en bon ordre vers sa droite, et recueillant ainsi ce qui lui reste, coucher sur le champ de bataille. Mais de toute la cavalerie de la garde, il conserve quatre cents chasseurs au plus pour les opposer à trois mille. Il les lance néanmoins, et ces quatre cents braves gens se précipitant sur les escadrons de Vivian et de Vandeleur, repoussent d'abord les plus rapprochés, mais sont bientôt refoulés par le flot toujours croissant de la cavalerie ennemie. Une vraie multitude à cheval à l'uniforme anglais et prussien remplit en un instant le champ de bataille. Formés en citadelles inébranlables, les bataillons de la garde la couvrent de feu, mais ne peuvent l'empêcher de se répandre en tout sens. Pour comble de malheur l'infanterie de Ziethen, arrivée à la suite de la cavalerie prussienne, se jette sur la division Durutte à moitié détruite, lui enlève les fermes de la Haye et de Papelotte, et nous arrache ainsi le pivot sur lequel s'appuyait l'angle de notre ligne de bataille, repliée en potence depuis qu'il avait fallu faire face à deux ennemis à la fois. Tout devient dès lors trouble et confusion. Notre grosse cavalerie retenue sur le plateau de Mont-Saint-Jean par l'indomptable fermeté de Ney, se voyant enveloppée, se retire pour n'être pas coupée du centre de l'armée. Ce mouvement rétrograde sur un terrain en pente se change bientôt en un torrent impétueux d'hommes et de chevaux. Les débris de d'Erlon se débandent à la suite de notre cavalerie. Ivre de joie, le général anglais, qui jusque-là s'était borné à se défendre, prend alors l'offensive, et porte sa ligne en avant contre nos bataillons de la garde réduits de plus de moitié. De la gauche à la droite, les armées anglaise et prussienne marchent sur nous, précédées de leur artillerie qui vomit des feux destructeurs. Napoléon, ne se dissimulant plus le désastre, tâche néanmoins de rallier les fuyards sur les bataillons de la garde demeurés en carré. Le désespoir dans l'âme, le calme sur le front, il reste sous une pluie de feux pour maintenir son infanterie, et opposer une digue au débordement des deux armées victorieuses. En ce moment il montait un cheval gris mal dressé, s'agitant sous les boulets et les obus : il en demande un autre à son page Gudin, prêt à recevoir comme un bienfait le coup qui le délivrera de la vie !

Les infanteries anglaise et prussienne continuant de s'approcher, les carrés de la garde, qui d'abord ont tenu tête à la cavalerie, sont obligés de rétrograder, poussés par l'ennemi et par le torrent des fuyards. Notre armée, après avoir déployé dans cette journée un courage surhumain, tombe tout à coup dans l'abattement qui suit les violentes émotions. Se défiant de ses chefs, ne se fiant qu'en Napoléon, et par comble d'infortune ne le voyant plus depuis que les ténèbres enveloppent le champ de bataille, elle le demande, le cherche, ne le trouve pas, le croit mort, et se livre à un vrai désespoir. — Il est blessé, disent les uns, il est tué, disent les autres, et à cette nouvelle qu'elle a faite, notre malheureuse armée fuit en tout sens, prétendant qu'on l'a trahie, que Napoléon mort elle n'a plus rien à faire en ce monde. Si un corps entier restait en

Juin 1815.

Affreuse déroute.

arrière, qui pût la rallier, l'éclairer, lui montrer Napoléon vivant, elle s'arrêterait, prête encore à combattre et à mourir. Mais jusqu'au dernier homme tout a donné, et quatre ou cinq carrés de la garde, au milieu de cent cinquante mille hommes victorieux, sont comme trois ou quatre cimes de rocher que l'Océan furieux couvre de son écume. L'armée n'aperçoit pas même ces carrés, noyés au milieu des flots de l'ennemi, et elle fuit en désordre sur la route de Charleroy. Là elle trouve les équipages de l'artillerie qui, ayant épuisé leurs munitions, ramenaient leurs caissons vides. La confusion s'en accroît, et cette chaussée de Charleroy devient bientôt un vrai chaos où règnent le tumulte et la terreur. L'histoire n'a plus que quelques désespoirs sublimes à raconter, et elle doit les retracer pour l'éternel honneur des martyrs de notre gloire, pour la punition de ceux qui prodiguent sans raison le sang des hommes!

Les débris des bataillons de la garde, poussés pêle-mêle dans le vallon, se battent toujours sans vouloir se rendre. A ce moment on entend ce mot qui traversera les siècles, proféré selon les uns par le général Cambronne, selon les autres par le colonel Michel : *La garde meurt et ne se rend pas.* — Cambronne, blessé presque mortellement, reste étendu sur le terrain, ne voulant pas que ses soldats quittent leurs rangs pour l'emporter. Le deuxième bataillon du 3ᵉ de grenadiers, demeuré dans le vallon, réduit de 500 à 300 hommes, ayant sous ses pieds ses propres camarades, devant lui des centaines de cavaliers abattus, refuse de mettre bas les armes, et s'obstine à combattre. Serrant toujours ses rangs à mesure qu'ils s'éclaircissent, il attend une dernière attaque, et assailli sur ses quatre faces à la fois, fait une décharge terrible qui renverse des centaines de cavaliers. Furieux, l'ennemi amène de l'artillerie, et tire à outrance sur les quatre angles du carré. Les angles de cette forteresse vivante abattus, le carré se resserre, ne présentant plus qu'une forme irrégulière mais persistante. Il dédouble ses rangs pour occuper plus d'espace, et protéger ainsi les blessés qui ont cherché asile dans son sein. Chargé encore une fois il demeure debout, abattant par son feu de nouveaux ennemis. Trop peu nombreux pour rester en carré, il profite d'un répit afin de prendre une forme nouvelle, et se réduit alors à un triangle tourné vers l'ennemi, de manière à sauver en rétrogradant tout ce qui s'est réfugié derrière ses baïonnettes. Il est bientôt assailli de nouveau. — *Ne nous rendons pas!* s'écrient ces braves gens, qui ne sont plus que cent cinquante. — Tous alors, après avoir tiré une dernière fois, se précipitent sur la cavalerie acharnée à les poursuivre, et avec leurs baïonnettes tuent des hommes et des chevaux, jusqu'à ce qu'enfin ils succombent dans ce sublime et dernier effort. Dévouement admirable, et que rien ne surpasse dans l'histoire des siècles!

Ney, terminant dignement cette journée où Dieu lui accorda pour expier ses fautes l'occasion de déployer le plus grand héroïsme connu, Ney, descendu le dernier du plateau de Mont-Saint-Jean, rencontre les débris de la division Durutte qui battait en retraite. Quelques centaines d'hommes, noble débris de cette division, et comprenant une partie du 95ᵉ

Juin 1815.

Admirable dévouement de Ney.

commandé par le chef de bataillon Rullière, se retiraient avec leurs armes. Le général Durutte s'était porté à quelques pas en avant pour chercher un chemin, lorsque Ney, sans chapeau, son épée brisée à la main, ses habits déchirés, et trouvant encore une poignée d'hommes armés, court à eux pour les ramener à l'ennemi. — Venez, mes amis, leur dit-il, venez voir comment meurt un maréchal de France! — Ces braves gens, entraînés par sa présence, font volte-face, et se précipitent en désespérés sur une colonne prussienne qui les suivait. Ils font d'abord un grand carnage, mais sont bientôt accablés, et deux cents à peine parviennent à échapper à la mort. Le chef de bataillon Rullière brise la lance qui porte l'aigle du régiment, cache l'aigle sous sa redingote, et suit Ney, démonté pour la cinquième fois, et toujours resté sans blessure. L'illustre maréchal se retire à pied jusqu'à ce qu'un sous-officier de cavalerie lui donne son cheval, et qu'il puisse rejoindre le gros de l'armée, sauvé par la nuit qui couvre enfin comme un voile funèbre ce champ de bataille où gisent soixante mille hommes, morts ou blessés, les uns Français, les autres Anglais et Prussiens.

Au milieu de cette scène horrible, nos soldats fuyant en désordre, et cherchant l'homme qu'ils ne cessaient d'idolâtrer quoiqu'il fût le principal auteur de leurs infortunes, continuaient à demander Napoléon, et le croyant mort s'en allaient plus vite. C'était miracle en effet qu'il n'eût pas succombé; mais pour lui comme pour Ney, la Providence semblait préparer une fin plus féconde en enseignements! Après avoir bravé mille morts, il s'était laissé enfermer dans le carré du premier régiment de grenadiers, que commandait le chef de bataillon Martenot. Il marchait ainsi pêle-mêle avec une masse de blessés, au milieu de ses vieux grenadiers, fiers du dépôt précieux confié à leur dévouement, bien résolus à ne pas le laisser arracher de leurs mains, et dans cette journée de désespoir ne désespérant pas des destinées de la patrie, tant que leur ancien général vivait!

Juin 1815.

Retraite de Napoléon dans l'un des carrés de la garde.

Quant à lui, il n'espérait plus rien. Il se retirait à cheval au centre du carré, le visage sombre mais impassible, sondant l'avenir de son regard perçant, et dans l'événement du jour découvrant bien autre chose qu'une bataille perdue! Il ne sortait de cet abîme de réflexions que pour demander des nouvelles de ses lieutenants, dont quelques-uns d'ailleurs étaient auprès de lui, parmi les blessés que ce carré de la garde emmenait dans ses rangs. On ignorait ce qu'était devenu Ney. On savait Friant, Cambronne, Lobau, Duhesme, Durutte, blessés, et on était inquiet pour leur sort, car les Prussiens égorgeaient tout ce qui leur tombait dans les mains. Les Anglais (il faut leur rendre cette justice), sans conserver dans cette guerre acharnée toute l'humanité que se doivent entre elles des nations civilisées, étaient les seuls qui respectassent les blessés. Ils avaient notamment relevé et respecté Cambronne, atteint des blessures les plus graves. Du reste, dans ce carré qui contenait Napoléon, il régnait une telle stupeur qu'on marchait presque sans s'interroger. Napoléon seul adressait quelques paroles tantôt au major général, tantôt à son frère Jérôme qui ne l'avaient pas quitté. Quelquefois quand les escadrons prussiens étaient trop pressants, on faisait halte pour les écarter par le feu de la face attaquée, puis on reprenait cette marche triste et silencieuse, battus de temps en temps par le flot des fuyards ou par celui de la cavalerie ennemie. On arriva ainsi à Genappe vers onze heures du soir. Les voitures de l'artillerie s'étant accumulées sur le pont de cette petite ville, l'encombrement devint tel que personne ne pouvait passer. Heureusement le Thy qui coule à Genappe était facile à franchir, et chacun se jeta dedans pour atteindre la rive opposée. Ce fut même une protection pour nos fuyards, traversant un à un ce petit cours d'eau, qui pour eux n'était pas un obstacle, tandis qu'il en était un pour l'ennemi marchant en corps d'armée.

A Genappe Napoléon quitta le carré de la garde dans lequel il avait trouvé asile. Les autres carrés, encombrés par les blessés et les fuyards, avaient fini par se dissoudre. A partir de Genappe, chacun se retira comme il put. Les soldats de l'artillerie, ne pouvant conserver leurs pièces qui du reste importaient moins que les chevaux, coupèrent les traits et sauvèrent les attelages. On laissa ainsi dans les mains de l'ennemi près de 200 bouches à feu, dont aucune ne nous avait été enlevée en bataille. Chose remarquable, nous n'avions perdu qu'un drapeau, car le sous-officier de lanciers Urban avait reconquis celui du 45°, l'un des deux pris au corps de d'Erlon. L'ennemi ne nous avait fait d'autres prisonniers que les blessés. Cette fatale journée nous coûtait vingt et quelques mille hommes, y compris les cinq à six mille blessés demeurés au pouvoir des Anglais. Environ vingt généraux avaient été frappés plus ou moins gravement. Les pertes des Anglais égalaient à peu près les nôtres. Celles des Prussiens étaient de huit à dix mille hommes. La journée avait donc coûté plus de trente mille hommes aux alliés, mais ne leur avait pas, comme à nous, coûté la victoire. Le duc de Wellington et le maréchal Blucher se rencontrèrent entre la Belle-Alliance et Planchenois, et s'embrassèrent en se félicitant de l'immense succès qu'ils venaient d'obtenir. Ils en avaient le droit, car l'un par sa fermeté indomptable, l'autre par son ardeur à recommencer la lutte, avaient assuré le triomphe de l'Europe sur la France, et grandement réparé la faute de livrer bataille en avant de la forêt de Soignes. Après les épanchements d'une joie bien naturelle, Blucher, dont l'armée n'avait pas autant souffert que l'armée anglaise, dont la cavalerie d'ailleurs était intacte, se chargea de la poursuite, qui convenait fort à la fureur des Prussiens contre nous. Ils commirent dans cette nuit des horreurs indignes de leur nation, et assassinèrent, si on en croit la tradition locale, le général Duhesme, tombé blessé dans leurs mains.

Heureusement si la cavalerie prussienne n'avait pas été exposée à l'épuisement moral de la bataille, elle l'avait été à la fatigue physique de la marche, et elle s'arrêta sur la Dyle. Nos soldats purent donc regagner la Sambre, et la passer soit au Châtelet, soit à Charleroy, soit à Marchiennes-au-Pont. Partout les Belges accueillirent nos blessés et nos fuyards avec l'empressement d'anciens compatriotes. L'année 1814 leur avait inspiré une forte haine contre les Prussiens, et avait réveillé chez eux les sentiments français. Ils partagèrent la douleur de notre défaite, et donnèrent asile à tous ceux de nos soldats qui cherchèrent refuge auprès d'eux.

A Charleroy l'encombrement fut immense, quoique moindre cependant qu'à Genappe; mais la division Girard, commandée par le colonel Matis, et laissée en arrière, protégea le passage. Napoléon s'arrêta quelques instants à Charleroy avec le major général et son frère Jérôme, pour expédier des ordres. Il dépêcha un officier au maréchal Grouchy pour lui rapporter de vive voix les tristes détails de la bataille du 18, et lui prescrire de se retirer sur Namur. Il confia au prince Jérôme le commandement de l'armée, lui laissa le maréchal Soult pour major général, et leur recommanda à tous deux de rallier nos débris le plus tôt qu'ils pourraient, afin de les conduire à Laon. Il partit lui-même pour les y précéder, et y attirer toutes les ressources qu'il serait possible de réunir après une telle catastrophe. Il se dirigea ensuite vers Philippeville, accompagné d'une vingtaine de cavaliers appartenant aux divers corps de l'armée.

A l'aspect de cet affreux désastre succédant à une éclatante victoire remportée l'avant-veille, on se demandera sans doute ce qu'était devenu le maréchal Grouchy, et ce qu'il avait fait des 34 mille hommes que Napoléon lui avait confiés. On a vu ce maréchal, perdant la moitié de la journée du 17 à chercher les Prussiens où ils n'étaient point, négligeant pendant cette même journée de faire marcher son infanterie qui, arrivée à Gembloux de bonne heure, aurait pu le lendemain 18 se trouver de grand matin sur la trace des Prussiens. Pourtant le mal était encore fort réparable et pouvait même se convertir en un grand bien, si cette journée du 18 eût été employée comme elle devait l'être. A Gembloux, en effet, le maréchal Grouchy avait fini par entrevoir la marche des Prussiens, par comprendre qu'au lieu de songer à regagner le Rhin par Liége, ils voulaient rejoindre les Anglais par Wavre, soit en avant, soit en arrière de la forêt de Soignes. Il n'avait pu méconnaître que sa mission véritable consistait à empêcher les Prussiens de se remettre de leur défaite, et surtout à les séparer des Anglais. Même sur cette seconde partie de sa mission, de beaucoup la plus importante, il n'avait aucun doute, puisqu'en écrivant le soir à Napoléon il lui promettait d'apporter tous ses soins à tenir Blucher séparé du duc de Wellington. Dans une telle disposition d'esprit, il aurait dû le 18 se mettre en route dès l'aurore, c'est-à-dire à quatre heures du matin au plus tard, ce qui était fort praticable, son infanterie n'ayant fait que deux lieues et demie le jour précédent. Mais, ainsi qu'on l'a vu, ses ordres de départ avaient été donnés pour six heures au corps de Vandamme, pour sept à celui de Gérard. Sa cavalerie même avait été dirigée partie sur Wavre, et partie sur Liége, par un dernier sacrifice à ses fausses idées de la veille. C'était une immense faute, dans quelque supposition qu'il se plaçât, de partir si tard, quand il avait à poursuivre vivement

Juin 1815.

de son temps le 17.

Tout était réparable le 18.

Départ tardif le matin du 18.

un ennemi vaincu, et surtout à ne pas le perdre de vue afin de l'empêcher de se jeter sur Napoléon. Par une autre négligence plus impardonnable s'il est possible, le service des distributions, facile dans un pays si riche, n'avait pas été assuré à l'avance, de manière que le départ des troupes en fut encore retardé. Ainsi, malgré l'ordre de départ donné à six heures pour le corps de Vandamme, à sept pour celui de Gérard, le premier ne put quitter Gembloux qu'à huit heures, et le second qu'à neuf. La queue de l'infanterie s'ébranla seulement à dix heures. De plus les corps acheminés sur une seule route, semée de nombreux villages qui présentaient à chaque instant d'étroits défilés à franchir, défoncée en outre par la pluie et le passage des Prussiens, s'avancèrent lentement, et furent condamnés à faire de très-longues haltes. Celui de Vandamme qui était en tête, suspendit plusieurs fois sa marche [1], et notamment après avoir traversé Sart-à-Valhain, s'arrêta longtemps à Nil-Saint-Vincent. En s'arrêtant il forçait le corps du général Gérard à s'arrêter lui-même, et toute la colonne se trouvait immobilisée. Ces retards ne tenaient pas seulement à la faute de cheminer tous ensemble sur une seule route, mais aux incertitudes d'esprit du maréchal Grouchy, qui ne pouvant plus douter de la retraite des Prussiens sur Wavre, hésitait néanmoins encore dans la direction à suivre, et tendait à croire qu'une partie d'entre eux avait pris la route de Liége. Qu'importaient cependant ceux qui auraient pu prendre cette route? Il aurait fallu souhaiter qu'ils y fussent

[1] Témoignage du général Berthezène, dans ses Mémoires.

tous, et les y laisser, car ils étaient hors d'état désormais d'influer sur les événements, sur ceux du moins de la journée qui allaient décider du sort de la France.

Juin 1815.

A onze heures et demie du matin, le corps de Vandamme arriva à Nil-Saint-Vincent (voir la carte nº 65), celui de Gérard à Sart-à-Valhain, c'est-à-dire que le premier avait fait trois lieues métriques en trois heures et demie, le second deux en deux heures et demie. Était-ce là poursuivre un ennemi vaincu? Tandis que les troupes marchaient, le maréchal Grouchy s'arrêta de sa personne à Sart-à-Valhain pour y déjeuner. Plusieurs de ses généraux se trouvaient auprès de lui. Gérard commandant le 4ᵉ corps, Vandamme le 3ᵉ, Valazé le génie, Baltus l'artillerie. Tout à coup on entend distinctement de fortes détonations sur la gauche, dans la direction de Mont-Saint-Jean. Les détonations allèrent bientôt en augmentant. Il n'y avait pas un doute à concevoir : c'était Napoléon qui, après avoir livré sa première bataille aux Prussiens, livrait la seconde aux Anglais en avant de la forêt de Soignes. Par un mouvement unanime les assistans s'écrièrent qu'il fallait courir au canon. Le plus autorisé d'entre eux par son caractère et la gloire acquise dans les dernières campagnes, le général Gérard se leva, et dit avec vivacité au maréchal Grouchy qui déjeunait : Marchons vers l'Empereur. — Le général Gérard d'un esprit fin, doux même dans ses relations privées, mais ardent à la guerre, exprima son avis avec une véhémence qui n'était pas de nature à le faire accueillir. Le maréchal Grouchy

Arrivée vers onze heures à Sart-à-Valhain.

On entend de fortes détonations.

Le général Gérard conseille de marcher au canon.

Juin 1815.

Vive altercation entre le maréchal Grouchy et ses lieutenants.

avait dans les généraux Gérard et Vandamme deux lieutenants qui se sentaient fort supérieurs à leur chef, et ne l'épargnaient guère dans leurs propos. Disposé envers eux à la susceptibilité, le maréchal prit mal des conseils donnés dans une forme peu convenable. Le général Gérard, dont la conviction et le patriotisme échauffaient le sang naturellement très-bouillant, s'animait à chaque nouvelle détonation, et tous les généraux, un seul excepté, celui qui commandait l'artillerie, appuyaient son avis. Si le maréchal Grouchy avait été rejoint par l'officier que Napoléon lui avait expédié la veille à dix heures du soir, toute question eût disparu. Mais cet officier n'était point parvenu à sa destination, ainsi que le maréchal n'a cessé de l'affirmer toute sa vie, et il faut l'en croire, car autrement il n'aurait eu aucune raison pour hésiter. Cet officier avait-il été pris? avait-il passé à l'ennemi? c'est ce qu'on a toujours ignoré. Quoi qu'il en soit, le maréchal Grouchy en était dès lors réduit aux instructions générales reçues verbalement de Napoléon le 17 au matin, lesquelles lui prescrivaient de poursuivre les Prussiens en restant toujours en communication avec lui, de manière à les tenir séparés des Anglais. Ces instructions découlaient tellement de la situation, que quand même elles n'eussent jamais été données, ni verbalement ni par écrit, on aurait dû les supposer, tant il était impossible d'assigner une autre mission à notre aile droite détachée, que celle de surveiller les Prussiens, et de se placer entre eux et les Anglais. Dès lors, du moment qu'on entendait le canon de Napoléon, le plus sûr était de se porter vers lui pour le couvrir, et pour empêcher que les Prussiens ne troublassent ses opérations contre l'armée britannique.

Le maréchal Grouchy était brave et poli comme un ancien gentilhomme, mais susceptible, étroit d'esprit, et cachant sous sa politesse une obstination peu commune. Blessé du ton de ses lieutenants, il leur répondit avec aigreur qu'on lui proposait là une opération bien conçue peut-être, mais en dehors de ses instructions véritables; que ses instructions lui enjoignaient de poursuivre les Prussiens, et non d'aller chercher les Anglais; que les Prussiens d'après toutes les probabilités étaient à Wavre, et qu'il devait les y suivre, sans examiner s'il y avait mieux à faire vers Mont-Saint-Jean; qu'en toutes choses Napoléon était un capitaine qu'on ne devait se permettre ni de suppléer, ni de rectifier. A ces raisons, le général Gérard répliqua qu'il ne s'agissait pas d'étendre ou de rectifier les instructions de Napoléon, mais de les comprendre; qu'en détachant sa droite pour suivre les Prussiens, avec ordre de communiquer toujours avec lui, il avait voulu évidemment tenir les Prussiens à distance, et avoir sa droite constamment près de lui, de manière à pouvoir la ramener s'il en avait besoin; qu'en ce moment on ne savait pas précisément ce que devenaient les Prussiens, mais qu'ils ne pouvaient avoir que l'une ou l'autre de ces deux intentions, ou de marcher sur Wavre pour gagner Bruxelles, ou de longer la lisière de la forêt de Soignes pour se réunir aux Anglais; que dans les deux cas, le plus sage était

Juin 1815.

Raisons données au maréchal Grouchy pour l'engager à se porter au feu.

17

de marcher au canon, car si les Prussiens s'étaient enfoncés sur Bruxelles, on aiderait Napoléon à écraser l'armée britannique dénuée d'appui, que si au contraire les Prussiens l'avaient rejointe, on se trouverait dans l'exécution exacte et urgente des instructions de Napoléon qui prescrivaient de les suivre. — Il n'y avait rien à répondre à ce dilemme, et il attestait chez le général Gérard une remarquable sagacité militaire. Malheureusement le maréchal Grouchy, sagement mais peu convenablement conseillé, ne se rendit point au conseil qu'on lui donnait. Il chercha des réponses dans les difficultés d'exécution. Quelle distance y avait-il du point où l'on était à Mont-Saint-Jean, ou à la chapelle Saint-Lambert, ou à Planchenois?... Combien faudrait-il de temps pour s'y rendre?... Le pourrait-on avec l'artillerie?... — Telles furent les objections qu'il opposa au conseil de se porter au feu. Le propriétaire du château où déjeunait le maréchal Grouchy affirmait qu'il y avait trois à quatre lieues à franchir pour se transporter sur le lieu du combat, et qu'on y serait en moins de quatre heures. Un guide, qui avait longtemps servi avec les Français, promettait de conduire l'armée en trois heures et demie ou quatre à Mont-Saint-Jean. Le général Baltus, seul appui que rencontrât le maréchal Grouchy, témoignait une certaine inquiétude pour le transport de l'artillerie. Le général Valazé, commandant du génie, affirma qu'avec ses sapeurs il aplanirait toutes les difficultés. Le général Gérard disait encore que pourvu qu'il arrivât avec quelques pièces de canon et quelques caissons de munitions, il en aurait assez; qu'au surplus il y suppléerait avec les cartouches et les baïonnettes de ses fantassins; qu'il suffisait d'ailleurs que la tête des troupes parût même à distance, pour appeler à elle une partie des forces prussiennes, et pour tirer l'Empereur d'une position difficile s'il y était, ou pour compléter son triomphe s'il ne courait aucun péril. — Pendant cette discussion, qui à chaque instant s'animait davantage, le canon retentissait avec plus de force, et dans les rangs des soldats la même émotion se manifestait. Seulement elle ne soulevait pas de contradictions parmi eux, et tous demandaient pourquoi on ne les menait pas au feu, pourquoi on laissait leur bravoure oisive, tandis que dans le moment leurs frères d'armes succombaient peut-être, ou que l'ennemi leur échappait faute d'un secours de quelques mille hommes. Chaque détonation provoquait des tressaillements, et arrachait des cris d'impatience à cette foule intelligente et héroïque!

Il faut sans doute se défier de l'entraînement du soldat, et, comme l'a dit Napoléon, la soldatesque quand on l'a écoutée, a fait commettre autant de fautes aux généraux, que la multitude aux gouvernements, ce qui veut dire qu'il faut se défendre de tous les genres d'entraînements. Mais ici la raison était d'accord avec l'instinct des masses. Il était onze heures et demie : en partant à midi au plus tard, on avait, comme notre douloureux récit l'a fait voir, bien des heures pour être utile. Le corps de Vandamme, le plus avancé, était à Nil-Saint-Vincent, à une très-petite lieue au delà de Sart-à-Valhain, où était parvenu le corps de Gérard. Les dragons d'Exelmans avaient atteint la Dyle. De Nil-Saint-Vincent on pouvait se porter au pont de Moustier (voir la carte n° 65), que par une imprévoyance heureuse pour nous, l'ennemi n'avait point gardé, ce qui était naturel, car se voyant suivi sur Wavre, il n'avait cru devoir occuper que les ponts les plus rapprochés de Wavre même. En passant par ce pont de Moustier, et en obéissant à la seule indication du canon, on serait arrivé à Maransart, situé vis-à-vis de Planchenois, sur le bord même du ravin où coulait le ruisseau de Lasne, et où Lobau était aux prises avec Bulow. On se fût trouvé ainsi sur les derrières des Prussiens, et on les eût infailliblement précipités dans le ravin, et détruits, car pour en sortir il leur aurait fallu repasser les bois à travers lesquels ils avaient eu tant de peine à pénétrer. Or de Nil-Saint-Vincent à Maransart, il y a tout au plus cinq lieues métriques, c'est-à-dire quatre lieues moyennes. Des soldats dévorés d'ardeur n'auraient certainement pas mis plus de quatre à cinq heures à opérer ce trajet, et la preuve c'est que de Gembloux à la Baraque (distance à peu près pareille à celle de Nil-Saint-Vincent à Maransart) le corps de Vandamme, parti à huit heures du matin, était arrivé à deux heures de l'après-midi, après des haltes nombreuses, et une notamment fort longue à Nil-Saint-Vincent, lesquelles prirent beaucoup plus d'une heure, c'est-à-dire qu'il exécuta le trajet en moins de cinq heures. Il faut ajouter que les routes de Gembloux à la Baraque étant celles qu'avait parcourues l'armée prussienne, étaient défoncées, et que les routes transversales qu'il fallait suivre pour se rendre à Maransart, n'avaient pas été fatiguées, et étaient des chemins vicinaux larges et bien entretenus. Les gens du pays parlaient de trois heures et demie, de quatre au plus pour opérer ce trajet. En admettant cinq heures, ce qui était beaucoup pour des troupes animées du plus grand zèle, on accordait l'extrême limite de temps, et le départ ayant lieu à midi on serait arrivé à cinq heures. Le corps de Gérard aurait pu arriver une heure après, c'est-à-dire à six, mais l'effet eût été produit dès l'apparition de Vandamme, et Gérard n'aurait eu qu'à le compléter. Or à cinq heures Bulow, comme on l'a vu, n'avait encore échangé que des coups de sabre avec la cavalerie de Domon et de Subervic. Il ne fut sérieusement engagé contre Lobau qu'à cinq heures et demie. A six heures il était aux prises avec la jeune garde, à sept avec la vieille. A sept heures et demie, rien n'était décidé. On avait donc six heures, sept heures pour arriver utilement. On peut même ajouter qu'en paraissant à six heures sur le lieu de l'action, l'effet eût été plus grand qu'à cinq, puisqu'on eût trouvé Bulow engagé, et qu'on l'eût détruit en le précipitant dans le gouffre du ruisseau de Lasne. Se figure-t-on quel effet eût produit sur nos soldats un tel spectacle, quel effet il eût produit sur les Anglais, et quelle force on aurait trouvée dans les vingt-trois bataillons de la garde, dès lors devenus disponibles, et jetés tous ensemble sur l'armée britannique épuisée?

A la vérité le maréchal Grouchy ne pouvait pas deviner tous les services qu'il était appelé à rendre en cette occasion, car il avait trop mal surveillé les

Prussiens pour être au fait de leurs desseins; mais le dilemme du général Gérard subsistait toujours : ou les Prussiens se portaient vers Napoléon, et alors en venant se ranger à sa droite on exécutait ses instructions, qui recommandaient de suivre les Prussiens à la piste, et de se tenir toujours en communication avec lui; ou ils gagnaient Bruxelles, et alors peu importait de les négliger, car on atteignait le vrai but qui était d'anéantir complétement l'armée britannique.

Mais l'infortuné maréchal ne voulut écouter aucun de ces raisonnements, et malgré le dépit de ses lieutenants, malgré les emportements du général Gérard, il continua de se diriger sur Wavre.

Les troupes des généraux Vandamme et Gérard, précédées de la cavalerie d'Exelmans, poursuivirent leur marche, et un peu avant deux heures celles de Vandamme parvinrent à un lieu nommé la Baraque. En route l'évidence était devenue à chaque instant plus grande : on distinguait en effet, à travers les éclaircies des bois, ce qui se passait de l'autre côté de la Dyle, et on voyait des colonnes prussiennes qui cheminaient vers Mont-Saint-Jean. Le général Berthezène, commandant l'une des divisions de Vandamme, le manda au maréchal Grouchy, que ces informations ne firent point changer d'avis. En ce moment cependant, il y avait une détermination des plus indiquées à prendre, et qui aurait eu d'heureuses conséquences aussi, quoique moins heureuses que si on avait marché droit sur Maransart. Il était évident qu'en persistant à se diriger sur Wavre on allait rencontrer les Prussiens solidement établis derrière la Dyle, et que pour les joindre il faudrait forcer cette rivière, qui à Wavre est beaucoup plus difficile à franchir, et devait coûter un sang qu'il importait de ménager. Il était donc bien plus simple de passer la Dyle tout près de soi, à Limal ou à Limelette (voir la carte n° 65), ponts peu défendus, faciles dès lors à enlever, et après le passage desquels on se serait trouvé en vue des Prussiens, débarrassé de tout obstacle, et en mesure de les suivre où ils iraient. Sans doute il eût mieux valu opérer ce passage dès le matin, car on eût ainsi rempli à la fois toutes ses instructions, qui recommandaient de se tenir sur la trace des Prussiens, et toujours en communication avec le quartier général, mais à deux heures il était temps encore. On les eût surpris en marche, et on serait tombé perpendiculairement dans leur flanc gauche, ce qui compensait beaucoup l'infériorité du nombre, et le moins qu'on eût obtenu c'eût été d'arrêter certainement Pirch Ier et Ziethen, qui seuls, comme on l'a vu, causèrent notre désastre. Le maréchal Grouchy ne tint compte d'aucune de ces considérations, bien qu'on lui signalât des corps prussiens se dirigeant sur le lieu d'où partait la canonnade, et il continua sa marche sur Wavre, où l'on arriva vers quatre heures. Là le spectacle qui s'offrit n'était pas des plus satisfaisants pour un militaire de quelque sens. On avait devant soi le corps de Thielmann, de 27 ou 28 mille hommes, fortement établi à Wavre, et pouvant y tenir en échec une armée double ou triple en nombre pendant une journée entière. En présence d'une telle position, que faire? Attaquer

---

Juin 1815.

Nouvelle occasion manquée de marcher aux Prussiens.

Arrivée devant Wavre.

Wavre, c'était s'exposer à sacrifier inutilement beaucoup d'hommes, probablement pour ne pas réussir, tandis que dans l'intervalle soixante mille Prussiens auraient le temps de se porter à Mont-Saint-Jean : ne rien faire c'était assister les bras croisés à des événements décisifs, sans remplir aucune de ses instructions. Cependant à faire quelque chose, le mieux eût été encore de rebrousser chemin pour s'emparer des ponts de Limal et de Limelette, devant lesquels on avait passé sans songer à les occuper, et qui opposeraient infiniment moins de résistance que celui de Wavre. Le général Gérard adressa toutes ces observations au maréchal Grouchy, qui s'obstina dans son aveuglement, et ayant les Prussiens devant lui à Wavre, en conclut que sa mission étant de les poursuivre, il devait les attaquer où ils se présentaient à lui. Jamais peut-être dans l'histoire il ne s'est rencontré un pareil exemple de cécité d'esprit.

Accomplissement de la mission donnée à l'officier polonais Zenovicz.

En ce moment arriva enfin l'officier polonais Zenovicz, qui aurait dû quitter la Belle-Alliance à dix heures et demie, qui par la faute du maréchal Soult n'en était parti qu'à près de onze heures et demie, qui pour n'être pas pris avait rétrogradé jusqu'aux Quatre-Bras, était allé des Quatre-Bras à Sombreffe, de Sombreffe à Gembloux, de Gembloux à Wavre, et grâce aux lenteurs du maréchal Soult, aux détours qu'il avait faits, n'arrivait qu'à quatre heures. Il apportait la dépêche que nous avons mentionnée, et qui malheureusement était encore fort ambiguë.

Après avoir signalé la présence des troupes prussiennes dans la direction de Wavre, le major général ajoutait :

Juin 1815.

« L'Empereur me charge de vous prévenir qu'en ce moment Sa Majesté va faire attaquer l'armée anglaise qui a pris position à Waterloo, près de la forêt de Soignes; ainsi Sa Majesté désire que vous dirigiez vos mouvements sur Wavre, *afin de vous rapprocher de nous, de vous mettre en rapport d'opérations, et lier les communications*, poussant devant vous les corps de l'armée prussienne qui ont pris cette direction, et qui auraient pu s'arrêter à Wavre, où vous devez arriver le plus tôt possible. Vous ferez suivre les colonnes ennemies qui ont pris sur votre droite par quelques corps légers, afin d'observer leurs mouvements et ramasser leurs traînards. Instruisez-moi immédiatement de vos dispositions et de votre marche, ainsi que des nouvelles que vous avez sur les ennemis, et *ne négligez pas de lier vos communications avec nous.* L'Empereur désire avoir très-souvent de vos nouvelles. »

Ambiguïté de la dépêche qu'il apporte.

Cette dépêche d'une ambiguïté déplorable, interprétée d'après son véritable sens, et d'après la situation, ne signifiait qu'une chose, c'est qu'au lieu de suivre la route de Liége, où l'on avait un moment cherché les Prussiens, il fallait se reporter vers celle de Bruxelles, où l'on savait positivement qu'ils se trouvaient, et cette direction était exprimée ici par la désignation générale de Wavre. Cela ne voulait certainement pas dire que Wavre devait être précisément le but vers lequel on marcherait, puisque ces mots : *afin de vous rapprocher de nous, de vous*

Sens vrai et facile à saisir de cette dépêche.

mettre en rapport d'opérations avec nous, accompagnés de la recommandation expresse, et deux fois énoncée, de lier les communications avec le grand quartier général, révélaient la pensée de faire concourir le corps de Grouchy à l'action principale. Dans tous les cas, le commentaire verbal de l'officier Zenovicz ne pouvait laisser aucun doute. Napoléon, comme on l'a vu, lui montrant l'horizon et se tournant à droite, avait dit : *Grouchy marche dans ce sens : c'est par là qu'il doit venir; je l'attends; hâtez-vous de le joindre, et ne le quittez que lorsqu'il sera prêt à déboucher sur notre ligne de bataille.* — Il fallait assurément être aveugle pour résister à de telles indications. Il était évident que Wavre était une expression générale, signifiant la direction de Bruxelles en opposition à celle de Liége, et que quant au point même où il fallait aboutir dans la journée, il était indiqué par l'état présent des choses, par les gestes de Napoléon, par ses paroles, et par l'envoi de l'officier Zenovicz. Le maréchal Grouchy ne vit dans le double message écrit et verbal, que l'ordre de se porter à Wavre même. — J'avais donc raison, dit-il à ses lieutenants, de vouloir marcher sur Wavre. — Le général Gérard, hors de lui, et avec des paroles et des gestes d'une extrême violence, l'apostropha en ces termes : Je t'avais bien dit, que si nous étions perdus, c'est à toi que nous le devrions. — Les propos les plus provocants suivirent cette apostrophe, et l'adjudant commandant Zenovicz, pour que sa présence n'ajoutât point à la gravité de cette scène, se retira. Le maréchal Grouchy persista, et comme pour se conformer encore mieux à ses instructions, ordonna sur Wavre une attaque des plus énergiques.

Juin 1815.

Le corps de Vandamme fut chargé de cette attaque, et il la commença sur-le-champ. Mais les Prussiens étaient postés de manière à rendre vaines toutes nos tentatives. La division Habert se rua sur le pont de Wavre, le couvrit en un instant de ses morts, sans avoir seulement ébranlé l'ennemi. Le 4ᵉ corps était un peu en arrière de celui de Vandamme. Lorsqu'il arriva, son chef, le général Gérard, ayant le pressentiment que l'armée française, faute de secours, succombait en ce moment, se jeta en désespéré sur le moulin de Bierges, où se trouvait un pont situé un peu au-dessus de celui de Wavre, et se comporta de façon à s'y faire tuer. L'illustre général, qui eût sauvé la France si on l'eût écouté, cherchait la mort, et faillit la rencontrer. Le corps traversé par une balle, il tomba sous le coup, et le pont ne fut pas enlevé.

Inutile attaque sur Wavre.

Pendant ce temps, on entendait toujours plus terrible la canonnade de Waterloo, et chacun avait la conviction qu'on perdait un sang précieux devant des positions à la fois impossibles et inutiles à forcer, tandis qu'on avait laissé sur sa gauche les ponts de Limal et de Limelette, par lesquels quatre heures auparavant il eût été facile de passer, et d'apporter un secours décisif à la grande armée. Ainsi trois fois dans la journée on aurait pu sauver la France : une première fois en partant à quatre heures du matin de Gembloux pour franchir la Dyle, ce qui nous eût forcés de voir et de suivre les mouvements des Prussiens ; une seconde fois en prenant à midi le parti de marcher de Sart-à-Valhain sur Maransart, ce qui nous permettait d'arriver à cinq heures, et à six heures au plus tard sur les derrières de Bulow; une troisième fois enfin, en passant les ponts de Limal et de Limelette à deux heures, lorsqu'on apercevait des corps prussiens se dirigeant vers Mont-Saint-Jean, ce qui nous aurait permis au moins de retenir Pirch et Ziethen, et chacune de ces trois fois le commandant de notre aile droite avait fermé les yeux à l'évidence! Il était manifeste que la Providence nous avait condamnés, et qu'elle avait choisi le maréchal Grouchy pour nous punir! Et l'infortuné, nous ne cesserons de le qualifier ainsi, était de bonne foi! Le seul sentiment répréhensible en lui, c'était la disposition à juger les conseils de ses lieutenants bien plus d'après leur forme que d'après leur valeur.

Enfin, vers six heures, le bandeau fatal tomba de ses yeux. L'officier parti à une heure, après la lettre interceptée du général Bulow, apportait une nouvelle dépêche, explicative de la précédente, prouvant que Wavre au lieu d'être une désignation précise, n'était qu'une désignation générale, qu'il fallait seulement avoir en vue le point où était la grande armée française, la situation où elle se trouvait, se lier à elle, et se diriger sur les derrières des Prussiens qui seraient écrasés si on les plaçait entre deux feux.

La pensée du major général avait fini par s'éclaircir, et par pénétrer dans l'esprit fermé du maréchal Grouchy. Alors ce dernier n'hésita plus, mais le temps d'être utile était passé. Napoléon avait succombé, et devant Wavre même Gérard avec un grand nombre de braves étaient tombés, sans aucun avantage pour le salut de l'armée et de la France.

Le maréchal Grouchy donna sur-le-champ des ordres pour faire occuper les ponts de Limal et de Limelette. Il avait en arrière Pajol, qu'il avait envoyé le matin avec sa cavalerie légère et la division Teste dans la direction de Liége, pour suivre encore les Prussiens de ce côté, et qui était revenu après avoir fait près de douze lieues dans la journée, preuve bien évidente qu'on aurait pu en faire cinq ou six dans la demi-journée. Le maréchal les chargea d'enlever le pont de Limal, ce qui fut exécuté sans difficulté, les Prussiens n'ayant là que de faibles arrière-gardes. Mais à l'heure où ce pont fut enlevé, on n'entendait plus le canon, un calme de mort planait sur la contrée. Grouchy pour se consoler, se plut à supposer que la bataille de Waterloo était gagnée, et le dit à ses lieutenants. Il avait besoin de le croire, besoin bien concevable, et qui honorait son cœur s'il n'honorait pas son esprit!

Mais cette confiance n'était point partagée. Le général Gérard, atteint d'une blessure qui semblait mortelle, résigné à mourir, n'avait qu'une pensée, c'est que la France avait succombé, et souffrait de cette pensée plus que de sa blessure. On passa la plus triste nuit. Le lendemain dès la pointe du jour tout le monde, de Wavre à Limal, était debout, impatient d'apprendre les événements de la veille, car un silence sinistre continuait de régner dans la plaine, et surtout dans la direction de Mont-Saint-Jean. Enfin arriva l'officier parti de Charleroy à onze heures du soir, lequel annonçait le désastre, et prescrivait la retraite sur Namur. Le maréchal Grouchy, ayant sur le visage la consternation d'un honnête homme qui s'est trompé mais qui cherche à se justifier, dit à ses généraux qui le regardaient avec trop de douleur pour avoir de la colère : Messieurs, quand vous connaîtrez mes instructions, vous verrez que j'ai dû faire ce que j'ai fait. — On ne répliqua point, et ce n'était pas en effet le moment de disputer. Il fallait se tirer du coupe-gorge où l'on était tombé, car on était séparé des débris de l'armée française par deux armées victorieuses. Le commandant de notre aile droite, avec ce qu'il avait sous la main, prit immédiatement la route de Mont-Saint-Guibert et de Namur, et ordonna aux corps de Gérard et de Vandamme de se rendre au même point par Gembloux. Mais que deviendrait-on si, avec trente-quatre mille hommes, on rencontrait tout ou partie des 150 mille hommes victorieux que conduisaient Wellington et Blucher?

Tels avaient été les événements sur l'un et l'autre théâtre d'opérations dans cette funeste journée du 18 juin 1815, que les Anglais ont appelée bataille de Waterloo, parce que le bulletin fut daté de ce village, que les Prussiens ont appelée bataille de la Belle-Alliance, parce que c'est là qu'ils combattirent, que Napoléon enfin a appelée bataille de Mont-Saint-Jean, parce que c'est sur ce plateau que l'armée française fit des prodiges, et que nous qualifions, nous, de bataille de Waterloo, parce que l'usage, souverain en fait d'appellations, l'a ainsi établi. Les fautes et les mérites dans cette funeste journée sont faciles à apprécier pour quiconque, en se dégageant de toute prévention, veut appliquer à les juger les simples lumières du bon sens.

On a vu les motifs qui avaient décidé Napoléon à prendre l'offensive contre l'Europe de nouveau coalisée, et certes ces motifs étaient du plus grand poids. La colonne envahissante de l'Est sous le prince de Schwarzenberg, celle du Nord sous le duc de Wellington et le maréchal Blucher, marchaient à plus de cent lieues l'une de l'autre, et la première se trouvait en outre d'un mois en retard sur la seconde. Profiter de ce qu'elles étaient séparées par la distance et par le temps, était donc bien indiqué, car à les attendre, à leur laisser le loisir de se réunir, il y avait l'inconvénient de permettre l'envahissement des plus belles provinces de France, après leur avoir pris leurs citoyens les plus valides pour les jeter dans les gardes nationales mobilisées; il y avait le danger de se mettre sur les bras cinq cent mille hommes, masse énorme, et quoi qu'on dût avoir derrière soi Paris bien défendu, et 250 mille hommes de troupes actives pour manœuvrer, c'était chose singulièrement hasardeuse que de laisser former une pareille masse, quand on pouvait la combattre avant sa formation. D'ailleurs le plan de l'offensive n'excluait pas celui de la défensive plus tard. Si, en effet, après avoir essayé de repousser l'invasion on était ramené en deçà de la frontière, les provinces abandonnées à l'ennemi n'auraient point à se plaindre, et si un désastre prodigieux ne signalait pas le début de la campagne, le passage de l'offensive à la défensive pourrait s'opérer, comme il

Juin 1815.

Mérites du plan général.

Bonheur de l'exécution.

s'opère tous les jours à la guerre par des capitaines beaucoup moins habiles que Napoléon.

C'était donc un plan fort sage, et que la postérité ne pourra blâmer, d'avoir voulu profiter de la distance de lieu et de temps qui séparait les deux colonnes envahissantes, pour tâcher de détruire celle du Nord avant l'arrivée de celle de l'Est. C'était une pensée bien profonde, et que la postérité loin de la blâmer admirera certainement, que d'avoir discerné qu'entre les Anglais et les Prussiens, malgré l'intérêt qu'ils avaient d'être étroitement unis, il se trouverait à cause de la différence de leurs points de départ, les uns venant de Bruxelles, les autres de Liége, un endroit où la soudure serait mal faite, et où l'on pourrait s'interposer entre eux pour les séparer et les combattre les uns après les autres. Devinant cette circonstance avec la double sagacité du génie et d'une expérience sans égale, Napoléon, trompant l'ennemi par les plus habiles démonstrations, parvint en cinq ou six jours à concentrer ses corps d'armée, qui partaient les uns de Metz, les autres de Lille et de Paris, de manière que le 14 juin au soir 124 mille hommes, 300 bouches à feu, étaient réunis dans la forêt de Beaumont, sans que les Prussiens, dont les avant-postes étaient à deux lieues, en sussent rien. Le 15 au matin Napoléon avait traversé la bande boisée qui le cachait à l'ennemi, avait enlevé Charleroy sous les yeux des Prussiens et des Anglais, et le 15 au soir avait pris position entre les deux armées alliées, surprises, confondues de son apparition subite. L'histoire de la guerre n'offre rien de semblable;

comme sûreté, précision, bonheur d'exécution.

Dans cette journée, une seule chose était à regretter, c'est que Ney, l'audacieux Ney, eût manqué d'audace aux Quatre-Bras, et n'eût pas occupé ce point, de manière à séparer irrévocablement les Anglais des Prussiens. Mais en fait ils étaient suffisamment séparés, car les Prussiens atteints par Napoléon allaient être contraints de livrer bataille sans les Anglais, et il serait encore temps le lendemain de se saisir des Quatre-Bras qu'on n'avait pas occupés la veille.

Jusque-là donc la réussite avait répondu à la grandeur et à la profondeur des combinaisons. Le 16 il fallait commencer par combattre les Prussiens qu'on avait devant soi, afin de pouvoir, les Prussiens battus, se rejeter sur les Anglais. Importait-il absolument de le faire dans la matinée plutôt que dans l'après-midi? Sans doute, si en politique on a raison de ne jamais se presser, en guerre au contraire on ne saurait jamais trop se hâter, car plus tôt le résultat est acquis, et plus tôt on est soustrait aux caprices de la fortune. Mais à la guerre, plus qu'ailleurs, il y a les nécessités matérielles auxquelles il faut bien obéir. Or il y en avait une ici à laquelle il fallait se soumettre inévitablement, celle de faire arriver les troupes en ligne, car avec quelque rapidité qu'on eût marché la veille, pourtant le 6ᵉ corps, la garde, les cuirassiers, les parcs, n'avaient pu encore traverser la Sambre, Gérard n'avait fait que l'atteindre, d'Erlon que la dépasser d'une lieue. Il fallait en outre le temps de transporter les troupes sur le champ de bataille de Fleurus, et pendant

Juin 1815.

Y eut-il du temps perdu le 16 au matin, jour de la bataille de Ligny?

18.

qu'elles marchaient, Napoléon avait le loisir de recueillir les rapports de ses avant-gardes, et de convertir en certitude ce qui n'était que la divination du génie. Par ces motifs péremptoires il livrait l'après-midi au lieu de la livrer le matin la bataille de Ligny, et elle était aussi utilement gagnée à ce moment de la journée qu'à l'autre, car en juin le jour finissant à neuf heures, on avait certes bien le temps de s'égorger de trois à neuf heures, et de remporter une grande victoire.

Quant à la bataille, on ne peut contester que le plan, l'exécution, fussent ce qu'on devait attendre d'un capitaine consommé. Les Prussiens venant s'établir dans les villages de Saint-Amand et de Ligny, pour couvrir la grande chaussée de Namur à Bruxelles qui formait leur ligne de communication avec les Anglais, et montrant ainsi le dos aux troupes françaises dirigées sur les Quatre-Bras, Napoléon les avait vigoureusement attaqués à Saint-Amand et à Ligny, en prescrivant à Ney d'occuper au plus tôt les Quatre-Bras, et de détacher ensuite un de ses corps pour prendre à revers la ligne prussienne. La moitié de l'armée de Blucher eût été prise si cet ordre eût été exécuté. Mais Ney, comme tous nos généraux, devenu craintif non pas devant l'ennemi, mais devant la fortune, ébranlé encore par les conseils du général Reille, tâtonna toute la journée, perdit la matinée pendant laquelle il aurait pu conquérir les Quatre-Bras sur les quelques mille hommes qui les occupaient, les attaqua avec vigueur quand il n'était plus temps, c'est-à-dire quand leur force était quadruplée, et alors pour réparer sa faute attirant à lui d'Erlon que Napoléon attirait de son côté, rendit d'Erlon inutile partout, et, sans vaincre les Anglais, empêcha Napoléon de détruire en entier les Prussiens. Privé ainsi des corps qui devaient prendre l'ennemi à revers, Napoléon n'en fut pas déconcerté, imagina une nouvelle manœuvre sur le terrain même, et avec la garde coupant au-dessus de Ligny la ligne prussienne qu'il ne pouvait prendre à revers, remporta néanmoins une victoire éclatante et de grande conséquence. Si en effet les Prussiens, par les va-et-vient de d'Erlon, au lieu d'être détruits n'étaient que défaits, ils l'étaient cependant assez pour qu'on pût leur tenir tête à l'aide d'un fort détachement, pendant qu'on irait chercher une rencontre décisive avec les Anglais. Si Ney par sa faute avait laissé passer l'occasion de culbuter les Anglais aux Quatre-Bras, il n'en avait pas moins opposé une ténacité héroïque à leurs efforts pour communiquer avec les Prussiens, il ne les en avait pas moins empêchés de s'établir sur la chaussée de Namur à Bruxelles, il ne les en avait pas moins obligés de s'arrêter pour battre en retraite le lendemain. Ainsi le 16 comme le 15, le plan de Napoléon, malgré des accidents toujours fréquents à la guerre, plus fréquents ici à cause de l'ébranlement de toutes les têtes, n'avait pas cessé de réussir encore, car d'un côté les Prussiens vaincus dans une grande bataille, de l'autre les Anglais contenus dans un combat acharné, étaient forcés d'exécuter une retraite divergente, l'armée française restait en masse interposée entre eux, et les Anglais allaient être contraints comme les Prussiens

Juin 1815.

Fertilité d'esprit de Napoléon, suppléant à la manœuvre que Ney n'exécutait pas.

Le résultat, incomplet par les va-et-vient inutiles de d'Erlon, n'en est pas moins suffisant.

d'accepter les jours suivants une bataille séparée.

Le 17 au matin on ne pouvait marcher dès l'aurore avec des troupes qui la veille à neuf heures du soir étaient encore aux prises avec l'ennemi, et qui avaient bivouaqué au milieu de trente mille cadavres sans avoir même mangé la soupe. Napoléon cependant perdit le moins de temps possible : il mit en mouvement Lobau qui n'avait pas combattu, la garde dont une partie seule avait été engagée, les cuirassiers qui n'avaient pas donné un coup de sabre ; il destina Vandamme et Gérard, vainqueurs un peu fatigués des Prussiens, à surveiller ces derniers, et dirigea son centre vers le maréchal Ney, pour composer avec lui la masse qui devait combattre l'armée britannique. Mais pour faire défiler ces troupes il était indispensable que Ney qui devenait tête de colonne, eût défilé aux Quatre-Bras. Or Ney, plein d'appréhensions le 17 comme le 16, ne remuait pas, croyant toujours avoir devant lui la totalité de l'armée anglaise. Il fallut que Napoléon vînt avec Lobau, la garde et les cuirassiers le tirer de ses inquiétudes, et alors seulement il se mit en marche, c'est-à-dire à onze heures du matin. Tandis que la matinée était perdue, partie par la fatigue des troupes, partie par les retards de Ney, l'après-midi le fut par un orage épouvantable qui paralysa les deux armées, car lorsque la puissance de la nature se montre, celle des hommes, quels qu'ils soient, s'évanouit. Ainsi les lieutenants de Napoléon le matin, la nature l'après-midi, lui prirent la journée du 17. Mais dans cette journée le temps était-il la considération décisive? Assurément non. Après avoir battu les

Prussiens, il fallait battre les Anglais, et le plus tôt était le mieux. Pour les battre il fallait les rencontrer, et la possibilité de cette rencontre dépendait du duc de Wellington et non de Napoléon. Une demi-marche seulement nous séparant des Anglais, on ne pouvait songer à les gagner de vitesse : s'ils voulaient la bataille, nous les trouverions en avant de la forêt de Soignes sans avoir besoin de nous presser, sinon ils mettraient la forêt entre eux et nous, et la bataille deviendrait impossible. Voudraient-ils la livrer? Napoléon le désirait ardemment, car les suivre au delà de Bruxelles, quand sa présence allait être si nécessaire en Champagne, lui était impossible, et les quitter sans les avoir battus était le renversement de tous ses plans. Mais quelque fût son désir, il ne pouvait absolument pas devancer les Anglais à l'entrée de la forêt de Soignes pour les obliger à combattre. Sa seule ressource évidemment, c'était l'ardeur de Blucher, l'ambition du duc de Wellington, et non une rapidité de marche, que la fatigue des troupes, les hésitations de Ney, un orage épouvantable, rendaient impossible, et que la proximité de la forêt de Soignes eût rendue inutile.

Le temps n'était donc pas la considération importante dans la journée du 17. Mais s'il n'y eut pas faute dans l'emploi du temps, y eut-il faute dans la répartition des forces? L'exposé des faits a mis le lecteur en mesure d'en juger. Qu'y avait-il de plus simple en effet, les Prussiens vaincus, que de mettre à leur suite un détachement suffisant pour les surveiller, les contenir, les isoler des Anglais pen-

Juin 1815.

Détachement de Grouchy, et nécessité de ce détachement.

dant que l'on combattrait ces derniers? Un homme de sens osera-t-il dire qu'il fallait ne plus s'inquiéter des Prussiens, les laisser devenir ce qu'ils voudraient, en se bornant à jeter sur leurs traces un peu de cavalerie qui aurait vu, sans pouvoir l'empêcher, tout ce qu'il leur aurait plu d'entreprendre? Ah! sans doute, si on suppose dans le commandement de notre aile droite chargée de les suivre un aveuglement sans égal dans l'histoire, un aveuglement tel qu'il laisserait quatre-vingt mille Prussiens faire devant lui tout ce qu'ils voudraient, même accabler Napoléon leur vainqueur sans s'y opposer, on aura raison de dire que ce détachement de l'aile droite était une faute : mais en supposant à celui qui la dirigeait seulement l'instinct que laissèrent éclater les simples soldats, on faisait en la détachant une chose non-seulement de règle, mais nécessaire, et qui ne devait pas priver l'armée de son secours, car enfermés les uns et les autres dans un espace de quatre à cinq lieues, où tous entendaient le canon de tous, on ne devait pas croire qu'on perdrait les 34 mille hommes de Grouchy jusqu'à ne les retrouver qu'après une affreuse catastrophe.

Le détachement de Grouchy était donc nécessaire, dicté par les règles, par la situation, par le plus vulgaire bon sens. Quant aux instructions qu'il reçut, on peut sans doute disputer sur leur signification : il y a cependant un ordre qu'on ne saurait contester, car les soldats l'eussent donné, c'était de suivre les Prussiens, de ne pas les perdre de vue, et de manœuvrer de manière à les empêcher de rejoindre les Anglais, puisque le plan connu de tout le monde était d'avoir affaire séparément à chacune des deux armées ennemies. Qu'on accumule les hypothèses tant qu'on voudra, cet ordre ce n'est pas Napoléon qui le dictait, c'est la situation, et il y a une preuve sans réplique que bien ou mal donné (et ce n'était pas l'usage de Napoléon de mal donner ses ordres) il entra pourtant tel que nous le supposons dans l'esprit du maréchal Grouchy, c'est que le soir du 17, écrivant à Napoléon, le maréchal lui disait : Je suis à la poursuite des Prussiens, et je m'appliquerai à les tenir éloignés des Anglais. — Il n'y avait donc aucune équivoque sur le véritable sens de ses instructions dans l'esprit du commandant de l'aile droite.

Juin 1815.

Mais dès le début le maréchal Grouchy se trompa sur la direction des Prussiens, et il les supposa sur la route de Namur. L'erreur était excusable, et n'aurait pas été de grande conséquence s'il avait fait ce qu'il devait faire, s'il avait mis sa cavalerie légère sur les trois directions possibles, celles de Mont-Saint-Guibert, de Gembloux, de Namur, et son infanterie sur celle de Gembloux qui était intermédiaire à toutes les autres. Les blés couchés sous les pas des Prussiens l'auraient éclairé sur-le-champ, et lui auraient prouvé que les Prussiens se retiraient non pas sur le Rhin, mais sur Wavre, c'est-à-dire vers l'armée anglaise. Il finit par le reconnaître, mais en conservant un fâcheux soupçon sur Namur, et dans cette première journée il ne fit marcher son infanterie que très-tard vers Gembloux. La journée du 17 que Napoléon n'aurait pas pu employer autrement sur la route de Mont-Saint-Jean, fut donc à

Fausses manœuvres de Grouchy le 17.

peu près perdue sur la route de Wavre par le maréchal Grouchy.

Mais le 18, pouvant se mettre en mouvement dès quatre heures du matin, ayant dix-sept heures de jour pour se porter où il voudrait, étant enfermé dans un espace où l'on se trouvait à quatre ou cinq lieues les uns des autres, le maréchal Grouchy était en mesure de tout réparer. Malheureusement il ne donna ses ordres qu'entre six et sept heures du matin, et n'ayant pas pourvu aux distributions de vivres, ses troupes ne partirent qu'à huit, à neuf, à dix heures. Pourtant même alors rien n'était perdu, ni même compromis, puisque cinq heures suffisaient pour se transporter au point le plus extrême de ce théâtre d'opérations, si on se laissait guider par le canon.

Tandis que la droite détachée était conduite avec si peu d'activité et de sûreté de vues, Napoléon avec le centre et la gauche se préparait à livrer sa seconde bataille, celle qui devait décider de son sort et du nôtre. Cette rencontre qu'il avait tant désirée, et avec tant de raison puisqu'il fallait qu'il battît les Anglais après les Prussiens, pour revenir en toute hâte sur les Autrichiens et les Russes, cette rencontre le bouillant patriotisme de Blucher, l'ambition du duc de Wellington allaient la lui offrir. Certes le résultat les a justifiés l'un et l'autre, mais la postérité, comme l'a dit Napoléon avec sa grandeur de langage accoutumée, sera moins indulgente, car si la fortune ne leur eût pas ménagé dans l'aveuglement de Grouchy un vrai phénomène, ils pouvaient être accablés à la lisière de la forêt de

Soignes, mal percée, difficile à traverser après une défaite, tandis qu'au contraire en mettant la forêt de Soignes entre eux et Napoléon, ils déjouaient tous les calculs de celui-ci, et le réduisaient à battre en retraite pour venir faire face à la grande colonne de l'Est après avoir échoué dans tous ses plans. Ils auraient donc choisi un jeu sûr, au lieu du jeu le plus téméraire et le plus périlleux.

Quoi qu'il en soit, la bataille tant désirée par Napoléon (preuve que le génie lui-même ne sait souvent ce qu'il demande en fatiguant la Providence de ses vœux), la bataille était certaine. Fallait-il la livrer au commencement de la journée? fallait-il à Waterloo comme à Ligny, tâcher d'agir le matin plutôt que l'après-midi? Ah! oui sans doute, mille fois oui, si on avait prévu qu'au lieu de Grouchy qu'on avait si près de soi, soixante mille Prussiens auraient le temps d'arriver, sans que Grouchy les vît, quand la nature entière les voyait marcher à découvert, hommes, chevaux et canons! Mais une telle chose était de toutes la moins supposable, et, en attendant, l'artillerie se trouvant dans l'impossibilité de manœuvrer, force était bien d'accorder quatre à cinq heures pour que le sol détrempé pût se raffermir. Le meilleur, le plus sage des hommes, Drouot, ne se consolait pas d'avoir donné le conseil de différer la bataille de quelques heures [1], et sa

[1] Je trouve dans des notes fort curieuses, fort intéressantes, écrites il y a longtemps par le colonel Combes-Brassard, chef de l'état-major du 6e corps (corps de Lobau), le passage suivant, et je le cite parce qu'il met en lumière l'une des plus grandes vertus des temps modernes, celle de Drouot. « Le général Drouot, dit le colonel Combes-Brassard, passa peu de jours à Paris après son jugement. Je le voyais

vertu avait tort ici contre lui-même, car on pouvait bien dans cette saison livrer à onze heures la bataille de Waterloo, quand on n'avait livré celle de Ligny qu'à trois heures de l'après-midi, ce qui n'avait pas empêché de la gagner. Or l'inconvénient d'embourber son artillerie, d'embourber sa cavalerie, qui étaient ses deux armes les meilleures, était une considération dont personne ne pouvait méconnaître l'importance. Le résultat il est vrai a condamné le vaincu, et le résultat est un dieu de fer que les hommes adorent : mais l'argument de Drouot, auquel Napoléon se rendit, était décisif, et la postérité ne blâmera pas celui-ci d'en avoir tenu si grand compte.

L'heure fixée, restait le plan. Certainement l'idée de se jeter sur la gauche des Anglais faiblement établie, de la culbuter sur leur centre, de leur enlever ainsi la grande route de Bruxelles, seule issue praticable à travers la forêt de Soignes, était excel-

Juin 1815.

Plan de la bataille.

Un seul était possible, et c'est celui que Napoléon avait adopté.

fréquemment. La bataille de Mont-Saint-Jean était souvent le sujet de nos entretiens. Il me dit un jour du ton d'un homme qui semble avoir besoin de soulager son âme oppressée : « Plus je pense à cette » bataille, plus je me sens entraîné à me croire l'une des causes qui » nous l'ont fait perdre. » — « Vous, mon général ! le dévouement » généreux d'une noble amitié pour son maître ne saurait aller plus » loin. » — « Expliquons-nous, mon cher colonel. Je n'entends pas » me charger des fautes qui ne sont pas les miennes, mais revendi- » quer ce qui m'appartient, à mes risques et périls.

» Dès le point du jour, continua-t-il, l'Empereur avait reconnu la » position des ennemis ; son plan était arrêté ; ses dispositions d'attaque » faites pour sept ou huit heures du matin au plus tard. Je lui fis ob- » server que la pluie avait tellement dégradé les chemins et détrempé » le terrain que les mouvements de l'artillerie seraient bien lents ; que » deux ou trois heures de retard sauveraient cet inconvénient. L'Em- » pereur souscrivit à ce retard funeste. S'il n'eût tenu aucun compte » de mon observation, Wellington était attaqué à sept heures, il était » battu à dix, la victoire complète à midi, et Blucher qui ne put dé-

lente, car dans cette manière d'opérer l'avantage de séparer les Anglais des Prussiens s'ajoutait à tous les autres. Malheureusement des fautes furent commises dans l'exécution. Il fallait sans doute à notre gauche attaquer le château de Goumont, mais ce fut une faute de ne pas le briser à coups de canon, au lieu de chercher à le prendre à coups d'hommes, et d'y épuiser ainsi la gauche de l'armée française. Le bois de Goumont cachait ce détail à l'œil de Napoléon, et il est regrettable que le général Reille ne suivit pas le combat d'assez près pour empêcher une dépense d'hommes si complétement inutile. Il est évident qu'on aurait dû s'arrêter à la conquête du bois, et réserver les braves divisions Jérôme, Foy, Bachelu, pour l'attaque du plateau de Mont-Saint-Jean, qui était l'opération capitale.

L'attaque de la Haye-Sainte au centre, et le long du chemin d'Ohain contre la gauche des Anglais, exécutée par des masses épaisses, incapables de

« boucher qu'à cinq heures, tombait entre les mains d'une armée victorieuse. Nous attaquâmes à midi, et nous livrâmes toutes les chances du succès à l'ennemi. »

Ce passage m'a paru devoir être reproduit. Tandis que nous voyons en effet les auteurs des fautes les plus graves repousser une responsabilité qui leur appartient, Drouot, qui n'avait rien à se reprocher dans la funeste bataille de Waterloo, car ce n'était pas une faute dans une journée de dix-huit heures, d'en consacrer trois ou quatre à laisser raffermir le sol, Drouot s'accusait d'avoir contribué à la perte de la bataille en la faisant différer. Par le fait, sans doute ce fut un mal d'avoir perdu trois heures, mais d'après toutes les vraisemblances ce n'était pas une faute, car pour ceux qui avaient à prendre l'offensive le raffermissement du sol était une circonstance capitale. C'est une nouvelle preuve de ce qu'il y a de hasard dans les événements militaires, et de la nécessité de juger avec une extrême réserve des opérations où souvent le conseil le plus sage aboutit aux plus déplorables résultats.

manœuvrer devant la cavalerie, fut une autre faute de tactique, qu'on ne sait comment expliquer de la part d'un manœuvrier aussi habile que Ney, qui dut être provoquée par l'idée qu'on avait de la solidité des Anglais, et que Napoléon n'eut pas le temps d'empêcher, car lorsqu'il put s'en apercevoir les troupes étaient déjà en mouvement, et il était trop tard pour changer leurs dispositions d'attaque. Cette faute fut extrêmement regrettable, car elle rendit impuissante une tentative qui aurait dû être décisive, et elle fit naître dès le début dans l'esprit des combattants un préjugé favorable pour les Anglais, défavorable pour nous.

Pourtant rien n'était compromis, et Napoléon en lançant sa cavalerie tira des Écossais gris une prompte vengeance. Mais un spectre effrayant avait déjà levé sa tête sur ce champ funèbre, et ce spectre c'était l'armée prussienne. Napoléon prévit tout de suite le danger de cette apparition, et sans perdre un instant il porta Lobau à sa droite. Pour parer à ce nouvel incident, était-il possible de faire mieux, ou autrement? Assurément non. Abandonner une bataille déjà si fortement engagée, renoncer à ses plans qui pouvaient seuls compenser l'infériorité de nos forces, c'était se constituer soi-même vaincu dans un moment où il y avait tant d'espérance d'être vainqueur, car après tout la voie ne pouvait être ouverte à Bulow sans l'être à Grouchy, et il était permis d'espérer que si l'un venait, l'autre viendrait aussi. Napoléon continua donc la bataille, mais en la continuant il eut soin de la ralentir. Il prescrivit à Ney d'enlever la Haye-Sainte, ce qui ôtait aux Anglais leur point d'appui au centre, et nous assurait à nous le débouché sur le plateau de Mont-Saint-Jean lorsque nous voudrions porter le coup décisif, et il lui recommanda, cela fait, de s'arrêter jusqu'à ce qu'on eût apprécié la portée de l'attaque des Prussiens contre notre droite. Prendre la Haye-Sainte et attendre, était évidemment la seule chose qu'il y eût à faire en une circonstance si grave.

Juin 1815.

Mais Ney, cédant à une fougue que le regret de ses hésitations de la veille avait changée en fureur, se précipita sur les Anglais, s'empara de la Haye-Sainte avec une vigueur sans pareille, puis, ayant rencontré plusieurs fois la cavalerie ennemie pendant ce combat, s'engagea peu à peu avec elle, la suivit sur le plateau, vit là toute une artillerie abandonnée, crut le moment décisif venu, entraîna successivement sur ce plateau toute la cavalerie, y soutint une lutte de géants, mais lutte intempestive dès qu'on ne pouvait pas la terminer avec de l'infanterie, et dépensa ainsi nos troupes à cheval qui, employées à propos, auraient servi un peu plus tard à gagner la bataille.

Attaque intempestive de la cavalerie.

Les prodiges de Ney étaient donc un malheur, que Napoléon, ayant porté à droite non-seulement son infanterie mais son attention, n'avait pu empêcher. Que faire alors?... Prescrire à Ney de conserver le plateau tant qu'il pourrait, pendant qu'on irait avec la garde donner aux Prussiens un choc terrible, et puis les Prussiens écartés, rallier la garde, et se ruer sur l'armée anglaise pour en finir, était évidemment la seule manœuvre imaginable, et Napoléon l'adopta. Il reçut et repoussa les Prussiens

Au dernier

avec une vigueur dont les vieux soldats de la garde, conduits par Morand, étaient seuls capables. Bulow culbuté, écrasé entre Planchenois et Maransart, Napoléon ne perdit pas un instant, et tenant parole à Ney, marcha au plateau avec la garde ralliée, pour y jouer dans une action désespérée son sort, celui de l'Empire et de la France. Quatre de ses bataillons, bravant un feu épouvantable, avaient déjà pris pied sur le plateau, et les autres allaient probablement terminer la lutte, quand le corps prussien de Ziethen, arrivant à l'improviste, fit tourner en catastrophe une bataille qui pouvait être encore une victoire, victoire sanglante, cruellement achetée, victoire enfin! Au point où en étaient les choses, les suites devaient être une déroute sans exemple, car il ne restait pas une seule réserve pour rallier l'armée, car à défaut d'une réserve la personne de Napoléon, demeuré debout au milieu d'une fournaise de feux, aurait pu rallier les soldats, mais la nuit empêchait de l'apercevoir, mais on le croyait mort, mais, après un effort surhumain, l'abattement chez les troupes égalait leur exaltation, et pour surcroît de malheur, en ayant l'ennemi devant, on l'avait en flanc, on l'avait par derrière. Tout concourait donc pour faire de la bataille perdue un désastre inouï. C'était l'Empire qui, après s'être écroulé en 1814, s'être relevé en 1815, s'abîmait enfin, tel qu'un édifice gigantesque fondant tout à coup sur la tête de celui qui s'obstine à y rester jusqu'au dernier instant!

Que le malheur fût immense, on ne saurait le nier, mais que Napoléon dans la journée n'eût pas tout fait pour le conjurer, il est impossible de le soutenir, car s'il avait retardé l'heure de la bataille, c'était par une nécessité physique, car si des fautes de tactique avaient été commises par Reille, par d'Erlon, il avait essayé de les réparer, car si Ney avait devancé l'action principale, il n'avait pu l'empêcher, occupé qu'il était vers sa droite, et cette action prématurément engagée il l'avait suspendue pour tenir tête aux Prussiens, et ceux-ci repoussés, il s'était hâté de la reprendre, lorsqu'un dernier corps prussien était venu l'accabler. Il n'avait donc pas failli comme capitaine, et pour être juste envers les vainqueurs comme envers le vaincu, nous ajouterons que le duc de Wellington et Blucher avaient mérité leur victoire, le premier par une fermeté inébranlable, le second par un patriotisme inaccessible aux découragements.

Juin 1815.

Maintenant, il faut le dire, avec le sincère regret d'atteindre la mémoire d'un honnête homme, d'un brave militaire, frappé en cette occasion d'une cécité sans exemple, la vraie cause de nos malheurs (cause matérielle, entendons-nous, car la cause morale est ailleurs), la vraie cause fut le maréchal Grouchy. Nous avons exposé les faits avec une scrupuleuse exactitude, et ils ne laissent rien de sérieux à opposer en sa faveur, quoiqu'on l'ait essayé bien des fois depuis quarante ans. Après avoir perdu l'après-midi du 17, après avoir encore perdu la matinée du 18, il lui restait toute la moitié de cette fatale journée du 18 pour réparer ses fautes, et c'était assez pour convertir en triomphe un immense désastre. A Sart-à-Valhain, en effet, le canon re-

La principale cause de nos malheurs fut l'aveuglement du maréchal Grouchy.

Sa fatale obstination.

tentit à onze heures et demie. Le général Gérard, avec la sagacité d'un véritable homme de guerre, avec la chaleur d'un Français passionné pour son pays, proposa de marcher vers le canon, et il donnait cette raison, que dans le doute où l'on était des intentions de l'ennemi, il fallait accourir auprès de Napoléon, car si les Prussiens se portaient vers lui, on rentrait dans ses instructions qui prescrivaient d'être toujours sur leurs traces, s'ils se retiraient vers Bruxelles, il n'y avait plus à s'occuper d'eux, et il fallait se presser de concourir à la destruction définitive des Anglais. Gérard, Vandamme, Valazé, tous les soldats proféraient le même cri. Mais Grouchy, fermant les yeux à l'évidence, repoussa cette lumière éclatante qui jaillissait de tous les esprits. Un tort de forme chez Gérard, un tort de susceptibilité chez Grouchy, firent échouer ce conseil admirable, qui eût sauvé l'Empire, et ce qui importait mille fois plus, la France!

On a fait valoir en faveur du maréchal Grouchy deux excuses, premièrement que le temps manquait pour arriver de Sart-à-Valhain à Maransart, et secondement qu'on eût trouvé sur son chemin quarante mille Prussiens pour disputer le passage de la Dyle, tandis que cinquante mille autres seraient allés accabler Napoléon. Nous croyons ces deux excuses mal fondées d'abord, et ensuite fussent-elles fondées, n'excusant pas celui qu'on veut excuser. Si en effet, lorsqu'on était à Sart-à-Valhain le temps manquait, à qui était la faute, sinon à Grouchy qui avait perdu cinq ou six heures dans l'après-midi du 17, et quatre le matin du 18? Si on devait trouver les Prussiens défendant la Dyle, à qui la faute encore, sinon à Grouchy qui n'en avait pas fait surveiller le cours, qui avait négligé de s'emparer des ponts de cette rivière, presque tous oubliés par l'ennemi, et qui n'avait point songé à la traverser là où elle pouvait être franchie sans difficulté? Évidemment le tort ici serait encore à Grouchy. Mais ces excuses qui n'excusent pas, en fait sont dépourvues de tout fondement.

Quant à la distance, voici la vérité rigoureuse. De Nil-Saint-Vincent, où était parvenu Vandamme à onze heures et demie, à Maransart, il y a tout au plus cinq lieues métriques, c'est-à-dire quatre lieues anciennes. Les gens du pays parlaient d'un trajet de quatre heures au plus. Il est certain qu'il faut beaucoup moins d'une heure pour parcourir une lieue métrique. Si on veut tenir compte des mauvais chemins, moins mauvais toutefois sur les routes transversales que sur les routes directes fatiguées par les Prussiens, on pouvait supposer cinq heures, et c'était beaucoup pour des soldats que le bruit du canon n'aurait pas manqué d'électriser. Qu'on suppose six heures, ce qui est une évaluation singulièrement exagérée, et on arrivait au meilleur moment. Qu'on en suppose sept, le moment était encore très-propice, puisque c'était l'heure où la vieille garde culbutait les Prussiens de Planchenois, et où on les aurait surpris dans un affreux désordre. Maintenant veut-on des exemples de ce qui pouvait s'exécuter en fait de trajets sur ces mêmes lieux, et exactement dans les mêmes circonstances? Ces exemples ne manquent pas. Le corps de Vandamme, parti de Gembloux à huit heures, était à la Baraque à deux, après avoir perdu en route beaucoup plus d'une heure, et marché très-lentement. Or il y a de Gembloux à la Baraque à peu près la même distance que de Nil-Saint-Vincent à Maransart. On aurait donc pu opérer le trajet dont il s'agit en cinq heures. Veut-on un exemple plus concluant encore? Il y a plus de cinq lieues de Wavre à Gembloux, et le lendemain 19, quand la nécessité de se dérober à l'ennemi victorieux accélérait le pas de tout le monde, le corps de Vandamme, parti au coucher du soleil, c'est-à-dire à huit heures, était à onze à Gembloux [1]. On aurait donc pu faire cinq lieues en cinq heures le 18, puisqu'on les faisait en trois le 19.

Quant à la résistance que les Prussiens auraient opposée au passage de la Dyle, l'objection vraie devant Wavre où on allait les attaquer dans une position inexpugnable, devient fausse si on imagine que Grouchy se fût présenté aux ponts de Moustier ou d'Ottignies qui n'étaient pas gardés. A la vérité en accordant à l'ennemi une clairvoyance surhumaine, qui malheureusement ne se manifestait pas à notre aile droite, il aurait pu se faire que Blucher, lisant dans nos projets, eût placé quarante mille hommes aux ponts de Moustier et d'Ottignies, par lesquels le général Gérard voulait passer, et que les défendant avec ces quarante mille hommes, il en envoyât quarante-cinq mille (car il lui était impossible d'en envoyer davantage) pour accabler Napoléon.

---

[1] Témoignage du général Berthezène dans ses Mémoires, tome II, page 398.

Les choses sans doute auraient pu se passer ainsi, mais quand on n'est soi-même que des hommes, il ne faut pas se figurer que ses adversaires soient des dieux!

En fait rien de pareil n'avait eu lieu. Blucher se voyant suivi sur Wavre, y laissa Thielmann avec 28 mille hommes pour amuser les Français, envoya Bulow avec 30 mille vers la Chapelle-Saint-Lambert et Planchenois, achemina Pirch Ier derrière Bulow, Ziethen le long de la forêt de Soignes, chacun de ces derniers avec environ 15 mille hommes. Si Grouchy eût écouté le conseil du général Gérard, il serait arrivé vers une heure ou deux aux ponts de Moustier et d'Ottignies, les aurait traversés sans difficulté, n'aurait rencontré personne pour l'arrêter, et eût trouvé tout ouverte la route de Maransart. En dirigeant vers Wavre Pajol et Teste qui avaient été le matin dirigés sur Tourrines, ce qui aurait suffi pour occuper Thielmann pendant quelques heures, et en marchant avec le reste de son corps vers Maransart, c'est-à-dire avec 30 mille hommes, il aurait trouvé Bulow engagé dans le vallon de Lasne au point de ne rien voir, et Pirch Ier et Ziethen trop avancés probablement dans leur mouvement pour s'apercevoir de sa présence. Supposez qu'il n'eût fait que détourner ces derniers de leur chemin, le but essentiel aurait été atteint, puisque c'est leur arrivée qui perdit tout. Mais même en attirant leur attention, il eût passé avant qu'ils pussent s'opposer à sa marche, et il eût opéré le double bien de délivrer d'eux Napoléon, et d'accabler Bulow.

Rien donc ne peut atténuer la faute du maréchal

Juin 1815.

de la cause matérielle de notre désastre, qui est dans la conduite de Grouchy, il y a la cause morale, et celle-là il faut la chercher dans tout le règne de Napoléon.

Grouchy, que ses services antérieurs qui sont réels, et ses intentions qui étaient loyales et dévouées. Grouchy, ainsi que l'a dit Napoléon, manqua à l'armée dans cette journée fatale, comme si un tremblement de terre l'eût fait disparaître du théâtre des événements. Ainsi l'oubli de son véritable rôle, qui était d'isoler les Prussiens des Anglais, fut la vraie cause de nos malheurs, nous parlons de cause matérielle, car pour les causes morales il faut les chercher plus haut, et à cette hauteur, Napoléon reparaît comme le vrai coupable !

Si on considère en effet cette campagne de quatre jours sous des rapports plus élevés, on y verra, non pas les fautes actuelles du capitaine, qui n'avait jamais été ni plus profond, ni plus actif, ni plus fécond en ressources, mais celles du chef d'État, qui s'était créé à lui-même et à la France une situation forcée, où rien ne se passait naturellement, et où le génie le plus puissant devait échouer devant des impossibilités morales insurmontables. Certes rien n'était plus beau, plus habile que la combinaison qui en quelques jours réunissait sur la frontière 124 mille hommes à l'insu de l'ennemi, qui en quelques heures donnait Charleroy à Napoléon, le plaçait entre les Prussiens et les Anglais, le mettait en position de les combattre séparément, et les Prussiens, les Anglais vaincus, lui laissait le temps encore d'aller faire face aux Russes, aux Autrichiens, avec les forces qui achèveraient de s'organiser pendant qu'il combattrait ! Mais les hésitations de Ney et de Reille le 15, renouvelées encore le 16, lesquelles rendaient incomplet un succès qui aurait dû être décisif, on peut les faire remonter jusqu'à Napoléon, car c'est lui qui avait gravé dans leur mémoire les souvenirs qui les ébranlaient si fortement! C'est lui qui dans la mémoire de Reille avait inscrit Salamanque et Vittoria, dans celle de Ney, Dennewitz, Leipzig, Laon, et enfin Kulm dans celle de Vandamme! Si le lendemain de la bataille de Ligny on avait perdu la journée du 17, ce qui du reste n'était pas très-regrettable, la faute en était encore aux hésitations de Ney pour une moitié du jour, à un orage pour l'autre moitié. Cet orage n'était certes le fait de personne, ni de Napoléon, ni de ses lieutenants, mais ce qui était son fait, c'était de s'être placé dans une situation où le moindre accident physique devenait un grave danger, dans une situation où, pour ne pas périr, il fallait que toutes les circonstances fussent favorables, toutes sans exception, ce que la nature n'accorde jamais à aucun capitaine.

La perte de la matinée du 18 n'était encore la faute de personne, car il fallait absolument laisser le sol se raffermir sous les pieds des chevaux, sous la roue des canons, et après tout on ne pouvait croire que le temps qu'on donnerait au sol pour se consolider, serait tout simplement donné aux Prussiens pour arriver. Mais si Reille était découragé devant Goumont, si Ney, d'Erlon après avoir eu la fièvre de l'hésitation le 16, avaient celle de l'emportement le 18, et dépensaient nos forces les plus précieuses avant le moment opportun, nous le répéterons ici, on peut faire remonter à Napoléon qui les avait placés tous dans des positions si étranges, la cause de leur état moral, la cause de cet héroïsme, prodigieux mais aveugle. Enfin si l'attention de Napoléon attirée à droite avec sa personne et sa réserve, manquait au centre pour y prévenir de graves fautes, le tort en était à l'arrivée des Prussiens, et le tort de l'arrivée des Prussiens était, non pas à la combinaison de détacher sa droite pour les occuper, car il ne pouvait les laisser sans surveillance, sans poursuite, sans obstacle opposé à leur retour, mais à Grouchy, à Grouchy seul quoi qu'on en dise! mais le tort d'avoir Grouchy, ah! ce tort si grand était à Napoléon, qui, pour récompenser un service politique, avait choisi un homme brave et loyal sans doute, mais incapable de mener une armée en de telles circonstances. Enfin avec vingt, trente mille soldats de plus, Napoléon aurait pourvu à tous ces accidents, mais ces vingt, ces trente mille soldats étaient en Vendée, et cette Vendée faisait partie de la situation extraordinaire dont il était l'unique auteur. C'était en effet une extrême témérité que de se battre avec 120 mille hommes contre 220 mille, formés en partie des premiers soldats de l'Europe, commandés par des généraux exaspérés, résolus à vaincre ou à mourir, et cette témérité si grande était presque de la sagesse dans la situation où Napoléon se trouvait, car ce n'était qu'à cette condition qu'il pouvait gagner cette prodigieuse gageure de vaincre l'Europe exaspérée avec les forces détruites de la France, forces qu'il n'avait eu que deux mois pour refaire. Et pour ne rien omettre enfin, cet état fébrile de l'armée, qui après avoir été sublime d'héroïsme tombait dans un abattement inouï, était comme tout le reste l'ouvrage du chef d'État qui, dans un règne de quinze ans, avait abusé de tout, de la France, de son armée, de son génie, de tout ce que Dieu avait mis dans ses prodigues mains! Chercher dans l'incapacité militaire de Napoléon les causes d'un revers qui sont toutes dans une situation qu'il avait mis quinze ans à créer, c'est substituer non-seulement le faux au vrai, mais le petit au grand. Il y eut à Waterloo bien autre chose qu'un capitaine qui avait perdu son activité, sa présence d'esprit, qui avait vieilli en un mot, il y avait un homme extraordinaire, un guerrier incomparable, que tout son génie ne put sauver des conséquences de ses fautes politiques, il y eut un géant qui, voulant lutter contre la force des choses, la violenter, l'outrager, était emporté, vaincu comme le plus faible, le plus incapable des hommes. Le génie impuissant devant la raison méconnue, ou trop tard reconnue, est un spectacle non-seulement plus vrai, mais bien autrement moral qu'un capitaine qui a vieilli, et qui commet une faute de métier! Au lieu d'une leçon digne du genre humain qui la reçoit, de Dieu qui la donne, ce serait un thème bon à discuter devant quelques élèves d'une école militaire.

Au surplus, cet homme extraordinaire on allait le retrouver devant ces causes morales qu'il avait soulevées, et on va le voir dans le livre qui suit, essuyer une dernière catastrophe, où les causes morales sont encore tout, et les causes matérielles presque rien, car si les petits événements peuvent dépendre des causes matérielles, les grands événements ne dépendent que des causes morales. Ce sont elles qui les

Juin 1815.

Vraie leçon morale à tirer du désastre de Waterloo.

produisent, les forcent même à s'accomplir, en dépit des causes matérielles. L'esprit gouverne, et la matière est gouvernée : quiconque observe le monde et le voit tel qu'il est, n'y peut découvrir autre chose.

FIN DU LIVRE SOIXANTIÈME.

LIVRE SOIXANTE ET UNIÈME.

SECONDE ABDICATION.

Événements militaires sur les diverses frontières. — Combats heureux et armistice en Savoie. — Défaite des Vendéens et trêve avec les chefs de l'insurrection. — Arrivée de Napoléon à Laon. — Rédaction du bulletin de la bataille de Waterloo. — Napoléon examine s'il faut rester à Laon pour y rallier l'armée, ou se rendre à Paris pour y demander aux Chambres de nouvelles ressources. — Il adopte le dernier parti. — Effet produit à Paris par la fatale nouvelle de la bataille de Waterloo. — L'idée qui s'empare de tous les esprits, c'est que Napoléon, ne sachant ou ne pouvant plus vaincre, n'est désormais pour la France qu'un danger sans compensation. — Presque tous les partis, excepté les révolutionnaires et les bonapartistes irrévocablement compromis, veulent qu'il abdique pour faire cesser les dangers qu'il attire sur la France. — Intrigues de M. Fouché qui s'imagine que, Napoléon écarté, il sera le maître de la situation. — Ses menées auprès des représentants. — Il les exhorte à tenir tête à Napoléon si celui-ci veut engager la France dans une lutte désespérée. — Arrivée de Napoléon à l'Élysée le 21 juin au matin. — Son accablement physique. — Désespoir de tous ceux qui l'entourent. — Conseil des ministres auquel assistent les princes Joseph et Lucien. — Le maréchal Davout et Lucien sont d'avis de proroger immédiatement les Chambres. — Embarras et silence des ministres. — Napoléon paraît croire que le temps d'un 18 brumaire est passé. — Pendant qu'on délibère, M. Fouché fait parvenir à M. de Lafayette l'avis que Napoléon veut dissoudre la Chambre des représentants. — Grande rumeur dans cette chambre. — Sur la proposition de M. de Lafayette on déclare traître quiconque essayera de proroger ou de dissoudre les Chambres, et on enjoint aux ministres de venir rendre compte de l'état du pays. — Les esprits une fois sur cette pente ne s'arrêtent plus, et on parle partout d'abdication. — Napoléon irrité sort de son abattement et se montre disposé à des mesures violentes. — M. Regnaud, secrètement influencé par M. Fouché, essaye de le calmer, et suggère l'idée de l'abdication, que Napoléon ne repousse point. — Pendant ce temps la Chambre des représentants, vivement agitée, insiste pour avoir une réponse du gouvernement. — Les ministres se rendent enfin à la barre des deux Chambres, et proposent la formation d'une commission de cinq membres afin de chercher des moyens de salut public. — Discours de M. Jay, dans lequel il supplie Napoléon d'abdiquer. — Réponse du prince Lucien. — L'Assemblée ne veut pas arracher le sceptre à Napoléon, mais elle désire qu'il le dépose lui-même. — Elle accepte la proposition des ministres, et nomme une commission de cinq membres chargée de chercher avec le gouvernement les moyens de sauver le pays. — La Chambre des pairs suit en tout l'exemple de la Chambre des représentants. — Napoléon est entouré de gens qui lui donnent le conseil d'abdiquer. — Son frère Lucien lui conseille au contraire les mesures énergiques. — Raisons de Napoléon pour ne les point adopter. — Séance tenue la nuit aux Tuileries par les commissions des deux Chambres. — M. de Lafayette aborde nettement la question de l'abdication. — On refuse de l'écouter pour s'occuper de mesures de finances et de recrutement, mais M. Regnaud fait entendre qu'en ménageant Napoléon, on obtiendra bientôt de lui ce qu'on désire. — Rapport de cette séance à la Chambre des représentants. — Impatience causée par l'insignifiance du rapport. — Le général Solignac, longtemps disgracié, rappelle l'Assemblée au respect du malheur, et court à l'Élysée pour demander l'abdication. — Napoléon l'accueille avec douceur, et lui promet de donner à la Chambre une satisfaction complète et prochaine. — Seconde abdication. — Napoléon y met pour condition la transmission de la couronne à son fils. — L'abdication est portée à la Chambre, qui, une fois satisfaite, cède à un attendrissement général. — Nomination d'une commission exécutive pour suppléer au pouvoir impérial. — MM. Carnot, Fouché, Grenier, Caulaincourt, Quinette, nommés membres de cette commission. — M. Fouché en devient le président en se donnant sa voix. — M. Fouché rend secrètement la liberté à M. de Vitrolles, et s'abouche avec les royalistes. — Il préférerait Napoléon II, mais prévoyant que les Bourbons l'emporteront, il se décide à faire ses conditions avec eux. — Scènes dans la Chambre des pairs. — La Bédoyère voudrait qu'on proclamât sur-le-champ Napoléon II. — Altercation entre Ney et Drouot relativement à la bataille de Waterloo. — Napoléon, voyant qu'on cherche à éluder la question relativement à la transmission de la couronne à son fils, se plaint à M. Regnaud d'avoir été trompé. — MM. Regnaud, Boulay de la Meurthe, Defermon, lui promettent de faire le lendemain un effort en faveur de Napoléon II. — Séance fort vive le 23 à la Chambre des représentants. — M. Boulay de la Meurthe dénonce les menées royalistes, et veut qu'on proclame sur-le-champ Napoléon II. — L'Assemblée tout entière est prête à le proclamer. — M. Manuel, par un discours habile, parvient à la calmer, et fait adopter l'ordre du jour. — Diverses mesures votées par la Chambre. — Ce qui se passe en ce moment aux frontières. — Ralliement de l'armée à Laon, et manière miraculeuse dont Grouchy s'est sauvé. — L'armée compte encore 60 mille hommes, qui au nom de Napoléon II retrouvent toute leur ardeur. — Grouchy prend le commandement, et dirige l'armée sur Paris en suivant la gauche de l'Oise. — Les généraux étrangers, dès qu'ils apprennent l'abdication, se hâtent de marcher sur Paris, mais Blucher, toujours le plus fougueux, se met de deux jours en avance sur les Anglais. — Agitation croissante à Paris. — Les royalistes songent à tenter un mouvement, mais

SECONDE ABDICATION.

M. Fouché les contient par M. de Vitrolles. — Les bonapartistes et les révolutionnaires voudraient que Napoléon se mît à leur tête, et se débarrassât des Chambres. — Affluence des fédérés dans l'avenue de Marigny, et leurs acclamations dès qu'ils aperçoivent Napoléon. — Inquiétudes de M. Fouché, et son désir d'éloigner Napoléon. — Il charge de ce soin le maréchal Davout, qui se rend à l'Élysée pour demander à Napoléon de quitter Paris. — Napoléon se transporte à la Malmaison, et désire qu'on lui donne deux frégates, actuellement en rade à Rochefort, pour se retirer en Amérique. — M. Fouché fait demander des saufs-conduits au duc de Wellington. — Napoléon attend la réponse à la Malmaison. — Le général Beker est chargé de veiller sur sa personne. — M. de Vitrolles insiste auprès de M. Fouché pour qu'on mette fin à la crise. — M. Fouché imagine de rejeter la difficulté sur les militaires, en faisant déclarer par eux l'impossibilité de se défendre. — Les yeux des royalistes se tournent vers le maréchal Davout. — Le maréchal Oudinot s'abouche avec le maréchal Davout. — Celui-ci déclare que si les Bourbons consentent à entrer sans l'entourage des soldats étrangers, à respecter les personnes, et à consacrer les droits de la France, il sera le premier à proclamer Louis XVIII. — Le maréchal Davout fait en ce sens une franche démarche auprès de la commission exécutive. — M. Fouché n'ose pas le soutenir. — Dans ce moment arrive un rapport des négociateurs envoyés auprès des souverains alliés, d'après lequel on se figure que les puissances européennes ne tiennent pas absolument aux Bourbons. — Ce rapport devient un nouveau prétexte pour ajourner toute résolution. — Les armées ennemies s'approchent de Paris. — On nomme de nouveaux négociateurs pour obtenir un armistice. — Dispositions particulières du duc de Wellington. — Sa parfaite sagesse. — Ses conseils à la cour de Gand. — Dispositions de cette cour. — Idées de vengeance. — Déchaînement contre M. de Blacas et grande faveur à l'égard de M. Fouché. — Empire momentané de M. de Talleyrand. — Arrivée de Louis XVIII à Cambrai. — Sa déclaration. — Le duc de Wellington ne veut pas qu'on entre de vive force à Paris, et désire au contraire qu'on y entre pacifiquement, afin de ne pas dépopulariser les Bourbons. — Violence du maréchal Blucher, qui songe à se débarrasser de Napoléon. — Nobles paroles du duc de Wellington. — Les commissaires pour l'armistice s'abouchent avec ce dernier. — Il exige qu'on lui livre Paris et la personne de Napoléon. — M. Fouché se décide à faire partir ce dernier en toute hâte. — Napoléon, informé de la marche des armées ennemies, et sachant que les Prussiens sont à deux journées en avant des Anglais, offre à la commission exécutive de prendre le commandement de l'armée pour quelques heures, promet de gagner une bataille, et de se démettre ensuite. — Cette proposition est repoussée. — Départ de Napoléon pour Rochefort le 28 juin. Napoléon parti, le duc de Wellington ne peut plus demander sa personne, mais signifie qu'il faut se décider à accepter les Bourbons, et promet de leur part la plus sage conduite. — Entretien avec les négociateurs français. — Les agents secrets de M. Fouché lui adressent des renseignements conformes à ceux qu'envoient les négociateurs, et desquels il résulte que les Bourbons sont inévitables. — M. Fouché comprend qu'il faut en finir de ces lenteurs, et convoque un grand conseil, auquel sont appelés les bureaux des Chambres et plusieurs maréchaux. — Il veut jeter la responsabilité sur le maréchal Davout, en l'amenant à déclarer l'impossibilité où l'on est de se défendre. — Le maréchal, irrité des basses menées de M. Fouché, annonce qu'il est prêt à livrer bataille, et répond de vaincre s'il n'est pas tué dans les deux premières heures. — Embarras de M. Fouché. — Avis de Carnot soutenant que la résistance est impossible. — La question renvoyée à un conseil spécial de militaires. — M. Fouché pose les questions de manière à obtenir les réponses qu'il souhaite. — Sur les réponses de ce conseil, on reconnaît qu'il y a nécessité absolue de capituler. — Brillant combat de cavalerie livré aux Prussiens par le général Exelmans. — Malgré ce succès tout le monde sent la nécessité de traiter. — On envoie des commissaires au maréchal Blucher à Saint-Cloud. — Ces commissaires traversent le quartier du maréchal Davout. — Scènes auxquelles ils assistent. — Ils se transportent à Saint-Cloud. — Convention pour la capitulation de Paris. — Sens de ses divers articles. — L'armée française doit se retirer derrière la Loire, et la garde nationale de Paris faire seule le service de la capitale. — Scènes des fédérés et de l'armée française en traversant Paris. — M. Fouché a une entrevue avec le duc de Wellington et M. de Talleyrand à Neuilly. — Ne pouvant obtenir des conditions satisfaisantes, il se résigne et accepte pour lui le portefeuille de la police. — Ses collègues se regardent comme trahis. — Il retourne à Neuilly et obtient une audience de Louis XVIII. — Il dispose tout pour l'entrée de ce monarque, et fait fermer l'enceinte des Chambres. — L'opinion générale est qu'il a trahi tous les partis. — Résumé et appréciation de la période dite des Cent jours.

Juin 1815.

Événements militaires sur les diverses frontières.

Les événements sur nos frontières de l'Est et du Midi avaient été moins grands et moins malheureux que sur celle du Nord. Le général Rapp s'était enfermé dans Strasbourg, le général Lecourbe dans Béfort, et ce dernier après des combats dignes du temps où il disputait les Alpes aux Autrichiens et aux Russes, avait réussi à contenir l'ennemi. Sur la frontière de Suisse et de Savoie, le maréchal Suchet, toujours heureux, toujours habile, était parvenu avec une armée de 18 mille hommes à se faire respecter par une armée de soixante mille. N'ayant que huit à neuf mille hommes de troupes de ligne, à peu près autant de gardes nationales mobilisées, il avait pourvu à la défense du Jura et des Alpes, depuis les Rousses jusqu'à Briançon, mis Lyon en état de défense, et disputé avec ses troupes actives les approches de Chambéry. Profitant des fautes des Autrichiens, il les avait repoussés, et sur la nouvelle du désastre de Waterloo leur avait ensuite proposé un armistice. L'ennemi ayant exigé qu'on lui livrât Lyon et Grenoble, le maréchal indigné l'avait attaqué avec vigueur, et lui avait tué ou pris 3,000 hommes. Le général autrichien Frimont, déconcerté, avait accepté l'armistice offert par le maréchal, et consenti à prendre la frontière de 1814 pour ligne de séparation des armées belligérantes.

En Vendée, les choses s'étaient passées tout aussi heureusement. On a vu que les chefs vendéens, après la surprise d'Aizenay, s'étaient dispersés, mécontents des Anglais et de M. de La Rochejaquelein, et prêts à retomber dans leurs anciennes divisions. M. Louis de La Rochejaquelein, devenu général en chef de l'insurrection, avait confié la direction de son état-major à un ancien officier républicain, brouillé avec l'Empire, M. le général Canuel. Bien que MM. de Sapinaud, de Suzannet, d'Antichamp, répugnassent à reconnaître un chef unique, ils s'étaient soumis par déférence pour l'autorité royale, et par respect pour l'illustre nom de La Rochejaquelein. Bientôt M. Louis de La Rochejaquelein, poussé par le général Canuel à centraliser le commandement, à peu près comme dans une armée régulière, avait

Juin 1815

Avantages obtenus dans le Jura et sur les Alpes.

Armistice.

Victoire et suspension d'armes en Vendée.

froissé les divers chefs par une direction antipathique aux mœurs des Vendéens, puis avait contrarié leurs vues en voulant les conduire dans le Marais pour y recevoir de la flotte anglaise des secours à l'arrivée desquels ils ne croyaient point. Ils avaient élevé des objections fondées d'abord sur leur peu de confiance dans le concours de l'Angleterre, ensuite sur le danger de s'accumuler dans le Marais, entre les troupes du général Travot qui étaient à Bourbon-Vendée, et celles du général Lamarque qui étaient à Nantes, dans un pays tout ouvert, où ils avaient toujours été battus, et où ils étaient exposés à mourir de faim. Dans ce même moment venaient d'arriver dans la Vendée MM. de La Béraudière, de Malartic, de Flavigny, dépêchés par M. Fouché pour proposer une suspension d'armes, sur le motif que la question allant se résoudre en Flandre, il était inutile de verser du sang pour la décider en Vendée, où d'ailleurs elle ne se déciderait jamais. Ces pourparlers étant parvenus aux oreilles de M. Louis de La Rochejaquelein, il en avait fait un crime à MM. de Sapinaud, de Suzannet, d'Autichamp, qu'il avait destitués de leurs commandements, comme infidèles à leur cause. En Vendée, le commandement était donné par le peuple et non par le Roi. MM. de Sapinaud, de Suzannet, d'Autichamp, étaient restés à la tête de leurs troupes, et avaient laissé M. Louis de La Rochejaquelein s'engager dans le Marais, où tâchant de sortir d'une mauvaise position par une extrême bravoure, il s'était fait tuer à la tête d'une colonne de 1,500 hommes, laquelle avait été bientôt dispersée.

SECONDE ABDICATION.

M. de Sapinaud lui ayant succédé dans le commandement général, les chefs avaient pris de nouveau les armes, et marché sur la Roche-Servien, où rencontrant le général Lamarque ils avaient essuyé une sanglante défaite et perdu plus de 3 mille hommes. M. de Suzannet, dans cet engagement, était tombé percé de balles. Convaincus qu'ils ne pouvaient plus tenir, et que c'était à d'autres à rétablir la royauté, les chefs vendéens écoutant enfin les propositions de M. Fouché, avaient signé la pacification de leur province, après avoir versé inutilement leur sang et celui de braves soldats qui auraient été mieux employés en Flandre qu'en Vendée.

Juin 1815.

Ainsi, sur les frontières et dans l'intérieur, rien n'était définitivement perdu, si à Paris on savait supporter le grand désastre de Waterloo.

Napoléon en sortant de Charleroy s'était dirigé sur Philippeville avec un petit nombre de cavaliers de toutes armes, et arrivé devant cette place le 19 au matin il avait eu de la peine à s'en faire ouvrir les portes, le gouverneur ne pouvant reconnaître dans cet état l'Empereur des Français. Admis bientôt avec respect et douleur dans l'intérieur de la place, Napoléon y avait retrouvé M. de Bassano, et quelques-uns de ses officiers, tous consternés, tous privés de bagage, car rien n'avait été sauvé du désastre, pas même les voitures impériales. Après quelques instants consacrés à de tristes épanchements, il expédia divers ordres, écrivit à son frère Joseph pour lui faire part de son dernier revers, pour l'inviter à convoquer les ministres et à préparer avec

Napoléon traverse Philippeville pour se rendre à Laon.

Juin 1815.

Son arrivée à Laon.

Ses dispositions morales.

Rédaction du bulletin de la bataille de Waterloo.

eux les résolutions que comportaient les circonstances, puis escorté des serviteurs qu'il venait de recueillir, il monta dans les méchantes voitures qu'on avait pu lui procurer, et prit la route de Laon, où il avait prescrit de rallier les débris de l'armée.

Parvenu à Laon, où l'avait précédé le bruit de nos malheurs, Napoléon y reçut des autorités de la ville et des chefs de la garnison des témoignages de douleur qui le touchèrent, après quoi il employa les premières heures à délibérer sur la conduite à tenir. D'un coup d'œil il avait pénétré l'avenir très-prochain qui lui était réservé, et avait trop vu peut-être, que quelque conduite qu'il tînt, le résultat serait le même. Il avait joué sa fortune sur un coup de dés : les dés étaient mal tombés, et cette fortune était évidemment perdue. Cette manière d'envisager l'état des choses, en lui inspirant une résignation surprenante, allait peut-être aussi diminuer son énergie, et même le soin qu'il mettrait à peser les divers partis à prendre. Une sorte d'indifférence, quelquefois tranquille et douce, quelquefois amère et méprisante, allait être sa disposition constante dans un moment où, avec moins de pénétration et plus de désir de se sauver, il aurait pu, pour quelques heures au moins, conjurer le destin. Quelques heures en effet lui semblaient le seul gain à faire sur les événements, et il était peu probable que pour un tel prix il daignât tenter un grand effort.

L'affaire la plus pressante était de donner à la France un récit exact de la bataille du 18 juin. Napoléon avait auprès de lui M. de Bassano, le grand maréchal Bertrand, le général Drouot, MM. de Flahault et de La Bédoyère, ses aides de camp. Il rédigea lui-même le bulletin de la bataille avec l'intention d'exposer toute la vérité, sans cependant incriminer personne. Après avoir dicté rapidement ce bulletin, il le lut aux assistants, en leur disant qu'il pourrait rejeter sur le maréchal Ney une partie du malheur de la journée, mais qu'il s'en garderait bien, chacun ayant fait de son mieux, et chacun aussi ayant commis des fautes. Effectivement il eût été cruel de faire peser la responsabilité de sa défaite sur un homme qui pour empêcher cette défaite venait de déployer un si prodigieux héroïsme. Il ne songeait pas au maréchal Grouchy dont il ignorait la conduite, et dont il n'attribuait l'absence qu'à une cause extraordinaire. Tout fut donc imputé aux circonstances et à l'*impatience fébrile de la cavalerie*. Napoléon, après avoir particulièrement consulté l'homme de la justice et de la vérité, Drouot, arrêta le bulletin, qui fut expédié à Paris par courrier extraordinaire. Il discuta ensuite avec les personnes qui l'entouraient le parti qu'il avait à prendre.

Juin 1815.

Qu'allait-il faire à Laon? Y attendrait-il patiemment le ralliement des débris de l'armée? Et ces débris que seraient-ils? Suffiraient-ils pour tenir tête à l'ennemi, pour retarder sa marche au moins quelques jours, de manière à donner à Paris le temps de fermer ses portes, d'armer ses redoutes, de rassembler les corps chargés de composer sa garnison? Ne valait-il pas mieux, tandis que le major général et le prince Jérôme rallieraient l'armée à Laon, que Napoléon courût à Paris, se présentât aux Chambres, leur dît la vérité, et leur demandât les moyens de

Grande question naissant de la situation.

Fallait-il rester à Laon à la tête de l'armée, ou se rendre à Paris,

Juin 1815.

pour tâcher d'y rallier les pouvoirs publics, et d'en obtenir des moyens de résistance à l'ennemi?

réparer le dernier désastre? Des moyens il en restait, si les Chambres franchement unies au gouvernement voulaient le seconder. Napoléon d'ailleurs en avait d'avance préparé d'assez considérables, même dans l'hypothèse d'une grande défaite, pour laisser encore bien des chances d'une résistance heureuse. Les Chambres pourraient y ajouter par leur dévouement à la cause commune : tout dépendrait donc de la fermeté et de l'accord des pouvoirs publics. Napoléon présent n'obtiendrait-il pas cette fermeté, cet accord, plus sûrement que s'il était absent?

C'était là une question extrêmement grave, et qui pour la troisième fois se présentait dans la carrière de Napoléon. Comme il réunissait en lui la double qualité de général et de chef d'empire, il avait eu à se demander dans plusieurs occasions solennelles, lequel était préférable, ou de rendre au gouvernement son moteur principal, ou de laisser à l'armée son chef? Dans ces diverses occasions il avait sacrifié l'intérêt militaire à l'intérêt politique, et jusqu'ici le calcul lui avait réussi, aux dépens toutefois de sa réputation personnelle, car il avait fourni à ses ennemis le prétexte de dire qu'une fois son armée mise en péril par sa faute, il n'avait d'autre souci que de sauver sa personne. C'était là un reproche d'ennemi, car dans chacune de ces conjonctures il avait atteint un grand but. En effet, lorsqu'il avait abandonné l'armée d'Égypte pour venir fonder un gouvernement à Paris, il était devenu consul et empereur. Après la campagne de 1812, en quittant son armée à Smorgoni, et en

SECONDE ABDICATION.

traversant l'Allemagne avant qu'elle fût soulevée, il avait pu réunir les moyens de vaincre l'Europe à Lutzen et à Bautzen, ce qui eût suffi pour sauver sa couronne s'il avait su imposer des sacrifices à son orgueil. Il avait donc agi habilement, puisque la première fois il avait conquis le pouvoir, et l'avait conservé la seconde. En serait-il de même la troisième ?

Juin 1815.

La question était des plus difficiles à résoudre. Lorsqu'il était revenu d'Égypte il était apparu avec le prestige de la gloire opposé à la déconsidération du Directoire, et il n'avait eu qu'à se montrer pour triompher. Lorsqu'il était brusquement revenu de Russie, on n'avait pas cessé de le croire invincible, si bien qu'on cherchait dans les éléments seuls l'explication d'un malheur regardé comme passager; de plus on ne concevait pas encore l'idée d'un autre gouvernement que le sien, et il avait ainsi obtenu du patriotisme de la France les moyens de faire une seconde campagne. Aujourd'hui tout était bien changé. On s'était habitué à le voir vaincu; on croyait toujours à son génie, mais on ne croyait plus à sa fortune; on imputait à son despotisme, à son ambition, les malheurs de la France, et on attribuait surtout la nouvelle crise où elle était tombée à son funeste retour de l'île d'Elbe. Les Bourbons ayant eux-mêmes préparé ce retour par leurs fautes, on avait subi Napoléon des mains de l'armée, dans l'espérance qu'il pourrait vaincre encore, mais puisque la seule utilité qu'on attendait de lui, celle de vaincre, disparaissait avec ses autres prestiges, conserverait-il quelque ascendant sur des Chambres

Raisons pour et contre.

déjà froides la veille de sa défaite, et probablement plus que froides le lendemain? Ne les verrait-on pas bafouer le héros malheureux, comme le font si souvent les hommes? Et ne valait-il pas mieux rester à la tête d'une armée qui persistait à l'idolâtrer, et qui n'imputait ses revers qu'à la trahison? Du milieu de cette armée, toujours redoutable quoique vaincue, ne serait-il pas plus imposant, que seul à la barre d'une assemblée impitoyable pour le despote sans soldats et sans épée?

Napoléon avait le sentiment secret qu'il était plus sage de rester à Laon pour y recueillir les débris de son armée, que d'aller se mettre à Paris dans les mains d'une assemblée hostile, et il inclinait fortement vers cette résolution. Mais les avis furent partagés, et généralement contraires parmi ceux qui l'entouraient. Les uns étaient préoccupés de ce qu'avaient dit souvent ses ennemis, qu'il ne savait jamais que délaisser son armée en détresse, et ils craignaient dans les circonstances présentes le renouvellement de semblables propos. D'autres faisaient valoir un plus grand intérêt, celui d'aller à Paris remonter les cœurs, contenir les partis, imposer silence aux dissidences, et réunir tous les bons citoyens dans l'unique pensée de résister à l'étranger. Ceux que cette grave considération touchait particulièrement, habitués à subir l'ascendant de leur maître, ne s'apercevant pas que cet ascendant tout entier encore pour eux, était aux trois quarts détruit pour les autres, voulaient l'opposer à la mauvaise volonté des partis, dans la croyance chimérique qu'il serait aussi efficace qu'autrefois. Il est certain que dans un

SECONDE ABDICATION.

moment pareil, au milieu de toutes les agitations qu'il fallait prévoir, une volonté puissante était infiniment désirable à Paris. Mais cette volonté ne serait-elle pas plus imposante de loin que de près, et du sein d'une armée toujours fanatique de son chef, que du milieu du palais désert de l'Élysée? Supposez qu'une assemblée emportée voulût par des décrets attenter à la prérogative impériale, elle ne pourrait rien contre Napoléon entouré de ses soldats, tandis que lorsqu'il serait à Paris, seul, sans autre escorte que sa défaite, elle pourrait bien le violenter, le dépouiller de son sceptre? Quant à lui il entrevit cet avenir humiliant, sans l'avouer à ceux qui prenaient part à cette délibération. Presque tous ne virent que la nécessité d'une main puissante au centre du gouvernement pour y contenir les mauvais vouloirs, et croyant à la puissance de cette main dont tous les jours ils sentaient encore la force, ils conjurèrent Napoléon de se rendre sur-le-champ à Paris. Cependant il persistait dans une espèce de résistance silencieuse, lorsque deux raisons le décidèrent en sens contraire de son penchant secret. D'une part il reçut une lettre de M. le comte Lanjuinais, président de la Chambre des représentants, écrite, il est vrai, après Ligny et avant Waterloo, mais empreinte de sentiments si affectueux qu'il y avait lieu de bien augurer des dispositions de l'assemblée. D'autre part en regardant ce qu'on avait autour de soi, à Laon, on ne devait guère être tenté de s'y arrêter. Si Napoléon avait eu sous la main cinquante ou soixante mille hommes pour opérer entre Paris et la frontière, rien ne l'au-

Juin 1815.

Motifs qui décident Napoléon à se rendre à Paris.

rait décidé à les abandonner, car avec son art de manœuvrer il aurait pu encore ralentir les généraux vainqueurs, donner le temps aux esprits de se remettre, aux gardes nationales mobilisées d'accourir, et contenir par sa fière attitude ses ennemis du dedans et du dehors. Mais on avait rencontré tout au plus trois mille fuyards entre Philippeville et Laon, portés sur les ailes de la déroute, et il fallait bien huit ou dix jours pour réunir vingt mille hommes ayant figure de troupes organisées. — Ah! lui disait-on, si Grouchy était un vrai général, si on avait quelque raison d'espérer qu'il eût sauvé les trente-cinq mille hommes placés sous son commandement, on aurait bientôt rallié derrière cet appui vingt-cinq mille autres soldats toujours dévoués à l'Empire, et avec soixante mille combattants résolus on pourrait encore se jeter sur l'ennemi en faute, gagner sur lui une bataille, arrêter sa marche, et relever la fortune chancelante de la France. Mais Grouchy devait être actuellement prisonnier des Prussiens et des Anglais; il n'y avait donc pas un seul corps entier. Napoléon serait à Laon occupé à attendre pendant dix ou douze jours qu'on eût rassemblé quinze ou vingt mille hommes. Il emploierait son temps à ramasser les hommes un à un, à les rallier au drapeau. Il valait certes bien mieux que ce temps fût employé à rallier les pouvoirs publics en se rendant pour quelques jours à Paris, sauf à revenir tout de suite après se replacer à la tête de l'armée que le major général aurait réunie et réorganisée. — Ces raisons étaient spécieuses, elles déterminèrent Napoléon, car il ne pouvait se résigner à passer son temps à Laon à courir après des fuyards, tandis qu'à Paris il pourrait s'appliquer à contenir les partis, à ranimer l'administration, à créer de nouvelles ressources. S'il avait su Grouchy sain et sauf, il serait resté. Ayant toute raison de le croire perdu, il aima mieux se rendre à Paris. Ainsi, on peut dire que Grouchy le perdit deux fois : en agissant mal une première fois, et en faisant craindre la seconde qu'il n'eût mal agi, ce qui n'était pas, car en ce moment il parvenait à sauver miraculeusement son corps d'armée.

Juin 1815.

Son parti pris, Napoléon donna l'ordre de lever la garde nationale en masse dans les contrées environnantes pour recueillir les fuyards et les ramener à Laon. Il laissa le commandement de l'armée au major général, maréchal Soult, et emmena avec lui son frère Jérôme qui était blessé au bras et à la main. Il recommanda au maréchal de reformer et de réorganiser les troupes le plus tôt possible, et lui annonça qu'après avoir pourvu aux affaires les plus urgentes, il reviendrait prendre le commandement. Il monta ensuite en voiture dans la journée du 20 afin de se rendre à Paris.

Napoléon charge le maréchal Soult du commandement de l'armée, et part pour Paris.

Pendant que Napoléon s'arrêtait à cette grave détermination, Paris, surpris par la nouvelle du désastre de Waterloo, tombait d'abord dans la stupeur, et de la stupeur passait bien vite à la plus extrême agitation. Les nouvelles reçues coup sur coup d'un succès décisif dans la Vendée, d'un succès rassurant vers les Alpes, d'un succès éclatant à Ligny, avaient inspiré une sorte de confiance, et on se figurait que, la fortune et la modération aidant, on parvien-

Première impression produite à Paris par le désastre de Waterloo.

Juin 1815.

drait à conclure une paix honorable. Ces nouvelles satisfaisantes avaient occupé les esprits jusqu'au 18. Le 19 aucun bruit ne circula. Le 20 on apprit que les ministres avaient été brusquement appelés chez le prince Joseph, et les plus désolantes rumeurs se répandirent dans la capitale. Bientôt on sut que Joseph avait annoncé un grand désastre aux membres du gouvernement, et leur avait recommandé d'attendre avec calme les ordres que Napoléon allait leur adresser. Le calme était plus facile à conseiller qu'à conserver. L'émotion fut des plus vives, et l'opinion que Waterloo allait être le signal d'une nouvelle révolution envahit toutes les têtes. En effet, l'idée qui depuis le retour de l'île d'Elbe régnait chez tous les esprits, c'est que si Napoléon par la haine qu'il inspirait à l'Europe était pour la France un danger, il était aussi une sûreté par la puissance de son épée. Cette épée venant de se briser à Waterloo, on en concluait universellement qu'il n'était plus qu'un danger sans compensation, et qu'il devait descendre encore une fois du trône pour faire cesser ce danger. Les vulgaires adorateurs du succès disaient tout simplement qu'il était venu jouer une dernière partie, qu'il l'avait perdue, et qu'il n'avait qu'à céder la place à d'autres. Les gens qui prenaient leurs raisons à une source plus élevée, disaient qu'après avoir compromis la France avec l'Europe par son premier règne, il aurait bien fait de ne pas revenir; que, revenu par une tentative des plus téméraires, il n'aurait eu qu'une manière d'excuser cette tentative, c'eût été une bonne politique et la victoire; que, puisque

La pensée qui s'empare de tous les esprits, c'est que Napoléon, ne sachant plus vaincre, est pour la France un danger sans compensation.

SECONDE ABDICATION.

la victoire lui faisait défaut, il devait, en se sacrifiant lui-même, mettre fin à des périls dont il était la cause sans pouvoir en être le remède.

Cette opinion devint en un instant générale, et chacun l'exprimait à sa manière. Les royalistes en proie à une joie folle, proclamaient hautement que la déchéance immédiate de Napoléon était un sacrifice dû au salut de la France, et qui, dans tous les cas, ne serait envers lui qu'une juste punition de ses attentats. Les révolutionnaires honnêtes, les jeunes libéraux, qui, sans désirer Napoléon, l'avaient accepté des mains de l'armée comme le seul homme capable de défendre la Révolution et la France, en voyant qu'ils avaient trop présumé sinon de son génie au moins de sa fortune, étaient confus, désolés, et n'hésitaient pas à dire qu'il fallait songer exclusivement à la France, et la sauver sans lui si on ne pouvait la sauver avec lui. Les hommes attachés à la dynastie des Bonaparte par affection ou par intérêt, les révolutionnaires tout à fait compromis, étaient les seuls qui osassent soutenir qu'il fallait s'attacher résolûment à Napoléon, et s'ensevelir avec lui sous les ruines de l'Empire.

Cependant quelques esprits fermes, fort rares il est vrai, soutenaient cette opinion par de meilleures raisons. Ils disaient que la faute de rappeler ou de laisser revenir Napoléon une fois commise, l'unique manière de la réparer c'était de persévérer, et de s'unir fortement à lui; qu'il restait des ressources pour continuer la guerre, que, mises dans ses mains, ces ressources pourraient être efficaces; qu'avec lui pour chef le succès de la résistance à l'ennemi était

Juin 1815.

Façon de penser de Sieyès et de Carnot.

L'un et l'autre sont d'avis qu'il faut chercher à sauver la France par Napoléon.

possible, mais avec tout autre impossible; que l'espérance de traiter avec l'Europe en lui sacrifiant Napoléon était non-seulement peu honorable, mais chimérique; que l'Europe en voulait à Napoléon sans doute, mais à la France tout autant; qu'elle ferait les plus belles promesses du monde, et qu'ensuite lorsqu'on aurait eu la faiblesse de les écouter, Dieu seul savait ce que deviendraient le pays, son sol, sa liberté!

Deux hommes éminents partageaient cet avis, Carnot et Sieyès : Carnot, parce qu'en vivant trois mois auprès de Napoléon, en le voyant simple, ouvert, prêt à reconnaître ses fautes quand on ne les lui reprochait pas, et voué tout entier à la défense du pays, il avait fini par s'attacher à lui; Sieyès, parce que tout en n'aimant point Napoléon, pas plus aujourd'hui qu'autrefois, il jugeait la situation avec sa supériorité d'esprit accoutumée, et pensait qu'il fallait ou résister avec Napoléon, ou se rendre immédiatement aux Bourbons. Or comme cette dernière solution était pour lui inadmissible, il n'hésitait pas, et était d'avis de s'unir à Napoléon, franchement, énergiquement, en mettant dans ses mains toutes les forces du pays. Il le dit en termes très-vifs à M. Lanjuinais, qu'il trouva fort ébranlé par la nouvelle de Waterloo. M. Lanjuinais était en effet de ceux qui n'avaient été ramenés à Napoléon que par la raison d'utilité publique, et qui, cette raison disparaissant, n'avaient plus rien qui les rattachât à lui. — Pensez bien, lui dit Sieyès, à ce que vous allez faire, car vous n'avez que cet homme pour vous sauver. Ce n'est pas un tribun qu'il vous faut, mais un général.

Lui seul tient l'armée, et peut la commander. Brisez-le après vous en être servi, ce n'est pas moi qui le plaindrai. Mais sachez vous en servir auparavant, mettez dans ses mains toutes les forces de la nation, et vous échapperez peut-être au péril qui vous menace. Autrement vous perdrez infailliblement la Révolution, et peut-être la France elle-même. —

Juin 1815

Dans une certaine mesure Sieyès avait raison. Si on voulait faire triompher la liberté par les mains des nouveaux libéraux et des anciens révolutionnaires (de ceux, bien entendu, qu'aucun excès ne souillait), tous sincèrement attachés à cette noble cause, et méritant bien qu'elle triomphât par leurs mains, si on voulait garantir la France de l'humiliation de subir un gouvernement imposé par l'étranger, si on voulait préserver son sol, sa grandeur des violences d'un ennemi victorieux, il n'y avait qu'une ressource, c'était l'union entre soi d'abord, et avec Napoléon ensuite. Lui seul en effet pouvait obtenir de l'armée et de la partie énergique de la nation les derniers efforts du patriotisme, lui seul enfin était capable de rendre ces efforts efficaces. Croire qu'avec une assemblée constituée révolutionnairement, on renouvellerait les prodiges d'énergie de la Convention nationale, était un rêve de maniaques incorrigibles, comme il y en a dans tous les temps, et comme il y en avait beaucoup alors dans le parti révolutionnaire.

Mais il faut le reconnaître, indépendamment de cette solution qui consistait à sauver la liberté et l'inviolabilité du sol par la main de Napoléon, il y en avait une autre. La liberté n'était pas néces-

N'y avait-il pas d'autre manière de la sauver?

Juin 1815.

Difficultés du rôle de celui qui se chargerait de la sauver.

sairement perdue avec les Bourbons, loin de là, car elle était de force à triompher d'eux, comme elle venait de triompher de Napoléon lui-même en lui arrachant l'*Acte additionnel*, et quant à l'intégrité du sol de la France, il y avait tant de doute sur le succès d'une lutte désespérée contre les armées ennemies, qu'accepter franchement les Bourbons en traitant avec eux, en faisant des conditions, soit à eux soit à l'Europe qui les soutenait, était la solution non-seulement la plus probable, mais la moins dangereuse, si on savait y amener les choses habilement et honnêtement. Un bon citoyen pouvait bien se proposer ce but, pourvu toutefois qu'il ne songeât point à lui, mais au pays; qu'il fît des conditions pour la liberté, pour le sol, non pour son ambition personnelle; qu'en un mot ce fût de sa part une patriotique entreprise, et non une intrigue basse et intéressée. Mais tout en étant prêts à faire le sacrifice de Napoléon, les hommes qui remplissaient les deux Chambres étaient si peu préparés à recevoir les Bourbons (soit répugnance, soit intérêt), que pour ménager la transition il aurait fallu, avec une parfaite honnêteté, une habileté profonde, un immense ascendant, ce qui supposait un personnage rare, et ce personnage avec toutes ces conditions n'existait pas.

Aptitudes à ce rôle du maréchal Davout et de M. Fouché.

Deux hommes pouvaient beaucoup dans le moment pour sauver le pays, c'étaient le maréchal Davout et M. Fouché. Le maréchal Davout exerçait sur l'armée un ascendant mérité. Lui seul, après Napoléon, avait l'autorité nécessaire pour la rallier, et s'il faisait à Paris ce qu'il avait fait à Hambourg, il pouvait arrêter longtemps l'Europe victorieuse. Son honnêteté était à l'abri de tout soupçon, mais s'il ne manquait pas de sens politique, il manquait complétement de dextérité. Il n'était capable que d'une conduite, c'était d'assembler les membres du gouvernement, de leur proposer hardiment ce qu'il croirait le meilleur, même le rappel des Bourbons, et puis de briser son épée si on ne l'écoutait point. Mais il était incapable de mener adroitement les partis à un but difficile, sujet à contestation, et devant surtout être dissimulé quelques jours bien que très-honnête. M. Fouché était tout autre. Certes, si l'honnêteté, le désintéressement, l'ascendant sur l'armée lui manquaient absolument, l'art de tromper les partis, de les mener à un but en leur niant effrontément qu'il y marchât, cet art il l'avait au plus haut degré. En un mot il avait trop de ce dont le maréchal Davout avait trop peu, et dans une révolution pareille, où il n'aurait fallu songer qu'au pays, il n'était capable de songer qu'à lui-même. La nouvelle du désastre de Waterloo fut pour son activité, sa vanité, son ambition, un aiguillon extraordinaire. Être débarrassé de Napoléon le dédommageait, et au delà, des chances presque certaines que cet événement donnait aux Bourbons, sans compter que dans la confusion actuelle des choses, le géant étant abattu, il n'apercevait dans ce chaos aucune tête qui pût dominer la sienne. Il se voyait seul maître des événements, jouant en 1815 le rôle que M. de Talleyrand avait joué en 1814, et avec plus de puissance encore, car disposant des partis dans l'intérieur de Paris, traitant au dehors avec les armées ennemies

Juin 1815.

M. Fouché se charge de diriger la nouvelle révolution, et songe, non pas à la France, mais à lui-même.

arrêtées devant la capitale, il se flattait d'être l'arbitre de la France comme de l'Europe, et dans son ridicule aveuglement, il ne discernait pas que si M. de Talleyrand, conseillant avec autorité et décision d'esprit les souverains victorieux, avait abouti à la Charte de 1814, lui essayant de tromper tous les partis, pour finir par être trompé lui-même, n'aboutirait qu'à livrer la France, et avec elle les têtes les plus illustres, aux colères de l'émigration et de l'Europe. 1814, en effet, avait été une réconciliation qu'il n'avait tenu qu'aux Bourbons de rendre durable : 1815 ne devait être qu'une odieuse vengeance! Ce n'était pas la peine de se montrer si pressé d'y mettre la main!

Aussitôt la fatale nouvelle arrivée, M. Fouché se mit en mouvement pour nouer des intrigues de toute sorte. Les Bourbons n'étaient pas ce qu'il aurait préféré, et il sentait bien que sa triste qualité de régicide plaçait entre eux et lui un durable embarras. La régence de Marie-Louise qui eût fort convenu aux bonapartistes et à l'armée, le duc d'Orléans lui-même, vers lequel beaucoup d'amis de la liberté et beaucoup de chefs militaires tournaient en ce moment les yeux, auraient mieux répondu à ses secrets désirs. Mais si Marie-Louise, si le duc d'Orléans étaient des transactions qu'on aurait pu attendre de l'Europe vaincue, ou à demi victorieuse, il n'y avait après un désastre comme celui de Waterloo, aucune transaction à espérer, et les Bourbons, imposés cette fois sans conditions, étaient la seule solution vraiment probable. Le prévoyant M. Fouché s'y résignait, si cette solution était son ouvrage, et

SECONDE ABDICATION.

s'il pouvait s'en ménager les profits. Pour aller au plus sûr, et prendre ses précautions à cet égard, il débuta par une démarche des plus significatives. M. de Vitrolles, dont on a vu le rôle antérieur, était resté prisonnier à Vincennes depuis son arrestation à Toulouse, et Napoléon, sans vouloir le faire fusiller, ainsi que le prétendait M. Fouché pour se donner le mérite de l'avoir sauvé, l'avait gardé comme une espèce d'otage, sauf à voir ce qu'il en ferait plus tard. Il avait de la sorte, sans s'en douter, préparé à M. Fouché un puissant moyen d'intrigue. Celui-ci fit immédiatement tirer de Vincennes et amener en sa présence M. de Vitrolles, lui annonça qu'il était libre, lui recommanda de ne pas se montrer, et de se tenir prêt à remplir les missions dont on le chargerait. En fait de missions, M. de Vitrolles n'en pouvait accepter que d'une espèce, et il n'eut pas besoin de le rappeler à M. Fouché, qui le savait, et qui l'entendait ainsi. Seulement les événements étant à leur début, il était impossible actuellement d'aller plus loin dans les voies du royalisme. Tirer M. de Vitrolles de Vincennes, et le tenir prêt à agir, était à la fois un titre auprès des Bourbons, et une manière des plus adroites d'entrer en rapport avec eux.

Cette première démarche, M. Fouché naturellement n'en informa personne, et il se montra sous un tout autre aspect à ceux avec lesquels il se proposait de travailler à une nouvelle révolution. Il fallait commencer par se débarrasser de Napoléon, qu'il ne cessait de craindre, surtout dans les convulsions d'une agonie qui pouvait être violente, et

Juin 1815.

Il commence par élargir M. de Vitrolles, dans l'espérance d'en faire son intermédiaire auprès des Bourbons.

Juin 1815.

M. Fouché cherche à persuader à tout le monde que Napoléon est la cause unique des maux du pays, que lui écarté toutes les difficultés pourront s'aplanir.

bien que tout tendît à la déchéance du vaincu de Waterloo, pourtant il fallait encore des ménagements envers ceux qu'on voulait amener à la prononcer. A peine sorti de la réunion des ministres chez le prince Joseph, M. Fouché s'empressa d'attirer à lui les membres des deux Chambres, et il employa la journée du 20, la nuit du 20 au 21 à ces diverses entrevues. — Eh bien, leur répétait-il à tous, ne vous avais-je pas dit que cet homme nous perdrait par sa folle obstination? S'il n'était pas revenu de l'île d'Elbe, nous allions nous délivrer des Bourbons, presque d'accord avec les puissances qui auraient accepté Marie-Louise ou M. le duc d'Orléans, et ainsi au lieu d'une révolution violente, d'une guerre à mort avec l'Europe, nous aurions eu un changement pacifique, presque universellement consenti. Récemment encore une belle occasion s'est offerte, c'était le Champ de Mai. Nous savions par une communication secrète venue de Vienne (M. Fouché faisait allusion à la mission de M. Werner à Bâle) qu'on était prêt à un arrangement, que la condition essentielle était l'éloignement de Napoléon, que ce point concédé on admettrait tout, Marie-Louise, le duc d'Orléans, ce qui conviendrait en un mot, et qu'à ce prix la paix serait maintenue. J'avais proposé à Napoléon d'abdiquer au Champ de Mai au profit de son fils, et de mettre ainsi les puissances en demeure de prouver leur sincérité. On lui aurait ménagé à lui une retraite honorable, et par ce sacrifice il se serait procuré la plus belle des gloires. Mais il n'a rien voulu entendre, et vous le voyez, ce joueur effréné ne sait même plus gagner au jeu, et que faire maintenant d'un joueur qui ne sait que perdre? —

M. Fouché ne s'ouvrait pas au même degré avec ses différents interlocuteurs; il en disait plus à ses intimes, un peu moins à ceux qui n'étaient pas dans sa confidence accoutumée, mais à tous il montrait un grand effroi de ce que Napoléon était capable de faire à son retour à Paris. — Il va revenir comme un furieux, disait-il; il va vous proposer des mesures extraordinaires, vous demander de mettre dans ses mains toutes les ressources de la nation, pour en faire un usage désespéré. Il songeait l'année dernière à détruire Paris; vous pouvez deviner à quoi il sera disposé cette année, maintenant qu'il est placé entre la mort et un étroit cachot; et, soyez-en sûrs, si vous ne votez pas ce qu'il vous demandera, il dissoudra les Chambres, pour rester en possession de tous les pouvoirs. — La menace de la dissolution des Chambres était un moyen que M. Fouché avait employé dès les premiers jours de leur réunion, et il avait déjà pu en éprouver la puissance. Ces représentants, en effet, revêtus de leur mandat depuis vingt jours à peine, se sentant devenir les maîtres du pays à mesure que l'influence de Napoléon s'affaissait, frémissaient à l'idée de se voir éconduits, renvoyés chez eux, pour laisser la France aux mains d'un forcené, comme disait M. Fouché, qui l'année dernière était prêt à faire sauter la poudrière de Grenelle, et qui certainement n'oserait pas moins cette année. On était sûr en présentant aux deux Chambres cette idée de la dissolution, de leur faire perdre tout sang-froid,

Juin 1815.

Il cherche surtout à faire craindre la dissolution des Chambres.

et effectivement, M. Fouché la leur donnait comme définitivement arrêtée dans l'esprit de Napoléon. On était disposé à l'en croire, car si quelqu'un était bien placé pour connaître la pensée impériale c'était lui. Mais il ne suffisait pas d'être averti d'une telle résolution, il fallait trouver le moyen de s'en préserver, et ce n'était pas aisé, puisque l'Acte additionnel accordait au monarque le pouvoir de dissoudre ou d'ajourner les Chambres.

A l'égard de l'Acte additionnel M. Fouché témoignait le plus parfait dédain, et n'en paraissait nullement embarrassé. C'eût été, selon lui, une singulière faiblesse que de se laisser arrêter par une constitution sans valeur, dont Napoléon ne tenait aucun compte, et qu'il n'aurait aucun scrupule de violer, quand ses intérêts le commanderaient. Il n'y avait qu'une chose à faire, c'était de rendre un décret, par lequel les Chambres déclareraient qu'elles n'entendaient souffrir ni prorogation ni dissolution dans les circonstances graves où se trouvait la France. A en croire M. Fouché, ce n'était pas attenter à la couronne elle-même, bien que ce fût restreindre une de ses prérogatives. C'était, en laissant le sceptre impérial à Napoléon, l'arrêter, le contenir dans l'usage qu'il serait tenté d'en faire. A ces raisonnements M. Fouché ajoutait beaucoup de demi-confidences, tendant à insinuer qu'il avait eu des communications secrètes avec les diverses cours européennes, particulièrement avec celle de Vienne, que de parti pris il n'y en avait pas contre la France, qu'il n'y en avait qu'à l'égard de Napoléon, et que, lui écarté, on avait la certitude de sauver à la fois la liberté, le sol et la dignité de la France. Il ne s'agissait donc pas de le détrôner, mais seulement de l'empêcher de commettre des folies, s'il en était tenté, car enfin on ne pouvait pas laisser le destin de la France à la merci d'un furieux qui aimait mieux la perdre avec lui, que la sauver en se sacrifiant lui-même.

Juin 1815.

Dans cette mesure, tout le monde adhéra aux vues de M. Fouché, et il promit aux divers représentants qu'il eut occasion de voir, de les tenir exactement informés des projets de Napoléon dès qu'il en aurait connaissance. Parmi ces représentants il y en avait un surtout dont il eut l'art de réveiller les ombrages, c'était M. de Lafayette. On a vu quel avait été le rôle de cet illustre personnage pendant les Cent jours. Soit par M. Benjamin Constant, soit par le prince Joseph, il était parvenu à exercer une véritable influence, en leur donnant ou refusant son approbation, selon qu'ils se prêtaient plus ou moins à ce qu'il voulait, et il avait obtenu ainsi la convocation des Chambres, à laquelle Napoléon répugnait profondément. M. de Lafayette avait tenu à cette convocation plus qu'aux clauses les plus essentielles de l'Acte additionnel, disant que lorsqu'on serait réuni dans une assemblée on saurait bien contenir Napoléon, s'il voulait ressaisir son ancien despotisme. C'était par conséquent de tous les hommes du temps celui qu'on était le plus assuré d'exciter, en lui présentant la dissolution des Chambres comme certaine, ou seulement comme possible. M. Fouché lui fit dire que Napoléon avait perdu son armée, qu'il allait arriver pour tâcher

Moyens d'influence employés par M. Fouché sur M. de Lafayette d'en refaire une autre, que son premier soin serait de se débarrasser des Chambres, qu'on devait s'y attendre, se tenir sur ses gardes, et être prêt à conserver malgré lui une influence salutaire sur les destinées du pays. Il n'en fallait pas tant pour exalter au plus haut point les défiances, le zèle, l'audace entreprenante de M. de Lafayette.

Manière dont M. Fouché s'empare de MM. Jay et Manuel.

Il y avait deux jeunes députés, fort honnêtes gens tous les deux, MM. Jay et Manuel, bien au-dessous alors de la situation de M. de Lafayette, mais le second appelé bientôt à jouer un rôle considérable, dont M. Fouché avait complétement abusé la probité, et qu'il se préparait à employer beaucoup dans les circonstances présentes. M. Jay, homme de lettres, connu par des succès académiques, esprit doux, fin, cultivé, caractère timide mais indépendant, sachant écrire mais ne sachant point parler, capable cependant de trouver dans une conjoncture importante quelques paroles convenables et courageuses, avait été l'instituteur des fils de M. Fouché, et était devenu représentant de Bordeaux. M. Manuel, avocat au barreau d'Aix, ignorant l'art d'écrire, mais possédant à un haut degré celui de parler, doué d'une grande présence d'esprit, d'un courage à toute épreuve, et d'un patriotisme sincère, était entré en relations avec M. Fouché lorsque ce dernier subissait en Provence une sorte d'exil, et il était devenu représentant de l'arrondissement d'Aix. Tous les deux demeurés jusqu'alors en dehors de la politique, ils avaient pris confiance en M. Fouché qui avait eu soin de se présenter à eux sous ses meilleurs aspects. Avec l'un et l'autre il

Honorable caractère de ces deux hommes.

s'était montré étranger à tous les partis, indifférent aux Bonaparte comme aux Bourbons, complétement détaché des personnes à force d'être attaché aux choses, ne cherchant pas à renverser Napoléon, mais prêt à en faire le sacrifice à la France, si pour la sauver il fallait se séparer de lui. On ne pouvait se donner de meilleures apparences, car tout ce qu'il y avait de jeune, d'honnête, de patriote parmi les hommes politiques, pensait ainsi, et il n'avait pas été difficile à M. Fouché de s'emparer de deux jeunes représentants n'ayant de liens avec aucun parti, et ne prenant souci que des intérêts du pays. Il leur dit à eux ce qu'il avait fait dire à M. de Lafayette, que Napoléon allait arriver dans quelques heures, qu'il fallait le seconder, mais ne pas se laisser arracher par lui la juste part qu'on avait au gouvernement, en un mot ne pas se laisser dissoudre. Dans cette voie on était sûr de trouver non pas seulement les hommes que nous venons de désigner, mais les deux Chambres tout entières.

Juin 1815.

Le 21 au matin la plupart des représentants, bien que la séance ne s'ouvrît qu'à midi, étaient accourus au palais de l'assemblée, et avec l'animation d'esprit que les circonstances provoquaient, se demandaient des détails sur le désastre du 18, s'en affligeaient de bonne foi, cherchaient le remède, l'imaginaient chacun à leur manière, et exprimaient tous la pensée que la France ne devait pas être plus longtemps sacrifiée à un homme, et qu'il fallait la sauver sans lui, si on ne pouvait la sauver avec lui. Chez des esprits ainsi disposés, le bruit que Napoléon revenait avec la résolution d'éloigner les Chambres, afin

Agitation des représentants le 21 juin au matin.

Juin 1815.

Idées répandues chez eux par l'influence de M. Fouché.

de soutenir un duel à mort contre l'Europe, sans s'inquiéter des hasards auxquels il exposerait la France, devait provoquer une sorte de révolte. Tout raisonnement, même juste, consistant à dire que Napoléon pouvait seul diriger encore la résistance contre l'étranger, était condamné à rencontrer peu de faveur. Il y avait beaucoup de bons et sages représentants qui, le 20 mars, avaient regretté de voir le sort de la France remis de nouveau dans les mains de Napoléon, mais qui, le 20 mars accompli, s'étaient franchement rattachés à lui, qui en cet instant même étaient portés à croire que lui seul pouvait combattre avec succès l'Europe armée, qui redoutaient singulièrement le retour des Bourbons entourés de l'émigration triomphante, mais qui n'osaient rien répondre quand on leur disait que Napoléon allait arriver comme un frénétique, résolu à risquer l'existence du pays dans une lutte désespérée, tandis que s'il abdiquait, l'ennemi satisfait s'arrêterait, et nous laisserait le choix de notre gouvernement. Ils se taisaient embarrassés quand on leur tenait ce langage, et les promoteurs de l'idée du moment, soutenant qu'il fallait sacrifier Napoléon à la France, s'appuyant sur les assertions de M. Fouché, sur de prétendues communications avec Vienne, ou ne trouvaient point de contradicteurs, ou ne trouvaient que des contradicteurs intimidés et silencieux. C'était donc une pensée qui révoltait tout le monde, et sur laquelle personne n'entendait de composition, que celle de se laisser proroger ou dissoudre, et de ne pouvoir plus veiller dès lors sur ce que Napoléon allait faire, dès qu'il serait revenu à Paris. Telle était l'agitation le 21 au matin, agitation à la fois naturelle et fomentée par les bruits que M. Fouché avait perfidement répandus.

Son travail s'était étendu plus loin encore, et il avait amené à ses vues certains membres du gouvernement. Il n'avait pas essayé d'agir sur Carnot, qui, avec Sieyès, pensait qu'il fallait défendre la cause de la Révolution et de la France par Napoléon seul, et qu'il considérait comme un maniaque dont il n'y avait point à s'occuper; mais il avait agi sur M. de Caulaincourt, toujours morose, en le confirmant dans l'idée que tout était perdu, et qu'il n'y avait plus qu'à préserver la personne de Napoléon d'un traitement ou cruel ou ignominieux. Il en avait dit autant à Cambacérès qui n'en avait jamais douté, au maréchal Davout qui commençait à le craindre; il traitait d'aveugles ceux qui semblaient penser autrement, et s'était enfin tout à fait emparé de M. Regnaud de Saint-Jean d'Angély, homme d'esprit et de talent, dévoué à l'Empereur, mais extrêmement impressionnable, et qu'il avait gagné en lui disant que par son éloquence il devait mener la Chambre, et en lui en ménageant les moyens. A tous il avait répété que la situation était désespérée, que l'unique ressource imaginable était l'abdication de Napoléon, qu'à cette condition on arrêterait l'Europe, que peut-être même on obtiendrait la régence de Marie-Louise, et il semblait s'en faire fort, en s'appuyant sur des communications mystérieuses dont il ne parlait pas clairement, mais qu'il laissait soupçonner suffisamment pour qu'on y crût, et qu'on y attachât une grande importance.

Juin 1815.

Arrivée de Napoléon le 21 au matin.

Son premier entretien avec M. de Caulaincourt.

Tel avait été le fruit des efforts de M. Fouché pendant les vingt-quatre heures écoulées depuis la fatale nouvelle, lorsque Napoléon entra le 21 au matin dans les cours de l'Élysée. En mettant le pied sur les marches du palais, le premier personnage qu'il rencontra fut M. de Caulaincourt, dont il prit et serra fortement la main. Drouot descendant de voiture après lui, et ne pouvant s'empêcher de dire à l'une des personnes présentes que tout était perdu, *Excepté l'honneur !* reprit vivement Napoléon. — C'était la seule parole qu'il eût proférée depuis Laon. Le teint plus pâle que de coutume, le visage ferme, les yeux secs, mais la poitrine oppressée, il s'appuya sur le bras de M. de Caulaincourt, et demanda un bain et un bouillon, car il expirait de fatigue, ayant presque toujours été à cheval depuis six jours. Après s'être jeté sur un lit, il dit à M. de Caulaincourt que la victoire du 16 en présageait une décisive pour le 18, que le gain de cette seconde bataille paraissait assuré, lorsque deux causes principales l'avaient convertie en désastre, l'absence de Grouchy et la précipitation de Ney, ce dernier plus que jamais héroïque, mais tombé dans un état fébrile qui troublait ses facultés; que du reste il ne s'agissait pas de rechercher les fautes des uns ou des autres, et qu'il fallait songer uniquement à les réparer. Alors il demanda à M. de Caulaincourt ce qu'il y avait à espérer des Chambres, de ceux qui les conduisaient, et en général des principaux personnages de l'État. M. de Caulaincourt, dont le défaut était plutôt d'exagérer la vérité que de la taire, ne lui dissi-

SECONDE ABDICATION.

mula pas que les Chambres trompées, étaient portées à chercher le salut public dans son éloignement du trône, et qu'il trouverait de bien mauvaises dispositions chez tout le monde. — Je le prévoyais, répondit Napoléon. J'étais sûr qu'on se diviserait, et qu'on perdrait ainsi les dernières chances qui nous restent. Notre désastre est grand sans doute, mais unis nous pourrions le réparer; désunis nous serons sous peu la proie de l'étranger. Aujourd'hui on croit qu'il ne s'agit que de m'écarter. Mais moi écarté, on se débarrassera de tous les hommes de la Révolution, et on vous rendra les Bourbons avec l'émigration triomphante. Les Bourbons, soit!... mais il faut qu'on sache ce qu'on fait. — Napoléon ne parut ni surpris ni affecté, tant il s'attendait à ce qu'il venait d'apprendre. Il ordonna qu'on réunît sur-le-champ les ministres et les principaux membres du gouvernement, et puis s'endormit profondément, car il succombait à la fatigue, et son âme préparée à tout n'était plus susceptible de ces ébranlements qui empêchent le sommeil.

Juin 1815.

On vit bientôt arriver successivement tous ceux qui avaient la curiosité et le droit de s'introduire à l'Élysée. Leur premier soin fut de s'informer du détail des derniers événements militaires auprès des officiers composant le cortége de Napoléon. L'aspect seul de ces officiers était déjà le plus frappant des témoignages. Leurs habits qu'ils n'avaient pas eu le temps de changer, déchirés par les balles, ou souillés par le sang et la poussière du champ de bataille, leur visage enflammé, leurs yeux rougis par les larmes, disaient assez ce qu'ils

Exagération de nos désastres due aux récits des officiers qui accompagnaient Napoléon.

avaient vu et souffert. Leur douleur, selon l'usage des âmes oppressées, s'exhala bientôt en fâcheux récits, en exagérations même, si les exagérations avaient été possibles dans une pareille conjoncture. Ils ne pouvaient sans doute en dire trop, ni sur la funeste bataille, ni sur la grandeur des pertes; mais après les avoir entendus, on dut croire qu'il n'y avait plus d'armée, qu'on ne pourrait pas réunir mille hommes quelque part, tandis qu'il y avait moyen, comme on s'en convaincra tout à l'heure, de former encore une armée égale en nombre, supérieure en qualité à celle de 1814. L'assertion qu'il ne restait plus qu'à capituler avec l'ennemi victorieux, déjà fort répandue, se propagea bien davantage après ces tristes récits, et elle vola de bouche en bouche jusqu'à l'assemblée des représentants, qui n'était que trop disposée à y croire. Il n'y avait pas là de quoi calmer les esprits, ranimer les cœurs, rallier les volontés. Hélas! quand la Providence prépare de grands événements, elle semble ne négliger aucune des circonstances accessoires qui peuvent contribuer à les produire!

Napoléon, après un court sommeil, s'était plongé dans un bain. On lui annonça que les ministres réunis en conseil l'attendaient. C'est le maréchal Davout qui vint le chercher. Napoléon ne l'avait pas vu encore. A l'aspect du maréchal, il laissa tomber ses bras dans l'eau en s'écriant : Quel désastre ! — Le maréchal, dont le rude caractère cédait difficilement à l'émotion commune, était d'avis de résister à l'orage, et supplia Napoléon de ne pas tarder à le suivre. Napoléon qui avait déjà tout prévu, tout accepté, et qui n'espérait presque aucun résultat du conseil qu'on allait tenir, dit au maréchal qu'on pouvait commencer la délibération sans lui, et qu'il se rendrait au conseil des ministres dans quelques instants. Il se fit attendre, arriva enfin sur les nouvelles instances du maréchal, fut reçu avec respect, et écouté avec une avide curiosité, lorsqu'en termes brefs mais expressifs, il exposa ce qui s'était passé, et retraça les grandes espérances de victoire auxquelles avait si promptement succédé la désolante réalité d'une affreuse défaite. Après ce récit, il dit à ses ministres qu'il restait des ressources, qu'il se faisait fort de les trouver et de les employer, que pour un militaire qui savait son métier, il y avait encore beaucoup à faire, qu'il n'était ni découragé, ni abattu, mais qu'il lui fallait des adhésions, non des résistances de la part des Chambres; que là était le point essentiel; qu'avec de l'union on se sauverait très-probablement, mais certainement pas sans union. Il fit donc résider toute la question dans la conduite à suivre envers les Chambres, afin d'en obtenir cette union indispensable de laquelle dépendait le salut de l'État. Cette manière d'envisager la situation était celle de tous les assistants, et elle ne rencontra pas un seul contradicteur. Napoléon laissa la parole à qui voudrait la prendre. Personne n'en était bien pressé, excepté les hommes dévoués, qui s'occupaient de la chose plus que d'eux-mêmes. A ce titre, M. de Caulaincourt aurait dû parler le premier, mais le désespoir avait envahi son âme, et il était tombé dans un état passif dont il ne sortit plus guère pendant ces douloureuses circonstances.

L'excellent Carnot, ému jusqu'aux larmes, s'imaginant que tout le monde sentait comme lui, soutint qu'il fallait, ainsi qu'on l'avait fait en 1793, créer une dictature révolutionnaire, et la confier non pas à un comité, mais à Napoléon, devenu à ses yeux la Révolution personnifiée. Dans son zèle pour la chose publique, dans sa confiance en Napoléon qu'il croyait partagée, il supposa que les Chambres penseraient, agiraient, opineraient comme lui, et il fut d'avis d'aller leur demander la dictature pour l'Empereur.

Tel ne fut point l'avis du maréchal Davout. N'aimant pas les assemblées qu'il ne connaissait que par la Convention et les Cinq-Cents, il dit qu'on serait contrarié, paralysé par les Chambres, qu'il fallait se hâter de s'en délivrer par la prorogation ou la dissolution, qu'on en avait le droit en vertu de l'Acte additionnel, et qu'il fallait savoir user de ce droit afin de réunir les moyens de combattre et de vaincre l'étranger. Le prince Lucien (car les princes assistaient à ce conseil) appuya fort l'opinion du maréchal Davout. Il était, comme on l'a vu, revenu auprès de son frère depuis le 20 mars, et semblait vouloir le dédommager par son zèle présent de son opposition passée. L'indocilité dont il avait fait preuve jadis le servait aujourd'hui, et n'avoir pas porté de couronne était un titre dont on lui tenait grand compte. Plein des souvenirs du 18 brumaire, et enclin à se passer des Chambres, il opina comme le maréchal Davout, mais ne rencontra guère d'appui. La majorité, toujours disposée dans les réunions d'hommes, nombreuses ou non, aux moyens termes, la majorité tout en admettant la nécessité d'une sorte de dictature, parut croire qu'il fallait la demander aux Chambres qui l'accorderaient probablement, et qu'en tout cas c'était une chose à essayer.

Juin 1815.

L'amiral Decrès, pessimiste pénétrant, dit que c'étaient là de pures illusions, que les Chambres auraient subi Napoléon vainqueur, qu'elles se révolteraient contre Napoléon vaincu, qu'on n'aurait rien en le demandant, et qu'il serait bien dangereux de prendre quelque chose sans le demander. Il était évident que ce ministre désespérait de la situation en proportion même de sa grande sagacité. M. Fouché, qui n'avait pas proféré une parole, et dont le silence finissait par être accusateur, dit quelques mots, uniquement pour avoir dit quelque chose, témoigna des malheurs de Napoléon une affliction qu'il ne ressentait point, et pour les Chambres une confiance qu'il n'éprouvait pas, et qu'il eût été bien fâché d'éprouver. Voulant mettre une sorte d'accord entre son rôle secret et son rôle public, il ajouta qu'il fallait se garder de heurter les Chambres, et surtout de laisser voir l'intention de se passer d'elles, qu'on les révolterait en agissant de la sorte, et qu'au contraire, en s'y prenant bien, on en obtiendrait peut-être les ressources nécessaires pour sauver la dynastie et le pays.

L'amiral Decrès désespère de tout.

Langage hypocrite de M. Fouché, conseillant les ménagements envers les Chambres.

M. Regnaud de Saint-Jean d'Angély, devenu de très-bonne foi la dupe de M. Fouché, crut devoir par dévouement aller plus loin qu'aucun des assistants. En protestant d'un attachement à la dynastie

M. Regnaud de Saint-Jean d'Angély insinue que l'abdication est le seul

impériale dont il n'avait pas à donner la preuve, il parla de l'état des Chambres, et en particulier des dispositions de la Chambre des représentants, laquelle selon lui était tout entière imbue de la fatale persuasion que les puissances coalisées n'en voulaient qu'à Napoléon, que Napoléon écarté elles s'arrêteraient, et accepteraient le Roi de Rome sous la régence de Marie-Louise. M. Regnaud ajouta que cette persuasion avait gagné les esprits les meilleurs, les moins favorables aux Bourbons, et que toute mesure qui n'y serait pas conforme aurait peu de chance de réussir. On ne pouvait indiquer plus clairement que le seul moyen de sortir d'embarras c'était que Napoléon abdiquât, et essayât en sacrifiant sa personne de sauver le trône de son fils et la situation de tous ceux qui s'étaient attachés à sa fortune. Napoléon qui jusque-là était demeuré morne et silencieux, en voyant la pensée de M. Fouché germer jusque dans l'esprit des hommes qui devaient lui être le plus dévoués, se réveilla subitement, et lançant sur M. Regnaud son regard perçant, Expliquez-vous, lui dit-il, parlez, ne dissimulez rien.... Il ne s'agit pas de ma personne que je suis prêt à sacrifier, et dont, il y a trois jours, j'ai tout fait pour vous débarrasser, mais il s'agit de l'État et de son salut. Qui est-ce qui peut sauver l'État aujourd'hui? Est-ce la Chambre des représentants? Est-ce moi? Est-ce que la France connaît un seul des individus qui composent cette Chambre nommée d'hier, et où il n'y a ni un homme d'État, ni un militaire? Pourriez-vous désigner dans son sein ou ailleurs un bras assez ferme pour tenir les rênes du gouvernement? La France ne connaît que moi, n'attache d'importance qu'à moi. L'armée, dont les débris ralliés peuvent être imposants encore, l'armée, croyez-vous qu'elle obéisse à une autre voix que la mienne? Et si, comme à Saint-Cloud, je jetais par la fenêtre tous ces discoureurs, l'armée applaudirait, la France laisserait faire. Pourtant je n'y songe point : j'apprécie la différence des temps et des circonstances. Mais il ne faut pas qu'avec de fausses notions sur l'état des choses, on rompe l'union qui est aujourd'hui notre dernière ressource. Sans doute, si moi seul je puis sauver l'État, seul aussi par ce motif je suis l'objet apparent de la haine de l'étranger, et on peut croire que moi écarté, l'étranger sera satisfait. On vous dit que le Roi de Rome avec la régence de sa mère serait admis. C'est une fable perfide, imaginée à Vienne pour nous désunir, et propagée à Paris pour tout perdre. Je sais ce qui se passe à Vienne, et à aucun prix on n'accepterait ma femme et mon fils. On veut des Bourbons, des Bourbons seuls, et c'est tout naturel. Moi écarté, on marchera sur Paris, on y entrera, et on proclamera les Bourbons. En voulez-vous? Pour moi je ne sais pas s'ils ne vaudraient pas mieux que tout ce que je vois. Mais l'armée, mais les paysans, mais les acquéreurs de biens nationaux, tous ceux qui ont applaudi à mon retour, en veulent-ils? Vous tous, serviteurs de la famille impériale, peut-il vous convenir de laisser rentrer l'émigration triomphante? Personnellement, je n'ai plus d'intérêt dans tout cela; mon rôle est fini quoi qu'il advienne, et une dictature même heureuse le prolongerait à peine de quelques jours. Il ne s'agit pas de moi, je le répète, il s'agit de la France, de la Révolution, des intérêts qu'elle a créés, et qu'on peut encore sauver avec de l'union et de la persévérance. Le coup que nous avons reçu est terrible, mais il est loin d'être mortel. L'armée qui a combattu le 18 juin ne présente que des fuyards, mais si Grouchy, que l'ennemi aura probablement négligé pour suivre les troupes battues, est parvenu à s'échapper, les fuyards se rallieront derrière lui. Grouchy avait 35 mille hommes : il ne serait pas étonnant de rallier autant de fuyards, décontenancés en ce moment, mais prêts à ma voix à redevenir ce qu'ils sont, des soldats héroïques. Cela me ferait 70 mille combattants. Rapp, Lecourbe en se repliant, m'amèneront 40 mille hommes en troupes de ligne ou gardes nationales mobilisées, tandis que Suchet et Brune continueront de garder les Alpes. J'aurais donc encore plus de cent mille soldats dans la main. La Vendée va m'en rendre dix mille. Je n'en ai jamais eu autant en 1814, et j'avais au moins autant d'ennemis à combattre que je puis en avoir aujourd'hui. Blucher et Wellington ne possèdent pas cent vingt mille hommes actuellement, et avant que les Russes et les Autrichiens arrivent, je pourrais bien faire expier à mes vainqueurs leur victoire de la veille. Paris est à l'abri d'un coup de main avec les fédérés, les dépôts, la garde nationale, les marins; et les ouvrages de la rive gauche achevés, il sera invincible. Croyez-vous qu'en manœuvrant avec cent vingt mille hommes entre la Marne et la Seine, en avant d'une capitale impossible à forcer, je n'aurais pas encore bien des chances pour moi? Enfin la France apparemment ne nous laisserait pas nous battre tout seuls. En deux mois j'ai levé 180 mille gardes nationaux d'élite, ne puis-je pas en trouver cent mille autres? ne peut-on pas me donner cent mille conscrits? Il y aurait donc encore derrière nous de bons patriotes qui viendraient remplir les vides de nos rangs, et quelques mois de cette lutte auraient bientôt lassé la patience de la coalition, qui, les traités de Paris et de Vienne maintenus, ne soutient plus qu'une lutte d'amour-propre. Que faut-il donc pour échapper à notre ruine? De l'union, de la persévérance, de la volonté!... —

Ces paroles, dont nous ne reproduisons que la substance, empreintes de la vigueur de pensée et de langage particulière à Napoléon, avaient relevé les esprits dans le conseil, et les auraient relevés ailleurs si elles avaient pu franchir les murs de l'Élysée. Mais Napoléon ne pouvait ni se montrer aux Chambres, ni s'y faire entendre; il n'avait personne pour l'y représenter, et elles étaient en ce moment livrées à une agitation extraordinaire. Celle des représentants, réunie dès le matin, comme on vient de le voir, était occupée à rechercher des nouvelles avec une impatience fiévreuse, lorsqu'une rumeur sinistre se propagea tout à coup dans son sein. On discutait, disait-on, à l'Élysée, le projet de la proroger ou de la dissoudre; le parti en était même déjà pris, et le décret qui la frappait allait lui être signifié dans peu d'instants. C'était M. Fouché qui profitant des longueurs de la délibération à l'Élysée avait fait parvenir cet avis perfide. Il

Juin 1815.

Effet que cette réplique produit sur ceux qui l'entendent.

Pendant qu'on délibère à l'Élysée, l'agitation règne à la Chambre des représentants.

Sur un avis de M. Fouché, elle se persuade

l'avait transmis notamment à M. de Lafayette, le plus convaincu et le plus résolu de tous ceux qui croyaient que pour sauver la France il fallait la séparer de Napoléon. Sans consulter aucun de ses collègues, et comptant sur la disposition générale, M. de Lafayette demanda la parole. Tout lui assurait une attention profonde, sa personne, la gravité des circonstances, et la proposition à laquelle on s'attendait. — Messieurs, dit-il, lorsque pour la première fois depuis bien des années j'élève une voix que les vieux amis de la liberté reconnaîtront sans doute, je me sens appelé à vous parler des dangers de la patrie que vous seuls à présent avez le pouvoir de sauver. Des bruits sinistres s'étaient répandus : ils sont malheureusement confirmés. Voici le moment de nous rallier autour du vieux étendard tricolore, celui de 89, celui de la liberté, de l'égalité et de l'ordre public. C'est celui-là seul que nous avons à défendre contre les prétentions étrangères, et contre les tentatives intérieures. Permettez, messieurs, à un vétéran de cette cause sacrée, qui fut toujours étranger à l'esprit de faction, de vous soumettre quelques résolutions préalables dont vous apprécierez, j'espère, la nécessité. — Après ces quelques paroles, débitées avec la simplicité qu'il portait à la tribune, M. de Lafayette proposa, par une résolution en cinq articles, de déclarer la patrie en danger, les deux Chambres en permanence, et coupable de trahison quiconque voudrait les dissoudre ou les proroger. Il y ajouta l'injonction pour les ministres de la guerre, des relations extérieures, de l'intérieur et de la police, de comparaître à l'instant même afin de rendre compte à l'assemblée de l'état des choses. Enfin il proposa de mettre les gardes nationales sur pied dans tout l'Empire.

M. de Lafayette descendit de la tribune au milieu d'une émotion générale, émotion qui n'était pas celle de la divergence des opinions, mais de leur unanimité. Adopter sa proposition c'était violer de bien des manières l'Acte additionnel qui conférait à l'Empereur le pouvoir de dissolution à l'égard des Chambres, qui permettait sans doute d'interpeller les ministres sur un fait, mais qui ne donnait pas le droit de les appeler à la barre, et de leur intimer des ordres. C'était tout simplement se constituer en état de révolution, mais comme on sentait qu'on y était, on ne faisait guère difficulté d'y être un peu davantage. L'objection qu'on violait l'Acte additionnel ne se trouva pas dans une seule bouche, même bonapartiste. La parole ne fut demandée que par ces fâcheux, qui dans les grandes circonstances veulent par des discours inutiles manifester leur présence dont personne ne se soucie, et retardent ainsi des résolutions que tout le monde est impatient d'adopter. Un député de la Gironde, nommé Lacoste, l'un de ceux qu'inspirait M. Fouché, appuya vivement la proposition de M. de Lafayette. Un autre voulut que l'invitation de comparaître adressée aux quatre ministres, fût un ordre formel. Un troisième présenta quelques observations sur l'article relatif à l'organisation immédiate des gardes nationales dans tout l'Empire, et qui pouvait conduire à l'idée d'en faire M. de Lafayette général en chef. L'assemblée,

Juin 1815.

Adoption de la proposition de M. de Lafayette, et sa communication à la Chambre des pairs.

sans s'expliquer, repoussa l'article, en adoptant à une immense majorité le reste de la proposition. On décida qu'elle serait communiquée à la Chambre des pairs, pour y être admise, si cette Chambre le jugeait convenable. Cet acte capital, qui était le commencement et presque la fin d'une révolution accomplie déjà dans les esprits, rencontra une véritable unanimité, car si l'assemblée ne voulait pas des Bourbons, si elle voulait franchement de la dynastie impériale représentée par le Roi de Rome, elle était imbue de l'idée qu'il fallait séparer la cause de Napoléon de celle de la France, et elle s'en croyait le droit à l'égard d'un homme qui, selon elle, avait perdu la France par son ambition. Sans doute elle avait ce droit, à une époque surtout où la légalité n'importait guère, seulement elle ne faisait pas preuve de sagacité en se figurant que Napoléon jeté à la mer, le navire surnagerait. Il fallait y jeter la dynastie elle-même, et avec elle les intérêts de la Révolution, mais heureusement pas ses principes, qui étaient éternels et ne pouvaient périr.

Adoption silencieuse de cette proposition par la Chambre des pairs.

Tandis que la Chambre des représentants, après avoir pris son parti si brusquement, attendait dans une agitation extrême la réponse qu'on ferait à son plébiscite, cet acte avait été porté d'une part à la Chambre des pairs, de l'autre à l'Élysée. A la Chambre des pairs il fit naître quelque embarras, mais aucune idée de résistance. Plus ancienne dans ses fonctions, plus exercée à son rôle modérateur, la Chambre des pairs aurait pu opposer quelque tempérament à la précipitation de la Chambre des représentants. Mais ce n'était pas dans le Sénat impérial, dont elle était en grande partie originaire, que cette Chambre des pairs aurait pu apprendre le rôle de la pairie anglaise. Elle était composée d'hommes fatigués de révolutions, dégoûtés de tous les gouvernements, ayant vu et laissé passer Napoléon comme Louis XVIII, ayant adulé l'un et l'autre tout en les jugeant, sachant bien qu'ils avaient mérité leur chute, et décidés, malgré quelques regrets cachés dans certains cœurs, à laisser s'accomplir sans obstacle les décrets de la Providence. La proposition de la Chambre des représentants fut donc adoptée sans résistance à la Chambre des pairs. A l'Élysée le spectacle ne fut pas, et ne devait pas être le même. Le trait préparé secrètement par la main de M. Fouché, lancé ouvertement par la main de M. de Lafayette, trouva le lion blessé, presque endormi, mais non éteint, et le fit tressaillir. Secouant l'espèce de somnolence dans laquelle il était plongé, et de laquelle il n'était sorti un instant que pour répondre à M. Regnaud, Napoléon se mit à marcher rapidement dans la salle du conseil comme il avait coutume de le faire lorsqu'il était agité. — Il redit alors avec mépris et colère que devant les cinq cent mille ennemis qui s'avançaient sur la France il était tout, et les autres rien; que ce qui venait de se passer en Flandre n'était qu'affaire de guerre, toujours réparable; que l'armée et lui importaient seuls, qu'il allait envoyer quelques compagnies de sa garde à cette assemblée insolente, et la dissoudre; que l'armée applaudirait, que le peuple laisserait faire, et que,

Juin 1815.

Brusque réveil de Napoléon.

Juin 1815.

Son premier emportement suivi d'une prompte résignation, en apprenant ce qui s'est passé à la Chambre des pairs.

prenant la dictature, il s'en servirait pour le salut commun... — On l'écouta sans l'interrompre, puis on essaya de le calmer, et on n'y réussissait guère, lorsque arriva un second coup, la nouvelle de l'adoption par la Chambre des pairs du décret de la Chambre des représentants. Cette adhésion immédiate et silencieuse des cent et quelques pairs qu'il avait nommés quinze jours auparavant, sans lui rien apprendre du cœur humain qu'il ne sût déjà, le frappa toutefois, et le ramena à cette idée, la seule vraie, et qui s'était offerte à son esprit le soir même du 18, c'est que son sceptre était brisé avec son épée. Regardant alors M. Regnaud avec moins de sévérité, il dit ces mots singuliers : Regnaud a peut-être raison de vouloir me faire abdiquer... (M. Regnaud n'avait pas encore prononcé le mot d'abdication, et c'était Napoléon qui, avec sa promptitude ordinaire d'esprit, mettait le mot sur

Il ne repousse pas le mot d'abdication.

la chose)... Eh bien, soit, s'il le faut j'abdiquerai... Il ne s'agit pas de moi, il s'agit de la France; je ne résiste pas pour moi, mais pour elle. Si elle n'a plus besoin de moi, j'abdiquerai... — Ce mot sitôt prononcé frappa les assistants, en affligea trois ou quatre, en charma sept ou huit, remplit M. Fouché d'une joie secrète, et mit à l'aise le cœur de M. Regnaud, qui en abandonnant son maître n'entendait pas le trahir. Le mot vola de bouche en bouche, et rendit plus aisée la désertion générale qui n'était déjà que trop facile.

Napoléon prêt à céder le terrain à ceux qui, repoussant les Bourbons, faisaient cependant tout ce qu'il fallait pour les ramener, était blessé néanmoins des formes arrogantes employées à son égard, et avait défendu à ses ministres d'obtempérer à la sommation de l'assemblée. — Qu'ils fassent, dit-il, ce qu'ils voudront, et si par une mesure factieuse (on parlait déjà de déchéance) ils me poussent à bout, je les jetterai dans la Seine, en me mettant à la tête de quelques compagnies de vétérans. — Lucien était d'avis de ne pas hésiter; il soutenait que plus on perdrait de temps, plus on laisserait l'assemblée s'enhardir et devenir entreprenante, et que le mieux était d'user immédiatement des pouvoirs constitutionnels de la couronne pour la dissoudre. — Le maréchal Davout, si résolu tout à l'heure, l'était moins depuis la déclaration de l'une et l'autre Chambre. — Il aurait fallu, disait-il, surprendre la Chambre des représentants, la frapper avant qu'elle eût pris une résolution; mais maintenant qu'elle avait eu le temps de se prononcer, d'ameuter du monde autour d'elle, ce n'était pas moins qu'un dix-huit brumaire à tenter, et la situation n'était guère propre à un pareil coup d'État. — Au milieu de ces dires divers, Napoléon parut hésiter, et manquer même de caractère. Pourtant l'homme n'était point changé, et son retour de l'île d'Elbe, sa dernière entrée en campagne, le prouvaient suffisamment. Mais sa clairvoyance faisait en ce moment sa faiblesse. Voyant que tout était perdu, non pas militairement, mais politiquement, il était prêt à se rendre, et s'il résistait c'est qu'en lui la nature se défendait encore. Ce dernier combat entre la clairvoyance et la personnalité le faisait ainsi paraître ce qu'il n'avait jamais été, c'est-à-dire

Juin 1815.

Lucien est d'avis de resister à la Chambre des représentants.

hésitant. — Osez, lui dit Lucien. — Hélas, répondit-il, je n'ai que trop osé!... — Parole mémorable, et qui honorait sa raison en condamnant sa conduite passée. Pendant cet entretien Napoléon et Lucien s'étaient transportés dans le jardin de l'Élysée. Le premier, dans une conversation vive et animée, démontra à son frère combien il y avait peu de chances de succès pour le coup d'État qu'on lui proposait. — Il faut, lui dit-il, dans des entreprises de ce genre, toujours considérer la disposition des esprits au moment où l'on est près d'agir. Au 18 brumaire, que vous me rappelez sans cesse, la défaveur était pour les assemblées, auxquelles on reprochait dix années de calamités, et la faveur pour les hommes d'action, et pour moi notamment qui passais pour le premier de tous. Le public entier était contre les Cinq-Cents, et avec moi. Aujourd'hui les esprits sont tournés en sens contraire. L'idée dominante, c'est qu'on a la guerre à cause de moi seul, et on voit dans une assemblée un frein pour mon ambition et pour mon despotisme. D'ambition, je n'en ai plus, et le despotisme, où le prendrais-je? Mais enfin telle est la préoccupation des esprits. Je pourrais, je le crois, jeter ces représentants dans la Seine, bien que je fusse exposé à rencontrer dans la garde nationale plus de résistance que vous ne le supposez. Mais ces représentants s'en iraient courir les provinces, les soulever contre moi, et dire que j'ai violé la représentation nationale uniquement dans mon intérêt, et pour soutenir une lutte à mort contre l'Europe, qui ne demande que mon éloignement pour s'arrêter et rendre la paix à la France. J'admets qu'ils ne m'ôteraient pas le pays tout entier, mais ils le diviseraient, je ne conserverais que ce qu'on appelle la portion violente, et alors je paraîtrais l'empereur des jacobins, luttant pour sa couronne contre l'Europe et contre les honnêtes gens. C'est là un rôle qui n'est ni honorable, ni possible, car uni sous mon commandement le pays suffirait peut-être à sa défense, désuni il est incapable de résistance... —

Juin 1815.

En ce moment l'avenue de Marigny était remplie d'une foule nombreuse, attirée par la fatale nouvelle du désastre de Waterloo. Naturellement dans cette affluence se trouvaient les gens les plus animés, ceux qui avaient couru se faire inscrire sur la liste des fédérés, et qui, sans être des anarchistes, en avaient toutes les apparences. C'étaient des gens du peuple, d'anciens militaires, qui ne songeaient nullement à bouleverser la société, mais que l'idée de voir encore l'ennemi dans Paris enflammait de colère. Le mur qui séparait le jardin de l'Élysée de l'avenue de Marigny était beaucoup plus bas qu'aujourd'hui. On y exécutait même alors certains travaux qui l'avaient abaissé davantage, et la foule n'était séparée de Napoléon que par un obstacle presque nul. En l'apercevant, elle poussa des cris frénétiques de *Vive l'Empereur!* Beaucoup d'individus en s'approchant du mur du jardin, lui tendaient la main, et lui demandaient de les conduire à l'ennemi. Napoléon les salua du geste, leur donnant un regard affectueux et triste, puis leur fit signe de se calmer, et continua sa promenade avec Lucien, qui puisait dans cette scène un argument pour son opi-

Effet que produit la présence de Napoléon sur la foule réunie dans l'avenue de Marigny.

nion. — Si la France était unanime comme les hommes qui sont là, dit Napoléon à son frère, vous auriez raison, mais il n'en est rien. Les membres des Chambres qui viennent de s'insurger contre mon autorité, qui dans deux heures demanderont peut-être ma déchéance, répondent évidemment à un certain nombre de gens en France. Ils représentent tous ceux qui croient que dans cette querelle avec l'Europe, il s'agit de moi seul, et ces gens-là sont nombreux, assez nombreux pour que la désunion soit profonde. Or, sans union il n'y a rien de possible. — Tout cela était plein de sens, et il fallait une vue bien perçante pour l'apercevoir à travers l'épais nuage de l'intérêt. Mais à qui la faute si la France, dans cet immense conflit, s'obstinait à ne voir que l'ambition de Napoléon aux prises avec l'Europe, et ne voulait pas être plus longtemps compromise pour un seul homme? Elle se trompait sans doute, car après s'être laissé compromettre par lui, il fallait soutenir la gageure avec lui, sauf à s'en défaire ensuite, comme le disait Sieyès. Mais en ce monde, les fautes des uns engendrent les fautes des autres, et on périt par celles qu'on a commises, et par celles qu'on a provoquées.

Pendant que le temps se perdait en dissertations inévitables, et qu'on remplissait, comme il arrive toujours, l'intervalle des événements par des paroles inutiles, l'assemblée impatiente d'avoir une réponse à son message, agitée par l'orgueil de se faire obéir, par la crainte d'être violentée, se répandait en discours vains et provoquants. Elle avait songé à donner à l'heure même un chef à la garde nationale de Paris, prétention entièrement contraire aux lois, car l'Empereur avait seul le droit de nommer un tel officier, et à cette époque c'était le général Durosnel qui commandait en second la garde nationale de Paris, Napoléon étant lui-même le commandant en premier. Pourtant cette proposition n'eut pas de succès. S'emparer tout de suite du pouvoir exécutif, quand le monarque dépositaire légal de ce pouvoir se trouvait à l'Élysée, vaincu il est vrai, mais quoique vaincu le plus imposant des hommes, était chose difficile. D'ailleurs, la considération du général Durosnel, le peu de penchant à nommer M. de Lafayette, candidat le plus indiqué, mais ne convenant ni aux révolutionnaires, ni aux bonapartistes, ni même à beaucoup de modérés, empêchèrent que la proposition ne fût adoptée. On se contenta de demander au titulaire actuel de veiller à la sûreté de l'assemblée. Pendant ce temps, les représentants toujours pressés d'obtenir une réponse, avaient menacé d'envoyer aux ministres, non plus une invitation, mais un ordre, et plusieurs amis de la dynastie impériale étaient venus dire à l'Élysée qu'on prononcerait la déchéance de Napoléon, si l'invitation aux ministres n'était suivie d'un acte immédiat de déférence. M. Regnaud, M. de Bassano, pressèrent l'Empereur de prendre un parti, et il parut céder à leur conseil d'obtempérer dans une certaine mesure aux désirs de la Chambre des représentants. Pourtant avant d'envoyer les ministres à la barre de cette Chambre, il fallait arrêter ce qu'ils diraient, et on ne s'en était pas occupé jusqu'ici, n'ayant discuté que la possibilité ou l'im-

Juin 1815.

Des porteurs de nouvelles viennent à l'Élysée faire savoir qu'il est urgent de se décider.

Juin 1815.

M. Regnaud envoyé à l'assemblée pour lui faire prendre patience.

possibilité d'une dissolution. Il fallait quelques instants, et l'impatience des représentants paraissant arrivée au comble, d'après le dire des porteurs de nouvelles qui se succédaient à l'Élysée, Napoléon avec dégoût, presque avec mépris, sans aucune espérance d'un résultat sérieux, consentit à ce que M. Regnaud courût à l'assemblée pour la disposer à prendre patience, en lui annonçant sous peu de minutes un message impérial.

L'assemblée écouta M. Regnaud avec cette curiosité ardente et puérile des temps de révolution, fut satisfaite d'apprendre que sa récente résolution n'était pas envisagée comme un attentat, et que le temps perdu l'était à préparer non pas la résistance, mais la déférence à ses volontés. Elle se calma quelque peu, en montrant néanmoins par son agitation que sa patience ne serait pas longue. Les affidés de M. Fouché, devenus les auxiliaires de M. Regnaud, sans que ce dernier se doutât de l'intrigue à laquelle il servait d'instrument, lui dirent que le chemin parcouru par les esprits était immense, qu'il n'y avait plus une seule divergence, qu'on voulait purement et simplement l'abdication, qu'on laisserait à Napoléon l'honneur de déposer le sceptre, mais qu'on le lui arracherait s'il ne le déposait pas tout de suite. M. Regnaud essaya en vain de les apaiser, car toujours dévoué à l'Empire, il n'abandonnait le père que pour sauver le fils, et avait horreur de la déchéance qui emportait à la fois le père et le fils, c'est-à-dire la dynastie elle-même. On lui promit toutefois d'attendre, mais à la condition de l'abdication certaine et prochaine, car la fable de M. Fouché, consistant à prétendre qu'il avait eu des communications secrètes avec Vienne, qu'il avait acquis ainsi la certitude de l'adhésion des puissances à la régence de Marie-Louise, cette fable était répandue sur tous les bancs de l'assemblée, connue des représentants les moins informés, et considérée par eux comme une vérité authentique.

Juin 1815.

M. Regnaud revint à l'Élysée, où enfin on prit un parti, celui d'adresser aux Chambres un message, qui leur serait porté par les ministres dont la présence avait été requise. Ce message avait pour but de les informer du malheur qui avait frappé l'armée, de réduire toutefois ce malheur à la réalité, d'affirmer qu'il restait des ressources, et de proposer la nomination d'une commission pour les chercher, les choisir, les arrêter, d'accord avec le gouvernement. Le ministre de l'intérieur, Carnot, devait porter le message à la Chambre des pairs, le prince Lucien à la Chambre des représentants, en compagnie des autres ministres. L'Empereur, d'après l'Acte additionnel, avait le droit de se faire représenter devant les Chambres par des commissaires de son choix, et c'est à ce titre qu'il avait désigné le prince Lucien, resté célèbre entre les princes de la famille par la fermeté qu'il avait déployée au 18 brumaire. Napoléon n'espérait, ne désirait même plus rien, mais il voulait un homme dévoué et sachant parler, afin de repousser les outrages auxquels il s'attendait, et n'était pas fâché de prouver à ses ministres qu'il n'était pas content de leur zèle en cette circonstance. Il en exceptait Carnot, que Fouché avait rendu suspect en le qualifiant de dupe

Message aux deux Chambres porté par les ministres, et notamment par le prince Lucien, nommé commissaire du gouvernement.

de Napoléon, et M. de Caulaincourt, qui ne pouvait guère être utile hors d'un congrès ou d'un champ de bataille.

On se transporta d'abord à la Chambre des pairs, qui accueillit le message sans mot dire, attendant que l'autre Chambre eût parlé pour parler elle-même. On perdit peu de temps dans ce trajet, mais plus que l'impatience des représentants n'était capable d'en accorder. On arriva à six heures du soir au palais de la seconde Chambre, au moment même où toutes les paroles devenaient insuffisantes pour retenir l'impétuosité des esprits. Enfin on annonça le message impérial, et l'assemblée était si agitée qu'il fallut perdre encore du temps pour l'amener à se calmer, à se taire, à écouter. Il fut décidé que la communication si ardemment désirée devant être l'occasion de discussions, et peut-être de révélations graves, la séance serait secrète. Le public fut donc exclu de la salle des délibérations, et vers sept heures le prince Lucien monta à la tribune. Après avoir allégué son titre de commissaire impérial, le prince exposa le contenu du message. — La France avait essuyé, dit-il, un malheur très-grand sans doute, mais non point irréparable. Avec de l'union dans les pouvoirs, de la fermeté dans les caractères, elle pourrait encore faire face à l'ennemi, car il lui restait de vastes ressources. L'Empereur voulant chercher et employer ces ressources d'accord avec les représentants du pays, leur demandait le concours de cinq membres de chaque Chambre, pour choisir les moyens de salut, les faire voter, et les mettre immédiatement en usage. —

SECONDE ABDICATION.

Le prince ne fut pas mal accueilli. Il savait se tenir à une tribune; de plus, comme nous l'avons déjà fait remarquer, n'ayant pas été roi, il ne représentait pas les excès d'ambition sous lesquels la France avait succombé. A ces divers titres, il fut écouté avec bienveillance. Toutefois il n'apprit rien, car on savait que l'armée avait été brave et malheureuse à Mont-Saint-Jean, après avoir été brave et heureuse à Ligny, on savait qu'il restait des ressources, que le gouvernement ne demandait pas mieux que de les chercher, de les découvrir, et de les appliquer de moitié avec les Chambres. Mais rien de tout cela ne répondait à la pensée qui remplissait actuellement les esprits, l'abdication, c'est-à-dire la retraite d'un homme qu'on regardait comme la cause unique de la guerre, retraite après laquelle les coalisés s'arrêteraient en acceptant son fils. Sans doute si le capitaine en lui fût demeuré victorieux, on aurait eu la compensation de la haine qu'il inspirait à l'Europe, mais le capitaine n'étant plus la garantie de la victoire, il restait la haine dont il était l'objet, et qui attirait sur la France les armes européennes. D'ailleurs, comme il avait provoqué cette haine par les excès de sa domination, il n'y avait pas de scrupule à se faire par rapport à lui, sans compter qu'en le sacrifiant on assurerait probablement la couronne à son fils. Tel était le raisonnement qui s'était formé naturellement et invinciblement dans tous les esprits. On ne se disait pas que de chance de résistance il n'y en avait qu'avec Napoléon, qu'après s'être privé de lui, il faudrait se rendre, et accepter les Bourbons (fort acceptables

Juin 1815.

Effet de ce message.

à notre avis, mais odieux à l'assemblée qui délibérait), on allait au plus pressé, et on croyait en écartant Napoléon, écarter le danger le plus menaçant, et prendre le moyen le plus sûr de rétablir la paix.

M. Jay, poussé par le duc d'Otrante, et digne d'un meilleur guide, demanda résolûment la parole. A son aspect on fit silence, sachant ce qu'il allait proposer, et tout le monde désirant le succès de sa proposition.

Il débuta par quelques considérations assez inutiles sur la gravité du danger auquel il s'exposait en prenant la parole en cette occasion, comme si on avait eu beaucoup à craindre encore du vaincu de Waterloo! Ce début néanmoins fut écouté avec une sorte de frémissement, et on encouragea l'orateur à continuer par la profondeur même de l'attention qu'on lui accordait. M. Jay s'adressant alors aux ministres leur posa deux questions formelles, et toutes deux aussi directes qu'embarrassantes. Il leur demanda premièrement de déclarer la main sur la conscience s'ils croyaient que la France, même en déployant le plus grand courage, pût résister aux armées de l'Europe, si dès lors la paix n'était pas indispensable, et secondement si la présence de Napoléon à la tête du gouvernement ne rendait pas cette paix impossible. — Après avoir ainsi parlé, M. Jay s'interrompit et regarda longtemps les ministres attendant leur réponse. L'assemblée se mit à les regarder comme lui, et sembla par ses regards exiger une réponse immédiate. Ils continuèrent à se taire, mais bientôt il y en eut un dont le silence devenait impossible, car c'était par lui, par ses perfides insinuations, qu'on avait cru savoir que Napoléon écarté l'Europe s'arrêterait, et accepterait son fils. Les regards devinrent en effet tellement interrogateurs que M. Fouché ne put se taire plus longtemps. En portant à la tribune sa face pâle, louche, fausse, il se borna à dire que les ministres ayant consigné dans le message impérial l'avis du gouvernement, n'avaient rien à y ajouter. — Cette réponse ridiculement évasive ne satisfit personne. Elle prouvait que M. Jay, dupe de M. Fouché, n'était pas son complice. Peu content de la réponse ambiguë qu'il avait arrachée, M. Jay continua son discours, et entrant dans la situation en fit un tableau alarmant et malheureusement vrai. Il parla de la situation intérieure d'abord, et s'attacha à démontrer que Napoléon avait successivement indisposé tous les partis contre lui, les royalistes qui étaient ses ennemis de fondation, et les libéraux qu'il avait contraints à le devenir par son intolérable despotisme. Parlant du 20 mars, des espérances qu'on en avait conçues au début, et que l'Acte additionnel avait détruites, il s'exprima sur ce sujet avec les préjugés du temps, et déclara que Napoléon ayant perdu la confiance des amis de la liberté, et n'ayant jamais eu celle des royalistes, ne pouvait plus désormais réunir la France autour de lui, et en diriger l'énergie contre l'étranger. S'occupant ensuite de la situation extérieure, M. Jay traça la peinture des passions que Napoléon avait excitées en Europe, cita les manifestes des puissances qui proclamaient qu'elles faisaient la guerre non pas à la France mais à lui, s'appliqua à démontrer qu'en le supposant plus heureux qu'au 18 juin, l'Europe implacable renouvellerait incessamment ses efforts, que sans doute l'armée pourrait se couvrir d'une nouvelle gloire, mais pour finir par succomber, et demanda enfin si en présence de cette double situation, de la France que Napoléon divisait, de l'Europe qu'il unissait tout entière, ce n'était pas de sa part un devoir d'offrir sa retraite, et de la part des Chambres un devoir de l'accepter, de la provoquer même. — Encouragé par une approbation unanime, M. Jay, qui n'avait ni la chaleur ni l'action d'un orateur véritable, arriva néanmoins peu à peu à la véritable éloquence. Il dit que c'était à Napoléon qu'il en appelait, à son génie, à son patriotisme, pour tirer la France de l'abîme où il l'avait plongée. S'adressant à Lucien lui-même, le chargeant en quelque sorte d'être l'interprète de la France désolée, C'est à vous, Prince, s'écria-t-il, à vous dont le désintéressement et l'indépendance sont connus, à vous que les prestiges du trône n'ont jamais égaré, à éclairer, à conseiller votre glorieux frère, à lui faire comprendre que de ses mille victoires, dont un récent malheur n'a point obscurci l'éclat immortel, aucune ne sera aussi glorieuse que celle qu'il remportera sur lui-même, en venant rendre à cette assemblée un sceptre qu'elle aime mieux recevoir de ses mains que lui arracher, pour l'assurer à son fils s'il est possible, et conjurer les malheurs d'une seconde invasion cent fois plus fatale que la première. — La situation avait agrandi l'esprit et le caractère de l'orateur, qui exerça en cette occasion une influence qu'il n'avait jamais exercée, et qu'il ne devait plus exercer de sa vie, quoiqu'il n'ait cessé d'inspirer et de mériter une solide estime. Le prince Lucien lui répondit à l'instant même. Soutenu lui aussi par la situation, par la piété fraternelle, par son talent, il parla éloquemment. C'est le privilége des grandes situations d'élever les orateurs, en les forçant à mettre de côté les considérations accessoires, pour se renfermer dans les considérations vraies et fondamentales. D'ailleurs il y avait plus d'une raison à faire valoir en faveur de Napoléon. Sans doute le prince Lucien eût été embarrassé devant un royaliste sincère, clairvoyant et courageux, qui lui aurait dit : Vaincus, les Bonaparte ne sont plus possibles; les Bonaparte devenus impossibles, les Bourbons sont inévitables. Sous les Bourbons la liberté peut être conquise avec de la persévérance, beaucoup plus facilement que sous les Bonaparte, qui par le génie de leur chef ne représentent que la force. C'est un grand malheur assurément, qu'une telle révolution opérée par l'étranger, mais cette intervention de l'étranger deux fois accomplie en quinze mois, est votre ouvrage, la suite de vos fautes; retirez-vous, et laissez-nous négocier avec l'Europe, puisque enfin vous nous avez réduits à cette extrémité, et que les espérances de vaincre sont trop faibles pour tenter encore une fois le sort des armes. — Mais le royaliste clairvoyant et courageux qui eût tenu un tel langage, n'existait pas dans l'assemblée. Il n'y avait que des révolutionnaires et des libéraux, ne voulant à aucun prix des Bourbons, et ayant la faiblesse de croire qu'ils

Juin 1815.

pourraient sans Napoléon se défendre, et traiter avec l'étranger. A ceux-là il y avait de puissantes répliques à opposer. Lucien les trouva et s'en servit. Il s'attacha d'abord à peindre la situation autrement que ne l'avait fait M. Jay, et à démontrer qu'au dehors comme au dedans le mal avait été fort exagéré. S'armant des détails fournis par l'Empereur, il exposa que l'armée du Nord, battue à la vérité, était loin d'être détruite; qu'on retrouverait 30 mille hommes au moins de celle qui avait combattu à Mont-Saint-Jean, et probablement le corps de Grouchy tout entier, ce qui procurerait une armée de plus de 60 mille hommes, supérieure en qualité à tout ce que l'ennemi possédait; que les généraux Rapp, Lecourbe, Lamarque (celui-ci désormais libre en Vendée), la porteraient à plus de 100 mille; que derrière cette armée, Paris couvert d'ouvrages, armé de six cents bouches à feu, défendu par plus de 60 mille hommes des dépôts, des marins, des fédérés, de la garde nationale, serait à l'abri de toute attaque; que dans cette situation on aurait le temps de se reconnaître, de créer de nouvelles ressources; que la conscription de 1815, l'application à toute la France de la mobilisation des gardes nationales d'élite, fourniraient deux ou trois cent mille hommes, que ces moyens dans les mains d'un capitaine tel que Napoléon permettaient de ne pas désespérer, et de ne pas subir les conditions imposées par un insolent vainqueur; que si au dehors la situation n'était pas si grave qu'on cherchait à la présenter, au dedans elle avait été encore plus exagérée; que la France repoussait unanimement le gouvernement des émigrés; qu'il n'y avait pour ce gouvernement qu'une minorité, plus arrogante que dangereuse, car enfin elle avait levé le masque en Vendée, et en quelques jours le général Lamarque l'avait écrasée; qu'à l'exception de ces partisans de l'émigration tout le monde au fond voulait la même chose, c'est-à-dire l'indépendance nationale, et la liberté constitutionnelle sous le prince que la France avait revu avec tant de joie au 20 mars; que des malentendus pouvaient diviser cette masse de la nation, mais qu'il dépendait de l'assemblée de les faire cesser en se serrant derrière l'homme qui l'avait convoquée, et qui seul était capable de tenir tête à l'ennemi; qu'elle n'avait qu'à se prononcer, et que le pays entier la suivrait; que se séparer de Napoléon, sous prétexte d'apaiser la haine de l'étranger, était une illusion à la fois ridicule et funeste; que l'étranger avait tenu ce langage en 1814, que le Sénat s'y était laissé prendre, et que Napoléon écarté, les Bourbons rétablis, on avait dépouillé la France de ses places, de son matériel de guerre, de ses frontières; que ces belles promesses de s'arrêter après l'éloignement de Napoléon étaient des ruses de guerre pour séparer la nation de son chef; que l'ennemi pouvait les employer, mais que c'était se vouer à la dérision de la postérité et des contemporains que d'en être la dupe.... — S'avançant toujours dans la partie la plus délicate du sujet, Lucien ajouta : Songez donc aussi, mes chers concitoyens, à la dignité, à la considération de la France ! Que dirait d'elle le monde civilisé, que dirait la postérité, si après avoir accueilli Napoléon avec transport le 20 mars, après l'avoir proclamé le héros libérateur, après lui avoir prêté un nouveau serment dans la solennité du Champ de Mai, elle venait au bout de vingt-cinq jours, sur une bataille perdue, sur une menace de l'étranger, le déclarer la cause unique de ses maux, et l'exclure du trône où elle l'a si récemment appelé? N'exposeriez-vous pas la France à un grave reproche d'inconstance et de légèreté, si en ce moment elle abandonnait Napoléon? — Cette considération qui était juste, mais qui n'accusait que le malheur de la situation, fit frémir l'assemblée, et provoqua sur-le-champ une réplique accablante, car dans les assemblées lorsqu'on approche de certaines vérités qui sont dans les cœurs sans être sur les bouches, il suffit d'un mot pour les faire jaillir. Se levant en face de Lucien, et l'interrompant avec un à-propos irrésistible, M. de Lafayette lui dit d'un ton froid, mais tranchant comme l'acier : Prince, vous calomniez la nation. Ce n'est pas d'avoir abandonné Napoléon que la postérité pourra accuser la France, mais, hélas! de l'avoir trop suivi. Elle l'a suivi dans les champs de l'Italie, dans les sables brûlants de l'Egypte, dans les champs dévorants de l'Espagne, dans les plaines immenses de l'Allemagne, dans les déserts glacés de la Russie. Six cent mille Français reposent sur les bords de l'Èbre et du Tage : pourriez-vous nous dire combien ont succombé sur les bords du Danube, de l'Elbe, du Niémen et de la Moscowa? Hélas! moins constante, la nation aurait sauvé deux millions de ses enfants! elle eût sauvé votre frère, votre famille, nous tous, de l'abîme où nous nous débattons aujourd'hui, sans savoir si nous pourrons nous en tirer. — Ces paroles tombèrent sur le prince Lucien, bien innocent assurément des fautes qu'elles rappelaient, comme le jugement de la postérité sur son frère, et ôtèrent toute force à la suite de son discours. Il était cependant parvenu à modérer quelque peu l'entraînement de l'assemblée, bien moins par ses paroles qui ne manquaient pas d'éloquence, que par le spectacle du grand homme vaincu dont il était la vivante image, et qu'il s'agissait de jeter dans le gouffre, sans certitude de voir le gouffre se refermer. Quelques orateurs succédèrent à M. Jay et au prince Lucien. MM. Henri Lacoste, Manuel, prolongèrent la discussion, et en amortirent ainsi sans le vouloir la première violence. Laisser voir le désir d'une abdication volontaire de la part de Napoléon, était tout ce qu'on pouvait faire. Prononcer sa déchéance eût été un outrage au malheur dont personne à cette heure n'était capable. Le gouvernement demandait deux commissions nommées par les Chambres, pour s'entendre avec lui sur le choix des moyens de salut. Ces deux commissions pouvaient en négociant, obtenir décemment ce que l'assemblée par une intervention directe aurait arraché sans dignité pour elle-même et pour Napoléon. On le sentit, et d'un consentement presque unanime on adopta la mesure proposée. La Chambre des représentants choisit pour commission son bureau lui-même, composé du président, M. Lanjuinais, et des quatre vice-présidents, MM. de Flaugergues, de Lafayette, Dupont de l'Eure, Gre-

Juin 1815.

Cette apostrophe déconcerte le prince Lucien; cependant il réussit à ralentir un peu le mouvement qui entraînait l'assemblée.

On aboutit à la proposition du gouvernement, consistant à nommer une commission, dans l'espérance que cette commission obtiendra ce qu'on désire.

Juin 1815.

nier. La Chambre des pairs forma sa commission de son président, l'archichancelier Cambacérès, et de MM. Boissy d'Anglas, Thibaudeau, Drouot, Andréossy, Dejean. C'est aux Tuileries, dans la salle des séances du Conseil d'État, que les deux commissions durent se réunir avec les ministres à portefeuille et les ministres d'État, pour délibérer sur les graves objets soumis à leur examen. Elles furent convoquées pour le soir même, afin de pouvoir apporter le lendemain une résolution définitive aux Chambres.

Pendant cette séance de l'assemblée, MM. de Rovigo, Lavallette, Benjamin Constant, entretiennent l'Empereur, et le confirment dans l'idée d'abdiquer.

Pendant ce temps, les allants et venants s'étaient succédé sans interruption à l'Élysée. Le duc de Rovigo, M. Lavallette, M. Benjamin Constant, le prince Lucien s'y étaient rendus, et n'avaient rien caché à Napoléon de la disposition des esprits. Lucien lui avait répété qu'il n'y avait plus à délibérer, et qu'il fallait opter entre un coup de vigueur, ou l'abdication donnée immédiatement, afin de prévenir une résolution offensante de la Chambre. C'était là l'exacte vérité, et Napoléon ne se la dissimulait point. Quelquefois il s'emportait en songeant au peu de générosité avec lequel on le traitait, et aux moyens qui lui restaient encore de saisir la dictature, s'il voulait appeler à lui les fédérés qui ne cessaient d'affluer sous ses fenêtres, et d'y pousser les cris du patriotisme au désespoir. Mais après ces courts moments d'exaltation il retombait, et, revenu au dégoût de toutes choses, il laissait voir qu'il allait abdiquer, en se vengeant toutefois par des sarcasmes brûlants de ceux qui croyaient se sauver en le sacrifiant. — Laissez ces gens-là, lui dit le duc de Rovigo avec sa familiarité véridique. Les uns ont perdu la tête, les autres sont menés par les intrigues de Fouché. Puisqu'ils ne comprennent pas que vous seul pouvez encore les sauver, livrez-les à eux-mêmes, et qu'ils deviennent ce qu'ils pourront. Dans huit jours les étrangers arriveront, feront fusiller quelques-uns d'entre eux, exileront les autres, leur rendront les Bourbons qu'ils ont mérités, et mettront fin à cette misérable comédie. Vous, Sire, venez en Amérique, jouir avec quelques serviteurs fidèles du repos dont vous avez, et dont nous avons tous besoin. — M. Lavallette donna les mêmes conseils dans son langage grave, doux et triste. Napoléon prit ce qu'ils dirent en très-bonne part, et ne cacha guère qu'au fond il pensait comme eux, et agirait comme on le lui conseillait. Il eut avec M. Benjamin Constant une conversation d'un autre genre, et qui fut très-longue. Il envisagea avec lui la question de l'abdication sous les points de vue les plus élevés, et comme s'il avait été désintéressé dans cette question. Pour ce qui le concernait, il était évident qu'avoir été vaincu encore une fois par l'Europe était son chagrin dominant, que dans l'état des esprits régner ne lui paraissait plus un plaisir enviable, que le mépris des hommes et des choses l'emportait en lui sur l'ambition, que le repos dans une retraite tranquille et libre, au milieu d'hommes dignes de son entretien, constituait désormais pour lui le seul bonheur désirable. Mais ce qui le ramenait malgré lui à délibérer sur sa soumission ou sa résistance au sacrifice demandé, c'était la confusion d'aban-

Juin 1815.

Long entretien avec M. Benjamin Constant.

Ce qui semble toucher le plus Napoléon, c'est le regret d'abandonner la partie avant qu'elle soit absolument perdue.

donner une partie qui n'était point entièrement perdue. Il lui semblait en effet que s'il restait des chances de battre l'Europe, ou du moins de la réduire à traiter, et d'écarter ainsi les Bourbons, il y aurait à la fois de la duperie, de la sottise, de la faiblesse à se rendre, et qu'au tribunal des vrais politiques on serait un jour condamné pour avoir cédé trop facilement. Comme père, il se serait immolé volontiers pour assurer le trône à son fils; mais depuis qu'il avait appris la vérité sur sa femme, il ne doutait plus que son fils ne fût un enfant sacrifié d'avance aux ombrages de l'Europe, un enfant destiné à mourir prisonnier dans les mains de l'étranger. Il souriait de dédain quand on lui disait qu'au prix de son abdication l'Europe accepterait le Roi de Rome et Marie-Louise. Lui écarté, il voyait avec toute la pénétration du génie les Bourbons rétablis huit jours après, la plupart de ceux qui lui arrachaient son épée dispersés ou punis, M. Fouché lui-même destiné à un châtiment différé peut-être, mais certain, et en regardant un peu profondément dans l'avenir il se sentait vengé de tous ses ennemis du dedans. Mais ce qui l'occupait surtout, c'était d'examiner si quand on avait tant de chances encore contre les ennemis du dehors, il convenait de rendre son épée au duc de Wellington et au maréchal Blucher, et il se demandait s'il n'était pas un sot ou un lâche, en ne faisant pas ce qu'il fallait pour échapper à cette cruelle extrémité. Il entretint longtemps M. Constant de ce sujet, en déployant autant d'esprit que de sang-froid, lui répétant que la France, l'armée ne connaissaient que

SECONDE ABDICATION.

lui, que s'il voulait disperser ces représentants auxquels il avait ouvert la lice, il n'aurait qu'un mot à prononcer, mais que pour cela il fallait se mettre à la tête d'un parti, celui qui criait sous ses fenêtres, le jeter sur les honnêtes gens, être une espèce d'*empereur révolutionnaire*, et avec la France garrottée derrière lui combattre l'Europe coalisée, que ce rôle lui répugnait profondément, et il finissait en disant qu'il lui aurait plu avec la France unie, de soutenir contre l'Europe une lutte désespérée, mais qu'il ne pouvait lui convenir de le faire avec la France désunie, le suivant par une sorte de contrainte, et que dans cette situation il aimait mieux aller respirer et vivre en planteur dans les forêts vierges de l'Amérique. —

Juin 1815.

Napoléon obéit à la répugnance qu'il éprouve de se mettre à la tête du parti révolutionnaire.

Pendant qu'on discourait ainsi à l'Élysée, les commissions des Chambres s'étaient rendues aux Tuileries. Elles s'étaient rassemblées avec les ministres dans la salle du Conseil d'État, déserte, mal éclairée, présentant un contraste lugubre avec le spectacle qu'elle offrait jadis, lorsque Napoléon au faîte de sa gloire y présidait les sections réunies, et les dominait par la vigueur de son esprit autant que par le prestige de son autorité alors toute-puissante! Le prince Cambacérès ouvrit la séance, en précisant l'objet des délibérations. Chacun commença par se contenir, mais les esprits ardents, et il n'en manquait pas dans les deux commissions, étaient impatients de soulever la question véritable, la seule du jour, celle de l'abdication. Ils débutèrent par des protestations de dévouement à la chose publique, et voulurent même faire poser en

Réunion aux Tuileries des deux commissions nommées par les Chambres.

principe qu'on était prêt à tous les sacrifices, excepté celui des libertés nationales et de l'intégrité du territoire. Ces déclarations libellées en proposition formelle, et mises aux voix, étaient ridicules, ou bien captieuses, car elles décidaient implicitement ce qu'on n'osait pas articuler explicitement, c'est-à-dire la déchéance. C'est ce qui fut répondu, et la proposition ne fut admise qu'à titre de déclaration générale de dévouement à la chose publique. On passa ensuite en revue les différentes ressources qui pouvaient exister encore, dans la situation presque désespérée des affaires de l'État. On parla de l'armée, des finances, et enfin des moyens de maintenir l'ordre dans l'Empire par la répression des partis hostiles. Quant à l'armée, on s'occupa d'abord de la recruter immédiatement, en appelant la conscription de 1815 sur laquelle s'était élevée une question de légalité. Personne ne contesta cette mesure qui devait procurer plus de cent mille hommes, dont une partie avaient déjà servi. On s'occupa ensuite des finances, et on accueillit l'idée d'une émission de rentes pouvant produire tout de suite trente ou quarante millions. Enfin il fut question d'une loi préventive, qui donnerait au pouvoir exécutif des armes contre les partis hostiles, et dans cette réunion d'hommes, presque tous fort attachés à la cause de la liberté, il ne s'éleva pas une objection. On accordait tout pour en arriver plus tôt à la seule mesure qui intéressât les esprits, c'est-à-dire à l'abdication.

Après avoir pourvu aux moyens de soutenir la guerre, on dit qu'il fallait penser aux moyens de conclure la paix, que ce second objet était de la dernière urgence, car le succès de la guerre était trop douteux pour ne pas songer à la terminer tout de suite. Or, cette question contenait justement celle qu'on était impatient de soulever. M. de Lafayette, plus résolu que les autres dans la poursuite du but auquel il voulait atteindre, demanda s'il n'était pas démontré que toute paix, que toute négociation même serait impossible, tant que Napoléon se trouverait à la tête du gouvernement.

Juin 1815.

M. de Lafayette soulève la question de l'abdication.

Cette question, abordée devant les ministres de Napoléon, et devant les commissions dont quelques membres étaient dévoués à la dynastie impériale, excita de vifs murmures. Les ministres répondirent que s'ils avaient regardé comme vrai ce que venait d'avancer M. de Lafayette, ils l'auraient déclaré à l'Empereur, et en auraient fait l'objet d'une proposition expresse dans la conférence actuelle. M. de Lafayette répliqua qu'il acceptait la question ainsi posée, et que puisqu'ils auraient fait la proposition s'ils l'avaient jugée utile, lui, qui la tenait pour indispensable, allait la faire. Il demanda donc que les membres présents de la conférence déclarassent, ce qu'il croyait vrai quant à lui, que la présence de Napoléon à la tête du gouvernement rendait la paix impossible, la continuation de la guerre inévitable, et dès lors le salut de l'État aussi problématique que le succès de la guerre. C'était prononcer la déchéance, ce que personne ne voulait faire, bien que tout le monde désirât l'abdication. Le président de cette réunion, le prince Cambacérès, déclara qu'il ne mettrait point une telle ques-

Cette question est écartée.

tion aux voix. La proposition de M. de Lafayette fut ainsi écartée, mais on admit qu'il fallait négocier en même temps que combattre, et que pour négocier il était nécessaire de trouver une forme qui permît de rétablir les rapports diplomatiques avec les puissances européennes, celles-ci ayant refusé jusqu'alors non pas seulement de répondre aux communications du gouvernement impérial, mais même de les recevoir. En conséquence, on imagina comme moyen terme, d'envoyer au camp des coalisés une commission de négociateurs qui, au lieu de se présenter au nom de Napoléon, se présenteraient au nom des Chambres. Il aurait fallu être bien difficile pour ne pas se contenter d'une telle proposition, car c'était l'abdication implicite de Napoléon, puisque la fonction la plus importante du pouvoir exécutif, celle de traiter avec les puissances étrangères, allait s'exercer sans lui, et en dehors de lui. C'était même une illégalité flagrante, mais on était déjà si complétement sorti de la légalité par les dernières résolutions des Chambres, que ce n'était plus la peine d'y prendre garde. La proposition fut admise, et il fut convenu que les diverses mesures adoptées dans cette conférence seraient présentées à l'Empereur par ses ministres, et aux Chambres par des rapporteurs choisis dans chacune des deux commissions. Le général Grenier, officier distingué de la République, homme sage et désintéressé, fut chargé du rapport à la Chambre des représentants. Toutefois comme les résolutions qui avaient prévalu ne répondaient pas à l'impatience des esprits, les ministres et surtout M. Regnaud prièrent le général

Grenier et ses collègues de prendre patience encore quelques heures, promettant que le rapport ne serait pas plutôt fait qu'un message impérial viendrait combler les vœux de la majorité des Chambres, qui plaçaient le salut de l'État dans l'abdication de Napoléon.

Cette séance avait rempli presque toute la nuit. La journée commença de bonne heure à l'Élysée, et dès le matin du 22 chacun était accouru pour conseiller Napoléon, qu'on ne se permettait pas de conseiller de la sorte autrefois, surtout sur des objets pareils. Son sacrifice était fait, car après la séance de la nuit, il n'était plus possible de prolonger une telle situation. Comment consentir en effet à laisser négocier avec l'étranger sans lui, en dehors de lui, c'est-à-dire laisser gouverner à son exclusion? C'eût été un véritable déshonneur, et il ne lui restait, s'il ne voulait pas le souffrir, qu'à briser l'assemblée en s'appuyant sur la populace, et à essayer de lutter contre l'Europe unanime en ayant derrière soi la France divisée. C'est sur quoi Napoléon avait, comme on l'a vu, sa résolution prise. Pourtant deux choses résistaient encore en lui, la nature et la répugnance à abandonner une partie qui ne semblait pas absolument perdue. Il lui en coûtait, effectivement, de descendre du trône, car c'était tomber dans une étroite prison; il lui en coûtait de renoncer à une lutte qui, d'après son sentiment militaire, offrait encore beaucoup de chances. Mais devant l'évidence de la désunion, certaine tant qu'il serait là, et probable même après qu'il n'y serait plus, il était tout prêt à se rendre. Seulement il se révoltait quand on venait l'obséder, sans presque lui laisser le temps de la réflexion. Cette agonie de sa puissante volonté était pénible et douloureuse à voir, car le génie et le malheur y perdaient quelque chose de la dignité qu'on voudrait qu'ils conservassent toujours, surtout dans les moments suprêmes. Napoléon était donc tour à tour calme, doux, ironique tout au plus, et irrité seulement quand on le pressait trop. Il prenait bien les conseils de ceux qui, comme le duc de Rovigo, le comte Lavallette, le duc de Bassano, lui disaient qu'il fallait abandonner des gens qui ne méritaient pas qu'on les sauvât, et s'en aller avec son impérissable gloire dans la vaste et libre nature d'Amérique, pour y finir sa vie dans un profond repos, dans l'admiration du monde devenu juste après sa chute. Mais ces mêmes conseils il les prenait mal de la part de ceux qui semblaient espérer quelque chose de son sacrifice pour eux ou pour la chose publique. Il regardait ces derniers comme des dupes de M. Fouché ou de leur intérêt. Aussi faisait-il mauvais accueil à M. Regnaud, et à ceux qui paraissaient appartenir à cette catégorie, lorsqu'ils venaient l'entretenir du sujet dont parlait tout le monde en ces tristes instants.

Ces douloureuses perplexités remplirent une partie de la matinée dans le palais et le jardin de l'Élysée. En ce moment étaient arrivées de l'armée des nouvelles moins désolantes que celles que Napoléon et ses officiers avaient apportées en venant de Laon. Grouchy, qu'on avait cru perdu, était rentré sain et sauf par Rocroy, et amenait plus de trente mille hommes pleins d'ardeur, derrière lesquels les débris de Waterloo allaient se rallier. Ces débris accourus de tout côté au rendez-vous de Laon, présentaient déjà une vingtaine de mille hommes, et devaient s'élever à trente ou quarante mille lorsqu'on les aurait réarmés et pourvus d'artillerie. Il était donc facile d'avoir en peu de jours une armée de soixante mille hommes, qu'augmenteraient encore les dépôts, les fédérés, les troupes de l'Ouest, et de réunir ainsi près de cent mille combattants pour couvrir Paris. Il y avait loin de cette situation, quelque affligeante qu'elle fût, à celle qu'on avait imaginée, et d'après laquelle Paris, entièrement découvert, aurait été réduit à se rendre sans conditions. Le ministre de la guerre fut immédiatement envoyé à la Chambre des représentants pour voir si ces nouvelles ne provoqueraient pas chez elle d'utiles réflexions, et ne feraient pas naître le désir de conserver à ces cent mille hommes le chef qui en 1814 avait balancé les destinées avec des forces bien inférieures.

L'assemblée s'était réunie dès neuf heures du matin, et une impatience plus vive encore que celle des jours précédents s'était manifestée dans son sein. On avait voulu différer le rapport du général Grenier pour gagner un peu de temps, mais l'assemblée n'avait pu s'intéresser à aucun des objets accessoires qu'on avait essayé de substituer à l'objet principal de ses préoccupations. Il avait fallu la satisfaire : vers dix heures du matin le général Grenier était monté à la tribune, et seul avait obtenu le silence refusé aux autres orateurs. Il avait

Juin 1815.

et que 60 ou 70 mille hommes vont être réunis à Laon.

Le maréchal Davout envoyé à l'assemblée pour essayer sur elle l'effet de ces nouvelles.

Rapport du général Grenier.

Juin 1815.

Nouvelles menées de M. Fouché pour amener l'abdication.

Il fait dire aux représentants qu'il faut se hâter, que l'armée se rallie, et que si on lui en laisse le temps, elle se portera

brièvement énuméré les diverses mesures adoptées la nuit aux Tuileries, et fini par l'exposé plus détaillé de la principale, de celle qui consistait à envoyer au camp des alliés des négociateurs chargés de traiter au nom des Chambres. C'était la moitié au moins de l'abdication, avec la certitude d'obtenir l'autre moitié sous peu d'instants. Malgré cela le désappointement, l'impatience, la colère même se montrèrent sur tous les visages, et éclatèrent en voix confuses. Le rapporteur, peu accoutumé à ce genre d'agitations, balbutia quelques mots pour demander qu'on voulût bien attendre encore un peu, car les ministres, disait-il, lui avaient fait espérer que bientôt un message impérial viendrait compléter la présente communication. Cette indication ne satisfit point les esprits émus, et une foule d'orateurs assaillirent la tribune pour faire des propositions, qui toutes tendaient à précipiter l'événement désiré. Mais, comme ce n'étaient pas des personnages importants et dignes d'être écoutés qui se jetaient dans ce tumulte, l'assemblée ne leur prêtait aucune attention, et ils se succédaient inutilement au milieu d'un désordre inexprimable. Tout à coup les affidés du duc d'Otrante vinrent dire que la victime se défendait, qu'il fallait lui faire violence si on ne voulait soi-même devenir ses victimes, car l'armée informée de ce qui se passait, était prête à se porter aux derniers excès pour prolonger le règne de Napoléon, et on avait des nouvelles de Grouchy, lequel était sauvé, et marchait sur Laon avec 60 mille hommes. La perspective de pareilles ressources pouvait bien rendre à Napoléon la résolution qui avait semblé l'abandonner, et il n'y avait pas de temps à perdre. Cette version se trouva bientôt confirmée par les nouvelles que le ministre de la guerre vint donner sur la situation des affaires militaires. On l'écouta avec d'autant plus d'impatience que ce qu'il disait était sérieux. Puis après l'avoir écouté, loin de changer d'avis, on se sentit confirmé dans celui qu'on avait embrassé. Lorsque les esprits veulent passionnément une chose, tout les y pousse, même ce qui semblerait devoir les en détourner. Les uns prétendaient que ces soixante mille hommes seraient pour Napoléon un prétexte de retenir le pouvoir, et qu'au besoin il en userait contre l'assemblée; les autres qu'il fallait se hâter de s'en servir pour traiter de la paix sans l'homme qui rendait toute paix impossible. Toujours s'excitant de la sorte on en vint à dire qu'il fallait proposer la déchéance, et même la voter. Bientôt l'idée de la prononcer devint générale. Cependant un représentant, le général Solignac, tombé depuis assez longtemps dans la disgrâce impériale, esprit mal réglé mais généreux, arrêta un moment l'assemblée en lui disant que l'homme qu'on allait ainsi violenter avait régné quinze ans, récemment encore avait reçu les serments de la France, et avait commandé vingt ans les armées françaises avec une gloire incomparable; qu'il méritait donc le respect, et que ce n'était vraiment pas en réclamer beaucoup que de demander une heure, afin qu'il eût le temps de déposer lui-même le sceptre qu'on prétendait lui arracher. — Une heure, une heure, soit! répondirent des centaines de voix, et une sorte de pudeur saisissant cette assemblée qui

Juin 1815.

aux derniers excès, pour maintenir Napoléon sur le trône.

Sous l'influence des avis de M. Fouché, on demande l'abdication à grands cris

Le général Solignac obtient qu'on accorde

pourtant voulait fortement le maintien de la dynastie impériale, elle accorda ce délai fatal! Une heure accordée pour abdiquer, à l'homme qui avait dominé le monde, et qui trois mois auparavant avait été accueilli avec transport! Triste et terrible leçon pour l'ambition sans mesure!

Le général Solignac courut spontanément à l'Élysée, bien qu'il ne se fût pas présenté à Napoléon depuis fort longtemps. La vue de ce puissant empereur, naguère si redouté, tombé aujourd'hui dans un abîme de misère, toucha profondément le général. Napoléon, qui avait assez mal accueilli ses serviteurs les plus favorisés mettant un singulier empressement à lui arracher son abdication, reçut affectueusement le disgracié qui avait sollicité et obtenu pour lui une heure de répit. Il lui dit avec douceur qu'on avait tort de montrer tant d'irritation, que son abdication était prête, et qu'il allait la signer. Puis le conduisant dans le jardin où sa présence faisait éclater dans la foule de nouveaux cris de *Vive l'Empereur!* il lui fit sentir tout ce qui lui resterait de puissance s'il voulait s'en servir. Il demanda au général s'il croyait que la tumultueuse assemblée d'où il venait, et où il allait retourner, pouvait enfanter un gouvernement, et ce gouvernement opposer une résistance sérieuse à l'étranger, et si l'abdication qu'elle exigeait n'était pas l'avénement immédiat des Bourbons escortés de cinq cent mille étrangers. Il était difficile de n'en pas convenir. Le général Solignac en tomba d'accord, lui prit les mains sur lesquelles il versa des larmes, et Napoléon touché de l'émotion de ce brave militaire, satisfait de lui avoir démontré à lui-même l'inconséquence de ceux qui demandaient son abdication, le congédia en lui serrant les mains, et en lui promettant que le message impérial serait immédiatement envoyé au palais des représentants. Il saisit une plume pour rédiger lui-même la minute de l'acte, ne laissant à personne le soin de libeller de pareilles pièces, et il fit bien, car il était le seul capable de trouver des paroles assez grandes pour de telles circonstances.

Rentré dans son cabinet où étaient réunis ses frères et ses ministres, Napoléon avait déjà tracé les premiers mots sur le papier, lorsque Lucien, Joseph, le ministre Regnaud lui dirent qu'il fallait mettre à son abdication une condition expresse, celle de la transmission de la couronne à son fils. Il jeta alors sur M. Regnaud un regard où se peignait le mépris le plus amer pour la politique actuellement triomphante de M. Fouché. — Mon fils!... répéta-t-il deux ou trois fois, mon fils!... quelle chimère!... Non, ce n'est pas en faveur de mon fils, mais des Bourbons que j'abdique.... ceux-là du moins ne sont pas prisonniers à Vienne! — Après ces paroles, dignes de son génie, il traça la déclaration suivante :

« FRANÇAIS,

» En commençant la guerre pour soutenir l'in-
» dépendance nationale, je comptais sur la réu-
» nion de tous les efforts, de toutes les volontés,
» et le concours de toutes les autorités nationales :
» j'étais fondé à en espérer le succès, et j'avais

» bravé les déclarations des puissances contre moi.

» Les circonstances me paraissent changées. Je
» m'offre en sacrifice à la haine des ennemis de la
» France. Puissent-ils être sincères dans leurs dé-
» clarations, et n'en avoir réellement voulu qu'à
» ma personne! Ma vie politique est terminée, et
» je proclame mon fils sous le titre de Napoléon II,
» empereur des Français.

» Les ministres actuels formeront provisoirement
» le conseil de gouvernement. L'intérêt que je porte
» à mon fils m'engage à inviter les Chambres à or-
» ganiser sans délai la régence par une loi.

» Unissez-vous tous pour le salut public et pour
» rester une nation indépendante.

» NAPOLÉON. »

L'abdication portée à la Chambre des représentants.

Cette pièce, signée à midi et demi, dut être portée par le ministre Carnot à la Chambre des pairs, et par le duc d'Otrante à celle des représentants. C'était pour ce dernier le bulletin de sa victoire, et il dissimulait à peine la joie qu'il en éprouvait. Il arriva vers une heure à la Chambre des représentants, où beaucoup d'officieux l'avaient devancé. L'heure accordée au général Solignac avait été fort dépassée, et sans l'apparition du conspirateur triomphant qui venait satisfaire l'impatience générale, on aurait probablement oublié tout respect envers le vaincu de Waterloo. En entendant annoncer le duc d'Otrante et le message dont il était porteur, les représentants coururent pêle-mêle occuper les places libres, et debout en silence, écoutèrent la déclaration que nous venons de rapporter, et dont le président fit lecture d'une voix émue. Qui le croirait ? après avoir manifesté tant d'impatience, l'assemblée, soit la noblesse du langage, soit la grandeur de l'homme et de son infortune, soit la détente des esprits à la suite du succès obtenu, l'assemblée, naguère si courroucée, demeura d'abord muette, et puis fut tout à coup saisie d'un attendrissement profond et universel. On employa quelques instants à échanger des expressions de compassion, de gratitude, de regret, et dans plus d'un esprit entra cette pensée, que si le salut de l'État était presque impossible avec Napoléon, il serait tout à fait impossible sans lui. On avait été poussé pour ainsi dire malgré soi à ce qu'on avait fait, et on commençait à sentir confusément que ce n'était pas le triomphe de la Révolution et de la dynastie impériale qu'on venait d'assurer, mais celui des Bourbons. Ce n'était une calamité ni pour la France, ni pour la liberté, mais c'était une œuvre singulière accomplie de la main de ces représentans, tous complices ou partisans de la révolution du 20 mars.

Juin 1815.

Attendrissement général.

Le duc d'Otrante vint alors montrer sa pâle figure à la tribune, pour réclamer hypocritement des égards envers le malheur, pour demander que la France en stipulant pour elle stipulât aussi pour Napoléon, c'est-à-dire assurât sa vie, sa liberté, la tranquillité de sa retraite, pour proposer enfin la nomination immédiate de la commission qui devait aller traiter au camp des coalisés. Cette apparition assez inutile était une manière de montrer à la pauvre assemblée, dont le tour d'abdiquer allait bientôt venir, le ridicule dictateur qui de-

Hypocrite attitude du duc d'Otrante.

vait régner quinze jours sur la France. On écouta les paroles de M. Fouché sans y attacher beaucoup de valeur, car personne après la satisfaction obtenue ne songeait à manquer de respect au génie malheureux, et à différer même d'une heure la grande affaire de la négociation de la paix, affaire si importante en apparence, et si vaine en réalité, comme on devait bientôt le voir. Mais il s'agissait d'un objet plus sérieux, et exposé à plus de contestation, il s'agissait de remplacer l'autorité exécutive qui avait disparu par l'abdication de l'Empereur. Dès ce moment le champ était ouvert aux calculs des partis, et aux divagations de ces esprits agités, qui, dans les grandes circonstances, se donnent beaucoup de mouvement par besoin de remuer, ou vanité de se produire. L'assemblée presque tout entière était bonapartiste et révolutionnaire, c'est-à-dire qu'elle voulait les principes de la révolution appliqués par la main des Bonaparte, à l'exception toutefois du Bonaparte qui pouvait seul faire prévaloir ce qu'elle désirait. L'Acte additionnel dont on avait dit tant de mal, Napoléon II dont elle venait de détrôner le père, et surtout la paix, auraient comblé ses vœux. Mais déjà le duc d'Otrante, après lui avoir promis Napoléon II, doutait de ce qu'il avait promis, et répandait autour de lui ses propres doutes, maintenant que les certitudes dont il s'était servi pour renverser Napoléon n'étaient plus nécessaires. Les hommes qu'il inspirait allaient disant partout qu'on devait souhaiter et tâcher d'obtenir Napoléon II, mais que même pour réussir il fallait n'en pas faire une condition absolue, laquelle blesserait peut-être les souverains étrangers, et empêcherait l'ouverture des négociations. D'ailleurs, ajoutaient-ils, tout en préférant Napoléon II, il ne serait pas sage de compromettre le sort de la France pour un enfant prisonnier, confié à des mains autrichiennes, et condamné probablement à y rester, que si par exemple on pouvait avec un prince éclairé, libéral, ayant donné des gages à la Révolution, et brouillé à jamais avec l'émigration, obtenir la monarchie constitutionnelle, on ne devrait pas le refuser par fidélité à un enfant presque étranger, car ce qui importait avant tout c'était d'assurer le salut de la France et sa liberté. Ces insinuations se rapportaient au duc d'Orléans, à qui beaucoup de gens pensaient, bien qu'il n'eût donné mission à personne de faire penser à lui. Ses lumières, son opposition discrète mais visible à la politique qui avait conduit Louis XVIII à Gand, ses services militaires pendant la République, le souvenir même de son père, en faisaient pour les révolutionnaires, pour les nouveaux libéraux, pour les militaires, un prince désirable et désiré, sans que lui ni personne s'occupât de propager sa candidature. L'assemblée, quoique prononcée pour Napoléon II, se serait consolée de ne pas l'avoir, si on lui avait donné en échange le chef de la branche cadette de Bourbon. L'armée se serait regardée comme moins sacrifiée sous un prince réputé militaire, et on a vu que parmi les monarques réunis à Vienne, l'empereur Alexandre mécontent de l'émigration, avait proposé le duc d'Orléans au congrès, et ne s'était arrêté que devant l'opposition prononcée de l'Angleterre et de l'Autriche. M. Fouché se serait certainement accommodé du règne de ce prince, mais il ne se flattait guère d'y amener les puissances coalisées, et s'il encourageait les tendances vers lui, c'était comme transition de Napoléon II qu'il avait promis sans en être sûr, aux Bourbons de la branche aînée qu'il prévoyait sans les désirer. Sa tactique, en un mot, consistait à susciter toutes les idées à la fois, sauf à ne faire triompher au dernier moment que celle qui lui conviendrait, et de cette tactique il ne parlait ni à M. Regnaud, qui était bonapartiste sincère, ni à MM. Manuel, Jay, Lacoste, qui étaient exclusivement libéraux, et à ce titre redoutaient le retour de la branche aînée. Aux uns comme aux autres il se bornait à dire qu'il fallait être extrêmement prudent, et se garder de présenter aux puissances des conditions absolues, en proclamant par exemple tel ou tel prince, car en agissant de la sorte on rendrait impossible l'ouverture des négociations.

A peine l'abdication de Napoléon avait-elle été lue à l'assemblée que les propositions se succédèrent en foule. Les hommes qui ne voulaient pas de la dynastie impériale, les uns par royalisme (le nombre de ceux-ci était très-restreint), les autres par amour de la liberté et de la paix, proposèrent d'accepter d'abord l'abdication afin de la rendre irrévocable, un contrat n'étant définitif que par l'acceptation réciproque, de remercier ensuite Napoléon de son sacrifice, puis de se déclarer Assemblée nationale, de se saisir de tous les pouvoirs, d'envoyer des négociateurs au camp des alliés, de nommer enfin une commission chargée de remplir les fonctions du pouvoir exécutif. Divers représentants soutinrent ces propositions, et notamment M. Mourgues, qui alla plus loin que les autres. Il voulait qu'on ajoutât à ces mesures celle de nommer M. de Lafayette général en chef des gardes nationales de France, et le maréchal Macdonald généralissime de l'armée. On doit se souvenir que ce maréchal, après avoir accompagné Louis XVIII jusqu'à la frontière, avait refusé de prendre du service sous Napoléon. A ces dernières propositions dont l'intention était trop claire, un représentant, M. Garreau, demanda à lire l'article 67 de l'Acte additionnel. Le président Lanjuinais s'efforçant d'interdire comme inutile la lecture de cet article, que tout le monde était censé connaître, des cris, *lisez*, *ne lisez pas*, retentirent de toutes parts. Mais les cris qui demandaient la lecture ayant couvert ceux qui ne la voulaient pas, M. Garreau lut l'article ainsi conçu :

« Le peuple français déclare que, dans la déléga-
» tion qu'il a faite et qu'il fait de ses pouvoirs, il
» n'a pas entendu et n'entend pas donner le droit
» de proposer le rétablissement des Bourbons ou
» d'aucun prince de cette famille sur le trône,
» même en cas d'extinction de la dynastie impé-
» riale, ni le droit de rétablir, soit l'ancienne no-
» blesse féodale, soit les droits féodaux et seigneu-
» riaux, soit les dimes, soit aucun culte privilégié
» et dominant, ni la faculté de porter aucune at-
» teinte à l'irrévocabilité de la vente des domaines
» nationaux ; il interdit formellement au gouverne-

Juin 1815.

M. Regnaud rappelle qu'on doit fidélité à Napoléon II.

On adopte l'idée de nommer une commission exécutive de cinq membres, sans la qualifier de régence.

La Chambre des représentants en nommera trois, celle des pairs deux.

» ment, aux Chambres et aux citoyens toute pro-
» position à cet égard. » — Je crois, ajouta l'auteur
de la citation, avoir été compris. — Oui, oui, répondirent un grand nombre de voix, et on réclama
l'ordre du jour. M. Regnaud de Saint-Jean d'Angely s'élança à la tribune pour appuyer et motiver
l'ordre du jour. Il demanda d'abord, si la Chambre
des représentants se constituait Assemblée nationale, ce que deviendrait la Chambre des pairs, et
si les deux Chambres se confondaient en une seule,
ce que deviendrait la Constitution. Il fit sentir l'avantage de conserver une constitution toute faite, qui
n'avait besoin que de peu de modifications pour être
rendue excellente, dans laquelle le monarque était
irrévocablement désigné, ce qui mettait un terme
à toutes les compétitions, et à laquelle il ne fallait
pour la maintenir en vigueur qu'ajouter une mesure
transitoire, consistant à remplacer pour un temps
assez court le monarque absent et mineur. N'osant
toutefois proposer un conseil de régence qui aurait
tranché trop positivement la question de dynastie,
il prit dans les propositions repoussées l'idée de
faire nommer une commission exécutive de cinq
membres, trois par la Chambre des représentants,
et deux par la Chambre des pairs. Enfin il fit appel
aux sentiments de générosité, de dignité, de gratitude de l'assemblée envers Napoléon. — Il est
un homme, dit-il, que vous aviez appelé grand, et
que la postérité jugera mieux que nous! Récemment
encore vous en aviez fait votre chef pour la seconde
fois, et il n'y a pas quatre semaines que vous lui
avez de nouveau prêté serment! Il a été malheu-

reux, ce qui lui est rarement arrivé dans sa carrière militaire; vous lui avez demandé son abdication, et il s'est empressé de la donner avec une magnanimité dont j'ai été témoin, car, ajouta M. Regnaud, c'est moi qui ai osé hier lui en parler le premier. Il l'a donnée, mais en faveur de son fils. Irez-vous le payer de ce magnanime dévouement en n'acceptant pas même son fils? Annulerez-vous l'acte si désiré de son abdication en refusant la condition essentielle de cet acte? Je vous propose donc l'ordre du jour sur les motions que vous avez entendues, pour ne point annuler la Constitution ni les droits de Napoléon II, et je vous propose en outre d'envoyer une députation à celui qui était votre empereur il y a quelques heures, pour le remercier du noble sacrifice qu'il a fait à l'intérêt du pays. —

L'assemblée qui était sous l'impression du grand sacrifice qu'elle venait d'obtenir de Napoléon, qui de plus était émue par les paroles de M. Regnaud, adopta à l'unanimité l'ordre du jour tel qu'on le lui avait proposé. M. Regnaud se flatta d'avoir sauvé ainsi le trône de Napoléon II, mais M. Fouché n'en crut rien, car la question qui eût été tranchée par la création d'un conseil de régence, était éludée par la création d'une simple commission exécutive. Cette ambiguïté convenait à M. Fouché, qui voulait que tout fût possible, excepté le retour de Napoléon lui-même. On procéda sur-le-champ au scrutin, afin d'élire les trois membres que la Chambre des représentants fournirait à la commission exécutive. M. Fouché qui se regardait comme désigné nécessai-

Juin 1815.

MM. Carnot, Fouché, Grenier, nommés par la Chambre des représentants

Juin 1815.

membres de la commission exécutive.

rement, ne s'occupa pas de lui-même, mais des autres, dans le désir de se ménager des collègues qui ne pussent pas contrarier ses desseins. Il lui était impossible d'écarter Carnot, dont il se flattait d'ailleurs d'abuser la bonne foi, mais il tenait par dessus tout à n'avoir pas M. de Lafayette, et il le représenta aux uns comme un fanatique des institutions fort décriées de 1791, aux autres comme indispensable dans la commission qui devait se rendre au camp des souverains pour y traiter de la paix. Il recommanda particulièrement le général Grenier, estimé de tous les partis, et peu capable de déjouer une intrigue, car il était incapable d'en faire une. M. Fouché, resté dans les couloirs de l'assemblée, parvint à ménager les résultats suivants. Carnot, élu par l'estime universelle, obtint 324 suffrages; M. Fouché, choisi pour l'opinion qu'on avait de son influence au dedans et au dehors, n'en obtint que 293. M. Grenier en réunit 204, M. de Lafayette 142. Il fallut un second tour de scrutin pour le troisième membre, et M. le général Grenier fut élu à une immense majorité. Cette résolution fut immédiatement envoyée à la Chambre des pairs pour recevoir son adhésion.

Accueil fait par la Chambre des pairs aux résolutions de la Chambre des représentants.

En ce moment cette Chambre était en proie à une vive agitation. Le ministre de la guerre était venu lui communiquer les nouvelles militaires qu'il avait données à la Chambre des représentants, le traitement extérieur envers les deux Chambres devant être entièrement semblable, quoique l'influence ne fût point la même. Une scène triste et violente s'était passée à la suite de ces communications. Le maréchal Ney, tout agité encore de la bataille de Waterloo où il avait déployé tant d'héroïsme, plus agité des bruits qui circulaient et qui lui attribuaient des fautes graves, excité par M. Fouché qu'il avait pris pour confident de ses chagrins, avait demandé la parole, et attirant fortement l'attention par son énergique figure autant que par l'importance d'un récit émané de sa bouche, avait contesté les assertions du ministre, affirmé qu'il ne restait plus aucune ressource, que tout était perdu, que l'armée avait fait son devoir, mais que de grandes fautes avaient été commises (sans nommer l'auteur de ces fautes il désignait clairement l'Empereur), que ces fautes avaient amené un désastre irréparable, et qu'il ne restait qu'à traiter à toute condition, les vies sauves tout au plus. En se conduisant de la sorte la glorieuse victime ne savait pas qu'elle rendait inévitable une capitulation, à la suite de laquelle toutes les vies malheureusement ne seraient pas sauves. Le trouble produit par cette scène avait été inexprimable. Quelques malveillants avaient éprouvé une joie presque visible en présence de ce chaos, mais la grande majorité des pairs, sincère quoique faible, avait été désolée de voir le découragement propagé par un homme d'un si prodigieux courage. Drouot entré dans le moment où le maréchal achevait de parler, apprenant ce qu'il avait dit, était allé avec les formes graves et douces dont il ne s'écartait jamais, lui reprocher ses assertions, et lui annoncer qu'il les rectifierait. Ney s'était mal défendu, et avait décelé le désordre affligeant d'une âme au désespoir, n'étant plus en possession d'elle-même,

Juin 1815.

Scène du maréchal Ney au sujet de la bataille de Waterloo.

Drouot annonce qu'il répondra.

et méritant que de sa part on ne tînt plus compte de rien, sinon de ses incomparables services.

La Chambre des pairs était sous l'impression de cette scène si triste, lorsque arriva le message de la Chambre des représentants. Il n'y avait pas de doute sur l'adhésion que la pairie donnerait aux mesures proposées, mais les membres ardents du parti impérial, le prince Lucien, les généraux La Bédoyère et de Flahault, se montrèrent fort irrités en voyant la souveraineté de Napoléon II éludée par la nomination équivoque d'une commission exécutive, et manifestèrent tout haut leur mécontentement. Le comte Thibaudeau, révolutionnaire morose, haïssant les Bourbons, préférant les Bonaparte sans les aimer, car il n'aimait personne, méprisant Fouché et se laissant conduire par lui, était entré dans l'idée si générale en ce moment, de chercher un prompt salut dans l'abdication de l'Empereur. Il exprima donc l'avis d'homologuer purement et simplement la décision de la Chambre des représentants, ce qui du reste était inévitable au point où en étaient venues les choses. Cette proposition excita un violent courroux chez les partisans de la dynastie impériale. Le prince Lucien, rappelant à la Chambre des pairs, nommée par Napoléon, la gratitude, la fidélité qu'elle lui devait, lui faisant sentir que le respect des lois, s'il était évanoui partout, devrait subsister chez elle, invoquant la Constitution qui, après Napoléon Ier, conférait la couronne à Napoléon II, s'appuyant enfin sur l'acte d'abdication qui portait pour condition essentielle l'avénement de Napoléon II, demanda qu'on proclamât sur-le-champ ce jeune prince, afin d'échapper à la guerre civile et au chaos. — Rallions-nous autour de Napoléon II, s'écria le prince Lucien, et quant à moi j'en donne le premier l'exemple, et lui jure fidélité. — Beaucoup de pairs effrayés de ce tumulte, et approuvant la forme évasive adoptée pour remplacer le pouvoir exécutif, se montrèrent visiblement importunés de la vivacité avec laquelle on voulait trancher une question si grave. M. de Pontécoulant, pair de Napoléon et de Louis XVIII, redevable par conséquent de l'un et de l'autre, était de ceux qui ne voulaient pas qu'on rendit plus difficile qu'elle n'était la transition d'un régime défaillant à un régime inévitable. Après avoir avoué ce qu'il devait à Napoléon, il déclara qu'il croyait devoir encore davantage à son pays, et qu'il regardait comme souverainement imprudente la proposition du prince Lucien. Rappelant à celui-ci sa qualité de prince romain, il lui reprocha de n'être pas Français, et de ne pouvoir dès lors émettre une opinion valable sur un pareil sujet. — Si je ne suis pas Français pour vous, lui répondit le prince Lucien, je le suis pour la nation entière; et il insista sur la nullité de l'abdication de Napoléon Ier, dans le cas où l'on ne reconnaîtrait pas à l'instant même les droits de Napoléon II au trône. Le généreux et imprudent La Bédoyère, aussi peu maître de sa raison que Ney, prit alors la parole avec une incroyable violence. — Il y a ici, dit-il, des gens qui naguère aux pieds de Napoléon heureux, s'éloignent déjà de Napoléon malheureux. Laissons-les faire, et remplissons notre devoir. Napoléon a abdiqué pour son fils : si son fils n'est pas proclamé, son abdication est nulle, et il doit la reprendre. Qu'il se saisisse de son épée, et nous irons tous mourir à ses côtés! Les traîtres qui l'ont abandonné l'abandonneront peut-être encore, ils noueront des intrigues avec l'étranger, comme ils ont déjà fait... j'en vois quelques-uns qui siégent sur ces bancs...— A ces mots, qui prouvaient que ce brave jeune homme ne se possédait plus, un tumulte effroyable l'interrompit. On le fit taire ; plusieurs de ses amis accoururent pour le contenir, mais ne parvinrent point à le calmer. La discussion continua sans ordre, sans résultat pour ceux qui voulaient la proclamation immédiate de Napoléon II, et la prudente assemblée adoptant la politique évasive qui avait prévalu dans l'autre Chambre, confirma purement et simplement sa décision. Elle nomma pour compléter la commission exécutive, M. de Caulaincourt comme l'homme le plus digne d'y représenter les intérêts de la France sans négliger ceux de Napoléon, et M. Quinette comme ancien conventionnel et représentant honnête de la Révolution.

Ces diverses nouvelles portées à Napoléon ne l'étonnèrent point, et ne l'affligèrent guère davantage, car il ne s'était pas fait la moindre illusion sur le sort de son fils, et n'avait jamais cru que tombée de sa puissante tête, la couronne pût s'arrêter sur celle d'un faible enfant, à la fois absent et prisonnier. Dans l'après-midi une députation des représentants vint lui apporter l'hommage de l'assemblée et l'expression de sa gratitude. Il la reçut debout, dans l'attitude qu'il avait au faîte de la puissance, avec une gravité triste, et cette hauteur de langage que donne le détachement de toutes choses. Après s'être montré sensible aux témoignages de la députation, il leur dit que le sacrifice dont on le remerciait il l'avait fait pour la France, mais sans aucune espérance de lui être utile, et uniquement pour n'être pas en désaccord avec ses représentants, car on ne pouvait lutter avec succès qu'à la condition d'être unis. Il leur recommanda l'union comme le principal moyen de salut, et après l'union l'activité dans les préparatifs de défense, car il fallait pour obtenir la paix avoir dans les mains tous les moyens de faire la guerre. — Le temps perdu, leur dit-il, à renverser la monarchie impériale, eût été plus utilement employé à préparer des moyens de résistance. Mais enfin il en est temps encore, hâtez-vous, car l'ennemi approche, et vous trompe en vous disant que moi écarté il s'arrêtera. Ce sont les Bourbons qu'il veut vous imposer avec tout ce que les Bourbons apportent à leur suite. Je vous recommande mon fils, car je n'ai abdiqué que pour lui, et ce n'est qu'en vous rattachant fortement à cet enfant que vous éviterez le conflit des prétentions contraires, que vous rallierez l'armée, et que vous aurez chance de sauver l'indépendance nationale. Quant à moi, mon rôle est fini, et peut-être ma vie. Où que je sois, je formerai des vœux pour la France, pour sa dignité, pour son bonheur. Je voudrais la servir comme soldat, ne le pouvant plus comme son chef, mais vous avez jugé que je devais renoncer à lui être utile. Il ne s'agit donc plus de moi, mais de mon fils et de la France.

Juin 1815.

remercier Napoléon de son sacrifice.

Langage de Napoléon, et recommandation en faveur de son fils.

Croyez-moi, soyez unis. — Ces paroles prononcées, Napoléon salua dignement les membres de la députation, et les quitta en les laissant profondément émus.

Napoléon, nous le répétons, ne se faisait aucune illusion : il ne pensait pas que la cause de son fils fût plus facile à gagner que la sienne, et il croyait encore moins que l'assemblée agitée, et trahie par M. Fouché, fût capable de se défendre. Mais il remplissait un dernier devoir de père en recommandant la cause de Napoléon II, et il était d'ailleurs persuadé que s'il y avait dans le moment un moyen de rallier les partis et de réveiller le dévouement de l'armée, c'était le maintien de la couronne sur la tête de cet enfant. Il voulut donc tenter un dernier effort en sa faveur. Le soin avec lequel on avait évité de se prononcer lui semblait un manque de parole à son égard. Il s'en expliqua vivement avec M. Regnaud ; il lui reprocha d'avoir promis pour le décider à abdiquer, de faire triompher la cause de Napoléon II, et se plaignit de ce qu'il y avait si peu travaillé et si peu réussi. M. Regnaud ne méritait pas ces reproches, car, trompé par ses désirs et par M. Fouché, il avait cru que la proclamation immédiate du fils serait le prix de l'abdication du père. Il s'excusa beaucoup, et prit l'engagement envers Napoléon de ne rien négliger pour obtenir qu'on lui tînt parole le lendemain. Napoléon fit appeler aussi à l'Élysée deux des ministres d'État, MM. Defermon et Boulay de la Meurthe, sur le dévouement desquels il comptait, et leur demanda d'employer toute leur influence auprès de la Chambre des représentants, afin de faire proclamer Napoléon II d'une manière formelle et qui ne laissât aucune place à l'équivoque. Ils s'y montrèrent tout disposés, et M. Boulay de la Meurthe, habitué aux assemblées où il avait jadis figuré honorablement, révolutionnaire honnête, ami de Sieyès, partageant ses vues, ayant dans le cœur une vive haine contre les Bourbons, promit de ne pas s'épargner dans cette nouvelle tentative.

Juin 1815.

M. Regnaud se rendit auprès de M. Fouché, lui fit sentir l'embarras dans lequel on s'était mis à l'égard de Napoléon, le danger de lui manquer de parole, de le porter peut-être en agissant ainsi à revenir sur son sacrifice, et la nécessité par conséquent de le satisfaire de quelque manière. M. Fouché parut partager cet avis, et il insista auprès des jeunes députés qu'il conduisait en les trompant, MM. Jay, Manuel, pour qu'on fît quelque chose qui, en donnant satisfaction à Napoléon, ne fût pas cependant l'occasion d'engagements imprudents envers la dynastie impériale. Il ne leur dit point ses vrais motifs qui étaient tout autres, comme on le verra bientôt, mais il allégua la double raison fort soutenable, de ne point exaspérer Napoléon en trompant ses dernières espérances, et de faire prévaloir, si on le pouvait, la souveraineté de l'enfant impérial, sous lequel la liberté n'aurait rien à craindre, et sous lequel aussi les intérêts du parti révolutionnaire seraient pleinement garantis. On le lui promit, et on convint de sortir un peu de l'équivoque du jour, sans se jeter toutefois dans des engagements irrévocables.

M. Regnaud se concerte avec M. Fouché pour donner satisfaction à Napoléon.

Le lendemain 23 en effet, M. Bérenger souleva la question, en cherchant à préciser la nature des pouvoirs attribués à la commission exécutive. Serait-elle assimilée à des ministres responsables, ou assimilée à la souveraineté elle-même, et participant dès lors à son inviolabilité? Il suffisait de poser une telle question pour remuer profondément les esprits. Les orateurs affluèrent à la tribune; les uns voulaient que la commission exécutive ne fût qu'un pouvoir responsable, les autres qu'elle fût une vraie régence, remplaçant le monarque mineur et absent, et jouissant de ses prérogatives. M. Defermon, prenant alors la parole, dit qu'on se jetait dans une sorte de chaos, faute de s'arrêter à des principes fixes et solides. Rien ne serait plus facile que de déterminer le rôle de la commission exécutive, si on se renfermait dans la Constitution existante, sans essayer d'en sortir. D'après ces principes, qui étaient ceux de la monarchie constitutionnelle, on avait un souverain, c'était Napoléon II, héritier nécessaire et légitime de Napoléon I*er*, devant succéder à son père comme jadis le roi vivant au roi mort. — Croyez-vous, ajouta M. Defermon, que Napoléon II soit votre souverain?... — Oui, oui, répondirent en se levant la plupart des membres de l'assemblée... *Vive Napoléon II!* — Eh bien, si vous le croyez, reprit M. Defermon, la commission exécutive doit avoir purement et simplement les pouvoirs d'une régence, agissant pour Napoléon II, en son nom, après lui avoir prêté serment. Mais auparavant il faut le déclarer formellement, et ainsi vous rallierez l'armée qui est dévouée à la dynas-

Juin 1815.

Séance du 23 à la Chambre des représentants.

M. Bérenger soulève la question des droits de Napoléon II.

Discours de MM. Defermon et Boulay de la Meurthe.

tie, vous dirigerez l'esprit de la garde nationale, à qui on dit que vous attendez Louis XVIII, vous apprendrez à l'étranger qu'il est des conditions sur lesquelles vous êtes irrévocablement fixés.... — Attendez, dit un membre, que l'on connaisse le résultat des négociations. — Non, non, répliquèrent une foule d'autres, obéissons à la Constitution, et proclamons Napoléon II. — L'assemblée, debout, criant *Vive l'Empereur!* était prête à céder à l'entraînement général, lorsque quelques membres essayant de la calmer, lui firent sentir la nécessité de procéder avec un peu plus de réflexion. M. Boulay de la Meurthe, ne voulant pas laisser refroidir l'enthousiasme, reprit la thèse de M. Defermon, soutint l'indivisibilité de l'acte d'abdication, et la nullité du sacrifice si le prix du sacrifice était refusé, puis, avec une extrême véhémence, il signala les intrigues dont le but était de ramener les Bourbons, et dont le résultat était de diviser l'assemblée, d'affaiblir le pays, d'en ouvrir les portes à l'étranger. Il dénonça deux partis, l'un qui voulait ramener Louis XVIII, l'autre le duc d'Orléans, s'attaqua surtout à ce dernier comme s'il eût existé, tandis qu'il se réduisait à une pure tendance des esprits, le peignit des couleurs fausses que la peur inspire, puis après avoir exhalé les dernières colères du bonapartisme expirant, laissa l'assemblée dans une incroyable agitation. Après des redites inutiles de divers orateurs, M. Manuel obtint la parole. Une figure jeune et belle, une attitude simple et décidée, une facilité de parole remarquable, la réputation fausse d'être le principal agent de M. Fouché,

Juin 1815.

L'assemblée est prête à proclamer Napoléon II comme seul souverain de la France.

M. Manuel regardant cet entraînement comme dangereux, s'attache à le modérer,

Juin 1815.

et fait adopter un terme moyen.

Succès immense de son discours.

dont il partageait les opinions avouables, non les vues secrètes, lui conquirent sur-le-champ l'attention. Au milieu du trouble de l'assemblée, il prit un ton si ferme et en même temps si adroit, que dès le début il imposa son opinion à ses auditeurs. Il n'hésita pas à blâmer ceux qui en proposant de proclamer Napoléon II, avaient soulevé une question aussi grave qu'inopportune, et ne craignit pas de dire que la poser, la résoudre dans le moment, était une souveraine imprudence. Mais il accorda qu'une fois soulevée, il était difficile de l'éluder, et que la seule manière de la résoudre était de déclarer formellement qu'on entendait s'en tenir à la Constitution existante, laquelle comprenait nécessairement la souveraineté de Napoléon II. Puis après avoir fait cette concession aux dispositions de l'assemblée, il traça un tableau hardi et vrai des partis qui divisaient la France, de leurs espérances, de leurs prétentions, de leurs menées, laissa voir clairement que sa préférence personnelle n'était pas pour les Bourbons, mais indiqua avec force et adresse que le moyen d'échapper à la nécessité de se prononcer entre ces divers partis, c'était de s'attacher au texte de la Constitution existante, sans toutefois faire une déclaration nouvelle, qui pût rendre plus difficiles qu'elles n'étaient les négociations avec l'Europe. Ce discours, le plus habile, le plus efficace qu'ait prononcé cet orateur justement célèbre, en satisfaisant au double désir de l'assemblée, d'avoir Napoléon II° et la paix, et offrant un moyen terme qui répondait à ce double objet, obtint un succès immense. L'assemblée chargea M. Manuel de rédiger son vote, lequel consistait à dire qu'elle passait à l'ordre du jour, sur le motif que Napoléon II était, d'après l'Acte additionnel, le véritable empereur des Français, et qu'elle avait entendu par la décision de la veille, nommer une commission de gouvernement, qui, dans les circonstances graves où l'on se trouvait, pût assurer la défense du pays, garantir ses droits, sa liberté, son indépendance. L'assemblée se leva tout entière, vota l'impression du discours de M. Manuel, et se sépara au cri de *Vive l'Empereur!* M. Manuel lui avait rendu le service, sans ébranler davantage les titres du reste bien menacés de Napoléon II, de lui épargner une nouvelle déclaration qui ajoutât aux difficultés de la paix. Il fut pour quelques moments l'idole du jour. M. Fouché se fit l'honneur, tant qu'il put, d'avoir découvert l'orateur, inspiré le discours, et donné un grand talent à la France. Cet orateur qui devait s'illustrer plus tard par la fermeté de ses opinions, avait ainsi commencé sa carrière politique par un triomphe d'adresse.

L'assemblée crut avoir tout sauvé, Napoléon II et la paix. Dans la position désolante où elle se trouvait, elle avait besoin d'espérer, et se payait d'illusions, ne pouvant se payer de réalités.

La commission exécutive entra sur-le-champ en fonctions, et son premier soin fut de se constituer. Il lui fallait un président. MM. Quinette et Grenier, dévoués à la cause de la Révolution, votèrent en faveur de Carnot. Celui-ci était trop simple pour se donner sa voix, et il la donna au duc d'Otrante. M. de Caulaincourt trouvant Carnot droit mais trop

Juin 1815.

Entrée en fonctions de la commission exécutive.

peu habile, et espérant que M. Fouché, désormais satisfait, l'aiderait à sauver les intérêts personnels de Napoléon, vota pour M. Fouché, qui réunit ainsi deux voix. Il y ajouta la sienne, et de la sorte en devenant le président de la commission exécutive, il devint le véritable chef du gouvernement provisoire.

Quelques nominations étaient urgentes. Le prince Cambacérès avait envoyé sa démission de ministre de la justice; MM. de Caulaincourt et Carnot ne pouvaient être à la fois ministres et membres de la commission exécutive. M. Boulay de la Meurthe reçut provisoirement le portefeuille de la justice, M. Bignon celui des affaires étrangères, le frère de Carnot celui de l'intérieur. Une nomination qui importait plus que toutes les autres, était celle du commandant de la garde nationale de Paris. M. Fouché n'entendait pas laisser cette position au général Durosnel, sans lui donner au moins un supérieur dont il ne craignît pas le dévouement à l'empereur déchu. Il ne voulait pas de M. de Lafayette qu'il décriait après s'en être servi, et sous le prétexte déjà employé, que M. de Lafayette était nécessaire pour traiter avec les puissances, il fit élire le maréchal Masséna, dont le grand nom effaçait toutes les rivalités, et qui, plus dégoûté que jamais des hommes et des choses, n'espérant plus rien pour le pays, ne voulant rien pour lui-même, était fort disposé à laisser couler sans y faire obstacle le torrent des événements.

Après avoir trouvé un commandant à la garde nationale, il en fallait un pour la ville de Paris et

SECONDE ABDICATION.   397

pour les troupes chargées de la défendre. Napoléon avait destiné ce rôle au maréchal Davout, et on ne pouvait imaginer un meilleur choix. On le confirma. C'était faire du maréchal Davout un généralissime, car on devait nécessairement replier sous Paris toutes les troupes disponibles, tant celles qui avaient pris part aux campagnes de Flandre et des Alpes, que celles qui allaient devenir inutiles en Vendée. Il fut convenu que le maréchal défendrait la ville en dehors, avec les troupes de ligne et toutes celles qui demanderaient à contribuer à la défense extérieure, et que la garde nationale serait employée à maintenir l'ordre au dedans. Le général Drouot, dont les vertus étaient une garantie infaillible de patriotisme et d'amour de l'ordre, fut chargé de commander à ce qui restait de la garde impériale. On ne doutait pas que cette troupe héroïque, sous un tel chef, ne se dévouât encore au pays, même en étant privée de Napoléon. Vinrent ensuite les mesures pour lesquelles le concours des Chambres était nécessaire.

Juin 1815.

Le maréchal Davout maintenu dans le commandement des troupes réunies sous les murs de la capitale.

La commission exécutive présenta le jour même trois résolutions déjà proposées dans la conférence de nuit tenue aux Tuileries, la levée de la conscription de 1815, l'autorisation de faire des réquisitions d'après certaines règles, et une suspension de la liberté individuelle. Ces deux premières résolutions furent votées presque sans difficulté, mais la suspension de la liberté individuelle rencontra plus d'opposition. L'assemblée était honnête, avait horreur des moyens arbitraires, qualifiés de révolutionnaires depuis notre première révolution, et

Mesures financières proposées aux deux Chambres.

Loi d'exception contre les menées des partis hostiles.

ne voulait à aucun prix y avoir recours. Les royalistes (on appelait alors de ce nom les partisans des Bourbons), très-nombreux dans le public, mais si peu nombreux dans l'assemblée qu'on aurait eu de la peine à en trouver cinq ou six, craignaient que la mesure ne fût dirigée contre leur parti, et il était vrai qu'elle s'adressait particulièrement à eux. On demandait en effet à pouvoir détenir arbitrairement ceux qui arboreraient d'autres couleurs que les couleurs nationales, qui profèreraient des cris séditieux, qui participeraient à la guerre civile, qui pousseraient les soldats à la désertion, et entretiendraient des communications avec l'ennemi extérieur. C'étaient là d'incontestables délits, mais tous les honnêtes gens, tous ceux qui étaient impatients de voir établir en France une légalité sans intermittence, auraient souhaité qu'on ne pût sévir qu'après constatation de ces délits devant les tribunaux, et non sur simples suspicions. Malheureusement on était peu fait alors au régime légal, il y avait d'ailleurs un exemple imposant à invoquer, celui de la suspension de l'*habeas corpus* en Angleterre, et on admit le principe de la loi. Toutefois, l'assemblée voulut en borner la durée à deux mois, et en soumettre les applications au jugement d'une commission prise dans les deux Chambres. Malgré ces précautions, 60 voix sur 359 se prononcèrent contre. Après avoir émis ces divers votes, l'assemblée décida qu'elle s'occuperait sans relâche de rédiger une Constitution nouvelle, comme si l'on avait pu mieux faire que l'Acte additionnel, et comme si elle avait oublié l'immense ridicule attaché à une délibération pareille en face des armées coalisées menaçant déjà les murs de la capitale.

Juin 1815.

Tandis qu'on prenait d'urgence ces mesures, on désigna les négociateurs chargés d'aller traiter au camp des coalisés. Ce n'était plus le cas d'écarter M. de Lafayette, après l'avoir éloigné de toute autre fonction en affectant de lui assigner celle de négociateur. Il fut donc choisi. On désigna ensuite le général Sébastiani pour sa double qualité de militaire et de diplomate, M. d'Argenson pour son nom et son indépendance dans le procès fameux d'Anvers, M. de Pontécoulant pour avoir été pair de Napoléon et de Louis XVIII, et surtout pour avoir refusé au prince Lucien le titre de Français, M. de Laforest pour son expérience consommée en matière de diplomatie. On leur adjoignit M. Benjamin Constant, à titre de secrétaire de légation, à cause de son esprit et des relations qu'il avait formées avec les souverains étrangers pendant son exil. On les chargea de stipuler l'intégrité du territoire, l'indépendance de la nation (c'est-à-dire la faculté de choisir son gouvernement), la souveraineté de Napoléon II, l'oubli de tous les actes récents ou antérieurs, enfin le respect des personnes et des propriétés. Il était sous-entendu que la légation obtiendrait de ces conditions ce qu'elle pourrait, et sacrifierait celles qui risqueraient de rendre la paix impossible. La condition relative à Napoléon II était simplement nominale et mentionnée par pur ménagement envers l'assemblée. Il fut convenu que la légation se dirigerait d'abord sur Laon, non qu'elle dût y rencontrer les souverains qui venaient avec la

Négociateurs envoyés au camp des alliés.

Ces négociateurs se rendent à Laon.

Juin 1815.

Ralliement de l'armée à Laon.

Comment le maréchal Grouchy était parvenu à sauver son corps d'armée.

colonne envahissante de l'Est, mais parce qu'elle pourrait ainsi obtenir du duc de Wellington et du maréchal Blucher, commandant la colonne du Nord, et actuellement en marche sur Paris, un armistice, pendant lequel elle irait ensuite négocier avec les souverains eux-mêmes.

Laon en effet était en ce moment le rendez-vous de notre armée, et celui de l'ennemi attaché à sa poursuite. Après s'être retirés deux jours confusément, nos soldats entendant dire qu'on se réunissait à Laon, y étaient accourus en masse. Le maréchal Soult avait fondu les régiments les uns dans les autres, lorsque les effectifs trop réduits exigeaient cette fusion. Les attelages de l'artillerie étant sauvés, il avait pris des canons à la Fère, et il avait fini par rendre une véritable organisation militaire aux trente mille hommes échappés à Waterloo, et ne demandant qu'à venger leur malheur par de nouveaux efforts de dévouement.

Dans ces entrefaites Grouchy, qu'on regardait comme perdu, s'était dérobé à l'ennemi par le plus heureux et le moins prévu des hasards. Ayant reçu le 19 au matin la fatale nouvelle, à laquelle il avait tant de peine à croire, il s'était retiré sur Namur, direction qui lui était d'ailleurs indiquée par l'officier que Napoléon venait de lui dépêcher. Il y avait marché par la route la plus directe, celle de Mont-Saint-Guibert et Tilly, et avait ordonné à Vandamme de s'y rendre par celle de Wavre à Gembloux. Il y avait grande chance d'être enveloppé et accablé pendant le trajet, mais heureusement les Anglais épuisés de fatigue étaient occupés à se remettre, et

SECONDE ABDICATION.   401

Blucher, courant comme un furieux à la suite des combattants de Waterloo, ne songeait point à Grouchy. Le 20, les différentes divisions de Grouchy avaient traversé Namur en recevant des Belges les témoignages du plus vif intérêt. La division Teste qui marchait la dernière, avait soutenu à Namur un combat brillant, et rejoint saine et sauve le corps d'armée par la route de Dinant, Rocroy et Rethel.

Il y avait donc à Laon, outre les troupes revenues de Waterloo, une partie du corps de Grouchy, et sous un jour ou deux soixante et quelques mille hommes devaient s'y trouver réunis, pourvus d'un nouveau matériel, et tout prêts sous la main de Napoléon à combattre avec le courage du désespoir. Mais la nouvelle de l'abdication soudainement répandue les avait ou indignés ou consternés. Ils y avaient vu selon leur coutume une suite de trahisons, et disaient qu'ils n'avaient plus rien à faire au drapeau, puisque le seul homme qui pût les conduire à l'ennemi avait été indignement détrôné par des traîtres. La commission exécutive en apprenant ces dispositions leur avait dépêché deux représentants, pour leur rappeler que Napoléon disparu, il restait à servir quelque chose de beaucoup plus sacré, c'était la France. L'un des deux était le brave Mouton-Duvernet, destiné comme Ney, comme La Bédoyère, à devenir victime des tristes passions du temps.

Pendant que ces événements se passaient entre la frontière et Paris, à Paris même l'agitation allait toujours croissant, tout le monde attendant avec angoisse la fin de cette crise extraordinaire. Napo-

Juin 1815.

Il y avait à Laon plus de 60 mille hommes.

Leurs dispositions morales.

Pendant que ces événements se passent à la frontière, M. Fouché

Juin 1815.

donne à Paris la commission exécutive.

léon resté à l'Élysée depuis son abdication, voyait déjà comme à Fontainebleau la solitude se faire autour de lui. Il n'avait pour consolation que la visite de quelques amis fidèles, tels que MM. de Bassano, de Rovigo, Lavallette, et les hommages des fédérés, des militaires échappés de l'armée, remplissant l'avenue de Marigny, et poussant dès qu'ils l'apercevaient des cris violents de *Vive l'Empereur!* M. Fouché était venu le visiter une dernière fois, cherchant à cacher l'embarras de ses trahisons sous sa figure décolorée. Napoléon l'avait reçu avec froideur et politesse, et s'était borné à lui dire: Préparez-vous à combattre, car l'ennemi ne veut rien de ce que vous voulez; il n'admet que les Bourbons seuls, et si vous les repoussez, attendez-vous à une rude bataille sous les murs de Paris. — M. Fouché avait répondu avec une sorte d'assentiment respectueux aux paroles de Napoléon, puis s'était retiré de ce palais où tout lui reprochait sa conduite, et où la hauteur de Napoléon, quoiqu'elle ne fût accompagnée d'aucun reproche, le mettait mal à l'aise. Il aimait mieux les Tuileries, où il était le maître, et où il dominait sans contestation l'inertie de Quinette, l'innocence de Carnot, l'inexpérience du général Grenier, le découragement du duc de Vicence. Le supposant inconciliable avec les Bourbons, par le régicide, par son arrestation avant le 20 mars, ses collègues le laissaient faire, s'en remettant pour toutes choses à son activité, à son savoir-faire, à sa capacité. Quant à lui, pendant que l'armée se repliait sur Paris, que les commissaires dépêchés auprès des souverains allaient essayer une négociation impossible, et que l'assemblée croyait utile et honorable en pareilles circonstances de discuter une constitution nouvelle, il employait le temps à faire tourner à son profit le dénoûment de cette triste et burlesque comédie. Bien qu'il parlât et laissât parler de Napoléon II par ménagement pour l'assemblée, M. Fouché n'y croyait guère. Il était convaincu que les souverains alliés ne voudraient pas plus du fils qu'ils n'avaient voulu du père, et que le contraire obligé de Napoléon vaincu, c'était tout simplement Louis XVIII. Toutefois les Bourbons n'étaient pas sa préférence, mais sa prévision. Les regardant comme inévitables, il était résolu à travailler à leur rétablissement, pour s'en ménager les avantages. Prévoir ce rétablissement, le seconder même n'était point un crime, tant s'en faut, c'était de la clairvoyance, et la clairvoyance ne saurait jamais être un sujet de blâme. Mais en prévoyant en homme d'esprit une seconde restauration, il fallait y travailler en honnête homme, en bon citoyen, c'est-à-dire s'ouvrir franchement avec ceux de ses collègues qui étaient capables de comprendre la vérité, tels que M. de Caulaincourt et le maréchal Davout, ménager les autres sans les trahir, et puis faire des conditions non pour soi mais pour la France, pour son sol, pour sa liberté, pour la sûreté notamment des individus compromis. Tel aurait dû être le plan de M. Fouché et tel il ne fut point. Travailler à la restauration des Bourbons puisqu'on ne pouvait l'éviter, s'en donner le mérite afin d'en avoir le profit, pour cela ne mettre personne dans la confidence au risque de trahir tout le monde, sauver des individus ceux qu'on pourrait (car M. Fouché en dehors de son intérêt n'était pas méchant), livrer les autres, en un mot faire une intrigue de ce qui aurait dû être une négociation habilement et honnêtement conduite, telle devait être, comme on va le voir, la manière d'agir de M. Fouché, parce qu'ainsi l'inspiraient son cœur et son esprit.

On doit se souvenir que M. Fouché avait spontanément fait sortir de prison M. de Vitrolles. Il le manda auprès de lui dès le 23 au matin, c'est-à-dire dès le lendemain de l'abdication, pour nouer immédiatement une intrigue avec le parti royaliste. M. de Vitrolles voulait d'abord courir auprès de la cour de Gand, afin de s'entendre avec elle sur les moyens d'assurer son retour, et d'y avoir la part qu'il aimait à prendre aux événements. M. Fouché le fit renoncer à ce projet, et le retint en disant que c'était à Paris et avec lui qu'il fallait travailler à cette œuvre, et non à Gand avec les princes émigrés, qui n'auraient qu'à recevoir les services qu'on leur rendrait. Il lui peignit la tâche comme très-difficile, sa situation comme infiniment délicate, entre Carnot qu'il qualifiait de fanatique imbécile, Quinette et Grenier qu'il disait pleins des plus sots préjugés révolutionnaires, et Caulaincourt qu'il représentait comme exclusivement occupé des intérêts de son ancien maître. M. de Caulaincourt du reste l'inquiétait peu, parce que ce personnage jugeant la cause de la dynastie impériale perdue, serait facile à désintéresser en sauvegardant la personne de Napoléon. M. Fouché répéta à M. de Vitrolles qu'il ne travaillait que pour le roi Louis XVIII, qu'il marcherait uniquement vers ce but, lors même qu'il ne paraîtrait pas y marcher directement ; qu'il s'était déjà débarrassé de Napoléon Ier, qu'il rencontrerait encore sur son chemin Napoléon II, peut-être même le duc d'Orléans, mais qu'il les *traverserait* tous les deux sans s'y arrêter, pourvu que par une impatience excessive on ne lui créât pas de trop grandes difficultés. Après avoir obtenu ces explications et ces assurances, M. de Vitrolles promit à M. Fouché de rester à Paris au lieu d'aller à Gand. Toutefois en consentant à demeurer à Paris M. de Vitrolles demanda au président de la commission exécutive de lui garantir d'abord sa tête, puis des entrevues fréquentes, et enfin les passe-ports nécessaires pour les agents qu'il enverrait à Gand. — Votre tête, lui répondit cyniquement le duc d'Otrante, *sera pendue au même crochet que la mienne*; quant aux communications, vous me verrez deux, trois et quatre fois par jour, s'il vous plaît ; quant aux passe-ports, je vais vous en donner cent, si vous les voulez. — Ces accords conclus, M. Fouché conseilla à M. de Vitrolles de se montrer fort peu, de se cacher même jusqu'au jour où l'on pourrait garder moins de ménagements.

M. Fouché ayant établi ses relations avec Louis XVIII par l'agent le plus accrédité du royalisme, continua de se montrer à Carnot, Quinette et Grenier, comme inconciliable avec les Bourbons et l'émigration, à M. de Caulaincourt, comme désirant Napoléon II sans l'espérer, et comme résolu à procurer à Napoléon Ier les traitements les plus dignes de sa grandeur et de sa gloire passées. Quant aux nombreux représentants par lesquels M. Fouché communiquait avec la seconde Chambre et essayait de la diriger, il leur laissait entrevoir de sérieuses difficultés à l'égard de Napoléon II, parlait pour la première fois de la presque impossibilité de le tirer des mains des puissances, du peu de dévouement de Marie-Louise à la grandeur de son fils, et indiquait qu'en tout cas on ne perdrait guère au change si on choisissait dans la maison de Bourbon un prince dévoué à la cause de la Révolution, le duc d'Orléans, par exemple, dont les lumières, les opinions, la conduite, étaient connues de tout le monde. En parlant de la sorte M. le duc d'Otrante rencontrait, excepté de la part des bonapartistes décidés, un assentiment général, car révolutionnaires et libéraux se seraient volontiers résignés à la royauté de la branche cadette des Bourbons, aimant mieux un homme fait, éclairé, libre, qu'un enfant prisonnier de l'étranger, et difficile à tirer de ses mains. Mais tandis qu'il tenait ce langage, M. Fouché ne songeait qu'à *traverser* Napoléon II, comme il l'avait dit à M. de Vitrolles, et semblait s'approcher du duc d'Orléans pour le *traverser* à son tour, afin d'aboutir aux Bourbons, qui devaient le traiter, quand le moment serait venu, comme il aurait traité tout le monde.

Inquiétudes des bonapartistes et des révolutionnaires.

Pendant ce temps les esprits ne cessaient d'être fort agités, et l'abdication de Napoléon qui avait paru devoir les calmer, n'était qu'un pas dans la crise, loin d'en être le terme. Tant qu'on avait eu ce but devant soi, on n'avait pas regardé au delà :

mais maintenant qu'il était atteint et dépassé, on portait les yeux vers un but nouveau. Les bonapartistes et les révolutionnaires en proie aux plus vives inquiétudes, se demandaient si on serait véritablement en mesure de négocier avec l'étranger, d'obtenir Napoléon II pour prix du sacrifice de Napoléon Ier, et si, à défaut de succès dans les négociations, on serait en mesure de combattre; mais tout cela en y pensant bien ils ne l'espéraient plus guère, car ils sentaient maintenant que privée de Napoléon l'armée serait sans confiance et sans chef. Tandis que les bonapartistes et les révolutionnaires désormais confondus commençaient à éprouver les tourments du désespoir, les royalistes au contraire éprouvaient tous ceux de l'impatience. Voyant les choses tourner complétement vers eux, ils ne pouvaient se résigner à attendre. Disposant de beaucoup d'hommes de main, les uns revenus de la Vendée pacifiée, les autres sortis de la maison militaire et aspirant à y rentrer, ils étaient prêts aux entreprises les plus téméraires. Ainsi un vieux royaliste dévoué, M. Dubouchage, autour duquel ils se ralliaient, ne demandait que le signal des principaux membres du parti, pour risquer un coup de main contre la Chambre des représentants. Le général Dessoles, ancien commandant de la garde nationale, pratiquait des intelligences dans cette garde, et tâchait de réveiller un zèle que les trois mois écoulés n'avaient pu éteindre. A ces personnages s'étaient joints trois maréchaux, voués désormais à la cause des Bourbons, les maréchaux Macdonald, Saint-Cyr, Oudinot. On voulait qu'ils

Juin 1815.

Mouvements des royalistes.

se missent à la tête des royalistes pour tenter un mouvement, mais ils n'étaient pas gens à commettre une étourderie par excès de royalisme, et d'ailleurs M. de Vitrolles, dirigé par M. Fouché, leur disait que c'était trop tôt, et qu'il fallait laisser venir un moment plus opportun. En attendant les royalistes entouraient l'Élysée pour surveiller ce qui s'y passait, et étaient fort offusqués du spectacle qui s'offrait tous les jours à leurs yeux.

Réunion des fédérés autour du palais de l'Elysée.

L'avenue de Marigny, qui longe le palais, était à chaque instant plus encombrée d'oisifs, agités et menaçants. La plupart, comme nous l'avons dit, étaient des fédérés se composant en grande partie d'hommes du peuple, d'anciens militaires, auxquels Napoléon avait différé de donner des armes jusqu'à ce que l'ennemi fût sous les murs de Paris, et que M. Fouché était bien résolu à ne pas armer du tout. Quelques-uns des plus rassurants, placés sous les ordres de M. le général Darricau, avaient obtenu, sous le titre de tirailleurs de la garde nationale, d'être employés avec la troupe de ligne à la défense extérieure de Paris. Mais c'était le plus petit nombre; les autres, auxquels s'ajoutaient quelques milliers d'individus de tout grade, qui par dépit avaient quitté l'armée, encombraient les environs de l'Élysée dans l'espérance d'entrevoir Napoléon, et de le saluer de leurs acclamations. La pensée qui animait les uns et les autres, c'est qu'il existait une grande trahison, soit dans le pouvoir, soit dans les Chambres, que cette trahison avait pour but de livrer la France à l'étranger, et que si Napoléon voulait se remettre à leur tête, il serait possible encore de repousser les armées ennemies, et de disperser les royalistes. Ils le disaient dans des groupes nombreux et bruyants, menaçaient de mettre la main à l'œuvre, et chaque fois que Napoléon paraissait dans le jardin, ils poussaient des cris où la fureur se mêlait à l'enthousiasme. Tout en ne faisant rien pour les exciter, Napoléon ne pouvait cependant résister au désir de se montrer quelquefois, et de recueillir ces derniers hommages du peuple et de l'armée qu'il devait bientôt quitter pour toujours.

Juin 1815.

Mais quoiqu'il vît dans cette foule bien des moyens d'abattre le gouvernement provisoire et les Chambres, de ressaisir pour quelques jours le commandement militaire, peut-être d'essayer une dernière lutte avec Blucher et Wellington, pourtant en portant les yeux au delà d'un succès du moment, il apercevait trop peu de chances d'un résultat sérieux pour se livrer à une telle tentation, et en réalité il ne songeait plus qu'au lieu de sa retraite, regardant comme prochain le jour où il devrait se soustraire, soit aux perfidies du dedans, soit aux violences du dehors. Mais ceux qui craignaient sa présence lui prêtaient des projets qu'il n'avait point, supposaient qu'il était activement occupé de ressaisir le pouvoir, et en avaient fort alarmé M. Fouché. Les royalistes notamment avaient fait dire à celui-ci que s'il s'endormait sur ce péril, il serait réveillé trop tard par un coup de main des fédérés, ayant Napoléon à leur tête. Après l'avoir dit à M. Fouché, on l'avait répandu sur tous les bancs de la Chambre des représentants.

Ombrages de M. Fouché, et ses efforts pour faire partir Napoléon de l'Élysée.

M. Fouché mettait trop de duplicité dans sa con-

Juin 1815.

Le maréchal Davout chargé de conseiller à Napoléon de s'en aller.

duite pour n'en pas voir dans la conduite d'autrui. Il fit part de ses soupçons à ses collègues de la commission exécutive, et cherchant à les alarmer en étalant sous leurs yeux tout ce dont était capable Napoléon réduit au désespoir, il résolut, autorisé ou non, de lui faire quitter l'Élysée. Il fallait pour cela lui parler, et le décider par la persuasion, car la violence était difficile. Craignant d'être mal reçu, et hésitant à reparaître en présence de l'homme qu'il avait trahi, il chargea de cette mission le maréchal Davout, dont la rudesse était connue, et que des froissements auxquels il avait été exposé dans les derniers temps de son ministère, avaient un peu refroidi pour Napoléon.

Entrevue du maréchal avec Napoléon.

Le maréchal se rendit à l'Élysée, trouva dans les cours une foule d'officiers qui avaient abandonné l'armée sans ordre, criant comme les autres à la trahison, et disant que Napoléon devrait se mettre à leur tête pour dissiper les traîtres. Il eut avec plusieurs de ces officiers de vives altercations, rencontra parmi eux des gens aussi rudes que lui, et après leur avoir adressé d'inutiles reproches, fut introduit auprès de Napoléon. Il lui communiqua l'objet de sa mission, et s'attacha à lui prouver que dans son intérêt, dans celui de son fils, dans celui du pays, il devait s'éloigner, pour dissiper les inquiétudes dont il était la cause, et laisser au gouvernement toute la liberté d'action nécessaire dans une conjoncture si grave et si difficile. Napoléon l'accueillit froidement, ne lui dissimula point qu'il aurait attendu une semblable démarche de tout autre que du maréchal Davout, affirma, sans daigner descendre à des justifications, qu'il n'avait aucun des projets qu'on lui prêtait, se montra disposé à quitter Paris, pourvu qu'on lui procurât les moyens de gagner sans obstacle une retraite sûre. Le maréchal se retira, mortifié de l'accueil qu'il avait reçu, bien qu'il eût réussi dans sa mission. Ce soldat probe, sensé, mais dur, auquel les nuances délicates échappaient, ne se rendait pas compte de l'effet qu'il avait dû produire sur l'homme qui l'avant-veille était encore son maître. Il sortit de l'Élysée péniblement affecté.

Juin 1815.

Napoléon résolut de passer à la Malmaison le peu de jours qu'il avait à demeurer en France. Cette agréable retraite, où avait commencé et où allait finir sa carrière, était pour lui un séjour à la fois douloureux et plein de charme, et il n'était pas fâché de s'y abreuver à longs traits de ses noirs chagrins. Il pria la reine Hortense de l'y accompagner, et cette fille dévouée s'empressa de s'y rendre pour lui prodiguer ses derniers soins. Napoléon avait longuement délibéré sur le lieu où il terminerait sa vie. M. de Caulaincourt lui avait conseillé la Russie, mais il inclinait vers l'Angleterre. — La Russie, disait-il, est un homme; l'Angleterre est une nation, et une nation libre. Elle sera flattée de me voir lui demander asile, car elle doit être généreuse, et j'y goûterai les seules douceurs permises à un homme qui a gouverné le monde, l'entretien des esprits éclairés. — Mais sur les représentations de M. de Caulaincourt qui lui répéta que les passions du peuple britannique étaient encore trop vives pour être généreuses, il finit par

Napoléon se retire à la Malmaison.

Il forme la résolution de se rendre en Amérique, et fait demander pour le transporter deux frégates en rade à Rochefort.

renoncer à l'Angleterre, et par choisir l'Amérique. — Puisqu'on me refuse la société des hommes, ajouta-t-il, je me réfugierai au sein de la nature, et j'y vivrai dans la solitude qui convient à mes dernières pensées. — En conséquence, il voulait qu'on disposât pour lui deux frégates armées, actuellement en rade à Rochefort, et sur lesquelles il pourrait se transporter en Amérique. Il demanda des livres, des chevaux, et tourna son esprit vers les apprêts de son voyage.

Il avait abdiqué le 22 : le 25 à midi, il quitta l'Élysée, et monta en voiture dans l'intérieur du jardin, pour être moins aperçu de la foule. Cette foule le reconnut néanmoins, et l'accompagna des cris de *Vive l'Empereur!* ne se doutant pas de ce qu'on allait faire de lui. Napoléon, après l'avoir tristement saluée, sortit de ce Paris qu'il ne devait plus revoir, et s'éloigna le cœur profondément attendri, comme s'il avait assisté à ses propres funérailles. Arrivé à la Malmaison, il y trouva la reine Hortense qui s'était empressée d'y accourir, et profitant du temps qui était beau, il se promena jusqu'à épuiser ses forces dans cette demeure à laquelle étaient attachés les plus brillants souvenirs de sa vie. Il y parla sans cesse de Joséphine, et exprima de nouveau à la reine Hortense le désir d'avoir un portrait qui représentât fidèlement à ses yeux cette épouse regrettée.

Son départ remplit de satisfaction M. Fouché, qui se crut presque empereur, en voyant expulsé de Paris celui qui l'avait été si longtemps. Napoléon parti, et paraissant disposé à quitter non-seule-

SECONDE ABDICATION.

ment Paris mais la France, il fallait se prêter à ses désirs. Pourtant M. Fouché éprouvait deux craintes qu'il fit aisément partager à ses collègues, c'est que dans l'isolement de la Malmaison, Napoléon ne fût exposé à quelque tentative, soit des royalistes, soit des bonapartistes, les uns voulant en débarrasser leur parti pour jamais, les autres voulant au contraire le mettre à la tête de l'armée qui s'approchait, pour tenter la fortune une dernière fois. M. Fouché n'entendait ni le livrer à des assassins, ni le rendre aux partisans désespérés de la cause impériale. Il imagina de le placer sous la garde du général Beker, militaire aussi distingué par ses qualités morales que par ses qualités militaires, d'une loyauté à toute épreuve, et incapable de se souvenir d'avoir été disgracié en 1809. Il ne fallait pas moins qu'un tel homme pour une telle mission, car on aurait révolté tous les honnêtes gens en paraissant donner un geôlier à Napoléon. Le 26 au matin, le maréchal Davout fit appeler le général Beker et lui annonça la mission qui lui était confiée, à laquelle il assigna deux objets, le premier de protéger Napoléon, le second d'empêcher des agitateurs d'exciter des troubles à l'aide d'un nom glorieux. Ensuite il lui ordonna de se transporter immédiatement à la Malmaison. Le général Beker se soumit à regret, et accepta cependant le rôle qu'on lui imposait, parce qu'il était honorable de veiller sur la personne du grand homme déchu, et patriotique de prévenir les désordres qu'on pourrait susciter en son nom. On lui déclara que les deux frégates désignées seraient à la disposition de l'Empereur, mais

Juin 1815.

M. Fouché charge le général Beker de la garde de Napoléon, et fait demander des sauf-conduits pour le passage des deux frégates.

que pour être assuré de leur libre navigation on avait fait demander des sauf-conduits au duc de Wellington, et que si Napoléon consentait à se rendre immédiatement à Rochefort, il pourrait y attendre les sauf-conduits en rade. On a depuis accusé M. Fouché d'avoir voulu livrer Napoléon aux Anglais, en les avertissant de son départ par cette feinte demande de sauf-conduits. Cette supposition, autorisée par la conduite si équivoque de M. Fouché dans ces circonstances, est cependant complétement erronée. Il avait envoyé au camp des Anglais le général Tromelin, Breton et royaliste de cœur, pour obtenir des passe-ports qui permissent à Napoléon de se retirer sain et sauf en Amérique, et par la même occasion il avait essayé de connaître les vues du généralissime anglais relativement au gouvernement de la France. M. Fouché avait agi ainsi parce qu'il s'était faussement imaginé que les Anglais, heureux de se débarrasser de Napoléon, s'empresseraient d'accorder les sauf-conduits. Il se trompait étrangement, comme on le verra bientôt, et la précaution qu'il prenait pour garantir Napoléon de la captivité, et pour se garantir lui-même du soupçon d'une affreuse perfidie, devait échouer doublement, car elle allait tout à la fois dévoiler le départ de Napoléon, et exposer M. Fouché lui-même au soupçon d'avoir livré celui qu'il cherchait à sauver. L'amiral Decrès, qui se défiait beaucoup des précautions de M. Fouché, avait pensé que Napoléon serait plus en sûreté sur des bâtiments de commerce inconnus, que sur des bâtiments de guerre ayant ostensiblement à leur bord l'illustre fugitif. Il s'était

SECONDE ABDICATION.

donc mis en communication avec les vaisseaux de commerce américains en rade du Havre, et avait obtenu l'offre de deux d'entre eux de transporter clandestinement, et sûrement, Napoléon à New-York. Il fit parvenir ces propositions à Napoléon en même temps que celles du gouvernement provisoire.

Juin 1815.

Lorsque l'arrivée du général Beker fut annoncée à la Malmaison, elle y causa un étonnement douloureux. On crut au premier moment que c'était un geôlier que M. Fouché envoyait. Quelques serviteurs fidèles, les uns militaires, les autres civils, la plupart jeunes et capables des actes les plus audacieux, avaient accompagné Napoléon dans cette résidence. Sur un mot de sa bouche, ils étaient prêts à méconnaître l'autorité du général Beker. Napoléon les apaisa, et voulut d'abord recevoir le général et s'expliquer avec lui. Il l'accueillit avec réserve et politesse; mais en voyant son émotion, il reconnut bientôt en lui le plus loyal des hommes, le traita en ami, et entra dans de franches explications. Napoléon consentait bien à partir et le désirait même, mais il se défiait de la demande des sauf-conduits, craignait d'être tenu prisonnier en rade, et livré ensuite aux Anglais par une perfidie du duc d'Otrante. Il aurait pu accepter la proposition des Américains du Havre, mais s'enfuir clandestinement sur un bâtiment de commerce lui semblait indigne de sa grandeur. Il chargea le général Beker de retourner à Paris pour déclarer au gouvernement provisoire qu'il était prêt à partir, à la condition de pouvoir disposer des frégates sur-le-champ, mais que s'il devait attendre l'ordre de départ, il aimait mieux

Première impression produite sur Napoléon par le choix du général Beker.

Il se rassure, et lui donne toute sa confiance.

Napoléon veut qu'on permette aux frégates de partir sur-le-champ; M. Fouché s'y oppose.

l'attendre à la Malmaison qu'à Rochefort. Le général Beker courut à Paris remplir la commission dont il était chargé. Mais M. Fouché insista, disant qu'il ne se souciait pas d'être accusé d'avoir livré Napoléon aux Anglais en le faisant embarquer sans sauf-conduits; qu'au surplus ces sauf-conduits étaient demandés, et qu'on ne pouvait tarder d'avoir la réponse. Il fallut donc attendre cette réponse, et jusque là Napoléon dut rester à la Malmaison.

C'était un grand soulagement pour les royalistes d'être délivrés de la présence de Napoléon à Paris, et tout aussi grand pour M. Fouché qui avait toujours craint une tentative du peuple des faubourgs et des militaires, prenant Napoléon pour chef, congédiant les Chambres et le gouvernement provisoire, et essayant une lutte désespérée contre les armées coalisées. Le départ de Napoléon obtenu, M. Fouché n'était plus aussi pressé de faire aboutir la crise, car bien qu'il regardât les Bourbons comme inévitables, il n'eût pas été fâché de voir d'autres candidats à la souveraineté surgir des événements. C'était là un premier motif de ne pas se hâter, mais il en avait un autre plus sensé et plus positif, c'était en se résignant lui-même aux Bourbons, d'y amener peu à peu la commission exécutive et les Chambres, de rendre la nécessité de ce résultat palpable pour elles, de prendre en outre le temps de le rendre pour lui-même le plus profitable possible. Quant à la commission exécutive, trois membres sur cinq, Carnot, Quinette, Grenier, croyaient avec une parfaite simplicité qu'on pourrait, moitié résistance armée, moitié négociation, se soustraire à la dure nécessité d'accepter encore une fois les Bourbons. M. de Caulaincourt voyait seul cette nécessité dans toute sa clarté, et laissait faire M. Fouché, ne voulant tirer de ces tristes convulsions que des traitements un peu meilleurs pour Napoléon. Avec trois voix sur cinq contre lui, avec la répulsion des Chambres pour les Bourbons, M. Fouché était obligé de temporiser. Mais temporiser ne convenait point aux royalistes, qui se montraient plus impatients que jamais, qui se disaient quinze mille, les uns venus de la Vendée, les autres sortant de l'ancienne maison militaire, et qui étaient peut-être trois ou quatre mille. Ils pressaient le vieux M. Dubouchage d'agir, lequel à son tour pressait M. de Vitrolles et les maréchaux Oudinot, Macdonald, Saint-Cyr de donner le signal de l'action. M. de Vitrolles les suppliait de ne pas commettre d'imprudence, car ils pouvaient s'attirer les fédérés sur les bras, éclairer les Chambres sur ce qui se préparait, déterminer peut-être une réaction en faveur de Napoléon, et compromettre le résultat en cherchant à le précipiter. Tandis qu'il recommandait la patience à ses amis, M. de Vitrolles faisait naturellement le contraire auprès de M. Fouché, et le pressait de proclamer Louis XVIII, par la raison fort spécieuse de prévenir l'étranger dans cette seconde restauration, d'en avoir le mérite, et d'épargner aux Bourbons la fâcheuse apparence d'être rétablis par des mains ennemies. Ces raisons étaient bonnes, mais, si elles donnaient des motifs d'agir, elles n'en donnaient pas les moyens. On ne pouvait, répondait M. Fou-

Juin 1815.

Impatience des royalistes; leur désir d'amener le retour immédiat des Bourbons.

Juin 1815.

M. Fouché les renvoie au maréchal Davout, qui en déclarant l'impossibilité de se défendre peut amener une solution immédiate.

ché, faire une ouverture aussi grave à la commission exécutive qu'en s'appuyant sur l'impossibilité démontrée de résister aux armées coalisées. Or cette impossibilité, il n'y avait qu'un homme qui pût la déclarer avec autorité, c'était le ministre de la guerre, le maréchal Davout. Ses fonctions, sa grande renommée militaire, sa ténacité, signalée récemment encore à Hambourg, sa proscription sous les Bourbons, en faisaient un personnage unique en cette circonstance, et lui seul était en mesure de tout décider en proclamant l'impossibilité de la défense. Il était entier, sincère, et très-capable de dire la vérité lorsqu'il l'aurait une fois reconnue. D'ailleurs, il avait un motif de la dire, c'était la responsabilité qu'il assumait en déclarant possible une résistance qui ne le serait pas, et dont il serait chargé. M. Fouché le désigna donc comme l'homme dont la conquête était indispensable. Mais cet illustre maréchal était si peu intrigant, que les accès auprès de lui n'étaient pas faciles. Le hasard, toujours assez complaisant pour les choses nécessaires, fournit le lendemain même du départ de Napoléon l'occasion désirée. La police avait signalé le maréchal Oudinot comme devant se mettre à la tête d'un mouvement royaliste. Ce maréchal depuis le 20 mars n'avait pas pris de service, mais n'avait pas refusé tout rapport ostensible avec Napoléon. Il l'avait vu, et avait vu aussi le maréchal ministre de la guerre. Ce dernier le fit donc appeler, lui adressa quelques reproches, et, pour mettre ses sentiments à l'épreuve, lui offrit un commandement. Le maréchal Oudinot s'excusa, et, pressé vivement par le

Le maréchal Oudinot entre en rapport avec le maréchal Davout.

ministre, lui dit qu'il servait une cause perdue, que les Bonaparte étaient désormais impossibles, que les Bourbons étaient inévitables et désirables, que si on ne les proclamait pas soi-même, on serait obligé de les recevoir de la main de l'étranger, à de mauvaises conditions pour eux et pour le pays, qu'il serait bien plus sage de prendre une initiative courageuse, et que ce serait là une conduite aussi sensée que patriotique. Enfin il réduisit la question à une question militaire, et demanda au maréchal Davout s'il croyait pouvoir résister à l'Europe, quand Napoléon ne l'avait pas pu. Il ajouta que le roi Louis XVIII avait toujours voulu être juste à son égard, qu'on l'en avait empêché, mais que ce prince appréciait les grandes qualités du vainqueur d'Awerstaedt, et lui tiendrait compte des services qu'il rendrait en cette occasion à la France.

Juin 1815.

Le maréchal Davout répondit que sous le poids accablant dont on l'avait chargé, celui de remplacer Napoléon dans le commandement, il ne songeait pas à des faveurs personnelles, mais à la responsabilité qui pesait sur sa tête, et qu'il convenait que dans l'état des choses la résistance à l'Europe lui semblait presque impossible. Après cet aveu il était difficile de ne pas admettre la nécessité d'accepter les Bourbons, l'Europe ne voulant pas d'autres souverains pour la France. Le maréchal Davout qui était un homme de grand sens, reconnut cette nécessité, et ajouta que pour lui il surmonterait ses répugnances, si les Bourbons étaient capables de tenir une conduite raisonnable. Le maréchal Oudinot lui ayant demandé ce qu'il faudrait pour qu'il jugeât

A certaines conditions, le maréchal Davout est prêt à proposer le rétablissement des Bourbons.

Juin 1815.

leur conduite raisonnable, il répondit par les conditions suivantes : Entrée du Roi dans Paris sans les armées ennemies laissées à trente lieues de la capitale, adoption du drapeau tricolore, oubli de tous les actes et de toutes les opinions pour les militaires comme pour les hommes civils depuis le 20 mars, maintien des deux Chambres actuelles, conservation de l'armée dans son état présent, etc...
— Le maréchal Oudinot se retira pour faire part de cet entretien à des personnages plus autorisés que lui. Il courut auprès de M. de Vitrolles, qui trouva ces conditions fort admissibles, et voulut conférer avec le maréchal Davout. Celui-ci consentit à voir M. de Vitrolles, et le reçut le soir même. M. de Vitrolles déclara n'avoir pas de pouvoir relativement aux conditions proposées, mais se montra convaincu que le Roi les accepterait, surtout si on le proclamait avant l'entrée des étrangers à Paris. Proclamer les Bourbons immédiatement, si on était dispensé à ce prix de recevoir une seconde fois les étrangers dans la capitale, parut aux yeux du maréchal Davout la chose du monde la plus avantageuse, et il se décida à faire en ce sens, et le lendemain même, une proposition formelle à la commission exécutive. Le maréchal était un homme entier, entendant peu les ménagements de la politique, et quand il estimait qu'une résolution était raisonnable, n'admettant pas qu'on hésitât à la prendre.

Franche déclaration du maréchal Davout à la commission exécutive.

Le lendemain 27, la commission exécutive réunie aux Tuileries, ayant auprès d'elle les présidents des deux Chambres et la plupart des membres de leurs bureaux, le duc d'Otrante, averti de ce qui s'était passé entre M. de Vitrolles et le maréchal, dirigea l'entretien sur la situation, particulièrement sous le rapport militaire. Le maréchal Davout communiqua les nouvelles qu'il avait, lesquelles étaient fort peu satisfaisantes. Depuis deux jours les Prussiens et les Anglais marchaient avec un redoublement de célérité, et il était à craindre qu'ils ne parussent devant Paris avant l'armée qu'on avait commencé de rallier à Laon. Mettant de côté les circonlocutions qui ne convenaient pas à son caractère, le maréchal dit formellement qu'une résistance sérieuse lui semblait impossible, qu'en supposant qu'on remportât un avantage sur les Prussiens et les Anglais venant du Nord, il resterait les Russes, les Autrichiens, les Bavarois, venant de l'Est, sous l'effort desquels on succomberait un peu plus tard, que dans une pareille situation, il fallait savoir reconnaître la réalité des choses, la déclarer, et se conduire d'après elle; que les Bourbons étant inévitables, il valait mieux les accepter, les proclamer soi-même, obtenir qu'ils entrassent seuls, et aux conditions qu'il avait posées au maréchal Oudinot. Ne faisant pas les choses comme M. Fouché, c'est-à-dire avec mille détours et mille calculs, le maréchal Davout raconta franchement ce qui lui était arrivé avec le maréchal Oudinot, exposa les conditions qu'il avait demandées, les espérances d'acceptation qu'il avait obtenues, et enfin déclara quant à lui, que son avis était de s'expliquer nettement avec les Chambres, et de leur faire une proposition formelle, fondée sur ce motif capital qu'il valait mieux se donner les Bourbons à soi-même avec de bonnes conditions, que de les

422   LIVRE LXI.

Juin 1815.

La proposition de rappeler les Bourbons immédiatement est près d'être adoptée, lorsqu'un rapport des négociateurs fournit à M. Fouché un prétexte pour différer toute résolution.

recevoir sans conditions des mains de l'étranger.

Ces choses dites d'un ton convaincu ne provoquèrent presque pas d'opposition de la part de MM. Grenier et Quinette, ni même de la part de Carnot qui avait confiance dans la loyauté du maréchal Davout, et qui, malgré ses préjugés, était sensible à l'avantage d'avoir les Bourbons sans les étrangers. M. de Caulaincourt se tut comme il n'avait cessé de le faire dans les circonstances actuelles. M. Fouché, s'il avait eu la franchise du maréchal, aurait pu, en se joignant résolûment à lui, tirer un grand parti de sa proposition, dans l'intérêt d'une solution prochaine et patriotique. Soit qu'il fût presque fâché d'être prévenu, soit aussi qu'il craignît que le maréchal Davout n'allât trop vite, il approuva, mais sans chaleur, les idées que le maréchal venait d'exprimer, et suivant une habitude qu'il avait prise de tout décider lui-même, sans presque consulter ses collègues, il dit aux deux présidents MM. Cambacérès et Lanjuinais, qu'il fallait préparer les Chambres à une fin qui paraissait inévitable. Personne ne semblait disposé à élever d'objections, lorsque M. Bignon, chargé provisoirement des relations extérieures, arriva soudainement avec un document important. C'était le premier rapport des négociateurs envoyés au camp des alliés, et ils exposaient ce qui suit.

Rapport des négociateurs sur le commencement de leur mission.

MM. de Lafayette, de Pontécoulant, Sébastiani, d'Argenson, de Laforest, Benjamin Constant, s'étaient d'abord dirigés sur Laon, où ils croyaient rencontrer les armées anglaise et prussienne. Leur intention en prenant cette route était d'obtenir un armistice des armées les plus rapprochées de la capitale, et d'aller ensuite traiter le fond des choses avec les souverains eux-mêmes. Mieux renseignés sur la marche de l'ennemi en s'en approchant, ils s'étaient rendus à Saint-Quentin où ils avaient trouvé les avant-postes prussiens, et avaient demandé une entrevue avec les généraux ennemis. Blucher, qui précédait l'armée anglaise de deux marches, en avait référé au duc de Wellington, et celui-ci, jugeant l'abdication de Napoléon une feinte imaginée pour gagner du temps, avait été d'avis de ne point accorder d'armistice. Blucher, qui n'avait pas besoin d'être excité pour se montrer intraitable, avait refusé alors toute suspension d'armes, à moins qu'on ne lui livrât les principales places de la frontière et la personne même de Napoléon. Ces conditions étaient évidemment inacceptables. Cependant les officiers chargés de parlementer au nom des deux généraux ennemis, avaient déclaré qu'ils ne venaient pas en France pour les Bourbons, que peu leur importaient ces princes, que Napoléon et sa famille écartés, les puissances seraient prêtes à souscrire aux conditions les plus avantageuses pour la France. Après ces pourparlers, les négociateurs avaient reçu l'autorisation de se rendre en Alsace, où ils devaient rencontrer les souverains coalisés. Ils étaient donc partis pour cette nouvelle destination, mais avant de se mettre en route ils avaient cru devoir adresser ce premier rapport à la commission exécutive. Ils se résumaient en disant que les coalisés ne tenaient pas absolument aux Bourbons; que leur vœu essentiel, dont rien ne les ferait revenir,

Juin 1815.

Sur quelques propos des officiers prussiens, les

Juin 1815.

négociateurs
se sont
persuadés
faussement
que
les puissances
ne tiennent
pas
absolument
aux Bourbons.

se réduisait à l'exclusion du trône de France de Napoléon et de sa famille; que ce point nettement accordé, on les trouverait plus maniables sur le reste; mais qu'on les indisposerait en favorisant l'évasion de Napoléon, et qu'on ôterait ainsi des chances à la conclusion de la paix. La légation, en terminant son rapport, conseillait l'envoi de nouveaux négociateurs, chargés d'aller à la rencontre des généraux Blucher et Wellington, et autorisés à faire les concessions spécialement nécessaires pour obtenir un armistice.

Les négociateurs s'étaient évidemment laissé abuser par les propos un peu légers des officiers prussiens, qui étaient tous imbus de sentiments révolutionnaires, et qui n'auraient certainement pas tenu ce langage à l'égard des Bourbons, s'ils avaient eu à s'expliquer officiellement sur le futur gouvernement de la France. Néanmoins leur rapport amena

Après
avoir entendu
ce rapport,
la commission
exécutive
ajourne le
parti
à prendre.

dans le sein de la commission exécutive un fâcheux revirement. Trois des membres de cette commission s'étaient rendus devant la nécessité alléguée de subir les Bourbons, mais cette nécessité n'étant plus aussi démontrée d'après ce qu'on venait d'entendre, il leur sembla qu'il convenait de ne pas aller si vite, et de se montrer moins prompt à subir un sacrifice qui ne paraissait pas inévitable. M. Fouché avec plus de sagacité aurait dû voir que les négociateurs se trompaient, qu'ils avaient fort étourdiment pris au sérieux les propos des officiers prussiens, qu'il fallait donc ne pas perdre le fruit de la courageuse initiative du maréchal Davout; mais, soit erreur, soit crainte de se compromettre, il tomba d'accord qu'on ne devait pas se presser de prendre une résolution. Il révoqua la commission donnée à MM. Cambacérès et Lanjuinais de préparer les deux Chambres au retour des Bourbons, et toujours agissant de sa propre autorité, il choisit parmi les personnages présents de nouveaux négociateurs pour aller traiter d'un armistice avec les généraux ennemis arrivés aux portes de Paris. Il chargea de ce soin MM. de Flaugergues, Andréossy, Boissy d'Anglas, de Valence, de La Besnardière, la plupart présents en leur qualité de membres du bureau des deux Chambres. Il ne leur donna guère d'autre instruction que d'agir d'après ce qu'ils avaient entendu, et dans l'intérêt de la capitale, qu'il fallait sauver à tout prix de la présence des étrangers. Il leur remit de plus une lettre pour le duc de Wellington, afin de les accréditer auprès du général de l'armée britannique. Dans cette lettre dépourvue de dignité et pleine de flatterie pour nos vainqueurs, M. Fouché répétant les banalités qui avaient cours en ce moment, disait que l'homme qui était cause de la guerre étant écarté, les armées européennes s'arrêteraient sans doute, laisseraient à la France le choix de son gouvernement, et que lui, duc de Wellington, glorieux représentant d'une nation libre, ne voudrait pas que la France, aussi civilisée que l'Angleterre, fût moins libre qu'elle. — Par cette lettre M. Fouché mettait à peu près la France aux pieds du général anglais, et bien qu'elle y fût de fait, il aurait pu se dispenser de le constater par écrit. Mais il avait à un tel degré la vanité de se produire, qu'il aimait mieux figurer mal dans les

Juin 1815.

Nouveaux commissaires chargés d'aller négocier un armistice avec le duc de Wellington.

événements, que de ne pas y figurer du tout. Quoique M. de Caulaincourt élevât en général peu d'objections contre ce qui se faisait, il opposa quelque résistance au choix de M. de La Besnardière, qu'il connaissait et qu'il estimait personnellement, mais qui revenu depuis peu de jours du congrès de Vienne appartenait complétement à M. de Talleyrand, et passait pour un parfait royaliste. — Royaliste, soit, répondit M. Fouché, mais il sait son métier, et il faut bien quelqu'un qui le sache. — Personne ne répliqua, et les choix furent confirmés par le silence des assistants.

On se sépara donc sans avoir adopté les conclusions du maréchal Davout, et on laissa les choses dans leur état d'incertitude, en abandonnant à l'ennemi seul le soin de les en tirer. Au sortir de cette conférence, M. Fouché prit une mesure assez grave. Il avait d'abord demandé de très-bonne foi les sauf-conduits pour Napoléon, afin d'assurer son libre passage aux États-Unis, et il avait même, sur les instances du général Beker, renoncé à exiger que ces sauf-conduits fussent arrivés pour laisser partir les frégates, ce qui ôtait à Napoléon tout motif de différer son départ. Mais il changea tout à coup d'avis après le rapport des commissaires, et de crainte de nuire aux négociations, il prescrivit au ministre de la marine, en tenant les frégates prêtes, en admettant même Napoléon à leur bord, de ne leur permettre de lever l'ancre qu'après la réception des sauf-conduits. Dès ce moment, et pour la première fois, il sacrifiait ainsi la sûreté de Napoléon à l'intérêt des négociations. Cet intérêt était grand sans doute, mais l'honneur de la France importait davantage, et c'était compromettre cet honneur que de livrer Napoléon à l'ennemi, ce qu'on s'exposait à faire en le retenant à Rochefort [1].

M. Fouché n'ayant pas accepté la courageuse solution que lui offrait le maréchal Davout, allait flotter quelques jours au gré des événements, et le gouvernement tout entier avec lui. La malheureuse Chambre des représentants, sentant confusément sa propre faiblesse, commençant à voir qu'il n'y avait guère de milieu entre résister avec Napoléon, ou se rendre aux Bourbons à des conditions honorables, cherchait à échapper à ses craintes, à ses regrets, en discutant un plan de constitution. — Mais à quoi bon, disaient beaucoup d'hommes sages, à quoi bon nous jeter dans le dédale d'une discussion pareille? N'avons-nous pas une constitution à laquelle il suffit de changer quelques articles, et qui nous sauve à la fois des théories et des compétitions de parti, en déterminant à la fois la forme du gou-

Juin 1815.

M. Fouché flotte au gré des événements, et le gouvernement avec lui.

[1] Faute d'avoir rapproché avec assez de précision les diverses circonstances de l'affaire des sauf-conduits, on a accusé M. Fouché d'avoir voulu livrer Napoléon aux Anglais, et on l'a ainsi calomnié, ce qui n'est pas souvent arrivé à ceux qui ont parlé de ce personnage. Il est pourtant vrai que M. Fouché ne voulut point livrer Napoléon, qu'il s'exposa même plus tard à la colère des Bourbons et des étrangers pour avoir donné postérieurement l'ordre de le laisser partir de Rochefort. Mais il est vrai aussi que dans le moment, craignant de nuire aux négociations, il réitéra l'ordre d'attendre les sauf-conduits, ce qui pouvait devenir un grand danger, l'espérance d'avoir ces sauf-conduits étant tout à fait chimérique. C'est cette circonstance, mal expliquée et mal interprétée, qui a donné naissance au reproche injuste que nous réfutons ici par un pur sentiment d'impartialité. On verra dans la suite que M. Fouché leva lui-même l'interdiction dont il s'agit, et qu'il le fit de bonne foi et sans aucune perfidie.

vernement et le choix du souverain? N'avons-nous pas en outre, avec cette constitution et le souverain qu'elle proclame, l'avantage capital de rallier l'armée? — Ce sentiment était celui de la majorité. Mais la carrière des vaines théories une fois ouverte aux esprits, il n'était pas facile de la leur fermer, et les uns proposaient la Constitution de 1791, les autres quelque chose de très-voisin de la république. Du reste, ces discussions puériles ne parvenaient ni à captiver les représentants ni à les distraire des dangers de la situation, et après avoir prêté l'oreille un instant lorsqu'elles offraient quelque singularité, ils quittaient leurs siéges pour recueillir dans les salles environnantes les moindres bruits qui circulaient. Le bureau des deux Chambres ayant été présent à la dernière séance de la commission exécutive, il était impossible qu'il ne se répandît pas parmi eux quelque chose des discussions soulevées dans le sein de cette commission. Ils surent en effet qu'on y avait discuté le rétablissement des Bourbons, et ils imputèrent particulièrement à M. Fouché l'intention de ramener ces princes en France. Ainsi qu'il arrive toujours chez les partis, il y avait des degrés dans le zèle des bonapartistes. La masse s'accommodait de Napoléon II sans Napoléon Ier, mais une minorité fidèle regardait comme une trahison d'avoir abandonné Napoléon Ier, et elle attribuait cette trahison à M. Fouché. M. Félix Desportes qui faisait partie de cette minorité, se transporta le lendemain matin 28 au sein de la commission exécutive, accompagné de M. Durbach, qui tenait beaucoup moins à conserver les Bonaparte qu'à écarter les Bourbons imposés par l'étranger. L'un et l'autre interpellèrent vivement le duc d'Otrante, et lui dirent en termes amers qu'après avoir recherché et obtenu la confiance des Chambres, il trahissait cette confiance en tendant la main aux Bourbons. M. Fouché, embarrassé d'abord, se remit bientôt, et répondit à ces messieurs : — Ce n'est pas moi qui ai trahi la cause commune, c'est la bataille de Waterloo. Les armées anglaise et prussienne s'avancent à grands pas sans qu'on ait les moyens de leur résister. Elles ne veulent à aucun prix ni de Napoléon ni d'aucun membre de sa famille! Que puis-je y faire? Si vous désirez savoir comment et de quoi je traite avec leurs généraux, voici ma lettre au duc de Wellington, lisez-la... — Le duc d'Otrante la leur donna effectivement à lire. Ces messieurs ayant la simplicité de croire que la négociation se réduisait tout entière à cette lettre, s'en tinrent pour satisfaits, demandèrent et obtinrent l'autorisation de la communiquer à l'assemblée. Ils se rendirent incontinent à la Chambre des représentants, lui lurent la lettre de M. Fouché, qui ne fut ni blâmée ni approuvée, mais qui apaisa un peu les imaginations, faciles à exciter et à calmer dans les temps de crise, et écarta pour quelques instants l'idée déjà très-répandue d'une noire trahison.

Dans ce moment, les représentants envoyés à la rencontre de l'armée française, sur la route de Laon, venaient de remplir leur mission, et présentaient leur rapport. Le général Mouton-Duvernet, chargé de ce rapport, après avoir peint le désordre qui avait d'abord régné dans cette armée, racontait

Juin 1815.

Réponse de M. Fouché à quelques représentants.

Cette réponse calme un moment les méfiances dont il est l'objet.

Adresse à l'armée pour faire appel a son

Juin 1815.

patriotisme, et lui rappeler que Napoléon écarté il reste la France, à qui elle doit son dévouement.

qu'elle s'était bientôt ralliée derrière le corps du maréchal Grouchy, qu'elle croyait avoir été trahie, que cependant l'idée de combattre pour Napoléon II lui rendait son ardeur; qu'elle se ranimait à ce nom, qu'elle était prête à faire son devoir, mais qu'il fallait lui envoyer, outre les secours en matériel dont elle avait un urgent besoin, les encouragements de la nation, relever en un mot chez elle les forces physiques et morales. A ce discours on s'était écrié de toute part qu'après Napoléon Ier il restait la France, laquelle importait mille fois plus qu'un homme, quel qu'il fût; qu'il fallait rédiger une proclamation à l'armée, la remercier de ce qu'elle avait fait, mais lui demander de continuer ses efforts pour le pays qui devait être la première de ses affections, de venir enfin combattre encore une fois pour l'indépendance et la liberté nationales sous les murs de Paris, où elle trouverait les représentants prêts à mourir avec elle pour ces biens sacrés. Une adresse avait été rédigée d'après ces données par M. Jay, votée dans la journée, et remise à cinq représentants, qui devaient la porter à l'armée. L'assemblée faisait ainsi ce qu'elle pouvait, mais c'était peu. Il lui était impossible avec toute sa bonne volonté de remplacer le nom, et surtout la direction qu'elle avait enlevés à l'armée en substituant Napoléon II à Napoléon Ier, c'est-à-dire un enfant à un grand homme.

Cette proclamation portée par quelques représentants.

Les représentants chargés de cette proclamation n'avaient pas beaucoup de chemin à faire pour rejoindre l'armée, car le 28 et le 29 juin on la voyait paraître sous les murs de la capitale, vivement pressée par les armées anglaise et prussienne, et menacée même un moment d'être coupée de Paris avant d'y arriver. Le duc de Wellington et le maréchal Blucher avaient d'abord hésité dans leurs mouvements, et avaient songé avant de pénétrer en France, à prendre quelques places pour assurer leur marche, et ménager à la colonne de l'Est le temps d'entrer en ligne. Mais ces hésitations avaient tout à coup cessé en apprenant l'abdication de Napoléon, et le trouble profond qui s'en était suivi. Tout en craignant que cette abdication ne fût qu'une feinte, ils avaient prévu la confusion qui devait régner dans les conseils du gouvernement, et ils avaient résolu de marcher sur Paris. Ils étaient convenus de suivre la rive droite de l'Oise, et de devancer s'ils le pouvaient l'armée française qui était sur la rive gauche, afin de déboucher sur Paris avant elle. Le maréchal Blucher prenant les devants, devait marcher en tête, suivre le cours de l'Oise, tâcher d'en enlever les ponts, tandis que l'armée anglaise, se hâtant de le rejoindre, l'appuierait aussitôt qu'elle pourrait. Le duc de Wellington, qui avait sur la cour de Gand une grande autorité qu'il devait à sa triple qualité d'Anglais, de général victorieux, et d'esprit éminemment politique, lui fit dire de quitter la Belgique, et de se diriger sur Cambrai, dont il allait tâcher de faire ouvrir les portes au moyen d'un coup de main. Retenu par son matériel et surtout par son équipage de pont extrêmement difficile à traîner, il était resté fort en arrière du maréchal Blucher, qui dans son impatience n'attendait personne.

Juin 1815.

Marche des armées anglaise et prussienne.

Tandis que le 25 le maréchal Blucher était à

Saint-Quentin, le duc de Wellington partait du Cateau, en chargeant un détachement d'enlever Cambrai et Péronne. Le 26 juin l'armée prussienne, continuant son mouvement, atteignait Chauny, Compiègne et Creil. Une de ses divisions passant l'Oise à Compiègne, cherchait à intercepter la route de l'armée française de Laon sur Paris.

L'armée française ralliée à Laon, et repliée sur Soissons, était placée sous les ordres du maréchal Grouchy, le maréchal Soult ayant demandé à revenir à Paris. Le général Vandamme avait remplacé le maréchal Grouchy dans le commandement de l'aile droite, celle qui avait manqué, bien malgré elle, au rendez-vous de Waterloo, et il s'acheminait par Namur, Rocroy et Rethel sur Laon, dans les meilleures dispositions. Le maréchal Grouchy, à peine arrivé de sa personne à Laon, apprenant que sa ligne de retraite sur Paris était menacée par les Prussiens, s'était hâté de gagner Compiègne, où il s'était fait précéder par le comte d'Erlon avec les débris du 1er corps, et par le comte de Valmy avec ce qui restait des cuirassiers. Parvenu à Compiègne, le comte d'Erlon avait trouvé les Prussiens devant lui, les avait contenus de son mieux, puis s'était replié sur Senlis, en prévenant son général en chef de la présence des Prussiens sur la rive gauche de l'Oise, afin qu'il pût prendre une direction en arrière, et arriver à Paris sans fâcheuse rencontre. Grouchy, agissant en cette occasion avec une activité qui, déployée dix jours plus tôt, aurait sauvé l'armée française, avait dirigé Vandamme sur la Ferté-Milon, afin qu'il rejoignît Paris en suivant la

SECONDE ABDICATION.

Marne, s'était porté lui-même sur Villers-Coterets, où il avait arrêté les Prussiens par une attaque vigoureuse, puis s'était replié promptement par la route de Dammartin. Le lendemain 28 ses têtes de colonnes débouchaient sur Paris par toutes les routes de l'Est, et le 29 elles occupaient les positions de la Villette, après avoir évité l'ennemi avec autant de dextérité que de vigueur. Sur ces entrefaites Blucher atteignait Gonesse. Le duc de Wellington ayant enlevé Cambrai par un corps détaché, et ouvert cette ville à Louis XVIII, se trouvait entre Saint-Just et Gournay, ayant son arrière-garde à Roye, son quartier général à Orvillers, à deux marches par conséquent de Blucher. L'impatience de l'un, la lenteur de l'autre, les avaient ainsi placés à une distance qui pouvait singulièrement les compromettre, si nous savions en profiter.

Déjà le canon de l'ennemi se faisait entendre dans la plaine Saint-Denis, et c'était la seconde fois en quinze mois que ce bruit sinistre retentissait aux portes de la capitale. Il y réveillait, en les rendant plus vives, toutes les agitations des jours précédents. Les troupes, harassées de fatigue par trois marches de dix et douze lieues chacune, arrivaient peu en ordre, et ne présentaient pas un aspect satisfaisant. Le maréchal Grouchy, troublé par la vive poursuite de l'ennemi, et craignant d'être entamé avant d'avoir gagné Paris, écrivait des dépêches inquiétantes. Recevant le contre-coup de toutes ces impressions, le maréchal Davout désespérait de pouvoir opposer une résistance sérieuse à l'ennemi, et, toujours entier dans ses vues et son langage,

Juin 1815.

Le canon se fait entendre dans la plaine Saint-Denis.

n'avait pas manqué de le dire au duc d'Otrante. Il avait transporté son quartier général à la Villette, pour être mieux en mesure de veiller à la défense de la capitale; il manda de ce point au duc d'Otrante qu'il ne voyait qu'une ressource, c'était de suivre le conseil qu'il avait donné la veille, de proclamer les Bourbons, et d'écarter à ce prix les armées coalisées, que pour en venir à de telles conclusions il avait eu de grandes répugnances à vaincre, mais qu'il les avait vaincues, et persistait à croire qu'il valait mieux rétablir les Bourbons soi-même par un acte de haute raison, que de les recevoir des mains de l'étranger victorieux.

M. Fouché partageait entièrement l'avis du maréchal; mais M. de Vitrolles avec qui il était en communications continuelles, et qui n'avait point de pouvoirs, ne lui faisait que des promesses vagues, soit pour les choses, soit pour les hommes, et se bornait à lui répéter qu'on n'oublierait jamais les immenses services qu'il aurait rendus en cette occasion. Sachant quelle était la valeur de telles assurances, M. Fouché aurait voulu, soit pour lui, soit pour le parti révolutionnaire, des gages plus solides. M. de Tromelin, revenu de sa mission au quartier général anglais, n'avait également rapporté que des paroles très-générales, consistant à dire que le duc de Wellington n'était pas autorisé à donner des sauf-conduits pour Napoléon, qu'il fallait absolument recevoir les Bourbons, et au lieu de leur imposer des conditions s'en fier à la sagesse de Louis XVIII, qui accorderait tout ce qui était raisonnablement désirable. Le général Tromelin avait

SECONDE ABDICATION.

rapporté en outre des expressions extrêmement flatteuses du duc de Wellington pour M. Fouché, et le témoignage d'un vif désir de s'aboucher avec lui. Frappé des dangers signalés par les chefs militaires, inquiet des vagues déclarations des agents royalistes, M. Fouché qui continuait à tout prendre sur lui-même, répondit au maréchal Davout qu'il fallait se hâter de négocier un armistice, mais sans contracter d'engagement formel à l'égard des Bourbons, que les accepter trop vite ce serait s'exposer à les avoir sans conditions, et n'être pas même dispensé d'ouvrir ses portes aux armées ennemies, dont rien n'aurait garanti l'abstention et l'éloignement. Cependant, en ne proclamant pas les Bourbons immédiatement, un sacrifice quelconque devenait nécessaire si on voulait obtenir un armistice. Les premiers négociateurs, dans leur entrevue avec les généraux prussiens, leur avaient entendu dire que pour s'arrêter ils exigeraient les places de la frontière, et de plus la personne de Napoléon. M. Fouché pensa qu'il fallait sacrifier les places de la frontière pour sauver Paris, car Paris c'était la France et le gouvernement. Cette opinion était fort contestable, car, livrer Paris, c'était seulement restituer le trône aux Bourbons, tandis que livrer des places telles que Strasbourg, Metz, Lille, c'était mettre dans les mains des étrangers les clefs du territoire, qu'ils ne voudraient peut-être pas rendre aux Bourbons eux-mêmes. Mais M. Fouché, préoccupé en ce moment de la question de gouvernement beaucoup plus que de la sûreté du territoire, autorisa le maréchal à céder les places frontières pour

Juin 1815.

Il imagine de céder quelques places de la frontière, pour suppléer aux concessions politiques qu'il n'est pas disposé à faire.

Juin 1815.

M. Fouché sachant qu'on exigera la personne de Napoléon, prend le parti de le faire partir tout de suite, même sans attendre les sauf-conduits.

obtenir un armistice qui arrêterait les Anglais et les Prussiens aux portes de la capitale. Cette autorisation devait être remise au maréchal Grouchy, commandant les troupes en retraite, pour qu'il la fît parvenir aux négociateurs de l'armistice, là où ils se trouveraient.

Dans ces diverses réponses on n'avait point parlé de la personne de Napoléon. L'expédient que proposa M. Fouché fut de le faire partir à l'instant même pour Rochefort, en lui accordant la condition à laquelle il paraissait tenir essentiellement, celle de mettre à la voile sans attendre les sauf-conduits. Cette détermination était la plus honorable qu'on pût adopter, car l'ennemi ne pourrait plus demander la personne de Napoléon au gouvernement provisoire, lorsqu'elle ne serait plus dans ses mains. Après la raison d'honneur il y avait, pour en agir ainsi, la raison de prudence. Beaucoup de militaires parlaient d'aller à la Malmaison chercher Napoléon, pour le mettre à la tête des troupes, et livrer sous Paris une dernière bataille. En le faisant partir immédiatement, on l'enlevait à ses ennemis acharnés comme à ses amis imprudents. L'amiral Decrès et M. Merlin furent chargés de se transporter à la Malmaison pour presser Napoléon de s'éloigner, en lui remettant l'autorisation de lever l'ancre dès qu'il serait à bord des deux frégates de Rochefort, et en faisant valoir, pour le décider, les exigences de l'ennemi qui demandait sa personne, et l'impossibilité de répondre de sa sûreté à la Malmaison, où un parti de cavalerie pouvait aller le surprendre à tout moment. Ces ordres donnés, on se rendit à la

Chambre des représentants pour lui faire savoir à quel point la situation s'était aggravée, et lui proposer la mise de Paris en état de siége, les autorités civiles continuant d'exister, et conservant leurs pouvoirs, par exception au régime des places fortes, où l'autorité militaire subsiste seule après la proclamation de l'état de siége. L'assemblée que le bruit du canon avait fort agitée, et à laquelle on n'apprit rien en lui apportant ces communications, vota l'état de siége à la presque unanimité.

Juin 1815.

Le bruit du canon dans la plaine Saint-Denis avait ému les habitants de la Malmaison comme ceux de la capitale, excepté Napoléon qui ne s'alarmait guère parce qu'il connaissait plus qu'homme au monde la portée des dangers. Le maréchal Davout, soit pour garantir la Malmaison, soit pour empêcher l'ennemi de passer sur la rive gauche de la Seine, avait fait barricader les ponts de Neuilly, de Saint-Cloud, de Sèvres, et détruire ceux de Saint-Denis, de Besons, de Chatou, du Pecq. Ces précautions ne mettaient pas cependant la Malmaison à l'abri d'une surprise, et le colonel Brack, officier de cavalerie de la garde, y était accouru pour avertir que des escadrons prussiens battaient la plaine, qu'on pouvait dès lors être enlevé si on ne se tenait sur ses gardes. On eût conçu des alarmes bien plus vives si on eût été informé des projets de Blucher que nous aurons bientôt occasion de faire connaître. Le général Beker avait trois ou quatre cents hommes, et il était résolu à défendre Napoléon jusqu'à la dernière extrémité. Une vingtaine de jeunes gens, tels que MM. de Flahault, de La

Le bruit du canon réveille le génie de Napoléon.

Juin 1815.

Les Prussiens s'étant mis en avance sur les Anglais de deux marches au moins, Napoléon imagine de les battre les uns après les autres.

Il propose à la commission exécutive de livrer une bataille, et de remettre le commandement après la victoire.

Bédoyère, Gourgaud, Fleury de Chaboulon, étaient prêts à se faire tuer pour protéger la glorieuse victime confiée à leur dévouement. Napoléon souriait de tout ce zèle, disant que l'ennemi venait à peine de déboucher dans la plaine Saint-Denis, que la Seine, quoique basse, n'était pas facile à franchir, et que les choses n'étaient pas telles que le supposait l'imagination alarmée de ses fidèles serviteurs. On était presque seuls à la Malmaison. Excepté MM. de Bassano, Lavallette, de Rovigo, Bertrand, qui n'en sortaient guère, excepté les frères et la mère de Napoléon, excepté la reine Hortense, on n'y voyait d'autres visiteurs que quelques officiers échappés de l'armée, venant avec des habits en lambeaux, et tout couverts encore de la poussière du champ de bataille, informer Napoléon de la marche de l'ennemi, et le supplier de se remettre à leur tête. Napoléon les écoutait avec sang-froid, les calmait, les remerciait, et faisait son profit de leurs renseignements. Sans savoir bien au juste la position des coalisés, il avait conclu de ces divers rapports, que, selon sa coutume, le fougueux Blucher devançait le sage Wellington, et qu'il s'était mis à deux marches des Anglais. Tout de suite, avec la promptitude ordinaire de son coup d'œil militaire, il avait entrevu qu'on pouvait surprendre les coalisés éloignés les uns des autres, et par un heureux hasard trouver sous Paris l'occasion qu'il avait vainement cherchée à Waterloo, de les battre séparément, et de rétablir ainsi la fortune des armes françaises. Il devait en effet revenir de Soissons au moins 60 mille hommes; on en comptait bien 40 mille dans Paris, et avec 70 mille combattants on avait plus qu'il ne fallait pour écraser Blucher, qui n'en pouvait pas réunir plus de 60 mille, et Blucher écrasé, on avait chance de faire subir au duc de Wellington un sort désastreux. Après un tel triomphe on ne savait pas ce que le succès communiquerait de chaleur aux âmes, provoquerait d'élan de la part de la nation, et Napoléon, se laissant aller à un dernier rêve de bonheur, imagina qu'il serait bien beau de rendre un tel service à la France, sans vouloir en profiter pour lui-même, et de reprendre le chemin de l'exil après avoir rendu possible un bon traité de paix. Sauver peut-être la couronne de son fils, était tout ce qu'il attendait de ce dernier fait d'armes!

Il ruminait ce grand projet pendant la nuit du 28 au 29 (car c'était dans la soirée même du 28 qu'il avait obtenu les renseignements sur lesquels il fondait sa nouvelle combinaison), lorsqu'il fut tout à coup interrompu par l'arrivée de MM. Decrès et Boulay de la Meurthe (on n'avait pu trouver M. Merlin pour l'envoyer), lesquels vinrent au milieu de la nuit lui exprimer les intentions de la commission exécutive relativement à son départ. Il les reçut immédiatement, et sur la remise de l'ordre qui prescrivait aux capitaines des deux frégates de lever l'ancre sans attendre les sauf-conduits, il déclara qu'il était prêt à partir, mais qu'il allait auparavant expédier un message à la commission exécutive. Il congédia ensuite, le cœur serré, ces deux vieux serviteurs qu'il ne devait plus revoir.

Le 29 dès la pointe du jour, il fit préparer ses

chevaux de selle, endossa son uniforme, manda auprès de lui le général Beker, et avec une animation singulière, qu'on n'avait pas remarquée chez lui depuis le 18 juin, il exposa ses intentions au général. L'ennemi, dit-il, vient de commettre une grande faute, facile du reste à prévoir avec le caractère des deux généraux alliés. Il s'est avancé en deux masses de soixante mille hommes chacune, qui ont laissé entre elles une distance assez considérable pour qu'on puisse accabler l'une avant que l'autre ait le temps d'accourir. C'est là une occasion unique, que la Providence nous a ménagée, et dont on serait bien coupable ou bien fou de ne pas profiter. En conséquence j'offre de me remettre à la tête de l'armée, qui à mon aspect reprendra tout son élan, de fondre sur l'ennemi en désespéré, et après l'avoir puni de sa témérité, de restituer le commandement au gouvernement provisoire..... J'engage, ajouta-t-il, ma parole de général, de soldat, de citoyen, de ne pas garder le commandement une heure au delà de la victoire certaine et éclatante que je promets de remporter non pour moi, mais pour la France. —

Le général Beker fut frappé de la belle expression du visage de Napoléon en ce moment. C'était la confiance du génie se réveillant au sein du malheur, et en dissipant un instant les ombres. Malgré sa répugnance à se charger d'une mission dont il n'espérait guère le succès, le général partit, pressé par Napoléon de ne pas perdre de temps, et courut sur-le-champ aux Tuileries. Il eut beaucoup de peine à traverser le pont de Neuilly, complétement obstrué,

SECONDE ABDICATION.

et trouva en séance la commission exécutive, qui n'avait presque pas cessé de siéger pendant la nuit. M. Fouché la présidait, et comme toujours semblait la composer à lui seul.

En apercevant le général Beker, M. Fouché lui demanda du ton le plus pressant s'il apportait la nouvelle du départ de Napoléon. Le général répondit que Napoléon était prêt à partir, mais qu'auparavant il avait cru devoir adresser une dernière communication au gouvernement provisoire. M. Fouché écouta l'exposé du général Beker avec un silence glacé. A peine le général avait-il achevé, que tout le monde se taisant, M. Fouché prit la parole. Il avait mis quelques instants, mais bien peu, à préparer sa réponse, car il aurait eu la certitude de voir la France sauvée, qu'il n'aurait pas voulu qu'elle le fût par les mains de Napoléon. Il faut ajouter pour être juste, que comptant peu sur le succès des projets militaires de Napoléon, dont il était incapable d'apprécier le mérite, croyant y découvrir un nouveau coup de ce qu'il appelait sa mauvaise tête, il craignait, si ces projets échouaient, de justifier toutes les défiances des généraux ennemis, aux yeux de qui l'abdication n'était qu'un piège, et qui voyant leurs soupçons réalisés, se vengeraient peut-être sur Paris de la nouvelle bataille qu'on leur aurait livrée. — Pourquoi, dit-il durement au général Beker, vous êtes-vous chargé d'un pareil message? Est-ce que vous ne savez pas où nous en sommes? Lisez les rapports des généraux (et en disant ces mots il lui jeta sur la table une liasse de lettres), lisez-les, et vous verrez qu'il nous

Juin 1815.

Refus absolu de M. Fouché, durement exprimé.

arrive des troupes en désordre, incapables de tenir nulle part, et qu'il n'y a plus d'autre ressource que d'obtenir à tout prix un armistice. Napoléon ne changerait rien à cet état de choses. Sa nouvelle apparition à la tête de l'armée nous vaudrait un désastre de plus et la ruine de Paris. Qu'il parte, car on nous demande sa personne, et nous ne pouvons répondre de sa sûreté au delà de quelques heures. — Pas un des collègues de M. Fouché n'ajouta un mot à ce qu'il avait dit. Ayant encore questionné le général sur les personnes qui étaient actuellement à la Malmaison, et sachant que M. de Bassano était du nombre, il s'écria qu'il voyait bien d'où partait le coup, et il écrivit un billet destiné à M. de Bassano, dans lequel il lui répétait qu'il y aurait le plus grand danger à retenir Napoléon seulement une heure de plus.

Le général Beker regagna la Malmaison en toute hâte, trouva Napoléon toujours en uniforme, ses aides de camp préparés, et n'attendant que la réponse à son message pour monter à cheval. Quoique Napoléon ne fût pas surpris de la réponse qu'on lui apportait, il en fut affligé, et un instant courroucé. Mais bientôt il se résigna en voyant qu'on ne voulait pas même un dernier service de lui, quelque grand, quelque certain que ce service pût être, et il se rappela l'opposition de ses maréchaux en 1814, lorsqu'il pouvait accabler les alliés dispersés dans Paris. C'était la seconde fois en quinze mois que la fortune lui offrant une dernière occasion d'écraser l'ennemi, on refusait de le suivre, soit doute, défiance, ou irritation à son égard! Pour la seconde fois, il recueillait le triste prix d'avoir fatigué, dégoûté, si on peut le dire, le monde de son génie!

Dès lors il ne songea plus qu'à s'éloigner. Ses compagnons d'exil étaient choisis : c'étaient le général Bertrand, le duc de Rovigo, le général Gourgaud. Drouot aurait dû être du nombre, mais lui seul ayant été jugé capable de commander la garde impériale après que Napoléon serait parti, il avait été obligé d'accepter ce commandement. Napoléon lui-même le lui avait prescrit. Il regrettait Drouot, disait-il, comme le plus noble cœur, le meilleur esprit qu'il eût connu. Mais il ne désespérait pas de le voir en Amérique, ainsi que le comte Lavallette et quelques autres sur lesquels il comptait. Sa mère, ses frères, la reine Hortense, devaient aller l'y rejoindre. Tous ses préparatifs terminés, il se décida à partir vers la fin du jour. Il avait peu songé à se procurer des ressources pécuniaires, et avait confié à M. Laffitte quatre millions en or, qui par hasard s'étaient trouvés dans un fourgon de l'armée. La reine Hortense voulut lui faire accepter un collier de diamants, pour qu'il eût toujours sous la main une ressource disponible et facile à dissimuler. Il le refusa d'abord, cependant, comme elle insistait en pleurant, il lui permit de cacher ces diamants dans ses habits, puis embrassant sa mère, ses frères, la reine Hortense, ses généraux, il monta en voiture à cinq heures (29 juin 1815), tout le monde jusqu'aux soldats de garde fondant en larmes. Il se dirigea sur Rambouillet en évitant Paris, Paris où il ne devait plus rentrer que vingt-cinq ans après, dans un char funèbre, ramené mort aux

Juin 1815.

Le 29 juin au soir, Napoléon quitte la Malmaison.

Invalides par un roi de la maison d'Orléans, qui lui-même n'est plus aux Tuileries au moment où j'achève cette histoire, tant les habitants de ce redoutable palais s'y succèdent vite dans le siècle orageux où nous vivons!

Tandis qu'il quittait cette France où il venait de faire une si courte et si funeste apparition, un message annonçait son départ à la commission exécutive et aux deux Chambres. Dans celle des représentants, où l'on n'avait plus guère de doute sur ce qu'il fallait espérer de l'abdication, un saisissement douloureux suivit la lecture du message, et on sentit bien que Napoléon partait pour toujours, et que prochainement on partagerait son sort, les uns destinés à l'oubli ou à l'exil, les autres au dernier supplice!

Délivré de cet incommode voisin, M. Fouché reprit plus activement que jamais des communications dont il faisait des intrigues, au lieu d'en faire une grande et loyale négociation, premièrement pour la France, et secondement pour les hommes compromis dans nos diverses révolutions. Il avait un double objet, traiter avec Louis XVIII et les chefs de la coalition, aux meilleures conditions possibles, et comme il fallait du temps, obtenir un armistice qui lui laissât tout le loisir nécessaire pour parlementer. Ne se contentant pas de M. de Vitrolles, chargé de négocier avec les royalistes, du général Tromelin chargé d'établir des relations avec le duc de Wellington, il fit choix d'un nouvel agent destiné également à s'aboucher avec le généralissime britannique : c'était un Italien fort remuant, nommé Macirone, qui de Romain s'était fait Napolitain, puis Anglais, et avait servi d'intermédiaire à Murat lorsque celui-ci s'était donné à la coalition. Présent à Paris depuis la catastrophe de Murat, et connu de M. Fouché, il était un agent assez commode à envoyer à travers les avant-postes ennemis jusqu'au camp des Anglais. M. Fouché l'y envoya en effet pour savoir au juste ce que le duc de Wellington voulait sous le double rapport du gouvernement de la France et de l'armistice. En même temps il fit mander par toutes les voies aux négociateurs de l'armistice le départ de Napoléon, afin de prouver que l'abdication de celui-ci n'était pas une feinte, et d'éviter qu'on ne fît dépendre le succès des négociations de la remise de sa personne aux armées ennemies.

Juin 1815.

On a vu que les premiers négociateurs après avoir conféré sur la route de Laon avec les officiers prussiens, s'étaient acheminés vers le Rhin pour traiter de la paix avec les souverains eux-mêmes. Les seconds négociateurs avaient été dirigés sur le quartier général des généraux anglais et prussien pour traiter de l'armistice. C'était à ces derniers qu'était dévolue la mission essentielle, celle d'arrêter l'ennemi en marche sur Paris. La question allait dès lors se trouver transportée tout entière au camp du duc de Wellington. En effet le maréchal Blucher, patriote sincère et ardent, guerrier héroïque mais violent au delà de toute mesure, ne possédait ni le secret ni la confiance de la coalition, et bien qu'ayant décidé la victoire de Waterloo par son infatigable dévouement à la cause commune, il

Arrivée des commissaires chargés de l'armistice au quartier général ennemi.

n'avait cependant pas l'importance qui en général s'attache au bon sens plus qu'à la gloire elle-même. Ce n'était donc pas à lui, quoiqu'il fût le plus rapproché, qu'il fallait s'adresser, mais au duc de Wellington. Les commissaires chargés de négocier l'armistice, MM. Boissy d'Anglas, de Flaugergues, de La Besnardière, les généraux Andréossy, Valence, se dirigèrent d'abord vers les avant-postes qui étaient exclusivement prussiens, puisque l'armée anglaise était encore en arrière, furent accueillis fort poliment par M. de Nostiz, et conduits de poste en poste sans pouvoir rencontrer le maréchal Blucher, soit qu'il ne fût pas disposé à les recevoir, soit qu'il ne fût pas facile à joindre. Après diverses allées et venues, M. de Nostiz leur conseilla lui-même de voir le duc de Wellington, qui pourrait les entendre plus utilement que le général prussien. Le général anglais était à Gonesse, et les commissaires s'y rendirent pour s'aboucher avec lui. Ils avaient sagement fait, car c'était là seulement que se trouvait la tête capable de diriger une révolution, qui pour notre malheur allait être la seconde accomplie par les mains de l'étranger.

Heureusement, si on peut prononcer ce mot quand un pays est à la merci de l'ennemi, heureusement le duc de Wellington, s'il n'avait pas le génie, avait le bon sens, le bon sens pénétrant et ferme, à un degré tel que sous ce rapport le général britannique ne craint la comparaison avec aucun personnage historique. Sans une forte portion de vanité, bien pardonnable du reste dans sa situation, on aurait pu dire qu'il était sans faiblesse. A sa

SECONDE ABDICATION.

gloire militaire, singulièrement accrue depuis ces dernières journées, il ajoutait la réputation d'un esprit politique auquel on pouvait tout confier. Ayant paru quelques jours à Vienne, il y avait conquis la confiance générale, et ayant été ambassadeur à Paris pendant la moitié d'une année, il avait pris sur Louis XVIII et sur le parti royaliste tout l'ascendant qu'il est possible de prendre sur des gens de peu de lumières et de beaucoup de passions. Il jugeait favorablement Louis XVIII, était d'avis qu'il fallait le replacer sur le trône pour le repos de la France et de l'Europe, en lui donnant un meilleur entourage, et en lui faisant entendre d'utiles conseils. Appréciant du point de vue d'un Anglais ce qui s'était passé en France en 1814, il avait pensé et dit qu'avec la charte de Louis XVIII on pouvait rendre un pays libre et prospère, et qu'il n'avait manqué à cette charte que d'être convenablement pratiquée. Pour le duc de Wellington, que l'expérience de son pays éclairait, la pratique aurait consisté dans un ministère homogène, bien dirigé, indépendant du Roi et des princes, recevant l'influence des Chambres et sachant à son tour les conduire. Il n'avait rien vu de semblable dans le ministère de 1814, composé d'un grand seigneur, homme d'esprit, paresseux, absent (M. de Talleyrand était alors à Vienne), d'un favori, M. de Blacas, personnage froid, roide, ne sortant guère de l'intimité du Roi, enfin de quelques hommes spéciaux, sans relation les uns avec les autres, tous dominés par un conseil royal où s'agitaient des princes rivaux et peu d'accord. Aussi le duc de Wellington n'avait-il cessé d'écrire soit à

Juin 1815.

Ses sages opinions sur le gouvernement de la France.

Nécessité, selon lui, d'ajouter à la Charte une exécution plus franche, et de composer un véritable ministère constitutionnel.

Londres, soit à Vienne, que ce qui manquait à Louis XVIII, c'était un ministère qui eût l'unité nécessaire pour gouverner. Établi près de Gand, pendant les mois d'avril et de mai, il n'avait cessé de faire entendre les mêmes critiques à la cour exilée. Il n'y avait qu'une objection à opposer à cette manière de juger la situation, c'est que si le remède proposé était bon, il fallait cependant que ceux auxquels il était destiné consentissent à se l'appliquer. Or, Louis XVIII aurait subi peut-être un vrai ministère, pour se débarrasser des princes de sa famille et de l'émigration, mais ces princes et cette émigration n'en auraient voulu à aucun prix. Il n'était pas possible toutefois de repousser absolument les conseils d'un homme tel que le duc de Wellington, et ceux qui entouraient Louis XVIII à Gand, voulant déférer au moins en apparence à ces conseils, avaient accordé que le ministère avait *manqué d'unité*. Or, à qui devait-on s'en prendre? A tout le monde, si on avait été juste; mais il faut à chaque époque une victime qu'on charge des fautes de tous, et souvent de celles d'autrui plus que des siennes. Cette victime, la situation l'avait indiquée et fournie : c'était M. de Blacas. Ce personnage, dont nous avons déjà eu occasion de parler, ne manquait ni d'esprit ni de sens, et il était en outre d'une parfaite droiture. Mais il avait le malheur de passer pour le favori du Roi, et d'être un favori sec et hautain. Certes, bien qu'il nourrît dans son cœur les passions d'un émigré, il était loin d'avoir inspiré ou appuyé les fautes de l'émigration, car il suivait les volontés de Louis XVIII, qui n'inclinait pas vers

SECONDE ABDICATION. 449

ces fautes. Il avait même souvent résisté aux princes, surtout au comte d'Artois, et si on cherchait un coupable qui expiât justement les erreurs des émigrés, ce n'était pas lui assurément qu'on aurait dû choisir. Mais odieux au parti libéral par ses formes et ses opinions connues, odieux au parti des princes comme le représentant particulier de Louis XVIII, il fut pris par tous comme la victime expiatoire, et, depuis la sortie de Paris, c'était contre lui qu'on se déchaînait de toute part. Accordant la maxime de lord Wellington qu'il fallait un ministère qui eût de l'unité, on ajoutait qu'il ne pouvait en exister un semblable avec le favori qui dominait le Roi et le ministère, et à Gand les amis exaltés du comte d'Artois le disaient, comme les modérés qui voulaient dans le gouvernement une direction plus libérale, de manière que M. de Blacas, par des motifs absolument contraires, était voué par tous à la haine de tous. Les choses avaient été poussées à ce point qu'à Gand même, au milieu de l'exil commun, on avait écrit des brochures violentes contre lui. Il y a dans certains moments des noms que la multitude poursuit machinalement d'une haine dont elle serait bien embarrassée de donner les motifs. C'était le cas de M. de Blacas alors dans le sein du parti royaliste.

Ces injustices convenaient à un homme qui, sans les partager, devait en profiter, c'était M. de Talleyrand. Il s'était attribué auprès de la cour de Gand le mérite de tout ce qu'on avait fait à Vienne, c'est-à-dire des résolutions si promptes qui avaient été prises contre Napoléon, et qui avaient amené sa

Juin 1815.

Grande importance acquise par M. de Talleyrand.

seconde et dernière chute. Ces mesures étaient dues aux passions qui régnaient à Vienne, bien plus qu'à l'influence de M. de Talleyrand; mais les émigrés de Gand, ignorant ce qui se passait au congrès, n'en jugeant que par les effets extérieurs, ayant vu la foudre partir de Vienne, avaient attribué à M. de Talleyrand qui s'y trouvait, le mérite de l'avoir lancée. Personne ne lui contestait donc cette importance, et comme la haine portait actuellement non sur lui qui avait été absent pendant toute l'année, mais sur M. de Blacas qui n'avait cessé d'être à côté du Roi, M. de Talleyrand passait pour avoir sauvé tout ce que M. de Blacas avait perdu. M. de Talleyrand, qui voyait avec déplaisir entre lui et le Roi un personnage dont il fallait toujours subir l'entremise, et qui n'était pas fâché de s'en débarrasser, avait uni sa voix à toutes celles qui s'élevaient contre M. de Blacas, et les émigrés eux-mêmes, contents d'avoir son assentiment, l'en avaient récompensé en glorifiant ses services. Il s'était donc établi une sorte de concours étrange de toutes les influences contre M. de Blacas, comme s'il eût été la cause unique de tous les maux, dont aucun cependant n'était son ouvrage. En même temps s'était formé un ensemble d'idées auquel chacun aussi avait contribué pour sa part. Tandis que le duc de Wellington, raisonnant en Anglais, disait qu'on avait manqué d'un ministère homogène, ce qui était parfaitement vrai, les hommes sages de l'émigration de Gand, tels que MM. Louis, de Jaucourt, etc., disaient que ce n'était pas tout, que s'il fallait écarter les favoris, il fallait aussi écarter les princes, rassurer les acquéreurs de biens nationaux fortement alarmés, rassurer les campagnes contre le retour de la dîme et des droits féodaux, et tâcher autant que possible de séparer la cause des Bourbons de celle des puissances étrangères. — A cela les émigrés n'opposaient aucune objection, mais ils ajoutaient qu'il fallait également rendre la sécurité aux honnêtes gens, et pour atteindre ce résultat punir d'une manière exemplaire les coupables qui, par leurs complots, avaient amené la seconde chute de la monarchie, et que la sûreté du trône y était aussi intéressée que sa dignité. Jamais en effet on ne leur aurait ôté de l'esprit qu'il avait existé une immense conspiration, dans laquelle étaient entrés avec les chefs de l'armée quantité de personnages civils, qui s'étaient mis en communication avec l'île d'Elbe, et avaient préparé la catastrophe du 20 mars. Loin de reconnaître dans cette catastrophe leurs fautes, ils n'y voyaient que le crime de ceux qu'ils détestaient, et les convaincre du contraire, c'est-à-dire de la vérité, était d'autant plus difficile que cette erreur était partagée par les hommes sages de la cour de Gand, et même par les hommes les plus politiques de la coalition, tels que le prince de Metternich, les comtes de Nesselrode et Pozzo di Borgo, le duc de Wellington. De ce concours d'idées, les unes justes, les autres fausses, il résultait une sorte de programme, consistant à dire qu'il fallait en rentrant en France composer un ministère *un*, rassurer les intérêts alarmés, se séparer autant que possible de l'étranger, et punir quelques grands coupables. Presque toutes ces con-

Juin 1815.

Singulière
faveur
dont jouit
M. Fouché
auprès des
royalistes.

ditions semblaient implicitement contenues dans l'éloignement de M. de Blacas, et l'avénement de M. de Talleyrand au rôle de principal ministre.

On ne ferait pas connaître complétement l'état d'esprit de la cour exilée, si on n'ajoutait pas qu'il y régnait une singulière faveur à l'égard du duc d'Otrante. Tandis qu'on prêtait à M. de Talleyrand le mérite d'avoir tout conduit à Vienne, on prêtait à M. Fouché le mérite d'avoir tout conduit à Paris. A Vienne s'était renouée la coalition qui avait vaincu Napoléon à Waterloo, mais à Paris s'était nouée l'intrigue qui, en arrachant à Napoléon sa seconde abdication, avait consommé sa ruine. Les lettres de M. de Vitrolles, et en général les rapports des divers agents royalistes étaient d'accord pour attribuer exclusivement à M. Fouché le mérite de cette intrigue, et les royalistes ardents qui l'avaient déjà pris en gré avant le 20 mars, disaient qu'ils avaient eu bien raison alors de voir en lui l'homme qui aurait pu tout sauver, car c'était ce même homme qui venait de tout sauver aujourd'hui. A cela les esprits modérés n'objectaient rien, et c'était un chœur universel de louanges pour le régicide qui venait de trahir Napoléon qu'il détestait, dans l'intérêt des Bourbons qu'il n'aimait pas, mais qu'il craignait peu, se figurant avec son ordinaire fatuité qu'il les mènerait comme de vieux enfants. Si on avait demandé à ces émigrés de Gand d'accepter tel honnête homme, connu par un amour sage et modéré de la liberté, on les aurait révoltés. Mais s'attacher un intrigant réputé habile, leur paraissait le comble de l'habileté. Voyant dans la Révolution française

SECONDE ABDICATION.

non de saines et grandes idées à dégager d'un chaos d'idées folles, mais un vrai déchaînement des puissances de l'enfer à réprimer, il leur fallait non pas un homme éclairé qui sût séparer les bonnes idées des mauvaises, mais une espèce de magicien infernal, fût-il couvert du sang royal, qui pût contenir ces puissances déchaînées. M. Fouché était pour eux ce magicien. En réalité, il n'était qu'un intrigant, léger, présomptueux, sans repos, et il eût été un scélérat, qu'il ne leur aurait pas moins convenu. Et c'étaient d'honnêtes gens qui raisonnaient de la sorte, tant le défaut de lumières conduit jusqu'aux approches du mal des âmes qui, si elles le voyaient distinctement, s'en éloigneraient avec horreur!

Juin 1815.

Pourtant le tranquille Louis XVIII n'était pour rien ni dans ces agitations, ni dans ces injustices, ni dans ces engouements. M. de Blacas ne lui semblait pas l'homme qui l'avait perdu, pas plus que MM. de Talleyrand et Fouché ne lui semblaient ceux qui l'avaient sauvé. Ce n'était ni aux déclarations de Vienne, ni aux intrigues de Paris, ni même à la bataille de Waterloo, qu'il croyait devoir son rétablissement déjà certain à ses yeux, mais à sa descendance de Henri IV et de Louis XIV! Cependant avec son sens habituel il accordait quelque mérite à celui qui avait vaincu Napoléon à Waterloo, il faisait cas de sa personne, lui savait gré de ses dispositions bienveillantes, et était prêt à déférer à ses avis dans une certaine mesure. Le duc de Wellington lui avait fort conseillé de composer un ministère homogène, *un* comme on di-

Louis XVIII, tranquille au milieu de ces agitations, voudrait conserver M. de Blacas.

Juin 1815.

sait alors, d'écarter l'influence des émigrés et des princes, d'accorder l'autorité principale à M. de Talleyrand, et d'éloigner M. de Blacas, non que celui-ci fût coupable, mais parce qu'il était l'objet d'une répulsion universelle. Louis XVIII avait trouvé ces conseils fort sages, mais dans le nombre celui d'exclure M. de Blacas lui déplaisait au plus haut point. Le *favoritisme* chez Louis XVIII n'était autre chose que de l'habitude. Il s'était accoutumé à voir M. de Blacas à ses côtés, il appréciait ses principes, sa droiture, son esprit, il ne lui connaissait aucun tort réel, et avait la finesse de comprendre que les amis du comte d'Artois poursuivaient dans le prétendu favori l'ami dévoué du Roi. C'était un motif pour qu'il tînt à M. de Blacas, et qu'il ne se privât pas volontiers de ses services. Aussi avait-il paru s'obstiner à le conserver.

M. de Talleyrand avait quitté Vienne pour se rendre à Bruxelles, à l'époque où les souverains et leurs ministres abandonnaient le congrès, pour se mettre à la tête de leurs armées. M. de Talleyrand en partant de Vienne avait affiché un extrême dégoût du pouvoir, et déclaré bien haut que si on ne le délivrait pas des émigrés, il n'accepterait plus d'être le ministre de Louis XVIII, en quoi les membres de la coalition, assez enclins à condamner l'émigration, l'avaient fort approuvé. La plupart même avaient écrit à Gand qu'il fallait ménager M. de Talleyrand, et suivre entièrement ses conseils. Arrivé à Bruxelles, M. de Talleyrand s'y était arrêté, et avant de se transporter auprès du Roi avait spécifié les conditions sur lesquelles on paraissait généralement d'accord : ministère *un*, éloignement des influences de cour, déclarations rassurantes pour les intérêts inquiets, punition des coupables de la prétendue conspiration bonapartiste, et grand soin de séparer la cause royale de celle de l'étranger. Quant à ce dernier objet M. de Talleyrand avait imaginé une étrange combinaison, c'était que Louis XVIII quittât Gand avec sa cour, gagnât la Suisse, et entrât en France par l'Est, tandis que les souverains victorieux y entreraient par le Nord. Ces conditions indiquées, M. de Talleyrand était resté à Bruxelles, où il paraissait vouloir attendre qu'elles fussent agréées.

Juin 1815.

Telle était la situation des choses au moment où le duc de Wellington apprenant l'abdication de Napoléon avait précipité sa marche sur Paris, à la suite des Prussiens. Avec son grand sens, il vit sur-le-champ ce qu'il convenait de faire. Cette lutte entre Louis XVIII et M. de Talleyrand lui parut fâcheuse. Il conseilla à Louis XVIII de céder à M. de Talleyrand sur tous les points, un seul excepté, l'entrée en France par la frontière de l'Est. Il lui semblait qu'il fallait au contraire que Louis XVIII arrivât tout de suite, pour faire cesser à Paris les divagations d'esprit; qu'il promulguât en même temps une déclaration des plus claires, des plus positives, dans laquelle en constatant que la dernière guerre était l'œuvre de Napoléon et non des Bourbons, il annoncerait qu'il venait s'interposer une seconde fois entre l'Europe et la France afin de les pacifier, dans laquelle il rassurerait les acquéreurs de biens nationaux, promettrait la formation

Conseils du duc de Wellington, et programme de gouvernement qu'il propose à Louis XVIII.

d'un ministère homogène et indépendant, la prochaine réunion des Chambres, enfin la punition des coupables, réduite aux vrais auteurs de la conspiration qui avait ramené Napoléon en France. D'un autre côté lord Wellington fit dire à M. de Talleyrand de se contenter de ces concessions, de se réunir à Louis XVIII le plus tôt possible, et de pénétrer en France par la frontière la plus proche, celle du Nord, et non celle de l'Est qui était trop éloignée.

Ces conseils donnés avec toute l'autorité du vainqueur de Waterloo, le duc de Wellington partit pour se mettre à la tête de l'armée anglaise. Arrivé près de Paris, il essaya de faire entrer la raison dans la tête de Blucher, comme il venait d'essayer de la faire entrer dans la tête des Bourbons et des émigrés. On lui avait rapporté que Blucher voulait s'emparer de la personne de Napoléon, et comme on le disait alors tâcher *d'en débarrasser le monde*. Le duc de Wellington lui adressa sur-le-champ une lettre qui sera dans la postérité l'un de ses principaux titres de gloire. — La personne de Napoléon, lui écrivit-il en substance, n'appartient ni à vous ni à moi, mais à nos souverains qui en disposeront au nom de l'Europe. Si par hasard il leur fallait un bourreau, je les prierais de choisir un autre que moi, et je vous conseille, pour votre renommée, de suivre mon exemple. — Le départ de Napoléon, qu'il ne connaissait pas encore, allait du reste faire disparaître toute difficulté à cet égard. Le duc de Wellington s'occupa ensuite d'arrêter avec Blucher le système des opérations militaires à exécuter sous

SECONDE ABDICATION.

les murs de Paris. Les armées anglaise et prussienne n'avaient pu amener qu'environ 120 mille hommes, quoiqu'elles eussent ouvert la campagne avec 220 mille, ce qui prouvait qu'il ne leur en avait pas peu coûté de triompher de nous. Elles formaient une longue colonne dont la tête était près de Paris, la queue à la frontière. Napoléon n'étant plus là pour profiter de cette marche imprudente, le danger n'était pas grand; d'ailleurs cette mauvaise disposition se corrigeait d'heure en heure par l'effort des Anglais pour rejoindre les Prussiens. Mais 120 mille hommes pour forcer l'armée française sous Paris, c'était peu. La rive droite de la Seine, celle qui se présente la première, était fortement retranchée; la rive gauche l'était médiocrement, mais il fallait passer la rivière pour aller tenter au delà une opération difficile. On ne pouvait pas estimer à moins de 90 mille hommes les défenseurs de la capitale, dont 60 et quelques mille revenus de Flandre, les autres consistant en dépôts, marins, fédérés, élèves des écoles. C'était donc une singulière témérité que de prétendre emporter Paris de vive force, et négocier valait mieux, militairement et politiquement. On aurait ainsi le double avantage de ne pas compromettre le succès de Waterloo, et de ne pas ajouter à la profonde irritation des Français. Le duc de Wellington à la première vue des choses n'avait pu s'empêcher de penser de la sorte, mais le maréchal Blucher n'était point de cet avis. Il voulait avoir l'honneur en 1815, comme en 1814, d'entrer le premier dans Paris, et l'avantage d'y lever de grosses contributions pour son

Juin 1815.

très-difficile d'enlever Paris de vive force, et conseille au maréchal Blucher d'y entrer par negociation.

Juin 1815.

Il s'abouche avec les commissaires chargés de négocier l'armistice.

Il ne dissimule pas la nécessité d'admettre les Bourbons.

Les commissaires ne repoussent pas les Bourbons, et n'insistent que sur les conditions de leur rétablissement.

armée, peut-être même de faire pis encore, s'il y avait combat. Heureusement l'autorité du général prussien était loin d'égaler celle du général britannique.

Telles étaient les dispositions, soit à Gand, soit au quartier général des armées alliées, lorsque nos commissaires s'abouchèrent avec le duc de Wellington à quelques lieues des murs de Paris, le 29 juin au matin. Il les accueillit avec beaucoup de politesse, mais en laissant voir des volontés parfaitement arrêtées. D'abord il paraissait douter de la sincérité de l'abdication de Napoléon, et demandait sa personne dont l'Europe disposerait seule, ce qui signifiait qu'un acte de barbarie n'était pas possible dès qu'on devait délibérer en commun. Les négociateurs lui disant que Napoléon devait être parti pour Rochefort, il avait répondu qu'après lui restait son parti, parti de violence, avec lequel la France ni l'Europe ne pouvaient espérer de repos. Tout en ayant grand soin de répéter que l'Europe n'entendait pas se mêler du gouvernement intérieur de la France, il avait sous forme d'avis amical mais fort positif, conseillé de reprendre les Bourbons. De leur côté les représentants de la commission exécutive, en rappelant que l'Europe avait promis de ne pas violenter la France dans le choix de son gouvernement, s'étaient montrés peu contraires au retour des Bourbons, quelques-uns même tout à fait favorables, mais le principe du retour admis, ils s'étaient longuement étendus sur les conditions. Quant à cet objet, le duc de Wellington avait répondu qu'il ne fallait pas faire subir au Roi l'humi liation de conditions imposées, qu'on devait s'en fier à l'efficacité de la Charte de 1814, qu'avec cette Charte on pouvait être libre, si on savait s'en servir; que ce qui avait manqué l'année précédente, c'était un ministère un et indépendant; que Louis XVIII avait promis formellement d'en composer un pareil, et qu'on obtiendrait sur ce sujet et sur d'autres toutes les satisfactions raisonnablement désirables.

M. de Flaugergues, homme d'esprit, d'opinions libérales très-prononcées, avait répliqué qu'il doutait qu'on pût amener les Chambres à accepter les Bourbons sans conditions, et il avait insisté sur un changement à la Charte, changement alors vivement désiré, et relatif à l'initiative des Chambres. La Charte de 1814 avait entouré cette initiative de très-grandes précautions, et on croyait à cette époque que l'influence des Chambres consistait dans le partage de l'initiative législative avec la couronne, parce qu'on n'avait pas encore appris par l'expérience que cette influence ne s'exerce véritablement que par un ministère pris dans le sein de la majorité, et que lorsque les Chambres ont la faculté d'en faire arriver un pareil au pouvoir, elles ont conquis non-seulement l'initiative, mais le gouvernement tout entier, dans la mesure du moins où elles peuvent l'exercer sans péril. Dans l'ignorance où l'on était alors de cette vérité, on tenait à l'initiative avec un entêtement puéril mais universel. Lord Wellington promit de solliciter cette concession de la part de Louis XVIII, et ajourna ces pourparlers au lendemain. Avant de se séparer, on lui demanda

Le duc de Wellington promet de chercher à les satisfaire.

si un prince de la maison de Bourbon autre que Louis XVIII (on indiquait sans le nommer M. le duc d'Orléans) aurait chance d'être accueilli par les souverains coalisés. Le duc répondit qu'il y penserait, et qu'il s'expliquerait sur ce sujet dans une prochaine entrevue.

Juin 1815.

Pendant ce temps arrive la déclaration de Cambrai, faite par Louis XVIII, et offrant un programme de gouvernement.

Le duc employa le reste du jour à disposer ses troupes, à voir et à entretenir le maréchal Blucher pour lui inculquer ses idées, et, soit dans la nuit, soit le lendemain, eut de nouvelles conférences avec les envoyés de la commission exécutive. Dans l'intervalle, ces messieurs avaient appris d'une manière certaine le départ de Napoléon, et de son côté le duc de Wellington avait reçu des nouvelles fort importantes de la cour de Gand. Les gardes anglaises ayant surpris la place de Cambrai, Louis XVIII y était entré accompagné de M. de Talleyrand, et avait donné, à la date du 28 juin, la déclaration dite *de Cambrai*, qui était la déclaration de Saint-Ouen de la seconde restauration. Dans cette pièce, Louis XVIII disait qu'*une porte de son royaume étant ouverte devant lui*, il accourait pour se placer une seconde fois entre l'Europe et la France, que c'était la seule manière dont *il voulait prendre part à la guerre*, car il avait défendu aux princes de sa famille de *paraître dans les rangs des étrangers*; qu'à sa première entrée en France il avait trouvé les passions vivement excitées, qu'il avait cherché à les modérer en prenant entre elles la position d'un médiateur et d'un arbitre, qu'au milieu des difficultés de tout genre son gouvernement *avait dû faire des fautes*, mais que l'expérience ne serait pas per-

Contenu de cette déclaration.

due; qu'il avait donné la Charte, qu'il entendait la maintenir, et y *ajouter même toutes les garanties qui pouvaient en assurer le bienfait;* que *l'unité du ministère était la plus forte qu'il pût offrir;* qu'on avait parlé du projet de rétablissement de la dîme et des droits féodaux, d'atteinte même à l'irrévocabilité des ventes nationales, que c'étaient là d'indignes calomnies inventées par *l'ennemi commun*, pour en profiter, et qu'il suffisait de lire la Charte pour acquérir la certitude que rien de pareil ne pouvait jamais être à craindre; qu'enfin, en rentrant au milieu de ses sujets, desquels il avait reçu tant de preuves d'affection et de fidélité, il avait le parti pris d'oublier tous les actes commis pendant la dernière révolution; que cependant *une trahison dont les annales du monde n'offraient pas d'exemple* avait été commise, que cette trahison avait fait couler le sang des Français, et amené une seconde fois l'étranger au cœur du pays, que *la dignité du trône, l'intérêt de la France, le repos de l'Europe*, ne permettaient pas qu'elle restât impunie; que les coupables de cette trame horrible seraient *désignés par les Chambres à la vengeance des lois*, et que la justice prononcerait.

Cette déclaration était signée de Louis XVIII et de M. de Talleyrand. Elle contenait, comme on le voit, les idées qui avaient cours dans le moment. Les modérés y avaient mis l'aveu des fautes commises, le maintien et le développement de la Charte, les garanties aux acquéreurs de biens nationaux; le sage Wellington y avait introduit l'unité du ministère, et les purs émigrés la vengeance contre les prétendus auteurs de la conspiration de l'île d'Elbe,

Juin 1815.

qui n'avait consisté que dans les fautes du gouvernement royal et dans l'habileté de Napoléon à en profiter.

Ces deux faits du départ de Napoléon et de l'arrivée de Louis XVIII avec sa déclaration, devaient simplifier beaucoup la tâche du duc de Wellington et des négociateurs de l'armistice. Ceux-ci annoncèrent au duc de Wellington le départ de Napoléon, et il n'y avait plus dès lors à demander qu'on livrât sa personne. Le duc de Wellington aborda tout de suite la question de la dynastie à substituer à celle des Bonaparte. La transmission de la couronne à Napoléon II ne lui parut pas mériter qu'on la traitât sérieusement, et il s'occupa uniquement de l'idée mise en avant, d'un prince de Bourbon autre que Louis XVIII. Sans désigner aucun individu, il soutint que pour le repos de l'Europe et de la France, un monarque dont les droits ne seraient pas contestés valait infiniment mieux qu'un prince appelé en dehors de la succession régulière, qu'un tel prince serait infailliblement inquiet, entreprenant, porté aux actions d'éclat, et que ce n'était point une disposition désirable, même pour la France, dont la politique n'aurait plus dès lors le calme et la prudence nécessaires. Il déclara au surplus, en spécifiant bien qu'il n'avait aucune instruction précise à ce sujet, que dans sa conviction une telle combinaison ne serait point agréée. Il ajouta qu'en tout cas, si la France voulait absolument Napoléon II, ou un membre de la famille de Bourbon autre que Louis XVIII, l'Europe serait obligée d'exiger des garanties plus grandes, par exemple l'occupation de quelques places fortes. C'était exclure d'une manière indirecte mais positive tout autre choix que celui de Louis XVIII. Le duc de Wellington montra ensuite la déclaration de Cambrai, et fit valoir ce qu'elle contenait d'avantageux, comme aurait pu le faire l'Anglais le plus versé dans le système de la monarchie constitutionnelle. Les représentants du gouvernement provisoire n'élevèrent que deux objections, relatives, l'une à la restriction mise à l'oubli général des actes et des opinions, l'autre à la convocation des Chambres. Quant à la restriction mise à l'oubli général, ils semblaient craindre qu'elle ne s'appliquât aux régicides, et, comme tout le monde, ils étaient si persuadés qu'il avait existé une conspiration pour ramener Napoléon, qu'ils ne songeaient pas même à soutenir que les auteurs de cette conspiration dussent rester impunis. Ils étaient bien loin de se douter que sous prétexte de poursuivre une conspiration qui n'avait existé que dans l'imagination exaltée des royalistes, on verserait le sang le plus illustre et le plus héroïque, et ils se contentèrent de l'explication donnée par le duc de Wellington relativement aux régicides, lesquels, disait-il, étaient si peu menacés, que le Roi avait voulu et voulait encore prendre M. Fouché pour ministre. Le général anglais mettait dans cette question une arrière-pensée qui n'était pas digne de son caractère loyal et sensé. Il était entré à un certain degré dans les idées de vengeance des royalistes, non point comme eux par une haine folle, mais par un calcul qui était très-général parmi les chefs de

Juin 1815.

Le duc de Wellington s'attache à montrer à nos commissaires les avantages de la déclaration de Cambrai.

Demande de quelques explications par nos négociateurs.

Réponse du duc de Wellington.

la coalition. Ceux-ci en voulaient beaucoup en effet à l'armée française, la croyaient coupable de conspiration dans le passé, ne l'en croyaient pas incapable dans l'avenir, et jugeaient utile de l'intimider par quelques exemples éclatants.

La seconde objection des commissaires était relative à la réunion des Chambres. La déclaration de Cambrai, en disant qu'on leur déférerait la désignation des coupables à excepter de l'oubli général, semblait annoncer la convocation de Chambres nouvelles, et ils auraient désiré que l'on conservât les Chambres actuelles, comme on l'avait fait en 1814, parce que c'eût été, suivant eux, un moyen de les disposer favorablement. Le duc de Wellington accueillit comme dignes d'attention les deux objections des commissaires, et prit l'engagement d'écrire à M. de Talleyrand pour obtenir une nouvelle rédaction, qui précisât mieux ce qu'on entendait par les coupables, et qui, en promettant la convocation des Chambres, s'exprimât de manière à ne point exclure la possibilité de conserver celles qui siégeaient actuellement.

Ces points discutés, le duc de Wellington déclara qu'il n'y aurait d'armistice qu'à la condition d'éloigner l'armée française de Paris, de recevoir les armées anglaise et prussienne au moins dans les postes extérieurs, et de confier le service intérieur de la ville à la garde nationale, sous la protection de laquelle s'accompliraient ensuite les événements politiques qu'on désirait. Sans s'expliquer clairement sur la manière dont pourrait s'opérer la mutation de gouvernement, le duc de Wellington voulait que les troupes étrangères y eussent en apparence le moins de part possible, et l'armée française une fois reportée au delà de la Loire, il n'admettait d'autre intervention que celle de la garde nationale de Paris. Effectivement, avec toute l'autorité de son caractère et de sa position, il avait dit au fougueux Blucher qu'il fallait savoir mettre de côté la vaine gloire d'entrer en triomphateurs dans la capitale ennemie, et préférer le résultat utile au résultat flatteur ; qu'enlever Paris de vive force était douteux, que de plus ce serait humilier la France, et compromettre l'avenir d'un gouvernement dont la durée intéressait tout le monde, et qu'il valait cent fois mieux assister hors de Paris à une révolution pacifique accomplie par la garde nationale, que d'opérer cette révolution soi-même à la suite d'un assaut.

Ainsi l'éloignement de l'armée française, Paris confié à la garde nationale, un silence complet gardé sur le futur gouvernement de la France, le rétablissement des Bourbons étant sous-entendu, telles étaient les bases principales sur lesquelles le duc de Wellington pensait qu'un armistice pouvait être conclu. Il chargea les commissaires de le déclarer au gouvernement provisoire, en lui ôtant toute espérance d'obtenir d'autres conditions. A ce sujet il leur montra une lettre de MM. de Metternich et de Nesselrode, datée du 26 juin, et écrite après la connaissance acquise de l'abdication de Napoléon, par laquelle ces ministres recommandaient aux généraux alliés de ne reconnaître aucune des autorités, feintes ou non, qui auraient succédé à l'empereur déchu, de n'interrompre les opérations militaires que lorsqu'ils seraient dans Paris, et maîtres d'y faire admettre le seul gouvernement acceptable par les puissances. Il n'y avait donc rien à gagner à attendre l'arrivée des souverains eux-mêmes. Il est inutile d'ajouter qu'en présence de semblables déclarations il était impossible de trouver un moyen d'arrangement dans l'abandon des places de la frontière. Il ne fut pas dit un mot de cet abandon, le général anglais voulant non pas Metz ou Strasbourg, mais Paris, afin d'y rétablir les Bourbons. Ce qu'il venait de déclarer aux commissaires, il le répéta à l'envoyé Macirone et à tous les agents secrets du duc d'Otrante. Il souhaitait le rétablissement des Bourbons avec le moins d'apparence possible de force étrangère, et avec un vrai régime constitutionnel, comme celui qu'il trouvait bon pour l'Angleterre. Quant à ce qui concernait M. Fouché lui-même, il répétait que les Bourbons ne demandaient pas mieux que d'être ses obligés, et de lui témoigner leur gratitude d'une manière positive. M. de Talleyrand avait été l'homme du dehors, M. Fouché serait celui du dedans, et à eux deux ils seraient traités comme les sauveurs de la monarchie.

Pendant que ces choses se passaient au quartier général du duc de Wellington, le maréchal Blucher mécontent de négociations dont il était en quelque sorte exclu, et qui devaient d'ailleurs le priver d'entrer à Paris en vainqueur, gênait autant qu'il pouvait les communications de nos commissaires, à tel point que ceux-ci avaient eu la plus grande peine à faire part à M. Fouché de leurs entretiens avec le duc de Wellington, et à lui demander de nouvelles instructions. Le maréchal ne s'en tenait pas là, et tandis qu'il gênait la négociation autant qu'il dépendait de lui, il tâchait d'en trancher le nœud avec l'épée prussienne, en se transportant sur la rive gauche de la Seine. Il avait par ce motif envoyé toute sa cavalerie battre l'estrade pour enlever des ponts. Ceux de Sèvres, de Saint-Cloud, de Neuilly avaient été pourvus d'ouvrages défensifs, ceux de Besons et de Chatou brûlés. Celui du Pecq malheureusement, qui d'après les ordres du maréchal Davout aurait dû être détruit, ne l'avait pas été, grâce à la résistance de quelques habitants de Saint-Germain, les uns préoccupés de l'intérêt purement local, les autres d'un coupable intérêt de parti. La cavalerie prussienne traversa donc Saint-Germain, et se porta sur Versailles. Elle courait des dangers sans doute, comme on le verra bientôt, mais le passage de la Seine était conquis, et Paris menacé sur la rive gauche, c'est-à-dire par son côté le plus faible.

Juin 1815

Il fait passer la Seine à Saint-Germain par sa cavalerie.

Dans Paris on attendait impatiemment le résultat des négociations entamées pour un armistice, et on s'irritait de ne pas le connaître. M. Fouché se doutait bien de ce qu'il pouvait être, car le général Tromelin, l'agent Macirone, ayant réussi à traverser les avant-postes, étaient venus lui rapporter en toute hâte ce qu'exigeait le général britannique. Mais les courriers des négociateurs de l'armistice n'ayant pu pénétrer encore dans Paris, il ne savait rien d'officiel, et en profitait pour ne rien dire aux Chambres. Il se bornait à répéter autour de lui qu'on ne sortirait d'embarras qu'en admettant les

Inquiétudes dans Paris en attendant les nouvelles de la négociation.

Bourbons, sauf à exiger d'eux de bonnes et rassurantes conditions. Ce langage avait vivement irrité les révolutionnaires, beaucoup moins les libéraux qui désiraient la liberté n'importe avec qui, mais soulevé chez les uns et les autres d'universelles défiances. M. Fouché se sentant suspect, en devenait plus hésitant, et bien qu'il ne vît plus d'autre issue que les Bourbons, il n'osait pas se décider, et cherchait à se servir du maréchal Davout, qui, en sa qualité de général en chef, appréciant mieux que personne la difficulté de tenir tête à l'ennemi, et ayant un caractère à ne rien cacher, était fort capable, ainsi qu'il l'avait déjà fait, de conclure hardiment au rétablissement des Bourbons. Mais au lieu de prendre le maréchal comme il le fallait, c'est-à-dire par la voie ouverte et honnête, M. Fouché l'assiégeait de menées de tout genre, et lui dépêchait sans cesse M. de Vitrolles pour l'exciter sous main à faire la déclaration désirée. Ce n'était pas se conduire de manière à réussir, et c'était même s'exposer à des incidents qui pouvaient tout compromettre. En effet la présence fréquente de M. de Vitrolles auprès du maréchal en provoqua un qui faillit amener les conséquences les plus fâcheuses.

L'assemblée avait envoyé, comme on l'a vu, des représentants pour visiter l'armée, lui porter des proclamations, et la consoler du départ de Napoléon Ier en l'assurant qu'on travaillait pour Napoléon II. Ces représentants, en se rendant à la Villette, au quartier général du maréchal Davout, y rencontrèrent M. de Vitrolles, furent très-surpris de trouver en pareil lieu un royaliste aussi connu, et qu'on croyait à Vincennes, engagèrent avec lui un entretien qui dégénéra bientôt en altercation violente, exprimèrent leur étonnement au maréchal, furent mal reçus par lui, visitèrent les troupes, furent fort applaudis par elles en parlant de Napoléon II, et retournèrent ensuite auprès des deux Chambres, auxquelles ils firent leur rapport et qu'ils remplirent de leurs défiances. Dans le premier moment ils songèrent à dénoncer la commission exécutive comme en état de trahison flagrante, mais ils n'osèrent pas faire un tel éclat, et se bornèrent à signaler une *main invisible*, qui paralysait la défense et menaçait la sûreté de la capitale et des pouvoirs établis. Comme ils disaient que l'armée, épuisée de fatigue, ne se réveillait qu'au nom de Napoléon II, Faisons comme elle, s'écrièrent plusieurs représentants, et crions : Vive Napoléon II ! — L'assemblée se leva tout entière, et renouvela ainsi ses engagements avec la dynastie impériale dans la personne de l'enfant prisonnier. Au sein de la commission exécutive, on s'exprima plus clairement, et l'incident de la Villette y devint le sujet d'une scène des plus vives. Carnot fortement agité par les circonstances, et dans son agitation, tantôt disposé à subir les Bourbons, tantôt voyant une trahison dans tout ce qui tendait à les ramener, s'en prit à M. Fouché de ce qui s'était passé au quartier général de la Villette. Il demanda pourquoi M. de Vitrolles était en ce lieu, ce qu'il y faisait, qui lui avait rendu la liberté, et dans quel but on la lui avait rendue. M. Fouché, dont le sang ne bouillonnait pas souvent, finit par s'emporter à son tour. — A qui en voulez-vous donc ? dit-il à

Juin 1815

du maréchal Davout

Défiances qui en sont la suite

Scène de Carnot à M. Fouché au sujet de la présence de M. de Vitrolles au quartier général de la Villette

Réponse de M. Fouché.

Carnot. Pourquoi vous en prendre à tout le monde de la difficulté des circonstances? Puisque vous ne savez pas garder votre sang-froid, et qu'il vous faut quelqu'un à qui faire une querelle, allez donc attaquer le maréchal Davout à la tête de ses troupes, et vous trouverez probablement à qui parler. Si c'est à moi que vous en voulez, accusez-moi devant les Chambres, et je vous répondrai. — Cette vive réplique avait non pas satisfait, mais éteint Carnot, qui succombait comme ses collègues sous la violence et la fausseté de la situation. Ne vouloir ni de Napoléon, ni des Bourbons, était une double négation aboutissant au néant. Carnot n'avait pas à se reprocher la première, mais s'obstiner dans la seconde n'était digne ni de son esprit, ni de son patriotisme.

Sentant la nécessité d'en finir, M. Fouché veut provoquer de la part des militaires une déclaration qui implique l'impossibilité de se défendre.

Il fallait pourtant en finir, et, tout hésitant qu'il était, M. Fouché sentant plus que personne la nécessité de sortir de cette situation périlleuse, entre les armées ennemies d'une part, prêtes à attaquer Paris, et la Chambre des représentants de l'autre, prête à passer de l'abattement aux plus folles déterminations, résolut de provoquer une conférence sérieuse avec les chefs militaires, pour les forcer à s'expliquer sur la question essentielle du moment. Pouvait-on ou ne pouvait-on pas défendre Paris? Si on le pouvait, il fallait combattre; si on ne le pouvait pas, il fallait se rendre. — C'était effectivement la seule manière de sortir de ce labyrinthe, et la démarche était bien conçue. Mais il y manquait la franchise qu'on aurait pu y mettre, et qui, en abrégeant cette douloureuse agonie, aurait sauvé la dignité de tout le monde, fort compromise par ces longues tergiversations.

Pourtant les circonstances, en s'améliorant à quelques égards, avaient rendu moins facile la solution imaginée par M. Fouché. En effet, sur les rapports trop alarmants du maréchal Grouchy, on avait cru l'armée qui se repliait sur Paris en déroute, et incapable de couvrir la capitale. En la voyant, on en avait conçu meilleure idée. Le corps de Vandamme, ancien corps de Grouchy, était intact dans son personnel et son matériel, et, ne se consolant pas d'avoir été absent à Waterloo, ne demandait qu'à verser son sang sous les murs de la capitale. Les troupes revenues de Waterloo, moins bien armées, avaient néanmoins repris leur ensemble et leur ardeur. Les deux masses réunies, défalcation faite de quelques pertes essuyées dans la retraite de Laon à Paris, s'élevaient à 58 mille hommes, et rien assurément ne les égalait en valeur et en énergie morale. Au nom de Napoléon II elles entraient en effervescence, mais quelque dût être le souverain qu'on leur destinait, elles étaient saisies d'une espèce de rage à la vue des Prussiens et des Anglais. On avait trouvé dans les dépôts repliés sur Paris, environ 12 mille hommes, ce qui portait à 70 mille hommes les troupes de ligne disponibles. On avait armé sous le titre de tirailleurs de la garde nationale environ 6 mille fédérés, et si une défiance injuste n'avait retenu le gouvernement, il eût été facile d'en armer quinze mille au moins. On pouvait compter pour le service de l'artillerie sur quelques mille canonniers de la marine, des vétérans et des écoles. Il n'était

Juin 1815.

L'état de l'armée de Paris, meilleur qu'on ne l'avait supposé, contrarie les desseins de M. Fouché.

Moyens de défense réunis autour de Paris.

donc pas impossible de réunir 90 mille hommes en avant de la capitale, dont 70 mille parfaitement mobiles, et pouvant être portés à volonté sur l'une ou l'autre rive de la Seine. Sur la rive droite, c'est-à-dire sur la partie qui se présentait la première à l'ennemi, les ouvrages étaient achevés et complétement armés. Sur la rive gauche, au contraire, les ouvrages étaient à peine ébauchés. Mais cette rive offrait, à défaut d'ouvrages, un moyen de défense considérable, c'était la Seine à traverser. Il fallait en effet que pour opérer sur la rive gauche l'ennemi passât la rivière, et il était dès lors obligé de se partager en deux masses, position des plus dangereuses, et dont le général français devait nécessairement tirer un grand parti. Napoléon, manœuvrant avec 70 mille hommes sur les deux rives de la Seine, aurait certainement fait essuyer un sort fâcheux à l'une des deux armées ennemies, et probablement à toutes les deux. Même à défaut de Napoléon, un homme aussi expérimenté et aussi ferme que le maréchal Davout pouvait encore opposer une forte résistance, aussi longtemps du moins qu'il n'aurait sur les bras que les armées du duc de Wellington et du maréchal Blucher.

Le maréchal Davout avait laissé sur la rive droite de la Seine les troupes venues de Waterloo, placé Vandamme avec l'ancien corps de Grouchy sur la rive gauche, et établi la garde impériale en réserve, dans le Champ de Mars, avec un pont de bateaux à côté du pont d'Iéna, pour faciliter les mouvements d'une rive à l'autre. Il avait braqué une artillerie de gros calibre sur les hauteurs d'Auteuil pour balayer la plaine de Grenelle, dans le cas où l'ennemi, opérant par la rive gauche, attaquerait en force Vaugirard.

Juin 1815.

Les Prussiens, comme on vient de le voir, avaient enlevé le pont de Saint-Germain, et voulaient agir sur la rive gauche avec soixante mille hommes, pendant que les Anglais menaceraient la rive droite avec cinquante mille. Des marches rapides, quelques combats, l'occupation de plusieurs points sur les derrières, avaient réduit à 110 mille combattants les deux armées envahissantes.

Y avait-il chance, dans un pareil état de choses, de défendre Paris victorieusement? Avec des vues plus arrêtées dans le gouvernement, avec quelques précautions militaires ajoutées à celles qu'on avait prises, il est certain qu'on aurait pu arrêter les armées anglaise et prussienne, qu'on les aurait même gravement punies de leur témérité. En effet, les hauteurs de Montmartre, de Belleville, de Charonne, étaient dans un état complet de défense; mais les approches de la Villette et de la Chapelle, et surtout les abords du canal de Saint-Denis, auraient dû être mieux garantis. Avec plus de soin dans cette partie de la défense on aurait rendu une attaque sur la rive droite impraticable, de manière à n'avoir aucun souci pour cette rive, moyennant qu'on y laissât seulement les dépôts, les tirailleurs et les fédérés. Dans ce cas les 58 mille hommes de l'armée de Flandre auraient pu être transportés en entier sur la rive gauche, et opposés à l'armée prussienne. De ce côté, comme il était indispensable de manœuvrer afin de pousser l'ennemi à la Seine,

Vraisemblance de la victoire si on livrait bataille.

Juin 1815.

il aurait fallu pouvoir s'éloigner de Vaugirard et de Montrouge d'une ou deux lieues, et élever par conséquent quelques ouvrages qui couvrissent cette partie de Paris. Il est donc certain qu'avec quelques compléments d'ouvrages à la rive droite, et quelques commencements d'ouvrages à la rive gauche, en armant en outre un plus grand nombre de fédérés, on aurait pu laisser 25 mille hommes à la rive droite, et se porter avec soixante-dix mille à la rive gauche, pour y accabler les Prussiens. Ceux-ci mis en déroute, les Anglais auraient été exposés à un désastre.

Après avoir gagné une bataille sous les murs de Paris, naissait la question de savoir si on pourrait tenir tête au reste de la coalition.

Mais, même dans ce cas, y avait-il chance d'un succès sérieux, et véritablement salutaire pour le pays? Il arrivait 200 mille ennemis par l'Est, dont 50 mille sous le maréchal de Wrède, n'étaient qu'à quatre ou cinq journées de Paris. Même en essayant d'un coup de désespoir heureux, ne courait-on pas le risque, pour tirer de Waterloo une vengeance éclatante, de succomber plus désastreusement encore quelques jours plus tard? Sans doute, si après un grand succès on avait eu Napoléon pour profiter de l'élan imprimé aux âmes, il n'eût pas été impossible de tenir tête à la coalition. Mais Napoléon parti pour Rochefort, un succès sous les murs de Paris n'aurait probablement produit d'autre résultat que d'irriter la coalition, et de rendre notre condition plus fâcheuse.

Dispositions personnelles du maréchal Davout.

Pourtant on conçoit, dans une situation comme celle où était alors la France, le penchant à une lutte désespérée, on conçoit qu'on s'exposât aux plus graves périls pour porter aux Prussiens et

SECONDE ABDICATION.

aux Anglais un coup mortel qui nous consolât de Waterloo, fallût-il le lendemain essuyer un sort plus dur!

C'était là le conflit qui se passait dans l'âme de l'inflexible défenseur de Hambourg, devenu le défenseur de Paris. Accuser un tel homme de faiblesse ou de lâcheté n'est qu'une folie de l'esprit de parti! Il voyait parfaitement le pour et le contre de la position; il sentait l'avantage d'avoir affaire à des ennemis partagés entre les deux rives de la Seine, ne pouvant communiquer qu'assez difficilement d'une rive à l'autre pour s'entre-secourir, tandis que l'armée chargée de défendre Paris, maîtresse de tous les passages, pouvait toujours se porter en masse sur la portion de l'armée alliée qui se serait hasardée sur la rive gauche, et lui faire subir un cruel échec. Comme général, il était tenté de livrer une bataille qui offrait de pareilles chances; comme citoyen, il voyait, en cas d'insuccès, le danger de Paris exposé à la fureur de la soldatesque prussienne, et dans le cas même d'une grande victoire, le peu de conséquence de cette victoire pour la suite de la résistance, deux cent mille coalisés devant successivement arriver dans l'espace de quinze à vingt jours. Il était donc perplexe, et en lui le soldat et le citoyen étaient opposés l'un à l'autre. Il était de plus rempli de défiance et d'humeur à l'égard de M. Fouché, auquel il avait offert un moyen franc et droit de mettre fin à la crise, en faisant une déclaration sincère aux Chambres, et en leur proposant le rétablissement pur et simple des Bourbons à des conditions honorables et rassurantes. Or, ce

Juin 1815.

Ses perplexités entre le désir de livrer bataille, et la crainte de compromettre irrévocablement le pays avec les puissances de l'Europe.

Son irritation contre M. Fouché, qui au lieu d'agir franchement use des plus misérables finesses.

moyen M. Fouché, après l'avoir accueilli, l'avait laissé écarter sous les plus faibles prétextes, et tandis que secrètement il promettait aux agents royalistes tout ce qu'ils demandaient, publiquement il travaillait à jeter sur le chef militaire la responsabilité des événements, en l'obligeant à déclarer l'impossibilité de la résistance. Le maréchal était donc à la fois combattu quant à la résolution à prendre, et profondément irrité contre M. Fouché, qui au lieu d'accepter le moyen simple, honnête, de dire la vérité aux Chambres, s'enfonçait dans mille replis tortueux, et, en se faisant valoir sous main auprès des royalistes, prétendait en même temps aux yeux des révolutionnaires, des bonapartistes, mettre sur le compte du commandant de l'armée de Paris le refus de combattre, et la soumission aux volontés de l'ennemi.

Telle était la disposition du maréchal lorsqu'il reçut le 1er juillet au matin l'invitation du duc d'Otrante de se rendre dans le sein de la commission exécutive pour y délibérer sur la grave question de savoir s'il fallait résister ou céder aux exigences des généraux ennemis. Le maréchal Davout, traitant M. Fouché comme M. Fouché traitait souvent ses collègues de la commission, avec une certaine négligence hautaine, ne se pressa point d'assister à une séance où il prévoyait peu de franchise et de sérieux. D'ailleurs ayant établi son quartier général à Montrouge il était occupé à placer ses troupes, à veiller à leur établissement dans les postes où elles devaient combattre, et il employa la matinée à remplir son rôle de général en

SECONDE ABDICATION.

chef plutôt que celui de membre du gouvernement, qui n'était qu'accessoirement le sien. La commission exécutive voyant le peu d'empressement du maréchal à répondre à l'appel de M. Fouché, lui adressa en son nom collectif l'invitation de se rendre auprès d'elle sans le moindre délai. Il s'y transporta sur-le-champ. C'était dans l'après-midi. On avait convoqué, outre la commission exécutive, les ministres, le bureau des deux Chambres, le maréchal Masséna, commandant la garde nationale de Paris, le maréchal Soult, le maréchal Lefebvre, les généraux Évain, Decaux, de Ponthon, ces derniers chargés des services de l'artillerie et du génie. On n'avait point convoqué le maréchal Ney, dont les paroles à la Chambre des pairs avaient fort compromis l'autorité.

Lorsque tout le monde fut assemblé, M. le duc d'Otrante exposa l'objet de la réunion, et, sans révéler entièrement le résultat des négociations entamées par MM. Boissy d'Anglas, Valence, Andréossy, de Flaugergues et de La Besnardière au quartier général du duc de Wellington, ne dissimula pas que les deux généraux ennemis devenaient à chaque instant plus menaçants, qu'ils ne montraient aucune disposition à signer un armistice, à moins qu'on ne leur livrât Paris, c'est-à-dire le siége du gouvernement, pour y faire ce qui leur conviendrait. Il n'y avait besoin ni de beaucoup d'intelligence, ni de beaucoup d'explications pour comprendre que ce dont il s'agissait, ce n'était pas de mettre Paris à feu et à sang, mais d'y opérer une révolution.

Après l'exposé fort bref de la question, M. Fou-

Juillet 1815.

Réunion extraordinaire de personnages civils et militaires pour examiner la question de savoir si on peut se défendre.

M. Fouché

Juillet 1815.

expose
la question,
et personne
ne prenant
la parole,
il provoque
les
personnages
présents à
s'expliquer.

ché attendit qu'on prît la parole, et personne n'étant pressé de risquer un avis sur un sujet si grave, chacun se tut. M. Fouché alors provoqua lui-même la manifestation des opinions, et interpella de préférence les membres de la réunion qui appartenaient à la Chambre des représentants, comme ceux qu'il importait surtout d'amener à se compromettre. Il interpella notamment M. Clément du Doubs¹, homme sincère et considéré, membre du bureau de la seconde Chambre. M. Clément déclara que la question étant militaire, c'était aux chefs de l'armée à s'expliquer, et il sembla provoquer l'illustre Masséna à donner son avis. L'immortel défenseur de Gênes, ayant vu revenir les Bourbons avec regret en 1814, Napoléon avec plus de regret en 1815, sentait très-bien les misères de la situation actuelle, et s'il avait voulu prendre quelque part encore aux événements, aurait conseillé d'aller par la voie la plus courte et la plus droite au résultat qui lui semblait inévitable, c'est-à-dire au rétablissement des Bourbons. Il répondit d'une voix affaiblie par le découragement plus encore que par sa santé, qu'il savait par expérience combien de temps on pouvait tenir dans une grande ville contre un ennemi puissant, mais qu'il ignorait les ressources réunies au-

---

¹ La génération présente a vu, connu et respecté M. Clément, membre des Chambres pendant quarante années. C'est à l'aide des souvenirs qu'il avait conservés de cette scène, et qu'il avait bien voulu écrire pour moi, que je suis parvenu à rectifier la plupart des récits contemporains. Comme il était présent et d'une parfaite véracité, comme il n'avait d'ailleurs aucun motif d'altérer les faits, je crois le récit que je donne ici rigoureusement exact, et le plus rapproché possible de la vérité absolue.

tour de la capitale, et ne pouvait par conséquent se prononcer sur le sujet en question en parfaite connaissance de cause.

Juillet 1815.

Cette réponse appelait forcément à s'expliquer le maréchal Davout, ministre de la guerre, et général en chef de l'armée chargée de défendre Paris. Il s'exprima durement et avec humeur, et de manière à laisser voir que cette humeur s'adressait au politique tortueux qui, au lieu de dénouer simplement la situation, semblait la compliquer à plaisir. — Que lui demandait-on? Voulait-on savoir s'il était possible de livrer bataille autour de Paris? Il affirmait que c'était possible, qu'il y avait grande chance de vaincre, et que quant à lui il était prêt à combattre énergiquement et avec confiance. Il en donna alors les raisons en homme du métier, qui, sans être formé à la parole, exprimait convenablement ce qu'il savait bien. Son discours fit sur l'assistance un effet considérable. — Ainsi, ajouta-t-il, si on fait reposer uniquement la question sur la possibilité de livrer et de gagner une bataille, je déclare que je suis prêt à la livrer et que j'espère la gagner. J'oppose donc un démenti formel à tous ceux qui répandent que c'est moi qui refuse de combattre, parce que je le crois impossible. Je déclare ici le contraire, et demande acte de ma déclaration. —

Le maréchal Davout amené à donner son avis.

Il déclare que s'il ne s'agit que de livrer bataille, il est prêt à la donner, et certain de la gagner.

La figure de M. Fouché qui changeait peu de couleur, devint plus pâle que de coutume, et, embarrassé par des paroles qui s'adressaient visiblement à lui, il répliqua d'un ton amer: Vous offrez de combattre, mais pouvez-vous répondre de vain-

Juillet 1815.

Embarras de M. Fouché.

Il ne sait pas poser la question, qui réside non

cre ? — Oui, repartit l'intrépide maréchal, oui, j'en réponds, si je ne suis pas tué dans les deux premières heures. —

Cette nouvelle réplique embarrassa davantage encore M. Fouché, qui cependant, s'il avait été un esprit net, un caractère loyal, aurait dû porter la question sur le terrain où le maréchal tendait visiblement à l'amener. En effet la victoire, toujours douteuse malgré les plus favorables apparences, ne tranchait rien, car il arrivait 200 mille ennemis pour recueillir les débris des armées anglaise et prussienne. Lorsqu'en 1814 Napoléon à Fontainebleau voulait livrer un dernier combat désespéré, il en aurait fini s'il eût battu les souverains enfermés dans Paris, fini pour bien du temps au moins, puisqu'il ne restait presque rien derrière les ennemis qu'il aurait accablés dans les murs de la capitale, et il serait demeuré debout, prodigieusement grandi par la victoire. Mais ici Blucher et Wellington repoussés, on devait avoir sous huit jours trois fois plus d'ennemis à combattre, et on n'avait pas Napoléon pour manœuvrer. La bataille ne décidait donc rien. Discutée dans les rangs de l'armée, sous les murs de Paris, et par des soldats, un noble désespoir pouvait la faire résoudre : discutée par des citoyens, par des hommes d'État, dans un conseil de gouvernement, elle devait être repoussée comme une résolution généreuse sans doute, mais pouvant amener les plus funestes conséquences.

Le duc d'Otrante ne sachant ou n'osant poser la question comme elle devait être posée, se trouvait dans le plus grand embarras, lorsqu'il reçut un se-

SECONDE ABDICATION.

cours imprévu de l'homme qui presque tous les jours était sur le point de lui jeter à la face le mot de traître, et cet homme était Carnot. Cet excellent citoyen descendait de cheval, tout couvert de poussière. Il venait de parcourir les environs de Paris, et d'en faire comme ingénieur une reconnaissance complète. Il déclara que dans sa conviction, on ne pouvait, sans exposer la ville et la population de Paris à un affreux désastre, braver une attaque des armées coalisées. Sur la rive droite les ouvrages n'étaient pas tels qu'on pût les livrer à leur seule force, et porter l'armée tout entière sur la rive gauche. Sur la rive gauche les ouvrages étaient absolument nuls, et il était à craindre si on s'éloignait de la ville qu'elle ne tombât dans les mains de l'ennemi. Or, pour déloger les Prussiens des hauteurs de Meudon, il fallait manœuvrer, découvrir dès lors Montrouge et Vaugirard, et compromettre ainsi la sûreté de Paris. D'ailleurs il n'était pas exact que les armées anglaise et prussienne fussent dans l'impossibilité de se porter secours. La saison et les basses eaux rendaient la Seine presque guéable en certains endroits; vers Chatou, Argenteuil, les deux armées alliées semblaient occupées à établir une communication entre elles, et il serait possible qu'on eût à combattre sur la rive gauche, outre l'armée prussienne une moitié de l'armée anglaise, c'est-à-dire 80 mille hommes, avec 50 ou 60 mille au plus. Les chances étaient donc douteuses, plus douteuses que ne paraissait le croire le maréchal commandant en chef, et lui, Carnot, qui n'était pas suspect, car sa tête ne serait guère en sûreté après un nouveau retour des

Juillet 1815.

dans la bataille, mais dans ses conséquences.

Carnot, sans le vouloir, vient au secours de M. Fouché.

Après avoir fait une reconnaissance autour de Paris, il est d'avis qu'on ne peut se défendre.

Bourbons, il n'osait conseiller de livrer sous Paris une bataille désespérée.

L'opinion d'un patriote et d'un officier du génie tel que Carnot, produisit et devait produire un grand effet sur les assistants. Le maréchal Soult appuya l'avis de Carnot, et dit qu'après avoir examiné les ouvrages de la rive droite elle-même, il ne les trouvait pas parfaitement rassurants, que le canal Saint-Denis était loin d'offrir un obstacle insurmontable aux assaillants, qu'en arrière du canal rien n'avait été préparé pour opposer une seconde résistance, et qu'un ennemi qui aurait forcé le canal pourrait bien entrer pêle-mêle avec nos soldats repoussés dans les faubourgs de Paris, pendant qu'on se battrait avec plus ou moins de succès sur la rive gauche.

Cependant le maréchal Lefebvre, vieux révolutionnaire peu aisé à décourager ou à ramener aux Bourbons, combattit cet avis. Quant à lui il pensait que peu de jours suffisaient pour compléter les ouvrages de la rive droite, de manière à les rendre invincibles, pour commencer ceux de la rive gauche, de manière à leur donner une force relative qui permît de s'en éloigner quelques heures, qu'il restait dans Paris beaucoup de bras à armer, assez pour qu'on pût se présenter au dehors avec 70 mille hommes de troupes actives, qu'il était presque certain dès lors qu'on gagnerait une bataille, et qu'après une bataille gagnée la situation changerait de face.

Cette manière de voir était très-soutenable; mais ni M. Fouché ni aucun autre ne portait la question au delà, c'est-à-dire n'embrassait l'ensemble de la situation, de façon à montrer qu'un succès sous Paris ne décidait rien, et laissait les choses fort peu améliorées, peut-être même empirées. La question demeurant technique, et se renfermant dans le plus ou moins de probabilité d'un succès sous les murs de Paris, les militaires semblaient seuls compétents. Les personnages de l'ordre civil qui étaient les plus nombreux, trouvant dans le tour qu'avait pris la discussion un moyen de se dérober à la responsabilité d'une décision, dirent que la question étant toute militaire, c'était à des militaires à la résoudre, et qu'il fallait la soumettre à un conseil spécial composé exclusivement d'hommes du métier.

Cet avis, commode pour la plupart des assistants, fut adopté sur-le-champ, et on arrêta que dans la soirée un conseil de guerre, composé de généraux, serait appelé à se prononcer. C'était éluder et non trancher la difficulté, car en la rejetant sur les militaires, il resterait toujours, même après qu'ils auraient déclaré la défense de Paris possible, à examiner si la défense de Paris opérée avec succès, la question de résistance à l'Europe serait véritablement résolue.

M. Fouché qui en la posant franchement aurait pu faire résoudre tout de suite cette question redoutable, s'ingénia de nouveau pour atteindre le double but, d'amener la solution qu'il désirait, et d'en faire peser la responsabilité sur les militaires. En conséquence il libella les questions destinées au conseil de guerre, de manière à forcer pour ainsi dire la réponse à chacune d'elles. Ces questions furent les suivantes. Quelle était la situation de Paris

Juillet 1815.

on aboutit à l'idée de renvoyer la question à un conseil exclusivement militaire.

Convocation d'un conseil de guerre pour la soirée.

sous le rapport des ouvrages, de leur armement, et des munitions? Pouvait-on résister dans le cas d'une attaque simultanée sur les deux rives de la Seine? Pouvait-on en cas d'échec, répondre des suites de cet échec pour la ville et pour la population de la capitale? En tout cas combien de temps pouvait-on prolonger la résistance?

Pendant que le conseil de guerre se réunissait dans la soirée à la Villette, on apprit la nouvelle d'un combat brillant qui avait été livré le matin à Versailles par la cavalerie française à la cavalerie prussienne. Averti par le général Grenier qui venait d'inspecter nos positions, que la cavalerie prussienne s'était portée sur Versailles, le maréchal Davout avait ordonné au général Exelmans d'aller à sa rencontre et de la culbuter. Le général Exelmans, qui était des plus décidés à combattre jusqu'au dernier moment, se hâta, sur l'avis qu'il avait reçu, de courir au-devant de l'ennemi. Il plaça le général Piré en embuscade à Rocquencourt avec les 1er et 6e de chasseurs, avec le 44e de ligne, et se mettant lui-même à la tête des dragons, il marcha sur Versailles par la route de Vélizy. La cavalerie ennemie se composait des deux régiments de hussards de Brandebourg et de Poméranie, sous le colonel de Sohr, ne comptant pas moins de 1,500 chevaux. Le général Exelmans les ayant aperçus en avant de Versailles, les chargea à outrance avec les 5e et 15e de dragons, pendant que le 6e de hussards et le 20e de dragons, sous le brave colonel de Briqueville, les prenaient en flanc. Poussés vivement sur Rocquencourt, et accueillis par le feu du 44e de

Juillet 1815.

Pendant cette délibération, il se passe un événement de guerre à Versailles.

Brillant combat du général Exelmans contre la cavalerie ennemie, et destruction de deux régiments prussiens.

SECONDE ABDICATION.

ligne, par les charges des 1ᵉʳ et 6ᵉ de chasseurs, ces deux régiments furent culbutés et entièrement détruits. A peine quelques fuyards purent-ils porter au quartier général prussien la nouvelle de leur mésaventure. L'infanterie prussienne qui était à Saint-Germain se mit alors en marche, mais trop tard, pour venir au secours de sa cavalerie.

Juillet 1815.

Ce brillant fait d'armes, le dernier de vingt-deux ans de luttes sanglantes, était une légère consolation de nos malheurs, et ne changeait rien au fond des choses. Le conseil de guerre réuni dans la soirée à la Villette, se trouva tout à fait mis à l'aise par la manière dont on lui avait posé la question, en l'enfermant dans un nombre de points déterminés, sur lesquels il avait exclusivement à s'expliquer. Sur ces points en effet les réponses ne pouvaient manquer d'être conformes aux désirs du duc d'Otrante.

A l'égard des ouvrages de Paris, le conseil déclara ceux de la rive droite suffisants et bien armés, ceux de la rive gauche nuls. Il reconnut en outre que les munitions étaient abondantes. Quant à une double attaque, exécutée sur les deux rives de la Seine par les armées anglaise et prussienne, il la jugea peu probable, mais impossible à soutenir si elle était simultanée. Il y avait beaucoup à dire sur ce point, car il était probable que l'attaque de la rive droite ne serait que secondaire, et que celle de la rive gauche serait la principale. En ne laissant dès lors que la moindre partie des forces françaises sur la rive droite, soixante mille hommes sur la rive gauche devaient faire face à tout, et contenir

Réponse du conseil de guerre aux questions posées par M. Fouché.

au moins l'ennemi s'ils ne parvenaient à le battre à plate couture. La réponse sur ce point était donc fort contestable. Quant aux conséquences pour la population d'une attaque de vive force qui n'aurait pas été victorieusement repoussée, le conseil de guerre dit avec raison qu'aucun général ne pouvait répondre des suites d'une bataille perdue. Enfin, quant à la durée de la résistance qu'il serait possible d'opposer à l'ennemi, le conseil déclara qu'il était encore plus difficile de s'expliquer d'une manière satisfaisante, car on ne pouvait absolument pas la prévoir.

Rien de tout cela ne résolvait la véritable question qui était de savoir si, en faisant essuyer devant Paris un sanglant échec aux Prussiens et aux Anglais, notre position serait suffisamment améliorée à l'égard des Russes, des Autrichiens et des Allemands, pour qu'on n'eût pas à regretter d'avoir livré bataille. Mais le conseil, interrogé sur des points déterminés, avait fait sur ces points des réponses convenables, et, sauf une, parfaitement vraies. Du reste, ces réponses suffisaient au subtil président du gouvernement provisoire. Dès que les hommes compétents déclaraient que sur la rive gauche Paris était tout à fait découvert, que si l'attaque sur les deux rives était simultanée elle ne pourrait être repoussée, que les conséquences pour la population étaient impossibles à prévoir, et que la durée de la résistance ne serait dans tous les cas que très-temporaire, la conclusion à tirer devenait évidente. Traiter à tout prix était la seule ressource. Dans le sein du gouvernement provisoire, le véritable adversaire de

M. Fouché, Carnot, n'avait plus le droit de contester une telle conclusion, puisqu'il avait soutenu contre le maréchal Davout l'avis que la résistance était impossible. Grenier l'avait appuyé; Quinette n'était pas militaire, et quant au cinquième membre de la commission, M. de Caulaincourt, il pensait que Napoléon écarté il n'y avait qu'à recevoir les Bourbons aux conditions les moins mauvaises. M. Fouché ayant réussi, comme il le voulait, à rejeter principalement sur les militaires la responsabilité de la solution, déclara que dans l'état des choses il ne restait qu'une ressource, c'était de renouer la négociation de l'armistice. Indépendamment des nouvelles instructions à envoyer aux commissaires qui avaient écrit du quartier général pour en demander, il était facile de s'adresser directement à Blucher, puisqu'on se trouvait aux prises avec lui sur la rive gauche de la Seine. Un parlementaire envoyé aux avant-postes, entre Vaugirard et Issy, pouvait faire naître une transaction, de la manière la plus naturelle et la plus conforme aux règles de la guerre. Il y avait à procéder ainsi l'avantage de flatter Blucher, qu'on savait très-jaloux du duc de Wellington, et comme on ne doutait pas de la modération de ce dernier, toujours disposé à se prononcer pour l'avis le plus raisonnable, flatter le général prussien, le moins maniable des deux, par une démarche militairement très-motivée, était une conduite bien entendue, et qui dans la situation n'était pas plus humiliante que tout le reste. Mais avant de dépêcher un parlementaire aux avant-postes prussiens, M. Fouché, toujours enclin aux

Juillet 1815

On se décide à envoyer un parlementaire au maréchal Blucher du côté de Saint-Cloud

communications clandestines, voulut réexpédier le colonel Macirone au duc de Wellington, et le général Tromelin au maréchal Blucher, pour connaître confidentiellement et bien au juste les conditions auxquelles il serait possible d'obtenir un armistice. Il désirait en outre, au moyen de cette nouvelle démarche, savoir si on devait définitivement se résigner aux Bourbons, et dans ce cas les disposer à faire les concessions nécessaires pour rendre leur rétablissement moins difficile. Il conseillait au duc de Wellington (le seul des deux généraux ennemis capable de comprendre ces considérations politiques) de n'être pas pressé d'entrer dans Paris, de laisser aux passions le temps de se calmer, de ménager l'armée, de lui conserver surtout le drapeau tricolore, de donner aussi certaines satisfactions aux Chambres, de leur concéder l'initiative, de les maintenir en fonctions toutes deux, de proclamer enfin l'oubli complet de tout ce qui s'était passé avant comme après le 20 mars. Avec ces ménagements, disait M. Fouché, on surmonterait les difficultés du moment, et on aurait pour instruments du rappel des Bourbons, ceux mêmes qui semblaient y être le plus opposés. Ces communications devaient être transmises au duc de Wellington par le colonel Macirone. M. Tromelin ne devait pas entrer dans autant de détails avec le prince Blucher, mais sa mission était de savoir au juste à quelles conditions on pourrait s'entendre avec cet implacable Prussien.

C'était le 1er juillet au soir que le conseil de guerre avait rendu la décision que nous venons de rapporter ; le gouvernement provisoire avait pris son parti le 2 juillet au matin. Les deux envoyés, MM. Macirone et Tromelin, se mirent en route le 2 dans l'après-midi, le premier se dirigeant vers Gonesse, le second vers Saint-Cloud. Le colonel Macirone fut arrêté aux avant-postes anglais, et retenu jusqu'au lendemain matin. Le général Tromelin parvint à franchir les avant-postes prussiens, et fut introduit auprès du maréchal Blucher, qui vit avec une grande satisfaction qu'enfin on songeait à s'adresser à lui. Depuis que le général prussien avait apprécié la difficulté de sa situation sur la rive gauche de la Seine, où les Anglais n'étaient pas encore en mesure de le secourir, il ne demandait pas mieux que de traiter, et de résoudre la question lui-même, en dérobant ainsi aux Bavarois, aux Autrichiens, aux Russes qui s'approchaient, toute participation à la gloire de cette campagne. Il accueillit convenablement le général Tromelin, mais lui manifesta la volonté bien arrêtée d'obtenir la remise de Paris. Il concédait que rien ne fût stipulé sous le rapport politique, en laissant deviner toutefois ce que feraient les coalisés dans la capitale de la France lorsqu'ils en seraient les maîtres. Pour qu'il ne restât dans l'esprit du général Tromelin aucun doute sur les intentions des puissances, le prince Blucher lui montra la lettre de MM. de Nesselrode et de Metternich du 26 juin, dont le duc de Wellington avait dit quelque chose aux cinq commissaires français, et la lui donna même à lire en entier. Elle était formelle, et prescrivait aux deux généraux alliés de ne point suspendre leurs opérations avant qu'ils fussent dans Paris, de

Juillet 1815.

Il est bien accueilli.

Juillet 1815.

Il retourne rendre compte de sa mission au duc d'Otrante.

ne reconnaître aucune des autorités établies depuis le 20 mars, et de tâcher en outre de s'emparer de la personne de Napoléon. Cette lettre, il est vrai, ne parlait pas des Bourbons, et on était libre encore de se faire illusion, et d'espérer que les Russes et les Autrichiens n'y tiendraient pas autant que les Anglais. Mais la volonté d'entrer dans Paris, et de ne point reconnaître les autorités existantes, était incontestable. Après ces communications préliminaires, le général Tromelin quitta le maréchal Blucher, et vint rendre compte au duc d'Otrante de ce qu'il avait appris. On ne savait rien de l'envoyé Macirone, qui n'avait pas encore pu pénétrer auprès du duc de Wellington.

Le moment de se décider était venu, car les armées étaient en présence sur les deux rives de la Seine. Les Prussiens avaient entièrement franchi la rivière, et étaient établis sur les hauteurs de Sèvres, de Meudon, leur gauche vers Saint-Cloud, leur droite en arrière, le long de la petite rivière de la Bièvre. Les Anglais étaient occupés à jeter un pont à Argenteuil, et s'approchaient de Saint-Cloud par Courbevoie et Suresnes, afin de soutenir Blucher avec une partie de leurs forces. Le gros de leur armée était dans la plaine Saint-Denis.

Le maréchal Davout de son côté avait pris position en homme de guerre expérimenté. Après avoir achevé l'armement des ouvrages de la rive droite, il avait placé dans ces ouvrages les tirailleurs de la garde nationale, les dépôts, et une partie des troupes de Waterloo; il avait destiné à la rive gauche le reste de ces troupes, ainsi que le corps de Vandamme tout entier. La garde impériale, comme nous l'avons déjà dit, était en réserve au Champ de Mars, avec plusieurs ponts sur la Seine, pour se porter au besoin sur l'une ou l'autre rive. Une formidable artillerie de gros calibre braquée sur les hauteurs d'Auteuil était prête à balayer la plaine de Grenelle en tirant par-dessus la rivière. Le 3, vers quatre heures du matin, il exécuta une forte reconnaissance sur Issy, occupé par les Prussiens, et après les avoir vivement poussés, il s'arrêta, pour ne rien entamer de sérieux avant d'avoir reçu l'ordre de livrer bataille. Mais sur tous les points il était en mesure, et décidé, dans le cas d'exigences intolérables de la part de l'ennemi, à se battre à outrance. Les soldats étaient exaltés au dernier point, et demandaient la bataille à grands cris. Ils étaient 80 mille, et ils avaient beaucoup de chances de vaincre, ayant affaire à 120 mille ennemis partagés sur les deux rives de la Seine. Le vieux cœur de Davout tressaillait en entendant leurs cris, et parfois il était tenté d'engager la lutte, pour vaincre ou mourir en vue de la capitale. Mais il attendait les derniers ordres de la commission exécutive, et n'était pas assez téméraire pour décider du sort de la France sans la volonté du gouvernement lui-même.

La commission exécutive, après le retour du général Tromelin, avait pris le parti d'envoyer aux avant-postes prussiens trois plénipotentiaires : c'étaient M. Bignon, ministre des affaires étrangères par intérim, le général Guilleminot, chef d'état-major du maréchal Davout, et M. de Bondy, préfet de la Seine. Ainsi les intérêts de la politique, de

Juillet 1815.

Sur le rapport du général Tromelin, on charge MM. Bignon, Guilleminot et de Bondy, d'aller traiter de la capitulation de Paris avec

l'armée, de la capitale, étaient représentés dans cette légation. M. de Caulaincourt avait été chargé de préparer trois projets de convention que nos négociateurs étaient autorisés à proposer successivement, en se repliant de l'un sur l'autre.

D'après ces trois projets, les personnes, pour leurs actes ou leurs opinions, les propriétés privées ou publiques, les monuments d'art, les musées, devaient être sacrés; les autorités existantes devaient être respectées et maintenues. La seule marge accordée était relative à l'occupation de Paris et au mode d'occupation. Suivant le premier projet, Paris serait déclaré neutre; l'armée française en sortirait, et se tiendrait à une certaine distance, égale à celle que l'armée ennemie adopterait pour elle-même. Suivant le second plan, les choses étant comme dans le premier, Paris ne serait occupé qu'après qu'on aurait reçu des nouvelles des négociateurs envoyés auprès des souverains. (On ne savait rien de ces premiers négociateurs, et on se flattait qu'ils auraient obtenu quelque chose de l'empereur Alexandre.) Enfin, à la dernière extrémité, on céderait Paris; l'armée française se retirerait derrière la Loire, dans un délai qu'on fixerait le plus avantageusement possible pour elle, et le service de Paris serait confié à la garde nationale, qui seule y maintiendrait l'ordre en y faisant respecter les autorités existantes.

Lorsqu'il fallut signer ces conditions, la main de Carnot, de Grenier, fut saisie d'un véritable tremblement : ils avaient l'âme navrée. M. Fouché lui-même, qui dans le commun désastre cherchait à sauver d'abord sa personne, mais qui aurait bien voulu aussi sauver son pays, M. Fouché fut consterné. Il signa cependant, et enjoignit aux négociateurs de passer par le quartier général du maréchal Davout, pour prendre ses dernières instructions, et de ne le quitter que lorsque définitivement le maréchal aurait reconnu qu'il n'y avait pas mieux à faire.

MM. Bignon, Guilleminot, de Bondy, partirent donc, et se rendirent au quartier général de Montrouge. L'émotion y était extraordinaire. Tout autour du maréchal Davout, on s'agitait, on menaçait, on criait à la trahison. Chose bien nouvelle, cet inflexible maréchal n'imposait pas le silence qu'il avait coutume d'exiger autour de lui. La douleur perçait sur son visage ordinairement impassible. Les généraux Flahault et Exelmans disaient qu'au lieu d'aller capituler au camp des coalisés, il valait mieux mourir sous les murs de la capitale. En présence d'un tel spectacle les trois négociateurs hésitaient à franchir les avant-postes. Le meilleur des hommes de ce temps, Drouot, regardant M. Bignon qui l'interrogeait, lui répondit qu'il était cruel de ne pas pouvoir mourir en soldats dans cette plaine qu'on avait sous les yeux, mais qu'en citoyen il devait reconnaître que le plus sage était de traiter. Ces mots de l'homme de bien consolèrent un peu les trois négociateurs d'avoir accepté une si douloureuse mission. Davout, cédant à un mouvement involontaire, demanda aux négociateurs d'attendre quelques instants, et il s'élança au galop avec plusieurs officiers pour jeter un dernier coup d'œil sur la

Juillet 1815.

L'ordre de capituler.

Les négociateurs passent par le camp du maréchal Davout, afin de prendre une dernière fois l'avis des militaires.

Davout et Drouot déclarent avec douleur qu'il faut traiter.

position des ennemis. Après une courte reconnaissance, il revint. Ces voix secrètes qui décident le cœur des hommes dans les grandes circonstances, avaient parlé, et lui avaient dit que le citoyen devait ici être plus écouté que le soldat. — J'ai envoyé un parlementaire, dit-il à M. Bignon, vous pouvez partir. —

Les trois négociateurs partirent en effet, et se rendirent aux avant-postes prussiens. Ils essuyèrent d'abord quelques mauvais traitements de la part du général Ziethen, mais bientôt ils furent reçus, et conduits au château de Saint-Cloud, où le maréchal Blucher avait établi son quartier général.

Tout rude qu'il était, Blucher, flatté d'avoir les plénipotentiaires français à son quartier général, et de n'être pas toujours considéré comme le second du duc de Wellington, accueillit bien les trois envoyés, et leur laissa voir l'impossibilité pour lui et son collègue britannique de se contenter de moins que l'occupation de Paris, et l'éloignement de l'armée française. Sur les autres points, on pouvait discuter, mais sur ces deux-là toute contestation était évidemment impossible. A peine avait-on échangé les premiers mots que le duc de Wellington, informé par les Prussiens de l'ouverture de ces pourparlers, arriva lui-même, et l'entretien devint alors tout à fait sérieux, précis, borné aux points essentiels. Quant à la retraite de l'armée française et à l'occupation de Paris, ce furent deux conditions fondamentales sur lesquelles aucune discussion ne fut admise. Quant au moment où devait s'opérer l'occupation de Paris, quant au nombre de jours que l'armée française mettrait à s'éloigner, et à la limite où elle s'arrêterait, le débat fut ouvert. Les deux généraux alliés n'eurent pas de peine à concéder que les armées étrangères, une fois dans Paris, ne s'y mêleraient point de politique, et que la garde nationale ferait seule le service. Ils n'avaient pas dissimulé déjà que la restauration des Bourbons était leur objet essentiel; mais il ne leur convenait pas d'avouer qu'ils étaient venus pour cet objet, surtout de l'écrire, et, certains d'ailleurs que la chose s'accomplirait d'elle-même lorsqu'ils seraient dans Paris, ils se contentèrent de déclarer que la garde nationale serait chargée du maintien de l'ordre établi. Chose singulière, celui qui tenait le plus au rétablissement des Bourbons, et qui avait le plus fait pour ce rétablissement, le duc de Wellington, était celui qui voulait le moins l'avouer, à cause du parlement britannique, devant lequel on avait toujours nié qu'on eût pour but un changement de gouvernement en France. Relativement aux propriétés et aux personnes, les Anglais et les Prussiens, affectant de ne se point mêler de politique, assurèrent qu'ils étaient prêts à les respecter quant à eux, et à les faire respecter par leurs armées.

Juillet 1815.

Discussion des conditions.

Après ces généralités le duc de Wellington, toujours positif, dit qu'en fait de conventions la rédaction était tout, et demanda aux trois négociateurs français s'ils avaient apporté un projet rédigé. M. Bignon lui remit le troisième des projets préparés par M. de Caulaincourt, les deux premiers ne pouvant plus être mis en discussion. Le duc de Wellington voulut alors conférer seul avec le maréchal Blucher, et à la suite d'une demi-heure d'entretien il revint rapportant le projet modifié, sur la marge duquel les modifications proposées étaient écrites au crayon. Après un nouveau débat sur les divers points contestés, on convint des conditions suivantes.

L'armée française, dont on avait réclamé la retraite immédiate, dut avoir trois jours pour évacuer Paris, et huit pour se retirer derrière la Loire, qui était la limite définitivement adoptée.

Le lendemain 4 juillet, on devait remettre Saint-Denis, Saint-Ouen, Clichy et Neuilly; le surlendemain, Montmartre; le troisième jour, les diverses barrières.

L'armée avait le droit d'emporter avec elle toutes ses propriétés, armes, artillerie, caisse des régiments, bagages. Les officiers des fédérés, auxquels l'obligation de s'éloigner n'aurait pas dû s'étendre, parce qu'ils faisaient partie de la garde nationale, furent spécialement assimilés à l'armée par la volonté des généraux ennemis, qui redoutaient singulièrement leur influence sur le peuple de la capitale.

Ces points réglés, il s'agissait de déterminer la conduite des armées étrangères dans Paris. Les négociateurs français avaient voulu faire insérer le texte suivant :... *Les commandants en chef des armées anglaise et prussienne s'engagent à respecter et à faire respecter le gouvernement, les autorités nationales, les administrations qui en dépendent, et à ne s'immiscer en rien dans les affaires intérieures du gouvernement et de l'administration de la France.*

SECONDE ABDICATION. 497

Il était évidemment impossible d'obtenir une pareille rédaction de la part des généraux ennemis, avec leurs résolutions formellement avouées quoique non écrites. Ils n'acceptèrent que le texte suivant, dont l'hypocrisie atteignait au ridicule : *Les commandants des armées anglaise et prussienne s'engagent à respecter et à faire respecter les autorités actuelles tant qu'elles existeront*. Il fut stipulé au surplus que la garde nationale ferait seule le service de Paris.

Deux points de la plus grande importance restaient à régler, le respect des propriétés et celui des personnes. Les commissaires français avaient compris dans les propriétés que l'ennemi s'obligerait à respecter les monuments publics et les musées. Les généraux alliés qui apportaient à cette négociation plus d'arrière-pensées que les militaires n'ont coutume d'en mettre dans leurs transactions, refusèrent absolument les expressions proposées. Ils se souvenaient qu'un an auparavant leurs souverains avaient songé à enlever de Paris les objets d'art qui en faisaient le centre le plus éclatant de la civilisation moderne, mais que n'osant pas frapper tant de coups à la fois sur la France, ils y avaient renoncé. Ils refusèrent cette fois de s'engager, et admirent en termes généraux le respect des propriétés privées et publiques, *excepté celles qui avaient rapport à la guerre*. On s'imagina qu'il ne s'agissait que d'artillerie, et on passa outre. On devait apprendre quelques jours plus tard ce qu'il y avait de ruse dans ces expressions en apparence insignifiantes.

Enfin quant aux personnes, l'article 12 (devenu

Juillet 1815.

à la sûreté des personnes.

célèbre par le noble sang qu'il a laissé couler) fut adopté tel qu'il avait été rédigé par les commissaires français. Il était ainsi conçu : « Seront pa- » reillement respectées les personnes et les pro- » priétés particulières. Les habitants et en général » les individus qui se trouvent dans la capitale, » continueront à jouir de leurs droits et libertés » sans pouvoir être inquiétés ni recherchés en rien » relativement aux fonctions qu'ils occupent ou au- » raient occupées, à leur conduite et à leurs opi- » nions politiques. »

Arrière-pensée des généraux ennemis en acceptant cet article.

Un tel article semblait devoir couvrir tout le monde, personnages civils et militaires, révolutionnaires anciens et révolutionnaires nouveaux, régicides qui avaient condamné Louis XVI et maréchaux qui avaient abandonné Louis XVIII, et jamais on n'aurait pu croire qu'il donnerait ouverture aux plus odieuses vengeances. Les généraux ennemis n'élevèrent pas une seule objection, comme si une telle stipulation coulait de source, et ne pouvait être contestée. On voudrait se persuader que les deux personnages qui avaient montré pour leur pays le plus noble patriotisme, le duc de Wellington et le maréchal Blucher, étaient de bonne foi, et que leur silence ne cachait aucune arrière-pensée. Malheureusement il paraît que ce silence tenait au désir de n'être pas forcés à s'expliquer. En effet ils s'engageaient eux, comme généraux des armées anglaise et prussienne, à respecter les personnes, mais ne prétendaient pas imposer le même engagement au gouvernement de Louis XVIII, qui une fois rétabli, serait chargé seul de dispenser la justice en France.

La moindre explication sur ce sujet en rendant l'équivoque impossible, eût probablement tout fait rompre. Ils se turent donc, et ce silence coûta à la France le sacrifice des plus nobles vies.

Les trois négociateurs, après avoir fait ce qu'ils avaient pu pour défendre les intérêts de leur pays dans une position désespérée, quittèrent Saint-Cloud, et arrivèrent le 4 juillet au matin aux Tuileries auprès du gouvernement provisoire. Il n'y avait que des remercîments à leur adresser, car dans l'état des choses personne n'eût obtenu davantage. A ne pas courir la chance d'une bataille, il fallait évidemment se soumettre aux conditions souscrites.

La capitulation fut donc acceptée. Elle se prêtait à une comédie qui convenait aux généraux étrangers, et à la commission exécutive elle-même. En effet, elle ne contenait en apparence que des stipulations purement militaires, suite forcée de la situation des armées, et elle laissait la France libre de se donner le gouvernement qu'elle voudrait, puisque la garde nationale parisienne restait exclusivement chargée du service intérieur de la capitale. Les généraux ennemis paraissaient ainsi demeurer fidèles aux déclarations solennelles par lesquelles ils avaient promis de ne pas imposer un gouvernement à la France, et la commission exécutive de son côté semblait, tout en cédant à une nécessité physique, avoir sauvegardé l'indépendance nationale. C'est ainsi que la commission exécutive crut devoir prendre la chose, et qu'elle la présenta aux deux Chambres.

Les représentants, qui seuls donnaient signe de vie dans ces circonstances (les pairs se taisaient), s'étaient plaints du silence gardé sur les négociations. L'obligation du secret, toujours de rigueur en ces matières, pouvait expliquer ce silence. On le rompit le 4 juillet au matin, et on porta à la connaissance des deux Chambres les articles conclus dans la nuit à Saint-Cloud. L'équivoque au moyen de laquelle on avait évité de résoudre la question du gouvernement futur de la France, convenait aux Chambres comme aux généraux ennemis et au gouvernement provisoire, et elles s'y prêtèrent. Comment, en effet, vouloir la clarté? Dire que le sous-entendu de la capitulation cachait la faculté de rétablir les Bourbons, c'eût été annoncer une vérité bien évidente, et que tout le monde apercevait, excepté certains idiots qui n'aperçoivent les choses que lorsqu'on les leur énonce formellement. Mais déchirer ce voile commode, c'était, après les déclarations solennelles qu'on avait faites contre les Bourbons, s'obliger à repousser la capitulation, à casser le gouvernement provisoire, et à s'engager dans une lutte dont on avait déjà senti l'impossibilité. N'osant pas entreprendre une résistance aussi téméraire, et qui avait perdu toutes ses chances en étant différée, il était plus commode pour l'assemblée de laisser exister un voile sous lequel elle cachait sa confusion, jusqu'au jour peu éloigné où elle serait expulsée de son siége par les baïonnettes ennemies. La Chambre des représentants accepta donc la capitulation du 3 juillet telle qu'on la lui avait présentée, et elle

Juillet 1815.

Équivoque dont tout le monde use relativement au futur gouvernement de la France.

SECONDE ABDICATION.

en fit des remercîments à l'armée, qui d'ailleurs les avait mérités, car elle avait, par son attitude énergique, arraché les derniers ménagements conservés encore pour la France.

Juillet 1815.

Du reste, s'il plaisait à tous les pouvoirs de se prêter à cette espèce de dissimulation, l'armée qui en recueillait les hommages, ne s'y prêta point. Lorsque la convention lui fut annoncée, elle vit bien qu'on lui faisait quitter Paris pour le céder aux ennemis, qui le céderaient aux Bourbons. Son exaspération fut extrême. Des soldats abandonnaient les rangs en jetant leurs armes, et allaient se mêler aux fédérés qui poussaient des vociférations dans les rues. D'autres disaient qu'il ne fallait pas se rendre, qu'il fallait refuser d'obéir, et déposer des généraux lâches ou perfides. Tantôt on s'en prenait à celui-ci, tantôt à celui-là, mais tout le monde au duc d'Otrante, qu'on n'appelait plus que le traître, comme s'il eût été le seul auteur de cette situation.

Irritation de l'armée lorsqu'il faut quitter Paris.

Le sévère Davout fit entendre la voix du devoir à l'armée irritée, et, aidé de quelques généraux, surtout du respectable et toujours respecté Drouot, parvint à se faire écouter. L'armée, après un premier moment de désespoir, se mit à défiler à travers les rues de la capitale, qu'elle avait la douleur de livrer aux mains de l'ennemi. Certains corps n'avaient pas reçu de solde, avaient tout perdu, et éprouvaient la double souffrance de la capitulation et de la misère. M. Laffitte ayant généreusement avancé quelques millions au Trésor, les corps les plus malheureux reçurent un soulagement, et prirent le chemin de la Loire. La retraite com-

Noble fermeté du maréchal Davout; il conduit l'armée derrière la Loire.

Juillet 1815.

mença donc à s'opérer en bon ordre. Le maréchal Davout, ne voulant pas rester à Paris, bien que la sage proposition qu'il avait faite de recevoir les Bourbons sans les étrangers, lui promît de leur part un traitement meilleur qu'en 1814, aima mieux remplir jusqu'au bout ses devoirs envers l'armée et le pays, et donna sa démission de ministre de la guerre, pour demeurer général en chef de l'armée dite *de la Loire*, laquelle, par son attitude, sa discipline au milieu des outrages dont elle était l'objet, fit encore respecter la France pendant plusieurs mois, et fut même un appui pour les Bourbons, qu'elle n'aimait point et qui ne l'aimaient pas, mais qui étaient devenus le gouvernement de la France, et qui eurent plus d'une fois à résister aux intolérables exigences de vainqueurs impitoyables. Le maréchal Davout commanda dignement cette armée, et les Autrichiens ayant voulu franchir la limite convenue vers la haute Loire, il menaça de marcher sur eux, et les fit reculer, dans un moment où six cent mille soldats ennemis couvraient le sol de la France.

Un agent secret envoyé au duc de Wellington par M. Fouché, convie celui-ci à une entrevue à Neuilly.

Tandis que la convention de Paris s'exécutait, il fallait enfin que l'ombre disparût devant la réalité, et que les pouvoirs issus du 20 mars cédassent la place aux Bourbons qui s'approchaient. Le colonel Macirone, retenu aux avant-postes, n'avait pu voir le duc de Wellington que le 4 juillet au matin, à l'instant où celui-ci revenait de Saint-Cloud à Gonesse, après la signature de la capitulation. Le duc de Wellington le reçut entouré de M. de Talleyrand, représentant Louis XVIII, de sir Charles Stuart, représentant l'Angleterre, du comte Pozzo di Borgo, représentant la Russie, et de M. de Goltz, représentant la Prusse. Cette fois parlant nettement, le généralissime britannique dit à l'agent du duc d'Otrante qu'il était temps d'en finir d'un état de choses désormais ridicule, qu'il fallait que le gouvernement provisoire et les Chambres donnassent purement et simplement leur démission, après quoi Louis XVIII qui était à Roye entrerait à Paris, et y entrerait avec les résolutions qu'on pouvait se promettre de son excellent esprit et des bons conseils qu'il avait reçus. Ces déclarations faites, le duc de Wellington laissa la parole à M. de Talleyrand qui énonça verbalement, puis consigna par écrit les nouvelles promesses de Louis XVIII. En voici le résumé, remis par M. de Talleyrand lui-même : « Toute l'ancienne Charte, y compris l'abolition de » la confiscation; le non-renouvellement de la loi de » l'année dernière sur la liberté de la presse; l'appel » immédiat des colléges électoraux pour la forma- » tion d'une nouvelle Chambre; l'unité du minis- » tère; l'initiative réciproque des lois, par message » du côté du Roi, et par proposition de la part des » Chambres; l'hérédité de la Chambre des pairs. »

M. de Talleyrand ajouta ensuite les assurances les plus formelles d'une conduite sage, et toute différente de celle qu'on avait tenue l'année précédente. Le duc de Wellington prenant la parole après lui, dit à l'intermédiaire chargé de ces messages : Que M. Fouché soit sincère avec nous, nous le serons avec lui. Nous apprécions les services qu'il a rendus, et le Roi lui en tiendra compte. S'il a besoin de secours, nous allons lui en porter dans quelques heures. — Il fut convenu que le duc de Wellington et M. de Talleyrand attendraient le lendemain le duc d'Otrante à Neuilly, pour régler avec lui tout ce qui restait à faire, afin d'amener sans violence la rentrée de Louis XVIII à Paris. Sans perdre de temps l'agent Macirone quitta Gonesse pour se rendre auprès du duc d'Otrante, auquel il fit part du message qu'on lui avait confié. M. Fouché n'aurait eu garde de refuser l'entrevue proposée, car après tout il aboutissait au résultat qu'il avait désiré, c'est-à-dire, à se donner le mérite du retour des Bourbons, qu'il ne pouvait plus empêcher. Pourtant il résolut d'informer ses collègues de ce qu'il allait faire, en ayant soin de se montrer à leurs yeux sous les apparences d'un homme qui cherchait à sauver les débris du commun naufrage, et à mettre des conditions au rétablissement de Louis XVIII sur le trône. Il n'y avait rien à lui objecter, car la restauration des Bourbons résultant inévitablement de l'impossibilité de prolonger la résistance, impossibilité reconnue par tous les membres de la commission exécutive, il fallait bien se soumettre, en tâchant toutefois de se ménager quelques garanties pour les choses et pour les personnes.

Tout à coup un incident vint créer des difficultés imprévues à M. Fouché, ce fut l'arrivée des premiers négociateurs, MM. de Lafayette, Sébastiani, de Pontécoulant, d'Argenson, de Laforest, Benjamin Constant. En quittant Laon, ces plénipotentiaires s'étaient rendus, comme on doit s'en souvenir, auprès des souverains, qu'ils avaient rencontrés à Haguenau, sans pouvoir obtenir un entretien avec eux. Ils n'avaient pu voir que leurs ministres, qui continuant le système de dissimulation adopté, avaient affecté de ne point vouloir imposer un gouvernement à la France. Les commissaires éconduits après une courte entrevue, étaient revenus à Paris pleins des mêmes illusions, et persistant encore à croire que les Bourbons n'étaient pas inévitables. Cette erreur privait M. Fouché de son principal argument, la nécessité de subir les Bourbons, argument qui était son excuse pour s'aboucher avec le duc de Wellington. Il s'efforça de démontrer cette nécessité en s'appuyant sur les innombrables renseignements qu'il possédait, et il annonça du reste qu'il s'en éclaircirait plus complétement le soir au camp des alliés. On l'autorisa à s'y rendre, mais M. de Lafayette lui déclara que tout arrangement particulier, n'ayant pas pour objet essentiel de sauvegarder les intérêts généraux, serait un acte de trahison qui mériterait et recueillerait l'infamie.

M. Fouché ne se préoccupa guère de cette déclaration, et se transporta le 5 juillet au soir, à Neuilly, auprès du duc de Wellington. Il y trouva outre le généralissime anglais, M. de Talleyrand, sir C. Stuart, MM. de Goltz et Pozzo di Borgo. Le duc de Wellington voulut savoir d'abord si l'armée française s'était éloignée, si toutes les autorités actuelles s'apprêtaient à donner leur démission, et enfin s'il serait possible d'obtenir qu'on livrât aux puissances la personne de Napoléon, condition à laquelle les alliés tenaient avec un véritable acharnement. Le duc d'Otrante répondit que l'armée se retirait peu à peu, mais que ce n'était pas sans

Juillet 1815.

M. de Talleyrand et plusieurs ministres étrangers assistent à l'entrevue.

peine, que la population de la capitale était exaspérée, que la garde nationale de Paris elle-même, sur laquelle on semblait compter, était loin de vouloir se prêter à tout ce qu'on attendait d'elle, qu'il fallait donc de grandes précautions pour arracher l'une après l'autre les démissions désirées, et introduire le Roi dans Paris. Quant à la personne de Napoléon, il répondit qu'on ne pouvait la livrer, car en ce moment Napoléon devait être embarqué pour les États-Unis. On fut très-mécontent de cette dernière déclaration, dans laquelle on persista à voir une fourberie de M. Fouché, qui auprès des bonapartistes passait pour avoir trahi Napoléon, et auprès des royalistes pour l'avoir fait évader. On lui demanda ensuite ce qu'il entendait par ces précautions auxquelles il semblait attacher tant d'importance. M. Fouché s'expliqua alors, et, en homme plus pratique et plus sensé que les négociateurs envoyés au duc de Wellington, lesquels n'avaient songé qu'à réclamer l'initiative pour les Chambres, il énonça deux conditions essentielles : une nouvelle déclaration royale qui couvrirait sans exception les personnes compromises, avant, pendant et après la dernière révolution du 20 mars, et l'adoption du drapeau tricolore. Sans ces conditions, il ne croyait pas, disait-il, l'entrée du Roi possible, à moins d'y employer la force, ce dont on ne paraissait pas se soucier. La discussion sur ce point dura jusqu'à quatre heures du matin, et demeura sans résultat, M. de Talleyrand, principal interlocuteur, essayant d'éluder avec l'aisance d'un grand seigneur, ce que M. Fouché s'obstinait à exiger avec la ténacité d'un personnage vulgaire, mais positif. Quant aux personnes on parlait de l'inépuisable clémence du Roi, et quant aux couleurs nationales des dix ou quinze départements qui s'étaient insurgés avec la cocarde blanche au chapeau. Le duc de Wellington insista beaucoup pour qu'on s'entendît, mais ne vint à bout ni des uns ni des autres, et comme dans ce débat on n'avait pas eu le temps de s'occuper des intérêts individuels, on ne dit rien à M. Fouché de ce qui lui était personnellement réservé. Il se retira donc mécontent pour le particulier et pour le général, et laissa les représentants de l'Europe et de la royauté aussi mécontents de lui qu'il l'était d'eux. Toutefois le duc de Wellington lui donna un nouveau rendez-vous pour le lendemain, et on se quitta sans être d'accord, mais sans avoir rompu.

Juillet 1815.

On se sépare sans être d'accord, mais en convenant de se revoir.

De retour à Paris M. Fouché rendit compte à sa manière de ce qui s'était passé à Neuilly, mais déclara encore plus affirmativement, que les Bourbons étaient inévitables, qu'on ne pouvait à cet égard résister aux volontés formelles de l'Europe, qu'il n'était pas suspect lui, vieux révolutionnaire régicide, lorsqu'il se résignait à cette nécessité, que la seule chose à faire c'était de tâcher d'obtenir des conditions suffisamment rassurantes, et que, sous ce rapport, il n'avait rien négligé. On le crut moins qu'il ne le méritait cette fois, et on s'imagina qu'il n'avait songé qu'à lui, car de toutes parts on le regardait comme un traître. Ses collègues ne lui opposèrent que le silence. Carnot seul éleva des plaintes, et fit entendre des reproches, auxquels

Nouvelle scène

M. Fouché avait une réponse bien facile, c'était de lui demander ce qu'il voulait. En effet, Carnot n'avait pas cru qu'on pût se défendre; dès lors recevoir les Bourbons était une conséquence forcée de l'impuissance qu'il avait lui-même proclamée. Au surplus M. Fouché commençant à ne plus s'inquiéter de l'opinion de ses collègues, les traitant même assez légèrement, s'occupa uniquement de disposer toutes choses pour introduire Louis XVIII dans Paris, avec le moins de dommage pour son parti, avec le plus d'avantage pour lui-même. Son premier soin fut de hâter le départ de Napoléon de Rochefort. Il s'était aperçu que tant que Napoléon se trouvait en France, on était au camp des coalisés fort défiant de la sincérité de son abdication, et fort obstiné à réclamer sa personne. Or, M. Fouché voulait supprimer cette cause de défiance, et de plus n'être pas responsable de la captivité de Napoléon, dans le cas où celui-ci tomberait aux mains de l'ennemi, car s'il avait voulu lui ôter le trône, il n'avait voulu lui ôter ni la vie, ni la liberté. Déjà, comme on l'a vu, les frégates avaient été dispensées d'attendre les sauf-conduits. M. Fouché alla plus loin, et pressa de nouveau le général Beker de faire partir l'illustre fugitif, en envoyant toutes les autorisations nécessaires, sauf une, celle de communiquer avec la croisière anglaise, de crainte que Napoléon, par suite d'une étrange confiance envers les Anglais, ne se livrât à eux. Le 6, M. Fouché fit rendre un dernier arrêté par la commission exécutive, enjoignant au général Beker de forcer Napoléon à s'embarquer, de lui faire sentir que c'était indispensable pour sa sûreté personnelle, de lui offrir, si les frégates étaient trop observées, tous les bâtiments légers dont on pourrait disposer, de consentir même, contrairement aux ordres précédemment expédiés, à ce qu'il communiquât avec la croisière anglaise, mais sur sa demande écrite, afin de n'avoir pas la responsabilité des conséquences.

Après ces soins donnés à la sûreté de Napoléon, M. Fouché chercha à se préparer des arguments pour les nouvelles conférences qu'il devait avoir à Neuilly. Il n'y en avait pas un meilleur que l'attitude de la garde nationale de Paris. Cette garde, qui avait vu le retour de Napoléon avec peine, qui désirait même les Bourbons, mais sans les idées surannées, les passions, l'arrogance des émigrés, n'avait cessé de porter la cocarde tricolore, et d'abattre le drapeau blanc partout où on essayait de l'arborer. M. Fouché, au moyen des relations qu'il entretenait avec les principaux chefs de la garde nationale, provoqua de leur part une déclaration, dans laquelle ils faisaient profession d'un attachement persévérant pour le drapeau tricolore, fondé sur la gloire et sur la signification politique de ce drapeau. Cette déclaration était revêtue des noms les plus honorables de la capitale.

M. Fouché ne s'en tint pas à cette démonstration. Secondé par MM. Jay, Manuel et les nombreux représentants qui suivaient ses conseils, il obtint de la part de la Chambre des représentants une déclaration d'un autre genre, mais plus significative encore. La constitution qu'on avait entrepris de rédiger était longue, diffuse, et n'avait aucune

Juillet 1815.

M. Fouché travaille la garde nationale pour qu'elle fasse des manifestations à l'appui de ce qu'il a demandé à Neuilly.

Il pousse la Chambre des représentants à faire une déclaration de principes dans le même sens.

Juillet 1815.

chance d'être acceptée par les Bourbons. Ce qui importait infiniment plus que ce texte banal, c'étaient les principes qu'il contenait. Sur l'instigation de M. Fouché on détacha en forme d'articles les principes essentiels de toute constitution, ceux qu'on devait exiger de tout gouvernement, quel qu'il fût, et on en fit une déclaration que devrait accepter le monarque, non désigné, qui monterait sur le trône. Ce monarque qu'on ne désignait pas, c'était évidemment Louis XVIII, s'il souscrivait aux principes énoncés. Ces principes, qu'il est inutile de reproduire ici, car l'expression en était médiocre, étaient ceux que la France depuis 1789, avec une constance d'esprit qui l'honore, n'a cessé de proclamer toutes les fois que sous prétexte de lui rendre l'ordre, on ne lui a pas ôté la liberté.

Ce qui se passe en ce moment dans le sein de la cour émigrée.

Pendant que M. Fouché se livrait à ces soins malheureusement tardifs et inutiles, la cour de Louis XVIII, transportée successivement de Gand à Cambrai, de Cambrai au château d'Arnouville, s'occupait de ce qu'on ferait en entrant à Paris. Les principaux personnages de cette cour, Roi, princes, courtisans, ministres, ambassadeurs, généraux étrangers, accrus d'une foule d'adorateurs de la fortune renaissante, discutaient confusément les résolutions à prendre, car les révolutions donnant la parole à tout le monde, convertissent pour un moment les cours elles-mêmes en républiques. Suivant la majorité de ces discoureurs, sacrifier le drapeau blanc au drapeau tricolore, c'était sacrifier la légitimité à la révolte. Modifier, étendre la Charte, c'était augmenter le mal loin de le diminuer! —

C'était bien assez, disaient-ils, de déclarer le maintien de cette Charte, sans y ajouter de nouveaux développements. Pour eux, les principes dits de quatre-vingt-neuf étaient une partie des hérésies révolutionnaires, qu'on avait eu la faiblesse d'encourager ; et de même qu'à leurs yeux la première révolution s'expliquait par quelques fautes individuelles, nullement par des causes générales, la dernière, celle du 20 mars, s'expliquait par une conspiration dont il fallait punir les auteurs, et par quelques autres incidents tels que l'obstination à conserver M. de Blacas, et la répugnance à se servir de M. Fouché. Comme nous l'avons dit récemment, l'émigré M. de Blacas, le régicide M. Fouché, étaient l'objet, le premier d'un décri universel, le second d'une faveur générale. A entendre ces royalistes, M. de Blacas avait tout perdu, au contraire M. Fouché eût tout sauvé, si on avait accepté ses services, et pouvait tout sauver encore si on consentait enfin à les accepter. A la vérité il était régicide, mais raison de plus! Il était sorti de cette caverne infernale qu'on appelait la révolution, il la connaissait, et y ferait rentrer les démons qui s'en étaient échappés. Il n'y avait avec lui qu'une précaution à prendre, c'était d'exiger qu'il eût bien trahi son origine. Or, quant à cette franche trahison de son origine, on n'avait aucun doute, et M. de Vitrolles et beaucoup d'autres étaient venus l'attester. On racontait avec admiration ses prophéties, qu'on arrangeait après coup. M. Fouché avait dit à M. Dambray, la veille du 20 mars : Il est trop tard; Napoléon entrera dans Paris, régnera quel-

Juillet 1815.

Continuation du déchaînement contre M. de Blacas, et faveur croissante de M. Fouché.

Juillet 1815.

que temps, mais pas longtemps; il sera renversé, et nous ramènerons le Roi. — L'homme qui avait dit ces choses si profondes pouvait seul achever la prophétie. Il fallait donc le prendre des mains de Napoléon lui-même, qu'il avait renversé, et le nommer ministre de Louis XVIII dont il serait le soutien le plus solide.

M. de Talleyrand se prête à la faveur dont M. Fouché est entouré dans le sein du parti royaliste.

M. de Talleyrand, qui n'aimait pourtant pas les rivaux, encourageait cette étrange passion. Il se sentait incapable de veiller sur l'intérieur, et reconnaissait à cet égard la supériorité de M. Fouché. Mais cette besogne d'espionner, de payer, de disperser, d'enfermer, d'exiler, et au besoin de faire fusiller les gens illustres ou obscurs des partis, lui semblant fort au-dessous de celle de traiter avec les puissances européennes, il ne jalousait pas M. Fouché, et il croyait qu'appuyé sur le dehors où était en ce moment la force, se servant de M. Fouché pour épurer le dedans, il gouvernerait souverainement la France. Il avait donc proposé M. Fouché au Roi comme ministre de la police. Le duc de Wellington l'avait fort secondé, et outre tous les motifs que nous venons d'énumérer, il en avait un particulier de favoriser M. Fouché. Il fallait entrer dans Paris et y rétablir les Bourbons, mais il fallait y entrer conformément au programme simulé des puissances, programme surtout nécessaire à lord Castlereagh, et consistant à ne pas imposer ostensiblement un gouvernement à la France. Sans cette précaution obligée, on n'aurait eu qu'à laisser faire le brutal Blucher, et il en eût fini en deux heures. Mais M. Fouché seul saurait accomplir la chose sans les baïonnettes, et par la garde nationale de Paris. Ainsi la cour par une sorte de superstition, M. de Talleyrand par besoin d'une main adroite et cynique pour gouverner l'intérieur, le duc de Wellington pour avoir un introducteur des Bourbons qui sût se passer de la violence, avaient prôné M. Fouché, et vaincu en sa faveur la répugnance de Louis XVIII. On avait fait une première violence à ce prince en lui arrachant M. de Blacas, on lui en fit une seconde en le forçant d'accepter l'un des juges de son frère. Il lui en coûta, car il était fier, n'aimait pas les intrigants, surtout ceux qui étaient en manége avec M. le comte d'Artois, et M. Fouché avait tous ces inconvénients à ses yeux. Mais quand on insistait longtemps et fort, il se rendait. Il avait donc consenti à laisser la police à M. Fouché, mais refusé une nouvelle déclaration de principes, ainsi que le drapeau tricolore.

Tel était l'état des choses à la cour lorsque M. Fouché revint le 6 au soir à Neuilly. Il recommença ses doléances sur la situation intérieure de Paris, fort aggravée, disait-il, par le retour des plénipotentiaires rapportant de Haguenau la fausse idée que les monarques alliés ne tenaient pas aux Bourbons, par la résolution de la garde nationale de Paris de conserver la cocarde tricolore, par la déclaration de principes de la Chambre des représentants. On n'eut pas l'air de prendre au sérieux les appréhensions de M. Fouché. D'ailleurs le duc de Wellington lui répondait qu'après tout on avait des Anglais et des Prussiens à son service, bien qu'on désirât les employer le moins possible. Quant au rapport des plénipotentiaires, le duc de Wellington dit qu'ils avaient trompé ou s'étaient trompés, et il montra les lettres de lord Stewart, présent à l'entrevue de Haguenau, lesquelles ne permettaient aucun doute sur les sentiments des souverains. Quant à une nouvelle déclaration de Louis XVIII, celle de Cambrai suffisait. En donner une seconde, ce serait faire divaguer la royauté. Quant à l'amnistie, le duc de Wellington et M. de Talleyrand firent enfin résonner aux oreilles de M. Fouché le mot essentiel. — L'amnistie, lui dirent-ils, c'est vous, vous au ministère de la police. Quel est l'homme de la Révolution qui puisse trembler quand vous serez à la tête du ministère des rigueurs? — Il semblait en effet qu'un régicide étant admis auprès du Roi, personne ne pouvait concevoir d'inquiétude. Mais si on était prêt à pardonner aux immolateurs de Louis XVI, on ne pardonnait pas aux prétendus auteurs du 20 mars. M. Fouché le sentait vaguement, et ceux-là, sa présence ne les couvrait point. Mais on lui parla d'un ton si absolu, et d'ailleurs on lui offrit un tel présent, qu'il n'osa pas insister. Quant aux trois couleurs, on lui fit comprendre que ce serait un outrage à Louis XVIII que d'y revenir encore, et il se soumit, ayant obtenu pour toute concession, lui, lui seul, au plus redoutable des ministères.

On s'assit à la même table, après quoi on se rendit à Arnouville, pour présenter M. Fouché à Louis XVIII. C'était là l'objet des vœux de M. Fouché; c'était là ce qu'il n'avait pu obtenir sous la première Restauration. Il en éprouva une vive satisfaction, et à l'aspect du monarque qui se fit une extrême violence pour le recevoir, il lui sembla que le régicide s'était effacé de son front. Le Roi qui avait étudié son rôle, selon son habitude dans les occasions graves, accueillit M. Fouché avec une grande politesse, et comme s'il n'eût connu qu'une partie de sa vie. — Vous m'avez rendu beaucoup de services, lui dit-il, vous m'en rendrez encore. Je voulais depuis longtemps vous attacher à mon gouvernement; je le puis enfin, et j'espère que vous me servirez utilement et fidèlement. — M. Fouché s'inclina avec l'humilité d'un pardonné, et mérita en ce moment les exagérations de ses ennemis, en se laissant remercier de trahisons qu'il n'avait pas commises, du moins pas toutes. Il sortit plein de joie de cette entrevue, et il traversa des flots de courtisans, curieux de voir un personnage qui était pour eux une espèce de monstre, mais un monstre utile, dont on disait que le Roi devait se servir, parce qu'il le garantirait de nouvelles catastrophes. Les esprits sages de cette cour regrettèrent qu'on n'eût pas mieux aimé accorder un peu plus de liberté, que de prendre un tel homme! Le duc de Wellington, qui approuvait fort la nomination de M. Fouché, mais qui avait vivement insisté pour l'adoption du drapeau tricolore, afin de ne pas laisser aux ennemis des Bourbons un drapeau si populaire, s'écria avec une sorte de dépit : Quelles gens! Il est plus facile de leur faire accepter un régicide qu'une idée raisonnable. —

Revenu à Paris, le duc d'Otrante éprouva un certain embarras à dire à ses collègues tout ce qu'il avait à leur apprendre. Il leur avait avoué ses en-

Juillet 1815.

Présentation de M. Fouché à Louis XVIII.

Retour de M. Fouché à Paris.

trevues avec les chefs de la coalition, en prenant pour prétexte son désir d'éviter une seconde restauration, ou du moins d'y mettre de bonnes conditions. Mais leur annoncer définitivement que les Bourbons devaient être reçus, qu'au delà de la déclaration de Cambrai il n'avait rien obtenu, ni amnistie générale, ni drapeau tricolore, ni maintien des Chambres actuelles, et que toutes les garanties accordées se réduisaient à un portefeuille pour lui, était difficile. Cependant, comme il était obligé d'en finir, il leur déclara que les plénipotentiaires revenus de Haguenau s'étaient trompés, qu'on n'avait jamais songé à laisser la France libre de choisir une autre dynastie que celle des Bourbons, que la réserve observée à cet égard n'avait été qu'un faux semblant, qu'il fallait recevoir Louis XVIII sans retard, qu'on aurait d'ailleurs tout ce que M. de Talleyrand avait promis, c'est-à-dire abandon de la loi sur la presse, certaines modifications à la Charte, unité du ministère, oubli du passé, et en preuve de la sincérité de cet oubli, sa propre nomination de lui, M. Fouché, au ministère de la police. C'était là un singulier aveu à faire devant tous ses collègues. M. Fouché le fit en protestant qu'il avait accepté ce rôle par pur dévouement pour les hommes de la Révolution, de l'Empire et du 20 mars, et que c'était pour les sauver qu'il avait consenti à être ministre de Louis XVIII. Il disait plus vrai qu'il n'en avait l'air, quant au résultat sinon quant à l'intention, car lui seul, parmi les têtes actuellement menacées, pouvait sauver celles qui n'étaient pas irrévocablement vouées à la vengeance de l'émigration, et s'il voulait avant tout rester au faîte de la puissance, il est constant aussi qu'il voulait se justifier de l'indécence de sa conduite en empêchant le plus de mal qu'il pourrait.

Juillet 1815.

Cette excuse, vraie mais basse, car il n'est jamais permis d'accomplir soi-même une moitié du mal, pour empêcher que d'autres n'accomplissent l'autre moitié, ne pouvait avoir grand succès dans le sein de la commission exécutive. MM. Quinette et Grenier, personnages inactifs, M. de Caulaincourt, personnage découragé, se turent. Mais Carnot, impétueux, généreusement inconséquent, ayant fait ce qu'il fallait pour amener les Bourbons, et ne sachant pas les subir, s'emporta, parla de trahison, devint presque outrageant à l'égard de M. Fouché, sans altérer toutefois l'impassibilité de son collègue, chez qui jamais la fierté de l'âme ne faisait monter le sang au visage. Sans foi, sans dignité, mais sans méchanceté, le duc d'Otrante avait été choisi par la Providence pour servir dans cette nouvelle révolution d'intermédiaire, entre gens qui voulaient imposer les Bourbons, et gens qui consentaient à les subir, mais les uns et les autres sans qu'il y parût! Triste comédie, où personne ne triomphait que la nature des choses, toujours logique, toujours invincible!

Emportement de Carnot.

Après ce qui venait de se passer M. Fouché et ses collègues ne pouvaient pas demeurer une heure de plus en présence les uns des autres. Ils convinrent donc d'envoyer leur démission aux deux Chambres, et ils l'expédièrent à l'instant même. La Chambre des pairs se sépara sans dire mot, pour ne plus se réunir. La Chambre des représentants en recevant la démission de la commission exécutive, garda également le silence, mais persista dans cette triste comédie de discuter une constitution qui, plus éphémère encore que les plus éphémères, ne devait pas durer vingt-quatre heures. M. Fouché, d'accord avec le général Dessoles qui était redevenu commandant de la garde nationale, avait choisi dans cette garde des hommes dont les opinions royalistes garantissaient la conduite, et qu'on chargea d'occuper les avenues du palais législatif pour en interdire l'accès aux représentants. On inséra au *Moniteur* une décision qui déclarait les Chambres dissoutes, et annonçait l'entrée du roi Louis XVIII pour la journée du 8 juillet dans l'après-midi. M. Fouché alla de nouveau le soir annoncer au Roi que tout était prêt pour sa réception. On l'accueillit comme l'homme à qui les Bourbons étaient le plus redevables après le vainqueur de Waterloo.

Achevons ce triste récit, et ajoutons que tandis que la Chambre des représentants avait à peine survécu à Napoléon quinze jours, M. de Talleyrand et M. Fouché ne survécurent que quelques mois à cette Chambre, et allèrent, l'un revêtu d'une haute charge de cour, l'autre condamné à un exil dissimulé, rejoindre dans l'inaction ou le malheur tous les grands acteurs de la Révolution et de l'Empire. Tel est le bénéfice qu'ils avaient recueilli les uns et les autres de cette dernière tentative du 20 mars, si déplorablement terminée le 8 juillet, et connue sous la désignation généralement admise des *Cent jours!* Napoléon y avait gagné une prison cruelle et une

SECONDE ABDICATION.

défaite comme il n'en avait jamais essuyé; les Chambres qui l'avaient renversé, deux semaines du rôle le plus humiliant; M. Fouché qui les avait abusées et congédiées, l'exil et une renommée flétrie; Ney, La Bédoyère, une mort tragique; la France, une seconde invasion, la perte de la Savoie et de plusieurs places importantes, la privation des chefs-d'œuvre de l'art, une contribution de deux milliards, une longue occupation étrangère, le débordement de tristes passions, et personne enfin n'y avait gagné un peu de pure gloire, personne excepté l'armée, qui avait expié ses fautes par un héroïsme incomparable! L'histoire doit donc s'armer de toute sa sévérité contre une tentative si désastreuse, mais, pour la bien juger, il la faut envisager dans son ensemble, c'est-à-dire dans ses causes et ses effets, ce que nous allons essayer de faire en terminant ce livre.

Juillet 1815.

En 1814 les puissances coalisées, en ôtant à Napoléon l'empire français, lui avaient laissé la possibilité d'y rentrer par son établissement à l'île d'Elbe, et bientôt lui en inspirèrent la tentation par leur manière d'agir. Qu'il assistât de si près aux scènes d'avidité de Vienne, aux scènes de réaction de Paris, sans vouloir profiter de tant de fautes, c'était impossible! Il aurait fallu que l'ambition, qui certes n'était éteinte nulle part alors, le fût dans le cœur le plus ambitieux, le plus hardi qu'il y eût au monde. Napoléon quitta donc l'île d'Elbe, débarqua en France, et à son aspect l'armée, les fonctionnaires, les acquéreurs de biens nationaux, coururent au-devant lui, et il usa avec une habi-

Résumé et appréciation de l'époque dite des Cent jours.

leté supérieure de tous les avantages qu'on lui avait ménagés. Sa marche de Cannes à Lyon fut un prodige; mais en lui demandant compte d'une tentative qui devait être si funeste à la France, il faut en demander compte aussi à ceux qui, par leur maladresse et leurs passions, lui en avaient inspiré l'idée, et lui en avaient préparé les moyens.

Rentré à Paris, au lieu de poursuivre jusqu'au Rhin sa marche triomphale, Napoléon s'arrêta. Il proposa la paix, la proposa de bonne foi et avec une sorte d'humilité qui convenait à sa gloire. On ne lui répondit que par un silence outrageant. Il persista néanmoins, mais en faisant d'immenses préparatifs. Choisissant avec un tact sûr dans les débris de notre état militaire, les éléments encore bons à employer, il forma avec les soldats revenus de l'étranger, avec les officiers laissés à la demi-solde, une armée active de 300 mille combattants, et pour qu'elle devînt disponible tout entière, il appela dans les places environ 200 mille gardes nationaux mobilisés, choisis dans les provinces frontières parmi les hommes qui avaient jadis porté les armes, et que leur dévouement, leur âge, leur force physique, disposaient à rendre un dernier service au pays. En même temps il couvrit la capitale de 500 bouches à feu, y réunit les dépôts, les marins, les vétérans, et résolut, appuyé sur Paris fortifié, manœuvrant en dehors avec deux cent mille hommes, de tenir tête à l'ennemi. Arrivé le 20 mars, ayant conçu et ordonné ces plans du 25 au 27, il les fit d'abord exécuter silencieusement par les bureaux, puis quand les manifestations de l'Europe ne laissèrent plus de doute, il les publia, et au lieu d'endormir la France sur ses dangers, il les lui fit connaître, en l'appelant tout entière aux armes.

Juillet 1815.

On ne pouvait faire ni mieux, ni plus, ni plus vite.

A l'intérieur il agit aussi nettement, aussi habilement, mais sans plus de succès. Au dehors, au lieu de la guerre qu'on attendait de lui, il avait offert la paix, sans être écouté parce qu'il n'inspirait aucune confiance. Au dedans, au lieu du despotisme qu'on attendait, il offrit la liberté, sans obtenir plus de créance. S'il n'eût pas été de bonne foi, il avait un moyen simple de sortir de ces difficultés, c'était de convoquer une Constituante, et de la livrer à la confusion des systèmes. Il l'aurait couverte de ridicule, et serait ensuite demeuré le maître. Au contraire il manda sur-le-champ l'écrivain le plus renommé du parti libéral, son ennemi déclaré, M. Benjamin Constant, et ne disputant avec lui sur aucun des principes essentiels qui constituent la véritable monarchie constitutionnelle, il lui laissa le soin de la comprendre tout entière dans l'*Acte additionnel*. Le titre n'était pas heureux, car il rappelait trop le premier Empire, mais il suffisait de lire l'*Acte additionnel* pour reconnaître que ce n'était pas le premier Empire, et que c'était tout simplement la vraie monarchie constitutionnelle, celle qui depuis deux siècles assure la liberté et la grandeur de l'Angleterre. Mais la défiance était si générale, que seulement sur son titre, l'*Acte additionnel* fut condamné, et qu'on crut y revoir le despote de 1811 dans toute l'étendue de son pouvoir. Pourtant il fallait essayer de vaincre l'incrédulité universelle, comme on allait bientôt essayer de vaincre l'Europe coalisée. Il y avait alors un homme qui jouissait d'un grand crédit parmi les amis de la liberté, M. de Lafayette, lequel, en rendant justice à l'*Acte additionnel*, disait qu'il n'y croirait que si on le mettait tout de suite en pratique, c'est-à-dire si on convoquait les Chambres. Napoléon résista cette fois, en disant que des Chambres nouvelles, nullement habituées aux situations extrêmes, seraient bien peu propres à assister avec fermeté aux horreurs de la guerre, et qu'au lieu de seconder le gouvernement, elles deviendraient la cause de sa perte si elles se troublaient. On insista, et pour qu'on crût à sa sincérité Napoléon convoqua les Chambres, et commit ainsi une faute impérieusement commandée par la fausseté de sa situation. On a prétendu que tout cela était feint, et que Napoléon ne cédait que pour avoir un appui momentané, sauf à briser ensuite l'instrument dont il se serait servi. Assurément les profondeurs d'une telle âme sont difficiles à pénétrer, et chacun est maître d'y voir ce qu'il veut. Quant à nous, nous croyons au génie de Napoléon, et son génie lui disait que dans l'état des sociétés modernes, il fallait leur permettre de se gouverner elles-mêmes, d'après leur seule prudence, qu'un homme, un très-grand homme, pouvait au lendemain de très-graves bouleversements, avoir la prétention de les dominer un moment, mais un moment, que ce moment était passé pour lui, et que ses fautes mêmes en avaient abrégé la durée. D'ailleurs, tout occupé de vaincre l'Europe, ayant mis là tout ce qu'il avait de passion, il se souciait peu du pouvoir qu'on lui laisserait après la guerre, se disant qu'en tout cas il y en aurait assez pour son fils. Si cependant on insiste, et si on demande ce qu'il aurait fait vainqueur, nous répondrons que ces questions reposant sur ce qu'un homme aurait fait dans telle ou telle circonstance qui ne s'est pas réalisée, sont toujours assez puériles, parce que la solution est purement conjecturale; qu'en fait de liberté il faut la prendre de toute main, sauf à en user le mieux possible; qu'avec les grands esprits on dispute moins qu'avec les petits, parce que les contestations se réduisent aux points essentiels, et qu'enfin si la bouillante nature de Napoléon s'était cabrée sous l'aiguillon poignant de la liberté, il n'aurait pas fait pis que tous les princes qui en ont tenté l'essai en France, et qui ont succombé faute de l'avoir acceptée dans toutes ses conséquences.

Ce sont là du reste des problèmes insolubles. Ce qui est vrai, c'est que Napoléon donna complète la monarchie constitutionnelle, qu'on refusa de le croire, juste punition de son passé, et que pour se faire croire, il fut obligé de mettre tout de suite cette monarchie en action par la convocation immédiate des Chambres. Ces Chambres furent composées d'hommes franchement dévoués à la dynastie impériale et à la liberté; mais elles arrivèrent pleines du sentiment public, la défiance, et craignirent par-dessus tout de paraître dupes du despote prétendu corrigé. On les vit en toute occasion faire éclater une susceptibilité singulière, et, au lieu de se montrer unies au pouvoir devant l'Europe, s'empresser de lui créer des obstacles plutôt que de lui prêter leur appui. Les ministres, choisis parmi les personnages les plus considérables du temps et les plus dignes d'estime, Davout, Caulaincourt, Carnot, Cambacérès, avaient appris à exécuter les volontés d'un maître absolu, non pas à persuader des hommes assemblés, et furent aussi maladroits que les Chambres étaient difficiles. Napoléon voyant la désunion surgir tandis qu'il aurait eu besoin d'union pour sauver la France, se hâta d'aller chercher sur les champs de bataille l'ascendant qui lui manquait pour dominer les esprits. Il avait à choisir entre deux plans : un défensif, consistant à attendre l'ennemi sous Paris fortifié, et à manœuvrer au dehors avec deux cent cinquante mille combattants, et un offensif, consistant à prévenir les deux colonnes envahissantes, à fondre sur celle qui était à sa portée, à la battre, puis à se rejeter sur l'autre avec tout le prestige de la victoire. Le premier plan était plus sûr, mais lent et douloureux, car il laissait envahir nos plus belles provinces; le second au contraire était hasardeux, mais prompt, décisif s'il réussissait, et le grand joueur voulut tout de suite lancer les dés en l'air.

On sait ce qui advint de cette campagne de trois jours. Après avoir réuni 124 mille hommes et 350 bouches à feu sans que l'ennemi qui était à deux lieues s'en doutât, il entra en action le 15 juin au matin, surprit Charleroy, passa la Sambre, et, comme il l'avait prévu, trouvant entre les Anglais et les Prussiens un espace négligé, s'y jeta, parvint à battre séparément les Prussiens à Ligny, tandis qu'il opposait Ney aux Anglais vers les Quatre-Bras. Si Ney, moins agité par les épreuves auxquelles il avait été soumis cette année, avait eu sa décision accoutumée, les Anglais eussent été repoussés aux Quatre-Bras, et la victoire de Ligny aurait eu pour conséquence la destruction complète de l'armée prussienne. Malheureusement Ney, quoique toujours héroïque, hésita, et le résultat ne fut pas aussi grand qu'il aurait pu l'être. Pourtant le plan de Napoléon avait réussi dans sa partie essentielle. Les Prussiens étaient battus et séparés des Anglais. Napoléon, laissant à Grouchy le soin de les suivre, marcha aux Anglais et les joignit. Un orage épouvantable retarda la bataille du 18, et elle ne commença qu'à midi. Tout en présageait le succès, le plan du chef, l'ardeur des troupes, mais dès le commencement parut sur la droite le spectre de l'armée prussienne, que Grouchy devait suivre et ne suivit pas. Napoléon fut alors obligé de diviser son armée et son esprit pour faire face à deux ennemis à la fois. Tandis qu'avec une prudence profonde et une fermeté imperturbable il s'appliquait à ménager ses forces, pour se débarrasser des Prussiens d'abord, sauf à revenir ensuite sur les Anglais, Ney, ne se contenant plus, prodigua avant le temps notre cavalerie, qui était notre ressource la plus précieuse, et au moment où ayant triomphé des deux tiers de l'armée prussienne, Napoléon allait se joindre à Ney pour en finir avec l'armée anglaise, il fut assailli tout à coup par le reste des Prussiens que Grouchy malgré le cri de ses soldats avait laissés passer, et

Juillet 1815.

après avoir fait des prodiges de ténacité, perdit une vraie bataille de Zama! Son épée fut ainsi brisée pour jamais.

Y avait-il là des fautes? De faute militaire aucune, de fautes politiques ou morales, toutes celles du règne. Ces généraux troublés sans être moins braves, ces soldats fanatiques combattant avant l'ordre, et après un sublime effort d'héroïsme tombant dans une confusion épouvantable, ces ennemis voulant mourir jusqu'au dernier plutôt que de céder, tout cela était l'ouvrage de Napoléon, son ouvrage de quinze ans, mais non son ouvrage de trois jours, car durant ces trois jours il était resté le grand capitaine.

Replié sur Laon, Napoléon pouvait y rallier l'armée, et laisser divaguer les Chambres, qui ne l'auraient pas arraché de son cheval de bataille. Mais Grouchy n'avait pas donné signe de vie. Il était sauvé, et on l'ignorait, et à Laon Napoléon dut croire qu'il n'aurait qu'à courir après des fuyards. S'il avait su qu'en trois jours il aurait 60 mille hommes ranimés jusqu'à la fureur, il eût attendu. Mais se voyant là sans soldats, il vint à Paris pour en demander aux Chambres, espérant du reste fort peu qu'elles lui en donneraient, car à la sinistre lueur du soleil couchant de Waterloo il avait lu son destin tout entier. Arrivé à Paris, sa présence fit jaillir de tous les esprits une pensée, qui certes était bien naturelle. Cet homme avait compromis la France avec l'Europe, et la compromettait encore gravement. Quand il pouvait la protéger, le péril était moindre; mais ne pouvant ou ne sachant plus vaincre, il devenait un danger sans compensation. Séparer la France de Napoléon fut le sentiment général, et on lui demanda l'abdication, en tenant suspendue sur sa tête la déchéance.

Napoléon pouvait dissoudre la Chambre des représentants : il en avait le droit, et s'il avait espéré sauver le pays, il en aurait eu le devoir. Mais c'est à peine si, en ayant derrière lui les Chambres et la France fortement unies, il aurait pu résister à l'ennemi : réduit à tenter une espèce de coup d'État contre les Chambres, qui contenaient son propre parti, le parti libéral et révolutionnaire, n'ayant plus avec lui que la portion énergique mais violente de la population, obligé de se servir d'elle pour frapper les classes élevées, il aurait paru un soldat furieux, défendant sa vieille tyrannie avec les restes du bonapartisme et de la démagogie expirants. Ce n'était pas avec de telles ressources qu'il était possible de sauver la France. Doutant du succès, ayant dégoût du moyen, il renonça à toute tentative de ce genre. Dans le moment un homme sans méchanceté, mais sans foi, M. Fouché, n'aimant pas les Bourbons qui le méprisaient, aimant moins encore Napoléon qui le contenait, voulant un rôle partout, même au milieu du chaos, dès qu'il vit une occasion favorable de se débarrasser de Napoléon, se hâta de la saisir, et déchaîna le patriotisme de M. de Lafayette en lui faisant donner l'avis, qui était faux, qu'on allait dissoudre la Chambre des représentants. M. de Lafayette dénonça ce projet, et la Chambre des représentants pleine de l'idée qu'il fallait arracher la France toute sanglante des mains de Napoléon, déclara traître quiconque la dissoudrait, et plaça Napoléon entre l'abdication et la déchéance. Il abdiqua donc pour la seconde et dernière fois.

Il n'y avait là rien de coupable de la part de la Chambre des représentants, à une condition cependant, c'était de reconnaître la vérité des choses, de reconnaître que Napoléon écarté aucune résistance n'était possible, qu'il fallait conclure la paix la plus prompte, et pour cela rappeler les Bourbons, en tâchant d'obtenir d'eux pour la liberté et pour d'illustres têtes compromises les meilleures garanties possibles. L'intrépide Davout, avec le simple bon sens d'un soldat, comprit la difficulté de la guerre sans Napoléon, et proposa le retour aux Bourbons non par l'intrigue, mais par une franche déclaration aux Chambres. Cette manière de conduire les choses ne convenait point à M. Fouché. Tout en traitant secrètement avec les royalistes, il regarda de tout côté pour chercher une autre solution que la leur, et, ne la trouvant point, finit par aboutir aux Bourbons, en tendant secrètement la main pour qu'on y déposât le prix que méritaient ses équivoques services. Mais en prolongeant ainsi la crise, il la rendit humiliante pour tous, car Napoléon une fois humilié, l'Assemblée en croyant lui survivre, et ne faisant pour se défendre que proclamer les droits de l'homme, fut ridicule; Carnot proclamant l'impossibilité de défendre Paris, et cependant ne voulant pas des Bourbons, M. de Lafayette croyant qu'on pouvait faire agréer la République ou une autre dynastie aux souverains coalisés, exposèrent au même ridicule leur noble vie; enfin M. Fouché, l'habile par excellence, M. Fouché ayant paru jouer tout le monde, Napoléon, l'Assemblée, ses collègues, et joué à son tour trois mois après, éconduit, exilé, joignit au ridicule l'odieux, et finit tristement sa carrière, n'ayant à présenter au tribunal de l'histoire qu'une excuse, c'était d'avoir employé le portefeuille de la police, si indignement accepté des Bourbons, à ne commettre que le mal qu'il ne pouvait pas empêcher, triste excuse, car il est révoltant pour un honnête homme de faire du mal, beaucoup de mal, pour que d'autres n'en fassent pas davantage. Déplorables scènes que celles-là, et qui étaient pour les Bourbons et pour les royalistes une cruelle revanche du 20 mars! En contemplant un tel spectacle, on se dit qu'il eût mieux valu cent fois que les Bourbons n'eussent pas été expulsés au 20 mars, car Napoléon n'aurait pas compté dans sa vie la journée de Waterloo, car la Chambre des représentants n'aurait pas vu son enceinte fermée par les baïonnettes ennemies, car la France n'aurait pas subi une seconde fois la présence de l'étranger dans ses murs, la rançonnant, la dépouillant, l'humiliant! Mais pour qu'il en eût été ainsi il aurait fallu que Napoléon restât à l'île d'Elbe, sauf à y mourir en écrivant ses hauts faits, que les révolutionnaires, au lieu de songer à renverser les Bourbons, n'eussent songé qu'à obtenir d'eux la liberté par de longs et patients efforts, que les Bourbons eux-mêmes n'eussent pas cherché à outrager les révolutionnaires, à décevoir les libéraux, à alarmer tous les in-

Juillet 1815.

Leçons à tirer de cette désastreuse époque.

térêts, à mécontenter l'armée, ce qui revient à dire qu'il eût fallu que tout le monde eût été sage! Puérile chimère, dira-t-on! puérile en effet, jusqu'à désespérer tous ceux qui veulent tirer de l'expérience d'utiles leçons. Ne nous décourageons pas cependant. Sans doute, des leçons de l'expérience il reste peu de chose, oui, bien peu, moins qu'il n'a coulé de sang, moins qu'il n'a été ressenti de douleurs! Mais ce peu accumulé de génération en génération, finit par composer ce qu'on appelle la sagesse des siècles, et fait que les hommes, sans devenir des sages, ce qu'ils ne seront jamais, deviennent successivement moins aveugles, moins injustes, moins violents les uns envers les autres. Il faut donc persévérer, et chercher dans les événements même les plus douloureux, de nouveaux motifs de conseiller aux hommes et aux partis la raison, la modération, la justice. N'empêchât-on qu'une faute, une seule, il vaudrait la peine de l'essayer. Et nous, qui avons pu craindre en 1848 de revoir 1793, et qui heureusement n'avons assisté à rien de pareil, ne perdons pas confiance dans les leçons de l'histoire, et donnons-les toujours, pour qu'on en profite au moins quelquefois.

FIN DU LIVRE SOIXANTE ET UNIÈME.

LIVRE SOIXANTE-DEUXIÈME

ET DERNIER.

SAINTE-HÉLÈNE.

Irritation des Bourbons et des généraux ennemis contre M. Fouché, accusé d'avoir fait évader Napoléon. — Voyage de Napoléon à Rochefort. — Accueil qu'il reçoit sur la route et à Rochefort même. — Il prolonge son séjour sur la côte, dans l'espoir de quelque événement imprévu. — Un moment il songe à se jeter dans les rangs de l'armée de la Loire. — Il y renonce. — Divers moyens d'embarquement proposés. — Napoléon finit par les rejeter tous, et envoie un message à la croisière anglaise. — Le capitaine Maitland, commandant *le Bellérophon*, répond à ce message qu'il n'a pas d'instructions, mais qu'il suppose que la nation britannique accordera à Napoléon une hospitalité digne d'elle et de lui. — Napoléon prend le parti de se rendre à bord du *Bellérophon*. — Accueil qu'il y reçoit. — Voyage aux côtes d'Angleterre. — Curiosité extraordinaire dont Napoléon devient l'objet de la part des Anglais. — Décisions du ministère britannique à son égard. — On choisit l'île Sainte-Hélène pour le lieu de sa détention. — Il y sera considéré comme simple général, gardé à vue, et réduit à trois compagnons d'exil. — Napoléon est transféré du *Bellérophon* à bord du *Northumberland*. — Ses adieux à la France et aux amis qui ne peuvent le suivre. — Voyage à travers l'Atlantique. — Soins dont Napoléon est l'objet de la part des marins anglais. — Ses occupations pendant la traversée. — Il raconte sa vie, et sur les instances de ses compagnons, il commence à l'écrire en la leur dictant. — Longueur de cette navigation. — Arrivée à Sainte-Hélène après soixante-dix jours de traversée. — Aspect de l'île. — Sa constitution, son sol et son climat. — Débarquement de Napoléon. — Son premier établissement à *Briars*. — Pour la première fois se trouvant à terre, il est soumis à une surveillance personnelle et continue. — Déplaisir qu'il en éprouve. — Premières nouvelles d'Europe. — Vif intérêt de Napoléon pour Ney, La Bédoyère, Lavallette, Drouot. — Après deux mois, Napoléon est transféré à *Longwood*. — Logement qu'il y occupe. — Précautions employées pour le garder. — Sa vie et ses occupations à Longwood. — Napoléon prend bientôt son séjour en aversion, et n'apprécie pas assez les soins de l'amiral Cockburn pour lui. — Au commencement de 1816, sir Hudson Lowe est envoyé à Sainte-Hélène en qualité de gouverneur. — Caractère de ce gouverneur et dispositions dans lesquelles il arrive. — Sa première entrevue avec Napoléon accompagnée d'incidents fâcheux. — Sir Hudson Lowe craint de mériter le reproche

LIVRE LXII.

encouru par l'amiral Cockburn, de céder à l'influence du prisonnier. — Il fait exécuter les règlements à la rigueur. — Diverses causes de tracasseries. — Indigne querelle au sujet des dépenses de Longwood. — Napoléon fait vendre son argenterie. — Départ de l'amiral Cockburn, et arrivée d'un nouvel amiral, sir Pulteney Malcolm. — Excellent caractère de cet officier. — Ses inutiles efforts pour amener un rapprochement entre Napoléon et sir Hudson Lowe. — Napoléon s'emporte et outrage sir Hudson Lowe. — Rupture définitive. — Amertumes de la vie de Napoléon. — Ses occupations. — Ses explications sur son règne. — Ses travaux historiques. — Fin de 1816. — M. de Las Cases est expulsé de Sainte-Hélène. — Tristesse qu'en éprouve Napoléon. — Le premier de l'an à Sainte-Hélène. — Année 1817. — Ne voulant pas être suivi lorsqu'il monte à cheval, Napoléon ne prend plus d'exercice, et sa santé en souffre. — Il reçoit des nouvelles d'Europe. — Sa famille lui offre sa fortune et sa présence. — Napoléon refuse. — Visites de quelques Anglais et leurs entretiens avec Napoléon. — Hudson Lowe inquiet pour la santé de Napoléon, au lieu de lui offrir *Plantation-House*, fait construire une maison nouvelle. — Année 1818. — Conversations de Napoléon sur des sujets de littérature et de religion. — Départ du général Gourgaud. — Napoléon est successivement privé de l'amiral Malcolm et du docteur O'Meara. — Motifs du départ de ce dernier. — Napoléon se trouve sans médecin. — Instances inutiles de sir Hudson Lowe pour lui faire accepter un médecin anglais. — Année 1819. — La santé de Napoléon s'altère par le défaut d'exercice. — Ses jambes enflent, et de fréquents vomissements signalent une maladie à l'estomac. — On obtient de lui qu'il fasse quelques promenades à cheval. — Sa santé s'améliore un peu. — Napoléon oublie sa propre histoire pour s'occuper de celle des grands capitaines. — Ses travaux sur César, Turenne, le grand Frédéric. — La santé de Napoléon recommence bientôt à décliner. — Difficulté de le voir et de constater sa présence. — Indigne tentative de sir Hudson Lowe pour forcer sa porte. — Année 1820. — Arrivée à Sainte-Hélène d'un médecin et de deux prêtres envoyés par le cardinal Fesch. — Napoléon les trouve fort insuffisants, et se sert des deux prêtres pour faire dire la messe à Longwood tous les dimanches. — Satisfaction morale qu'il y trouve. — Sur les instances du docteur Antomarchi, Napoléon ne pouvant se décider à monter à cheval, parce qu'il était suivi, se livre à l'occupation du jardinage. — Travaux à son jardin exécutés par lui et ses compagnons d'exil. — Cette occupation remplit une partie de l'année 1820. — Napoléon y retrouve un peu de santé. — Ce retour de santé n'est que momentané. — Bientôt il ressent de vives souffrances d'estomac, ses jambes enflent, ses forces s'évanouissent, et il décline rapidement. — Satisfaction qu'il éprouve en voyant approcher la mort. — Son testament, son agonie, et sa mort le 5 mai 1821. — Ses funérailles. — Appréciation du génie et du caractère de Napoléon. — Son caractère naturel et son caractère acquis sous l'influence des événements. — Ses qualités privées. — Son génie comme législateur, administra-

SAINTE-HÉLÈNE. 533

teur et capitaine. — Place qu'il occupe parmi les grands hommes de
guerre. — Progrès de l'art militaire depuis les anciens jusqu'à la
Révolution française. — Alexandre, Annibal, César, Charlemagne,
les Nassau, Gustave-Adolphe, Condé, Turenne, Vauban, Frédéric
et Napoléon. — A quel point Napoléon a porté l'art militaire. —
Comparaison de Napoléon avec les principaux grands hommes de
tous les siècles sous le rapport de l'ensemble des talents et des destinées. — Leçons qui résultent de sa vie. — Fin de cette histoire.

Juillet 1815.

Au milieu de la joie qu'ils éprouvaient de leur entrée à Paris, les Bourbons et les représentants des cours étrangères avaient tout à coup ressenti un chagrin des plus vifs en apprenant que Napoléon avait réussi à s'évader. Ni les uns ni les autres ne se croyaient en sûreté si le grand perturbateur du monde demeurait libre, et dans leur trouble ils ne savaient pas encore si sa mort ne serait pas un sacrifice dû à la sécurité générale. Le malheur de cette évasion était imputé à M. Fouché, et on oubliait déjà qu'il venait de livrer les portes de Paris, pour lui reprocher amèrement de n'avoir pas livré Napoléon, ce qui était une occasion de dire qu'il trahissait tous les partis. Aussi les Bourbons et les alliés en étaient-ils venus d'un engouement extrême à un violent déchaînement contre leur favori de ces derniers jours. M. de Talleyrand et le duc de Wellington avaient seuls osé défendre M. Fouché, en disant qu'après tout il leur avait ouvert Paris, et que si l'évasion de Napoléon était la condition de ce service, il ne fallait pas trop se plaindre. Malgré leurs sages réflexions on s'était fort emporté aux Tuileries, et M. Fouché appelé devant le Roi, le soir même de l'entrée à Paris, c'est-à-dire le 8 juillet, n'avait pas osé soutenir la bonne action qu'il avait faite le 6, en réitérant l'ordre d'obliger Na-

Mécontentement témoigné à M. Fouché pour avoir laissé évader Napoléon.

poléon à quitter Rochefort. Il s'en était au contraire humblement défendu, et sur les instances de Louis XVIII il avait promis de faire son possible pour ressaisir le redoutable fugitif, soit sur terre, soit sur mer. Néanmoins il n'avait pas tenu parole, et rentré au ministère de la police, il n'avait pas expédié de courrier, laissant ainsi toute leur valeur à ses ordres antérieurs. Quand on a le courage du bien, il faudrait en avoir la fierté. Pourtant mieux vaut encore le faire, lors même que par faiblesse ou intérêt on n'a pas la force de s'en vanter.

Napoléon avait quitté la Malmaison le 29 juin, à cinq heures. La chaleur était suffocante, et les compagnons de Napoléon, muets et profondément tristes, respectaient son silence. Arrivé à Rambouillet il voulut y passer la nuit pour se reposer, disait-il, mais en réalité pour s'éloigner plus lentement de ce trône, duquel il venait de descendre pour tomber dans une affreuse captivité. Un regret, une simple réflexion de ces hommes qui en présence des armées ennemies s'étaient privés de son épée, pouvaient lui rendre le commandement, et il y tenait plus qu'au trône même. Après avoir attendu la nuit et la matinée du 30 juin, il partit au milieu du jour, traversa Tours le lendemain 1er juillet, entretint le préfet quelques instants, prit ensuite la route de Poitiers, s'arrêta en dehors de la ville pendant les heures de la grande chaleur, fut exposé en traversant Saint-Maixent à quelque danger de la part de la populace vendéenne, et arriva dans la soirée à Niort, sans avoir proféré une parole pendant ce long trajet. Reconnu dans cette ville, il y devint l'objet d'un intérêt ardent, car la population, suivant le langage du pays, était *bleue*, par haine des *blancs* dont elle était entourée. Il y avait à Niort des troupes impériales envoyées sur les lieux pour la répression des insurgés, et Napoléon s'y trouvait en parfaite sûreté. La petite hôtellerie où il était descendu fut bientôt entourée de soldats, de gens du peuple, de bourgeois, criant : *Vive l'Empereur!* et demandant avec instance à le voir. Malgré son peu de penchant à se montrer, il consentit à paraître à une fenêtre, et sa présence provoqua des acclamations, qui dilatèrent un moment son cœur profondément serré. — Restez avec nous, lui criait-on de toute part, et à ces cris on ajoutait la promesse de le bien défendre. — Le préfet vint lui-même le supplier de prendre gîte à la préfecture, et il se rendit à tant de témoignages assurément bien désintéressés. Il passa ainsi la journée du 2 juillet à Niort, au milieu d'une émotion inexprimable qu'il partageait, et à laquelle il n'avait guère le désir de se soustraire. Cependant le 3 au matin le général Beker, toujours plein de respect et de déférence, lui fit sentir le danger de ces lenteurs, car d'un instant à l'autre la rade de Rochefort pouvait être bloquée, et il lui deviendrait impossible alors de gagner les États-Unis. Il se décida donc à partir, malgré la peine qu'il éprouvait à quitter une population si amicale et si hospitalière. Il s'éloigna en cachant dans ses mains son visage vivement ému, et fut escorté par la cavalerie, qui le suivit aussi loin que les forces des chevaux le permirent. Il entra dans Rochefort le 3 juillet au soir.

Juillet 1815.

Son arrivée à Rochefort.

Juillet 1815.

Accueil
qu'il y reçoit.

Le préfet maritime, M. de Bonnefoux, comprenait ses devoirs comme le général Beker. Il voulait obéir au gouvernement, mais en lui obéissant conserver tous les respects dus au grand homme que la fortune venait de mettre à sa discrétion pour quelques jours. La population partageait les sentiments de celle de Niort. Elle avait de véritables obligations à Napoléon, qui avait fait exécuter de vastes travaux sur son territoire, et elle renfermait dans son sein une multitude de marins sortis récemment des prisons d'Angleterre. Il y avait en outre à Rochefort un régiment de marine caserné à l'île d'Aix, une garnison nombreuse, 1,500 gardes nationaux d'élite, beaucoup de gendarmerie réunie pour la répression des royalistes, et par conséquent tous les moyens de protéger l'Empereur déchu, de le seconder même dans une dernière témérité. Le matin du 4 la nouvelle de l'arrivée de Napoléon s'étant répandue, les habitants s'assemblèrent sous ses fenêtres, demandèrent à le voir, et dès qu'il parut poussèrent des cris frénétiques de *Vive l'Empereur!* Fort touché de cet accueil, Napoléon les remercia de la main, et rassuré par le spectacle qu'il avait sous les yeux, certain qu'au milieu d'hommes aussi bien disposés il n'aurait aucun danger à courir, il résolut de s'arrêter quelques jours afin de réfléchir mûrement au parti qu'il avait à prendre. Quitter définitivement le sol de la France, et cette fois pour toujours, était pour lui le plus cruel des sacrifices. Il ne comprenait pas qu'en présence de l'Europe en armes, les hommes qui gouvernaient eussent refusé son concours même à titre de simple général.

Il se disait qu'au dernier moment l'armée raisonnerait peut-être d'une manière différente, et, semblable au condamné à mort, il s'attachait aux moindres espérances, même aux plus invraisemblables. Une telle disposition devait le porter à perdre du temps, car le temps perdu sur la côte de France pourrait être du temps gagné, en faisant naître un accident imprévu, tel qu'un acte de désespoir de l'armée par exemple, qui l'appellerait encore à se mettre à sa tête.

Toutefois si le temps en s'écoulant donnait quelque chance à un retour vers lui (retour du reste bien peu probable), il ôtait toute chance d'échapper aux Anglais, et de se dérober à une dure captivité. Il n'était pas possible en effet que les nombreux émissaires qui communiquaient sans cesse avec la flotte anglaise, ne fissent pas connaître l'arrivée de Napoléon à Rochefort, et ne rendissent pas plus étroit le blocus de la côte. Jusqu'au 29 juin la croisière avait paru peu nombreuse et même assez éloignée, mais depuis ce jour-là elle s'était rapprochée des deux pertuis (pertuis Breton et pertuis d'Antioche), par lesquels Rochefort communique avec la mer. Les frégates *la Saale* et *la Méduse*, de construction récente, réputées les meilleures marcheuses de la marine française, montées par des équipages excellents et tout à fait dévoués, étaient en rade, prêtes à faire voile au premier signal. Les ordres du gouvernement provisoire, renouvelés tout récemment, prescrivaient d'obéir à l'empereur Napoléon, de le transporter partout où il voudrait, excepté sur les côtes de France. Le commandant de *la Saale*, le capitaine Philibert, ayant les deux frégates sous ses ordres, était un marin expérimenté, fidèle à ses devoirs, mais moins audacieux que son second, le capitaine Ponée, commandant de *la Méduse*, et disposé à tout tenter pour déposer Napoléon en terre libre. Ce brave officier y voyait un devoir à remplir envers le malheur et envers la gloire de la France, personnifiée à ses yeux dans la personne de Napoléon, qui ne lui semblait pas moins glorieux pour être aujourd'hui le vaincu de Waterloo.

A peine arrivé, Napoléon voulut qu'on examinât dans un conseil de marine les divers partis à prendre pour se soustraire à la croisière anglaise, et gagner la pleine mer. Le préfet maritime appela à ce conseil les marins les plus expérimentés du pays, et entre autres l'amiral Martin, vieil officier de la guerre d'Amérique, fort négligé sous l'Empire, mais qui se conduisit en cette occasion comme s'il eût toujours été comblé de faveurs. Malgré le rapprochement de la croisière anglaise, les deux frégates étaient réputées si bonnes voilières, qu'on ne doutait pas, une fois les pertuis franchis, de les voir échapper à toutes les poursuites de l'ennemi. Mais il eût fallu pour cela des vents favorables, et malheureusement les vents se montraient obstinément contraires. Un capitaine de vaisseau danois, Français de naissance, réduit à servir en Danemark faute d'emploi dans sa patrie, offrait de transporter Napoléon en Amérique, et de le cacher si bien que les Anglais ne pussent le découvrir. Il demandait seulement qu'on indemnisât ses armateurs du dommage qui pourrait résulter pour eux d'une semblable expédition. Tout annonçait la parfaite bonne foi de ce brave homme, mais il répugnait à Napoléon de s'enfoncer dans la cale d'un vaisseau neutre, et de s'exposer à être surpris dans une position peu digne de lui. L'amiral Martin imagina une autre combinaison. Il y avait aux bouches de la Gironde une corvette bien armée, et montée par un officier d'une rare audace, le capitaine Baudin (depuis amiral Baudin), ayant déjà perdu un bras au feu, et capable des actes les plus téméraires. Il était facile de remonter de la Charente dans la Seudre, sur un canot bien armé, et puis en faisant un trajet de quelques lieues dans les terres, d'atteindre Royan, où Napoléon pourrait s'embarquer. La Gironde attirant alors beaucoup moins que la Charente l'attention des Anglais, il y avait grande chance de gagner la pleine mer, et d'aborder sain et sauf aux rivages d'Amérique.

Juillet 1815.

Projet d'embarquement sur la Gironde.

Cette combinaison ingénieuse parut convenir à Napoléon, et, sans l'adopter définitivement, il fut décidé qu'on examinerait si elle était praticable. Pendant ce temps, des vents favorables pouvaient se lever, et il n'était même pas impossible qu'on reçût les sauf-conduits demandés au duc de Wellington. C'étaient là de spécieux prétextes pour perdre du temps, prétextes qui plaisaient à Napoléon plus qu'il ne se l'avouait à lui-même. En ce moment son frère Joseph, après avoir couru plus d'un péril, venait d'arriver à Rochefort. Il avait vu les colonnes de l'armée française en marche vers la Loire, et il avait recueilli les discours de la plupart de ses chefs, lesquels demandaient instamment que Napoléon se mît à leur tête, et en prolongeant la

Arrivée de Joseph : il apporte les vœux de l'armée de la Loire.

Juillet 1815.

guerre essayât d'en appeler de Waterloo à quelque événement heureux, toujours possible sous son commandement.

Ces nouvelles agitèrent fortement Napoléon, et il y avait de quoi. Il est certain qu'en approchant des provinces de l'Ouest, l'armée française réunie à tout ce qui avait été envoyé dans ces provinces, devait s'élever à 80 mille hommes, que placée derrière la Loire elle avait bien des moyens de disputer cette ligne aux ennemis qui s'affaibliraient à mesure qu'ils s'enfonceraient en France, et qu'en se battant avec le désespoir de 1814 elle pouvait remporter quelque victoire féconde en conséquences. Perdus pour perdus, les chefs militaires les plus compromis, ayant Napoléon à leur tête, n'avaient pas mieux à faire que de risquer ce dernier effort, qui, à leurs yeux, aux yeux de la nation, aurait pour excuse le désir d'arracher la France aux mains de l'étranger.

Napoléon examine s'il doit se rendre à l'armée de la Loire.

Napoléon se mit à peser les diverses chances qui s'offraient encore, et si chaque fois qu'il abordait ce sujet il était animé d'une vive ardeur, cette ardeur s'éteignait bientôt à la réflexion. A tenter une telle aventure il aurait dû le faire à Paris, quand il avait encore le pouvoir dans les mains et toutes les ressources de la France à sa disposition. Mais maintenant qu'il avait abdiqué, qu'il avait abandonné le pouvoir légal, qu'en face des Bourbons rentrés à Paris il n'était plus qu'un rebelle, que retiré derrière la Loire il aurait la France non-seulement partagée moralement comme la veille de l'abdication, mais partagée matériellement, les probabilités de succès étaient devenues absolument nulles. Sans doute il ferait durer la lutte, mais en couvrant le pays de ruines, et en étendant les horreurs de la guerre du nord de la France qui seul les avait connues, au centre, au midi qui ne les avaient ressenties que par la conscription. Napoléon se dit donc à lui-même qu'il était trop tard, et qu'à risquer un coup de désespoir il aurait fallu le faire en arrivant à Paris, et en dissolvant le jour même la Chambre des représentants. Pourtant ce n'était pas d'un seul coup que l'idée d'une dernière tentative pouvait sortir définitivement de l'esprit de Napoléon. Quand il l'avait écartée, elle revenait après quelques heures d'abandon, ravivée par l'abandon même, et par l'horreur de la situation qu'il entrevoyait. Il laissa s'écouler ainsi les 5, 6, 7 juillet, ayant l'air d'examiner les diverses propositions d'embarquement qu'on lui avait soumises, d'attendre les vents qui ne se levaient pas, et en réalité n'employant le temps qu'à repousser et à reprendre tour à tour la résolution de se jeter dans les rangs de l'armée de la Loire, résolution plus funeste encore si elle s'était accomplie, que celle qui l'avait ramené de l'île d'Elbe, et dont le résultat le plus probable eût été d'ajouter un nouveau et plus affreux désastre à l'immense désastre de Waterloo.

Juillet 1815.

Il y renonce.

Le digne général Beker contemplait avec douleur cette longue temporisation, et n'osait prendre sur lui de pousser pour ainsi dire hors du territoire l'homme qui, aux yeux de tout Français éclairé et patriote, avait tant de torts, mais tant de titres. Cependant différer n'était plus possible. La raison disait que chaque heure écoulée compromettait la

Le général Beker sent les dangers auxquels Napoléon s'expose en temporisant.

Juillet 1815.

sûreté de Napoléon, et d'ailleurs les ordres venus de Paris ne laissaient même plus le choix de la conduite à tenir. En effet, soit le gouvernement provisoire tout entier, soit le ministre de la marine Decrès, resté très-fidèle à son maître, répétaient au général Beker qu'il fallait faire partir Napoléon, dans son intérêt comme dans celui de l'État, que la prolongation de sa présence sur les côtes rendait les négociations de paix plus difficiles, et donnait aux Anglais le temps de resserrer étroitement le blocus. Le ministre de la marine, en pressant le général Beker de hâter ce départ, l'autorisait à y employer non-seulement les frégates, mais tous les bâtiments disponibles à Rochefort, sans consulter aucunement l'intérêt de ces bâtiments. Ce que le ministre ne disait pas, mais ce que le général Beker devinait parfaitement, c'est que le gouvernement provisoire n'avait plus que quelques heures à vivre, et que le gouvernement qui lui succéderait donnerait de nouveaux ordres, probablement fort rigoureux pour la personne de l'empereur déchu.

Il les lui signale.

Le 8 au matin le général Beker fit part à Napoléon des instances du gouvernement provisoire, instances sincères et inspirées par les motifs les plus honorables. Il lui fit remarquer à quel point la difficulté de franchir la croisière anglaise s'augmentait chaque jour, et enfin il ne lui dissimula point la plus grave de ses craintes, la survenance de nouveaux ordres, si, comme tout l'annonçait, le gouvernement provisoire était renversé au profit de l'émigration victorieuse. Ces raisons étaient si fortes que Napoléon n'y objecta rien, et prescrivit de tout

préparer pour que dans la journée on se rendît à
l'île d'Aix.

Le soir en effet, il monta en voiture pour se
diriger vers Fouras, à l'embouchure de la Charente
dans la rade de l'île d'Aix. La population avertie
de son départ, accourut sur son passage, et l'accompagna des cris de *Vive l'Empereur!* Tous les
cœurs étaient vivement émus, et des larmes coulaient des yeux de beaucoup de vieux visages hâlés
par la mer et la guerre. Napoléon, partageant
l'émotion de ceux qui saluaient ainsi son malheur,
leur fit de la main des adieux expressifs, et partit.
Plusieurs voitures contenant ses compagnons de
voyage suivaient la sienne, et à la chute du jour on
atteignit les bords de la mer. Le vent désiré ne soufflait pas, et cependant Napoléon, au lieu de se transporter à l'île d'Aix, aima mieux coucher à bord de
la Saale, afin de pouvoir profiter de la première
brise favorable. Il monta dans les canots des frégates, et fut accueilli sur *la Saale* avec un profond
respect. Rien n'était encore prêt pour l'y recevoir,
et il s'installa comme il put sur ce bâtiment qui semblait destiné à le porter en Amérique.

Le lendemain les vents restant les mêmes, Napoléon visita l'île d'Aix. Il s'y rendit avec sa suite dans
les canots des frégates. Les habitants étaient tous
accourus à l'endroit où il devait débarquer, et l'accueillirent avec des transports. Il passa en revue le
régiment de marine qui était composé de quinze
cents hommes sur lesquels on pouvait compter. Ils
firent entendre à Napoléon les cris ardemment répétés de *Vive l'Empereur!* en y ajoutant ce cri, plus

Juillet 1815

Napoléon quitte Rochefort pour se rendre à bord des frégates.

Sa visite à l'île d'Aix.

significatif encore : *A l'armée de la Loire!* Napoléon les remercia de leurs témoignages de dévouement, et alla visiter les immenses travaux exécutés sous son règne pour la sûreté de cette grande rade. Toujours suivi par la population et les troupes, il se rendit au quai d'embarquement, et vint coucher à bord des frégates.

Le lendemain, il fallait enfin se décider pour un parti ou pour un autre. Le préfet maritime Bonnefoux apporta de nouvelles dépêches de Paris pour le général Beker. Celles-ci étaient encore plus formelles que les précédentes. Elles ôtaient toute espérance d'obtenir les sauf-conduits demandés, prescrivaient le départ immédiat, autorisaient de nouveau à expédier les frégates à tout risque, et si les frégates trop visibles ne paraissaient pas propres à tromper la vigilance de l'ennemi, à se servir d'un aviso bon marcheur, qui transporterait Napoléon partout où il voudrait, excepté sur une partie quelconque des rivages de la France. Ces dépêches modifiaient en un seul point les dépêches antérieures. Jusqu'ici, prévoyant le cas où Napoléon serait tenté de se confier aux Anglais, elles avaient défendu de l'y aider, le gouvernement provisoire craignant qu'on ne l'accusât d'une trahison. Maintenant ce gouvernement commençant à croire, d'après les passions qui éclataient sous ses yeux, que Napoléon serait moins en danger dans les mains de l'Angleterre que dans celles de l'émigration victorieuse, autorisait à communiquer avec la croisière anglaise, mais sur une demande écrite de Napoléon, de manière qu'il ne pût s'en prendre qu'à lui-même des conséquences de sa détermination.

D'après de telles instructions il n'y avait plus à hésiter, et il fallait adopter une résolution quelconque. Le capitaine français Besson, commandant le vaisseau neutre danois, persistait dans son offre, certain de cacher si bien Napoléon que les Anglais ne pourraient le découvrir; mais Napoléon répugnait toujours à ce mode d'évasion. Sortir avec les frégates n'était pas devenu plus facile, bien que le vent fût moins contraire, et dans le doute on envoya une embarcation pour reconnaître les passes et la position qu'y occupaient les Anglais. On reprit en outre la proposition fort ingénieuse du vieil amiral Martin, consistant à remonter la Seudre en canot, à traverser à cheval la langue de terre qui séparait la Charente de la Gironde, et à s'embarquer ensuite à bord de la corvette du capitaine Baudin. Un officier fut dépêché auprès de ce dernier afin de prendre tous les renseignements nécessaires. Enfin, pour ne négliger aucune des issues par lesquelles on pouvait se tirer de cette situation si embarrassante, Napoléon imagina d'envoyer l'un des amis qui l'accompagnaient auprès de la croisière anglaise, pour savoir si, par hasard, on n'y aurait pas reçu les sauf-conduits qui n'avaient pas été transmis de Paris, et surtout si on serait disposé à l'y accueillir d'une manière à la fois convenable et rassurante. Au fond, Napoléon inclinait plus à en finir par un acte de confiance envers la nation britannique, que par une témérité d'un succès peu vraisemblable, et tentée par des moyens peu conformes à sa gloire. S'il était découvert caché dans la cale d'un vaisseau

Juillet 1815.

des dispositions des Anglais.

neutre, ses ennemis auraient la double joie de le capturer et de le surprendre dans une position si peu digne de lui. S'il était arrêté à la suite d'un combat de frégates, on dirait qu'après avoir fait verser tant de sang pour son ambition, il venait d'en faire verser encore pour sa personne, et dans les deux cas on aurait sur lui tous les droits de la guerre. Supposé même qu'il réussît à gagner l'Amérique, il était sans doute assuré qu'elle l'accueillerait avec empressement, car il jouissait chez elle d'une très-grande popularité, mais il n'était pas aussi certain qu'elle saurait le défendre contre les revendications de l'Europe, qui ne manquerait pas de le redemander avec menace, de l'exiger même au besoin par la force. Devait-il, après avoir rempli l'ancien monde des horreurs de la guerre, les porter jusque dans le nouveau? Bien qu'il rêvât une vie calme et libre au sein de la vaste nature américaine, il avait trop de sagacité pour croire que le vieux monde lui laisserait cet asile, et n'irait pas l'y chercher à tout prix. Il aimait donc mieux s'adresser aux Anglais, essayer de les piquer d'honneur par un grand acte de confiance, en se livrant à eux sans y être forcé, et en tâchant d'obtenir ainsi de leur générosité un asile paisible et respecté. Ils l'avaient accordé à Louis XVIII, et à tous les princes qui l'avaient réclamé : refuseraient-ils à lui seul ce qu'ils avaient accordé à tous les malheureux illustres? Sans doute, il n'était point un réfugié inoffensif comme Louis XVIII; mais en contractant au nom de son honneur, au nom de sa gloire, l'engagement de ne plus troubler le repos du monde, ne pourrait-il pas obtenir qu'on ajou-

Motifs de Napoléon pour s'en fier aux Anglais.

tôt foi à sa parole? D'ailleurs, sans précisément le constituer captif, il était possible de prendre contre lui des précautions auxquelles il se prêterait, et qui calmeraient les inquiétudes de l'Europe. S'il réussissait, il serait au comble de ses vœux, de ceux du moins qu'il lui était permis de former dans sa détresse, car bien que la liberté au fond des solitudes américaines lui plût, la vie privée au milieu d'une des nations les plus civilisées du monde, dans le commerce des hommes éclairés, lui plaisait davantage. Renoncer à la vie agitée, terminer sa carrière au sein du repos, de l'amitié, de l'étude, de la société des gens d'esprit, était son rêve du moment. Quoi qu'il pût advenir, une telle chance valait à ses yeux la peine d'une tentative, et il chargea M. de Las Cases qui parlait l'anglais, et le duc de Rovigo qui avait toute sa confiance, de se transporter à bord du *Bellérophon*, sur lequel flottait le pavillon du commandant de la station anglaise, pour y recueillir les informations nécessaires.

Juillet 1815.

Dans la nuit du 9 au 10 juillet, MM. de Las Cases et de Rovigo se rendirent sur un bâtiment léger à bord du *Bellérophon*. Ils y furent reçus par le capitaine Maitland, commandant de la croisière, avec infiniment de politesse, mais avec une réserve qui n'était guère de nature à les éclairer sur les intentions du gouvernement britannique. Le capitaine Maitland ne connaissait des derniers événements que la seule bataille de Waterloo. Le départ de Napoléon, sa présence à Rochefort, étaient des circonstances tout à fait nouvelles pour lui. Il n'avait point reçu de sauf-conduits, et il en résultait natu-

Mission de M. de Las Cases et du duc de Rovigo auprès du capitaine Maitland, commandant le *Bellérophon*.

Réponse du capitaine Maitland.

rellement qu'il arrêterait tout bâtiment de guerre qui voudrait forcer le blocus, et visiterait tout bâtiment neutre qui voudrait l'éluder. Quant à la personne de Napoléon, il n'avait ni ordre, ni défense de l'accueillir, le cas n'ayant pas été prévu. Mais c'était chose toute simple qu'il le reçût à son bord, car on reçoit toujours un ennemi qui se rend, et il ne doutait pas que la nation anglaise ne traitât l'ancien empereur des Français avec les égards dus à sa gloire et à sa grandeur passée. Cependant il ne pouvait, à ce sujet, prendre aucun engagement, étant absolument dépourvu d'instructions pour un cas aussi extraordinaire et si difficile à prévoir. Du reste, le capitaine Maitland offrait d'en référer à son supérieur, l'amiral Hotham, qui croisait actuellement dans la rade de Quiberon. Les deux envoyés de Napoléon accédèrent à cette proposition, et se retirèrent satisfaits de la politesse du chef de la station, mais fort peu renseignés sur ce qu'on pouvait attendre de la générosité britannique. Le capitaine Maitland les suivit avec *le Bellérophon*, et vint mouiller dans la rade des Basques, pour être plus en mesure, disait-il, de donner suite aux communications commencées.

Le 11, Napoléon reçut le rapport de MM. de Rovigo et de Las Cases, rapport assez vague comme on le voit, point alarmant sans doute, mais pas très-rassurant non plus sur les conséquences d'un acte de confiance envers l'Angleterre. L'officier envoyé pour reconnaître les pertuis déclara que les Anglais étaient plus rapprochés, plus vigilants que jamais, et que passer sans être aperçu était à peu près impossible. Il n'y avait donc que le passage de vive force qui fût praticable, et pour y réussir, la difficulté véritable était *le Bellérophon*, qui était venu prendre position dans la rade des Basques. C'était un vieux soixante-quatorze, marcheur médiocre, et qui n'était pas un obstacle insurmontable pour deux frégates toutes neuves, bien armées, montées par des équipages dévoués, et très-fines voilières. Quant aux autres bâtiments anglais composant la station, ils étaient de si faible échantillon qu'on n'avait pas à s'en préoccuper. Il y avait encore d'ailleurs dans le fond de la rade une corvette et divers petits bâtiments dont on pourrait se servir, et en ne perdant pas de temps, en faisant acte d'audace, on réussirait vraisemblablement à franchir le blocus de vive force.

Napoléon s'adressa aux deux capitaines commandants de *la Saale* et de *la Méduse*, pour savoir ce qu'ils pensaient d'une semblable tentative. Les vents étaient devenus variables, et la difficulté naissant du temps n'était plus aussi grande. Cette situation provoqua de la part du capitaine Ponée, commandant de *la Méduse*, une proposition héroïque. Il soutint qu'on pouvait sortir moyennant un acte de dévouement, et cet acte il offrait de l'accomplir, en répondant du succès. Il lèverait l'ancre, disait-il, au coucher du soleil, moment où soufflait ordinairement une brise favorable à la sortie. Il irait se placer bord à bord du *Bellérophon*, lui livrerait un combat acharné, et demeurerait attaché à ses flancs jusqu'à ce qu'il l'eût mis, en sacrifiant *la Méduse*, dans l'impossibilité de se mouvoir. Pendant ce

Juillet 1815.

Proposition héroïque du capitaine Ponée, commandant *la Méduse*.

Juillet 1815.

temps, *la Saale* gagnerait la pleine mer, en laissant derrière elle, ou en mettant hors de combat les faibles bâtiments qui voudraient s'opposer à sa marche.

Motifs qui empêchent Napoléon de l'accepter.

Ce hardi projet présentait des chances de succès presque assurées, et Napoléon en jugea ainsi. Mais le capitaine Philibert, qui était chargé de la partie la moins dangereuse de l'œuvre, et qui dès lors était plus libre d'écouter les considérations de la prudence, parut craindre la responsabilité qui pèserait sur lui s'il vouait à une perte presque certaine l'un des deux bâtiments placés sous son commandement. Il n'y aurait eu qu'un égal dévouement de la part des deux capitaines qui aurait pu décider Napoléon à accepter le sacrifice proposé. Prenant la main du capitaine Ponée et la serrant affectueusement, il refusa son offre en lui disant qu'il ne voulait pas pour le salut de sa personne sacrifier d'aussi braves gens que lui, et qu'il désirait au contraire qu'ils se conservassent pour la France. —

Impossibilité reconnue de gagner la Gironde.

Dès ce moment il n'y avait plus à songer aux frégates. Restait le projet d'aller s'embarquer sur la Gironde. L'officier envoyé auprès du capitaine Baudin était revenu avec des renseignements sous quelques rapports très-favorables. Le capitaine Baudin déclarait sa corvette excellente, répondait de sortir avec elle, et de conduire Napoléon où il voudrait. Malheureusement le trajet par terre était presque impraticable, car il fallait l'exécuter à travers des campagnes où les royalistes dominaient complétement. Les esprits y étaient en éveil, et on courait le danger d'être enlevés si on était peu nombreux, ou d'avertir les Anglais si on était en nombre suffisant pour se défendre. Cette issue elle-même était donc presque fermée, tandis que celle des deux frégates venait de se fermer absolument.

Juillet 1815.

Le lendemain 12, Napoléon reçut la visite de son frère, et des dépêches de Paris qui contenaient le récit des derniers événements. Le gouvernement provisoire était renversé, M. Fouché était maître de Paris pour le compte de Louis XVIII, et de nouveaux ordres fort hostiles étaient à craindre. Dès ce moment il fallait s'éloigner des rivages de France, n'importe comment, car les Anglais eux-mêmes étaient moins à redouter pour Napoléon que les émigrés victorieux. Napoléon quitta donc *la Saale*, les frégates ne pouvant plus être le moyen de transport qui le conduirait dans un autre hémisphère. Il reçut les adieux chaleureux des équipages, et se fit débarquer à l'île d'Aix, où la population l'accueillit comme les jours précédents. Il fallait enfin prendre un parti, et le prendre tout de suite. Remonter la Seudre en canot, et traverser à cheval la langue de terre qui sépare la Charente de la Gironde, était devenu définitivement impossible, car depuis les dernières nouvelles de Paris, le drapeau blanc flottait dans les campagnes. Les royalistes y étaient triomphants et on n'avait aucune espérance de leur échapper. Mais il surgit une proposition nouvelle tout aussi plausible et tout aussi héroïque que celle du capitaine Ponée. Le bruit s'étant répandu que les frégates n'auraient pas l'honneur de sauver Napoléon, par suite de l'extrême prudence qu'avait montrée l'un des deux capitaines, les jeunes officiers, irrités, imaginèrent un autre moyen

Proposition généreuse des officiers de marine, offrant d'emmener Napoléon sur un chasse-marée.

Juillet 1815.

de se dérober à l'ennemi. Ils offrirent de prendre deux chasse-marée (espèce de gros canots pontés), de les monter au nombre de quarante à cinquante hommes résolus, de les conduire à la rame ou à la voile en dehors des passes, et ensuite de se livrer à la fortune des vents qui pourrait leur faire rencontrer un bâtiment de commerce dont ils s'empareraient, et qu'ils obligeraient de les transporter en Amérique. Il était hors de doute qu'à la faveur de la nuit et à la rame ils passeraient sans être aperçus. Une grave objection s'élevait cependant contre cette nouvelle combinaison. Dans ces parages, il était probable que si on ne trouvait pas immédiatement un bâtiment de commerce, on serait poussé à la côte d'Espagne, où il y aurait les plus grands dangers à courir.

Ce projet, un moment accueilli, est repoussé.

Néanmoins le projet fut accueilli, et ces braves officiers furent autorisés à tout préparer pour son exécution. Ils choisirent les plus vigoureux, les plus hardis d'entre eux, s'adjoignirent un nombre suffisant de matelots d'élite, et le lendemain au soir, 13, ils amenèrent leurs deux embarcations au mouillage de l'île d'Aix. Le parti de Napoléon était pris, et il allait essayer de ce mode d'évasion, lorsqu'une indicible confusion se produisit autour de lui. Les personnes qui l'accompagnaient étaient nombreuses, et parmi elles se trouvaient les familles de plusieurs de ses compagnons d'exil. Celles qui ne partaient pas éprouvaient la douleur de la séparation, les autres la terreur d'une tentative qui allait les exposer dans de frêles canots à l'affreuse mer du golfe de Gascogne. Les femmes sanglotaient. Ce spectacle bouleversa l'âme ordinairement si ferme de Napoléon. On fit valoir auprès de lui diverses raisons, auxquelles il ne s'était pas arrêté d'abord, telles que la possibilité, si on ne rencontrait pas tout de suite un bâtiment de commerce, d'être poussé à la côte d'Espagne où l'on périrait misérablement, et la très-grande probabilité aussi d'être aperçu par les Anglais qui ne manqueraient pas de poursuivre et de saisir les deux canots. — Eh bien, dit-il à la vue des larmes qui coulaient, finissons-en, et livrons-nous aux Anglais, puisque de toute manière nous avons si peu de chance de leur échapper. — Il remercia les braves jeunes gens qui offraient de le sauver au péril de leur vie, et il résolut de se livrer lui-même le lendemain à la marine britannique.

Le lendemain 14 il envoya de nouveau à bord du *Bellérophon* pour savoir quelle avait été la réponse que le capitaine Maitland avait reçue de son supérieur l'amiral Hotham, lequel, avons-nous dit, croisait dans la rade de Quiberon. Ce fut encore M. de Las Cases, accompagné cette fois du général Lallemand, qui fut chargé de cette mission. Le capitaine Maitland répéta qu'il était prêt à recevoir l'empereur Napoléon à son bord, mais sans prendre aucun engagement formel, puisqu'on n'avait pas eu le temps de demander des instructions à Londres. Il affirma de nouveau, toujours d'après son opinion personnelle, que l'Empereur trouverait en Angleterre l'hospitalité que les fugitifs les plus illustres y avaient obtenue en tout temps. En parlant ainsi le capitaine Maitland ne prévoyait pas le sort qui attendait Napoléon en Angleterre, mais évidemment le désir d'attirer à son bord l'ancien maître du monde, et de pouvoir l'amener à ses compatriotes émerveillés d'une telle capture, le disposait à promettre un peu plus qu'il n'espérait, car il ne pouvait pas supposer que le gouvernement anglais laisserait Napoléon aussi libre que Louis XVIII. En promettant ainsi un peu plus qu'il n'espérait à des malheureux enclins à croire plus qu'on ne leur promettait, il contribuait à produire une illusion qui n'était pas loin d'équivaloir à un mensonge. Le général Lallemand qui était condamné à mort, ayant demandé s'il était possible que l'Angleterre livrât au gouvernement français lui et plusieurs de ses compagnons d'infortune placés dans la même position, le capitaine Maitland repoussa cette crainte comme un outrage, et devint sur ce point tout à fait affirmatif, ce qui prouvait qu'il faisait bien quelque différence entre la situation du général Lallemand et celle de Napoléon, et qu'il ne méconnaissait pas complétement le danger auquel celui-ci s'exposait en venant à bord du *Bellérophon*. Du reste à l'égard de la personne de l'empereur déchu, il répéta toujours qu'il n'avait aucun pouvoir de s'engager, et qu'il se bornait à dire comme citoyen anglais ce qu'il présumait de la magnanimité de sa nation.

Rassurés par ce langage plus qu'il n'aurait fallu l'être, MM. de Las Cases et Lallemand revinrent à l'île d'Aix pour informer Napoléon du résultat de leur mission. Il les écouta avec attention, et forcé qu'il était de se confier aux Anglais, il vit dans ce qu'on lui rapportait une raison d'espérer des traitements au moins supportables, et dans sa détresse c'était tout ce qu'il pouvait se flatter d'obtenir. Cependant avant de se déterminer il délibéra une dernière fois avec le petit nombre d'amis qui l'entouraient sur la résolution qu'il s'agissait de prendre. Tous les moyens d'évasion avaient été proposés, examinés, abandonnés. Il ne restait plus de choix qu'entre un acte de confiance envers l'Angleterre ou un acte de désespoir en France, en se rendant à l'armée de la Loire. On avait des nouvelles de cette armée, on connaissait ses amers regrets, son exaltation, et on savait que Napoléon en obtiendrait encore des efforts héroïques. Les moyens d'aller à elle ne manquaient pas. On avait le régiment de marine de l'île d'Aix qui était de 1500 hommes, et qui avait fait retentir le cri significatif : *A l'armée de la Loire!* On avait la garnison de Rochefort qui n'était pas moins bien disposée, et en outre quatre bataillons de fédérés qui offraient leur concours, quoi que Napoléon voulût tenter. Ces divers détachements composaient une force d'environ cinq à six mille hommes, avec lesquels Napoléon pourrait traverser en sûreté la Vendée pour rejoindre l'armée de la Loire, qui eût été ainsi renforcée d'un gros contingent et surtout de sa présence. Mais ces facilités ne pouvaient faire oublier la gravité de l'entreprise, et les nouveaux malheurs qu'on allait verser sur la France. Il n'y avait en effet d'autre chance que de prolonger inutilement les calamités de la guerre, pour aboutir à la même catastrophe, avec une plus grande effusion de sang, et une plus grande aggravation de sort pour les vaincus. Tout

Juillet 1815.

Impossibilité de prendre un autre parti que celui de se confier aux Anglais.

Juillet 1815.

cela était d'une telle évidence, que Napoléon ayant commis envers la France la faute d'y revenir, ne voulut pas commettre celle d'y reparaître une troisième fois pour la ruiner complétement. Il prit donc à ses risques et périls le parti de se rendre aux Anglais. Il résolut de le faire avec la grandeur qui lui convenait, et il écrivit au prince régent la lettre suivante, que le général Gourgaud devait porter en Angleterre et remettre au prince lui-même.

Lettre de Napoléon au prince régent.

« Altesse Royale, écrivait-il, en butte aux fac-
» tions qui divisent mon pays et à l'inimitié des plus
» grandes puissances de l'Europe, j'ai terminé ma
» carrière politique. Je viens, comme Thémistocle,
» m'asseoir au foyer du peuple britannique. Je me
» mets sous la protection de ses lois que je réclame
» de Votre Altesse Royale, comme celle du plus
» puissant, du plus constant, du plus généreux de
» mes ennemis. »

Cette lettre, en tout autre temps, eût certainement touché l'honneur anglais. Dans l'état des haines, des terreurs que Napoléon inspirait, elle n'était qu'un appel inutile à une magnanimité tout à fait sourde en ce moment. Napoléon chargea MM. de Las Cases et Gourgaud de retourner à bord du *Bellérophon*, d'y annoncer son arrivée pour le lendemain, et de demander passage pour le général Gourgaud, porteur de la lettre au prince régent. Ces messieurs, arrivés à bord du *Bellérophon*, y firent éclater une véritable joie en annonçant la résolution de Napoléon, et y trouvèrent un accueil conforme au sentiment qu'ils excitaient. On leur promit de recevoir l'*Empereur* (car c'est ainsi qu'on s'exprima) avec les honneurs convenables, et de le transporter tout de suite en Angleterre, accompagné des personnes qu'il voudrait emmener avec lui. Un bâtiment léger fut donné au général Gourgaud pour qu'il pût remplir sa mission auprès du prince régent.

Juillet 1815.

Le moment était venu pour Napoléon de quitter pour jamais la terre de France. Le 15 au matin il se disposa à partir de l'île d'Aix, et adressa au général Beker de touchants adieux. — Général, lui dit-il, je vous remercie de vos procédés nobles et délicats. Pourquoi vous ai-je connu si tard ? vous n'auriez jamais quitté ma personne. Soyez heureux, et transmettez à la France l'expression des vœux que je fais pour elle. — En terminant ces paroles, il serra le général dans ses bras avec la plus profonde émotion. Celui-ci ayant voulu l'accompagner jusqu'à bord du *Bellérophon*, Napoléon s'y opposa. — Je ne sais ce que les Anglais me réservent, lui dit-il, mais s'ils ne répondent pas à ma confiance, on prétendrait que vous m'avez livré à l'Angleterre. — Cette parole, qui prouvait qu'en se donnant aux Anglais, Napoléon ne se faisait pas beaucoup d'illusion, fut suivie de nouveaux témoignages d'affection pour le général Beker, lequel était en larmes. Il descendit ensuite au rivage au milieu des cris, des adieux douloureux de la foule, et s'embarqua avec ses compagnons d'exil dans plusieurs canots pour se rendre à bord du brick *l'Épervier*. Le capitaine Maitland l'attendait sous voile, et jusqu'au dernier moment il manifesta l'anxiété la plus vive, craignant toujours de voir s'échapper de ses mains le trophée qu'il désirait offrir à ses compatriotes.

Adieux de Napoléon au général Beker.

Enfin, quand il aperçut *l'Épervier* se dirigeant vers *le Bellérophon*, il ne dissimula plus sa joie, et fit mettre son équipage sous les armes pour recevoir le grand vaincu qui venait lui apporter sa gloire et ses malheurs. Il descendit jusqu'au bas de l'échelle du vaisseau pour donner la main à Napoléon, qu'il qualifia d'*empereur*. Lorsqu'on fut monté sur le pont, il lui présenta son état-major, comme il eût fait envers le souverain de la France lui-même. Napoléon répondit avec une dignité tranquille aux politesses du capitaine Maitland, et lui dit qu'il venait avec confiance chercher la protection des lois britanniques. Le capitaine répéta que personne n'aurait jamais à se repentir de s'être confié à la généreuse Angleterre. Il établit Napoléon le mieux qu'il put à bord du *Bellérophon*, et lui annonça la visite prochaine de l'amiral Hotham. Bientôt en effet cet amiral arriva sur *le Superbe*, et se présenta à Napoléon avec les formes les plus respectueuses. Il le pria de lui faire l'honneur de visiter *le Superbe*, et d'y dîner. Napoléon y consentit, et fut traité à bord du *Superbe* en véritable souverain. Après y avoir séjourné quelques heures, il repassa sur le *Bellérophon*, malgré le désir que lui manifesta l'amiral de le conserver à son bord. Napoléon aurait pu trouver sur *le Superbe* un établissement plus commode, mais il craignait d'affliger le capitaine Maitland qui lui avait montré les plus grands empressements, et qui semblait fort jaloux de le posséder. Il resta donc sur *le Bellérophon*, et on fit voile pour l'Angleterre.

Les vents étant faibles, on eut de la peine à gagner la Manche en remontant les côtes de France. Napoléon se montrait doux et tranquille, et se promenait sans cesse sur le pont du *Bellérophon*, observant les manœuvres, adressant aux marins anglais des questions auxquelles ceux-ci répondaient avec une extrême déférence, et en lui conservant tous ses titres. Personne n'eût pu croire, ni à son calme, ni aux respects qu'il inspirait, qu'il était tombé du plus haut des trônes dans le plus profond des abîmes!

Juillet 1815.

La navigation fut lente. Le 23 juillet on aperçut Ouessant de manière à distinguer parfaitement les côtes de France, et le 24 au matin on mouilla dans la rade de Torbay pour prendre les ordres de l'amiral Keith, chef des diverses croisières de l'Océan. Ces ordres ne se firent pas attendre, et *le Bellérophon* fut invité à venir jeter l'ancre dans la rade de Plymouth. A peine s'y trouvait-il que deux frégates fortement armées vinrent se ranger sur ses flancs, et le placer ainsi sous la garde de leurs canons. On vit plusieurs fonctionnaires anglais se succéder, recevoir des communications du capitaine Maitland, lui en apporter, sans que rien transpirât du sujet de leurs entretiens. L'amiral Keith se rendit à bord du *Bellérophon* pour faire à Napoléon une visite de convenance, visite qui fut courte, et pendant laquelle il ne prononça pas un mot qui eût trait aux intentions du gouvernement britannique. Tandis que ce silence de sinistre augure régnait autour de l'illustre prisonnier, on voyait sur tous les visages qu'on avait l'habitude de rencontrer sur *le Bellérophon*, et notamment sur celui du capitaine Maitland, l'embarras de gens qui avaient une nou-

Traversée en Angleterre.

Arrivée à Plymouth.

Fâcheux augures dès qu'on touche au rivage d'Angleterre.

Juillet 1815.

Curiosité
ardente
de toute
l'Angleterre
pendant
que Napoléon
est sur ses
rivages.

velle fâcheuse à cacher, ou des promesses à retirer; et ce qui était plus inquiétant, ces mêmes gens tout en ayant l'envie d'être aussi respectueux, n'osaient plus l'être. Survint dans le moment le général Gourgaud, annonçant qu'il n'avait pu porter au prince régent la lettre de Napoléon, et qu'il avait été obligé de la remettre à l'amiral Keith. C'étaient là autant de signes fort peu rassurants.

Napoléon en se rendant à bord du *Bellérophon* ne s'était fait illusion qu'à moitié, mais placé entre le risque de tomber dans les mains des Anglais comme prisonnier de droit, ou le risque de se confier à leur honneur, il avait préféré s'exposer au dernier, et il attendait sans regrets qu'on lui fît connaître son sort. En attendant il pouvait se faire une idée par ce qui se passait dans la rade de Torbay, de l'effet qu'il produisait encore sur le monde. S'il n'avait été qu'un Érostrate de grande proportion, ne cherchant dans la gloire que le bruit qu'elle produit, il aurait eu lieu d'être content. Effectivement à peine la nouvelle de son arrivée avait-elle pénétré dans l'intérieur, et de proche en proche jusqu'à Londres, qu'une curiosité folle s'était emparée de toute l'Angleterre impatiente de voir de ses yeux le personnage fameux qui depuis vingt ans avait tant occupé la renommée. Les Anglais avaient toujours représenté Napoléon comme un monstre odieux qui avait dominé les hommes par la terreur, mais la curiosité n'est pas scrupuleuse, et tout en le détestant ils voulaient absolument l'avoir vu. Les journaux britanniques en célébrant sa captivité avec une joie féroce, blâmaient en même temps la curiosité frénétique qui entraînait leurs compatriotes vers lui, et cherchaient à la décourager par leur blâme. Mais ils ne réussissaient ainsi qu'à l'exciter davantage, et tout ce qu'il y avait de chevaux sur la route de Londres à Plymouth était employé à transporter la foule des curieux. Des milliers de canots entouraient sans cesse *le Bellérophon*, et passaient là des heures, s'entre-choquant les uns les autres, et s'exposant même à de graves dangers. Chaque jour en effet il y avait des noyés sans que l'empressement diminuât. On savait que tous les matins Napoléon venait respirer l'air un instant sur le pont du vaisseau qui l'avait amené en Angleterre; on attendait ce moment, et dès qu'on l'apercevait une sorte de silence régnait sur la mer, puis par un respect involontaire la foule se découvrait, sans pousser aucune acclamation ni amicale ni hostile. Les ministres anglais s'apercevant que la pitié pour le malheur, la sympathie pour la gloire, finissaient par atténuer la haine, ordonnèrent d'écarter les visiteurs, et de ne plus leur permettre de circuler autour du *Bellérophon* qu'à une distance qui décourageât leur curiosité. Ils avaient hâte d'en finir, et ils étaient résolus à ne pas laisser longtemps indécises les questions qui concernaient l'empereur Napoléon.

 Ils avaient été aussi étonnés que le capitaine Maitland en voyant Napoléon se remettre lui-même entre les mains de l'Angleterre. Informés de son évasion par les nouvelles de Paris, ils avaient partagé le mécontentement de la diplomatie européenne à l'égard de M. Fouché, et ils avaient cru le grand perturbateur complétement hors d'atteinte, et tou-

Juillet 1815.

Ordre
d'écarter
les curieux.

Étonnement
du
gouvernement
anglais
en apprenant
la présence
de Napoléon
à bord du
Bellérophon.

jours libre de bouleverser l'Europe à la première occasion. Leur joie égala leur surprise en apprenant que l'empereur déchu était en rade de Plymouth, sur l'un des vaisseaux de la marine royale. L'acte de confiance de Napoléon ne les toucha nullement, et provoqua même dans certains esprits la barbare pensée de le livrer à Louis XVIII, qui prendrait devant l'histoire la responsabilité d'en débarrasser la terre. Mais une aussi odieuse résolution était impossible dans un pays où toutes les grandes mesures se discutent publiquement. Cependant, en écartant toute résolution de ce genre, et en rentrant dans le droit strict, il naissait de graves difficultés relativement à la manière d'envisager la position de l'illustre fugitif. S'il eût été pris en mer, cherchant à fuir, il aurait été prisonnier de plein droit, sauf à résoudre ultérieurement la question de savoir si, la guerre étant finie, il était permis d'en détenir l'auteur. Mais avant d'aborder cette question, il s'en élevait une beaucoup plus délicate, c'était de savoir si on pouvait considérer comme prisonnier de guerre un ennemi qui s'était volontairement livré lui-même.

Les plus savants jurisconsultes d'Angleterre, consultés à cette occasion, éprouvèrent un assez grand embarras. Pourtant, en présence du repos universel toujours menacé par Napoléon, cet embarras ne pouvait être de longue durée. Notre qualité de Français conservant une sympathie toute naturelle pour le vieux compagnon de notre gloire, ne doit pas nous faire méconnaître une vérité évidente, c'est que l'Europe bouleversée pendant vingt ans, tout récemment encore arrachée à son repos et réduite à verser des torrents de sang, ne pouvait renoncer à se garantir contre les nouvelles entreprises, toujours à redouter, du plus audacieux génie. S'il eût été un souverain déchu de nature ordinaire, comme Louis XVIII, les devoirs de l'hospitalité auraient commandé de lui laisser choisir dans la libre Angleterre un lieu où il irait paisiblement terminer sa carrière. Mais laisser se promener dans les rues de Londres l'homme qui venait de s'évader de l'île d'Elbe, et d'appeler les armées de l'Europe dans le champ clos de Ligny et de Waterloo, était impossible. Si les États doivent respecter la vie d'autrui, ils ont aussi le droit de défendre la leur, et les jurisconsultes anglais eurent recours avec raison au principe de la défense légitime, qui autorise chacun à pourvoir à sa sûreté quand elle est visiblement menacée. Toutes les sociétés enchaînent les êtres reconnus dangereux, et l'Europe entière, la France comprise, ayant expérimenté outre mesure à quel point Napoléon était dangereux pour elle, avait le droit de lui enlever les moyens de nuire. Après 1814, elle lui avait ôté le trône en lui laissant l'île d'Elbe ; en 1815, après l'évasion de l'île d'Elbe, elle avait le droit de lui ôter la liberté. Nier cette vérité, c'est fermer les yeux à la lumière. Mais le droit de défense légitime s'arrête au danger même, et où le danger cesse le droit cesse aussi. En détenant Napoléon, qui expierait ainsi sa terrible activité, on n'avait le droit ni de le tourmenter, ni d'abréger sa vie, ni surtout de l'humilier. Respecter son génie était un devoir absolument égal au droit de l'enchaîner. Ainsi tout ce qui ne serait pas in-

Juillet 1815.

La détention de Napoléon fondée sur le droit, et la nécessité de garantir l'Europe de nouveaux bouleversements.

Ce droit ne pouvait aller jusqu'à tourmenter et humilier Napoléon.

Juillet 1815.

dispensable pour prévenir une nouvelle évasion, serait une cruauté gratuite, destinée à peser éternellement sur la mémoire de ceux qui s'en rendraient coupables. Sous ce dernier rapport, les résolutions britanniques ne furent pas aussi avouables que sous le premier, et la triste fin de notre récit va prouver que l'Angleterre compromit sa gloire en ne respectant pas celle de Napoléon.

Choix de l'île Sainte-Hélène pour le lieu de sa détention.

On s'occupa d'abord du lieu à désigner pour sa résidence. Désormais la Méditerranée était condamnée par l'essai qu'on en avait fait. Il fallait de toute nécessité une mer moins rapprochée. L'océan Indien était trop éloigné, car il importait à la sécurité générale qu'on pût avoir des nouvelles fréquentes du redoutable captif. D'ailleurs l'île de France, la seule qu'on pût choisir dans la mer des Indes, était trop peuplée et trop fréquentée pour qu'on songeât à en faire un lieu de détention. Il aurait fallu en effet y mettre Napoléon sous des verrous afin de pouvoir assurer sa garde, et c'eût été une indignité dont personne, même alors, n'aurait voulu se rendre coupable. Il y avait au milieu même de l'Atlantique, dans l'hémisphère sud, à égale distance des continents d'Afrique et d'Amérique, une île volcanique, d'accès difficile, dont la stérilité avait toujours repoussé les colons, et dont la solitude était telle qu'on y pouvait détenir un prisonnier, quel qu'il fût, sans l'enfermer dans les murs d'une forteresse. Cette île était celle de Sainte-Hélène, et à cause des avantages qu'elle offrait comme lieu de détention, elle avait déjà fixé l'attention des hommes d'État qui cherchaient à éloigner Napoléon des mers d'Europe. Elle fut unanimement désignée comme le lieu le plus propre à le détenir, et la Compagnie des Indes la céda à l'État pour la durée de cette détention. Le climat n'en était pas réputé insalubre; il était à peu près celui de toutes les îles intertropicales, et s'il pouvait devenir dangereux pour un habitant des zônes tempérées, c'était uniquement pour celui à qui le vieux monde avait à peine suffi pour y déployer sa prodigieuse activité. Mais soyons justes, si on avait voulu trouver une prison proportionnée à cette activité, il aurait fallu lui rendre le monde, et Napoléon l'avait assez tourmenté pour qu'on eût le droit de lui en interdire l'accès pour toujours.

Juillet 1815.

On adopta donc Sainte-Hélène. Il fut convenu qu'on chercherait au centre de l'île, loin de la partie habitée, un lieu assez spacieux pour que Napoléon pût s'y mouvoir à son aise, s'y promener à pied, à cheval même, sans s'apercevoir qu'il était prisonnier. Jusque-là tout était renfermé dans les limites de la nécessité; mais il ne fallait y ajouter ni les gênes inutiles, ni surtout les humiliations, qui pour l'illustre captif devaient être aussi cruelles que la captivité même. Néanmoins le cabinet britannique, obéissant aux mauvaises passions du temps, déclara que Napoléon, qu'on avait toujours qualifié du titre d'empereur, même à l'île d'Elbe, ne serait plus appelé dorénavant que le général Bonaparte. Certes ce titre était bien glorieux, et les plus grands potentats de la terre auraient pu se consoler de n'en pas avoir d'autre. Mais refuser à Napoléon le titre qu'il avait porté douze ans, que le

Mode de la détention à laquelle Napoléon est condamné.

Le titre d'empereur désormais refusé à Napoléon.

monde entier lui avait reconnu, que l'Angleterre elle-même lui avait donné en 1806 en traitant à Paris par le ministère de lord Lauderdale, en 1814 en traitant à Châtillon par le ministère de lord Castlereagh, était une résolution dépourvue de dignité, et, comme on le verra, de véritable prudence. Dans ce siècle, où nous avons vu tant de princes passer du trône dans l'exil, de l'exil sur le trône, quiconque parlant à Louis XVIII ou à Charles X dépouillés de leur couronne, eût osé leur refuser leur titre royal, eût été accusé d'outrager d'augustes infortunes. Il est vrai que ces princes, héritiers incontestés d'une longue suite de rois, étaient les représentants de ce qu'il y a de plus respectable au monde, la possession antique et plusieurs fois séculaire. Mais le génie (au degré, bien entendu, auquel il s'était manifesté chez Napoléon) était un titre tout aussi respectable, et les souverains qui avaient puisé dans ce titre l'excuse de leur humilité devant l'empereur des Français, de leur empressement à rechercher son alliance, à mêler leur sang au sien, étaient mal placés pour en nier la valeur morale, et en ne voulant plus reconnaître chez Napoléon que la force brutale, un moment heureuse, ils autorisaient les peuples à dire qu'ils n'avaient eux-mêmes fait autre chose que céder bassement à cette force. En retirant au vaincu de Waterloo le titre d'empereur, ils ne rendaient pas Louis XVIII plus légitime ou plus solide sur son trône, au contraire ils diminuaient le prestige attaché au caractère de la souveraineté, en prouvant que c'était chose de hasard, qui se donnait ou s'ôtait selon les caprices de la fortmne. On prétendra sans doute que priver Napoléon de ses titres, c'était après tout lui infliger de pures souffrances d'amour-propre, qui n'ont guère le droit d'intéresser la postérité, et sur lesquelles il eût été digne à lui de se montrer indifférent. Assurément, si l'intention de l'humilier n'avait pas été évidente, il aurait pu se consoler de n'être plus dans la langue des vivants que le général Bonaparte; mais on fait au vaincu qu'on cherche à humilier le devoir de résister à l'humiliation, et de plus, en refusant à Napoléon les qualifications sous lesquelles il avait l'habitude d'être désigné, on créait une cause de contestations incessantes, qui devait ajouter aux rigueurs de sa captivité, et faire peser sur la mémoire des ministres britanniques un reproche de persécution, qui n'a pas laissé d'inquiéter leurs enfants, car lorsque les passions d'un temps sont éteintes, personne ne voudrait avoir outragé le génie.

En conséquence de ces résolutions il fut décidé que Napoléon serait qualifié du simple titre de général, et considéré comme prisonnier de guerre; qu'il serait désarmé, que les officiers de sa suite le seraient également, qu'on lui accorderait seulement trois d'entre eux pour l'accompagner, en excluant le général Lallemand et le duc de Rovigo, considérés comme dangereux; qu'on visiterait ses effets et ceux de ses compagnons, qu'on prendrait l'argent, la vaisselle, les bijoux précieux dont ils seraient porteurs, afin de les priver de tout ce qui serait de nature à faciliter une évasion; qu'ils seraient immédiatement conduits à Sainte-Hélène, où Napoléon pourrait se mouvoir dans un espace déterminé, assez étendu

Juillet 1815.

pour que la promenade à cheval y fût possible, et que s'il voulait franchir cet espace, il serait suivi par un officier. Certes, nous le répétons, toutes les précautions ayant pour but d'empêcher l'illustre captif de s'évader, étaient de droit, et la juste punition des inquiétudes qu'il causait au monde : mais lui contester le titre sous lequel la postérité le reconnaîtra, fouiller ses effets, lui compter ses compagnons d'exil, lui enlever son épée, c'étaient là d'inutiles indignités; car que pouvaient-ils à trois, à quatre, à six? que pouvaient-ils avec leurs épées et quelques mille louis cachés dans leurs bagages? Ah! ce n'était pas son épée, dont il ne s'était jamais servi, qu'il fallait demander à Napoléon, mais son génie, et puisqu'on ne pouvait le lui arracher qu'en le tuant, ce que Blucher avait voulu, ce que les ministres de la libre Angleterre n'osaient pas vouloir, ce que pas un des souverains de l'Europe n'aurait ordonné, il fallait l'enchaîner, l'enchaîner pour le repos universel, mais sans aggraver inutilement le poids de ses chaînes, sans y ajouter surtout d'inqualifiables outrages!

Napoléon doit voyager sur le *Northumberland*.

Il fut décidé en outre que, *le Bellérophon* étant trop vieux pour une longue traversée, Napoléon serait transféré sur *le Northumberland*, excellent vaisseau de haut bord, qu'une division composée de bâtiments de différents échantillons l'escorterait, que l'amiral Cockburn commanderait cette division, et serait chargé du premier établissement à faire à Sainte-Hélène pour y recevoir les prisonniers. On recommanda à l'amirauté de ne mettre à exécuter ces ordres que le temps absolument nécessaire pour que *le Northumberland* fût en état de prendre la mer, car on était incommodé d'avoir à Plymouth un objet de curiosité passionnée, et on était pressé d'en débarrasser l'Angleterre et l'Europe.

Juillet 1815.

Ces résolutions à peine adoptées furent mandées à Plymouth, avec ordre à lord Keith d'en donner communication à celui qu'elles concernaient. Déjà le bruit en était arrivé par les journaux, et il n'avait point surpris Napoléon, qui s'attendait bien à ne pas obtenir le traitement d'un prince inoffensif. Mais ce bruit causa une vive douleur à ses compagnons d'infortune, qui se virent condamnés ou à se séparer de lui, ou à s'ensevelir tout vivants dans le tombeau de Sainte-Hélène. Lord Keith, assisté du sous-secrétaire d'État Bunbury, s'étant présenté à bord du *Bellérophon*, fit lecture à Napoléon des résolutions prises à son égard. Napoléon écouta cette lecture avec froideur et dignité, puis la lecture terminée énuméra à lord Keith, sans emportement, mais avec fermeté, les raisons qu'il avait de protester contre les décisions du gouvernement britannique. Il dit qu'il n'était point prisonnier de guerre, car il s'était transporté volontairement à bord du *Bellérophon*; qu'il n'y avait pas même été contraint par la nécessité, car il lui eût été facile de se jeter dans les rangs de l'armée de la Loire, et de prolonger indéfiniment la guerre; qu'il aurait même pu en renonçant à la prolonger, choisir parmi ses ennemis une autre puissance que l'Angleterre pour se livrer à elle; que s'il s'était abandonné à l'empereur Alexandre, longtemps son ami personnel, ou à l'empereur François, son beau-père, ni l'un ni l'au-

Communication des ordres britanniques à Napoléon.

Sa protestation.

tre ne l'auraient traité de la sorte; que c'était pour mettre fin aux maux de l'humanité qu'il s'était rendu, et par estime pour l'Angleterre qu'il était venu lui demander asile; qu'elle ne justifiait pas en ce moment l'honneur qu'il lui avait fait, et que la conduite qu'elle tenait aujourd'hui envers un ennemi désarmé, n'ajouterait guère à sa gloire dans l'avenir; qu'il protestait donc contre l'infraction au droit des gens commise sur sa personne, qu'il en appelait à la nation anglaise elle-même des actes de son gouvernement, et surtout à l'histoire qui jugerait sévèrement des procédés aussi peu généreux. Napoléon dédaigna de s'occuper des points relatifs à son futur séjour, aux traitements qu'il y recevrait, et quitta lord Keith avec la fierté qui convenait à sa grandeur, laquelle ne dépendait ni des caprices de la fortune, ni de la violence de ses ennemis.

Il fut profondément sensible néanmoins aux indignes détails ajoutés à cet arrêt de détention perpétuelle prononcé contre lui. Il était trop clairvoyant pour ne pas reconnaître que cette détention était pour l'Europe un droit et une nécessité, mais il sentit vivement les humiliations gratuites par lesquelles on aggravait sa captivité, comme de songer à lui ôter son épée, son titre souverain et quelques débris de son naufrage. Il n'en dit rien, mais il résolut de ne point se prêter aux indignes traitements qu'on voudrait lui infliger, dût-il être amené ainsi aux dernières extrémités. Son premier projet avait été de prendre un de ces noms d'emprunt que les princes adoptent quelquefois pour simplifier leurs relations. Ainsi il avait eu l'idée de prendre le titre de colonel Muiron, en mémoire d'un brave officier tué au pont d'Arcole en le couvrant de son corps. Mais dès qu'on lui contestait le titre que la France lui avait donné, que l'Europe lui avait reconnu, que sa gloire avait légitimé, il ne voulait point faciliter à ses ennemis la tâche de l'humilier, ni laisser infirmer de son consentement le droit que la France avait eu de le choisir pour chef. Il persista à se qualifier d'Empereur Napoléon. Quant à son épée, il était déterminé à la passer au travers du corps de celui qui tenterait de la lui enlever.

Juillet 1815.

Lorsqu'il revit ses compagnons d'infortune après ces communications, il leur parla avec calme, et les pressa instamment de consulter avant tout leurs intérêts de famille et leurs affections dans le parti qu'ils avaient à prendre. Il les trouva tous décidés à le suivre partout où on le transporterait, et aux conditions qu'y mettrait la haine ombrageuse des vainqueurs de Waterloo. Il regretta beaucoup l'exclusion prononcée contre les généraux Lallemand et Savary, mais il n'y avait point à disputer. Il désigna le grand maréchal Bertrand, le comte de Montholon et le général Gourgaud. Ces désignations avaient épuisé son droit de choisir ses compagnons de captivité limités à trois. Il était entendu que les femmes avec leurs enfants ne feraient pas nombre, qu'elles pourraient accompagner leurs maris, et accroître ainsi la petite colonie qui allait suivre Napoléon dans son exil. Cependant, parmi les personnages venus avec lui en Angleterre s'en trouvait un auquel il tenait, bien qu'il le connût depuis peu de temps, c'était le comte de Las Cases, homme in-

Choix des compagnons d'exil de Napoléon.

struit, de conversation agréable, sachant bien l'anglais, ayant été jadis officier de marine et pouvant être fort utile au delà des mers. Napoléon désirait beaucoup l'emmener à Sainte-Hélène, et lui était prêt à suivre Napoléon en tous lieux. On profita de ce que les ordres britanniques en limitant le nombre des compagnons d'exil de Napoléon, n'avaient parlé que des militaires, pour admettre M. de Las Cases à titre d'employé civil. On accorda en outre un médecin et douze domestiques. Ces détails une fois réglés, on disposa tout pour le départ le plus prochain.

Dès que *le Northumberland*, équipé fort à la hâte, put mettre à la voile, on le dirigea sur la rade de Start-Point où *le Bellérophon* l'attendait, exposé sur ses ancres à un très-mauvais temps. Lord Keith, qui s'appliqua constamment à tempérer dans l'exécution la rigueur des ordres ministériels, avait réservé pour le moment du départ d'Europe l'accomplissement des mesures les plus pénibles, telles que le désarmement des personnes et la visite de leurs bagages. On demanda leur épée à ceux qui en portaient, et un agent des douanes visita leurs effets, prit en dépôt leur argent, et en général tous les objets de quelque valeur. Le fidèle Marchand, valet de chambre de Napoléon, qui par sa bonne éducation, son dévouement simple et modeste, lui rendit depuis tant de services, avait pris d'adroites précautions pour lui conserver quelques ressources. Il ne restait à l'ancien maître du monde que les quatre millions secrètement déposés chez M. Laffitte, environ 350,000 francs en or, et le collier de diamants que la reine Hortense l'avait forcé d'accepter. Le collier fut confié à M. de Las Cases, qui l'enferma dans une ceinture. Les 350,000 francs furent répartis entre les domestiques, et cachés sous leurs habits, sauf la somme de 80,000 francs, qui fut seule laissée en évidence, et prise en dépôt par l'agent des douanes. Comme l'indignité des procédés ne fut pas poussée jusqu'à visiter les personnes, les objets cachés ne furent point découverts. Les autres furent inventoriés pour être remis aux prisonniers au fur et à mesure de leurs besoins. Ces tristes formalités accomplies, on transborda les prisonniers dans les canots de la flotte, et le capitaine Maitland s'approchant avec respect, fit à Napoléon des adieux qui le touchèrent. Bien que dans son désir de l'amener à bord du *Bellérophon* le capitaine Maitland eût promis peut-être plus qu'il n'espérait, il n'avait été ni l'auteur ni le complice d'une perfidie, et il regrettait sincèrement le traitement auquel était destiné l'illustre prisonnier. Napoléon ne lui fit aucun reproche, et le chargea même de ses remercîments pour l'équipage du *Bellérophon*. Au moment de passer d'un vaisseau à l'autre, l'amiral Keith, avec un chagrin visible et le ton le plus respectueux, lui adressa ces paroles : *Général, l'Angleterre m'ordonne de vous demander votre épée.* — A ces mots Napoléon répondit par un regard qui indiquait à quelles extrémités il faudrait descendre pour le désarmer. Lord Keith n'insista point, et Napoléon conserva sa glorieuse épée. C'était le moment de se séparer de ceux qui n'avaient pas obtenu l'honneur de l'accompagner. Savary, Lalle-

Août 1815.

Lord Keith n'ose pas enlever son épée à Napoléon.

mand se jetèrent dans ses bras, et eurent la plus grande peine à s'en arracher. Napoléon après avoir reçu leurs embrassements, leur dit ces paroles : Soyez heureux, mes amis... Nous ne nous reverrons plus, mais ma pensée ne vous quittera point, ni vous ni tous ceux qui m'ont servi. Dites à la France que je fais des vœux pour elle... — Il descendit ensuite dans le canot amiral qui devait le conduire à bord du *Northumberland*, où il arriva escorté de l'amiral Keith. L'amiral Cockburn entouré de son état-major, et ayant ses troupes sous les armes, le reçut avec tous les honneurs dus à un général en chef. Là comme ailleurs, Napoléon, à qui il ne restait que sa gloire, put jouir de l'éclat qu'elle répandait autour de lui. Ces marins, ces soldats ne s'occupant d'aucun des grands dignitaires de leur nation, le cherchaient des yeux, le dévoraient de leurs regards. Ils lui présentèrent les armes, et il les salua avec une dignité tranquille et affectueuse. Une fois la translation d'un bord à l'autre terminée, l'amiral ne perdit pas un instant pour lever l'ancre, car la rade n'était pas sûre, et il avait l'ordre de hâter son départ. *Le Northumberland* mit immédiatement à la voile, le 8 août 1815, suivi de la frégate *la Havane*, et de plusieurs corvettes et bricks chargés de troupes. Cette division se dirigea vers le golfe de Gascogne pour venir doubler le cap Finistère, et descendre ensuite au sud, le long des côtes d'Afrique. Napoléon en sortant de la Manche aperçut les côtes de France à travers la brume, et les salua avec une vive émotion, convaincu qu'il était de les voir pour la dernière fois.

SAINTE-HÉLÈNE.

Le moment du départ est un moment de trouble qui étourdit le cœur et l'esprit, et ne leur permet pas de sentir dans toute leur amertume les séparations les plus cruelles. C'est lorsque le calme est revenu, et qu'on est seul, que la douleur devient poignante, et qu'on apprécie complétement ce qu'on a perdu, ce qu'on quitte, ce qu'on ne reverra peut-être plus. Une tristesse muette et profonde régna parmi le petit nombre d'exilés que la volonté de l'Europe poussait en cet instant vers un autre hémisphère. Sans afficher une indifférence affectée, Napoléon se montra calme, poli, sensible aux égards de l'amiral Cockburn, qui dans la limite de ses instructions était disposé à adoucir autant que possible la captivité de son glorieux prisonnier. L'amiral Georges Cockburn était un vieux marin, grand, sec, absolu, susceptible, jaloux à l'excès de son autorité, mais sous ces dehors déplaisants cachant une véritable bonté de cœur, et incapable d'ajouter à la rigueur des ordres de son gouvernement. Il avait établi Napoléon sur son vaisseau le mieux qu'il avait pu, et tâché de lui rendre les coutumes anglaises supportables. Ayant défense de le traiter en empereur, il lui donnait le titre d'*Excellence*, mais en corrigeant par la forme ce que ce changement pouvait avoir de blessant. Napoléon avait à la table de l'amiral la place du commandant en chef; ses compagnons étaient répartis à ses côtés, suivant leur rang. Les officiers de l'escadre invités tour à tour, lui étaient présentés successivement. Napoléon les accueillait avec bienveillance, leur adressait des questions relatives à leur état, en se servant de M. de Las Cases pour

Août 1815.

Situation de Napoléon à bord du *Northumberland*.

Conduite et caractère de l'amiral Cockburn.

interprète, ne montrait ni admiration ni dédain pour ce qu'il voyait, avait soin de louer ce qui était louable dans la tenue des vaisseaux anglais, et demeurait en tout simple, vrai et tranquille. Une seule chose lui avait paru tout à fait incommode, et il ne l'avait pas dissimulé, c'était la longueur des repas anglais. Lui qui dans son ardente activité n'avait jamais pu, quand il était seul, demeurer plus de quelques instants à table, ne pouvait se résigner à y passer des heures avec les Anglais. L'amiral ne tarda point à comprendre qu'il fallait faire céder les coutumes nationales devant un tel hôte, et le service fini il se levait avec son état-major, assistait debout à la sortie de Napoléon, lui offrait la main si le pont du vaisseau était agité par les flots, et venait ensuite reprendre la vie anglaise avec ses officiers.

Napoléon se promenait alors sur le pont du *Northumberland*, quelquefois seul, quelquefois accompagné de Bertrand, Montholon, Gourgaud, Las Cases, tantôt se taisant, tantôt épanchant les sentiments qui remplissaient son âme. S'il était peu disposé à parler, il allait, après s'être promené quelque temps, s'asseoir à l'avant du bâtiment, sur un canon que tout l'équipage appela bientôt le *canon de l'Empereur*. Là il considérait la mer azurée des tropiques, et se regardait marcher vers la tombe où devait s'ensevelir sa merveilleuse destinée, comme un astre qu'il aurait vu coucher. Il n'avait aucun doute, en effet, sur l'avenir qui lui était réservé, et se disait que là-bas, vers ce sud où tendait son vaisseau, il trouverait non pas une relâche passagère, mais la mort après une agonie plus ou moins prolongée. Devenu pour ainsi dire spectateur de sa propre vie, il en contemplait les phases diverses avec une sorte d'étonnement, tour à tour s'accusant, s'absolvant, s'apitoyant sur lui-même, comme il aurait fait à l'égard d'un autre, toujours confiant dans l'immensité de sa gloire, et toujours persuadé que dans les vastes horizons de l'histoire du monde, il n'y avait presque rien d'égal à la bizarre grandeur de sa destinée! De ces longues rêveries il sortait rarement amer ou irrité, mais souvent poussé par le spectacle saisissant de sa vie à en raconter les circonstances les plus frappantes. Il rejoignait alors ses compagnons d'infortune, s'adressait à celui dont le visage répondait le plus à son impression du moment, et se mettait à faire le récit, toujours avidement écouté, de telle ou telle de ses actions. Chose singulière et pourtant explicable, c'étaient les deux extrémités de sa carrière qui revenaient en ce moment à son esprit! Ou il parlait du dernier événement, qui retentissait dans son âme comme un son violent dont les vibrations n'avaient pas encore cessé, c'est-à-dire de Waterloo, ou bien il reportait son esprit vers ses glorieux débuts en Italie, débuts qui avaient enchanté sa jeunesse, et lui avaient pronostiqué un si grand avenir. S'il cédait à ses impressions les plus récentes et parlait de Waterloo, c'était pour se demander ce qui avait pu égarer certains de ses lieutenants dans cette journée fatale, et leur inspirer une si étrange conduite! — Ney, d'Erlon, Grouchy, s'écriait-il, à quoi songiez-vous? — Alors, sans récriminer, sans chercher à jeter ses fautes sur autrui, il se demandait com-

Août 1815.

Longues méditations de Napoléon pendant cette traversée.

Exclamations qui lui échappent

ment Ney avait pu sans ordre, et deux heures trop tôt, essayer de frapper le coup décisif en lançant sa cavalerie, et il n'en trouvait d'autre explication que le trouble qui s'était emparé de cette âme héroïque. Quant à d'Erlon, si excellent officier d'infanterie, il ne s'expliquait guère sa manière de disposer ses divisions dans cette journée, et du reste ne mettait en doute ni son courage, ni son dévouement, ni ses talents. Il déplorait ces erreurs sans se plaindre, et s'il devenait un peu plus sévère, c'était pour Grouchy, car les fautes de Ney et de d'Erlon n'étaient pas, disait-il, irréparables, tandis que celle de Grouchy avait été mortelle. Ne contestant ni sa fidélité ni son courage qui ne pouvaient être contestés, il déclarait inexplicable son absence de Waterloo, et ne sachant pas ce que nous avons su depuis, il s'épuisait à en chercher les motifs sans les découvrir. Il s'en prenait alors à la fatalité, dieu silencieux que les hommes accusent volontiers parce qu'il ne répond point; mais en descendant au fond de lui-même, il voyait bien que cette fatalité n'était autre, après tout, que la force des choses réagissant contre les violences qu'il avait voulu lui faire subir. Il semblait du reste sincèrement persuadé que, les Anglais vaincus à Waterloo, l'Europe aurait ressenti une profonde émotion, que, bien qu'elle parût implacable, elle aurait probablement fait d'utiles réflexions; qu'en tout cas, sous l'influence du succès, les ressources qu'il avait préparées auraient suffi pour repousser à leur tour les Russes et les Autrichiens, et, ne méconnaissant ni la gravité de la situation, ni l'épuisement de la France, ni l'acharnement de l'Europe, il répétait avec douleur que sans la faute d'un homme la cause nationale aurait pu triompher!

Pourtant il ne revenait pas volontiers sur ce sujet, et lorsqu'il y était amené, c'était sous l'empire d'impressions trop récentes, trop fortes pour être dominées, comme un homme qui tombé dans un précipice, ne peut s'empêcher de rechercher le faux pas qui l'y a conduit. Il revenait plus volontiers sur ses jeunes années, sur son éducation à Brienne, sur les signes de génie militaire déjà donnés au siége de Toulon, sur les jouissances que lui avaient fait éprouver ses premiers succès! Il s'animait alors, et contait avec un charme et un éclat qui ravissaient ceux qui l'écoutaient, l'ancienne origine de sa famille qui remontait aux républiques d'Italie, sa préférence instinctive pour la France quand la Corse était disputée entre plusieurs maîtres, son entrée au collége de Brienne, son goût pour l'étude, sa logique naissante qui étonnait dans un enfant de son âge, sa taciturnité, son orgueil qui lui avait rendu insupportable la seule punition qu'il eût encourue à l'école, son avenir plus d'une fois entrevu par quelques-uns de ses maîtres, son entrée au régiment, ses relations à Valence, ses premières affections pour une jeune dame qu'il avait retrouvée plus tard, et qu'il avait eu la satisfaction de tirer d'une situation pénible, son arrivée devant Toulon, et là le commencement des jouissances de la gloire, lorsque entouré de conventionnels violents, de généraux ignorants, il avait saisi d'un coup d'œil le vrai point d'attaque, le fort de l'Éguillette, obtenu la permission de l'enlever, et décidé par cette manœuvre la retraite des Anglais! Que de présages heureux alors! que de rêves enivrants, et cependant mille fois surpassés par la réalité! Ainsi, après avoir consacré ses matinées à la lecture, il finissait ses journées sur le pont du *Northumberland*, tantôt le parcourant à grands pas, tantôt captivant par ses récits ceux qui avaient voulu partager son infortune, ou bien couché sur son canon de prédilection, regardant le sillage du vaisseau qui le portait vers sa dernière demeure.

Tandis que le temps s'écoulait de la sorte, on avait traversé le golfe de Gascogne, doublé les caps Finistère et Saint-Vincent, et pris la direction des îles africaines, par un vent favorable mais faible. La navigation était lente, la chaleur extrême. Napoléon en souffrait sans se plaindre. Le 23 août, on atteignit Madère, et on voulut s'y arrêter pour y prendre des vivres frais. Mais tout à coup une violente bourrasque de vent d'Afrique obligea de mettre à la voile, pour ne pas essuyer la tourmente sur ses ancres. Elle fut telle que la frégate *la Havane* et le brick *le Furet* furent séparés de la division, et contraints de naviguer pour leur compte. Après quarante-huit heures, on revint mouiller à Madère, et embarquer les rafraîchissements dont on avait besoin. Les habitants maltraités par la dernière bourrasque, et superstitieux comme des Portugais, attribuaient à la présence de Napoléon le dommage qu'ils avaient souffert. C'était, disaient-ils, l'homme des tempêtes, qui ne pouvait apparaître quelque part sans y apporter la désolation. Le 29 août on traversa les tropiques. Le 23 septembre on atteignit l'équateur, et il est inutile de dire que Napoléon fut seul excepté des usages auxquels les marins soumettent tous ceux qui passent la ligne pour la première fois. Il les en dédommagea en leur faisant distribuer 500 louis, ce qui porta leur joie jusqu'au délire. Les matelots du *Northumberland* qui ne le connaissaient que par les récits de la presse anglaise, laquelle s'était appliquée pendant quinze ans à le représenter comme un monstre, éprouvaient en le voyant paisible, doux, bienveillant, une surprise croissante, et avec leur naïve pénétration devinant son chagrin contenu mais visible, lui donnaient mille preuves touchantes de sympathie. Ils mettaient un grand soin à tenir propre le canon sur lequel il avait coutume de s'asseoir, et dès qu'il s'en approchait ils s'éloignaient par respect pour sa solitude et ses pensées.

Sept. 1815.

Napoléon avait continué à raconter les premiers temps de sa vie, sa proscription après le 9 thermidor, ses relations avec les chefs du Directoire, les explications qu'il leur donnait chaque jour en leur remettant les dépêches arrivées des armées, l'opinion qu'il leur avait inspirée de son intelligence de la guerre, l'espèce d'entraînement qui les avait portés tous à lui décerner le commandement de Paris dans la journée de vendémiaire, puis quelques mois après le commandement de l'armée d'Italie, son apparition à Nice au milieu de vieux généraux jaloux de son élévation, mais bientôt subjugués lorsqu'ils l'avaient vu se placer par un prodige d'habileté entre les Piémontais et les Autrichiens,

Napoléon se rappelle ses souvenirs d'Italie.

jeter les uns sur Turin, les autres sur Gênes, franchir le Pô, et s'établir sur l'Adige, où pendant une année entière il était resté invincible pour les armées de l'Autriche! Il revivait, il avait vingt-six ans, et retrouvait toute la flamme de la jeunesse en faisant lui-même ces récits enivrants. Et, chose singulière! s'il avait un véritable plaisir à raconter de vive voix ses merveilleuses actions, à se procurer ainsi une sorte de mirage qui faisait reluire à ses propres yeux les temps de sa jeunesse, il n'éprouvait aucun penchant à les écrire, bien différent en cela de ce qu'il avait paru disposé à faire lors de son départ pour l'île d'Elbe. A cette époque, au moment de quitter Fontainebleau, l'idée d'écrire son histoire, à l'exemple de tant d'autres grands hommes, lui avait apparu tout à coup comme un dernier but qui n'était pas indigne de lui. Maintenant au contraire, ni sa gloire ni celle de ses compagnons d'armes ne semblait l'intéresser. C'est qu'il était bien changé depuis l'île d'Elbe, bien descendu dans l'abîme où devait s'enfoncer et finir sa grande destinée! A l'île d'Elbe l'atteinte du malheur était nouvelle pour lui, elle l'excitait sans l'abattre, car à son insu et au fond de son âme se cachait une dernière espérance. Mais après cette apparition du 20 mars, après Waterloo, quel avenir pouvait-il rêver encore?... Parvint-il à rompre la lourde chaîne dont les Anglais avaient chargé ses mains, à traverser sain et sauf le vaste Océan, où pourrait-il descendre, seul, sans même une poignée de braves pour l'aider à mettre pied à terre? Et la France, qui l'avait accueilli alors, voudrait-elle se prêter à un troisième essai, quand le second avait été si désastreux? L'âme humaine se défend longtemps avant de déposer toute espérance, et il n'y a presque pas d'exemple dans l'histoire d'une grande âme dans laquelle l'espérance se soit complétement éteinte. Marius sur les ruines de Carthage, Pompée après Pharsale, Annibal après Zama, espéraient encore, et avaient des motifs d'espérer. Mais après Waterloo, Napoléon pouvait-il attendre quelque chose encore de la fortune? Aussi jamais découragement n'égala le sien, et s'il cachait le néant de sa vie à ses fidèles serviteurs, il le sentait profondément, et dans cet état il était incapable du travail qu'exige une grande composition. Il pouvait bien raconter son histoire de vive voix, lorsque excité par la vivacité de ses souvenirs il n'avait qu'à céder à son éloquence naturelle, mais la composer, la préciser, l'écrire enfin, était un effort dont il n'avait ni le courage ni même le goût. Renonçant pour jamais à figurer sur la scène du monde, il semblait qu'il fût indifférent à la manière de figurer devant la postérité. Souvent ses compagnons d'exil, transportés après l'avoir entendu, le pressaient d'écrire ce qu'il venait de dire avec tant de puissance et de chaleur. Gourgaud, Las Cases, Montholon, Bertrand, le suppliaient de prendre la plume, lui offraient de la tenir eux-mêmes au besoin, d'écrire sous sa brûlante dictée presque aussi vite qu'il parlerait, et de donner ainsi à la fin de sa vie ce noble et dernier emploi : il résistait comme si sa gloire même n'eût pas mérité un effort. — Que la postérité, disait-il, s'en tire comme elle pourra. Qu'elle recherche la

Sept. 1815.

Les instances de ses compagnons finissent par l'emporter, et il se décide à écrire ses Mémoires.

vérité si elle veut la connaître. Les archives de l'État en sont pleines. La France y trouvera les monuments de sa gloire, et si elle en est jalouse, qu'elle s'occupe elle-même à les préserver de l'oubli... — Puis, dans son âme engourdie, une flamme d'orgueil jaillissant tout à coup, J'ai confiance dans l'histoire! s'écriait Napoléon; j'ai eu de nombreux flatteurs, et le moment présent appartient aux détracteurs acharnés. Mais la gloire des hommes célèbres est, comme leur vie, exposée à des fortunes diverses. Il viendra un jour où le seul amour de la vérité animera des écrivains impartiaux. Dans ma carrière on relèvera des fautes sans doute, mais Arcole, Rivoli, les Pyramides, Marengo, Austerlitz, Iéna, Friedland, *c'est du granit, la dent de l'envie n'y peut rien!*... — Napoléon affichait ainsi une immense confiance dans l'histoire, même au sein de ce profond mais tranquille désespoir qui constituait l'état actuel de son âme. Pourtant on lui disait que l'histoire il fallait l'éclairer, que lui seul le pouvait, qu'autrement une partie de ses grandes pensées s'évanouirait, que ce serait là un noble et utile aliment à sa puissante activité, et qu'au surplus ils l'aideraient tous à élever ce beau monument. Peu à peu, à force d'entendre les mêmes exhortations, et surtout à force de découragement, il avait fini par reprendre goût à quelque chose, car l'âme humaine ou quitte cette terre, ou si elle y demeure finit par s'attacher à quelque objet, et peut parfois trouver un dernier plaisir à arroser des plantes ou à régler des horloges, comme Dioclétien ou Charles-Quint. Napoléon consentit donc à entreprendre enfin cette tâche qu'il s'était proposée en partant pour l'île d'Elbe. Ne pouvant dominer la fougue de son esprit jusqu'à l'obliger à suivre les mouvements trop lents de sa main, il était incapable d'écrire, ou bien il traçait des caractères illisibles. Il se mit donc à dicter en débutant par les campagnes d'Italie, pour lesquelles il eut recours à la plume de M. de Las Cases. Son projet était de distribuer les diverses parties de son histoire entre ses compagnons d'exil, pour que tous participassent à l'honneur de ce travail, et eussent le temps de le revoir, et de le mettre au net. Cependant, oppressé par les souvenirs de Waterloo, et comme pour en soulager son cœur, il résolut de dicter au général Gourgaud le récit de la campagne de 1815, et il commença immédiatement cette partie de sa tâche. Le temps ne lui manquait pas, car la navigation s'était allongée par les efforts mêmes de l'amiral pour l'abréger. A cette époque, dans l'état de l'art nautique, une fois l'équateur franchi, on se laissait porter par les vents alizés jusque dans le voisinage des côtes du Brésil, puis descendant au sud on tâchait de rencontrer des vents variables d'ouest pour revenir sur Sainte-Hélène. L'amiral Cockburn pressé d'arriver, pour son hôte encore plus que pour lui-même, avait imaginé de suivre une autre route. En se tenant près des côtes d'Afrique, et en s'engageant dans le rentrant du golfe de Guinée, on trouve quelquefois des vents variables d'ouest qui portent vers l'Afrique, après quoi retrouvant les vents d'est, on est poussé vent arrière sur Sainte-Hélène. L'amiral avait donc adopté cette direction. Elle ne lui avait d'abord que trop

Sept. 1815.

Napoléon dicte à M. de Las Cases la première campagne d'Italie, et au général Gourgaud la campagne de 1815.

Longueur de la navigation.

Sept. 1815.

bien réussi, car il s'était enfoncé dans le golfe de Guinée jusqu'à toucher presque au Congo. Il y avait essuyé des orages, une chaleur suffocante, et des lenteurs qui faisaient même murmurer son équipage. Napoléon, qui n'avait pas grand intérêt à voir finir cette navigation, car pour lui arriver c'était passer d'une prison dans une autre, employait le temps à dicter. Ses matinées s'écoulaient avec M. de Las Cases ou avec le général Gourgaud, auxquels il dictait tantôt le récit des campagnes d'Italie, tantôt celui de la campagne de 1815. Ces messieurs n'osant l'interrompre, suivaient sa parole le mieux qu'ils pouvaient, et puis se retiraient pour recopier en caractères lisibles des dictées saisies pour ainsi dire au vol. Ils les soumettaient le lendemain à Napoléon, qui les revoyait attentivement, tantôt abrégeant ce qui était trop étendu, tantôt développant ce qui était trop sommairement exposé, et mettant un grand soin à veiller à la correction du langage, à laquelle il était devenu extrêmement sensible en avançant en âge. Une chose seule le contrariait dans la suite de son travail, c'était le défaut de documents auxquels il pût se reporter soit pour les dates, soit pour certains détails. Comme tous ceux qui ont beaucoup agi, et qui ont beaucoup à retenir, il se trompait quelquefois sur la date des faits, et les intervertissait, du reste rarement. Mais sur le caractère des événements, sur leur importance, sur les lieux, sur les hommes, sa mémoire était infaillible, et il les retraçait avec une vérité saisissante. Il regrettait aussi de n'avoir pas ses ordres, ses lettres surtout, qui jettent un si grand jour sur ses opérations, sur leurs motifs, et qui permettent de retrouver sa pensée, lui mort, comme s'il vivait encore. La privation de ces divers documents le dépitait parfois, sans le détourner néanmoins d'un travail qui était devenu son unique ressource. Il ne s'en reposait qu'en se livrant à des lectures, dont les grandes productions de l'esprit humain étaient l'objet exclusif. Marchand avait eu soin d'emporter sa bibliothèque de campagne, qui était malheureusement fort restreinte. Un jour, tandis qu'il exprimait le regret de n'avoir pas une bibliothèque mieux fournie, on aperçut un vaisseau de commerce qui s'approchait du *Northumberland*. M. de Las Cases se souvint alors de la précaution qu'il avait prise d'expédier une caisse de livres pour le Cap. — C'est peut-être, dit-il à Napoléon, le bâtiment qui porte mes livres. — C'était ce bâtiment en effet, et la caisse recueillie au passage, remise à bord, ouverte immédiatement, causa à l'illustre captif, qui ne pouvait plus avoir que des jouissances d'esprit, l'une de ces petites satisfactions qui allaient composer désormais tout son bonheur.

Il y avait près de soixante-dix jours qu'on avait quitté les côtes d'Angleterre, et ayant enfin rencontré les vents du sud-est qui soufflent du Cap, on fut porté vent arrière sur Sainte-Hélène. Le 15 octobre, à la pointe du jour, à une distance de douze lieues en mer, on aperçut un pic tout entouré de nuages : c'était le pic de Diane qui domine l'île de Sainte-Hélène. Napoléon était enfin arrivé aux portes de sa prison. A midi à peu près on jeta l'ancre dans la petite rade de *James-Town*, et on aperçut une côte triste, sombre, hérissée de rochers, qui

Octob. 1815.

Arrivée le 15 octobre en vue de Sainte-Hélène.

Aspect de l'île.

Octob. 1815.

eux-mêmes étaient hérissés de canons. La frégate *la Havane* et le brick *le Furet*, séparés de la division à Madère, avaient devancé de dix-sept jours le vaisseau amiral. Ils avaient annoncé la prochaine arrivée des prisonniers, transmis les ordres de Londres, débarqué une partie des troupes, et l'île, d'aspect ordinairement pacifique, avait pris tout à coup un aspect de guerre à l'approche de l'homme de la guerre, qu'elle était destinée à renfermer et à consumer sous son ciel dévorant.

Sa constitution, son climat, ses produits.

L'île de Sainte-Hélène est le résultat d'une éruption volcanique qui a jailli au milieu de l'océan Atlantique, dans l'hémisphère sud, un peu avant le tropique du Capricorne. L'île, ayant de neuf à dix lieues de circonférence, entourée partout de côtes inaccessibles, s'annonce par des rochers saillants, arides, portant au ciel leurs têtes noirâtres, et dominés par le pic de Diane qui les surpasse tous. Au sein de ces vastes plaines de l'Océan, Sainte-Hélène offrant aux vapeurs le seul point qui puisse les arrêter, les fixe autour d'elle, et se montre constamment au sein des brouillards. Le volcan, père de cette île, a eu son cratère tourné au nord, et ce cratère, situé au pied même du pic de Diane, se présente refroidi mais béant au voyageur arrivant d'Europe. Plusieurs vallées s'en détachent, étroites, longues, parallèles, aboutissant à la mer comme des ruisseaux destinés jadis à y porter la lave, et formant de petites criques, dont une, un peu plus spacieuse que les autres, constitue le port de James-Town, le seul abordable de l'île. Sur le revers sud s'étendent des plateaux, séparés entre eux par des ravins profonds, taillés à pic le long de la mer, par conséquent inaccessibles, et exposés au vent du sud-est qui souffle du Cap. Aussi tandis que dans les étroites vallées du nord il coule un peu d'eau, venant des nuages que le pic de Diane attire à lui, tandis qu'il s'y développe un peu de verdure, qu'il y règne un peu de fraîcheur, sur le revers opposé les plateaux tournés vers le sud sont incessamment balayés par un vent chaud et sec, dépourvus d'eau et de gazon, à peine recouverts d'une maigre végétation toujours penchée sous la constance du vent, et ne donnant presque pas d'ombre sous un ciel où il en faudrait beaucoup. Telle est Sainte-Hélène, chaude, venteuse et sèche sur les plateaux inclinés au sud, un peu moins aride dans les vallées dirigées vers le nord, triste partout, point malsaine pour le corps habitué à y vivre, mais mortelle pour l'âme qui a vécu au milieu des grands spectacles du monde civilisé. Sur ce rocher stérile, situé à une immense distance des divers continents, des colons n'auraient pas eu beaucoup à faire, et en effet il ne s'en est guère établi à Sainte-Hélène. Pourtant comme les bâtiments venant des Indes y sont portés par le vent du Cap, et qu'après une longue traversée le navigateur aime à poser le pied sur un sol ferme, à respirer l'air de terre, à voir la verdure, à savourer quelques fruits, à goûter quelques aliments frais, les convois de la Compagnie des Indes s'y arrêtent volontiers, comme dans une hôtellerie placée pour eux au milieu de l'Océan. Aussi parmi les quatre mille habitants de Sainte-Hélène, dont trois mille occupent le petit port de James-

Town, ne s'est-il développé qu'une industrie, consistant à nourrir un peu de bétail apporté du Cap, à cultiver quelques légumes et quelques fruits, et n'y a-t-il qu'une joie dans l'année, c'est celle qui éclate lorsque les convois de l'extrême Orient revenant en Europe s'y arrêtent un instant pour s'y reposer, s'y rafraîchir, plaisir qu'ils payent d'un peu de l'argent gagné en Asie.

Tel est le lieu où Napoléon devait terminer sa vie. C'est toujours pour les navigateurs, d'où qu'ils viennent, où qu'ils aillent, une joie d'arriver. Pour la première fois peut-être ce sentiment ne fut point éprouvé à bord du *Northumberland*, du moins parmi les illustres passagers qu'il venait de transporter. Leur sentiment fut celui de prisonniers apercevant la porte de la prison qui va se refermer à jamais sur eux. La population de l'île était tout entière sur le quai, et aurait composé une foule si son nombre l'avait permis. Napoléon monta sur le pont, et regarda tristement ce séjour abrupte, noirâtre, où il allait s'ensevelir tout vivant. Il n'exprima aucun désir, et laissa le soin à l'amiral de prononcer sur l'instant de sa mise à terre, et sur le lieu où il devait séjourner provisoirement. L'amiral se hâta de quitter son vaisseau pour aller chercher un pied-à-terre où Napoléon pût prendre gîte, en attendant qu'on eût préparé son établissement définitif. L'amiral employa deux journées à cette recherche, et vint en s'excusant de ce retard annoncer à Napoléon la découverte d'une maison petite mais suffisante, dans laquelle il pourrait jouir immédiatement du plaisir d'être à terre. Le 17 octobre Napoléon quitta le *Northumberland*, fort regretté de l'équipage, qu'il remercia des soins dont il avait été l'objet. Arrivé à la petite maison que l'amiral lui avait choisie, il la trouva tellement exposée aux regards des habitants qu'il jugea impossible d'y rester plus d'une ou deux journées. L'amiral lui promit de s'occuper dès le lendemain d'en chercher une mieux placée, et dans laquelle il serait garanti des regards des curieux.

Il existait une habitation dans laquelle Napoléon aurait été convenablement établi, c'était celle de *Plantation-House*, joli château destiné au gouverneur de l'île, situé dans une vallée fraîche et ombragée, parce qu'elle s'ouvrait au nord, et joignant à l'avantage du site celui d'une construction élégante et suffisamment vaste. Avec le moindre respect des convenances, c'est celle qu'on aurait dû choisir, mais par un sentiment d'inexplicable mesquinerie, en prêtant l'île de Sainte-Hélène à l'État, la Compagnie des Indes avait fait réserve du château du gouverneur, et par une insouciance plus inqualifiable encore, lord Bathurst n'avait pas songé à exiger d'elle ce sacrifice. Par ces motifs, Plantation-House, où Napoléon aurait trouvé tout de suite une retraite saine et décente, avait été exclu des choix qu'on aurait pu faire. Il restait sur l'un des plateaux du sud, celui de *Longwood*, une ferme de la Compagnie, servant de résidence au sous-gouverneur, et qui pouvait, moyennant qu'on y ajoutât quelques constructions, recevoir une vingtaine de maîtres et de domestiques. Le plateau de Longwood était assez étendu pour la promenade à pied et à cheval, couvert en partie d'un bois de gommiers, mais malheu-

Octob. 1815.

débarque le 17 octobre à Sainte-Hélène.

Il y avait à Sainte-Hélène une habitation convenable, celle de *Plantation-House*.

Pourquoi elle n'est pas réservée à Napoléon.

Choix du plateau de *Longwood*, où l'on doit

reusement tourné au sud-est, et exposé au vent du Cap. C'était là un inconvénient qui devait être infiniment sensible avec le temps, mais au premier aspect, ce plateau n'avait rien de désagréable. Il présentait un campement commode et sain pour les troupes destinées à veiller sur la demeure de Napoléon, et enfin les côtes qui le terminaient vers la mer étaient à peu près inaccessibles. C'étaient là pour l'amiral de suffisantes raisons de préférence ; aussi le proposa-t-il à Napoléon en lui offrant d'aller y faire une course à cheval, pour qu'il pût juger si le lieu lui convenait. Napoléon accepta cette proposition, se rendit le lendemain à Longwood en compagnie de l'amiral, et y trouvant, après plusieurs mois de mer, un peu de terre et de verdure, et surtout une solitude où les regards des curieux ne pourraient le découvrir, agréa cet emplacement, et consentit à ce qu'on entreprît les travaux qui pouvaient le rendre habitable.

En remontant de James-Town jusqu'au pic de Diane pour se rendre à Longwood, Napoléon avait remarqué dans cette vallée assez fraîche un petit pavillon qui lui avait plu. Au retour de Longwood il le visita, et exprima le désir de s'y établir temporairement. Le propriétaire était un négociant du pays, résidant avec sa famille dans une maison voisine. Il offrit avec empressement le pavillon, dans lequel Napoléon voulut s'établir sans aucun délai. Il fallait qu'il consentît à dormir, manger, travailler dans la même pièce, mais elle s'ouvrait sur une jolie vallée, et il prit en bonne part ce chétif logement que dans le pays on appe-

Octob. 1815.

construire des bâtiments d'habitation.

Établissement provisoire à Briars.

lait *Briars*. Ne sachant comment abriter quelques-uns de ses domestiques, on eut recours à une tente qui fut dressée à côté du pavillon. Le plus grand inconvénient de ce séjour, c'était de séparer Napoléon de ses compagnons d'infortune, lesquels pour le voir étaient obligés chaque jour de faire un assez long trajet. On parvint cependant à trouver un réduit pour M. de Las Cases, que Napoléon tenait à avoir auprès de lui, parce qu'il lui dictait en ce moment le récit des campagnes d'Italie. Il avait donc l'indispensable, et ne tenait aucun compte des privations physiques, ayant essuyé bien pis dans ses longues et terribles guerres. Il est vrai que le danger et la gloire relevaient tout alors, et qu'aujourd'hui la dure captivité aurait empoisonné même l'abondance et les plaisirs. Il en sentit, hélas, à cette époque une première et dure rigueur! Jusqu'ici, empereur à bord du *Bellérophon*, général en chef sur *le Northumberland*, il avait pu se croire libre, car le navire était une prison flottante dans laquelle ses propres gardiens étaient aussi captifs que lui. Aucune surveillance n'avait donc été exercée à bord du *Northumberland*. Mais une fois qu'on fut à terre, l'amiral, inquiet pour sa responsabilité, n'osa pas laisser à son prisonnier l'île pour prison. Elle avait neuf à dix lieues de circonférence tout au plus, des côtes presque inabordables, n'était guère accessible que par le petit port de James-Town sévèrement gardé, et était entourée en outre d'une croisière nombreuse. Si donc Napoléon avait cherché à s'évader, il lui eût été bien difficile, surtout dans les premiers jours, avant d'avoir pu se

Octob. 1815.

Privations auxquelles Napoléon se trouve exposé à Briars.

Napoléon une fois à terre est condamné à une surveillance qui lui est très-pénible.

Octob. 1815.

ménager des complices, de disparaître tout à coup, et de trouver un bâtiment qui le transportât en Amérique. Néanmoins, voulant avoir la certitude physique et continue de sa présence, l'amiral entoura Briars de sentinelles qui ne devaient pas perdre de vue ceux qui l'habitaient. L'œil perçant de Napoléon les eut bientôt découvertes, et ce fut pour lui l'une des plus vives, des plus douloureuses impressions de sa captivité. L'amiral, rempli d'ailleurs des meilleures intentions, avait bien prévu que Napoléon qui avait passé sa vie à cheval, et obligé ses contemporains à y passer la leur, ne pourrait se priver de cet exercice, et il s'était procuré en conséquence trois chevaux de selle assez bons, tirés du Cap comme tous ceux qu'on avait dans l'île. Napoléon était disposé à s'en servir, mais quand il vit qu'un officier anglais s'apprêtait à mettre le pied à l'étrier pour le suivre, il ne voulut plus de cette distraction, quelque nécessaire qu'elle fût à son corps et à son esprit, et il ordonna de renvoyer les chevaux. Faisant cependant la réflexion fort naturelle que l'amiral serait ainsi bien mal récompensé d'une attention délicate, il revint sur son ordre, et garda les chevaux sans en user.

Il ne veut pas monter à cheval, parce qu'il est suivi.

Certains juges ont blâmé Napoléon de sentir ces souffrances, ou de laisser voir qu'il les sentait. Il est aisé de parler des maux d'autrui, et d'enseigner comment il faudrait les supporter. Pour moi que la vue de la souffrance d'autrui affecte profondément, je ne sais guère blâmer ceux qui souffrent, et je n'aurais pas le courage de rechercher si tel jour, à telle heure, de nobles victimes, torturées par la douleur, ont manqué de l'attitude impassible qu'on désirerait leur imposer. Je ne sais pas de plus touchantes victimes que Pie VII, que Louis XVI, que Marie-Antoinette, et il est tel instant que je voudrais supprimer de leur cruelle agonie. Le corps humain n'est pas bon à voir dans les convulsions de la douleur physique. L'âme humaine n'est pas meilleure à voir dans certains instants de la douleur morale, et il faut jeter sur elle le voile d'une compassion respectueuse. Si Napoléon eût été un anachorète chrétien, on aurait pu lui dire : Courbez la tête sous le soufflet des bourreaux. — Mais cette âme indomptable à la fatigue, aux souffrances physiques, aux dangers, tombée de si haut, frémissait sous les humiliations, et il faut pardonner ces premiers tressaillements d'impatience à l'homme qui, ayant vu pendant quinze ans les rois à ses pieds, était maintenant plongé dans leurs fers. Ses compagnons eurent le tort de contribuer à l'irriter en lui racontant comment ils étaient traités à James-Town. Surveillés dans leurs moindres mouvements, partout suivis d'un soldat, ils éprouvaient des gênes insupportables, et se plaignirent vivement à leur maître infortuné, qui fut affecté de leurs peines plus que des siennes. Napoléon, ne se contenant plus, et répétant ce qu'il avait dit à lord Keith, s'écria qu'on violait en lui le droit des gens et l'humanité; qu'il n'était pas prisonnier de guerre, car il s'était volontairement confié aux Anglais après avoir fait à leur générosité un appel dont ils n'étaient pas dignes; qu'il aurait pu se jeter sur la Loire, y continuer la guerre, la rendre atroce, ou bien se livrer à son beau-père, à son ancien ami l'empereur Alexandre, qui auraient bien été forcés par la loi du sang ou par celle de l'honneur de le traiter avec égards; que les Anglais n'avaient donc pas sur lui les droits qu'on a sur les prisonniers; que d'ailleurs ce droit cessait avec la guerre, qu'enfin il y avait envers les prisonniers des ménagements mesurés à leur rang, à leur situation, dont on ne s'écartait jamais. Napoléon, se rappelant à cette occasion comment il avait agi autrefois avec l'empereur d'Autriche, avec le roi de Prusse qu'il aurait pu détrôner, avec l'empereur de Russie qu'il avait pu faire prisonnier à Austerlitz, et auxquels il avait épargné la plupart des conséquences de leurs désastres, comparait amèrement leur conduite à la sienne, oubliant dans ces plaintes éloquentes la véritable cause de traitements si différents, oubliant qu'Alexandre, Frédéric-Guillaume, François II, lorsqu'il les traitait si bien, ne lui inspiraient aucune crainte, tandis que lui, au contraire, tout vaincu qu'il était, faisait peur au monde, qu'il devait par conséquent à son génie, et à l'abus de ce génie, l'étrange forme de captivité à laquelle il était réduit. Après cet emportement qui l'avait soulagé, il s'écria tout à coup : Du reste, pour moi, il ne m'appartient pas de réclamer. Ma dignité me commande le silence, même au milieu des tourments, mais vous à qui tant de réserve n'est pas commandée, plaignez-vous. Vous avez des femmes, des enfants, qu'il est inhumain de faire souffrir de la sorte, et qui motivent suffisamment toutes les réclamations que vous pourrez élever. —

L'amiral   Ils se plaignirent en effet, et l'amiral qui avait le visage, mais point le cœur sec, fit de son mieux pour leur rendre supportable le séjour de James-Town. Il ne se relâcha point de sa surveillance, car sa responsabilité le faisait trembler; mais il prescrivit à ses officiers les plus grands égards, sans renoncer cependant à la précaution essentielle de ne jamais perdre de vue le principal des prisonniers.

Octob. 1815.

Cockburn fait ce qu'il peut pour adoucir la situation des exilés.

Après quelques jours la situation s'améliora un peu. Successivement on établit à Briars une partie des compagnons de Napoléon, et on facilita leurs rapports avec lui. Il put les recevoir à sa table, reprendre son travail avec eux, occuper enfin cet esprit dévorant qui le dévorait lui-même quand on ne lui donnait pas d'autre aliment. Il reprit ses entretiens, et essaya quelques promenades à pied qu'on lui laissa faire sans le suivre, voyant qu'à pied il ne pourrait aller bien loin. Il se mit à parcourir les petites vallées parallèles à celle de James-Town, et tournées au nord. Abritées contre le vent du sud et le soleil, elles étaient, comme nous l'avons dit, fraîches, ombragées, et terminées par des vues assez pittoresques. Un jour Napoléon, s'étant fort éloigné, s'arrêta dans le modeste cottage d'un militaire anglais, le major Hudson. Il s'y montra doux et simple, fut accueilli avec respect, et sortit fort touché de la réception cordiale qu'on lui avait faite. Mais il était loin de Briars, et on lui prêta des chevaux pour y revenir. Il fit ainsi une assez longue course à cheval, ce qui ne lui était point arrivé depuis bien du temps, et parut y prendre quelque plaisir. Peu à peu il s'habitua au singulier gîte où il était établi, se figurant que bientôt il en aurait un

Napoléon commence à s'habituer à cette situation.

plus supportable, et y vécut comme à l'un de ces nombreux bivouacs où il avait passé une partie de son orageuse vie.

L'hôte chez lequel Napoléon était descendu, commerçant de condition obscure, mais de cœur excellent, s'étudiait à le faire jouir de son jardin et de sa modeste société. Il avait deux jeunes filles parlant un peu le français, fort animées, fort innocentes, chantant médiocrement, mais avec l'heureuse humeur de la jeunesse. Elles venaient voir l'empereur déchu, le questionnaient avec l'ignorance de leur âge et de leur condition, puis lui jouaient des airs italiens sur un instrument très-peu harmonieux. Napoléon écoutait et répondait à leurs questions naïves avec une extrême bonté. L'une d'elles, qui avait rencontré dans un roman historique le nom de Gaston de Foix, et qui prenait le héros de Ravenne pour un général de l'Empire, lui demandait si Gaston était bien brave, et s'il était mort. — Oui, répondait Napoléon avec une patience toute paternelle, il était brave, et il est mort. — Il s'intéressait à ces enfants comme aux oiseaux voltigeant dans son jardin. C'étaient là désormais ses seules distractions : il n'en devait ni trouver, ni rechercher, ni désirer d'autres !

Les mois d'octobre et de novembre s'écoulèrent ainsi, paisiblement mais tristement, comme allaient s'écouler toutes les années de cette captivité sans exemple. A cette époque arrivèrent les premiers courriers d'Europe. Les exilés reçurent de leurs familles des nouvelles qui furent pour eux un doux soulagement. Napoléon seul n'en reçut point de la sienne. Sa mère, ses frères, ses sœurs, dispersés, fugitifs, réduits à se cacher, n'avaient pu se procurer les moyens de lui écrire. Marie-Louise n'avait pas même songé à l'entretenir de son fils. Les nouvelles intéressantes pour lui furent celles des journaux. Elles lui parlaient de la France avec beaucoup de détail, et elles le touchèrent profondément. Les Bourbons, entrés si doucement en France en 1814, rentraient cette fois la colère au cœur, et une funeste illusion dans l'esprit. Ils croyaient qu'une vaste conspiration les avait seule expulsés au 20 mars, et qu'il était à la fois juste et politique de la punir. Les journaux annonçaient de nombreux exils, de nombreuses arrestations parmi les hommes les plus dévoués à Napoléon, et tous compromis à cause de lui. Ney, La Bédoyère, Drouot, Lavallette, étaient menacés de poursuites rigoureuses et d'exécutions sanglantes. Napoléon fut fort ému du sort qui menaçait ces trois derniers qu'il aimait sincèrement, et quant à Ney, pour lequel il avait moins d'affection, mais dont il admirait l'énergie guerrière, il ressentit de son malheur une pitié profonde. Il fut non pas blessé, mais affligé du système de défense qu'on semblait adopter pour l'infortuné maréchal. Avec cette logique puissante qui éclatait dès qu'il raisonnait sur un sujet, il indiqua tout de suite le vrai système de défense à employer. — On se trompe, dit-il, si on croit adoucir les juges de Ney en le présentant comme mon ennemi, en rappelant sa conduite à Fontainebleau. Il n'y a qu'une manière de sauver Ney, s'il y en a une, c'est de faire éclater en sa

Nov. 1815.

Intérêt qu'éprouve Napoléon pour Ney, La Bédoyère, Drouot, Lavallette, qu'il sait poursuivis.

Comment il comprend la défense de Ney.

faveur toute la force de la vérité. Ney n'a point conspiré, car personne n'a conspiré. A son départ de Paris, il voulait m'arrêter. Il le voulait à Lons-le-Saulnier encore, et il aurait réalisé son intention, si les troupes et la population ne lui avaient fait violence. Mais en s'approchant de moi, un mouvement des esprits, général, irrésistible, l'a entraîné lui comme les autres, et il y a cédé. Je dois ajouter qu'il m'a écrit en cette occasion dans des termes fort honorables, me déclarant qu'il avait agi de la sorte non pour moi, mais pour le pays, et offrant de se retirer si la politique que j'apportais n'était pas conforme au vœu universel. A notre rencontre à Auxerre, je lui ai coupé la parole en lui serrant la main, et en lui disant de s'en fier à moi, que ma politique serait celle que tous les Français désiraient, et qui était dictée par le simple bon sens. Il s'est même, à cette époque, tenu à l'écart; mais il était intérieurement agité par le sentiment de sa fausse position personnelle. Sa conduite s'en est ressentie aux Quatre-Bras, et surtout à Waterloo. Jamais il n'a été plus héroïque, ni plus irréfléchi, et en contribuant à nous perdre, il s'est perdu lui-même. Mais ni les Bourbons ni moi n'avons rien à lui reprocher, que d'avoir succombé sous la violence des événements. Il doit dire à ses juges : Je n'ai point trahi, j'ai été entraîné, et pour ce genre de délit, si fréquent, si excusable dans les révolutions, une loi a été faite, c'est la capitulation de Paris, capitulation sacrée à laquelle l'honneur des généraux vainqueurs, l'honneur de leurs souverains est attaché, et cette capitulation met les délits politiques à l'abri de toute recherche. — Voilà ce que Ney doit dire, et ce doit être toute sa défense parce que c'est toute la vérité. Ou la capitulation de Paris n'a pas de sens, ou elle s'applique forcément au délit de Ney. S'il s'en tient à ce genre de défense, qui est le véritable, il vaincra peut-être ses juges, et s'il ne parvient point à les vaincre, il les déshonorera devant l'histoire, et mourra entouré de l'éternelle sympathie des honnêtes gens ! — Ney, pauvre Ney, s'écriait Napoléon, quel funeste sort t'attend ! — Continuant sur ce sujet, et répétant que ni le maréchal Ney ni aucun autre n'avait trahi au 20 mars, Chacun a fait son devoir, disait-il, et les chefs militaires aussi bien que les chefs civils. Mais l'armée et le peuple des campagnes ont entraîné tout le monde. — Napoléon citait à ce sujet un fait remarquable, et digne d'être conservé par l'histoire. — On a accusé Masséna, disait-il, d'avoir trahi les Bourbons ; vous allez voir qu'il n'en est rien. Lorsque je me trouvai à Paris, rétabli sur le trône impérial, c'était le cas de se faire valoir auprès de moi, et de se vanter de ce qu'on avait risqué en ma faveur. Masséna vint à Paris ; je lui demandai ce qu'il aurait fait, si au lieu de prendre la route de Grenoble, j'avais pris celle de Marseille où il commandait ? Masséna n'était point flatteur, pourtant ma question ne laissa pas de l'embarrasser, et comme j'insistais, il finit par me répondre : *Sire, vous avez bien fait de prendre la route de Grenoble...* — Tous mes maréchaux n'auraient pas osé me répondre aussi franchement, mais tous en auraient eu le droit, excepté Davout qui n'était point en fonctions, qui avait été

Nov. 1815.

Suivant Napoléon, personne ne les avait trahis.

Singulière anecdote relative à Masséna.

indignement traité, et qui seul était libre de ses actions. Personne n'a donc trahi les Bourbons, et s'ils se vengent aujourd'hui, c'est par faiblesse pour leur parti, et afin de dissimuler leurs fautes de conduite. Mais j'entrevois pour eux un avenir peu sûr. En se livrant aux passions de l'émigration, ils éloigneront d'eux la France tous les jours davantage. Ce n'est pas mon fils qui en profitera le premier; la maison d'Orléans passera avant lui, mais à la suite de celle-ci le tour des Bonaparte pourra bien venir. —

Après ces mots d'une si profonde prévoyance, Napoléon revenait à l'injustice des poursuites annoncées, et montrait pour La Bédoyère, pour Ney, pour Drouot, pour Lavallette, une inquiétude extrême. Toutefois, il paraissait croire que la vertu de Drouot si universellement reconnue serait un bouclier impénétrable; mais il tremblait pour La Bédoyère, pour Ney, pour Lavallette, et attendait avec impatience des nouvelles de ces victimes, qui étaient les siennes, hélas! autant que celles des Bourbons!

Bien qu'il se fût fait à Briars un établissement presque supportable, Napoléon y était si à l'étroit, il y voyait surtout ses amis si maltraités, qu'il se montra fort impatient d'être transféré à Longwood. L'amiral, qu'il appelait *son requin*, mais dont il appréciait le cœur, n'avait rien négligé pour hâter les travaux de sa nouvelle résidence. Il y avait employé les ouvriers de la ville et de la flotte, et avec du bois, des toiles goudronnées, des matériaux de toute sorte, il était parvenu à construire un vaste rez-de-chaussée, où Napoléon pouvait se loger avec ses compagnons d'exil. Les lieux ayant été déclarés habitables, l'amiral proposa à Napoléon de s'y transporter, ce qui fut accepté immédiatement.

Déc. 1815.

Le 10 décembre, il quitta Briars, fit ses adieux à la famille qui l'y avait si bien reçu, lui laissa des marques d'une munificence que sa gêne actuelle n'avait pas restreinte, et partit à cheval, ayant d'un côté l'amiral, et de l'autre le grand maréchal Bertrand. Il était comme toujours en uniforme de la garde, et montait un cheval du Cap, vif, doux, agréable à manier. Ce trajet ne lui déplut point, et, arrivé à Longwood il trouva sous les armes le 53e régiment anglais, qui campait dans le voisinage. L'amiral lui présenta les officiers du régiment, et puis le conduisit dans les appartements qui lui étaient destinés. Ils étaient de construction fort légère, recouverts en toile goudronnée, et meublés très-modestement. Napoléon n'improuva rien. Il avait quelques pièces pour se coucher, travailler, recevoir ses amis, et, quant à eux, ils avaient de quoi se loger autour de lui. C'était tout ce qu'il désirait. Il remercia l'amiral, et s'établit dans cette demeure qui devait être la dernière. Il fit tendre son lit de camp dans une pièce, ranger ses livres dans une autre, et suspendre sous ses yeux le portrait de son fils et de quelques membres de sa famille. A la suite de ces deux pièces se trouvaient un salon de réception, et une salle pour prendre les repas en commun. M. de Las Cases et son fils, M. et madame de Montholon, le général Gourgaud, occupaient une autre aile du bâtiment. Le grand maréchal Bertrand qui avait l'humeur solitaire, madame

Sa translation à Longwood.

Manière dont il y est établi.

Bertrand qui était une personne généreuse, mais peu capable de s'astreindre à la vie commune, avaient demandé pour leur famille une habitation séparée. On leur en avait préparé une à l'entrée du plateau de Longwood, de manière qu'ils étaient non pas commensaux, mais voisins de l'Empereur. Cette maison s'appelait *Hutt's-Gate*.

Ces dispositions arrêtées, Napoléon commença son nouveau genre de vie en tâchant de s'y résigner. Ayant pris à la guerre l'habitude de veiller une partie de la nuit, il avait le sommeil irrégulier et peu suivi. Il s'éveillait souvent, se levait pour lire ou travailler, se recouchait ensuite, et s'il ne pouvait dormir montait à cheval dès la pointe du jour, rentrait quand le soleil se faisait sentir, déjeunait seul, puis dictait ou se reposait, gagnait ainsi trois ou quatre heures de l'après-midi, recevait alors ses compagnons d'exil, se promenait en voiture avec eux, leurs femmes et leurs enfants, dînait à la fin du jour, et passait les soirées dans leur compagnie, tantôt lisant en commun quelques bons ouvrages, tantôt parlant du passé, et les tenant attentifs aux récits de sa vie. Il s'efforçait de prolonger la soirée, car plus il se couchait tard, plus il avait l'espérance de trouver le sommeil. — *Quelle conquête sur le temps!* s'écriait-il, quand il avait pu atteindre onze heures ou minuit.

Ici comme à Briars, la surveillance exercée sur sa personne devait devenir la difficulté principale de ses relations avec les autorités britanniques. Le 53°, campé à environ une lieue de Longwood, n'était point gênant, et dans la journée les sentinelles étaient hors de vue. Napoléon ne les retrouvait que s'il se portait à une distance qu'il lui était difficile de franchir à pied. S'il montait à cheval, et s'éloignait de quelques milles, un officier devait l'accompagner, d'assez loin toutefois pour que ses épanchements intimes n'en fussent pas troublés. Napoléon ayant manifesté une répugnance extrême à monter à cheval s'il devait être suivi, l'amiral, qui ne voulait pas le priver de cet exercice, fit tracer autour du plateau de Longwood des limites embrassant un circuit d'environ trois ou quatre lieues, dans l'enceinte desquelles il pouvait circuler librement. Au delà un officier à cheval devait ne pas le perdre de vue.

Le soir à neuf heures les sentinelles se rapprochant de l'habitation, l'enveloppaient de telle manière qu'aucun homme n'aurait pu passer entre elles. Un officier de service dans l'intérieur de Longwood, devait avoir vu Napoléon une fois par jour, même deux fois, suivant les instructions de lord Bathurst, afin qu'on eût la certitude physique de sa présence à Sainte-Hélène. Les points saillants de l'île étaient surmontés de télégraphes pour mander à Plantation-House, demeure du gouverneur, tout ce qui arriverait d'important à Longwood, et surtout la disparition de l'illustre captif, si on avait un moment cessé de l'avoir sous les yeux. Une vigie placée sur le pic de Diane, d'où la vue s'étendait à douze lieues en mer, devait signaler à James-Town l'approche de tout bâtiment dès qu'il serait aperçu, et un brick de guerre devait sortir pour escorter le bâtiment signalé, le conduire au port, et l'empêcher de débarquer homme ou chose sans inspection

Déc. 1815.

Obligation d'être suivi quand il monte à cheval.

Police de l'île.

préalable. Les navires venant de quelque région que ce fût ne devaient communiquer avec la terre, remettre lettres ou paquets destinés aux habitants de Longwood, que par l'intermédiaire du gouverneur. A leur départ, ils ne pouvaient embarquer personne sans la permission de ce même gouverneur, et sans avoir subi une visite rigoureuse. Des règlements sévères, particuliers aux habitants, leur défendaient de communiquer avec Longwood, à moins que ce ne fût avec l'agrément de l'autorité, et les avertissaient que toute coopération à un projet d'évasion serait considérée comme cas de haute trahison, et punie comme telle.

Ces règlements, produit d'une inquiétude extrême et fondés sur les instructions de lord Bathurst, indisposèrent fortement Napoléon, que toute apparence de captivité blessait autant que la captivité elle-même. Déjà refroidi pour l'amiral à l'occasion des précautions prises à Briars, il devint plus froid encore envers lui, et ne voulut traiter aucun des points qui l'intéressaient, n'étant pas parfaitement sûr de se contenir dans une discussion de ce genre. Il en chargea MM. Bertrand, de Las Cases, Gourgaud, de Montholon. Ces messieurs, aigris par le malheur, n'avaient à la bouche qu'un raisonnement sans valeur pour l'amiral, c'est que l'Empereur s'était confié volontairement aux Anglais, qu'on n'avait pu le faire prisonnier de guerre, que d'ailleurs il n'y avait plus de prisonniers de guerre à la paix; à quoi l'amiral aurait pu répondre que la sûreté de l'Europe avait exigé des précautions extraordinaires comme l'homme extraordinaire auquel elles s'appliquaient.

Mais il n'était ni légiste, ni raisonneur, il était militaire, plein de cœur, et plein aussi de rigidité dans l'accomplissement de ses devoirs. On lui avait donné des ordres, et il les exécutait. Ces ordres prescrivaient d'assurer avant tout la garde du prisonnier, dont le dépôt était considéré comme un dépôt commun, intéressant le repos de l'univers, et il frémissait à l'idée que ce prisonnier pût s'évader. La garde une fois rendue infaillible, il ne songeait à y ajouter aucune rigueur inutile, et s'il se trompait, c'était sans la moindre intention de faire sentir son autorité, faiblesse d'agent subalterne qu'il n'éprouvait à aucun degré. Sans doute, on aurait pu laisser à Napoléon l'île entière pour prison, car avec la précaution de s'assurer deux fois par jour de sa présence à Longwood, on était certain d'être toujours averti à temps de sa disparition; et l'île au surplus était si petite, si entourée de bâtiments, si peu abordable ailleurs qu'à James-Town, qu'il était absolument impossible que le prisonnier ne fût pas retrouvé avant d'avoir pu s'embarquer. Cependant la précaution de ne jamais le perdre de vue était plus sûre; aussi l'amiral ne voulut-il pas s'en départir, en ayant soin toutefois dans la pratique de rendre supportables les gênes qui devaient en résulter. L'officier de service ne se montrait pas, vivait dans les bâtiments de Longwood avec les exilés eux-mêmes, se contentant d'avoir aperçu Napoléon dans sa promenade ou dans le passage d'un appartement à l'autre. Si Napoléon sortait il n'avait garde de le suivre dans les limites assignées, et ne montait à cheval que si ces limites devaient être dépassées. En ce cas il se

Déc. 1815.

Inquiétudes de celui-ci pour sa responsabilité, et en même temps désir de satisfaire les prisonniers.

1816.

tenait à distance, et souvent perdait de vue Napoléon, quand celui-ci avec sa curiosité et sa hardiesse ordinaires, s'enfonçait dans des routes impraticables. Plusieurs fois il s'embourba ainsi dans des marécages, sans pouvoir suivre son prisonnier et sans se plaindre. Quant à la correspondance avec les habitants, bien qu'interdite en principe, elle fut soufferte, et les exilés purent pour leurs besoins communiquer assez librement avec James-Town. Quant aux visiteurs, l'amiral sachant bien qui allait ou venait, permettait leur introduction à Longwood, moyennant qu'ils s'adressassent au grand maréchal Bertrand, qui à Longwood comme aux Tuileries prenait les ordres de son maître pour les admissions auprès de lui. Napoléon n'avait pas ainsi l'apparence d'un détenu dans la prison duquel on ne peut entrer qu'avec la permission de ses geôliers.

Napoléon, dans les premiers temps, ne prend pas son nouveau séjour en aversion.

Malgré ces gênes, Napoléon, dans les premiers temps, ne prit pas en aversion la résidence où il était destiné à vivre et à mourir. Il n'avait pas cessé jusqu'alors de se bien porter; les inconvénients du climat, et ceux qui tenaient particulièrement au plateau de Longwood, ne s'étaient pas fait sentir à son organisation, insensible aux souffrances physiques dans l'action, mais délicate et très-susceptible dans le repos. On était en janvier 1816, c'est-à-dire dans la belle saison de cet hémisphère; les lieux étaient nouveaux, et ni lui ni ses compagnons n'étaient encore en proie aux tourments de l'ennui. Il souffrait de l'immensité de sa chute, de la perte de toute espérance, mais il n'éprouvait pas encore le dégoût et l'horreur de son séjour. Il se promenait tantôt à pied, tantôt à cheval, souvent exécutait de longues courses, questionnait les rares habitants, notamment un vieux nègre qui cultivait un petit champ près de lui, et une pauvre veuve, mère de deux filles qui venaient lui offrir des fleurs. Il se complaisait à leur faire du bien. Quelquefois il se dirigeait vers le campement du 53°, où il était bien accueilli, et reçu en soldat par des soldats. Puis, comme nous l'avons déjà dit, il rentrait, travaillait, dictait à M. de Las Cases les campagnes d'Italie, au grand maréchal Bertrand la campagne d'Égypte, au général Gourgaud celle de 1815, sortait en voiture vers la chute du jour avec mesdames Bertrand et Montholon, rentrait pour dîner, et passait les soirées à s'entretenir d'une foule de sujets divers, ou à faire en famille de bonnes lectures. Nos grands écrivains le charmaient, et il prenait à les lire le plaisir profond d'un esprit délicat, exercé et plein de goût.

Cependant il ne pouvait pas s'écouler longtemps sans qu'il devînt sensible aux inconvénients de ce séjour soit pour lui, soit pour les compagnons de son infortune. Après avoir fait vingt ou trente fois le tour entier du plateau de Longwood, il le trouva triste et monotone, et lorsqu'il tenta d'en sortir, la compagnie de l'officier de suite lui parut odieuse. Laisser cet officier à grande distance, engagé dans de mauvais pas, était peu obligeant; le souffrir avec soi était insupportable. Quelquefois néanmoins il franchit les bornes de son plateau, et il tâcha de pénétrer dans les vallées opposées, celles du nord, où était situé le pavillon de Briars, et où s'élevait

1816.

Il commence à ressentir les inconvénients du climat, et en particulier du plateau de Longwood.

Plantation-House. En comparant ces vallées fraîches, ombragées, avec son plateau dénué de tout abri contre le soleil et le vent, il ne put s'empêcher d'apercevoir que pour le garder plus sûrement, on l'avait placé dans une exposition à la fois déplaisante et malsaine. Ses compagnons d'exil disaient qu'on voulait le tuer. Moins extrême dans son langage, il disait que pour s'assurer de sa personne on n'avait pas hésité à le martyriser. En effet, les facilités qu'offrait pour la surveillance ce plateau de Longwood, découvert de toute part, bordé vers la mer de côtes à pic, étaient pour l'habitation des incommodités insupportables. Ou il était chargé des nuages de l'Atlantique attirés autour du pic de Diane, ou il était labouré sans merci par le vent du Cap, à ce point que malgré la chaude humidité du climat l'herbe n'y poussait même pas. Un bois de gommiers, arbres chétifs et à maigre feuillage, formait le seul abri contre le soleil. Quand le soleil ne planait pas sur ce désert, une humidité désagréable pénétrait tous les vêtements. Lorsqu'au contraire le soleil planait au-dessus, il dardait d'irrésistibles rayons à travers les toits en toile goudronnée de Longwood. De plus, il n'y avait point d'eau, et il fallait que des domestiques chinois allassent en chercher dans les vallées situées à l'opposite, d'où elle n'arrivait ni pure ni fraîche. A tous les inconvénients de ce séjour se joignaient ceux d'une île pauvre, peu fréquentée, où les aliments étaient chers et de mauvaise qualité, ce qui touchait peu la sobriété de Napoléon, mais ce qui l'affligeait pour ses compagnons d'exil qui avaient amené avec eux

SAINTE-HÉLÈNE.

1816.

leurs femmes, leurs enfants, habitués à toutes les délicatesses du luxe européen. — Il n'y a pas ici le mot pour rire, disait-il un soir à ses amis, et en voyant une table mal servie, des murailles presque nues, *nous n'aurons de trop*, ajoutait-il, *que le temps*. —

Observant avec sa profonde finesse ses compagnons d'infortune, il remarquait chez eux les premières atteintes du mal moral de l'exil, et pouvait s'en apercevoir à une certaine aigreur involontaire des uns envers les autres. Ils se disputaient ses préférences à Sainte-Hélène à peu près comme à Paris, et le général Gourgaud, susceptible, jaloux, irritable, voyant M. de Las Cases tout à fait admis dans l'intimité de Napoléon, en éprouvait un dépit mal dissimulé. Les deux familles Montholon et Bertrand, l'une placée à Longwood, l'autre à Hutt's-Gate, laissaient percer aussi quelques traces de jalousie. Ainsi les misères des cours ne finissent pas même avec le trône! Mais il faut pardonner, il faut même honorer des rivalités se disputant les préférences du génie tombé dans l'abîme! Combien de familles comblées par Napoléon continuaient de se livrer à ces mêmes rivalités, non pas à Longwood, mais aux Tuileries!

Divisions naissantes entre ses compagnons d'exil.

Napoléon reconnaissait dans ces aigreurs naissantes le triste effet du malheur, et en craignait les conséquences pour l'avenir de cette colonie naufragée, et jetée sur un affreux rocher. Il se donnait la peine de consoler les jalousies par des témoignages flatteurs, de les calmer par de sages discours, dissimulait ses propres ennuis, tâchait de charmer ceux

Ses efforts pour les apaiser.

39.

des autres, en leur promettant à tous un avenir meilleur qu'il était bien loin d'espérer !

On avait atteint le quatrième mois de 1816, commencement de la bonne saison en Europe et de la mauvaise à Sainte-Hélène, lorsqu'on apprit, le 5 avril, qu'un bâtiment venu d'Angleterre apportait le nouveau gouverneur, car la mission de l'amiral Cockburn n'avait jamais dû être que temporaire.

Arrivée du nouveau gouverneur, sir Hudson Lowe.

Caractère de ce nouveau gouverneur.

Ce gouverneur était le général Hudson Lowe, auquel sa mission à Sainte-Hélène a valu une fâcheuse célébrité. Sir Hudson Lowe était un de ces officiers, moitié militaires, moitié diplomates, que les gouvernements emploient dans les occasions où il faut plus de savoir-faire que de talent pour la guerre. Il avait été chargé en effet de diverses missions dont il s'était bien acquitté, notamment au quartier général des alliés où il avait contracté toutes les passions ennemies de la France, et quoiqu'il ne fût pas à beaucoup près aussi méchant que sa figure aurait pu le faire craindre, il n'était cependant ni de caractère bienveillant, ni d'humeur facile. Les voies de l'avancement militaire lui étant fermées par la paix, il avait accepté dans l'espérance d'être bien récompensé, une mission pénible, et accompagnée d'une immense responsabilité, soit devant son gouvernement, soit devant l'histoire. Il ne songeait guère à cette dernière responsabilité, dont il ne prévoyait pas alors la gravité, et n'avait d'autre préoccupation que celle d'échapper au reproche encouru par l'amiral Cockburn, d'avoir cédé à l'ascendant du prisonnier de Sainte-Hélène.

SAINTE-HÉLÈNE.

Sans avoir le projet d'être un tyran, sir Hudson Lowe tenait surtout à prouver qu'il était de force à résister à quelque ascendant que ce fût. Cette disposition devait l'exposer à plus d'un choc avec le caractère puissant, et actuellement irrité, qu'on lui donnait mission de contenir sans toutefois le pousser au désespoir.

1816.

A peine débarqué, il demanda à l'amiral Cockburn de le conduire à Longwood, pour le présenter à l'illustre captif. L'amiral avait lui-même contribué à établir la coutume qu'on sollicitât l'agrément de Napoléon avant de se présenter à lui, ce qui se faisait par l'intermédiaire du grand maréchal Bertrand. L'amiral manqua à cette convenance en se transportant avec sir Hudson Lowe à Longwood, sans avoir eu soin de se faire annoncer. Napoléon fit répondre qu'il était indisposé, et ne pouvait recevoir personne. Sir Hudson Lowe demanda le jour du général Bonaparte, et on lui assigna le lendemain. Le lendemain, sir Hudson Lowe se rendit à Longwood accompagné de l'amiral. Il fut reçu par le grand maréchal Bertrand et le général Gourgaud et introduit auprès de l'Empereur déchu. Survint un incident fâcheux. Tandis qu'on introduisait le nouveau gouverneur, l'amiral, engagé dans un entretien, ne s'en aperçut point, et lorsqu'il voulut entrer les domestiques avaient déjà refermé la porte. Croyant qu'elle ne devait être ouverte qu'au gouverneur, ils n'osèrent l'ouvrir à l'amiral. Celui-ci vivement blessé, remonta à cheval, et retourna à James-Town avec ses aides de camp.

Première entrevue de sir Hudson Lowe avec Napoléon.

L'entrevue de Napoléon avec sir Hudson Lowe

Froideur

fut cérémonieuse et froide. Napoléon avait été mal disposé par la manière dont le nouveau gouverneur s'était présenté la veille, et ce dernier était peu flatté d'avoir été remis au lendemain. Rien n'était donc préparé pour rendre leur première rencontre amicale. Napoléon, découvrant d'un coup d'œil à quel personnage il avait affaire, vit bien qu'il avait en sa présence l'un des esprits extrêmes de la coalition, et la figure de sir Hudson Lowe le porta même à exagérer ce jugement. Après un accueil poli mais réservé, il se plaignit brièvement, et sans daigner en solliciter la suppression, des gênes qu'on lui imposait, et indiqua qu'il attendait à l'œuvre le nouveau gouverneur pour savoir s'il devrait s'applaudir ou non de son arrivée à Sainte-Hélène. Sir Hudson Lowe protesta de son désir de concilier les devoirs difficiles de sa charge avec le bien-être des exilés, mais sans mettre au surplus beaucoup de chaleur dans ses protestations. Il se retira après une entrevue d'assez courte durée.

A peine sir Hudson Lowe était-il parti, que Napoléon dit à ses compagnons d'exil que jamais il n'avait vu pareille figure de sbire italien. Nous regretterons *notre requin*, ajouta-t-il. — On lui raconta alors l'incident fâcheux qui avait fait partir l'amiral Cockburn, et après en avoir souri un instant, il en éprouva un véritable déplaisir, connaissant le caractère sensible et fier de l'amiral. Cependant celui-ci, quoique offensé, était incapable de chercher à se venger. Le mal était plus grand à l'égard du gouverneur. Blessé de l'accueil qu'il avait reçu, il était homme à faire sentir une autorité dont on avait paru tenir si peu de compte. Aussi, à peine établi à Plantation-House, voulut-il appliquer en leur entier, soit les règlements de l'amiral, soit ceux qu'il prétendait tirer des instructions de lord Bathurst. Napoléon s'était plaint d'avoir à la chute du jour des sentinelles sous sa fenêtre, et lorsqu'il montait à cheval, d'être obligé, ou de tourner fastidieusement dans un même cercle, ou d'être suivi par un officier anglais. Sir Hudson Lowe répondit que ces règlements, connus de lord Bathurst et formellement approuvés par lui, devaient être exécutés à la lettre. En même temps il renouvela l'ordre à l'officier de service de ne pas laisser passer une journée sans avoir vu le prisonnier de ses propres yeux.

Il apporta la même rigueur à faire exécuter certaines prescriptions que l'amiral avait pour ainsi dire laissé tomber en désuétude. Ainsi, bien qu'aux termes des règlements ministériels personne ne dût communiquer avec les habitants de Longwood sans permission du gouverneur, l'amiral avait souffert qu'on fût admis sur simple autorisation du grand maréchal Bertrand. Les serviteurs allant et venant pour des besoins tout matériels, avaient circulé sans difficulté. Quelques Anglais de marque revenant des Indes, connus de l'amiral, et dès lors ne pouvant inspirer de défiance, avaient été reçus à Longwood, en le demandant seulement au grand maréchal, avaient été bien accueillis de Napoléon, et l'avaient intéressé quelques instants. Il n'y avait aucun inconvénient à continuer cet état de choses. Mais sir Hudson Lowe exigea que toute communication eût lieu en vertu de sa permission, et que toute lettre

1816.

Sir Hudson Lowe, craignant d'être en Europe accusé de faiblesse, fait exécuter les règlements à la rigueur.

venant de Longwood ou y allant, passât par son intermédiaire. Pour diminuer même les occasions d'écrire il attacha un fournisseur spécial à la colonie de Longwood, et il choisit le propriétaire du pavillon de Briars, où Napoléon avait passé quelques semaines.

Ces rigueurs nouvelles, auxquelles on ne s'était point attendu, irritèrent singulièrement les exilés. Sir Hudson Lowe étant venu faire une seconde visite, Napoléon le reçut encore plus froidement que la première fois, et le renvoya au grand maréchal Bertrand pour s'expliquer avec lui sur l'exécution des règlements. Le grand maréchal réclama contre les nouvelles gênes et contre les anciennes, le fit avec beaucoup de véhémence, trouva sir Hudson Lowe extrêmement opiniâtre, et lui déclara que s'il persistait dans ses intentions, Napoléon ne sortirait plus de ses appartements, et que si le défaut d'exercice devenait funeste à sa santé, le nouveau gouverneur en répondrait devant l'opinion universelle. Sir Hudson Lowe ne se laissa point fléchir par ces menaces, affecta de considérer sa conduite comme toute naturelle, comme découlant nécessairement de ses instructions, et comme devant lui mériter à Longwood un accueil aussi amical que celui qu'y recevait l'amiral Cockburn. Avec une pareille manière d'entendre les choses, il devait bientôt mettre le comble à la brouille déplorable qui depuis valut à son prisonnier tant de souffrances, et à lui-même tant de fâcheuses imputations. La flotte de l'Inde venait d'arriver. A bord se trouvaient lord Moira, gouverneur de l'Inde, et lady Moira, son épouse, tous deux éprouvant un vif désir de voir Napoléon. Mais celui-ci ayant déclaré qu'il ne se laisserait pas assimiler à un détenu dont on ouvrait ou fermait la prison à volonté, et qu'il n'admettrait auprès de sa personne que ceux qui auraient demandé son agrément par le grand maréchal Bertrand, lord et lady Moira n'osèrent faire une demande sujette en ce moment à tant de difficultés. Toutefois, afin de satisfaire leur curiosité toujours fort vive, sir Hudson Lowe adressa au maréchal Bertrand une invitation à dîner au château de Plantation-House, et il en ajouta une pour Napoléon lui-même, disant que si le *général Bonaparte* la voulait bien agréer lady Moira serait très-heureuse de lui être présentée. Il n'y avait à vrai dire dans cette démarche qu'un défaut de tact, et nullement l'intention d'offenser le glorieux prisonnier. Mais le grand maréchal Bertrand fut très-blessé de cette invitation pour lui et pour son maître, et Napoléon ne le fut pas moins, car il ne pouvait consentir à devenir un objet de curiosité dont le gouverneur de Sainte-Hélène disposerait en faveur des hôtes auxquels il voudrait faire bon accueil. Sir Hudson Lowe n'en fut pas quitte pour le refus du grand maréchal Bertrand. S'étant présenté à Longwood, il fut accueilli cette fois autrement qu'avec de la simple froideur. Napoléon lui adressa les paroles les plus dures. — Je suis étonné, lui dit-il, que vous ayez osé m'adresser l'invitation que le grand maréchal vous a renvoyée. Avez-vous oublié qui vous êtes, et qui je suis? Il n'appartient ni à vous, ni même à votre gouverne-

1816.

à lord et lady Moira.

Paroles fort dures adressées par Napoléon à sir Hudson Lowe.

1816.

ment, de m'ôter un titre que la France m'a donné, que l'Europe entière a reconnu, et par lequel la postérité me désignera. Que vous et l'Angleterre y consentiez ou non, je suis et serai toujours pour l'univers l'empereur Napoléon. J'attache donc peu d'importance à vos qualifications. Je suis offensé cependant que vous ayez pu espérer m'attirer chez vous, et m'offrir à la curiosité de vos hôtes. La fortune m'a abandonné, mais il n'est au pouvoir de personne au monde de faire de l'empereur Napoléon un objet de dérision. — Toutefois après ces paroles sévères, Napoléon se radoucit, et sir Hudson Lowe s'excusa beaucoup sur ses intentions, disant que le désir de lord et lady Moira n'était qu'un hommage à sa gloire, et qu'il avait voulu savoir seulement si une telle rencontre avec des personnages considérables d'Angleterre pourrait lui être agréable. — Napoléon écouta ces explications sans les admettre ni les rejeter, et renvoya le gouverneur encore un peu plus humilié qu'à ses deux premières visites.

Départ de l'amiral Cockburn, et regrets qu'il laisse à Sainte-Hélène.

La comparaison entre sir Hudson Lowe et l'amiral Cockburn avait donc été tout à fait à l'avantage de ce dernier, qui partit bientôt pour l'Angleterre. Avant de s'embarquer, il se rendit à Longwood pour voir le grand maréchal, lui présenter ses adieux, lui exprimer ses regrets des rigueurs ajoutées à la captivité de Napoléon, et des fâcheux rapports établis avec le nouveau gouverneur, dont les intentions, assurait-il, n'étaient pas aussi mauvaises qu'on le supposait. Le grand maréchal répondit cordialement aux témoignages de l'amiral, le supplia de faire connaître à la nation britannique l'état auquel on avait réduit le grand homme qui s'était confié à elle, le pressa instamment de venir prendre congé de Napoléon, et lui fit de nouvelles excuses pour le désagréable incident survenu le jour de la présentation de sir Hudson Lowe. Mais l'amiral, susceptible autant que généreux, ne voulut pas revoir Napoléon. Il chargea le grand maréchal de lui transmettre ses adieux, et de lui bien affirmer que de retour en Angleterre il n'y serait point l'ennemi de son malheur. Effectivement l'amiral avait conçu pour Napoléon une véritable sympathie, et n'avait cessé de dire que de tous les prisonniers de Sainte-Hélène c'était le plus doux, le plus facile, et que moyennant une explication directe on s'entendait avec lui mieux qu'avec tout autre, quand il n'était pas tout à fait impossible de s'entendre.

1816.

L'amiral Cockburn partit accompagné des regrets de cette colonie infortunée. A peine s'était-il éloigné que de nouvelles difficultés surgirent. Le ministère britannique avait ordonné qu'on exigeât des compagnons de Napoléon un acte de soumission formelle à toutes les restrictions imposées à leur liberté, et que ceux qui s'y refuseraient fussent renvoyés en Europe. Il avait de plus jugé excessive la dépense qui se faisait à Longwood, et qui s'expliquait par la cherté de toutes choses à Sainte-Hélène, par le nombre des personnes à nourrir, lequel était d'une cinquantaine, entre maîtres et domestiques, maris, femmes et enfants. Cette dépense était annuellement d'environ vingt mille livres sterling (500,000 francs). Jamais l'amiral Cockburn n'avait songé ni à la trouver exces-

Nouvelle tracasserie au sujet d'une déclaration exigée de la part des compagnons d'exil de Napoléon.

sive, ni surtout à en faire la remarque. Était-ce le cas en effet de mesurer à l'ancien maître du monde le pain amer qu'on jetait dans sa prison? Il semble au contraire qu'en échange de la liberté qu'on lui ôtait pour le repos commun, on aurait dû par respect de soi-même lui offrir tous les biens matériels. Il n'en fut rien pourtant, et maintenant que les tristes passions de 1815 sont éteintes, on se demande comment lord Bathurst fut capable d'exiger formellement la réduction à 8,000 livres sterling des dépenses de Longwood. Au surplus le chiffre n'est rien, la seule pensée de compter est tout, et pour son honneur l'Angleterre ne doit pas pardonner une telle indignité à ceux qui en ont souillé son histoire.

Nous devons dire que lorsqu'il fallut exécuter cette partie de ses instructions, sir Hudson Lowe en sentit l'inconvenance, et manifesta un honorable embarras. Quant à la déclaration exigée des membres de la colonie, il afficha d'abord une volonté absolue. Il rédigea lui-même la pièce qu'ils devaient signer, et dans laquelle Napoléon était qualifié de général Bonaparte. C'était les placer dans une position des plus pénibles. Que ceux qui tenaient Napoléon en leur puissance lui refusassent ses titres, ce pouvait être naturel de leur part. Mais que ses compagnons d'infortune dans un acte authentique, signé de leur main, se prêtassent à le qualifier d'un autre titre que celui qu'ils lui donnaient tous les jours, c'était vouloir les faire concourir à sa déchéance. Ils opposèrent donc à la rédaction proposée par sir Hudson Lowe une déclaration en tout semblable à la sienne, quant à l'engagement formel de se soumettre aux règlements établis à Sainte-Hélène, mais différente quant aux titres attribués à Napoléon. Le gouverneur leur annonça brutalement que s'ils ne signaient pas la déclaration telle qu'il l'exigeait, il les ferait immédiatement embarquer pour l'Europe. — Ne signez pas, leur dit Napoléon, et laissez-vous embarquer. Je demeurerai seul ici, où j'ai d'ailleurs bien peu de temps à vivre, et le monde saura que pour une aussi misérable querelle on m'a séparé des derniers amis qui me restaient. — Les exilés tinrent bon, et sir Hudson Lowe, qui en définitive comprenait tout ce qu'aurait d'odieux un pareil procédé, proposa une transaction, c'était de supprimer les titres de général ou d'empereur, et de désigner le prisonnier par ses noms propres de *Napoléon Bonaparte*, répétant que s'ils refusaient, un bâtiment déjà sous voile les emporterait en Europe. Ils se soumirent, sans le dire à Napoléon, pour ne pas laisser seul, sans amis, sans un secrétaire, sans un domestique, le maître malheureux dont ils avaient voulu partager l'infortune.

Sir Hudson Lowe se montra plus convenable relativement aux dépenses. Il est possible que les domestiques attachés à Napoléon et aux trois familles qui l'avaient suivi, ne missent pas grand soin à ménager les finances anglaises, mais nous le répétons, nous ne comprenons pas qu'en Angleterre quelqu'un eût songé à s'en enquérir. Néanmoins sir Hudson Lowe osa en parler au grand maréchal Bertrand, et chercha du reste à se justifier de telles observations par la production de ses instructions, qui fixaient à

1816.

Ignoble querelle au sujet des dépenses de Longwood.

1846.

Napoléon veut payer ses dépenses, mais à condition de pouvoir faire venir ses fonds au moyen de lettres cachetées.

8,000 livres sterling (200 mille francs) la dépense du général Bonaparte. Le grand maréchal Bertrand répondit avec hauteur, qu'il ne savait rien de ce dont le gouverneur venait l'entretenir, qu'ils vivaient tous fort mal, que jamais ils n'avaient songé ni à se plaindre, ni à s'enquérir de ce que coûtait cette triste manière de les faire vivre, qu'ils ne le feraient pas davantage, et surtout ne se permettraient jamais d'en parler à leur maître. Sir Hudson Lowe insista néanmoins, déclarant qu'il lui était impossible d'ordonnancer de telles dépenses. Le grand maréchal confus au dernier point, entretint de ce sujet les principaux membres de la colonie exilée, et il ne put se dispenser d'en faire part à Napoléon. On devine ce que celui-ci dut éprouver de dégoût pour une semblable contestation. Il ordonna sur-le-champ de répondre que, malgré l'obligation imposée aux nations de nourrir leurs prisonniers, la plus pénible à ses yeux des conditions de sa captivité c'était de manger le pain de l'Angleterre; que son désir avait toujours été de vivre lui et ses amis à ses propres dépens; qu'il le désirait encore, et que si on lui permettait de communiquer avec l'Europe au moyen de lettres cachetées, il avait une famille et des amis qui ne le laisseraient pas dans l'indigence, et que le gouvernement britannique serait déchargé même des 8,000 livres sterling auxquelles il voulait limiter les dépenses de Longwood. On s'explique sans doute le motif de cette réponse. Bien que les membres de la famille de Napoléon, et notamment sa mère, son oncle, le prince Eugène, fussent en mesure et tout à fait en disposition de pourvoir à ses besoins, il n'aurait pas consenti à recourir à eux, et il aurait puisé dans la caisse de M. Laffitte, où ses fonds étaient déposés, pour subvenir à ses dépenses. Mais il craignait de dévoiler l'existence de ce dépôt, prévoyant qu'il serait séquestré comme tous les biens des Bonaparte en France.

En recevant cette réponse, sir Hudson Lowe déclara qu'il transmettrait les lettres de Napoléon à ses banquiers, mais ouvertes comme l'exigeaient les instructions de lord Bathurst, et il insista pour que la dépense fût réduite, ou que Napoléon y pourvût de ses deniers. Révolté de ce nouveau genre de persécution, Napoléon ordonna à l'intendant de sa maison, Marchand, de choisir dans son argenterie la partie dont il pourrait se passer, de la faire briser, pour que l'on ne trafiquât point du mobilier qui lui avait appartenu, et de l'envoyer à James-Town afin de payer les fournisseurs. Cette manière de répondre causa au gouverneur une grande confusion, car les habitants de James-Town apprenant à quelle extrémité le prisonnier de Longwood était réduit, furent honteux des procédés de leur gouvernement. Pour atténuer ce sentiment qui s'exprimait très-haut, sir Hudson Lowe fit dire par ses affidés que Napoléon regorgeait d'argent, et qu'il pourrait solder sa dépense sans recourir à cette misère d'apparat. Le récit qui précède a déjà éclairci les faits. Napoléon avait apporté avec lui 350 mille francs en or environ, et ses compagnons d'exil en avaient 200 mille à peu près. Il appelait cela sa réserve, et il ne voulait pas se priver de cette dernière ressource, sur laquelle il prenait de temps en temps soit de quoi faire une aumône, soit de quoi payer un

1816.

On n'y consent point, et Napoléon fait fondre son argenterie pour payer ses dépenses.

service. Ne voulant ni toucher à cette somme, qui du reste eût bientôt disparu, ni fournir une preuve matérielle du dépôt existant chez M. Laffitte, il fallait bien qu'il eût recours à son argenterie. Elle était considérable d'ailleurs, et au delà de ses besoins. Marchand, qui veillait soigneusement à tous les détails de sa maison, avait eu le temps de la prendre à l'Élysée, de l'expédier à Rochefort, et elle pouvait fournir des suppléments en attendant que la rougeur montât au front de sir Hudson Lowe ou de lord Bathurst.

Confus cependant d'élever une telle contestation, sir Hudson Lowe annonça qu'il prendrait sur lui de laisser provisoirement à 12 mille livres sterling (300,000 francs) le crédit fixé à 8 mille par lord Bathurst, et de demander de nouveaux ordres à ce sujet. Les envois d'argenterie cessèrent alors, et cette cause d'ignoble tracasserie disparut. En ce moment un nouvel amiral était venu remplacer l'amiral Cockburn dans le commandement non pas de l'île, mais de la station navale. Ce nouvel amiral était sir Pulteney Malcolm, personnage d'un caractère élevé, et dont la bonté de cœur rayonnait sur un aimable visage. Arrivé à Sainte-Hélène il se fit présenter à Napoléon, en observant toutes les convenances envers l'auguste captif, et dès le premier abord réussit à lui plaire. Sa dignité douce, sa commisération respectueuse, produisirent un effet immédiat sur la nature vive et sensible de Napoléon, et gagnèrent son cœur. Napoléon le traita tout de suite en ami, et devint pour lui aussi doux qu'expansif. Sir Malcolm renouvela fréquemment ses visites, et Napoléon voulut qu'il fût introduit dès qu'il paraîtrait, sans recourir à une étiquette à laquelle il ne tenait que pour se faire respecter de ses gardiens. Sir Malcolm, qui s'était aperçu que l'une des plus grandes souffrances de Napoléon était de manquer d'ombre (car les maigres gommiers composant le bois de Longwood ne lui en procuraient guère), envoya chercher à bord de ses vaisseaux une vaste et belle tente, et la fit dresser par ses matelots tout près des bâtiments de Longwood. Napoléon fut extrêmement touché de cette attention délicate, et vint souvent prendre ses repas ou se livrer au travail sous la tente de sir Malcolm. Celui-ci, ne négligeant aucun moyen d'adoucir le sort des exilés, crut qu'une manière certaine d'y contribuer, serait d'opérer un rapprochement entre Napoléon et sir Hudson Lowe, et d'améliorer ainsi non pas les instructions de lord Bathurst, mais au moins leur exécution. Il en parla à Napoléon, lui dit que les instructions de lord Bathurst étaient effectivement peu convenables, que sir Hudson Lowe, obligé de s'y conformer, n'avait pas été maître d'épargner certaines tracasseries aux habitants de Longwood: qu'il n'était ni méchant, ni malintentionné, qu'il partageait avec le gouvernement britannique et tous les gouvernements européens la terreur d'une évasion semblable à celle de l'île d'Elbe; qu'il perdait l'esprit à cette seule pensée, qu'il fallait le lui pardonner, qu'en le voyant, en l'accueillant bien, en s'expliquant franchement avec lui, on le rassurerait, on l'adoucirait, et qu'il en résulterait des rapports meilleurs, une vie moins tourmentée pour les habitants de Longwood. — Vous

1816.

Son succès auprès de Napoléon, et ses bons rapports avec lui.

Essai de réconciliation entre Napoléon et sir Hudson Lowe, tenté par le nouvel amiral.

vous trompez, répondit Napoléon à l'obligeant médiateur. Je me connais en fait d'hommes, et la figure de sir Hudson ne peut être que l'expression d'un mauvais cœur. Je me connais aussi en fait d'évasion, mais je ne songe à aucune entreprise de ce genre, par deux raisons : parce qu'une évasion est impossible, et parce qu'elle ne me conduirait à rien. Il n'y a plus de place pour moi dans le monde, et je ne puis aspirer qu'à finir ici ma vie, qui ne saurait être longue, et à m'occuper de consigner quelques souvenirs pour l'édification de la postérité. Si je fais perdre la raison à mes ennemis, je ne la perds pas aussi facilement qu'eux, et je ne cherche pas à me dérober à leur main de fer, mais à leurs outrages. Qu'on me laisse mourir sans m'offenser, je ne demande pas davantage à vos compatriotes. Je ne gagnerai rien à une nouvelle entrevue avec sir Hudson Lowe. Tout maître de moi que je suis lorsqu'il le faut, l'aspect de cet homme révolte mes yeux, excite ma langue, et je ne pourrais l'admettre en ma présence sans inconvénient. — Sir Malcolm ne se découragea point, et insista pour que Napoléon reçût sir Hudson Lowe, qui désirait le voir, et sollicitait cette faveur avec un désir sincère de conciliation.

Nouvelle entrevue dans le but d'amener un accommodement.

Napoléon se rendit à des instances dont l'intention était si amicale, et consentit à recevoir le gouverneur, mais en présence de sir Malcolm, afin qu'il y eût un témoin de l'entrevue. Sir Hudson Lowe arriva en effet à Longwood accompagné de l'amiral, et se présentant avec un certain embarras à son fier prisonnier. Napoléon l'accueillit poliment, et le laissa s'étendre en explications justificatives sur les procédés dont on se plaignait à Longwood. Il répondit d'abord sans amertume et d'un ton presque conciliant; mais la question des dépenses, qui était récente et plutôt abandonnée que résolue, ayant été maladroitement soulevée par le gouverneur, il cessa de se modérer, et éclata sur-le-champ en propos d'une extrême dureté. — Je suis étonné, monsieur, lui dit-il, que vous osiez aborder avec moi un sujet pareil. Je ne suis pas accoutumé à m'occuper de ce qui se passe dans mes cuisines. S'il vous convient d'y regarder, faites-le, et ne m'en parlez point. Si je n'avais ici des femmes, des enfants, condamnés comme moi à un lointain exil, je serais allé m'asseoir à la table des officiers du 53°, et ces braves gens n'auraient pas refusé de partager leur repas avec l'un des plus vieux soldats de l'Europe. Mais j'ai ici à nourrir plusieurs familles qui sont aussi impatientes que moi de ne plus rien devoir à l'indigne gouvernement qui nous opprime. Que je puisse écrire en Europe sans être obligé de vous prendre pour confident, et ma famille, la France elle-même, ne laisseront manquer de pain ni moi, ni les amis qui ont bien voulu s'associer à mes malheurs. — Après ces paroles, Napoléon, emporté par la colère, permit à peine au gouverneur de proférer quelques mots, puis, s'adressant à l'amiral seul, ne parlant de sir Hudson Lowe qu'à la troisième personne, il eut le tort de se laisser aller à de véritables outrages. L'amiral cherchant à excuser les procédés du gouverneur par ses instructions, Napoléon répondit qu'il y avait des missions

1816.

Napoléon, ne pouvant se contenir, offense gravement sir Hudson Lowe, qui se retire pour ne plus reparaître à Longwood.

que les gens d'honneur n'acceptaient point, que d'ailleurs sir Hudson Lowe n'était pas un vrai militaire, et qu'il avait plus souvent tenu la plume de l'officier d'état-major que l'épée du soldat. — A ces derniers mots, sir Hudson Lowe, qui eut le mérite de se contenir et de respecter dans son prisonnier la plus grande infortune du siècle, le quitta en frémissant, et en déclarant qu'il ne remettrait plus les pieds à Longwood.

A peine était-il sorti que Napoléon, honteux d'avoir été si peu maître de lui, s'excusa auprès de sir Pulteney Malcolm, dit qu'il ne se serait point livré à de tels emportements si le gouverneur n'avait commis la maladresse de parler de cette ignoble affaire des dépenses, qu'il s'attendait bien que l'entrevue tournerait mal, que la figure de sir Hudson Lowe produisait sur lui une impression qu'il ne pouvait pas dominer, qu'il avait eu tort, qu'il le reconnaissait, et il ajouta cette parole, qui corrigeait sa faute : Je n'ai qu'une excuse, monsieur l'amiral, une seule, c'est de n'être plus aux Tuileries. Je ne me pardonnerais pas l'outrage que j'ai fait à sir Hudson Lowe, si je n'étais dans ses fers. —

Fin de l'année 1816, et monotonie de l'existence de Napoléon.

Après ces agitations qui remplirent une partie de l'année 1816, la vie de Napoléon rentra dans la monotonie dont elle ne devait guère s'écarter jusqu'à sa mort, et qui n'était interrompue quelquefois que par des souffrances. Ses habitudes étaient toujours les mêmes. N'ayant qu'un sommeil fréquemment interrompu, surtout quand il s'était couché de bonne heure faute de pouvoir occuper ses soirées, il se levait, lisait, dictait s'il avait Marchand à portée, se recouchait en changeant de lit, cherchait ainsi le sommeil qui le fuyait, montait à cheval dès que le soleil éclairait le plateau de Longwood, et recommençait à tourner dans ce qu'il appelait *le cercle de son enfer*. Cette promenade constamment répétée lui devenait chaque jour plus désagréable, car pour en franchir les limites il aurait fallu traîner après lui le malheureux officier attaché à sa garde. Le plaisir même qu'il avait à entretenir quelques voisins, tels que le vieux nègre qui cultivait un champ près de lui, la veuve et ses deux filles qui lui apportaient des fleurs, était gâté par la crainte de les compromettre en excitant l'ombrageuse défiance du gouverneur. A peine osait-il faire un peu de bien autour de lui, de peur de passer pour préparer les complices d'une évasion chimérique. Ces gênes agissant sur une organisation irritable, qui ne savait se dominer que dans les grands dangers, le condamnaient à une vraie torture. — Ah, disait-il à M. de Las Cases, que ne sommes-nous libres aux bords de l'Ohio ou du Mississipi, entourés de nos familles et de quelques amis!... Sentez-vous quel plaisir nous aurions à parcourir sans fin et de toute la vitesse de nos chevaux ces vastes forêts d'Amérique? Mais ici, sur ce rocher, *c'est à peine s'il y a de quoi faire un temps de galop*. — Puis rentrant au moment où les rayons du soleil tropical brûlaient son front, il se réfugiait sous la tente de sir Malcolm; mais sous cette ombre sans charme, *un chêne, un chêne*, s'écriait-il, et il demandait avec passion qu'on lui rendît le feuillage de ce bel arbre de France!... — Revenu de sa promenade à cheval, Napoléon se

1816.

Son besoin de mouvement, d'espace et de verdure.

remettait au lit, tâchait de retrouver grâce à la fatigue un complément de sommeil, puis se baignait longuement, habitude qui lui devint bientôt funeste en l'affaiblissant, mais qui lui plaisait, parce qu'elle diminuait une douleur au côté qu'il éprouvait dès lors, et qui était le premier signe de la maladie dont il devait mourir. Ensuite il travaillait, lisait, dictait, reprenait en un mot les occupations que nous avons déjà décrites, et finissait la journée avec ses amis, en faisant des lectures en commun, ou en continuant les récits de sa vie toujours écoutés avec la même avidité. Et ces journées n'étaient pas les plus tristes de sa cruelle existence, cruelle pour tout homme, mais particulièrement pour celui qui avait passé sa vie à remuer le monde. Il y avait des jours, et c'étaient les plus fréquents, où soufflait le vent du Cap, vent sec, aigre, agissant d'une manière douloureuse sur le système nerveux, couchant vers la terre plantes et arbres, empêchant même l'herbe de pousser, de façon que sur ce rocher, entouré des brouillards de l'Océan, on était tour à tour plongé dans une humidité pénétrante, ou placé dans un courant d'air continu et dévorant. Quand ce vent régnait, Napoléon se renfermait, ne prenait plus l'air, tombait dans une profonde tristesse, et se demandait si en lui assignant cet affreux séjour on n'avait pas eu l'intention perfide d'abréger sa vie. En apprenant surtout que près de lui se trouvait, dans une vallée fraîche et bien abritée, l'agréable château de Plantation-House, il se confirmait dans cette amère persuasion. — Si on voulait ma mort, disait-il, pourquoi ne pas me traiter comme Ney! une balle dans la tête y eût suffi. Mais l'Europe est aussi haineuse que l'émigration, et elle n'a pas le même courage. Elle n'aurait pas osé me tuer, et elle ose me faire mourir lentement... — Napoléon se trompait : l'Europe voulait avant tout le garder, et dans cette préoccupation elle ne cherchait guère à savoir si les précautions prises pour assurer sa garde étaient conciliables avec l'intérêt de sa santé. Elle n'y songeait même pas, et laissait ce soin à l'Angleterre qui n'y songeait pas davantage, et s'en remettait à un ministre anglais, lequel s'en remettait à un subalterne, tour à tour effrayé de sa responsabilité ou irrité par les offenses de ses prisonniers. Lord Bathurst, comme nous l'avons dit, avait eu l'insouciance coupable de ne pas exiger de la Compagnie des Indes l'abandon de Plantation-House, et sir Hudson Lowe n'avait pas la délicatesse de l'offrir, aimant mieux le garder pour sa famille[1]. Il y avait donc en tout cela des motifs moins pervers, mais plus bas peut-être que ceux que supposait Napoléon. On ne voulait pas l'assassiner, mais on le laissait tuer peu à peu par des subalternes, faute de penser à lui autrement que pour en avoir peur.

Sir Hudson Lowe avait apporté avec lui du bois pour construire une nouvelle habitation, des meu-

---

[1] Nous ne calomnions pas ici sir Hudson Lowe, qui dans une de ses dépêches dit que s'il y avait eu dans l'île une habitation convenable pour lui et sa famille, il se serait empressé de céder Plantation-House à Napoléon. C'est l'aveu qu'il faisait passer ses commodités personnelles avant celles de son prisonnier, qui certes aurait bien dû mériter la préférence sur le général Lowe et même sur sa famille, quelque intéressante qu'elle fût.

bles, des livres. Ce n'étaient pas des bois, mais de solides matériaux qu'il aurait fallu pour se garantir contre une température tour à tour humide ou brûlante. Napoléon repoussa tout ce qu'on lui offrit, excepté les livres, et en déplorant le triste choix qu'on avait fait, il en prit un certain nombre qu'il dévorait, et qui devenaient le soir le sujet de ses entretiens. Les soirées de Longwood, quoique si tristes, étaient, pour ainsi dire, tout illuminées de son esprit. C'étaient tantôt des conversations piquantes, presque gaies (rarement toutefois), tantôt des entretiens élevés, même sublimes, et malheureusement fort au-dessus de ses auditeurs, sur l'histoire, la guerre, les sciences et les lettres. Parfois il jouait avec les enfants de madame Bertrand et de madame de Montholon, leur faisait réciter des fables de La Fontaine, regrettait qu'il y eût dans cette lecture tant de profondeurs perdues pour eux, puis trouvant toujours l'argument qui convenait à chaque sujet, à chaque interlocuteur, adressait à ces enfants les raisonnements les plus capables de les persuader. L'un des fils de madame de Montholon se plaignant qu'on l'obligeât à travailler tous les jours, Napoléon lui disait : Mon ami, manges-tu tous les jours ? — Oui, Sire. — Eh bien, puisque tu manges tous les jours, il faut travailler tous les jours. — Puis laissant les enfants, son génie s'envolait sur les plus hauts sommets de la politique et de la philosophie.

Parmi les livres apportés à Sainte-Hélène on avait compris des pamphlets du temps, qu'on avait supposés propres à l'intéresser. Il y en avait contre lui, il y en avait aussi contre ses adversaires. Dans le nombre se trouvait le *Dictionnaire des girouettes*, qui, après 1815, obtint un grand succès, parce qu'il stigmatisait la mobilité des contemporains, si pressés de passer d'un gouvernement à l'autre afin de conserver leurs positions. Ce livre, écrit par des adversaires des Bourbons, plaisait naturellement à de pauvres exilés voyant avec une vive satisfaction qu'on châtiât ceux qui, au lieu d'être comme eux sur le rocher de Sainte-Hélène, remplissaient les salons des Tuileries, occupés à désavouer l'usurpation qu'ils avaient servie, et à célébrer la légitimité qu'ils avaient combattue. Napoléon sourit le premier jour, puis n'y tenant plus, saisit le livre et le jeta de côté. — C'est un livre détestable, s'écria-t-il, avilissant pour la France, avilissant pour l'humanité! S'il était vrai, la Révolution française qui a cependant inauguré les plus généreux principes, n'aurait fait de nous tous, nobles, bourgeois, peuple, qu'une troupe de misérables. Tout cela est faux et injuste. Prenez les guerres de religion en France, en Angleterre, en Allemagne, vous y trouverez de ces changements intéressés, en aussi grand nombre et par d'aussi petits motifs. Henri IV en a vu autant que moi et que Louis XVIII. La Fronde en a offert bien d'autres, et certes la France qui, quelques années après, gagnait les batailles de Rocroy et des Dunes, qui produisait *Polyeucte*, *Athalie*, les *Oraisons funèbres* de Bossuet, n'était point avilie. Gardez-vous du vulgaire plaisir qu'on goûte en voyant ses adversaires châtiés, car soyez assurés que l'arme qu'on emploie est une arme à double tranchant, et qui peut

1846.

Ce qu'il pense du *Dictionnaire des girouettes*.

Son dégoût pour ce livre.

se retourner contre vous... — Et comme on disait à Napoléon que ces hommes qu'il voulait excuser l'avaient trahi, Non, répondait-il, ils ne m'ont point *trahi*, ils m'ont *abandonné*, et c'est bien différent. Il y a moins de traîtres que vous ne croyez, et il y a en revanche quantité de gens faibles, vaincus par les circonstances cent fois plus fortes qu'eux... — Napoléon comprenait, sans le dire, que ces hommes, épuisés par l'abus qu'il avait fait de leurs forces, avaient fini par succomber à la fatigue, et par aller chercher sous de nouveaux maîtres le prix des services très-réels qu'ils avaient rendus à la France. — Fouché, ajoutait Napoléon, est le seul vrai traître que j'aie rencontré. Marmont lui-même, le malheureux Marmont, qui m'a fait plus de mal que Fouché, n'était pas un traître. La vanité, l'espérance d'un grand rôle, l'ont séduit, et il a cru en m'abandonnant, en m'ôtant les moyens d'accabler la coalition dans Paris, sauver la France d'une affreuse catastrophe. Mais il ne m'a pas trahi comme Fouché. — Ses auditeurs, étonnés de tant d'indulgence, demandaient à Napoléon comment en 1815, reconnaissant que Fouché le trahissait, il l'avait laissé faire. — La question ne dépendait pas, répondait-il, de la conduite d'un homme, quelque important qu'il fût. Elle dépendait d'une bataille gagnée ou perdue, et si avant cette épreuve décisive j'avais fait un éclat tel que de mettre Fouché en accusation, j'aurais ébranlé mon gouvernement. Je devais patienter, attendre, en laissant voir à Fouché que j'avais les yeux ouverts. Il s'est vengé de mon indulgence méprisante, mais après Waterloo, même sans un homme aussi dangereux que Fouché, j'étais perdu... Les traîtres, répétait Napoléon, sont plus rares que vous ne le croyez. Les grands vices, les grandes vertus, sont des exceptions. La masse des hommes est faible, mobile parce qu'elle est faible, cherche fortune où elle peut, fait son bien sans vouloir faire le mal d'autrui, et mérite plus de compassion que de haine. Il faut la prendre comme elle est, s'en servir telle quelle, et chercher à l'élever si on le peut. Mais soyez-en sûrs, ce n'est pas en l'accablant de mépris qu'on parvient à la relever. Au contraire il faut lui persuader qu'elle vaut mieux qu'elle ne vaut, si on veut en obtenir tout le bien dont elle est capable. A l'armée, on dit à des poltrons qu'ils sont des braves, et on les amène ainsi à le devenir. En toutes choses il faut traiter les hommes de la sorte, et leur supposer les vertus qu'on veut leur inspirer... —

Ce sujet conduisait Napoléon à un autre, sur lequel il déployait la même philosophie pratique, et la même élévation de vues. — C'est faiblesse, et non pas profondeur, disait-il, que de se trop méfier des hommes. On arrive ainsi à douter de tous, à ne plus savoir de qui se servir, et on perd souvent des instruments fort utiles. Ajoutez que si on aperçoit chez vous cette disposition, chacun cherche à l'exciter à son profit. Si j'avais écouté, disait-il, les discours de mes serviteurs, je n'aurais vu que des lâches à l'armée, ou des infidèles à l'intérieur. Ici même, mes amis, vous êtes bien peu nombreux, bien obligés de vous sourire mutuellement, eh bien ! je ne vous en crois pas quand vous parlez de l'un

1846.

On n'obtient des vertus de la part des hommes qu'en leur en supposant.

Conseil de ne pas trop se défier des hommes.

d'entre vous, et j'ai raison. (Napoléon faisait allusion à certaines divisions naissantes, qui commençaient à troubler son repos.) Non, continuait-il, il ne faut jamais en croire les hommes les uns sur les autres. Lannes est mort pour moi en héros, et souvent il tenait des propos tels qu'il aurait fallu, si je les avais pris au sérieux, le poursuivre comme coupable de haute trahison..... C'est là ce qui, après une longue expérience, m'a porté à considérer la violation du secret des lettres comme inutile et dangereuse. Ce qu'on trouve dans les correspondances, ce ne sont pas les conspirations, car personne ne conspire par la poste, ce sont les propos de l'oisiveté, de la rancune, de la malveillance. Qui voudrait entendre sur son compte tous les propos de ses amis, même les meilleurs? Bien fou, bien imprudent, serait celui qui ferait un pareil essai, quand même il le pourrait. Il prendrait en haine ses amis les plus vrais. Nous sommes en effet si légers, quand il s'agit de parler les uns des autres! Eh bien, si on apprend les propos qui ont été tenus, on en veut mortellement à des gens auxquels souvent il ne faudrait vouloir que du bien. Lire les lettres, c'est assister aux conversations de tout le monde, et il en résulte des préventions, des injustices, qui sont un mal non pour les autres, mais pour soi. Gouvernement, on se prive d'instruments précieux; simple individu, on convertit en inimitiés sérieuses des amitiés, légères sans doute dans leur langage, mais sincères dans leur attachement. Mieux vaut ne pas savoir tout ce qui se dit, car quelque force qu'on ait, il y a des propos qu'on a de la peine à pardonner, et le moyen le plus sûr de les pardonner, c'est de les ignorer. —

Une autre fois, prenant en main quelques-uns des horribles pamphlets publiés contre lui en Angleterre, Napoléon parcourait la série des grandes calomnies dont il avait été l'objet. — A entendre mes ennemis, disait-il, c'était moi qui avais assassiné Kléber en Égypte, brûlé la cervelle à Desaix à Marengo, étranglé Pichegru dans son cachot... Kléber, s'écriait-il, Desaix, Pichegru!... Je faisais un cas immense de Kléber malgré ses défauts. Il aimait beaucoup trop les plaisirs, et avait quelquefois un dangereux laisser-aller, mais il était passionné pour la gloire des armes, et sur le champ de bataille il se montrait homme de guerre du premier ordre. Sa mort m'a fait perdre l'Égypte, et je l'aurais assassiné!... Desaix était un ange, c'est l'homme qui m'a le plus aimé et que j'ai le plus aimé. Son arrivée a sauvé la bataille de Marengo, et je l'aurais frappé au moment d'un service qui m'en promettait tant d'autres!... Pichegru était peut-être le mieux doué des généraux de la République sous le rapport de l'intelligence. Il avait été l'un de mes maîtres à Brienne, et j'en avais conservé un tel souvenir que jamais je n'ai pu me défendre à son égard d'un sentiment de profonde commisération. Pourtant il avait commis à la tête de son armée des actes criminels, pour lesquels Moreau l'avait dénoncé. Ah! le malheureux, il s'était fait assez de tort à lui-même sans que j'eusse à m'en mêler, et c'est parce qu'il le sentait qu'il avait voulu détruire sa personne, après avoir détruit sa gloire. Eh bien, c'est moi qui

1816.

Manière de considérer la calomnie.

Grandes calomnies dont Napoléon avait été l'objet.

Comment il y répond.

les avais frappés tous les trois!... Le trait essentiel de la calomnie ce n'est pas seulement d'être méchante, c'est d'être absurde. La méchanceté est une passion si violente qu'elle aboutit bien vite à la stupidité. Quand on est jeune, ardent, fier, on bondit en apprenant ce qu'elle dit, et on se révolte. Avec le temps on s'y fait, et on ne souhaite plus qu'une chose, c'est que la calomnie dépasse toutes les bornes, car alors c'est elle qui vous justifie, et vous venge!— Napoléon prenait un à un les actes les plus défigurés de sa vie, notamment le prétendu empoisonnement des pestiférés de Jaffa, et les réduisait à la vérité. Pour ce qui s'était passé à Jaffa, il disait que, forcé de battre en retraite, et ne pouvant emmener, sans donner la peste à l'armée, une vingtaine de pestiférés dont les Arabes allaient couper la tête, il avait dit à Desgenettes qu'il serait peut-être plus humain de leur administrer de l'opium, à quoi celui-ci avait spirituellement répondu *que son métier était de les guérir, non de les tuer.* Mais il ajoutait que presque tous étaient morts avant qu'on eût décampé, que cinq ou six au plus étaient restés, lesquels n'avaient point avalé d'opium, et que les propos indignes colportés à ce sujet avaient été l'œuvre d'un infirmier chassé de l'armée pour avoir fraudé les médicaments.

Manière dont Napoléon s'exprimait au sujet de la catastrophe de Vincennes.

Napoléon traitait donc avec une hautaine tranquillité ces atroces calomnies. Il était un sujet, on le devine, sur lequel il se montrait aussi hautain mais moins tranquille, c'était la catastrophe de Vincennes. Il en parlait moins, mais il en parlait, et on sentait qu'il se roidissait contre ce souvenir. A la différence de tous ceux qui avaient contribué à ce déplorable événement, il ne niait rien, et avouait tout. — Les princes de Bourbon, disait-il, en voulaient à ma vie, et il est hors de doute, pour quiconque a lu le procès de Georges, que plusieurs d'entre eux avaient le secret des projets d'assassinat formés contre ma personne. Le duc d'Enghien, placé à une lieue de la frontière, attendait au moins le renouvellement des hostilités pour reprendre les armes contre la France, et à tous les titres, d'après les lois de tous les temps, il méritait le châtiment que je lui ai infligé. *Mon sang après tout n'était pas de boue*, et j'avais bien le droit de le défendre contre ceux qui voulaient le verser, surtout lorsque dans ma personne je défendais la France, son repos, sa prospérité, sa gloire! J'ai frappé, on m'en avait donné le droit, et je le ferais encore! —

En s'exprimant avec cette véhémence, Napoléon décelait lui-même le trouble de sa conscience. Son droit de se défendre étant admis (et jamais en effet on ne défendit sur les trônes de la terre plus noble tête que la sienne), il oubliait qu'il fallait se défendre selon les lois; que le duc d'Enghien fut saisi sur le territoire étranger, que transporté de vive force sur le territoire français, les lois furent violées à son égard de plus d'une manière, dans les formes suivies par la commission, et surtout dans l'exécution immédiate; que même lorsque la loi vous a régulièrement livré un ennemi, il reste à consulter la politique, qui conseille souvent l'indulgence, et qu'en ce genre tout ce qu'elle conseille elle le commande, car il faut non-seulement l'ex-

1816.

Faiblesse de ses explications.

cuse de la légalité, il faut aussi celle de la nécessité pour laisser couler le sang humain; que la mort du duc d'Enghien, loin de servir le gouvernement consulaire, lui causa un tort incalculable en contribuant à l'engager envers l'Europe dans des voies de violence; qu'enfin, dans ces occasions, la considération des personnes est de grande importance aussi, et que pour le vainqueur de Rivoli, le descendant du vainqueur de Rocroy aurait dû être sacré.

Napoléon se regardait comme le plus innocent de tous les fondateurs de dynastie.

Passant vivement sur ce sujet Napoléon aimait à considérer l'ensemble de son règne, et il disait qu'en consultant les annales du monde, en prenant l'histoire des fondateurs de dynastie, on n'en trouvait pas de plus innocent que lui. Effectivement il n'en est pas à qui l'histoire ait moins à reprocher, sous le rapport des moyens employés pour écarter des parents ou des rivaux, et il est certain qu'excepté les champs de bataille, où l'effusion du sang humain fut immense, personne n'avait moins versé de sang que lui, ce qui était dû à son caractère personnel, et surtout aux mœurs de son temps. Se comparant à Cromwell, Je suis monté, disait-il souvent, sur un trône vide, et je n'ai rien fait pour le rendre vacant. Je n'y suis arrivé que porté par l'enthousiasme et la reconnaissance de mes contemporains. — Cette assertion était rigoureusement vraie. Pourtant de ce trône, où il avait été porté par une admiration si unanime, Napoléon était tombé avec autant d'éclat qu'il y était monté. Certes la trahison, qu'il niait lui-même, ne pouvait être une explication de cette chute; il fallait la chercher dans ses fautes, et sur ces fautes il était quelquefois sincère, quel-

Ce qu'il y avait de vrai dans cette assertion.

quefois sophistique, selon que les aveux à faire coûtaient plus ou moins à son orgueil. Suivant la loi commune, là où il manquait d'excuses, il s'efforçait d'en trouver dans des subtilités ou des inexactitudes de fait, dont il prenait l'habitude, sans qu'on pût démêler s'il y croyait ou n'y croyait pas.

Nous avons, en racontant la chute de l'Empire en 1814, présenté le tableau résumé des fautes qui avaient amené cette chute, et qui selon nous se réduisaient à six. Elles avaient consisté,

La première, à sortir en 1803 de la politique forte et modérée du Consulat, à rompre la paix d'Amiens, et à se jeter sur l'Angleterre, qu'il était si difficile d'atteindre;

La seconde, après avoir soumis le continent en trois batailles, Austerlitz, Iéna, Friedland, à n'être pas rentré en 1807 dans la politique modérée, et au lieu de chercher à réduire l'Angleterre par l'union du continent contre elle, à profiter au contraire de l'occasion pour essayer la monarchie universelle;

La troisième, à faire reposer à Tilsit cette monarchie universelle sur la complicité intéressée de la Russie, complicité qui ne pouvait être durable que si elle était payée par l'abandon de Constantinople;

La quatrième, à s'enfoncer en Espagne, gouffre sans fond où étaient allées s'abîmer toutes nos forces;

La cinquième, à ne pas essayer de venir à bout de cette guerre par la persévérance, et à chercher en Russie la solution qu'on ne trouvait pas dans la Péninsule, ce qui avait amené la catastrophe inouïe de Moscou;

La sixième enfin et la plus funeste, après avoir ramené à Lutzen et Bautzen la victoire sous nos drapeaux, à refuser la paix de Prague, qui nous aurait laissé une étendue de territoire bien supérieure à celle que la politique permettait d'espérer et de désirer.

Il est inutile de dire que dans les profonds ennuis de sa captivité, Napoléon reproduisant ses souvenirs à mesure que les hasards de la conversation les réveillaient, ne discutait pas méthodiquement les actes principaux de son règne, comme nous avons essayé de le faire. Il touchait tantôt à un sujet, tantôt à un autre, cherchant d'autant plus à s'excuser qu'il était moins excusable.

Quant à ses emportements envers l'Angleterre et à la rupture de la paix d'Amiens, il disait que la fameuse scène à lord Whitworth avait été fort exagérée, et que le refus du ministère britannique d'évacuer Malte était intolérable, oubliant que par l'ensemble de ses actes il avait créé une situation menaçante, dont les Anglais avaient profité pour ne pas évacuer cette île. Il affirmait que le projet de descente avait été sérieux, et que ses combinaisons navales étaient telles, que sans la faute d'un amiral il aurait triomphé de l'Angleterre. Il est incontestable, en effet, que jamais combinaisons plus profondes ni plus vastes ne furent imaginées, et que si l'amiral Villeneuve avait paru dans la Manche, cent cinquante mille Français auraient franchi le détroit! Que serait-il arrivé, lorsque, après avoir gagné en Angleterre une bataille d'Austerlitz, Napoléon se serait trouvé maître de Londres comme il le fut plus tard de Vienne et de Berlin? La fière aristocratie anglaise aurait-elle plié sous ce coup terrible, ou bien aurait-elle essayé de prolonger la lutte contre son vainqueur prisonnier en quelque sorte dans sa propre conquête? On n'en sait rien. Mais c'était une terrible manière de jouer sa grandeur et celle de la France, que de la risquer dans de pareils hasards!

Quant à la monarchie universelle, qu'il avait essayé d'établir lorsque ne pouvant venir à bout de l'Angleterre il s'était jeté sur le continent, Napoléon n'en fournissait pas une raison valable. Cette monarchie universelle, il ne la voulait, disait-il, que temporaire; c'était une dictature au dehors, comme la dictature au dedans que la France lui avait conférée, et qu'il aurait déposée avec le temps. — D'abord si la France en 1800 demandait un bras puissant pour la sauver de l'anarchie, l'Europe ne désirait rien de semblable. Ce dont elle voulait être préservée, c'était de l'ambition du nouveau chef qui gouvernait alors la France, et le lui donner pour dictateur, c'était tout simplement lui donner ce qu'elle craignait le plus, c'était pour remède à son mal lui donner le mal lui-même. Il n'y avait donc aucune vérité à vouloir déduire de la dictature au dedans la dictature au dehors. Il aurait fallu en tous cas la rendre courte pour la rendre tolérable, il aurait fallu par ses actes prouver aux peuples qu'on l'exerçait dans leur intérêt, et leur faire du bien au lieu de les accabler de maux, au point de les amener tous à se soulever en 1813 pour combattre et détruire cette dictature européenne.

1816.

Troisième faute.

Sur cette chimère de la monarchie universelle, Napoléon disait encore que toujours on l'avait attaqué, et qu'obligé sans cesse de se défendre il était devenu maître de l'Europe presque malgré lui : fausse assertion souvent répétée par les adulateurs de sa mémoire et de son système. Il est vrai que les puissances européennes, sous l'oppression qu'elles subissaient, n'attendaient qu'un moment pour se révolter; mais cette disposition à la révolte n'était que le résultat de l'oppression même, et, au surplus, elles étaient si accablées après Tilsit, que sans la guerre d'Espagne l'Autriche n'aurait pas essayé la fameuse levée de boucliers de 1809, et qu'après la victoire de Wagram, si Napoléon n'avait pas entrepris la guerre de Russie, personne n'eût osé lever la main contre lui.

Il était plus sincère sur la troisième faute, la guerre d'Espagne. — La guerre d'Espagne, disait-il, avait compromis la moralité de son gouvernement, divisé et usé ses forces.— Lui seul pouvait dire si bien et si complétement. Oui, l'événement de Bayonne avait paru une noire perfidie; la guerre d'Espagne avait attiré au midi les armées dont il aurait eu besoin au nord, et après avoir divisé ses forces les avait usées par l'acharnement de la lutte. Mais comment était-il si sincère sur ce point en l'étant si peu sur d'autres? C'était peut-être l'évidence de la faute, et peut-être aussi la nature des excuses qu'il trouvait à donner. — En ayant, disait-il, fondé en France *la quatrième dynastie*, il ne pouvait souffrir en Espagne les Bourbons, que leur situation destinait presque inévitablement à être les complices de l'Angleterre. — Cette raison était assurément d'un certain poids; mais si, au lieu de hâter la solution par un attentat, Napoléon l'eût attendue de l'incapacité des Bourbons et de la popularité prodigieuse dont il jouissait en Espagne, il eût été probablement appelé par les Espagnols eux-mêmes à ranger les deux trônes sous une seule influence. C'était donc une faute d'impatience (genre de faute que son caractère le portait si souvent à commettre), et cette excuse de la guerre d'Espagne, qui lui semblait assez bonne pour qu'il osât avouer son erreur, ne valait guère mieux que la plupart de celles qu'il donnait pour pallier les torts de sa politique.

Quant à la faute de n'avoir pas essayé de triompher des Espagnols par la persévérance, et d'être allé chercher en Russie une solution qu'il ne trouvait pas en Espagne même, il était assez sincère aussi, et à cette occasion il faisait un singulier aveu. — En réalité, disait-il, Alexandre ne désirait pas la guerre; je ne la désirais pas non plus, et une fois sur le Niémen, nous étions comme *deux bravaches*, qui n'auraient pas mieux demandé que de voir quelqu'un se jeter entre eux pour les séparer. Mais un grand ministre des affaires étrangères m'avait manqué à cette époque. Si j'avais eu M. de Talleyrand, par exemple, la guerre de Russie n'aurait pas eu lieu... — Napoléon disait vrai, mais il faisait là un aveu que doivent bien méditer les ministres servant un maître engagé sur une pente dangereuse, et n'ayant pas le courage de l'y arrêter.

Quant à la campagne elle-même, il en attribuait la funeste issue à l'incendie de Moscou. — Il y avait à Moscou, disait-il, des vivres pour nourrir toute une

1816.

armée pendant plus de six mois. Si j'avais hiverné là, j'aurais été *comme le vaisseau pris dans les glaces, lequel recouvre la liberté de ses mouvements au retour du soleil.* Je me serais trouvé entier au printemps, et si les Russes avaient reçu des renforts, j'en aurais reçu de mon côté; et de même qu'en 1807, après avoir essuyé la journée d'Eylau en février, j'avais rencontré celle de Friedland en juin, j'aurais pu remporter quelque brillant avantage au retour de la belle saison, et terminer la campagne de 1812 aussi heureusement que celle de 1807. — Ces raisons assurément avaient quelque valeur, mais on peut répondre que si l'infanterie de l'armée eût pu vivre à Moscou, la cavalerie et l'artillerie auraient manqué de fourrages, que si les renforts avaient pu arriver jusqu'à Osterode en 1807, il n'était pas aussi facile de les amener jusqu'à Moscou, et qu'enfin l'armée de 1812 n'avait plus les solides qualités de celle de 1807.

Sixième et dernière faute.

Quant à la dernière des fautes graves du règne, celle d'avoir refusé la paix de Prague, Napoléon ne disait rien de plausible, ni même de spécieux. Il répétait cette raison banale que l'Autriche n'était pas de bonne foi, et qu'en ayant l'air de traiter à Prague elle était secrètement engagée avec les puissances coalisées, allégation fausse et que les documents les plus authentiques réfutent complétement. Si en effet l'Autriche n'avait pas été de bonne foi à Prague, il y avait un moyen de la confondre, c'était d'accepter ses conditions, qui consistaient à nous laisser la Westphalie, la Hollande, le Piémont, Florence, Rome, Naples, c'est-à-dire deux fois plus que nous ne devions désirer, et à nous refuser seulement Lubeck, Hambourg, dont nous n'avions que faire, la Sicile, que nous n'avions jamais eue, l'Espagne, que nous avions perdue. Si, ces conditions acceptées, elle nous avait manqué de parole, alors on l'eût convaincue de mensonge, et on aurait eu l'opinion générale pour soi. Mais en fait il est constant qu'elle eût accepté avec joie notre adhésion, car elle n'entreprenait la guerre qu'en tremblant, et elle avait même formellement refusé de s'engager avec les coalisés avant l'expiration du délai fatal assigné à la médiation. Napoléon n'aimait pas à s'étendre sur ce sujet, pénible pour son amour-propre, car il s'était lourdement trompé en cette occasion, et avait cru qu'il faisait tellement peur à l'Autriche que jamais elle n'oserait se décider contre lui. Il lui faisait peur assurément, et beaucoup, mais non jusqu'à paralyser son jugement, et à l'empêcher de prendre un parti dicté par ses intérêts les plus évidents. Pour écarter ce reproche il disait que son mariage l'avait perdu en lui inspirant une confiance funeste à l'égard de l'Autriche, excuse peu digne, et fausse d'ailleurs, car M. de Metternich avait eu soin de lui répéter sans cesse que le mariage avait dans les conseils de la cour de Vienne un certain poids, mais un poids limité, et n'empêcherait pas de lui déclarer la guerre s'il n'acceptait pas les conditions proposées à Prague, lesquelles après tout n'avaient qu'un inconvénient, c'était d'être trop belles pour nous.

Ainsi raisonnait Napoléon sur les événements de son règne, sincère, comme on le voit, sur les points où son amour-propre trouvait des excuses spécieuses, sophistique sur les points où il n'en trouvait pas, sentant bien ses fautes sans le dire, et comptant sur l'immensité de sa gloire pour le soutenir auprès des âges futurs, comme elle l'avait déjà soutenu auprès des contemporains.

Napoléon s'étend volontiers sur son gouvernement intérieur.

Il s'expliquait plus volontiers et avec plus de confiance sur tout ce qui concernait le gouvernement intérieur de l'Empire. Là, il se présentait avec raison comme un grand organisateur, qui, prenant en 1800 l'ancienne société brisée par le marteau de la Révolution, avait de ses débris recomposé la société moderne. Il n'avait pas de peine à démontrer pourquoi il avait cherché à fondre ensemble les diverses classes de la France violemment divisées, à rappeler l'ancienne noblesse, à élever jusqu'à elle la bourgeoisie, en donnant à celle-ci des titres mérités par de grands services, et à offrir ainsi à l'Europe une société puissante, rajeunie et digne d'entrer en relation avec elle. Seulement en tâchant de rendre la France présentable à l'Europe, pour rétablir avec celle-ci des relations pacifiques, il n'aurait pas fallu faire vivre cette malheureuse Europe dans des terreurs continuelles. Sur tous ces points du reste Napoléon parlait en législateur, en philosophe, en politique, et quand certains de ses compagnons d'exil lui répétaient qu'il avait eu tort de s'entourer d'anciens nobles qui l'avaient trahi, il repoussait énergiquement cette objection, misérable selon lui, en leur adressant la réponse péremptoire qui suit. — Les deux hommes qui ont le plus contribué à me perdre, disait-il, c'est Marmont en

1814, en m'ôtant les forces avec lesquelles j'allais détruire la coalition dans Paris, et Fouché en 1815, en soulevant la Chambre des représentants contre moi. Les vrais traîtres, s'il y a eu des traîtres qui m'aient perdu, ce sont ces deux hommes! Eh bien, étaient-ce d'anciens nobles?... —

Napoléon rapportait ensuite avec complaisance tout ce qu'il avait fait pour donner à la France une administration active, puissante, probe, claire dans ses comptes. Il rappelait ses routes, ses canaux, ses ports, ses monuments, ses travaux pour la confection du Code civil, dont il attribuait une large part à Tronchet, sa longue présidence du Conseil d'État, où régnait, disait-il, une grande liberté de discussion, où souvent il était contredit avec opiniâtreté, car, ajoutait-il, si les hommes sont courtisans, ils ont de l'amour-propre aussi, et j'ai vu des conseillers d'État, de simples maîtres des requêtes, une fois engagés, soutenir contre moi leur opinion avec entêtement, tant il est vrai qu'il suffit d'assembler les hommes avec l'intention sérieuse d'approfondir les affaires, pour qu'il naisse une liberté relative, et quelquefois féconde, du moins en fait d'administration.

Napoléon avouait qu'il n'avait pas été un monarque libéral, mais soutenait qu'il avait été un monarque civilisateur, et ajoutait que, chargé d'être dictateur, son rôle à lui ne pouvait pas être de donner la liberté, mais de la préparer. Quant à l'essai de cette liberté fait en 1815, il ne le désavouait pas, mais il en parlait peu, comme s'il avait été confus d'une épreuve qui avait si mal tourné

1816.

Sa politique à l'égard des diverses classes de la société française.

Son essai de liberté en 1815.

pour lui. A cette occasion il s'exprimait sur les assemblées en homme qui les connaissait bien, quoiqu'il les eût peu pratiquées, et imputait ses mécomptes dans la Chambre des représentants à la nouveauté de cet essai de liberté plus qu'à son vice fondamental. — Les assemblées, disait-il, ont besoin de chefs pour les conduire, exactement comme les armées. Mais il y a cette différence que les armées reçoivent les chefs qu'on leur donne, et que les assemblées se les donnent à elles-mêmes. Or, en 1815, la Chambre des représentants, réunie au bruit du canon, n'avait pu encore ni chercher, ni trouver ses chefs. —

En toutes choses Napoléon disait qu'il n'avait pu avoir que des projets, qu'il n'avait eu le temps de rien achever, que son règne n'était qu'une suite d'ébauches, et alors se prenant à rêver, il aimait à se représenter tout ce qu'il aurait fait s'il avait pu obtenir de l'Europe une paix franche et durable, (paix qu'il avait repoussée malheureusement quand il aurait pu l'obtenir, comme en 1813 par exemple, et qu'il n'avait voulue qu'en 1815, lorsqu'elle était devenue impossible!) — J'aurais, disait-il, accordé à mes sujets une large part dans le gouvernement. Je les aurais appelés autour de moi dans des assemblées vraiment libres, j'aurais écouté, je me serais laissé contredire, et, ne me bornant pas à les appeler autour de moi, je serais allé à eux. J'aurais voyagé avec mes propres chevaux à travers la France, accompagné de l'Impératrice et de mon fils. J'aurais tout vu de mes yeux, écouté, redressé les griefs, observé de près les hommes et les choses, et répandu de mes mains les biens de la paix, après avoir tant versé de ces mêmes mains les maux de la guerre. J'aurais vieilli en prince paternel et pacifique, et les peuples, après avoir si longtemps applaudi Napoléon guerrier, auraient béni Napoléon pacifique, et *voyageant, comme jadis les Mérovingiens, dans un char traîné par des bœufs.* —

Tels étaient les rêves de ce grand homme, et si nous les rapportons, c'est qu'ils contiennent une leçon frappante, celle de ne pas laisser passer le temps de faire le bien, car une fois passé il ne revient plus. Ainsi s'écoulaient les soirées de la captivité, et lorsqu'en discourant de la sorte Napoléon s'apercevait qu'il avait atteint une heure plus avancée que de coutume, il s'écriait avec joie : *Minuit, minuit! quelle conquête sur le temps!...* le temps, dont il n'avait jamais assez autrefois, et dont il avait toujours trop aujourd'hui !

L'année 1816, dont une moitié s'était passée en tracasseries, fut quant à l'autre moitié beaucoup mieux employée, et consacrée à des travaux historiques assidus. C'est à M. de Las Cases que Napoléon donnait alors le plus de temps, car il était plein d'ardeur pour le récit de ses campagnes d'Italie, qui lui rappelaient ses premiers, ses plus sensibles succès. Quoiqu'il s'occupât aussi de l'expédition d'Égypte avec le maréchal Bertrand, de la campagne de 1815 avec le général Gourgaud, l'Italie avait en ce moment la préférence. Il aurait voulu avoir un *Moniteur* pour les dates et pour certains détails matériels, et, à défaut du *Moniteur*, il se servait de l'*Annual register*. Du reste, sa mémoire était rarement en défaut, et presque jamais il n'avait à rectifier ses

1816

Travaux historiques de Napoléon.

1816.

Les assiduités de M. de Las Cases auprès de Napoléon inspirent des jalousies à quelques membres de la colonie.

souvenirs. M. de Las Cases, forcé pour le suivre d'écrire aussi vite que la parole, se servait de signes abréviatifs; il était obligé ensuite de recopier ce qu'il avait écrit, et il y employait une partie des nuits. Il apportait le lendemain cette copie, que Napoléon corrigeait de sa main. Ce travail ayant singulièrement affaibli la vue de M. de Las Cases, son fils le relevait souvent, et l'aidait dans ses efforts pour saisir au vol la pensée impétueuse du puissant historien. A ce travail Napoléon en avait ajouté un autre. Il sentait l'inconvénient de ne pas savoir l'anglais, et il avait résolu de l'apprendre en adoptant M. de Las Cases pour maître. Mais ce génie prodigieux, qui avait à un si haut degré la mémoire des choses, n'avait pas celle des mots, et il apprenait les langues avec peine. Il s'y appliquait néanmoins, et commençait à lire l'anglais, sans toutefois pouvoir le parler. Ces diverses occupations exigeaient de fréquents tête-à-tête avec M. de Las Cases, et provoquaient des jalousies dans cette colonie si peu nombreuse, et où il semble que l'infortune aurait dû rapprocher les cœurs. Le général Gourgaud avait fait preuve envers Napoléon d'un dévouement remarquable, mais il gâtait ses bonnes qualités par un orgueil excessif, et par un penchant à la jalousie qui ne reposait jamais. N'ayant pas quitté Napoléon dans ses dernières campagnes, il se considérait comme devant être le coopérateur exclusif de tous les récits de guerre, et souffrait avec peine que M. de Las Cases fût en ce moment le confident habituel de son maître. Cependant chacun devait avoir son tour, et, avec la fin de l'Empire, que le général Gourgaud connaissait mieux, le privilége des longs tête-à-tête devait arriver pour lui. Mais, bouillant autant que courageux, il ne savait pas se contenir, et, dans ce cercle si étroit, où les froissements étaient nécessairement si sensibles, il devenait souvent querelleur et incommode. Le spectacle de ces divisions aggravait les peines de Napoléon. Il cherchait à apaiser des brouilles qu'il apercevait même quand on s'efforçait de les lui cacher, réprimait avec autorité les fougues du général Gourgaud, et s'appliquait à guérir les blessures faites à la sensibilité de M. de Las Cases, caractère concentré et un peu morose. — Quoi, leur disait-il à tous, n'est-ce pas assez de nos chagrins? faut-il que nous y ajoutions nous-mêmes par nos propres travers? Si la considération de ce que vous vous devez les uns aux autres ne suffit pas, songez à ce que vous me devez à moi-même... Ne voyez-vous pas que vos divisions me rendent profondément malheureux?... Tenez, ajoutait-il, quand vous serez de retour en Europe, ce qui ne peut manquer d'être prochain, car je n'ai pas beaucoup d'années à vivre, votre gloire sera de m'avoir accompagné sur ce rocher. Alors vous n'irez pas avouer que vous viviez en ennemis les uns avec les autres; vous vous direz *frères en Sainte-Hélène*, vous affecterez l'union : eh bien, puisqu'il faudra le faire un jour, pourquoi ne pas commencer aujourd'hui, pour votre dignité, pour mon repos, pour ma consolation?...—

Ces pauvres exilés, malgré la surveillance ombrageuse dont ils étaient l'objet, allaient quelquefois en ville sous divers prétextes, mais, en réalité,

1816.

Efforts de Napoléon pour maintenir l'union entre les amis qui lui restent.

Quelques tentatives de communications avec l'Europe.

1816.

M. de Las Cases, pour ce motif, est expulsé de Sainte-Hélène.

pour s'y procurer des nouvelles. Ils s'y rendaient à cheval, accompagnés d'un surveillant, auquel ils donnaient leur monture à garder, et qui leur laissait ainsi un peu de liberté dont ils usaient pour se ménager quelques communications avec l'Europe. Le propriétaire du pavillon de Briars, devenu fournisseur de Longwood, se faisait souvent l'intermédiaire de leurs correspondances, du reste bien innocentes, car elles avaient pour unique objet d'entretenir des relations avec leurs familles, et les plus coupables allaient tout au plus jusqu'à dénoncer à l'opinion publique européenne les cruautés du gouvernement britannique. Il aurait fallu cependant s'en tenir à ces discrètes communications, et ne pas trop donner l'éveil à l'esprit soupçonneux de sir Hudson Lowe. Mais M. de Las Cases imagina de se servir d'un domestique qui retournait en Europe, pour lui confier un long récit des souffrances de Sainte-Hélène, écrit sur une pièce de soie, afin qu'il fût plus facile à cacher. Soit par l'infidélité du domestique, soit par la rigueur des investigations exercées sur sa personne, le dépôt fut découvert. M. de Las Cases qui avait particulièrement déplu à sir Hudson Lowe, fut condamné, en vertu des règlements établis, à quitter Sainte-Hélène. Une troupe de gens armés se saisit de sa personne et de celle de son fils, et les transporta l'un et l'autre à James-Town. Sir Hudson Lowe déclara à M. de Las Cases qu'ayant enfreint les règlements qui défendaient les communications clandestines, il serait conduit au Cap, et du Cap en Europe. Il n'y avait point à disputer avec ce maître absolu, et il fallut se soumettre. On visita les papiers de M. de

Las Cases, on y trouva le journal qu'il avait tenu de ses entretiens avec Napoléon, et le manuscrit des campagnes d'Italie. On retint l'un et l'autre provisoirement.

Napoléon fut vivement courroucé de ce qu'on avait violé son domicile, et de ce qu'on lui enlevait un homme aussi respectable, et dont il avait un si grand besoin. Il réclama le manuscrit de ses campagnes d'Italie, qui lui fut rendu, et s'éleva avec amertume contre l'enlèvement de M. de Las Cases, pour un acte aussi naturel, aussi innocent qu'une plainte échappée à la souffrance, et prouvant même qu'on ne songeait point à s'enfuir, car dans les pièces saisies rien n'avait trait à un projet d'évasion. Aucun bâtiment ne s'étant trouvé prêt à partir, M. de Las Cases fut retenu dans l'île, et mis pour ainsi dire au secret, car il ne pouvait communiquer avec Longwood. Sir Hudson Lowe ayant eu ainsi le temps de la réflexion, craignit que la présence de M. Las de Cases en Europe ne fût plus fâcheuse pour lui et les ministres anglais que sa présence à Sainte-Hélène, car une fois libre, il pourrait faire entendre la voix du malheur, voix qui serait fort écoutée, même dans le parlement britannique. Il offrit donc à M. de Las Cases de retourner à Longwood, à condition de ne plus chercher à correspondre, et de profiter de la leçon qu'il venait de recevoir par un mois de séquestration. Mais M. de Las Cases avait fait de son côté les mêmes réflexions. Il avait pensé qu'il serait plus utile à Napoléon en Europe qu'à Sainte-Hélène, en dénonçant les traitements que subissaient les exilés. Il

Sir Hudson Lowe offre cependant de laisser M. de Las Cases à Sainte-Hélène, ce que celui-ci n'accepte point.

était fort inquiet aussi de l'état de santé de son fils, qui souffrait du climat des tropiques, et n'accepta point la grâce que lui offrait sir Hudson Lowe. On ne lui permit pas de voir Napoléon, à moins que ce ne fût devant témoins, ce qu'il refusa, mais il lui fit parvenir les motifs de sa résolution, ainsi que plusieurs objets dont il était dépositaire, et fut embarqué dans les derniers jours de décembre 1816, après dix-huit mois passés auprès de Napoléon, dont une année à Sainte-Hélène.

Chagrin que le départ de M. de Las Cases fait éprouver à Napoléon.

Napoléon fut très-affecté du départ de M. de Las Cases. C'était de ses compagnons d'exil celui qui avait l'instruction la plus variée, et qui par sa connaissance de l'anglais lui rendait le plus de services, outre qu'il était d'un caractère très-doux quoiqu'un peu susceptible. Sans méconnaître que le désir de dénoncer à l'Europe les traitements infligés aux captifs de Sainte-Hélène était entré pour beaucoup dans son refus de revenir à Longwood, Napoléon ne se dissimulait pas non plus que sa santé, et surtout celle de son fils, avaient contribué à sa détermination, et il voyait clairement que tantôt les ombrages du gouverneur, tantôt le climat, tantôt les devoirs de famille, diminueraient successivement la petite société qui l'avait suivi, et dont la présence peuplait de quelques visages amis son affreuse solitude. Son valet de chambre Marchand, écrivant vite, lisant bien, sage, discret, dévoué à son maître avec une simplicité touchante, et de jour en jour devenant non plus un serviteur mais un ami, Marchand recueillait plus qu'un autre de ces mots qui s'échappent d'une âme souffrante, et qui semblent adressés à Dieu seul. — Si cela continue, disait Napoléon en soupirant, il ne restera bientôt ici que moi et Marchand! — Puis s'adressant à ce dernier, il ajoutait : Tu me feras la lecture, tu écriras sous ma dictée, tu me fermeras les yeux, et tu iras vivre en Europe au sein du bien-être que je t'aurai assuré. —

Le 1ᵉʳ janvier 1817 fut pour la colonie exilée l'occasion d'une petite fête de famille. Les amis de Napoléon avaient soin de saisir les anniversaires pour venir tous ensemble lui présenter leurs hommages, comme ils faisaient jadis aux Tuileries, et lui prouver que proscrit, chargé de chaînes, il était toujours pour eux l'empereur Napoléon. Ce n'étaient plus comme aux Tuileries les fêtes de l'orgueil, mais celles du cœur, du cœur contrit, humilié, et d'autant plus expansif qu'il était plus malheureux. Madame Bertrand, madame de Montholon, accompagnées de leurs maris, tenant leurs enfants par la main, le général Gourgaud, et après eux Marchand avec les serviteurs qui avaient suivi leur maître à Sainte-Hélène, vinrent ce 1ᵉʳ janvier lui présenter leurs vœux. Quels vœux, hélas! Que sa vie sur ce rocher ne fût pas trop amère, que sa santé ne déclinât pas trop vite, que certaines souffrances physiques dont il commençait à sentir l'atteinte ne fussent pas trop aiguës, car pour le revoir en France rétabli sur le trône, ou seulement libre en Amérique, personne n'osait y songer, et encore moins en parler. Napoléon était plus triste que de coutume, à cause des souvenirs que réveillait cette journée, et aussi à cause du départ de MM. de Las Cases. Il accueillit ses compagnons avec des marques d'attendrissement qui ne lui étaient pas ordinaires, et les remercia de leur dévouement de la manière la plus expressive. Il avait toujours pris beaucoup de plaisir à faire des dons, et des quelques débris de son opulence que Marchand avait sauvés, il avait composé un petit trésor pour témoigner de temps en temps sa gratitude à ceux qui lui rendaient service. Il y puisa pour donner soit aux enfants qu'il aimait, soit à leurs parents, quelques objets qui devaient être pour eux de précieux souvenirs de famille. Après ces épanchements, la journée étant fort belle, il déjeuna avec ses compagnons d'exil sous la tente que l'amiral Malcolm lui avait fait dresser, et qui lui procurait la seule ombre dont il pût jouir à Longwood. On y passa la plus grande partie du jour, et peu à peu la beauté du ciel, les témoignages de ses amis, un doux et cordial entretien, semblèrent dissiper la sombre tristesse qui couvrait le front de Napoléon. On parla de la France, on s'occupa du passé autrefois si éblouissant, on ne dit rien du présent, et pour la première fois cependant on osa dire quelques mots de l'avenir que d'ordinaire on ne cherchait pas à pénétrer, car si profondément qu'on y regardât, on n'y découvrait que la prison! Pourtant une sorte d'espérance commençait à poindre, et cette espérance naissait de la possibilité d'un changement ministériel en Angleterre. A en juger par les journaux il était facile de voir qu'à la suite des emportements de 1815 il s'opérait un retour dans les esprits, que les peuples revenaient aux idées de liberté, et qu'en revenant à ces idées les haines contre la France perdaient de leur violence.

Le ministère de lord Castlereagh était vivement attaqué. L'opposition avait demandé compte à lord Bathurst de ses cruautés envers le prisonnier de Sainte-Hélène, et il n'y avait aucune invraisemblance à supposer un prochain changement dans le cabinet britannique. On n'allait certes pas jusqu'à imaginer que Napoléon pourrait devoir un rôle quelconque à un nouveau ministère, mais ce ministère pourrait bien alléger les fers du prisonnier, le transporter dans une autre île, qui sait même? peut-être lui ouvrir la libre Amérique. C'était peu probable, mais l'âme humaine à défaut d'espérances fondées, se repaît de chimères, tant il lui est impossible de ne pas espérer! On rêva donc quelque peu dans cette journée, et on se sépara soulagé.

1817.

L'année 1817 fut plus triste encore que l'année 1816, et tout présageait qu'il en serait ainsi des autres, car dans cette captivité sans fin présumable, et qui n'avait d'autre perspective que la mort, la tristesse devait aller toujours en croissant. Les promenades à cheval qui étaient indispensables à la santé de Napoléon, avaient complétement cessé. Le cercle de trois à quatre lieues dans lequel il était obligé de se renfermer s'il tenait à être seul, avait fini par lui paraître aussi étroit que le préau d'une prison. Ayant voulu le franchir et s'étant engagé dans les parties inconnues de l'île, il avait plusieurs fois échappé à l'officier chargé de le suivre, et celui-ci ayant fait l'observation que pour être fidèle à ses ordres il serait forcé de se tenir plus près, Napoléon avait renoncé à monter à cheval. Il était resté jusqu'à deux mois sans sortir

Année 1817. plus triste que les précédentes.

Napoléon

autrement que pour faire une courte promenade à pied. Précédemment il recevait quelquefois des Anglais ou des Hollandais revenant des Indes en Europe, lesquels demandaient au grand maréchal Bertrand l'honneur de lui être présentés. Sir Hudson Lowe ayant essayé de changer cette manière de procéder, et Napoléon voyant qu'on voulait faire de Longwood un guichet qui ne s'ouvrirait que par la main de son geôlier, ne recevait plus personne. Cette réclusion absolue, surtout depuis le départ de M. de Las Cases, faisant cesser pour lui toute distraction, il était tombé dans une sorte d'inertie morale, qui, jointe à son inertie physique, devait produire sur lui les effets les plus prompts et les plus funestes.

A cette époque arrivèrent trois commissaires des puissances alliées, ayant mission de veiller à la garde du prisonnier de Sainte-Hélène de concert avec sir Hudson Lowe. Les puissances avaient en effet signé un traité par lequel approuvant tout ce que l'Angleterre avait fait précédemment, elles lui déléguaient le soin de détenir Napoléon, à condition toutefois que des commissaires nommés par elles pourraient résider à Sainte-Hélène, s'assurer de la présence continue du prisonnier, et veiller tant à sa garde qu'aux traitements qui lui seraient infligés. La Prusse s'en fiant aux Anglais du soin de garder son ancien ennemi, et ne s'intéressant pas assez à lui pour chercher à savoir comment on le traitait, n'avait envoyé personne. La Russie, l'Autriche, la France, avaient expédié chacune un commissaire. Ces commissaires confinés dans une île presque inhabitée, n'avaient qu'un dedommagement en perspective, c'était de voir et d'entretenir quelquefois l'illustre prisonnier. L'envoyé français, M. de Montchenu, vieux royaliste, fort passionné mais point méchant, répétait sans cesse que c'étaient les gens d'esprit qui avaient fait l'abominable révolution française, que leur chef Napoléon, plus spirituel, plus scélérat qu'eux tous ensemble, était un démon à garder dans une cage de fer. Il n'avait aucune envie de le fréquenter, mais il désirait se procurer le plus souvent possible la certitude physique de sa présence à Sainte-Hélène. M. de Sturmer, envoyé autrichien, au service du plus curieux des hommes d'État, le prince de Metternich, aurait voulu pouvoir amuser son chef par des détails piquants. Le commissaire russe, M. de Balmain, chargé par Alexandre de veiller à ce qu'on gardât Napoléon sûrement, mais pas trop cruellement, avait bien aussi quelque envie de le voir, mais moins que ses deux collègues, et se moquait assez volontiers des inquiétudes du Français et de la curiosité de l'Autrichien.

L'attente de ces trois commissaires fut singulièrement trompée en arrivant à Sainte-Hélène. Sir Hudson Lowe les ayant annoncés à Longwood comme accrédités en vertu du traité du 2 août 1815, Napoléon refusa péremptoirement de les admettre à ce titre. D'une opiniâtreté invincible dans le malheur comme dans le bonheur, il ne voulait pas s'écarter du principe qu'il avait posé, et d'après lequel il soutenait que s'étant volontairement confié à l'Angleterre, on n'avait pas le droit de le consti-

1817

Leurs caractères particuliers et leurs dispositions

tuer prisonnier. Par ce motif, il avait déclaré que prêt à recevoir ces messieurs avec plaisir s'ils se présentaient comme individus, il ne les recevrait pas introduits auprès de lui en vertu du traité du 2 août. Cette fidélité à son thème était fort regrettable, car outre les distractions qu'il aurait trouvées dans la société de ces commissaires, il aurait pu par leur entremise faire parvenir à Vienne et à Saint-Pétersbourg certains détails de sa captivité, qui probablement auraient ému la pudeur de l'empereur François, et l'excellent cœur d'Alexandre. Sir Hudson Lowe qui en jugeait ainsi, saisit avec empressement la difficulté soulevée par Napoléon, et déclara que les trois commissaires n'entreraient à Longwood qu'en vertu du traité précité. Ce n'était point l'avis des trois commissaires qui auraient bien désiré, n'importe à quel titre, être admis auprès de Napoléon, soit pour s'assurer de sa présence, soit pour jouir d'une société que tout le monde eût enviée. Mais sir Hudson Lowe, craignant l'ingérance de ces commissaires dans les questions relatives à la garde des prisonniers, ne voulut se prêter à aucun accommodement, et ils restèrent à Sainte-Hélène sans pouvoir pénétrer à Longwood. De temps en temps ils montaient à cheval, allaient faire le tour des bâtiments occupés par Napoléon, se plaçaient aux issues où ils espéraient le rencontrer, et étaient réduits ou à l'apercevoir de très-loin, ou à recueillir quelques détails des allants et venants. Ils s'en procuraient aussi par les compagnons de Napoléon lui-même. Ils avaient connu l'un le grand maréchal Bertrand, l'autre les généraux

Montholon et Gourgaud. Ils les recevaient, ou bien allaient à Hutt's-Gate rendre visite à madame Bertrand. Ils s'assuraient ainsi de la présence à Longwood de l'illustre prisonnier, et laissaient échapper des nouvelles qui, fort insignifiantes à leurs yeux, étaient d'un prix infini pour de pauvres captifs relégués dans une île déserte à deux mille lieues de leur patrie. M. de Montholon, le plus adroit des habitants de Longwood, avait l'art de faire parler les commissaires, et de leur arracher parfois quelques détails intéressants. Cherchant à flatter son maître malheureux, à réveiller en lui l'espérance éteinte, il s'attachait à lui persuader tantôt que le commissaire russe allait dénoncer à l'empereur Alexandre les traitements qu'on lui faisait subir, tantôt que le mouvement des esprits en Angleterre se prononçait contre le cabinet Castlereagh, et qu'avec de nouveaux ministres il obtiendrait sinon la liberté de vivre en Amérique, au moins un changement de résidence.

Le hasard avait aussi procuré à Napoléon un moyen de communication avec l'Europe, par l'établissement auprès de lui du docteur O'Meara. Napoléon n'ayant pas de médecin en quittant la France, en avait remarqué un à bord du *Bellérophon*, qui avait su lui plaire. C'était le docteur O'Meara, homme d'esprit, assez adroit, et moins entêté que ses confrères des pratiques de la médecine anglaise. Napoléon, en fait de médecine, n'avait foi qu'à celle de l'illustre Corvisart, qu'il caractérisait par ces mots : l'*expérience chez un homme supérieur,* ne voulait en général d'aucun re-

1817.

Services que le docteur O'Meara rend à Napoléon.

mède, et repoussait absolument ceux des médecins anglais. Il écoutait cependant le docteur O'Meara qu'il avait pris à son service, se moquait de ses prescriptions, mais s'entretenait avec lui tantôt en italien, tantôt en français, de toutes sortes de sujets, puis l'envoyait à James-Town lui chercher des nouvelles. Sir Hudson Lowe avait consenti à ce que le docteur O'Meara, en sa qualité d'Anglais, restât auprès de Napoléon sans subir les mêmes gênes que les autres habitants de Longwood, parce qu'il le jugeait incapable de trahir son gouvernement (ce qui était vrai), et qu'il le croyait tout au plus capable de quelques complaisances sans danger. Se conduisant assez adroitement dans cette position délicate, le docteur O'Meara s'en tirait sans trahir personne, rendait à Napoléon le service fort innocent de lui apporter quelques nouvelles d'Europe, rendait à sir Hudson Lowe le service de constater chaque jour la présence du prisonnier, ce que l'officier résidant à Longwood ne pouvait pas toujours faire, et trouvait encore le moyen de plaire à Londres en transmettant au prince régent des détails sur Napoléon, qui, sans être une infidélité envers celui-ci, offraient à la curiosité du prince un intérêt véritable.

De certains points du plateau de Longwood on découvrait la mer, et dès qu'une voile se montrait, on voulait savoir quel était le navire qui arrivait, d'où il venait, quelles personnes, quelles choses il avait à bord. Tout de suite on dépêchait le docteur O'Meara à James-Town, et il rapportait souvent les journaux, quelquefois même des lettres soustraites à la surveillance de sir Hudson Lowe. Napoléon s'était ainsi procuré des nouvelles qui avaient un instant charmé son malheur. Tantôt il avait appris l'acquittement de Drouot, l'évasion de Lavallette, événements dont il s'était fort réjoui, tantôt la fameuse ordonnance du 5 septembre, qui l'avait confirmé dans la douce espérance que le parti de la violence serait bientôt vaincu dans toute l'Europe. Il avait reçu aussi de sa famille des lettres qui l'avaient vivement ému. Les unes lui disaient que son fils se portait bien et grandissait à vue d'œil, les autres que sa mère, sa sœur Pauline, ses frères, désiraient le joindre à Sainte-Hélène, et mettaient leur fortune à sa disposition. Napoléon très-touché de ces offres était résolu à les refuser. Se considérant à Sainte-Hélène comme un condamné à mort, il n'aurait pas plus supporté que sa mère et sa sœur y vinssent, qu'il n'aurait voulu les voir monter sur l'échafaud avec lui. Sachant qu'excepté le cardinal Fesch et sa mère, ses proches avaient à peine de quoi vivre, et ayant de plus 4 à 5 millions secrètement déposés chez M. Laffitte, il n'aurait pas consenti à leur être à charge. D'ailleurs il n'avait même plus besoin de recourir à ce dépôt, car sir Hudson Lowe après l'avoir tourmenté sur les dépenses de sa maison, avait cessé d'y insister. Il fit donc remercier ses proches de leurs offres, en disant qu'en y étant très-sensible il ne les acceptait point.

1817.

Napoléon fort touché de celles qu'il reçoit de sa famille.

Elle lui offre sa présence et sa fortune, qu'il n'accepte pas.

Malgré sa réclusion absolue, Napoléon reçut quelques Anglais à l'époque du retour en Europe de la flotte des Indes. Ce moment, comme nous l'avons dit, était celui d'une véritable fête à Sainte-Hélène, car les bâtiments venant de cette destination loin-

Visite de quelques Anglais revenant des Indes.

taine prenaient des vivres frais à James-Town, y laissaient ou de l'argent ou des marchandises, et animaient un instant la solitude profonde de ce rocher perdu au milieu de l'Océan. Naturellement la curiosité de voir Napoléon était extrême chez les voyageurs de toute condition, et d'autant plus vive qu'ils avaient plus de culture d'esprit. De grands dignitaires, des magistrats, des savants, passagers sur la flotte des Indes, se mettant au-dessus des mesquines prescriptions de sir Hudson Lowe, s'adressèrent directement au grand maréchal pour obtenir l'honneur d'être présentés à Napoléon. Dans le nombre on compta lord Amherst et plusieurs personnages distingués. Napoléon les admit auprès de lui, se montra plein de calme, de douceur, de bonne grâce, et s'entretint longuement avec eux, tantôt des Indes, tantôt des affaires anglaises elles-mêmes, et toujours avec sa supériorité d'esprit accoutumée. Les plus importants lui demandant ses messages pour l'Europe, il leur répondit avec une noble résignation : Je ne vous charge de rien. Rapportez à vos ministres ce que vous avez vu. Je suis ici sur un rocher, qu'on a rendu pour moi plus étroit encore que la nature ne l'avait fait, et sur lequel je ne puis pas même me promener à cheval, après avoir été à cheval toute ma vie. J'habite sous un toit de planches, où je suis tantôt dévoré par la chaleur, tantôt envahi par une humidité pénétrante. Je ne puis en sortir sans être entouré de sbires par un geôlier impitoyable. Je ne puis ni écrire à ma famille, ni recevoir de ses nouvelles sans avoir ce geôlier pour confident. On m'a ôté déjà deux de mes compagnons, et Dieu sait si on me laissera ceux qui me restent! Si on voulait ma mort, il eût été plus noble de me traiter en soldat comme l'illustre Ney. Si ce n'est pas cela qu'on veut, qu'on me donne de l'air et de l'espace. Qu'on ne craigne pas mon évasion. Je sais qu'il n'y a plus dans le monde de place pour moi, et que mon seul avenir est d'expirer dans vos fers. Mais la question est de savoir si, en y demeurant, j'y serai à la torture. Au surplus je ne demande rien; que ceux qui auront vu ma situation, et que leur cœur portera à la faire connaître, le fassent. Je ne les en prie même pas. —

L'état de Napoléon justifiait assez les tristes pressentiments auxquels il se livrait en parlant de lui-même. Ceux qui le voyaient étaient frappés de la profonde altération de ses traits, et bien qu'il ne fût pas encore à la veille de sa mort, on pouvait aisément augurer qu'elle ne serait pas éloignée. L'aversion qu'il avait conçue pour la promenade à cheval telle qu'on la lui avait permise, l'avait amené à négliger complétement ce genre d'exercice. Malgré la belle saison arrivant vers la fin de 1817 à Sainte-Hélène, il passa presque six mois sans mettre le pied à l'étrier. Le docteur O'Meara lui pronostiquant que cette renonciation aux exercices de toute sa vie lui serait funeste : Tant mieux, répondait-il; la fin viendra plus vite. — Il commençait à éprouver une douleur sourde au côté droit, et Marchand lui disait qu'il aurait besoin d'un peu d'exercice. Oui, disait-il en soupirant, il me serait bon de faire à cheval une course de dix à douze lieues; mais le peut-on sur ce rocher? — Il avait toujours eu le goût

1817.

La santé de Napoléon décline rapidement.

des bains prolongés; il se livra plus que jamais à ce penchant, qui lui procurait un soulagement à la douleur dont il souffrait. Il restait plusieurs heures de suite dans un bain chaud, puis se couchait, et s'affaiblissait ainsi à vue d'œil. Son esprit attristé ne perdait ni en force, ni en éclat, mais son corps devenait chaque jour plus débile, et il disait à ceux qui lui donnaient leurs soins et paraissaient affligés de cet affaiblissement : Vous le voyez, *ce n'était pas mon corps qui était de fer, c'était mon âme.* —

Sir Hudson Lowe, en voyant décliner si vite la santé de Napoléon, commença à s'inquiéter, craignant qu'on ne lui attribuât ce déclin rapide. Bien des voix s'étaient élevées en Angleterre contre les traitements infligés au captif de Sainte-Hélène, et il ne voulait pas fournir un fondement à de telles accusations. N'osant lever l'interdiction des promenades à cheval sans surveillance, il pensa qu'un changement de demeure serait un remède efficace, d'autant que les bâtiments de Longwood, construits en terre et en bois, tombaient déjà en ruine. L'abandon de Plantation-House à l'illustre prisonnier aurait répondu à toutes les convenances, mais il entendait le garder pour sa famille, et il prit le parti de bâtir. Lord Bathurst l'y avait autorisé, à condition que le nouvel emplacement ne coûterait pas trop cher à acquérir. Soit que la dépense d'acquisition fût trop grande du côté de Plantation-House, soit que le plateau de Longwood parût toujours plus facile à surveiller, sir Hudson Lowe résolut d'y laisser la nouvelle demeure de Napoléon, et seulement de choisir, en se rapprochant du pic de Diane, un endroit où le vent du sud-est se ferait moins sentir. Il fit part à Napoléon de ce projet, et lui envoya tous les plans pour qu'il pût y introduire les changements qui lui conviendraient. Napoléon répondit que toute habitation dans cette partie de l'île serait funeste à sa santé, que d'ailleurs on mettrait trois ou quatre ans à mener ces constructions à fin, que dans trois ou quatre ans ce serait un tombeau et non pas une maison qu'il lui faudrait; qu'il aurait eu l'incommodité des ouvriers dans son voisinage, sans pouvoir profiter de leur travail, et que si c'était son goût qu'on cherchait à connaître il déclarait qu'il ne désirait nullement une maison nouvelle, et s'accommodait de celle qu'il avait, bien suffisante pour y mourir.

Sir Hudson Lowe ne se laissa point décourager par cette réponse, et entreprit en effet de bâtir, en choisissant l'exposition la mieux abritée possible, dans le district de Longwood, et en élevant un mur de gazon qui épargnât aux yeux et aux oreilles des exilés la vue et le bruit d'un chantier.

Le 1ᵉʳ janvier 1818 fut plus triste que les précédents, et beaucoup plus que celui de 1817, quoique ce dernier eût été attristé par le départ de M. de Las Cases. Napoléon travaillait moins, et semblait découragé de dicter le récit de ses campagnes, s'en fiant à la postérité du soin de sa gloire. — A quoi bon, disait-il, tous *ces mémoires à consulter*, présentés à notre juge à tous, la postérité? Nous sommes des plaideurs qui ennuient leur juge. La postérité est un appréciateur des événements plus fin que nous. Elle saura bien découvrir la vérité sans que nous

1818.

Napoléon dicte beaucoup moins, et lit davantage.

nous donnions tant de peine pour la lui faire parvenir. — Napoléon dictait moins, mais il lisait davantage. Sa sensibilité au beau, devenue exquise par l'âge et la souffrance, savourait avec délices les chefs-d'œuvre de l'esprit humain. Le soir, parlant un peu moins des événements de sa vie, il parlait de ses lectures, et parfois lisait à ses amis des passages des grands écrivains de tous les temps avec l'accent d'une haute et sûre intelligence.

Il lisait souvent l'Écriture sainte, dont la grandeur frappait son génie; mais Homère avait sa préférence sur tout autre monument de l'antiquité. Il le trouvait grand et vrai, paraissait charmé du contraste qu'offraient les sentiments délicats, nobles, souvent sublimes des personnages de l'Iliade, avec leurs mœurs simples jusqu'à la grossièreté, et faisait la remarque que peu importait le costume jeté sur l'homme, pourvu que cet homme fût l'homme véritable, celui de tous les temps et de tous les pays. Ce qui le charmait encore dans Homère, c'était avec la grandeur la parfaite vérité. — Homère, disait-il, a vu, agi. Virgile, au contraire, est un *régent de collége*, qui n'a rien vu, ni rien fait. — Cette sévérité à l'égard de Virgile provenait de ce que Napoléon, ne sachant pas assez le latin pour apprécier la délicieuse langue du poëte d'Ausonie, n'était sensible qu'à la vérité et à la majesté des tableaux, moindre chez Virgile que chez Homère.

Parmi les écrivains modernes les auteurs dramatiques avaient sa préférence. Il n'aimait pas les genres incertains, ni le mélange du comique avec le tragique. Il méprisait ce que nous appelons le drame, et disait, que c'était la *tragédie des femmes de chambre*. Il vantait la grandeur chez Corneille, l'éloquence des sentiments chez Racine, et la profondeur comique chez Molière, prisait peu Voltaire comme auteur dramatique, en l'admirant d'ailleurs beaucoup comme prosateur pour le fond et la forme. Sensible à la grâce mais toujours positif, il lisait avec un plaisir infini madame de Sévigné, en disant cependant qu'après l'avoir lue avec délices il ne lui en restait rien. Il trouvait l'histoire médiocrement écrite en France, excepté les mémoires, et s'en prenait de cette infériorité à l'ignorance des affaires dans laquelle on avait fait vivre les gens de lettres. Il entrait volontiers dans les difficultés de cet art, qu'il avait pratiqué lui-même, et s'écriait à propos de l'histoire de France : Il n'y a pas de milieu, il la faut en deux volumes, ou en cent. —

A mesure que l'ennui et l'inaction détruisant sa santé il voyait la mort s'approcher, il s'entretenait plus fréquemment de philosophie et de religion. — Dieu, disait-il, est partout visible dans l'univers, et bien aveugles ou bien faibles sont les yeux qui ne l'aperçoivent pas. Pour moi je le vois dans la nature entière, je me sens sous sa main toute-puissante, et je ne cherche pas à douter de son existence, car je n'en ai pas peur. Je crois qu'il est aussi indulgent qu'il est grand, et je suis convaincu que revenus dans son vaste sein nous y trouverons confirmés tous les pressentiments de la conscience humaine, et que là sera bien ou sera mal, ce que les esprits vraiment éclairés ont déclaré bien ou mal sur la terre. Je mets de côté les erreurs des

1818.

Ses opinions religieuses.

peuples, qu'on peut reconnaître à ce trait que l'erreur de l'un n'est jamais celle de l'autre; mais ce que les grands esprits de toutes les nations auront déclaré bon ou mauvais, restera tel dans le sein de Dieu. Je n'ai point de doute à cet égard, et malgré mes fautes je m'approche tranquillement de la souveraine Justice. Je suis moins sûr de mon fait lorsque j'entre dans le domaine des religions positives. Là je rencontre à chaque pas la main de l'homme, et souvent elle m'offusque et me choque.... Mais il faut ne pas céder à ce sentiment, dans lequel il entre beaucoup d'orgueil humain. Si, en mettant de côté les traditions nationales dont tous les peuples ont compliqué la religion, on y trouve la notion de Dieu, la notion du bien et du mal fortement professées, c'est l'essentiel. Pour moi j'ai été dans les mosquées, j'y ai vu les hommes agenouillés devant la puissance éternelle, et bien que mes habitudes nationales fussent souvent froissées, pourtant je n'y ai point éprouvé le sentiment du ridicule. La calomnie travestissant mes actes, a dit qu'au Caire j'avais professé l'islamisme, tandis qu'à Paris, devant le Pape, je jouais le catholique. En tout cela il y a quelque chose de vrai, c'est que même dans les mosquées je trouvais du respectable, et que sans y être ému comme dans les églises catholiques où mon enfance a été élevée, j'y voyais l'homme à genoux humiliant sa faiblesse devant la majesté de Dieu. Toute religion qui n'est pas barbare a droit à nos respects, et nous chrétiens nous avons l'avantage d'en avoir une qui est puisée aux sources de la morale la plus pure. S'il

SAINTE-HÉLÈNE.   673

faut les respecter toutes, nous avons bien plus de
raison de respecter la nôtre, et chacun d'ailleurs
doit vivre et mourir dans celle où sa mère lui a
enseigné à adorer Dieu. *La religion est une partie
de la destinée.* Elle forme avec le sol, les lois, les
mœurs, ce tout sacré qu'on appelle la patrie, et qu'il
ne faut jamais déserter. Pour moi, quand à l'époque
du Concordat quelques vieux révolutionnaires me
parlaient de faire la France protestante, j'étais
révolté, comme si on m'avait proposé d'abdiquer
ma qualité de Français pour devenir Anglais ou
Allemand. —

Conduit par ces sujets sublimes à s'occuper de
certaines questions morales, Napoléon s'entretenait
de ce qu'on avait appelé *son fatalisme.* — Sur ce
sujet, disait-il, comme sur tous les autres la calomnie a tracé de mes opinions de vraies caricatures. On
a voulu me représenter comme une espèce de mu-
sulman stupide, qui voyait tout écrit là-haut, et qui
ne se serait détourné ni devant un précipice, ni
devant un cheval lancé au galop, par cette idée que
notre vie, notre mort, ne dépendent pas de nous,
mais d'un destin implacable et impossible à fléchir.
S'il en était ainsi l'homme devrait se mettre dans
son lit à sa naissance, et n'en plus sortir, attendant que Dieu fît arriver les aliments à sa bouche.
L'homme deviendrait stupidement inerte. Ce n'est
pas moi, qui pendant le cours des plus longues
guerres ai tant déployé d'efforts, hélas! sans y réussir toujours, pour faire prédominer l'intelligence humaine sur le hasard, ce n'est pas moi qui puis penser
de la sorte! Ma croyance, et celle de tout être rai-

TOM. XX.   43

sonnable, c'est que l'homme est ici-bas chargé de son sort, qu'il a le droit et le devoir de le rendre par son industrie le meilleur possible, et qu'il ne doit renoncer à ses efforts que lorsqu'il ne peut plus rien. Alors seulement il doit cesser de penser et d'agir, se résigner en un mot, et ne plus songer au péril auquel il ne peut parer. A la guerre on a beau faire, le péril est presque partout égal. J'ai vu des hommes quitter une place comme dangereuse, et être frappés juste à celle qu'ils venaient de prendre comme plus sûre. On s'agite donc vainement à la guerre, on perd en s'agitant son sang-froid, son courage, sans éviter le danger, et le mieux évidemment est de se résigner aux chances de son état, de ne pas plus penser aux projectiles qui traversent l'air qu'au vent qui souffle dans vos cheveux. Alors on a tout son courage, tout son sang-froid, tout son esprit, et on recouvre avec le calme la clairvoyance. Voilà mon fatalisme, voilà celui que je prêchais à mes soldats, en y employant les formes qui leur convenaient, en cherchant à leur persuader que leur destin était arrêté là-haut, qu'ils n'y pouvaient rien changer par la lâcheté, que dès lors le mieux était de se donner les honneurs du courage, et au précepte j'ajoutais l'exemple en affichant sur mon front que tous regardaient, une insouciance qui avait fini par être sincère. C'était le fatalisme du soldat, mais certes comme général j'en pratiquais un autre, car j'ai l'orgueil de croire qu'aucun capitaine ne s'est plus servi à la guerre de son esprit et de sa volonté. Vous le voyez, ajoutait Napoléon, je puis rendre compte de toutes mes opinions, car elles sont fondées sur la notion vraie et pratique des choses. —

Napoléon éprouva dans cette année 1818 un chagrin des plus vifs. Nous avons déjà parlé du caractère difficile du général Gourgaud. Sa jalousie, que M. de Las Cases n'attirait plus, s'était portée tout entière sur le général de Montholon, qui en ce moment était le plus souvent appelé pour écrire sous la dictée de Napoléon. D'autres causes avaient ajouté à cette mésintelligence. Les deux familles Montholon et Bertrand contribuaient singulièrement l'une et l'autre à adoucir la captivité de l'auguste prisonnier. Pourtant elles différaient beaucoup de caractère et d'opinion sur tout ce qui occupait la colonie exilée. Il régnait dans la famille Montholon, avec infiniment d'esprit, de douceur, de connaissance du monde, la conviction qu'au lieu d'irriter sir Hudson Lowe en prenant toujours ses intentions en mauvaise part, il fallait au contraire l'adoucir en se montrant plus juste envers lui, et en tirer en un mot le meilleur parti possible pour le bien-être de celui auquel on s'était dévoué. On était généreux, mais morose et irritable dans la famille Bertrand; on vivait à part dans la demeure de Hutt's-Gate, et, en prétextant l'honneur, on était d'avis de résister toujours à la tyrannie du geôlier de Sainte-Hélène. Il résultait de là des divergences fréquentes d'opinion et de conduite entre les deux familles, et ce qui n'eût été qu'un dissentiment ordinaire, le général Gourgaud, en s'y mêlant, en avait fait un dissentiment grave. Les choses furent même poussées à ce point que Napoléon fut forcé d'intervenir entre les géné-

1818.

Départ du général Gourgaud.

raux Gourgaud et Montholon, pour empêcher un éclat, qui sur la terre d'exil eût été du plus déplorable effet. Napoléon indigné interposa son autorité, et obligea ces deux militaires à renoncer à leur querelle. Il fut surtout sévère pour le général Gourgaud, qui avait les principaux torts, et qui voulut quitter Sainte-Hélène. Napoléon lui donna son congé. — J'aime mieux être seul, lui dit-il, que d'être troublé jusque dans mon malheur par de si folles passions. — Il vit peu le général Gourgaud pendant les dernières semaines que celui-ci passa à Longwood, et toutefois, au moment de son départ, n'oubliant point les preuves de dévouement qu'il en avait reçues, il lui donna de précieuses marques de souvenir. Le général Gourgaud emporta de Sainte-Hélène une première relation de la campagne de 1815 qui lui avait été dictée, et que, de retour en Europe, il publia comme étant son ouvrage. La même relation, remaniée par Napoléon et revêtue de son nom, a été publiée depuis dans la collection de ses œuvres. Il est heureux que l'une et l'autre aient été conservées, car absolument conformes sous les rapports essentiels, elles contribuent cependant par quelques détails omis dans l'une et consignés dans l'autre, à mieux éclaircir les événements de cette campagne mémorable.

Napoléon perd encore l'amiral Malcolm et le docteur O'Meara.

Napoléon fit à la même époque des pertes qui lui furent encore plus sensibles. L'amiral Malcolm dont la conduite avait prouvé que sans trahir ses devoirs on pouvait adoucir beaucoup le sort de l'illustre prisonnier, l'amiral Malcolm quitta le commandement des mers du Cap. Son intimité avec

Napoléon avait déplu à sir Hudson Lowe, qui craignait que la manière d'être de l'amiral ne fût une condamnation de la sienne.

Il eut pour remplaçant l'amiral Plampin, personnage froid, et peu disposé à fréquenter Longwood. L'amiral Malcolm reçut de Napoléon les adieux d'un ami.

A cette perte s'en joignit une autre, qui, sans affecter autant le cœur de Napoléon, jeta un trouble pénible dans ses habitudes. Il s'était accoutumé non pas à la médecine anglaise, mais au caractère du docteur O'Meara, qui lui procurait des nouvelles, et lui donnait un résumé exact des journaux anglais, ce qui l'intéressait vivement, car la dernière lueur d'espérance restée dans son âme reposait sur un changement de cabinet en Angleterre. Sir Hudson Lowe ayant découvert que le docteur O'Meara était le nouvelliste de Longwood, avait exigé qu'il lui fît connaître ses entretiens avec Napoléon. Le docteur O'Meara s'y était refusé, disant qu'en bon et loyal Anglais, il ferait connaître ce qui aurait trait à un projet d'évasion, mais qu'il avait ses devoirs de médecin, et que, comme tel, il ne trahirait pas son malade, en rapportant les détails qu'il avait dus à sa confiance. Sir Hudson Lowe irrité voulut alors assimiler le docteur O'Meara aux Français attachés au service de Napoléon, et le soumettre à toutes les gênes qui leur étaient imposées, celle notamment d'être suivis dès qu'ils sortaient de l'enceinte de Longwood. Napoléon répondit que son médecin devait être à lui, et que si on exigeait pour le laisser libre, que ce médecin fût dépendant du gouverneur, il ne le conserverait pas. Ce débat fut assez long, et mêlé de plusieurs incidents. Le docteur O'Meara fut tour à tour enlevé, rendu, enlevé de nouveau à Napoléon, et enfin embarqué pour l'Europe avec les formes les plus brutales.

Napoléon demeura donc sans médecin, et sous ce rapport n'éprouva pas une grande privation. — Le corps humain, disait-il, est une montre que l'horloger ne peut pas ouvrir pour la réparer. Les médecins y introduisent des instruments bizarrement construits, sans voir ce qu'ils font, et c'est grand miracle s'ils touchent utilement à cette pauvre machine! — Il s'était affermi dans cette prévention, parce que rien de ce qu'on lui avait donné ne lui avait réussi. Il ne trouvait de soulagement que dans l'exercice, ou quelques boissons douces qu'il se prescrivait à lui-même. Il avait cru d'abord avoir une maladie de foie due au climat des tropiques. Avec sa sagacité ordinaire il n'avait pas tardé à reconnaître que son mal résidait bien plutôt dans l'estomac, et se rappelant que son père était mort d'une maladie de cet organe, il avait tourné de ce côté ses soupçons. Quelques vomissements qui se produisirent à cette époque le confirmèrent dans son opinion, et il se regardait comme plus médecin que les médecins de Sainte-Hélène. Toutefois, il avait trop de sens pour ne pas accorder à la science accumulée des siècles la confiance qu'elle mérite, et après quelques boutades contre les médecins médiocres, il convenait qu'un homme supérieur et de grande expérience lui serait bon à consulter. Aussi disait-il souvent : Je ne crois pas à la médecine, mais je crois à Corvisart. Puisqu'on ne peut pas me le donner, qu'on me laisse en paix. —

Le bruit s'étant répandu dans l'île que sa santé déclinait sensiblement, sir Hudson Lowe craignit la responsabilité qu'il avait encourue par le renvoi d'O'Meara, et fit offrir un médecin de la marine anglaise, le docteur Baxter, qui était généralement estimé. Mais la confiance de sir Hudson Lowe était pour Napoléon une raison de défiance, et le docteur Baxter fut refusé. Outre que la privation d'un homme de l'art faisait peser sur la tête du gouverneur une responsabilité qui s'accroissait avec l'état maladif de Napoléon, il était privé d'un témoin sûr qui attestât la présence du prisonnier. Cette présence était devenue difficile à constater depuis que Napoléon restait quelquefois jusqu'à huit jours sans sortir, et que l'officier de service, n'osant forcer la porte de sa chambre, attendait vainement pendant des heures entières une occasion de le voir. Sir Hudson Lowe s'était donc créé de grands embarras par le renvoi du docteur O'Meara. Il eut sur ce sujet de longs entretiens avec M. de Montholon. — Que voulez-vous que je fasse? disait sir Hudson Lowe. Si je fléchis, on m'accuse en Europe de céder à un ascendant auquel personne ne résiste; et si je résiste, vous m'accusez de barbarie. — Toutes vos précautions, répondait M. de Montholon, pour empêcher une évasion à laquelle Napoléon ne songe point, sont devenues pour lui des gênes insupportables, et qui sont la cause de la réclusion dans laquelle il s'obstine à vivre. Plus vous ajouterez à vos précautions, plus vous l'obligerez à se renfermer,

1818

Sir Hudson Lowe voudrait introduire un nouveau médecin auprès de Napoléon, pour n'être pas accusé de l'avoir privé des secours de l'art, et pour avoir un témoin de sa présence.

1818.

Difficulté de constater la présence de Napoléon depuis qu'il ne sortait plus.

Moyens employés par M. de Montholon pour satisfaire aux règlements qui exigent la constatation de la présence, sans offenser Napoléon.

plus vous nuirez à sa santé, et plus vous prendrez de responsabilité morale dans le présent et l'avenir. Maintenant vous voulez savoir à tout prix s'il est à Longwood, et le savoir tous les jours. Il fallait lui laisser O'Meara. Vous vous êtes privé de ce témoin si commode, et il faut dès lors vous en fier à moi, à mon désir de faciliter votre tâche et la nôtre. Si vous tentiez d'y employer la force, vous nous trouveriez tous derrière la porte de Napoléon, et votre sang, le nôtre, expieraient l'outrage que vous voudriez lui faire essuyer. Aussi, je vous en supplie, laissez-nous faire, et comptez sur moi pour ménager à votre officier de garde tous les moyens de voir son prisonnier sans l'offenser. — En effet, dès que Napoléon changeait de place, passait d'une pièce dans une autre, M. de Montholon avertissait l'officier de garde qui accourait pour le voir, et de déplorables conflits étaient ainsi évités par l'adresse d'un serviteur intelligent et fidèle.

Napoléon s'obstinant à ne pas sortir, et à prendre des bains fort longs pour soulager la douleur dont il souffrait au côté droit, s'affaiblit rapidement. Bientôt ses jambes enflèrent, et il éprouva aux extrémités un froid persistant, qu'on avait la plus grande peine à combattre par l'application d'une chaleur extérieure et prolongée. Son pouls avait toujours été fort lent (il avait à peine cinquante-cinq pulsations dans son état ordinaire), ce qui accusait une circulation du sang très-difficile. Le célèbre Corvisart, avec sa rare perspicacité médicale, avait jadis pronostiqué à Napoléon que si jamais il cessait de mener une vie active, il s'en ressentirait gravement, car la circulation déjà lente chez lui le deviendrait davantage, ce qui entraînerait des conséquences fâcheuses, telles que l'enflure aux jambes, le froid aux pieds, etc. Napoléon, en voyant se réaliser ces prophéties d'un grand médecin, n'en témoignait aucun chagrin, et semblait au contraire y voir sa libération prochaine. Pourtant l'instinct de la nature conservant sa force, il essaya, sur les vives instances de MM. de Montholon et Marchand, de quelques promenades à cheval. On lui offrit un petit cheval, agréable à monter; il accepta et s'en servit pour faire quelques courses. On approchait de la fin de 1818, on s'avançait vers la bonne saison dans l'hémisphère austral, et Napoléon trouva dans ces promenades un plaisir qu'il n'avait pas espéré. Le bien suivit le plaisir, et il se sentit revivre. En janvier 1819 il semblait remis; son teint était moins plombé, son œil moins éteint, ses jambes moins enflées. Marchand, qui l'aimait comme un père, lui en témoigna sa joie. — Mon fils, lui dit Napoléon (c'était le titre qu'il commençait à lui donner), tes témoignages me touchent; mais ne t'abuse pas, c'est un dernier éclair de santé. Ma forte constitution fait un dernier effort, après quoi elle succombera. Je serai délivré, et vous le serez aussi. Tu retourneras en Europe, et s'il dépend de moi tu y seras heureux. —

Une circonstance morale contribua à ce retour passager de santé. Napoléon, dans l'état de langueur d'où il venait de sortir, avait presque abandonné le travail. Il n'avait plus songé à dicter le récit de ses campagnes. On eût dit que sa propre vie l'ennuyait, et qu'il abandonnait à la postérité le soin de sa gloire. Il avait quelques centaines de volumes répandus confusément autour de lui, prenait tantôt l'un, tantôt l'autre, les rejetait tour à tour, et ne pouvait dans son abattement s'intéresser à aucun. Tout à coup des livres historiques relatifs aux grands capitaines de tous les temps tombèrent sous sa main, et il s'en saisit avec avidité. Bien qu'il eût reçu une excellente éducation, il ne savait que d'une manière très-générale l'histoire de Frédéric, de Turenne, de Condé, de Gustave-Adolphe, de César, d'Annibal, d'Alexandre. La vie de ces grands hommes, écrite avec détail, l'attacha puissamment. Ses forces physiques étaient presque revenues, et avec ses forces physiques ses forces intellectuelles. Il était donc capable d'une attention soutenue, et dès cet instant il se sentit pris d'une ardente curiosité pour les actions des capitaines célèbres. Cette étude avait naturellement pour lui une signification qu'elle n'aurait eue pour aucun autre. Il y voyait ce que personne n'aurait pu y découvrir, et il devint curieux de mesurer exactement les pas que ses prédécesseurs avaient faits dans la carrière des armes, pour se rendre compte de ceux qu'il y avait faits lui-même. Bientôt ses vues s'étendirent, et il résolut d'écrire la vie des capitaines illustres, de se constituer leur juge, juge le plus compétent que jamais ils pussent avoir, de composer ainsi une histoire, tout à la fois animée et profondément savante, de l'art militaire, cet art qui avait été sa passion et sa gloire, et qui est avec la politique le plus grand que les hommes puissent exercer. Chose étrange et bien honorable pour le génie de Napoléon, à partir de ce moment il laissa de côté ses propres actions, dont il n'avait raconté qu'une faible partie, s'éprit des actions d'autrui, et se consacra tout entier aux capitaines anciens et modernes. Le premier qui l'avait occupé était Catinat, et il l'avait trouvé, disait-il, *surfait par les philosophes*. Mais, passant à Turenne, à Condé, *Il faut bien*, dit-il, *se rendre au mérite*. — Turenne notamment lui inspira la plus profonde estime. Puis vinrent Condé, Frédéric et César. Il manquait de livres spéciaux, il en fit demander, et sir Hudson Lowe, informé de ce nouvel état de son esprit, fort satisfait de voir qu'il songeait à tout autre chose qu'à une évasion, chercha dans la bibliothèque de Plantation-House des livres relatifs à l'histoire de l'art militaire. Il en trouva et les envoya à Longwood. Napoléon se mit au travail avec son ardeur accoutumée, et eut bientôt approfondi trois vies, celles de Frédéric, de Turenne et de César. Il voulait en outre étudier et écrire celles de Condé, du prince Eugène, de Marlborough, de Gustave-Adolphe, des Nassau dans les temps modernes, celles d'Alexandre et surtout d'Annibal dans l'antiquité. Après ces grandes vies il serait descendu à de moindres, si sa propre vie y avait suffi. Mais il demandait des livres, et surtout Polybe qu'il n'avait pas, ce qui le contrariait beaucoup, car il voulait puiser aux sources mêmes des notions exactes sur Annibal, pour lequel il éprouvait la plus profonde admiration. Ayant les *Commentaires* de César, qu'on peut se procurer partout, même sur le rocher le plus isolé de l'Océan, il put juger le grand capitaine romain, et dicta sur lui à M. Marchand des pages qui seront immortelles à cause des deux Césars, celui qui est le héros de ces pages, et celui qui en est l'auteur.

Cependant l'amélioration obtenue au commencement de 1819 ne se soutint pas. Napoléon ressentit de nouvelles et plus violentes douleurs d'estomac, une vive répugnance pour les aliments et une extrême difficulté à les digérer. Il vomissait souvent des matières noirâtres, et une fois même il tomba dans un long évanouissement. Il y avait à bord du vaisseau *le Conquérant* un médecin distingué, nommé John Stokoe, qu'on se hâta de faire venir sans consulter l'illustre malade, et qui ne déplut point, parce qu'il ne parut pas un envoyé de la police de sir Hudson Lowe. Napoléon lui fit bon accueil, mais en lui montrant son incrédulité accoutumée, surtout à l'égard de la médecine anglaise. — C'est ma fin, dit-il, qui s'approche, et mes boissons calmantes valent mieux que tout ce que vous pourriez m'ordonner. — Le docteur Stokoe reparut quelquefois, mais les motifs qui lui avaient valu la confiance de Napoléon lui firent perdre celle de sir Hudson Lowe, et on ne lui permit guère de fréquenter Longwood. D'ailleurs on avait demandé en Europe un médecin, divers serviteurs, et un ou deux prêtres dont on manquait à Sainte-Hélène, à ce point que l'un des domestiques de Napoléon étant mort, on avait été obligé de recourir à un ministre protestant pour lui rendre les honneurs funèbres. C'était le cardinal Fesch qui était chargé de faire les choix et les envois. Ses anciennes relations avec les cours européennes devaient lui ménager des facilités que n'auraient pu espérer les autres membres de sa famille.

En attendant ces prochaines arrivées, Napoléon fut affligé par un nouveau départ, qui lui fut plus sensible que tous les autres. Madame de Montholon par son esprit aimable avait fort contribué à adoucir sa captivité, mais elle succombait au climat, et les médecins anglais avaient reconnu chez elle une maladie de foie très-avancée. Elle craignait aussi pour ses enfants, et il fallait absolument qu'elle partît. Napoléon voulait que M. de Montholon lui servît de compagnon de voyage, mais celui-ci, voyant l'état de son maître, refusa de se séparer de lui. Madame de Montholon s'embarqua donc seule avec ses enfants, mais Napoléon sentait bien qu'il serait prochainement obligé de renvoyer le mari après la femme, que madame Bertrand, dont les enfants avaient besoin aussi de l'éducation européenne, ne tarderait point à s'éloigner, suivie probablement de son mari. Il comprenait que le dévouement, quelque grand qu'il fût, trouvait dans les devoirs de famille un terme obligé; il n'élevait pas une plainte, et se disait que pour n'être pas seul il faudrait qu'il quittât bientôt la vie. Il voyait en effet venir le moment de la quitter, et le voyait approcher sans crainte et sans chagrin.

Vers la fin de cette année 1819, la maladie ayant repris son cours, lent mais progressif, Napoléon était redevenu sédentaire. L'officier de service avait la plus grande peine à s'assurer de sa présence, et les prescriptions de lord Bathurst qui voulait qu'elle fût constatée chaque jour, n'étaient plus observées. Souvent on restait plusieurs jours sans l'apercevoir, mais le mouvement des domestiques autour de la chambre du malade, leurs soins empressés, leurs inquiétudes visibles, ne pouvant être une comédie arrangée pour cacher une évasion, l'officier de garde se contentait de ce genre de preuves. On aurait dû s'en contenter toujours, car dans l'état où se trouvait Napoléon, on aurait ouvert les portes de sa prison que c'est tout au plus s'il aurait pu les franchir pour aller respirer un air pur. Cependant les ordres réitérés de lord Bathurst embarrassaient sir Hudson Lowe. Il eut recours à un moyen, ingénieux mais peu digne, de communiquer avec son prisonnier. La correspondance avait toujours été adressée au grand maréchal Bertrand : lord Bathurst, pensant que cette manière de procéder laissait trop à Napoléon l'attitude d'un souverain, avait ordonné de lui remettre directement les communications qui lui seraient destinées. Il y avait là un moyen certain de voir Napoléon quand on le voudrait, et sir Hudson Lowe résolut d'en faire l'essai. Il expédia à Longwood un officier à cheval, qui se présenta du reste avec égards, et demanda à remettre un pli à *Napoléon Bonaparte*. Il fut renvoyé à Marchand qui, connaissant l'usage, et se doutant qu'on voulait le violer, déclara que tout message devait être remis à *l'empereur Napoléon* par l'intermédiaire du grand maréchal Bertrand. L'officier fut ainsi éconduit, et M. Marchand courut avertir son maître de cette tentative. Sur-le-champ Napoléon ordonna à ses domestiques de refuser absolument sa porte à toute personne qui se présenterait, et prévoyant qu'on irait peut-être jusqu'à la forcer, il prit une résolution à la façon de Charles XII. — Autant, dit-il, mourir ici dans une tragédie pour défendre notre dignité, que sur un lit de malade. — Il fit charger ses pistolets, enjoignit à ses gens d'en faire autant, et il fut décidé que quiconque essayerait de forcer la porte de l'Empereur recevrait une balle dans la tête.

En effet, sir Hudson Lowe vint lui-même accompagné de tout un état-major, fit appeler MM. Marchand et de Montholon, leur parla de ses ordres demeurés sans exécution, et leur déclara que quiconque résisterait serait envoyé au Cap. On lui répondit qu'on ne changerait rien à l'usage établi autour de l'Empereur, et que ce n'était pas dans l'état où il était présentement qu'on commencerait à lui manquer de respect. Sir Hudson Lowe partit rempli de dépit, en annonçant qu'il ferait exécuter par la force les volontés du gouvernement britannique. Un officier bien escorté se présenta effectivement le lendemain, s'adressa aux domestiques, disant qu'il avait un message à remettre à *Napoléon Bonaparte*, et qu'il fallait qu'on lui ouvrît. On le renvoya à Marchand, qui persista à le renvoyer au grand maréchal. Ainsi repoussé, il se mit à parcourir la maison, à frapper aux portes, et approcha de celle de l'Empereur. Napoléon était tranquillement occupé à lire, ayant ses pistolets préparés, et tous ses gens étaient debout derrière sa porte, prêts comme lui à terminer leur captivité dans une tragédie, pour défendre leur maître de cette dernière humiliation. L'officier courut de porte en porte,

1819.

On est à la veille d'une scène de violence, qui est cependant évitée.

1819

Arrivée
à Sainte-
Hélène
d'un jeune
médecin,
et de deux
prêtres
envoyés par
le cardinal
Fesch.

frappa successivement à toutes, puis voyant qu'elles ne s'ouvraient pas, remonta à cheval, et regagna Plantation-House sans avoir pu remplir sa mission.

C'était là une triste et inutile entreprise contre un caractère comme celui du prisonnier de Sainte-Hélène, et bien cruelle en considérant l'état de sa santé. Quant à lui, il était pour ainsi dire ranimé par cette scène étrange, comme s'il avait entendu retentir encore ce bruit du canon, qui avait tant résonné jadis à ses oreilles. Sir Hudson Lowe n'osa pas insister, et se borna à des menaces, desquelles on ne devait plus attendre aucune suite sérieuse après la déconvenue qu'il venait d'essuyer.

A cette époque, c'est-à-dire vers la fin de 1819, arrivèrent à Sainte-Hélène les personnages envoyés par le cardinal Fesch. C'étaient un jeune médecin italien du nom d'Antomarchi, ayant quelque esprit, peu d'expérience et une extrême présomption ; un bon vieux prêtre, l'abbé Buonavita, ancien missionnaire au Mexique, et enfin un jeune ecclésiastique, l'abbé Vignale, l'un et l'autre fort honnêtes gens, mais sans instruction et sans esprit. On leur avait adjoint trois ou quatre domestiques propres à remplir les emplois vacants dans la maison de l'Empereur. Ces nouveaux venus avant de se rendre à Longwood perdirent quelques jours, pendant lesquels ils acceptèrent les politesses du gouverneur, ce qui disposa peu favorablement le maître qu'ils venaient servir, et dont l'antipathie contre sir Hudson Lowe avait dégénéré en véritable passion. Napoléon leur pardonna bientôt en écoutant ce qu'ils lui racontèrent de sa famille, particulièrement de sa mère, de sa sœur Pauline, de ses frères Lucien et Joseph. Sa sœur et sa mère renouvelaient avec instance l'offre de se rendre à Sainte-Hélène; Joseph et Lucien faisaient une proposition beaucoup plus acceptable, c'était de se succéder à Longwood, et d'y passer chacun trois ans. — Napoléon n'attacha pas grande importance à ce projet, que sa mort, prochaine selon lui, rendait si vain; mais il en fut touché jusqu'au fond de l'âme.

1819.

Il s'entretint de sa santé avec le jeune docteur Antomarchi, se laissa fort examiner par lui, sourit de ses raisonnements, et lui déclara comme à tous ses médecins, qu'il voulait *mourir de la maladie, et non des remèdes*. Il le chargea d'aller aux hôpitaux de la garnison pour étudier les altérations organiques que le climat développait chez les Européens, lui disant qu'il pourrait y recueillir quelques lumières utiles pour l'accomplissement de sa mission. Il s'entretint ensuite avec les deux prêtres, et les trouva l'un et l'autre aussi naïfs qu'ignorants. — Je reconnais bien à ces choix, s'écria-t-il, mon oncle Fesch. Toujours le même esprit, le même discernement! Ce médecin ne sait rien en croyant beaucoup savoir, et m'envoyer un tel docteur, à moi qui n'écouterais que Corvisart, c'est vraiment perdre sa peine! Quant aux deux prêtres, je me suis entretenu avec eux de sujets religieux (car de quels sujets s'entretenir lorsque la mort est si près?), *mais au premier entretien, les voilà hors de combat.* Il me fallait un prêtre savant, avec lequel je pusse discourir sur les dogmes du christianisme. Certes il ne m'aurait pas rendu plus croyant en Dieu que je

Accueil que leur fait Napoléon.

Il trouve le médecin et les prêtres insuffisants.

ne le suis, mais il m'aurait édifié peut-être sur quelques points importants de la croyance chrétienne. Il est si doux d'approcher de la tombe avec la foi absolue des catholiques! Mais je n'ai rien de pareil à attendre de mes deux prêtres. Pourtant ils me diront la messe, et ils seront bons au moins à cela! —

Il y avait à Longwood une vaste salle à manger dont Napoléon ne se servait plus, car depuis les brouilles survenues entre ses amis, il déjeunait et dinait seul, pour ne pas les mettre en présence à l'heure de leurs repas. Cependant, depuis le départ de madame de Montholon, il mangeait avec M. de Montholon, dans l'une des deux pièces où s'écoulait sa vie. Il fit convertir la grande salle à manger en chapelle, et voulut qu'on y célébrât la messe tous les dimanches. Il n'obligeait personne à y venir, mais il approuvait ceux qui s'y rendaient (c'était le plus grand nombre), et il trouvait dans cette messe, dite tous les dimanches sur un rocher désert, un charme qui tenait à tous ses souvenirs d'enfance réveillés à la fois. Jamais on ne l'entendit gourmander personne pour avoir manqué à ce devoir religieux, mais il ne souffrait pas le moindre mot inconvenant sur ce sujet. Le jeune Antomarchi s'étant permis quelques propos qui lui déplurent, il le réprima durement, lui disant qu'il admettait, quant à lui, que l'on fût croyant ou qu'on ne le fût pas, et qu'il n'en concluait rien pour ni contre personne; mais que ce qu'il ne souffrait pas, c'était le défaut de respect à l'égard de la religion la plus vénérable du genre humain, et qui pour des Français et des Italiens était leur religion nationale. Ces paroles furent prononcées avec une autorité qui n'admettait pas de réplique, surtout envers un homme auquel on ne répliquait guère, même à Sainte-Hélène. Napoléon ajouta, en s'adressant à ceux qui assistaient à ce dialogue : Si les hommes ne vont pas à la messe, savez-vous où ils iront? Chez Cagliostro ou chez mademoiselle Lenormand. Franchement, la messe vaut mieux. —

Par le vaisseau qui avait amené le médecin et les deux prêtres, étaient arrivées plusieurs caisses remplies de livres. Napoléon, tout affaibli qu'il était, voulut qu'elles fussent ouvertes en sa présence. Après avoir fait la revue d'une partie des volumes, il s'écria qu'il devait y avoir autre chose, et qu'à un père on n'envoyait pas seulement des livres. En effet, on avait caché au fond de l'une des caisses un portrait du duc de Reichstadt, que le prince Eugène s'était procuré, et qui avait été peint d'après nature. Napoléon s'en saisit avec transport, le contempla longtemps, et le fit placer dans sa chambre de manière à l'avoir toujours sous les yeux. Il revint au dépouillement des livres, n'y trouva pas l'exemplaire de Polybe, qu'il désirait comme principal historien d'Annibal, et s'en plaignit vivement. Il rencontra plusieurs ouvrages qui avaient trait à l'histoire contemporaine. Il les lut avec avidité, tantôt souriant, tantôt s'irritant, et se mit à les couvrir de notes.

Sa santé donnait chaque jour de plus vives inquiétudes, et de tout ce que lui avait dit le docteur Antomarchi une seule chose avait produit quelque impression sur son esprit, parce qu'elle s'accordait avec ce qu'avaient répété les docteurs O'Meara et

1819.

Ses paroles sur la religion, et son utilité morale.

Sur une indication du docteur Antomarchi, Napoléon ne voulant plus monter à cheval,

1820.

se livre
à l'exercice du
jardinage.

Stokoe, et avec ce qu'il avait éprouvé lui-même, c'est que l'exercice lui était indispensable, et que c'était l'unique moyen de guérison. Cette médecine était effectivement la seule à laquelle il eût quelque confiance, mais sa répugnance à sortir suivi d'un officier à cheval était toujours la même. Le docteur Antomarchi lui dit alors que le cheval était un bon exercice, mais qu'il y en avait d'autres, et que bêcher la terre serait tout aussi sain. Ce fut pour Napoléon un véritable trait de lumière, qui lui procura quelques bons moments, les derniers de sa vie.

Année 1820.

Sur-le-champ il résolut de se livrer à ce nouvel exercice, et obligea la colonie entière à s'y livrer avec lui. On entrait dans l'année 1820, et le temps était magnifique. Napoléon voulut que tout le monde à Longwood, levé comme lui à quatre heures du matin, prît la bêche et travaillât au jardin. Personne n'était exempt de cette corvée, et tous ses compagnons d'exil, depuis MM. de Montholon, Bertrand, Marchand, jusqu'aux derniers domestiques, même les Chinois, travaillaient sous sa direction. Cette occupation apportant une diversion aux ennuis de l'exil leur plaisait à tous, mais elle leur aurait déplu qu'ils s'y seraient prêtés volontiers, en voyant qu'elle faisait du bien à leur maître, et qu'elle l'amusait. Effectivement en très-peu de jours l'amélioration fut visible, et comme à la fin de l'année précédente, son teint moins livide, ses jambes moins enflées, son dégoût des aliments moins prononcé, ses vomissements moins fréquents, pouvaient faire espérer un rétablissement durable. Depuis longtemps Napoléon avait quitté l'habit militaire, et n'en avait conservé que la culotte blanche et les bas de soie, surmontés d'un habit civil. Il prit alors le costume des planteurs. Vêtu d'une étoffe de l'Inde blanche et légère, la tête couverte d'un chapeau de paille, un bâton à la main, il dirigeait les travaux en véritable officier du génie. Son premier ouvrage consista dans un épaulement en terre gazonnée qu'il opposa au vent du sud-est, et qui fut bientôt assez élevé pour garantir le jardin et la maison de ce vent odieux. Puis il transplanta des arbres, des citronniers, et notamment un chêne, arbre si désiré de lui, et qui seul a survécu de ce jardin cultivé par ses glorieuses mains. L'eau manquait, et il la fit venir d'un réservoir que sir Hudson Lowe avait ordonné de construire au pied du pic de Diane. Cette eau adroitement dirigée dans le jardin de Longwood le couvrit bientôt de verdure, car sous ces climats dévorants, si l'eau se joint au soleil, la végétation pousse à vue d'œil. Napoléon eut en peu de temps des légumes, et il prit plaisir à les faire servir sur sa table. Sir Hudson Lowe averti des nouveaux goûts de l'illustre captif, lui fit offrir des plantes, des instruments, des ouvriers. Napoléon accepta une partie des offres du gouverneur, et au bout de deux mois, grâce aux efforts de toute sa maison, son jardin avait changé de face, et avec le jardin sa santé et son humeur. Il travaillait et faisait travailler dès quatre heures du matin jusqu'à dix ou onze heures, moment où la chaleur devenait incommode. Alors il déjeunait sous une tente avec ses gens assis à deux tables, une pour lui et ses principaux compagnons d'exil, l'autre pour ses domes-

1820.

Travaux exécutés par Napoléon au jardin de Longwood.

tiques. Après le déjeuner il prenait du repos, en faisait prendre à tous, puis finissait la journée en continuant ses lectures et ses dictées.

Le lendemain il recommençait avec le même zèle, et dans cette animation d'esprit qui ne devait se soutenir que bien peu de temps, il reparaissait gai, aimable, tour à tour spirituel ou profond. Quelquefois, à propos de la végétation ou de quelques insectes, il s'élevait sur Dieu et la création aux plus hautes, aux plus éloquentes considérations. D'autres fois il traduisait en images piquantes et pittoresques des vérités physiques qui se révélaient à lui par la simple observation des faits. Un de ses domestiques chinois en creusant un des canaux d'arrosage avait atteint la racine d'un if, et comme Marchand signalait ce dommage, Napoléon disait à ce dernier : Si tu avais faim, et qu'un repas succulent fût servi derrière toi, tu te retournerais bien pour assouvir ton appétit. Eh bien, cet arbre fera de même. Ses racines, qu'on est forcé d'atteindre ici, se détourneront en arrière, et l'arbre après avoir souffert un moment reprendra sa vigueur. —

En travaillant ainsi de ses mains il avait pu reprendre son travail de tête, car avec ce retour de santé, dû à un retour de vie active, il s'était produit chez lui un réveil d'esprit tout à fait remarquable. Il dictait la vie de César alors, ou bien chargeait de notes saisissantes certains ouvrages contemporains qu'on lui avait envoyés d'Europe. Il avait annoté déjà les œuvres de M. de Pradt; en ce moment, commencement de 1820, il s'était mis à annoter l'ouvrage sur les Cent-Jours de M. Fleury de Chaboulon, jeune homme rempli de bonnes intentions, mais parlant souvent de ce qu'il ignorait ou ne comprenait pas. Napoléon avait attaché aux pages de cet ouvrage des notes pleines d'indulgence pour l'auteur et de révélations curieuses pour l'histoire. Il s'occupait aussi, et d'une manière toute différente, d'un livre autrement sérieux, celui du général Rogniat, sur les principes de la guerre. Le général Rogniat avait été un officier du génie des plus remarquables; mais un esprit peu juste et malveillant déparait ses qualités militaires. Son ouvrage, outre qu'il était la plupart du temps chimérique, était un acte peu généreux envers le détenu de Sainte-Hélène, qu'il avait servi avec soumission et qu'il dénigrait aujourd'hui sans ménagement. Napoléon ressentit au sujet de ce livre une véritable colère, sans inquiétude du reste pour sa gloire. — Si le grand Frédéric, dit-il, vivait et critiquait mes campagnes, cela pourrait devenir sérieux, et en tout cas j'aurais de quoi lui répondre; mais ces gens-là, ajoutait-il en parlant du général Rogniat et de quelques autres, ne sont pas capables de m'alarmer. — Quoique traitant de la sorte le général Rogniat, il lui fit l'honneur d'une réponse en forme de notes, laquelle vaudra à l'ouvrage ainsi annoté une immortalité qu'il n'aurait certainement pas obtenue sans ce secours. Napoléon dans ces notes a tracé, en un style sans pareil par la clarté, la concision, la vigueur, les principes de son art jusqu'en leurs moindres détails, et il y a joint ce dont il était plein, un précis en quelques pages des campagnes des plus célèbres capitaines. Jamais on ne parla

1820.

Ses notes sur divers ouvrages relatifs à l'histoire de son temps.

plus grandement et plus simplement de choses plus grandes, car les hommes et les choses dont il s'agissait, c'étaient Alexandre, Annibal, César, Frédéric, Napoléon, et leurs actions ramenées à des principes généraux sur la politique et la guerre. Ajoutons que la médiocrité dénigrante ne fut jamais châtiée plus cruellement et de plus haut.

Mais ce fut là le dernier éclair de son génie, et on peut dire de sa vie. Ayant déployé pendant quelques mois une activité singulière, il déclina rapidement avec la belle saison, et sa santé, dans la seconde partie de l'année 1820, fut des plus mauvaises. De nouveau il devint sédentaire, triste, paresseux de corps, paresseux même d'esprit, et n'eut que le temps d'achever les vies de César, de Turenne et de Frédéric. Enfin vers les derniers mois de 1820 la saison, redevenue belle dans cet hémisphère, ne put le ranimer. Il ne faisait plus d'exercice, sentait ses jambes enfler, ses pieds se refroidir, son estomac se soulever à la présence des aliments. De ce moment, il ne douta plus de sa fin prochaine, et, sauf le regret de n'avoir pas achevé tout ce qu'il avait projeté d'écrire, il vit approcher la mort avec une sorte de satisfaction.

Jamais il n'avait songé sérieusement à une évasion. L'île était surveillée de manière à ne pas laisser passer le moindre esquif, et d'ailleurs la garde autour de sa personne était telle, qu'il lui eût été impossible de se dérober pendant plus de quelques heures sans être retrouvé, fût-il caché dans les plus profonds replis de l'île. Il se peut même que l'aversion qu'il éprouvait pour l'officier chargé de

le suivre eût pour motif principal l'impossibilité
d'échapper ainsi à ses gardiens. Toujours est-il qu'il
regardait une évasion comme à peu près impraticable. Une autre raison plus forte encore le portait à
n'y pas songer. Contemplant la marche des choses
en profond observateur, il s'apercevait tous les jours
que, sans oublier sa gloire, le monde s'arrangeait
de manière à se passer de lui. Il se considérait par
ce motif comme à jamais exclu de la scène. Sa seule
espérance eût été d'obtenir un autre séjour. Mais,
bien qu'il remarquât un changement dans les esprits en Angleterre, il ne regardait pas le triomphe
des whigs comme très-prochain, et ne supposait
pas d'ailleurs qu'ils fussent jamais capables de lui
rendre la liberté. Il avait reçu de lord et lady
Holland de touchants témoignages d'intérêt, car
cette noble famille avait pensé qu'on pouvait garder ce grand captif sans le torturer. Elle lui avait
envoyé des livres, des fruits, des vins, et ce qui
était plus doux pour lui, des assurances de sympathie qui lui prouvaient qu'il n'était pas l'objet
de la haine universelle. Mais de ces témoignages
individuels à une grande résolution du gouvernement en sa faveur, il y avait loin. Il était donc
sans espérance, et la mort est l'espérance de qui
n'en a plus. Quelques écrits à terminer étaient un
motif d'accepter une prolongation de vie, mais un
faible motif pour la désirer, car que pouvaient ajouter à sa renommée quelques pages de plus? Précieuses pour un très-petit nombre d'hommes capables de les juger, elles n'ajouteraient pas un atome
à l'immensité de sa gloire. Il voyait donc la mort

1820.

venir avec une sorte de satisfaction.

sans cette horreur qu'elle inspire aux êtres animés, et si, dans certains instants, il se retrouvait encore chez lui quelques-uns de ces appétits obscurs de la vie qui sont un pur effet de l'instinct physique, son âme entière accueillait la mort comme une amie, qui venait de ses mains lui ouvrir l'affreuse prison de Sainte-Hélène. D'ailleurs des circonstances de détail le confirmaient dans cette disposition. M. de Montholon, malgré le départ de sa femme et de ses enfants, restait à Sainte-Hélène sans laisser apercevoir le moindre désir de les suivre, mais ce dévouement ne pouvait être éternel, car il fallait bien que le général finît par songer à sa famille retournée sans lui en Europe. La famille Bertrand, logée à quelque distance de Longwood, toujours assidue mais triste, avait aussi de nombreux enfants à élever, et ne pouvait pas plus longtemps négliger ce devoir. Madame Bertrand en effet avait fait annoncer respectueusement à Napoléon qu'elle quitterait bientôt Sainte-Hélène pour ce motif. Bien que très-éloigné de blâmer une telle détermination, Napoléon en fut vivement affecté. Il comprit que le grand maréchal ne pouvait pas laisser sa femme partir seule pour un aussi long voyage que celui d'Europe, et il l'autorisa à prendre un congé dont la durée devait dépendre des circonstances. Bien que la famille Bertrand, par la distance qui la séparait de Longwood, par la nature de son humeur, apportât moins de douceur à sa vie que la famille Montholon, il appréciait la noble probité du grand maréchal, l'élévation de cœur de sa femme, et il fut très-sensible au chagrin de voir la colonie exilée bientôt réduite à M. Marchand tout seul. — Tu n'as point d'enfants à élever, disait-il à ce dernier, et tu me fermeras les yeux. Tu me feras la lecture, tu écriras encore quelques pages, et puis tu partiras. Mais, je le vois, il est temps que je m'en aille. —

1821.

Enfin s'ouvrit cette année 1821, qui devait être pour Napoléon la dernière de sa grande existence. Au commencement de janvier, il éprouva une amélioration de quelques jours, mais qui ne se soutint pas. — C'est un répit d'une semaine ou deux, dit-il, après quoi la maladie reprendra son cours. — Il dicta encore à Marchand quelques pages sur César, et ce furent les dernières. A peu près à cette époque, on apprit par les journaux la mort de sa sœur Élisa. Il y fut très-sensible. C'était la première personne de sa famille qui mourait depuis qu'il avait l'âge de raison. — *Allons*, dit-il, *elle me montre le chemin; il faut la suivre.* — Bientôt les symptômes qui s'étaient déjà produits reparurent avec toute leur force. Napoléon avait le teint livide, le regard toujours puissant, mais les yeux caves, les jambes enflées, les extrémités froides, l'estomac d'une susceptibilité telle qu'il rejetait tous les aliments avec accompagnement de matières noirâtres. Le mois de février s'écoula ainsi sans aucune amélioration, et en amenant au contraire des symptômes plus graves. Ne digérant aucun aliment, l'auguste malade s'affaiblissait chaque jour. Une soif ardente commençait à le tourmenter; son pouls si lent s'animait et devenait fiévreux. Il aurait voulu de l'air et il ne pouvait en supporter l'impression. La lumière le fatiguait; il ne quittait plus les deux petites cham-

Année 1821.

Napoléon apprend la mort de sa sœur Élisa, et y voit le pronostic de la sienne.

En février et mars les symptômes deviennent plus alarmants.

bres où étaient tendus ses deux lits de campagne, et se faisait transporter de l'un à l'autre. Il ne dictait plus, mais il se faisait lire Homère et les guerres d'Annibal dans Tite-Live, ne pouvant se les faire lire dans Polybe qu'il n'avait pu se procurer.

Le mois de mars amena un état plus grave encore, et le 17, désirant respirer librement, il se fit mettre en voiture, mais à peine en plein air il faillit s'évanouir, et fut replacé dans le lit où il devait expirer. — Je ne suis plus, dit-il, ce fier Napoléon que le monde a tant vu à cheval. Les monarques qui me persécutent peuvent se rassurer, je leur rendrai bientôt la sécurité.... — Les fidèles serviteurs de Napoléon ne le quittaient pas. Marchand et Montholon veillaient jour et nuit à son chevet, et il leur en témoignait une extrême gratitude. Le grand maréchal avait annoncé que ni lui ni sa femme ne partiraient, et Napoléon l'en avait cordialement remercié. Le grand maréchal demandant pour sa femme la permission de le visiter : Je ne suis pas bon à voir, avait-il répondu. Je recevrai madame Bertrand quand je serai mieux. Dites-lui que je la remercie du dévouement qui l'a retenue six années dans ce désert. —

Arrivé à cet état désespéré, ne sortant plus, ne voyant que ses amis les plus chers, ne pouvant supporter ni l'air ni la lumière, il était devenu pour ses gardiens absolument invisible. Le malheureux Hudson Lowe en était saisi de terreur, comme si une maladie aussi grave, et le chagrin qui éclatait sur tous les visages à Longwood, avaient pu être une feinte destinée à cacher une évasion. L'officier de service, plein d'égards, n'avait aucun doute, et tâchait de rassurer le gouverneur en lui disant que la maladie était vraie, et qu'il était inutile de tourmenter l'illustre captif pour chercher à le voir. Sir Hudson Lowe ne partageait guère cette sécurité, et trouvait les commissaires aussi inquiets que lui. L'Autriche avait rappelé M. de Sturmer, car elle savait bien qu'il n'y avait pas à craindre que l'Angleterre laissât jamais échapper sa proie, et dès lors la présence d'un envoyé autrichien ne servait qu'à la rendre responsable aux yeux de l'opinion universelle des traitements infligés au gendre de François II. M. de Balmain avait épousé la fille de sir Hudson Lowe, et partageait en général son avis. Quant à M. de Montchenu, le commissaire français, il désirait ardemment acquérir la certitude de la présence du prisonnier, et voulait qu'on prît les moyens nécessaires pour sortir du doute où l'on était. Sous l'empire de ces impressions, sir Hudson Lowe ordonna enfin à l'officier de service de forcer la porte du malade, s'il le fallait, pour s'assurer de sa présence, car il y avait quinze jours qu'on n'avait pu s'en convaincre de ses propres yeux. L'officier de service, se conduisant avec une extrême délicatesse, fit part à MM. Marchand et de Montholon de son embarras, en leur affirmant du reste qu'il n'exécuterait pas l'ordre de forcer la porte de Napoléon, mais les supplia de le tirer de peine en lui fournissant le moyen de l'apercevoir. M. de Montholon qui ne voyait pas toujours, comme le grand maréchal, l'honneur de Napoléon en jeu dans ces tracasseries, s'entendit avec l'officier de service qu'il fit placer à une des fenêtres, puis entr'ouvrit cette fenêtre au moment où on transportait le malade d'un lit à l'autre. L'officier put voir sa noble figure déjà décolorée et amaigrie par la mort, et se hâta d'écrire au gouverneur qu'on ne jouait point à Longwood une affreuse comédie. —

A peine ce malheureux gouverneur était-il délivré d'une crainte qu'il était assailli par une autre, et après avoir appréhendé une évasion, il se reprochait maintenant de laisser mourir son prisonnier sans secours. Il insista donc pour faire adjoindre un médecin de l'île au docteur Antomarchi, ce qui lui procurerait un témoin quotidien de la présence de Napoléon, des nouvelles de sa maladie, et servirait de réponse à ceux qui en Europe l'accuseraient d'avoir privé le glorieux malade des secours de l'art. Le docteur Antomarchi demandait lui-même pour sa responsabilité qu'on lui adjoignît un ou deux médecins. Mais Napoléon s'y refusait, ne voulant pas qu'on le tourmentât pour des essais de guérison au succès desquels il ne croyait point. Pourtant il y avait à Sainte-Hélène un médecin, appartenant au 20⁰ régiment, et jouissant de l'estime générale. Napoléon, cédant aux instances de ses amis, consentit à l'admettre auprès de lui, l'accueillit avec bienveillance, lui répéta ce qu'il avait déjà dit plusieurs fois en parlant de sa santé, que c'était *une bataille perdue*, feignit d'accepter ses conseils, mais ne les suivit point, voulant, disait-il, mourir en repos.

Il était ainsi arrivé aux derniers jours d'avril, n'ayant aucune espérance, n'en cherchant aucune.

et regardant sa fin comme très-prochaine. Il résolut alors de faire son testament. Il lui restait environ quatre millions chez M. Laffitte, plus les intérêts de ce capital, et quelques débris d'une somme d'argent confiée au prince Eugène. Sur cette dernière somme il avait pris deux ou trois cent mille francs, par l'intermédiaire de M. de Las Cases, lorsque celui-ci était retourné en Europe. Il avait pu ainsi sauver sa réserve de 350,000 francs en or qu'il avait apportée à Sainte-Hélène. Il en fit la distribution entre M. de Montholon, le grand maréchal, Marchand et ses autres serviteurs, pour leur fournir à tous le moyen de retourner en Europe et d'y faire leur premier établissement. Sur les quatre millions environ restant en France, il en laissa deux à M. de Montholon, pour lui assurer un bien-être suffisant, 700 ou 800 mille francs à la famille Bertrand, environ 500 mille à Marchand. Il donna en outre à ce dernier le collier en diamants de la reine Hortense, et il l'adjoignit à MM. de Montholon et Bertrand comme exécuteur testamentaire, en récompense d'un dévouement qui ne s'était pas démenti. Il fit à ses autres serviteurs des legs proportionnés à leur condition, s'étudiant à leur ménager à tous une existence après sa mort. Quoique médiocrement satisfait du docteur Antomarchi, reconnaissant ses soins, il lui légua 100 mille francs, songea aussi à l'abbé Vignale, qui seul était resté des deux prêtres envoyés à Sainte-Hélène, et ne négligea pas même ses domestiques chinois, qui l'avaient bien servi. Ayant pourvu au sort de chacun selon ses moyens, il réunit les objets de quelque valeur, qui pouvaient être pour ceux auxquels il les laisserait de grands souvenirs, et par son testament même en disposa en faveur de son fils, de sa mère, de ses sœurs, de ses frères. Il n'oublia point la généreuse lady Holland, et lui légua une de ses tabatières. A ces legs il ajouta quelques paroles d'attachement pour Marie-Louise. Il ne conservait aucune illusion sur cette princesse, mais il voulait honorer en elle la mère de son fils.

Il consacra plusieurs jours à arrêter ces dispositions, puis à les écrire, et s'interrompit à diverses reprises, vaincu par la fatigue et les souffrances. Enfin il en vint à bout, et, fidèle à son esprit d'ordre, il fit rédiger un procès-verbal de la remise à ses exécuteurs testamentaires de son testament et de tout ce qu'il possédait, afin qu'aucune contestation ne pût s'élever après sa mort. Il recommanda qu'on observât à ses funérailles les rites du culte catholique, et que sa salle à manger, dans laquelle on lui disait la messe, fût convertie en chapelle ardente. Le docteur Antomarchi, écoutant ces prescriptions adressées à l'abbé Vignale, ne put se défendre d'un sourire. Napoléon trouva que c'était manquer de respect à son autorité, à son génie, à sa mort. — Jeune homme, lui dit-il d'un ton sévère, vous avez peut-être trop d'esprit pour croire en Dieu : je n'en suis pas là.... *N'est pas athée qui veut.* — Cette leçon sévère, donnée en des termes dignes du grand homme expirant, remplit d'embarras le jeune médecin, qui se confondit en excuses, et fit profession des croyances morales les plus saines.

Ces préparatifs de mort avaient fatigué Napoléon

et pour ainsi dire hâté sa fin. Néanmoins il éprouva une sorte de soulagement moral et physique en voyant ses affaires définitivement réglées, et le sort de ses compagnons assuré selon ses moyens. Souriant à la mort avec autant de dignité que de grâce, il dit à Montholon et à Marchand qui ne le quittaient point : *Après avoir si bien mis ordre à ses affaires, ce serait vraiment dommage de ne pas mourir.* —

La fin d'avril était arrivée, et à chaque instant le mal devenait plus menaçant et plus douloureux. Les spasmes, les vomissements, la fièvre, la soif ardente, ne cessaient pas. Napoléon prenait de temps en temps quelques gouttes d'une eau fraîche qu'on avait trouvée au pied du pic de Diane, dans l'exposition où il aurait voulu que sa demeure fût placée, et il en ressentait un peu de bien. — Je désire, dit-il, être enterré sur les bords de la Seine, si c'est jamais possible, ou à Ajaccio dans l'héritage de ma famille, ou enfin si ma captivité doit durer pour mon cadavre, au pied de la fontaine à laquelle j'ai dû quelque soulagement. — On le lui promit avec des larmes, car on ne lui cachait plus un état qu'il voyait si bien. — Vous allez, dit-il à ses amis qui l'entouraient, retourner en Europe. Vous y reviendrez avec le reflet de ma gloire, avec l'honneur d'un noble dévouement. Vous y serez considérés et heureux. Moi je vais rejoindre Kléber, Desaix, Lannes, Masséna, Bessières, Duroc, Ney!.... Ils viendront à ma rencontre... ils ressentiront encore une fois l'ivresse de la gloire humaine... Nous parlerons de ce que nous avons fait, nous nous entretiendrons de notre métier avec Frédéric, Turenne,

Condé, César, Annibal... Puis s'arrêtant Napoléon ajouta avec un singulier sourire : *A moins que là-haut comme ici-bas on n'ait peur de voir tant de militaires ensemble.* — Ce léger badinage mêlé à ce langage solennel émut vivement les assistants. Le 1ᵉʳ mai, l'agonie sembla s'annoncer, et les souffrances devinrent presque continuelles. Le 2, le 3, Napoléon parut consumé par la fièvre, et en proie à des spasmes violents. Dès que la souffrance lui laissait quelque répit, son esprit se réveillait radieux, et il montrait autant de lucidité que de sérénité. Dans l'un de ces intervalles, il dicta sous le titre de première et seconde rêverie, deux notes sur la défense de la France en cas d'invasion. Le 3, le délire commença, et à travers ses paroles entrecoupées on saisit ces mots : *Mon fils... l'armée... Desaix....* — On eût dit à une certaine agitation qu'il avait une dernière vision de la bataille de Marengo regagnée par Desaix. Le 4, l'agonie dura sans interruption, et la noble figure du héros parut cruellement tourmentée. Le temps était horrible, car c'était la mauvaise saison de Sainte-Hélène. Des rafales de vent et de pluie déracinèrent quelques-uns des arbres récemment plantés. Enfin le 5 mai, on ne douta plus que le dernier jour de cette existence extraordinaire ne fût arrivé. Tous les serviteurs de Napoléon agenouillés autour de son lit épiaient les dernières lueurs de la vie. Malheureusement ces dernières lueurs étaient des signes de cruelles souffrances. Les officiers anglais placés à l'extérieur recueillaient avec un intérêt respectueux ce que les domestiques leur apprenaient des progrès de l'agonie. Vers la fin du jour la douleur s'affaissant avec la vie, le refroidissement devenant général, la mort sembla s'emparer de sa glorieuse victime. Ce jour-là le temps était redevenu calme et serein. Vers cinq heures quarante-cinq minutes, juste au moment où le soleil se couchait dans des flots de lumière, et où le canon anglais donnait le signal de la retraite, les nombreux témoins qui observaient le mourant s'aperçurent qu'il ne respirait plus, et s'écrièrent qu'il était mort. Ils couvrirent ses mains de baisers respectueux, et Marchand qui avait emporté à Sainte-Hélène le manteau que le Premier Consul portait à Marengo, en revêtit son corps, en ne laissant à découvert que sa noble tête.

Aux convulsions de l'agonie, toujours si pénibles à voir, avait succédé un calme plein de majesté. Cette figure d'une si rare beauté, revenue à la maigreur de sa jeunesse et revêtue du manteau de Marengo, semblait avoir rendu à ceux qui la contemplaient le général Bonaparte dans toute sa gloire.

Le gouverneur, le commissaire français voulurent repaître leurs yeux de ce spectacle, et montrèrent devant cette mort aussi extraordinaire que la vie qu'elle terminait, le respect qu'ils lui devaient.

Napoléon avait expié, durant les six années qui venaient de s'écouler, la peur qu'il causait au monde, et ceux qui étaient chargés de le détenir avaient cédé à cette peur, avec plus ou moins de cruauté (car la peur est cruelle) selon qu'ils étaient plus ou moins éloignés de la victime. Les officiers de service la voyant de près, ne pouvaient s'empêcher de s'intéresser à elle, et d'alléger ses fers, quand ils en avaient le moyen. Sir Hudson Lowe qui ne la voyait pas directement, était tracassier, quelquefois persécuteur par défiance ou ressentiment, et parfois aussi se laissait attendrir au récit des souffrances de son prisonnier. A deux mille lieues de là, lord Bathurst ne voyant absolument rien des souffrances de la victime, et tout plein des passions de l'Europe, s'était montré impitoyable. Il a laissé ainsi un triste legs à sa patrie, car, si la justice dit qu'on avait le droit de garder Napoléon, elle dit aussi qu'on n'avait ni le droit de le torturer, ni celui de l'humilier.

Conformément aux instructions de Napoléon, son autopsie fut faite, et on dut en conclure qu'un cancer à l'estomac avait été la cause principale de sa mort. Le foie légèrement tuméfié attestait que le climat avait exercé une certaine influence sur son état, mais la moins décisive. Ce qui est incontestable, c'est que le chagrin, le désespoir caché, le défaut d'exercice surtout, avaient précipité la marche de la maladie, et avancé sa fin d'un nombre d'années impossible à déterminer.

L'inspection du corps révéla plusieurs blessures, quelques-unes très-légères, et trois fort distinctes. De ces trois la première était à la tête, la seconde au doigt annulaire de la main gauche, la troisième à la cuisse gauche, celle-ci très-profonde, provenant d'un coup de baïonnette reçu au siége de Toulon. C'est la seule dont l'origine puisse être historiquement assignée. Des mesures prises et de la description exacte du cadavre il résulte que Napoléon avait cinq pieds deux pouces (pieds français), le corps bien proportionné dans toutes ses parties, le pied et la main remarquables par la régularité de leur forme, les épaules larges, la poitrine développée, le cou un peu court, mais portant ferme et droite la tête la plus vaste, la mieux conformée dont la science anatomique ait constaté l'existence, enfin un visage dont la mort avait respecté la beauté, dont les contemporains ont conservé un souvenir ineffaçable, et dont la postérité, en le comparant aux plus célèbres bustes antiques, dira qu'il fut un des plus beaux que Dieu ait donnés pour expression au génie. Sa vie si pleine et qui semble comprendre des siècles n'avait duré que cinquante-deux ans. MM. de Montholon et Marchand l'avaient revêtu de l'uniforme qu'il portait le plus volontiers, celui des chasseurs de la garde, et du petit chapeau qui avait toujours recouvert sa tête puissante. Un seul prêtre et quelques amis prièrent pendant plusieurs jours près de ce corps inanimé : éclatant contraste (conforme à toute cette fin de carrière) d'une profonde solitude autour de l'homme que l'univers avait entouré et adulé! Pourtant, à l'honneur du soldat, il faut dire que les militaires anglais ne cessèrent de défiler autour de son cercueil pendant qu'il resta exposé. Enfin, lorsque le tombeau qui devait le contenir, et qui avait été placé près de la fontaine à laquelle il avait dû un peu de soulagement, fut terminé, ses amis, suivis du gouverneur, de l'état-major de l'île, des soldats de la garnison, des marins de l'escadre, le portèrent au lieu où il devait reposer, jusqu'au jour où, selon ses désirs, il a été transporté sur les bords de la Seine. Les soldats anglais firent entendre à ce corps

1821.

Funérailles de Napoléon

inanimé les derniers éclats du canon, et ses compagnons d'exil, après s'être agenouillés sur la tombe qui venait de recevoir la plus grande existence humaine depuis César et Charlemagne, se préparèrent à regagner l'Europe. Pour achever la longue suite de leçons qui sortent de cette tombe, ajoutons qu'ils furent accueillis avec un intérêt général, même en Angleterre, et que l'infortuné Hudson Lowe, simple exécuteur des volontés de son gouvernement, fut reçu avec froideur par ses compatriotes, avec ingratitude par les ministres auxquels il avait obéi, et par ses amis eux-mêmes avec une sorte d'embarras. Éternelle justice d'en haut, déjà visible ici-bas! Napoléon avait expié à Sainte-Hélène les tourments causés au monde, et ceux qui avaient été chargés de le punir expiaient le tort de n'avoir pas respecté en lui la gloire et le génie!

Avant de terminer cette histoire, qu'on nous pardonnera d'avoir rendue si longue en considération de l'immensité des événements qu'elle embrasse, il nous reste à prononcer sur le personnage extraordinaire qui la remplit tout entière le jugement de la postérité, autant du moins qu'il appartient à un homme de s'en faire l'interprète, cet homme fût-il aussi juste, aussi éclairé que nous aurions, non pas la prétention, mais le désir de l'être.

Napoléon était né avec un esprit juste, pénétrant, vaste, universel, et surtout prompt, avec un caractère aussi prompt que son esprit. Toujours en toutes choses il allait droit et sans détour au but. S'agissait-il d'un raisonnement, il trouvait à l'instant l'argument péremptoire, d'une bataille à livrer, il découvrait la manœuvre décisive. En lui, concevoir, vouloir, agir, étaient un seul acte indivisible, d'une rapidité incroyable, de manière qu'entre la pensée et l'action, il n'y avait pas un instant perdu pour réfléchir et se résoudre. A un génie ainsi constitué opposer une objection médiocre, une résistance de tiédeur, de faiblesse ou de mauvaise volonté, c'était le faire bondir comme le torrent qui jaillit et vous couvre de son écume, si vous lui opposez un obstacle inattendu. S'il eût embrassé l'une de ces carrières civiles où l'on ne parvient qu'en persuadant les hommes, en les gagnant à soi, peut-être il se fût appliqué à modérer, à ralentir les mouvements de son humeur fougueuse, mais jeté dans la carrière de la force, c'est-à-dire dans celle des armes, y apportant la faculté souveraine de découvrir d'un coup d'œil ce qu'il fallait faire pour vaincre, il arriva d'un premier élan à la domination de l'Italie, d'un second à la domination de la République française, d'un troisième à la domination de l'Europe, et quel miracle alors que cette nature que Dieu avait faite si prompte, que la victoire avait faite plus prompte encore, fût brusque, impétueuse, dominatrice, absolue dans ses volontés! Si hors du champ de bataille il se prêtait quelquefois aux ménagements qu'exigent les affaires civiles, c'était au sein du conseil d'État, et là même il tranchait les questions avec une sagacité, une sûreté de jugement qui étonnaient, subjuguaient ses auditeurs, excepté dans quelques cas très-rares où l'insuffisance de son savoir, quelquefois aussi la passion l'avaient un moment égaré. Tout avait donc concouru, la nature et les événements, pour faire de ce mortel le plus absolu, le plus impétueux des hommes.

Développements successifs de ce caractère.

Pourtant en suivant son histoire ce n'est pas tout de suite et tout entière qu'on voit se déployer cette nature si fougueusement dominatrice. Maigre, taciturne, triste même dans sa jeunesse, triste de cette ambition concentrée qui se dévore jusqu'à ce qu'elle éclate au dehors et arrive au but de ses désirs, il prend peu à peu confiance en lui-même, se montre parfois tranchant comme un jeune homme, reste morose néanmoins, puis, lorsque l'admiration commence à se manifester autour de lui, il devient plus ouvert, plus serein, se met à parler, perd sa maigreur expressive, se dilate en un mot. Consul à vie, empereur, vainqueur de Marengo et d'Austerlitz, ne se contenant plus guère, mais toutefois se contenant encore, il semble à l'apogée de son caractère, et n'ayant alors qu'un demi-embonpoint, il rayonne d'une régulière et mâle beauté. Bientôt, voyant les peuples se soumettre, les souverains s'abaisser, il ne compte plus ni avec les hommes ni avec la nature. Il ose tout, entreprend tout, dit tout, devient gai, familier, intempérant de langage, s'épanouit complétement au physique et au moral, acquiert un embonpoint excessif, qui ne diminue en rien sa beauté olympienne, conserve dans un visage élargi un regard de feu, et si de ces hauteurs où on est habitué à le voir, à l'admirer, à le craindre, à le haïr, il descend pour être rieur, familier, presque vulgaire, il y remonte d'un trait après en être descendu un instant, sachant ainsi déposer son ascendant sans le compromettre; et, quand enfin on le croirait moins actif ou moins hardi, parce que son corps semble lui peser ou que la fortune cesse de lui sourire, il s'élance plus impétueux que jamais sur son cheval de bataille, prouvant que pour son âme ardente la matière n'a point de poids, le malheur d'accablement.

Telle fut cette nature extraordinaire, dans ses développements successifs. Maintenant, si on considère Napoléon sous le rapport des qualités morales, il est plus difficile à apprécier, parce qu'il est difficile d'aller découvrir la bonté chez un soldat toujours occupé à joncher la terre de morts, l'amitié chez un homme qui n'eut jamais d'égaux autour de lui, la probité enfin chez un potentat qui était maître des richesses de l'univers. Toutefois, quelque en dehors des règles ordinaires que fût ce mortel, il n'est pas impossible de saisir çà et là certains traits de sa physionomie morale.

La promptitude était son caractère en toutes choses. Il s'emportait, mais revenait avec une facilité merveilleuse, presque honteux de son emportement, en riant même s'il le pouvait sans manquer de maintien, et rappelant, caressant du geste ou de la voix l'officier qu'il avait désolé par un éclat de sa colère. Quelquefois aussi ses colères étaient feintes, et destinées à intimider des subalternes infidèles à leur devoir. Mais sincères, elles n'avaient que la durée d'un éclair, feintes, la durée du besoin. Dès qu'il cessait de commander et d'avoir à contenir ou à exciter les hommes, il devenait doux, simple,

Ses qualités morales.

équitable, de cette équité d'un grand esprit qui connaît l'humanité, apprécie ses faiblesses, et les lui pardonne parce qu'il les sait inévitables. A Sainte-Hélène, dépouillé de tout prestige, ne pouvant plus rien pour personne, n'ayant sur ses compagnons d'infortune que l'ascendant de son esprit et de son caractère, Napoléon ne cessa de les dominer d'une manière absolue, se les attacha par une bonté inaltérable, à ce point qu'après l'avoir craint la plus grande partie de leur vie, pendant l'autre ils l'aimèrent. Sur les champs de bataille il s'était fait une insensibilité, on peut dire effroyable, jusqu'à voir sans émotion la terre couverte de cent mille cadavres, car jamais le génie de la guerre n'avait poussé aussi loin l'effusion du sang humain. Mais cette insensibilité était de profession, si on ose ainsi parler. Souvent en effet, après avoir rempli un champ de bataille de toutes les horreurs de la guerre, Napoléon le parcourait le soir pour faire lui-même ramasser les blessés, ce qui pouvait n'être qu'un calcul, mais, ce qui n'en était pas un, se jetait quelquefois à bas de cheval pour s'assurer si dans un mort apparent ne restait pas un être prêt à revivre. A Wagram apercevant un beau jeune homme, revêtu de l'armure des cuirassiers, étendu par terre, le visage presque couvert d'un caillot de sang, il descendait vivement de cheval, soulevait la tête du blessé, l'appuyait sur son genou, et avec un spiritueux actif réveillant la vie près de s'éteindre : *Il en reviendra*, disait-il en souriant... *c'est autant de sauvé!* — Ce ne sont pas là, certes, les mouvements d'une âme impitoyable.

Il n'était pas cruel.

Ordonné jusqu'à l'avarice, disputant un centime à des comptables, il distribuait des millions à ses serviteurs, à ses amis, à des malheureux. Découvrait-il qu'un de ses anciens compagnons d'Égypte, savant distingué, était dans la gêne sans le dire, il lui envoyait une somme considérable, en se plaignant du secret gardé à son égard. En 1813, ayant épuisé toutes ses économies, et apprenant qu'une dame de grande naissance, et jadis de grande opulence, manquait presque du nécessaire, il lui envoyait sur sa cassette 24,000 francs de pension (en valant bien 50,000 aujourd'hui), puis informé qu'elle avait quatre-vingts ans, *Pauvre femme*, ajoutait-il, *qu'on lui compte quatre années d'avance!* — Ce ne sont pas là, nous le répétons, les traits d'une âme sans bonté.

Générosité de Napoléon.

Ayant peu d'instants à donner aux affections privées, les écartant même par la distance à laquelle il s'était mis des autres hommes, il s'attachait néanmoins avec le temps, s'attachait fortement, jusqu'à devenir indulgent, presque faible pour ceux qu'il aimait. C'est ainsi qu'à l'égard de ses proches, souvent irrité par leurs prétentions, et se montrant dur alors, il ne pouvait souffrir leur air chagrin, et pour les voir contents faisait quelquefois ce qu'il savait mauvais. Ne ressentant pour l'impératrice Joséphine qu'un goût que le temps avait dissipé, qu'une estime que beaucoup de légèretés avaient diminuée, il conserva pour elle, même après son divorce, une tendresse profonde. Il accorda quelques larmes à Duroc, mais en les cachant comme une faiblesse.

Ses attachements

Quant à la probité, on ne sait comment la saisir chez un homme qui à peine arrivé au commandement disposa de richesses immenses. Devenu général en chef de l'armée d'Italie, maître des trésors de cette riche contrée, il mit d'abord son armée dans l'abondance, envoya à l'armée du Rhin de quoi la tirer de la misère, ne prit rien pour lui, tout au plus de quoi acheter une petite maison rue de la Victoire, qu'une année de ses appointements aurait suffi à payer, et s'il fût mort en Égypte aurait laissé une veuve sans fortune. Était-ce fierté d'âme, dédain des jouissances vulgaires, honnêteté enfin? Probablement il y avait de tout à la fois dans cette espèce d'abstinence, qui ne fut pas sans exemple parmi nos généraux, mais qui alors comme toujours n'était pas commune. Il poursuivait l'improbité avec un acharnement inexorable, ce qui pouvait tenir à l'esprit d'ordre qu'il apportait en toutes choses; mais ce qui était mieux, et ce qui approchait de la vraie probité, c'était le goût de la probité elle-même, quand il la rencontrait, c'était un véritable amour des honnêtes gens, poussé jusqu'à se complaire dans leur compagnie, et à le leur témoigner avec une sorte de vivacité.

Ses vertus de métier.

Pourtant cet homme que Dieu, après l'avoir fait si grand, avait fait bon aussi, n'avait rien de la vertu, car la vertu consiste à se tracer du devoir une idée absolue, à lui soumettre tous ses penchants, à lui immoler tous ses appétits, moraux ou physiques, et ce ne pouvait être le cas de la nature la moins contenue qui fut jamais. Mais s'il n'eut à aucun degré ce qu'on appelle la vertu, il eut certaines vertus d'état, et celles notamment qui appartiennent au guerrier et au gouvernant. Il était sobre, ne donnait presque rien aux satisfactions des sens, sans être chaste ne fut jamais surpris dans un grossier libertinage, ne passait (hors les repas d'apparat) que peu d'instants à table, couchait sur la dure, avec un corps plutôt débile que fort, supportait sans s'en apercevoir des fatigues auxquelles auraient succombé les soldats les plus vigoureux, devenait capable de tout quand son âme était excitée par la poursuite des grandes choses, faisait mieux que de braver le péril, n'y pensait pas, et sans le rechercher ni l'éviter, se trouvait partout où sa présence était nécessaire pour voir, diriger, commander enfin. Si tel était chez lui le caractère du soldat, celui du général en chef n'était pas moins rare. Jamais on ne supporta les anxiétés d'un immense commandement avec plus de sang-froid, de vigueur, de présence d'esprit. Si quelquefois il était bouillant, colère même, c'est qu'alors *tout allait bien*, comme disaient les officiers habitués à son humeur. Dès que le danger paraissait sérieux, il devenait calme, doux, encourageant, ne voulant pas ajouter au trouble qui naissait des circonstances celui qui serait résulté de ses emportements, se montrait d'une sérénité parfaite, par habitude de se dominer dans les situations graves, de calculer la portée des périls, de trouver le moyen d'en sortir, et de dompter ainsi la fortune. Né pour les grandes extrémités, et en ayant pris une habitude sans égale, lorsqu'il s'était mis par la faute de son ambition dans des positions affreuses, on le voyait assister, en 1814 par exemple, au suicide de sa propre grandeur avec un incroyable sang-froid, espérant encore quand personne n'espérait plus, parce qu'il découvrait des ressources où personne n'en soupçonnait, et en tout cas s'élevant sur les ailes du génie au-dessus de toutes les situations qui pouvaient lui échoir, avec la résignation d'un esprit qui se rend justice, et accepte le prix mérité de ses fautes.

L'intempérance morale était le trait essentiel du caractère de Napoléon.

Tel fut, selon nous, ce mortel si étrange, si divers, si multiple. Si dans les traits principaux de ce caractère on peut en détacher un plus saillant que les autres, c'est évidemment l'intempérance, nous parlons de l'intempérance morale, bien entendu. Prodige de génie et de passion, jeté dans le chaos d'une révolution, il s'y déploie, s'y développe, la domine, se substitue à elle et en prend l'énergie, l'audace, l'incontinence. Succédant à des gens qui ne se sont arrêtés en rien, ni dans la vertu ni dans le crime, ni dans l'héroïsme ni dans la cruauté, entouré d'hommes qui n'ont rien refusé à leurs passions, il ne refuse rien aux siennes. Ils ont voulu faire du monde une république universelle, il en veut faire une monarchie également universelle; ils en ont fait un chaos, il en fait une unité presque tyrannique; ils ont tout dérangé, il veut tout arranger; ils ont voulu braver les souverains, il les détrône; ils ont tué sur l'échafaud, il tue sur les champs de bataille, mais en cachant le sang sous la gloire; il immole plus d'hommes que jamais n'en ont immolé les conquérants asiatiques, et sur les terres restreintes d'Europe, couvertes de populations résistantes, il parcourt plus d'espace que les Tamerlan, les Gengiskan n'en ont parcouru dans les vides de l'Asie.

L'intempérance est donc le trait essentiel de sa carrière. De là il résulte que ce profond capitaine, ce sage législateur, cet administrateur consommé, fut le politique nous dirions le plus fou, si Alexandre n'avait pas existé. Si la politique n'était qu'esprit, certes rien ne lui eût manqué pour surpasser les hommes d'État les plus raffinés. Mais la politique est caractère encore plus qu'esprit, et c'est par là que Napoléon pèche. Ah! lorsque jeune encore, n'ayant pas soumis le monde, il est obligé et résigné à compter avec les obstacles, il se montre aussi rusé, aussi fin, aussi patient qu'aucun autre! Descendant en 1796 en Italie avec une faible armée, ayant à s'attacher les populations, il protége les prêtres, ménage les princes, quoi qu'en puissent dire les républicains de Paris. Transporté en Orient, ayant à craindre l'antipathie musulmane, il cherche à s'attirer les scheiks arabes, leur fait espérer sa conversion, quoi qu'en puissent dire les dévots de Paris, et réussit ainsi à se les attacher complétement. Plus tard appliqué à une œuvre bien différente, celle du Concordat, il s'applique, par un prodigieux mélange d'adresse et d'énergie, à vaincre les préjugés de Rome, et ce qui les vaut bien, les préjugés des philosophes. Tout ce qu'il lui fallut en cette occasion de finesse, d'art, de constance, de force, nous l'avons exposé ailleurs, et de manière à prouver que rien ne lui manqua en fait de génie politique. Mais il n'était pas le maître alors, il se contenait! Devenu tout-puissant il ne se contint plus, et du politique il

<small>Il en résulte que Napoléon ne dut pas être un politique</small>

ne lui resta que la moindre partie, l'esprit : le caractère avait disparu.

<small>Difficulté de la vraie politique dans les révolutions.</small>

Pourtant, ajoutons pour son excuse, que si la politique est quelque part hors de saison, c'est dans une révolution. Qui dit politique, dit respect et lent développement du passé; qui dit révolution au contraire, dit rupture complète et brusque avec le passé. La vraie politique en effet c'est l'œuvre des générations, se transmettant un dessein, marchant à son accomplissement avec suite, patience, modestie s'il le faut, ne faisant vers le but qu'un pas, deux au plus dans un siècle, et jamais n'aspirant à y arriver d'un bond : c'est l'œuvre d'Henri IV projetant, après avoir contenu les partis, d'abaisser les maisons d'Espagne et d'Autriche unies par le sang et l'ambition, transmettant ce grand dessein à Richelieu, qui le transmet à Mazarin, qui le transmet à Louis XIV, lequel le poursuit, jusqu'à ce qu'en plaçant à tout risque son petit-fils sur le trône d'Espagne, il sépare à jamais l'Espagne de l'Autriche : c'est en Prusse l'œuvre du grand électeur commençant l'importance militaire de sa nation, suivi d'abord de l'électeur Frédéric III qui prend la couronne, puis de Frédéric-Guillaume Ier qui pour soutenir le nouveau titre de sa famille s'applique à créer une armée et un trésor, enfin de Frédéric le Grand qui, le moment de la crise venu, ajoutant l'audace à la longueur des desseins, fonde après un duel de vingt ans avec l'Europe la grandeur de la Prusse, et fait d'un petit électorat l'une des plus importantes monarchies du continent.

Il ne faut donc pas s'étonner si Napoléon, despote et révolutionnaire à la fois, ne fut point un politique, car s'il se montra un moment politique admirable en réconciliant la France avec l'Église, avec l'Europe, avec elle-même, bientôt en s'emportant contre l'Angleterre, en rompant la paix d'Amiens, en projetant la monarchie universelle après Austerlitz, en entreprenant la guerre d'Espagne qu'il alla essayer de terminer à Moscou, en refusant la paix de Prague, il fut pis qu'un mauvais politique, il présenta au monde le triste spectacle du génie descendu à l'état d'un pauvre insensé. Mais, il faut le reconnaître, ce n'était pas lui seul, c'était la Révolution française qui délirait en lui, en son vaste génie.

Et cependant ce mauvais politique fut un sage législateur, un administrateur accompli, et l'un des plus grands capitaines qui aient paru sur la terre. C'est que, sous ces divers rapports, le tourbillon révolutionnaire, au lieu d'être un obstacle, fut au contraire une occasion et un moyen. Il faut donc pour achever notre tâche, l'envisager sous les divers rapports du législateur, de l'administrateur, du capitaine.

La véritable école où Napoléon se forma comme organisateur fut celle de la guerre, et il n'y en a pas une meilleure, plus forte et plus pratique. Pour le vrai capitaine, bien calculer ses mouvements généraux, puis une fois arrivé sur le terrain bien combattre, n'est qu'une moitié de son art. Préparer ses ressources, c'est-à-dire recruter, instruire, vêtir, armer ses soldats au milieu des mouvements incessants et toujours si brusques de la guerre, est l'autre

Génie organisateur de Napoléon.

moitié, et toutes deux si importantes qu'on ne saurait dire laquelle des deux l'est davantage. En un mot, organiser et combattre, voilà les deux parties de leur art pour les vrais hommes de guerre. Pour les autres, et c'est malheureusement le grand nombre, recevoir de leur gouvernement leurs armées, les employer telles quelles, en se plaignant quelquefois de leur état sans songer à l'améliorer, est tout ce qu'ils savent faire. Il n'en fut point ainsi du jeune Bonaparte.

Franchissant les Apennins avec des soldats braves mais mourant de faim, son premier soin fut de porter sur les richesses de l'Italie une main discrète, probe, économe, d'en empêcher le gaspillage, de les employer à faire vivre son armée dans l'abondance, et à tirer de la misère l'armée du Rhin qui devait concourir à ses desseins. Transporté en Égypte où les ressources négligées abondaient autant qu'en Italie, il sut pourvoir à tous les besoins des soldats, en allégeant le pays qu'il débarrassa des exactions des mameluks et des incursions des Arabes. Ne pouvant recevoir de la mère patrie aucun matériel, il avait en quelques mois fabriqué de la poudre, des fusils, des canons, des draps, tout ce qui lui manquait enfin dans cette contrée lointaine. L'une des calamités de l'Égypte, c'étaient les incursions des Bédouins, fondant à l'improviste sur les terres cultivées, pillant, puis s'enfuyant pour ainsi dire au vol. Un jour voyant passer une caravane, il l'arrêta un moment, fit monter sur un chameau un, deux, trois fantassins avec leurs vivres et leurs cartouches, et cela fait, s'écria : *Maintenant nous sommes mai-*

tres du désert. — Le lendemain il créa le régiment des dromadaires, qui portait à toute distance, avec la rapidité des Bédouins eux-mêmes, quelques centaines de fantassins éprouvés, et qui corrigea les tribus arabes de leur goût du pillage, pour tout le temps au moins que les Français passèrent en Égypte. Un coup d'œil jeté sur les choses suffisait ainsi à son génie organisateur pour lui enseigner ce qu'il fallait faire, le faire promptement et sûrement.

Arrivé au gouvernement de la France qu'il trouva dans un vrai chaos, il éprouva bien plus encore qu'en Égypte et en Italie le besoin d'y rétablir l'ordre, le calme et la prospérité.

La doter d'une constitution politique fut ce qui l'occupa le moins. Les amis de la liberté (et nous sommes du nombre) reprochent à Napoléon de ne l'avoir pas donnée à la France. En partageant leurs sentiments, nous croyons qu'ils se trompent. Sous le rapport politique, en effet, il était impossible que Napoléon devînt un organisateur définitif, car la forme de notre gouvernement devait varier encore bien des fois sous le vent des révolutions, et la France, tantôt inclinant vers le pouvoir quand elle venait de souffrir des agitations de la liberté, tantôt inclinant vers la liberté quand elle venait de souffrir des excès du pouvoir, la France est allée flottant depuis trois quarts de siècle entre le despotisme et l'anarchie, comme un pendule déplorablement agité, sans se fixer, et sans qu'on puisse dire encore dans quelle forme elle s'arrêtera, bien qu'en observant la marche des choses on soit fondé à affirmer que ce ne sera pas celle du despotisme. Il

<small>Napoléon ne pouvait être le législateur politique de la France, mais il fut son législateur civil.</small>

ne pouvait donc, sous le rapport politique, être le législateur de la France, mais il pouvait l'être, et il le fut sous tous les autres.

Au lendemain des désordres de la Révolution, la politique qui naissait des circonstances, c'était non pas la politique de liberté, mais la politique de réparation. Après la banqueroute, les réquisitions, les confiscations, les emprisonnements, les exécutions sanglantes, on voulait de l'ordre dans les finances, du respect pour les personnes et les propriétés, des armées victorieuses, mais non réduites à piller pour vivre, du repos enfin et de la sécurité. Napoléon, animé de l'esprit réparateur, était donc dans la vérité de son rôle et des besoins publics. Mettant la main à toutes choses à la fois avec une activité prodigieuse, il refit d'abord la législation civile et criminelle, et toute l'administration. Quand nous disons qu'il refit la législation, nous n'entendons pas soutenir qu'il inventa le Code civil, par exemple. Prétendre inventer en ce genre, ce serait prétendre inventer la société humaine qui n'est pas d'hier, et qui est aussi ancienne que l'apparition de l'homme sur notre globe. Il existait en France des lois civiles, les unes empruntées au droit romain, telles que celles qui règlent les contrats entre les hommes, et qui ne sauraient varier de siècle en siècle, de pays en pays, et d'autres empruntées aux mœurs nationales, et essentiellement modifiables comme les mœurs, telles que celles qui président à l'organisation de la famille, aux conditions du mariage, aux successions, etc. Les premières n'avaient besoin que d'être reproduites dans un style clair,

qu'il eut à la confection de nos codes.

précis, exempt des ambiguïtés qui enfantent les procès. Les secondes devaient être modifiées suivant les principes de la vraie égalité, qui ne veut pas que les hommes soient tous égaux en biens, en richesses, en honneurs, même quand ils sont inégaux en talents et en vertus, mais qui veut qu'ils soient tous soumis aux mêmes lois, astreints aux mêmes devoirs, punis des mêmes peines, payés des mêmes récompenses, que les enfants d'un même père aient part égale à son héritage, sauf la faculté laissée à ce père de récompenser les plus dignes sans déshériter ceux qu'il a le tort de ne point aimer. Sur ces points comme sur presque tous, la Révolution française avait oscillé d'un extrême à l'autre, suivant les entraînements auxquelles elle était livrée. Il fallait s'arrêter au point juste, entre les tendances rétrogrades et les tendances follement novatrices en fait de mariage, d'héritage, de testament, etc. Napoléon n'avait que l'instruction qu'il est possible de recevoir dans une bonne école militaire; mais il était né au milieu des vérités de 1789, et ces vérités qu'on peut méconnaître avant qu'elles soient révélées, une fois connues deviennent la lumière à la lueur de laquelle on aperçoit toutes choses. Se faisant chaque jour instruire par MM. Portalis, Cambacérès et surtout Tronchet, de la matière qu'on devait traiter le lendemain au Conseil d'État, il y pensait vingt-quatre heures, écoutait ensuite la discussion, puis, avec un souverain bon sens, fixait exactement le point où il fallait s'arrêter entre l'ordre ancien et l'ordre nouveau, et de plus, avec sa puissance d'application, forçait tout le monde à travailler. Il contribua ainsi de deux manières décisives à la confection de nos codes, en déterminant le degré de l'innovation, et en poussant l'œuvre à terme. Plusieurs fois avant lui on avait entrepris cette œuvre, et chaque fois cédant au vent du jour, on s'était livré à des exagérations dont bientôt on avait eu honte et regret, après quoi l'œuvre avait été abandonnée. Napoléon prit ce vaisseau échoué sur la rive, le mit à flot et le poussa au port. Ce navire c'était le Code civil, et personne ne peut nier que ce code ne soit celui du monde civilisé moderne. C'est assurément pour un jeune militaire une belle et pure gloire que d'avoir mérité d'attacher son nom à l'organisation civile de la société moderne, et c'en est une bien belle également pour la France, chez laquelle cette œuvre s'est accomplie! On pourra dire en effet que si l'Angleterre a eu le mérite de donner la meilleure forme politique des États modernes, la France a eu celui de donner par le Code civil la meilleure forme de l'état social, beau et noble partage de gloire entre deux nations les plus civilisées du globe!

Génie administratif de Napoléon.

Tandis que Napoléon s'occupait ainsi de la législation civile, il appliquait aussi à l'administration sa main expéditive et créatrice. Trouvant l'administration des provinces dans le même état que les autres parties du gouvernement, il fit comme pour la législation civile la part des notions du passé, des exagérations du présent, et, empruntant le vrai ici et là, il créa l'administration moderne. Le passé nous avait montré des états provinciaux s'administrant eux-mêmes, et jouissant, pour ce qui concernait les intérêts locaux, d'une étendue de pouvoirs presque complète. Pourvu qu'en fait de subsides la part de l'État fût assurée, la royauté laissait les provinces faire ce qu'elles voulaient, soit par un reste de respect pour les anciens traités de réunion, soit parce qu'elle avait ce sentiment confus que, ne donnant aucune liberté au centre, elle en devait laisser beaucoup aux extrémités. La royauté s'adjugeait ainsi tout pouvoir quant aux affaires générales, et abandonnait au pays le règlement des affaires locales. Ce contrat tacite devait tomber devant le grand phénomène de la Révolution française. Il n'était ni juste que la royauté pût tout sur les grandes destinées du pays, ni juste que les provinces pussent tout sur les affaires locales, car les destinées du pays devaient être ramenées à la volonté du pays lui-même, comme les intérêts de province à son inspection. Ces richesses, dont les provinces disposent en ordonnant leurs dépenses, sont une partie de la richesse générale qu'elles ne doivent pas dissiper abusivement; ces règlements locaux que les communes établissent chez elles, touchant à l'industrie, aux marchés, à la nature des impôts, sont une partie de la législation sociale qu'il ne doit pas leur être permis d'établir d'après leurs vues particulières.

Vrais principes sur lesquels il établit l'administration française.

Le grand phénomène de l'unité moderne devait consister en ceci, que la royauté renonçant à tout faire seule quant aux affaires générales, les provinces renonceraient de leur côté à tout faire seules quant aux affaires particulières, qu'elles se pénétreraient mutuellement en quelque sorte, et se confondraient dans une puissante unité, dirigée par l'intelligence commune de la nation. Il devait dès lors y avoir au centre de l'État un chef du pouvoir exécutif entouré des principaux citoyens de la France pour les affaires générales, et dans les départements des chefs d'administration entourés des citoyens notables de la localité pour les affaires particulières, mais soumis eux-mêmes pour les affaires du gouvernement à son autorité, pour celles du département à sa surveillance. De là résultèrent le préfet et le conseil de département. Si les circonstances avaient permis au Premier Consul d'être conséquent avec les principes posés, il aurait dû rendre les conseils de département électifs. Mais au lendemain des affreuses convulsions qu'on venait de traverser, entre les furieux de 1793, odieux au pays, et les grands propriétaires revenant de l'émigration, l'élection eût été impossible, ou du moins sujette à de graves inconvénients. Il se la réserva, et choisit des hommes sages, modérés, qui pussent administrer tolérablement. C'était une conséquence de sa dictature, qui devait être passagère et disparaître avec lui. Toutefois le principe était posé, celui d'un chef ou préfet administrant sous le contrôle d'un conseil, destiné à être électif quand nos terribles divisions seraient suffisamment apaisées.

Sa véritable part dans la création de l'administration française.

Mais cette surveillance de l'État, pour l'étendue des dépenses, le système des impôts, la nature des règlements, il fallait l'exercer, et on ne pouvait la déléguer sans garantie au pouvoir exécutif, représentant de l'État. Napoléon se servit d'une institution que Sieyès lui avait fournie en l'empruntant à l'ancienne monarchie. Le Conseil royal, entre autres affaires dont il s'occupait jadis, donnait son avis sur celles qui naissaient des relations de l'État avec les provinces. Ces relations étant devenues plus étroites sous le nouveau régime, devaient naturellement revenir au Conseil d'État. Napoléon, sans procéder théoriquement, mais se servant de ce qu'il avait sous la main pour l'accomplissement de ses desseins, fit du Conseil d'État le dépositaire de cette surveillance supérieure, qui constitue essentiellement ce qu'on appelle la centralisation. Voulant que le budget des communes et des départements fût contrôlé par l'État, que leurs règlements fussent ramenés aux principes de 1789, que telle commune ne pût pas rétablir les jurandes, telle autre établir des impôts contraires aux doctrines modernes, que les conflits entre elles eussent un arbitre, il confia ces diverses questions au Conseil d'État, en le présidant lui-même avec une constance et une application infatigables. Sans ce régulateur, notre centralisation serait devenue le plus intolérable des despotismes. Mais conseil de prudence s'il s'agit des dépenses communales, modérateur s'il s'agit de laisser plaider les communes les unes contre les autres, législateur enfin s'il s'agit des règlements municipaux, le Conseil d'État est un régulateur éclairé, ferme, et même indépendant quoique nommé par le Pouvoir exécutif, parce qu'il puise dans ses fonctions un esprit administratif qui prévaut sur l'esprit de servilité, et qui, sous tous les régimes, après une docilité d'un moment au gouvernement nouveau, se relève presque involontairement, et reparaît, comme chez les végétaux vigoureux les branches reprennent leur direction après une gêne momentanée.

C'est en présidant ce conseil assidûment quand il n'était pas à la guerre, et le présidant sept et huit heures de suite, avec une force d'application, une rectitude de bon sens rares, et un respect de l'opinion d'autrui qu'il observait toujours dans les matières spéciales, que, tantôt statuant sur les faits, tantôt imaginant ou modifiant suivant le besoin nos lois administratives, créant ainsi tout à la fois la législation et la jurisprudence, il est devenu le véritable auteur de cette administration, ferme, active, probe, qui fait de notre comptabilité la plus claire que l'on connaisse, de notre puissance la plus disponible qu'il y ait en Europe, et qui, lorsque sous l'influence des révolutions nos gouvernements délirent, seule ne délire pas, conduit sagement, invariablement les affaires courantes du pays, perçoit les impôts, les encaisse avec ordre, les applique exactement aux dépenses, lève les soldats, les instruit, les discipline, pourvoit aux dépenses des villes, des provinces, sans que rien périclite, maintient la France debout quand la tête de cette France chancelle, et donne l'idée d'un bâtiment mû par la puissance de la mécanique moderne, laquelle au milieu de la tempête marcherait encore régulièrement avec un équipage inactif ou troublé.

Ainsi la guerre avait fait de Napoléon un mauvais politique en le rendant irrésistible, mais elle en avait fait en revanche l'un des plus grands organisateurs qui aient paru dans le monde, et là comme en toutes choses il avait été le double produit de la nature et des événements. Il nous reste à le considérer sous le rapport principal pour lui, sous celui du génie militaire, qui lui a valu, non sa gloire la plus pure, mais la plus éclatante.

Pour apprécier sa véritable place parmi les capitaines de tous les temps, il faudrait retracer en quelque sorte l'histoire de cet art puissant, qui crée, élève, défend les empires, et comme l'art de les gouverner repose sur la réunion si rare des qualités de l'esprit et du caractère. Malheureusement cette histoire est à faire. Machiavel, Montesquieu, Frédéric, Napoléon, en ont jeté çà et là quelques traits; mais considérée dans sa suite, rattachée aux progrès des sciences, aux révolutions des empires, à la marche de l'esprit humain, cette histoire est à créer, et par ce motif les places des grands capitaines sont difficiles à déterminer. Pourtant il y a dans l'histoire de l'art militaire quelques linéaments principaux, qui saisissent l'esprit dès qu'on y jette les yeux, et avec le secours desquels il est permis de tracer la marche générale des choses, et de fixer quelques places principales que la postérité, dans la diversité de ses jugements, n'a guère changées.

Ce qu'on appelle communément la grande guerre n'a pas souvent apparu dans le monde, parce qu'il faut à la fois de grandes nations, de grands événements, et de grands hommes. Ce n'est pas seulement l'importance des bouleversements qui en fait le caractère, car alors on pourrait dire que les conquérants de l'Asie ont pratiqué la grande guerre. Il y faut la science, le génie des combinaisons, ce qui

Napoléon homme de guerre.

Précis des révolutions de la grande guerre.

suppose d'énergiques et habiles résistances opposées au vainqueur. Ainsi, bien qu'Alexandre à son époque ait changé la face de l'univers civilisé, la stupidité asiatique dont il eut à triompher fut telle qu'on ose à peine dire qu'il ait pratiqué la grande guerre. La combinaison tant admirée par Montesquieu, et qui avait consisté à ne s'enfoncer en Asie qu'après avoir conquis le littoral de la Syrie, lui était tellement commandée par le défaut de marine, que les moindres officiers de l'armée macédonienne étaient de cet avis, et que ce fut de la part d'Alexandre un acte d'instinct plutôt qu'un trait de génie. Les trois batailles qui lui valurent la conquête de l'Asie furent des actes d'héroïque témérité, toujours décidées par la cavalerie qu'Alexandre commandait en personne, et qui fondant sur des masses confuses de cavaliers aussi lâches qu'ignorants, leur donnait le signal de la fuite, invariablement suivi par l'infanterie persane. Le véritable vainqueur des Perses, ce fut la discipline macédonienne, conduite, il est vrai, à d'immenses distances par l'audace inspirée d'Alexandre.

Ce n'est pas ainsi qu'Annibal et César combattirent. Là ce fut héroïsme contre héroïsme, science contre science, grands hommes contre grands hommes. César toutefois, malgré la vigueur de son caractère et la hardiesse mêlée de prudence de ses entreprises, laissa voir dans ses mouvements une certaine gêne, résultant des habitudes militaires de son temps, et dont Annibal seul parut entièrement dégagé. En effet les Romains, faisant la guerre dans des pays sauvages, et songeant constamment à se garder contre la fougue aveugle des barbares, campaient avec un art infini, et, arrivés le soir sur un terrain toujours choisi avec un coup d'œil exercé, s'établissaient en quelques heures dans une vraie place forte, construite en palissades, entourée d'un fossé, et presque inexpugnable. Sous le rapport des campements ils n'ont été ni dépassés, ni même égalés, et, comme Napoléon l'a remarqué avec son incomparable sagacité, on n'a pas dû y songer, car devant l'artillerie moderne un camp semblable ne tiendrait pas deux heures. Mais de ce soin à camper tous les soirs, il résultait une timidité de mouvements, une lenteur de résultats singulières, et les batailles qui, en ensanglantant la terre, diminuent cependant l'horreur des guerres qu'elles abrégent, n'étaient possibles que lorsque les deux adversaires le voulaient bien. Si l'un des deux s'y refusait, la guerre pouvait durer indéfiniment, ou bien il fallait la faire aboutir à un siège, en attaquant ou régulièrement ou brusquement le camp ennemi. Aussi voit-on César, le plus hardi des généraux romains, se mouvoir librement dans les Gaules devant la fougue ignorante des Gaulois, les amener au combat quand il veut, parce que leur aveugle bravoure est facile à tenter, mais en Espagne, en Épire, lorsqu'il a affaire aux Romains eux-mêmes, changer de méthode, s'épuiser sur la Segre en combinaisons ingénieuses pour arracher Afranius de son camp, ne l'y déterminer qu'en l'affamant, puis, lorsqu'il l'a décidé à changer de position, ne finir la campagne qu'en l'affamant encore. En Épire, à Dyrrachium, il s'était rendu par le campement invulnérable pour

L'antiquité retiennent l'essor de la grande guerre.

Opérations de César.

Pompée, qui, de son côté, s'était rendu invulnérable pour lui. Puis, ne sachant plus comment terminer cette guerre interminable, on le vit s'enfoncer en Macédoine pour y attirer Pompée, qu'il y attira en effet, et là encore, trouvant l'inexpugnabilité du camp romain, il serait resté dans l'impossibilité d'atteindre son adversaire, si, l'impatience d'en finir s'emparant de la noblesse romaine, Pompée n'était descendu dans les plaines de Pharsale, où l'empire du monde fut donné à César par la supériorité des légions des Gaules.

Il y a là sans doute des combinaisons très-habiles, et souvent très-hardies pour amener au combat l'adversaire qui ne veut pas combattre, mais ce n'est pas la grande guerre avec toute la liberté, l'étendue et la justesse de ses mouvements, telle que nous l'avons vue dans notre siècle, décider en quelques jours des luttes qui jadis auraient duré des années.

Supériorité d'Annibal dans la grande guerre.

Un seul homme dans les temps anciens se présente avec cette liberté, cette sûreté d'allure, c'est Annibal, et aussi, comme vigueur, audace, fécondité, bonheur de combinaisons, peut-on dire qu'il n'a pas d'égal dans l'antiquité. C'était l'opinion de Napoléon, juge suprême en ces matières, et on peut l'adopter après lui.

Barbarie de l'art dans le moyen âge.

Pendant le moyen âge l'art militaire n'offre rien qui attire et mérite les regards de la postérité. La politique a sous les yeux d'immenses spectacles où le sang coule à torrents, où le cœur humain déploie ses passions accoutumées, il y a des lâches et des héros, des crimes et des vertus, mais il n'y a ni César ni Annibal. Ce n'est pas seulement la grande guerre qui disparaît, c'est l'art même de la guerre. La barbarie avec son courage aveugle se précipite sur la civilisation romaine décrépite, ayant un savoir que les vertus guerrières n'animent plus, et quand d'innombrables peuplades barbares, se poussant comme les flots de la mer, après avoir détruit l'empire romain, ont inondé le monde civilisé, on trouve çà et là de vaillants hommes comme Clovis, comme les Pepin, commandant la hache d'armes à la main, on trouve même un incomparable chef d'empire, Charlemagne, mais on ne rencontre pas un véritable capitaine. Dans cet âge de la force individuelle, la poésie elle-même, seule histoire de ces temps, prend la forme des choses, et célèbre les paladins guerroyant à cheval pour le Christ contre les Sarrasins guerroyant à cheval pour Mahomet. C'est l'âge de la chevalerie, dont le nom seul indique la nature, c'est-à-dire l'homme à cheval, vêtu de fer, combattant l'épée à la main, dans la mesure de son adresse et de sa force physique. Cependant cet état de choses allait changer bientôt par les progrès de la société européenne. Le commerce, l'industrie, en faisant naître dans les villes une population nombreuse, aisée, que le besoin de se défendre devait rendre courageuse, donnèrent naissance au soldat à pied, c'est-à-dire à l'infanterie. Les Suisses en se défendant dans leurs montagnes, les citoyens des villes italiennes et allemandes derrière leurs murailles, ceux des villes hollandaises derrière leurs digues, constituèrent l'arme de l'infanterie, et lui valurent une importance que le temps ne fit qu'accroître. Une grande découverte, due également au

Grande révolution de l'art militaire due au progrès social.

Naissance de l'infanterie.

progrès de la société européenne, celle des matières explosibles, contribua puissamment au même phénomène. Devant les projectiles lancés par la poudre, la cuirasse devenait non-seulement dérisoire, mais dangereuse. Dès cet instant l'homme devait se présenter à découvert, débarrassé du poids d'un vêtement de fer inutile, et l'intelligence, le courage réfléchi, devaient remplacer la force physique. Par le même motif les villes, qui montraient saillantes et menaçantes leurs murailles, changèrent tout à coup de forme et d'aspect. Elles enfoncèrent en terre leurs murailles pour les soustraire au canon; au lieu de tours hautes et rondes, elles s'entourèrent de bastions peu élevés, à face droite et anguleuse, pour que le canon les protégeât dans tout leur profil, et on vit naître la savante fortification moderne.

Cette révolution commencée en Italie, se continua, se perfectionna en Hollande contre Philippe II, et alors se produisirent dans le monde trois grands hommes, les Nassau! Le véritable art de la guerre reparut, mais timide encore, gêné dans ses mouvements, et n'ayant rien des allures de cet art sous Annibal et César. C'est autour des places de la Hollande, couvertes de digues, de bastions savamment disposés, que la guerre s'établit, et resta comme enchaînée. Se porter devant une place, l'investir, se garder par des lignes de contrevallation contre les assiégés, de circonvallation contre les armées de secours, s'y assurer des vivres, tandis que de son côté l'ennemi tâchait de secourir la place en coupant les provisions à l'assiégeant, ou en le détournant de son entreprise, composa toute la science des capitaines.

On n'y voyait ni grands mouvements, ni batailles décisives, et au contraire beaucoup de feintes, pour couper des convois ou détourner l'assiégeant de son objet, à ce point que dans la carrière des Nassau, de 1579 à 1648, c'est-à-dire de la proclamation à la reconnaissance de l'indépendance hollandaise, il y eut tout au plus cinq ou six batailles dignes de ce nom, et une centaine de siéges grands ou petits. Durant cette guerre de siéges, qui remplit les deux tiers d'un siècle, les Hollandais à qui la mer restait ouverte, prenaient patience parce qu'ils avaient la sécurité, gagnaient de quoi payer leurs soldats, et par cette patience aidaient, créaient presque la constance si justement vantée des Nassau.

Génie spécial des Nassau, et leur système de guerre.

A cette époque, la création de l'infanterie (effet et cause tout à la fois de l'indépendance des nations), commencée par la lutte des Suisses contre les maisons d'Autriche et de Bourgogne, continuée par celle des villes hollandaises contre l'Espagne, recevait un nouveau développement dans la lutte du protestantisme contre le catholicisme. Pendant la guerre dite de trente ans, un héros justement populaire, Gustave-Adolphe, donna à l'art militaire moderne la plus forte impulsion après les Nassau. Roi d'une nation pauvre, mais robuste et brave, ayant à se défendre contre un prétendant, son cousin, roi de Pologne, et roi par conséquent d'une nation à cheval, il cherchait sa force dans l'infanterie, et mettait toute son application, toute son intelligence à la bien organiser. Cette infanterie était alors une espèce de phalange macédonienne, épaisse et profonde, se défendant par des piques d'une

Gustave-Adolphe.

Sa carrière politique et militaire.

extrême longueur, et ayant sur son front, sur ses ailes, quelques hommes armés de mousquets. Ces phalanges étaient peu maniables, et Gustave-Adolphe s'étudia, avec le soin d'un véritable instructeur d'infanterie, à mêler le mieux possible les piquiers et les fusiliers, à faire disparaître l'armure qui était inutile devant le boulet, à donner ainsi plus de mobilité aux armées, à multiplier et à rendre l'artillerie plus légère. Bien qu'il fût loin d'avoir achevé le triomphe de l'infanterie, par cela seul qu'il avait fait faire à cette arme un notable progrès, il vainquit le roi de Pologne, qui n'était fort qu'en cavalerie, le força de renoncer à ses prétentions sur la couronne de Suède, et répondant à l'appel des protestants vaincus par Tilly et Wallenstein, descendit en Allemagne, où le poussaient une foi sincère et l'amour de la gloire. Chose digne de remarque, et qui prouve bien la lenteur des progrès de ce qu'on appelle la grande guerre, ce héros, l'un des mortels les plus vaillants que Dieu ait donnés au monde, se montra dans ses mouvements d'une timidité extrême. Élève des Nassau, il pivota autour des places, ne voulut pas quitter les bords de la Baltique qu'il n'eût conquis toutes les forteresses de l'Oder, et parce que l'électeur de Saxe ne consentit pas à lui prêter Wittenberg afin de passer l'Elbe en sûreté, il laissa Tilly prendre Magdebourg sous ses yeux, et faire de cette ville infortunée une exécution effroyable, qui retentit alors dans l'Europe entière et fit douter un moment du caractère du héros suédois. Cependant appelé à grands cris par les Saxons, ne pouvant résister à leurs instances, ayant d'ailleurs essayé dans plusieurs occasions la valeur de son infanterie, il accepta une première rencontre avec Tilly dans la plaine de Leipzig, gagna une bataille qui mit à ses pieds la maison d'Autriche, et alors, quand Oxenstiern plus hardi que son roi, lui conseillait de marcher sur Vienne pour y terminer la guerre, il alla d'abord triompher à Francfort, perdre ensuite une année au milieu de la Bavière en marches incertaines, passer quelques mois à couvrir Nuremberg contre Wallenstein, le suivre enfin à Lutzen, et presque malgré lui livrer et gagner dans cette plaine célèbre la seconde grande bataille de sa carrière héroïque, où il mourut comme Épaminondas au sein de la victoire. Certes, par la hauteur du courage, la noblesse des sentiments, l'étendue et la justesse de l'esprit, Gustave-Adolphe est un des personnages les plus accomplis de l'humanité, et on se tromperait si on imputait à sa timidité personnelle la timidité et l'incertitude de ses mouvements. Ce n'est pas lui qui était timide, c'était l'art. Mais l'art devait bientôt changer d'allure; une nouvelle révolution allait s'y opérer en trois actes, dont le premier devait s'accomplir en France par Condé, Turenne et Vauban, le second en Prusse par Frédéric, le troisième en France encore, par Napoléon. Ainsi pour l'immortelle gloire de notre patrie, c'était elle qui allait commencer cette révolution, et la finir!

Comme on vient de le voir, l'art de la guerre, réduit à pivoter autour d'une place pour la prendre ou la secourir, était comme un oiseau fixé par un lien à la terre, ne pouvant ni marcher, ni encore

L'art reste timide encore du temps de Gustave Adolphe.

Condé, Turenne, et Vauban.

moins voler à son but, c'est-à-dire au point décisif de la guerre. Gustave avait été élève des Nassau, et les Français le furent d'abord de Gustave. Beaucoup de nos officiers, notamment le brave Gassion, s'étaient formés à son école, et en rapportèrent les leçons en France, lorsque le génie de Richelieu nous engageant dans la guerre de trente ans, nous succédâmes dans cette lice aux Suédois, que la mort de Gustave avait privés du premier rôle. Naturellement ce fut sur la frontière du Rhin et des Pays-Bas que nos généraux rencontrèrent les généraux de l'Autriche et de l'Espagne, récemment séparées mais toujours alliées. Des siéges à conduire à fin, ou à troubler, composèrent toute la guerre. Vauban prenant des mains des Hollandais l'art des siéges, le porta à un degré de perfection qui n'a point été dépassé, même dans notre siècle. Cependant l'art militaire restait enchaîné autour des places, lorsque tout à coup un jeune prince, doué d'un esprit sagace, impétueux, amoureux de la gloire, que Dieu avait fait aussi confiant qu'Alexandre, et que sa qualité de prince du sang plaçait au-dessus des timidités de la responsabilité ordinaire, entra en lice, et s'ennuyant pour ainsi dire de la guerre méthodique des Nassau, dans laquelle on ne livrait bataille qu'à la dernière extrémité, sortit du cercle où le génie des capitaines semblait enfermé. La première fois qu'il commanda, entouré de conseillers que la cour lui avait donnés pour le contenir, il n'en tint compte, n'écouta que Gassion, aussi hardi que lui, surprit un défilé qui conduisait dans les plaines de Rocroy, déboucha audacieusement en face d'un ennemi brave

Condé et Turenne commencent la grande guerre dans les temps modernes, l'un par sa hardiesse à livrer bataille, l'autre par ses hardis mouvements.

et expérimenté, l'assaillit sur ses deux ailes, composées de cavalerie suivant la méthode du temps, les mit en déroute, puis se retourna contre l'infanterie restée au centre comme une *citadelle qui réparerait ses brèches*, l'entama avec du canon, et la détruisit dans cette journée qui fut la dernière de l'infanterie espagnole. Certes ce jour-là Condé ne changea rien à l'art de combattre, qui était encore ce qu'il avait été à Pharsale et à Arbelles; mais en quoi il se montra un vrai novateur, ce fut dans la résolution de livrer bataille, et d'aller tout de suite au but de la guerre, manière de procéder la plus humaine, quoique un moment la plus sanglante.

Condé devint ainsi l'audacieux Condé. Bientôt à Fribourg méprisant les difficultés du terrain, à Nordlingen ne s'inquiétant pas d'avoir une aile battue et son centre entamé, il regagnait une bataille presque perdue à force de persistance dans l'audace. Heureux mélange de hardiesse et de coup d'œil, il devint ainsi le plus grand général de bataille connu jusqu'alors dans les temps modernes. A ses côtés, avant lui, puis sous lui, et bientôt sans lui, se formait un capitaine destiné à être son émule, moins hardi sur le champ de bataille, mais plus hardi dans les marches et la conception générale de ses campagnes : tout le monde a nommé Turenne. Condé, traité en prince du sang, n'était pas chargé sans doute des choses faciles, car il n'y en a pas de faciles à la guerre, mais des plus grandes, et pour lesquelles les ressources étaient prodiguées. Turenne qui avec le temps devint le préféré de la royauté, Turenne fut d'abord chargé, notamment sur le Rhin, des tâches ingrates, celles où il fallait avec des forces insuffisantes tenir tête à un ennemi supérieur, et on le vit exécuter des marches d'une hardiesse incroyable, tantôt lorsqu'en 1646 il descendait le Rhin, qu'il allait passer à Wesel, pour joindre les Suédois et forcer l'électeur de Bavière à la paix; tantôt lorsque, feignant en 1674 de s'endormir de fatigue à la fin d'une campagne, il sortait tout à coup de ses cantonnements, fondait à l'improviste sur les quartiers d'hiver de l'ennemi, le mettait en fuite et le rejetait au delà des frontières. Ainsi on peut dire que Condé avait donné à l'art l'audace des batailles, et Turenne celle des marches. Après ces deux célèbres capitaines, l'art allait s'arrêter, tâtonner encore jusqu'au milieu du dix-huitième siècle, époque où une immense lutte devait lui faire franchir son second pas, et l'amener à ce qu'on peut vraiment appeler la grande guerre.

Composition des armées à la fin du dix-septième siècle.

Pour se figurer exactement ce qu'on avait fait, ce qui restait à faire, il faut se rappeler quelles étaient alors la composition des armées, la proportion et l'emploi des différentes armes, et la manière de livrer bataille. On peut voir tout cela décrit avec une remarquable exactitude dans les mémoires de l'un des plus savants généraux de ce temps, l'illustre Montecuculli. Malgré le développement que l'infanterie avait déjà reçu, elle ne comprenait guère plus de la moitié des troupes réunies sur un champ de bataille, tandis que la cavalerie formait l'autre moitié. L'artillerie était peu nombreuse, tout au plus d'une pièce par mille hommes, et très-difficile à mouvoir. L'ordre de bataille était ce que nous le voyons dans les

Manière de combattre.

historiens du temps d'Annibal et de César (seuls maîtres qu'on étudiât alors), c'est-à-dire que l'infanterie était toujours au centre, la cavalerie sur les ailes, l'artillerie (remplaçant les machines des anciens) sur le front, sans tenir autre compte du terrain, sinon que la cavalerie se serrait, se reployait en arrière, faisait, en un mot comme elle pouvait, si le terrain des ailes n'était pas favorable à son déploiement. L'artillerie commençait par canonner l'ennemi afin de l'ébranler, puis la cavalerie des ailes chargeait celle qui lui était opposée, et, si elle avait l'avantage, se rabattait sur le centre où les troupes de pied étaient aux prises, et abordant en flanc ou à revers l'infanterie de l'ennemi achevait sa défaite. On citerait peu de batailles du temps de Gustave-Adolphe, de Turenne et de Condé, qui se soient passées différemment. Les plus fameuses, celles de Lutzen, de Rocroy et des Dunes, n'offrent pas un autre spectacle. Ce n'est pas ainsi qu'on agit de nos jours. La cavalerie n'est pas sur les ailes, l'infanterie au centre, l'artillerie sur le front. Chaque arme est placée selon le terrain, l'infanterie dans les endroits difficiles, la cavalerie en plaine, l'artillerie partout où elle peut se servir de ses feux avec avantage. L'infanterie représentant aujourd'hui les quatre cinquièmes des combattants, est le fond des armées. Elle a sa portion de cavalerie pour s'éclairer, sa portion d'artillerie pour l'appuyer, plus ou moins selon le terrain, et s'il existe, comme sous l'Empire, une grosse réserve de cavalerie et d'artillerie, c'est dans les mains du général en chef qu'elle se trouve, pour frapper les coups décisifs, s'il sait user de ses ressources avec l'à-propos du génie.

Ce qui avait porté à placer la cavalerie sur les ailes, chez les anciens et chez les modernes, c'était le besoin de couvrir les flancs de l'infanterie qui ne savait pas manœuvrer comme aujourd'hui, et faire front de tous les côtés en se formant en carré. L'infanterie était jusqu'à la fin du dix-septième siècle une vraie phalange macédonienne, une sorte de carré long, présentant à l'ennemi sa face allongée, laquelle était composée de piquiers, entremêlés de quelques mousquetaires. Ces derniers placés ordinairement sur le front, et couverts par la longueur des piques, faisaient feu, puis quand on approchait de l'ennemi couraient le long du bataillon, et venaient se ranger sur ses ailes, laissant aux piquiers le soin d'exécuter la charge ou de la repousser à l'arme blanche. Il est facile de comprendre que si les feux avaient eu alors l'importance qu'ils ont de notre temps, un tel bataillon eût été bientôt détruit. Les boulets entrant dans une masse où seize, quelquefois vingt-quatre hommes étaient rangés les uns derrière les autres, y auraient causé d'affreux ravages. Ce même bataillon, n'ayant des piques que sur son front, était dans l'impossibilité de défendre ses flancs contre une attaque de la cavalerie.

Aussi, pour parer aux inconvénients de cette disposition, n'était-il pas rare de voir, comme à Lutzen, comme à Rocroy, les infanteries autrichienne et espagnole se former en quatre grandes masses qui faisaient face de tous les côtés, et composer de la sorte un seul gros carré de toutes les troupes à pied.

Organisation et armement de l'infanterie.

Aujourd'hui le problème est résolu, et il l'a été grâce à l'invention du fusil à baïonnette, due à notre admirable Vauban, qui par cette invention est le véritable auteur de la tactique moderne. En effet, en attachant au moyen de la baïonnette un fer de lance au bout de l'ancien mousquet, il fit cesser la distinction du piquier et du mousquetaire. Il ne dut plus y avoir dès lors qu'une sorte de fantassin, pouvant à la fois fournir des feux et opposer au cavalier une pointe de fer. De cet important changement à la formation moderne de l'infanterie, la conséquence était forcée. Mais ce n'est pas tout de suite que l'on tire les conséquences d'un principe, et surtout ce n'est pas durant la guerre qu'on profite des leçons qu'elle a données. C'est au milieu du silence et des méditations de la paix.

Invention du fusil à baïonnette par Vauban.

On ne tire pas d'abord de cette invention toutes ses conséquences.

Pendant les dernières guerres de Louis XIV, le fusil à baïonnette ne produisit pas toutes ses conséquences. On tâtonna d'abord, et on se borna à diminuer les rangs de l'infanterie pour présenter moins de prise aux feux de l'ennemi, et fournir soi-même plus de feux en ayant plus de déploiement.

Mais au milieu du dix-huitième siècle, qui devait être si fécond en révolutions de tout genre, se préparait la révolution de l'art de la guerre. Dans ce siècle de doute, d'examen, de recherches, où un même esprit remuait sourdement toutes les professions, les militaires se mirent aussi en quête de procédés nouveaux. Il y avait une monarchie allemande, presque aussi forte que la Bavière, mais mieux placée qu'elle pour résister à la puissance impériale, parce que située au nord elle était difficile à

Désir et recherche du nouveau dans le dix-huitième siècle.

atteindre, appuyée sur un peuple robuste et brave, ayant marqué dans les guerres du dix-septième siècle et conçu dès lors une vaste ambition, animée de l'esprit protestant et prête à faire à la catholique Autriche une opposition redoutable : cette puissance était la Prusse. Elle avait eu dans le grand électeur un souverain militaire. Elle eut dans son successeur un prince vain, épris du titre de roi, qu'il acheta de l'empereur en lui livrant ses forces. Pourtant ce titre, tout vain qu'il paraissait, était un engagement avec la grandeur, et la Prusse, convertie en royaume, était devenue tout à coup aussi ambitieuse qu'elle était titrée. Au prince qui s'était fait roi avait succédé un prince maladif, morose, emporté jusqu'à la démence, mais doué de qualités réelles, avare du sang et de l'argent de ses sujets, sentant que la Prusse érigée en royaume devait se préparer à soutenir son rang, et dans cette vue amassant des trésors et formant des soldats, quoique personnellement il n'aimât point la guerre et ne la voulût point entreprendre. Sa passion pour les beaux grenadiers est restée fameuse, et était si connue alors, que ceux qui voulaient acquérir de l'influence sur son esprit lui offraient en cadeau des hommes de haute taille, comme à certains monarques on adresse des chevaux ou des tableaux. Ce prince, dont l'esprit obsédé de sombres vapeurs, était impropre à supporter continûment le poids de la couronne, s'en était déchargé sur deux favoris, un pour la politique, M. de Seckendorf, un pour le militaire, le prince d'Anhalt-Dessau, le premier intrigant, habile, le second doué d'un vrai génie pour la guerre. Le prince d'Anhalt-Dessau avait fait les dernières campagnes de Louis XIV, s'était distingué à Malplaquet, à la tête de l'infanterie prussienne, et avait acquis la conviction que c'était avec les troupes à pied qu'il fallait décider à l'avenir du sort des empires. Manœuvrant du matin au soir sur l'esplanade de Potsdam avec l'infanterie prussienne, finit par comprendre toute la portée de l'invention de Vauban, arma cette infanterie de fusils à baïonnette, la disposa sur trois rangs, et arriva presque complétement à l'organisation du bataillon moderne. Il ne se borna pas à cette création, il anima l'infanterie prussienne qu'il faisait tous les jours manœuvrer sous ses yeux, d'un esprit aussi énergique que le sien, autre service non moins grand, car dans une armée, si le mécanisme importe beaucoup, le moral n'importe pas moins, et, sans le moral, l'armée la mieux organisée est une habile machine dépourvue de moteur.

Le prince d'Anhalt-Dessau

Il place l'infanterie sur trois rangs

Son roi l'approuvait, le secondait, et bien résolu à ne pas faire la guerre lui-même, voulait néanmoins que tout son peuple fût prêt à la faire. Un instinct profond, confus, indéfinissable, le poussait sans qu'il le sût, sans même qu'il se doutât de l'œuvre à laquelle il travaillait, à ce point qu'il ne devina pas dans son fils celui qui emploierait les moyens qu'il préparait si bien.

Ce fils, élevé par des protestants français et bientôt des mains des protestants passant à celles des philosophes, plein de génie et d'impertinence, tenant le passé du monde pour une extravagance tyrannique, regardant les religions comme un préjugé ridicule, ne reconnaissant d'autre autorité que celle de l'esprit, avait pris en dégoût le pédantisme militaire régnant à la cour de Berlin, et par ce motif devint odieux à son père, lequel dans un accès de colère battit à coups de canne celui qui devait être le grand Frédéric. Le grand Frédéric, battu et détenu dans une forteresse pour ne pas assez aimer le militaire, est certainement un de ces spectacles singuliers tels que l'histoire en offre quelquefois! Mais ce père étrange mourut en 1740, et aussitôt son fils se jeta sur les armes d'Achille qu'il n'avait pas d'abord reconnues pour les siennes. L'empereur Charles VI venait de mourir, laissant pour unique héritière une fille, Marie-Thérèse, que personne ne croyait capable de défendre son héritage. Chacun en convoitait une partie. La Bavière désirait la couronne impériale, la France aspirait à conquérir tout ce que l'Autriche possédait à la gauche du Rhin, l'Espagne avait elle-même des vues sur l'Italie, et le jeune Frédéric songeait à rendre ses États dignes par leur dimension du titre de royaume. Cependant, tandis que tout le monde dévorait des yeux une partie de l'héritage de Marie-Thérèse, personne n'osait y porter la main. Frédéric fit comme les gens qui mettent le feu à une maison qu'ils veulent dépouiller : il se jeta sur la Silésie, fut bientôt imité par toute l'Europe, et alluma ainsi l'incendie dont il devait si bien profiter. Ayant reçu de son père un trésor bien fourni et une armée toujours tenue sur le pied de guerre, il entra en Silésie en octobre 1740 (six mois après être monté sur le trône), avait conquis cette province tout en-

Avénement du grand Frédéric.

A peine monté sur le trône, il se jette sur la Silésie.

tière en décembre, l'Autriche n'ayant presque pas d'armée à lui opposer, et prouvait ainsi la supériorité d'un petit prince qui est prêt sur un grand qui ne l'est pas.

Pourtant il n'y eut qu'un cri en Europe, c'est que le jeune roi de Prusse était un étourdi, et qu'en janvier suivant il expierait sa témérité. Les Autrichiens en effet, ayant réuni leurs forces, débouchèrent de Bohême en Silésie, et Frédéric avait si peu d'expérience qu'il laissa les Autrichiens s'établir sur ses derrières, et le couper de la Prusse. Il se retourna, marcha à eux avec l'audace qui inspirait toutes ses actions, et livra bataille, bien qu'il n'eût jamais fait manœuvrer un bataillon, ayant le dos tourné vers l'Autriche, tandis que les Autrichiens l'avaient vers la Prusse. S'il eût été battu, il n'aurait pas revu Berlin; et, chose singulière, dans cette première bataille il n'eut pas d'autre tactique que celle du temps passé. Sa belle infanterie, commandée par le brave maréchal Schwerin, était au centre, sa cavalerie sur les ailes, son artillerie sur le front, comme à Rocroy, aux Dunes, à Lutzen. La cavalerie autrichienne qui était disposée aussi sur les ailes, et fort supérieure en force et en qualité, s'ébranla au galop, et emporta la cavalerie prussienne (*procella equestris*), avec le jeune Frédéric, qui n'avait jamais assisté à pareille scène. Mais, tandis que les deux cavaleries, l'une poursuivant l'autre, couraient sur les derrières, la solide infanterie prussienne était restée ferme en ligne. Si les choses s'étaient passées comme du temps de Condé ou d'Alexandre, la cavalerie autrichienne, revenant

Bataille de Molwitz.

Comment elle fut gagnée.

sur l'infanterie prussienne, l'eût prise sur les deux flancs et bientôt détruite. Il n'en fut point ainsi : le vieux maréchal Schwerin, demeuré inébranlable, se porta en avant, enleva le ruisseau et le moulin de Molwitz, et, quand la cavalerie autrichienne revint victorieuse, elle trouva son infanterie battue et la bataille perdue. Frédéric triompha ainsi par la valeur de son infanterie, qui avait vaincu pendant qu'il était entraîné sur les derrières. Mais, il l'a dit lui-même, la leçon était bonne, et bientôt il devint général. L'Europe cria au miracle, proclama Frédéric un homme de guerre, et plus du tout un étourdi, mais ce qui importait davantage, l'infanterie prussienne venait d'acquérir un ascendant qu'elle conserva jusqu'en 1792, lorsqu'elle rencontra l'infanterie de la Révolution française.

<small>Bonheur avec lequel se termine pour le grand Frédéric la guerre de la succession d'Autriche.</small>

Les années suivantes, Frédéric remporta une deuxième, une troisième, une quatrième victoire, et, après diverses alternatives, tandis que la Bavière et la France s'étaient épuisées sans obtenir, l'une la couronne impériale, l'autre la gauche du Rhin, Frédéric seul arrivait au but qu'il s'était proposé, et gagnait la Silésie, juste prix d'une politique profonde, et d'une guerre conduite d'après des principes excellents et nouveaux.

<small>Guerre de sept ans que Frédéric s'attire par sa faute.</small>

Pourtant, ce n'est pas en une fois qu'on gagne ou qu'on perd une province telle que la Silésie. La pieuse Marie-Thérèse avait deux motifs pour être implacable, le regret de son patrimoine démembré, et l'orgueil de la maison d'Autriche humilié par un jeune novateur, contempteur de Dieu et de l'Empire. Elle attendait l'occasion de se venger, et ne devait pas l'attendre longtemps. Chez ce Frédéric, si maître de lui en politique et en guerre, il y avait quelque chose qui n'était pas gouverné, c'était l'esprit railleur, et l'Europe lui en fournissait un emploi dont il ne savait pas se défendre. A Paris, une femme élégante et spirituelle, représentant la société polie, gouvernait l'indifférence débauchée de Louis XV. Une femme belle et licencieuse, l'impératrice Élisabeth, gouvernait l'ignorance de la cour de Russie. Frédéric, en les offensant toutes deux par ses propos, et en les faisant ainsi les alliées de Marie-Thérèse, s'attira la terrible guerre de sept ans, où il eut à lutter contre tout le continent, à peine soutenu par l'or de l'Angleterre. C'est dans cette guerre que l'art prit son grand essor.

On a vu Frédéric se battre à Molwitz comme on se battait à Rocroy, à Pharsale, à Arbelles, l'infanterie au centre, la cavalerie sur les ailes. Frappé de la supériorité de la cavalerie autrichienne, il s'appliqua d'abord à procurer à la sienne, dont il avait grand besoin dans les plaines de la Silésie, ce qui lui manquait de qualités militaires, et il parvint à lui donner une solidité que n'avait pas la cavalerie autrichienne. Mais c'est sur l'infanterie prussienne qu'il établit principalement sa puissance. Il y était encouragé par deux motifs, l'excellence même de cette infanterie à laquelle il devait ses premiers succès, et la nature du sol où il était appelé à combattre. La Silésie est une plaine, mais ce n'était pas en Silésie qu'il fallait disputer la Silésie, c'était en Bohême, et surtout dans les montagnes qui séparent les deux provinces. Il sentit ainsi la nécessité de se servir

Changements que Frédéric opère dans la tactique.

spécialement de l'infanterie, et d'employer l'artillerie, la cavalerie comme auxiliaires indispensables de l'infanterie, plus ou moins importants suivant le sol où l'on combattait. En un mot, il y apprit l'art d'employer les armes selon le terrain.

Batailles de Leuthen et de Rosbach.

Ainsi l'homme qui à Molwitz avait mis son infanterie au centre, sa cavalerie sur les ailes, faisait bientôt tout autrement à Leuthen, à Rosbach. A Leuthen, bataille que Napoléon a déclarée *le chef-d'œuvre du grand Frédéric*, il voit les Autrichiens appuyant leur gauche à une hauteur boisée, celle de Leuthen, et étendant leur droite en plaine. Il profite d'un rideau de coteaux qui le sépare de l'ennemi, fait défiler derrière ce rideau la plus grande partie de son infanterie, la porte sur la gauche des Autrichiens, leur enlève la position de Leuthen, puis, après les avoir dépostés, les accable en plaine des charges de sa cavalerie, et, tandis qu'il était à la veille de périr, rétablit ses affaires en une journée, en prenant ou détruisant la moitié des forces qui lui étaient opposées.

A Rosbach il était campé sur une hauteur d'accès difficile, ayant des marécages à sa droite, des bois à sa gauche. Le prince de Soubise opérant lui-même autrement que dans le dix-septième siècle, songe à tourner les Prussiens, et engage l'armée française, qu'il n'a pas su éclairer, dans les bois qui étaient à la gauche de l'ennemi. Frédéric laisse les Français s'enfoncer dans cette espèce de coupe-gorge, les arrête en leur présentant quelques bataillons de bonne infanterie, puis précipite sur leurs flancs la cavalerie de Seidlitz, et les met dans une déroute que, sans les triomphes de la Révolution et de l'Empire, nous ne pourrions nous rappeler sans rougir.

Frédéric avait donc changé complétement l'art de combattre, en employant, selon le terrain, les diverses armes. Il avait cependant contracté une habitude, car, à la guerre ainsi que dans tous les arts, chaque individu prend le goût d'une manière particulière de procéder, et il adoptait, comme manœuvre favorite, de s'attaquer à une aile de l'ennemi, pour décider la victoire en triomphant de cette aile, d'où naquirent alors les fameuses discussions sur l'*ordre oblique*, qui ont rempli le dix-huitième siècle.

<small>L'ordre oblique.</small>

Non-seulement Frédéric opérait une révolution dans l'emploi des diverses armes, il en changeait les proportions, réduisait la cavalerie à être tout au plus le tiers au lieu de la moitié, et développait l'artillerie, qu'il rendait à la fois plus nombreuse et plus mobile.

Enfin sous le rapport qui exige le plus de supériorité d'esprit, celui de la direction générale des opérations, il accomplissait des changements plus notables encore. On pivotait dans le siècle précédent autour d'une place, pour la prendre ou empêcher qu'elle ne fût prise. Réduit à lutter contre les armées de l'Europe entière, lesquelles débouchaient tantôt de la Bohême, tantôt de la Pologne, tantôt de la Franconie, il se vit obligé de tenir tête à tous ces ennemis à la fois, de négliger le danger qui n'était qu'inquiétant, pour faire face à celui qui était vraiment alarmant, de sacrifier ainsi l'accessoire au principal, de courir d'une armée à l'autre pour les battre alternati-

<small>Le grand Frédéric après avoir changé l'ordre de bataille, imprime aux mouvements généraux une</small>

hardiesse et une étendue toutes nouvelles.

vement, et se sauver par l'habile ménagement de ses forces. Mais, bien que la guerre soit devenue alors, grâce au progrès de chaque arme et à la situation extraordinaire de Frédéric, plus vive, plus alerte, plus hardie, elle était loin encore de ce que nous l'avons vue dans notre siècle. Frédéric n'était guère sorti de la Silésie et de la Saxe, c'est-à-dire de l'espace compris entre l'Oder et l'Elbe, et n'avait jamais songé à embrasser d'un vaste regard toute la configuration d'un empire, à saisir le point où, en s'y portant audacieusement, on pouvait frapper un coup qui terminât la guerre. Il avait bien pensé à entrer à Dresde, qui était à sa portée, jamais il ne s'était avisé de marcher sur Vienne. Si de Glogau ou de Breslau il courait à Erfurt, c'était parce qu'après avoir combattu un ennemi, on lui en signalait un nouveau qui approchait, et qu'il y courait, comme un vaillant animal traqué par des chiens, se jette tantôt sur celui-ci, tantôt sur celui-là, lorsque après la dent de l'un il a senti la dent de l'autre. En un mot, il avait déjà commencé une grande révolution, il ne l'avait pas terminée. Ainsi par exemple il campait encore, et ne sachant pas, comme Napoléon en 1814, chercher dans un faux mouvement de l'ennemi l'occasion d'une manœuvre décisive, il s'enfermait dans le camp de Buntzelwitz, où il passait plusieurs mois à attendre la fortune, qui vint en effet le sauver d'une ruine certaine, en substituant Pierre III à Élisabeth sur le trône de Russie. Il ne se bornait pas à camper, reste des anciennes coutumes, il couvrait sa frontière avec ce qu'on appelait alors *le dégât*. Voulant interdire l'accès de la Silésie aux armées autrichiennes, il brûlait les moissons, coupait les arbres, incendiait les fermes, sur un espace large de dix ou quinze lieues, long de trente à quarante, et, au lieu d'opérations savantes, opposait à l'ennemi la famine. Faute d'être assez hardie ou assez habile, la guerre était cruelle. Si donc Frédéric avait changé l'ordre de bataille, qu'il avait subordonné au terrain, s'il avait imprimé aux mouvements généraux une allure qu'on ne leur avait pas encore vue, obligé qu'il était à lutter contre trois puissances à la fois, il n'avait pas poussé la grande guerre à ses derniers développements. Il laissait ce soin à la Révolution française, et à l'homme extraordinaire qui devait porter ses drapeaux aux confins du monde civilisé.

Du reste il avait assez fait, et peu d'hommes dans la marche de l'esprit humain ont franchi un espace plus vaste. Il avait en effet, à force de caractère, de génie, résisté à la France, à l'Autriche, à la Russie, avec une nation qui, même après l'acquisition de la Silésie, n'était pas de plus de 6 à 7 millions d'hommes, vrai prodige qui eût été impossible sans quelques circonstances qu'il faut énumérer brièvement pour rendre ce prodige concevable. D'abord l'Angleterre aida Frédéric de son or, parcimonieusement il est vrai, mais l'aida néanmoins. Au moyen de cet or il se procura des soldats, et comme on se battait Allemands contre Allemands, le soir de ses batailles il convertissait les prisonniers en recrues, ce qui lui permit de suppléer à l'insuffisance de la population prussienne. De plus il occupait une position concentrique entre la Russie, l'Autriche et la France, et en courant rapidement de Breslau à Franc-

Comment on peut s'expliquer que Frédéric ait pu, à la tête d'une nation de 6 millions d'hommes, tenir tête à la Russie, à l'Autriche et à la France durant sept années.

fort-sur-l'Oder, de Francfort à Dresde, de Dresde à Erfurt, il pouvait tenir tête à tous ses ennemis, ce que facilitait aussi une circonstance plus décisive encore, c'est que si l'Autriche lui faisait une guerre sérieuse, la Russie et la France, gouvernées par le caprice de cour, ne lui faisaient qu'une guerre de fantaisie. Élisabeth envoyait chaque année une armée russe qui livrait une bataille, la perdait ou la gagnait, et puis se retirait en Pologne. Les Français, occupés contre les Anglais dans les Pays-Bas, et aussi déplorablement administrés que commandés, envoyaient de temps en temps une armée qui, mal accueillie, comme à Rosbach par exemple, ne reparaissait plus. Frédéric n'avait donc affaire véritablement qu'à l'Autriche, ce qui ne rend pas son succès moins étonnant, et ce qui ne l'eût pas sauvé, s'il n'avait été ce que de notre temps on appelle *légitime*. Deux fois en effet ses ennemis entrèrent dans Berlin, et au lieu de le détrôner, ce qu'ils n'auraient pas manqué de faire s'ils avaient eu un prétendant à lui substituer, s'en allèrent après avoir levé quelques centaines de mille écus de contribution. Ce sont ces circonstances réunies qui, sans le diminuer, expliquent le prodige d'un petit prince luttant seul contre les trois plus grandes puissances de l'Europe, leur tenant tête sept ans, les déconcertant par ses coups imprévus, les fatiguant par sa ténacité, donnant le temps à la fortune de lui envoyer en Russie un changement de règne, et désarmant enfin par son génie et sa constance les trois femmes qu'il avait déchaînées par sa mauvaise langue. Son œuvre n'en est pas moins une des plus mémorables de l'histoire, et

Grandeur des actions de Frédéric.

mérite de prendre place à côté de celles qu'ont accomplies Alexandre, Annibal, César, Gustave-Adolphe, Napoléon.

Il appartenait à la Révolution française d'imprimer à l'art de la grande guerre une dernière et décisive impulsion. Le mouvement civilisateur qui avait substitué l'infanterie à la cavalerie, c'est-à-dire les nations elles-mêmes à la noblesse à cheval, devait recevoir en effet de la Révolution française, qui était l'explosion des classes moyennes, son dernier élan. Les Français en 1789 avaient dans le cœur deux sentiments : le chagrin d'avoir vu la France déchoir depuis Louis XIV, ce qu'ils attribuaient aux légèretés de la cour, et l'indignation contre les puissances européennes, qui voulaient les empêcher de réformer leurs institutions en les fondant sur le principe de l'égalité civile. Aussi la nation courut-elle tout entière aux armes. La vieille armée royale, quoique privée par l'émigration d'une notable partie de ses officiers, suffit aux premières rencontres, et sous un général, Dumouriez, qui jusqu'à cinquante ans avait perdu son génie dans de vulgaires intrigues, livra d'heureux combats. Mais elle fondit bientôt au feu de cette terrible guerre, et la Révolution envoya pour la remplacer des flots de population qui devinrent de l'infanterie. Ce n'est pas avec des hommes levés à la hâte que l'on fait des cavaliers, des artilleurs, des sapeurs du génie, mais dans un pays essentiellement militaire, qui a l'orgueil et la tradition des armes, on peut en faire des fantassins. Ces fantassins incorporés dans les demi-brigades à ce qui restait de la vieille armée, lui apportant leur

C'était à la Révolution française qu'il appartenait d'achever la révolution de l'art militaire, en donnant à l'infanterie son entier développement, et à la guerre une audace extraordinaire.

Caractère des premières campagnes de la Révolution.

audace, lui prenant son organisation, se jetèrent d'abord sur l'ennemi en adroits tirailleurs, puis le culbutèrent en le chargeant en masse à la baïonnette. Avec le temps ils apprirent à manœuvrer devant les armées les plus manœuvrières de l'Europe, celles qui avaient été formées à l'école de Frédéric et de Daun; avec le temps encore ils fournirent des artilleurs, des cavaliers, des soldats du génie, et acquérant la discipline qu'ils n'avaient pas d'abord, conservant de leur premier élan l'audace et la mobilité, ils composèrent bientôt la première armée du monde.

Il n'était pas possible que ce sentiment puissant de quatre-vingt-neuf, combiné avec nos séculaires traditions militaires, nous donnât des armées sans nous donner aussi des généraux, que notre infanterie devenue manœuvrière comme les armées allemandes les meilleures, et en outre plus vive, plus alerte, plus audacieuse, n'exerçât pas sur ceux qui la commandaient une irrésistible influence, et effectivement elle poussa Pichegru en Hollande, Moreau, Kléber, Hoche, Jourdan au milieu de l'Allemagne. Mais tandis qu'il se formait des généraux capables de bien diriger une armée, il devait s'en former non pas deux, mais un qui serait capable de diriger à la fois toutes les armées d'un vaste empire, car le mouvement moral est comme le mouvement physique, imprimé à plusieurs corps à la fois, il porte chacun d'eux à des distances proportionnées à leur volume et à leur poids. Tandis que Pichegru, Hoche, Moreau, Kléber, Desaix, Masséna, étaient le produit de ce mouvement national, leur maître à

Pichegru, Moreau, Jourdan, Kléber, Hoche.

tous se révélait à Toulon, et ce maître que l'univers nomme, c'était le jeune Bonaparte, élevé au sein des écoles de l'ancien régime, dans la plus savante des armes, celle de l'artillerie, mais plein de l'esprit nouveau, et à son audace personnelle, la plus grande peut-être qui ait inspiré une âme humaine, joignant l'audace de la Révolution française. Doué de ce génie universel qui rend les hommes propres à tous les emplois, il avait de plus une disposition qui lui était particulière, c'était l'application à étudier le sol sur la carte, et le penchant à y chercher la solution des phénomènes de la politique comme des problèmes de la guerre. Sans cesse couché sur des cartes, ce que font trop rarement les militaires, et ce qu'ils faisaient encore moins avant lui, il méditait continuellement sur la configuration du sol où la guerre sévissait alors, et à ces profondes méditations joignait les rêves d'un jeune homme, se disant que s'il était le maître il ferait ceci ou cela, pousserait dans tel ou tel sens les armées de la République, ne se doutant nullement que maître il le serait un jour, mais sentant fermenter en lui quelque chose d'indéfinissable, comme on sent quelquefois sourdre sous ses pieds l'eau qui doit bientôt percer la terre et jaillir en source féconde. Livré à ces méditations solitaires, il avait compris que l'Autriche, ayant renoncé aux Pays-Bas, n'était vulnérable qu'en Italie, et que c'était là qu'il fallait porter la guerre pour la rendre décisive. Parlant sans cesse de ces rêves aux directeurs, dont il était le commis, les en fatiguant presque, il est d'abord nommé commandant de Paris, et puis, Schérer s'étant laissé

Apparition du jeune Bonaparte.

Son étude approfondie de la carte.

Son arrivée au commandement de l'armée d'Italie.

battre, général de l'armée d'Italie. A peine arrivé à Nice, le jeune général aperçoit d'un coup d'œil qu'il n'a pas besoin de forcer les Alpes, et qu'il lui suffit *de les tourner*, comme il l'a dit avec tant de profondeur. En effet, les Piémontais et les Autrichiens gardaient le col de Montenotte, où les Alpes s'abaissent pour se relever plus loin sous le nom d'Apennins. Il fait une menace sur Gênes afin d'y attirer les Autrichiens, puis en une nuit force le col de Montenotte où les Piémontais restaient seuls de garde, les enfonce, les précipite en deux batailles sur Turin, arrache la paix au roi de Piémont, et fond sur le Pô à la poursuite des Autrichiens, qui voyant qu'ils s'étaient trompés en se laissant attirer sur Gênes, se hâtaient de revenir pour protéger Milan. Il passe le Pô à Plaisance, entre dans Milan, court à Lodi, force l'Adda et s'arrête à l'Adige, où son esprit transcendant lui montre la vraie frontière de l'Italie contre les Allemands. Un génie moins profond aurait couru au midi pour s'emparer de Florence, de Rome, de Naples. Il n'y songe même pas. C'est aux Allemands qu'il faut disputer l'Italie, dit-il au Directoire, c'est contre eux qu'il faut prendre position, et qui va au midi de l'Italie, trouvera au retour Fornoue, comme Charles VIII, ou la Trebbia, comme Macdonald[1]. Il se décide donc à

[1] Quoique Charles VIII fût victorieux à Fornoue, il courut la chance d'y périr, et il y aurait même péri avec toute son armée, s'il n'avait rencontré sur ses derrières des troupes aussi inférieures aux siennes. Macdonald au contraire rencontrant à la Trebbia des troupes égales en valeur à celles qu'il commandait, faillit y trouver sa perte, ce qui du reste n'était point sa faute, mais celle du Directoire qui l'avait envoyé à Naples. Le raisonnement du général Bonaparte conserve

rester au nord, et avec le même génie aperçoit que le Pô a un cours trop long pour être facilement défendu, que l'Isonzo trop avancé est toujours exposé à être tourné par le Tyrol, que l'Adige seul peut être victorieusement défendu, parce qu'à peine sorti des Alpes à Vérone ce cours d'eau tombe dans les marécages à Legnago, et que placé en deçà du Tyrol il ne peut pas être tourné. Le jeune Bonaparte s'établit alors sur l'Adige, en raisonnant comme il suit : Si les Autrichiens veulent forcer l'Adige par les montagnes, ils passeront nécessairement par le plateau de Rivoli ; s'ils veulent le forcer par la plaine, ils se présenteront ou devant Vérone, ou vers les marais, dans les environs de Legnago. Dès lors il faut placer le gros de ses troupes au centre, c'est-à-dire à Vérone, laisser deux détachements de garde, l'un à Rivoli, l'autre vers Legnago, les renforcer alternativement l'un ou l'autre suivant la direction que prendra l'ennemi, et rester imperturbablement dans cette position, en faisant du siége de Mantoue une sorte de passe-temps entre les diverses apparitions des Autrichiens. Grâce à cette profondeur de jugement, avec trente-six mille hommes, à peine augmentés d'une quinzaine de mille pendant le cours de la guerre, le jeune Bonaparte tient tête à toutes les armées autrichiennes, et en dix-huit mois livrant douze batailles, plus de soixante combats, faisant plus de cent mille prisonniers, accable l'Autriche et lui arrache l'abandon définitif de la ligne du Rhin à la France, plus la paix générale.

Son établissement sur l'Adige.

Ce qu'il y avait de génie dans cette résolution.

donc sa justesse dans les deux cas, et prouve que c'est au nord et point au midi qu'il faut disputer l'Italie.

Certes, on peut parcourir les pages de l'histoire tout entière, et on n'y verra rien de pareil. La conception générale et l'art des combats, tout s'y trouve à un degré de perfection qui ne s'est jamais rencontré. Passer les montagnes à Montenotte en attirant les Autrichiens sur Gênes par une feinte, maître de Milan, au lieu de courir à Rome et à Naples, courir à Vérone, comprendre que l'Italie étant à disputer aux soldats du Nord, c'est au Nord qu'il faut vaincre, laisser le Midi comme un fruit qui tombera de l'arbre quand il sera mûr, choisir entre les diverses lignes défensives celle de l'Adige, parce qu'elle n'est pas démesurément longue comme le Pô, facile à tourner comme l'Isonzo, et s'y tenir invariablement jusqu'à ce qu'on y ait attiré et détruit toutes les forces de l'Autriche, voilà pour la conception. Attendre l'ennemi en avant de Vérone, s'il se présente directement le repousser à la faveur de la bonne position de Caldiero, s'il tourne à droite vers le bas pays aller le combattre dans les marais d'Arcole, où le nombre n'est rien et la valeur est tout, quand il descend sur notre gauche par le Tyrol, le recevoir au plateau de Rivoli, et là maître des deux routes, celle du fond de la vallée que suivent l'artillerie et la cavalerie, celle des montagnes que suit l'infanterie, jeter d'abord l'artillerie et la cavalerie dans l'Adige, puis faire prisonnière l'infanterie dépourvue du secours des autres armes, prendre dix-huit mille hommes avec quinze mille, voilà pour l'art du combat : et faire tout cela à vingt-six ans, joindre ainsi à l'audace de la jeunesse toute la profondeur de l'âge mûr, n'a rien,

Batailles d'Arcole et de Rivoli.

nous le répétons, de pareil dans l'histoire, pour la grandeur des conceptions unie à la perfection de l'exécution !

Tout le reste de la carrière du général Bonaparte est marqué des mêmes traits : discernement transcendant du but où il faut viser dans une campagne, et habileté profonde à profiter du terrain où les circonstances de la guerre vous amènent à combattre, en un mot, égale supériorité dans les mouvements généraux et dans l'art de livrer bataille.

Le général Bonaparte avait porté à la perfection l'art des mouvements généraux et des batailles.

En 1800, nous étions maîtres de la Suisse que nous occupions jusqu'au Tyrol, ayant à gauche les plaines de la Souabe, à droite celles du Piémont. Les Autrichiens ne s'attendant pas aux hardis mouvements de leur jeune adversaire, s'étaient avancés à gauche jusque vers Huningue, à droite jusqu'à Gênes. Le Premier Consul imagine de fondre des deux côtés de la chaîne des Alpes sur leurs derrières, propose à Moreau de descendre par Constance sur Ulm, tandis qu'il descendra par le Saint-Bernard sur Milan. Moreau hésite à se jeter ainsi en pleine Bavière au milieu des masses ennemies. Le Premier Consul laisse Moreau libre d'agir à son gré, passe le Saint-Bernard sans routes frayées, en faisant rouler à travers les précipices ses canons enfermés dans des troncs d'arbres, tombe sur les derrières des Autrichiens surpris, et les force à Marengo de lui livrer en une journée l'Italie entière, qui, deux ans auparavant, lui avait coûté douze batailles et soixante combats, tandis que Moreau, opérant à sa manière méthodique et sage, met six mois à s'approcher de Vienne.

Campagne de 1800, et passage du Saint-Bernard.

Marengo.

764 LIVRE LXII.

Là encore le point où il faut frapper est choisi avec une telle justesse que, le coup porté, l'ennemi est désarmé sur-le-champ. La bataille décisive, il est vrai, ne présente point la perfection de celle de Rivoli, par exemple. On était en plaine, le terrain offrait peu de circonstances heureuses, et une reconnaissance mal exécutée avait laissé ignorer la présence des Autrichiens. Le Premier Consul fut donc surpris et faillit être battu. Mais au lieu de Grouchy il avait Desaix pour lieutenant, et l'arrivée de celui-ci lui ramena la victoire. Du reste si un accident rendit la bataille chanceuse, l'opération qui le plaça à l'improviste sur les derrières de l'ennemi n'en est pas moins un prodige qui n'a de comparable que le passage d'Annibal, réalisé deux mille ans auparavant.

Campagne de 1805.

En 1805, obligé de renoncer à l'expédition d'Angleterre et de se rejeter sur le continent, le jeune Consul devenu empereur, porte en quinze jours ses armées de Flandre en Souabe. Ordinairement nous passions par les défilés de la Forêt-Noire pour gagner les sources du Danube, et selon leur coutume les Autrichiens y accouraient en hâte. Il les y retient en présentant des têtes de colonnes dans les principaux de ces défilés, puis il se dérobe tout à coup, longe par sa gauche les Alpes de Souabe, débouche par Nuremberg sur les derrières des Autrichiens qu'il enferme dans Ulm, et oblige une armée entière de soixante mille hommes à mettre bas les armes devant lui, ce qui ne s'était jamais vu dans aucun siècle. Débarrassé du gros des forces autrichiennes, et apprenant que les Prussiens de-

Ulm

viennent menaçants, loin d'hésiter il s'élance sur Vienne, entraîne dans son mouvement ses armées d'Italie que commandait Masséna, les rallie à Vienne même, puis court à Austerlitz, où il trouve les Russes réunis au reste de la puissance autrichienne, arrivé sur les lieux feint d'hésiter, de reculer, tente ainsi la présomption d'Alexandre, qui, guidé par des jeunes gens, veut couper l'armée française de Vienne. Ce faisant, Alexandre dégarnit le plateau de Pratzen, où était son centre. Napoléon y fond comme un aigle, et, coupant en deux l'armée ennemie, en jette une partie dans les lacs, une autre dans un ravin. Il se retourne ensuite vers les Prussiens, qui, au lieu de se joindre à la coalition, sont réduits à s'excuser à genoux d'avoir songé à lui faire la guerre.

Austerlitz.

Ici encore les mouvements généraux ont à la fois une audace et une justesse sans pareilles; la bataille décisive est une merveille d'adresse et de présence d'esprit, et ce n'est pas miracle que les empires tombent devant de tels prodiges d'art.

Au lieu de la paix sûre, durable, qu'il aurait pu conclure avec l'Europe, le vainqueur d'Austerlitz enivré de ses succès, s'attire la guerre avec la Prusse, soutenue par la Russie. L'armée prussienne se porte derrière la forêt montagneuse de Thuringe pour couvrir les plaines du centre de l'Allemagne. Napoléon l'y laisse, remonte à droite jusque vers Cobourg, débouche sur l'extrémité gauche de la ligne ennemie, aborde les Prussiens de manière à les couper du Nord où les Russes les attendent, les accable à Iéna, à Awerstaedt, et, les débordant

Campagne de 1806 en Prusse.

sans cesse dans leur retraite, prend jusqu'au dernier d'entre eux à Prenzlow, non loin de Lubeck. Ce jour-là il n'y avait plus de monarchie prussienne; l'œuvre du grand Frédéric était abolie!

Il fallait aller au Nord chercher les Russes, les saisir corps à corps pour les corriger de leur habitude de pousser sans cesse contre nous les puissances allemandes, qu'ils abandonnaient après les avoir compromises.

Campagne de 1807 en Pologne.

Napoléon se porte sur la Vistule, et pour la première fois il se met en présence de ces deux grandes difficultés, le climat et la distance, qui devaient plus tard lui devenir si funestes. Son armée a encore toute sa vigueur morale et physique; cependant, à cette distance, il y a des soldats qui se débandent, il y en a que la faim, le froid dégoûtent. Napoléon déploie une force de volonté et un génie d'organisation extraordinaires pour maintenir son armée intacte, lutte sur les plaines glacées d'Eylau avec une énergie indomptable contre l'énergie barbare des Russes, emploie l'hiver à consolider sa position en prenant Dantzig, et le printemps venu, son armée reposée, marche sur le Niémen en descendant le cours de l'Ale. Son calcul, c'est que les Russes seront obligés de se rapprocher du littoral pour vivre, qu'il leur faudra dès lors passer l'Ale devant lui, et il s'avance l'œil fixé sur cet événement, dont il espère tirer un parti décisif. Le 14 juin en effet, anniversaire de Marengo, il trouve les Russes passant l'Ale à Friedland. Excepté les grenadiers d'Oudinot, tous ses corps sont en arrière. Accouru de sa personne sur les lieux, il emploie Oudinot à tirailler,

Friedland.

et amène le reste de son armée en toute hâte. Une fois qu'il a toutes ses forces sous la main, au lieu de les jeter sur les Russes, il attend que ceux-ci aient passé l'Ale; pour les y engager il replie sa gauche en avançant peu à peu sa droite vers Friedland où sont les ponts des Russes, détruit ensuite ces ponts, et quand il a ainsi ôté à l'ennemi tout moyen de retraite, il reporte en avant sa gauche d'abord refusée, pousse les Russes dans l'Ale, les y refoule comme dans un gouffre, et noie ou prend presque tout entière cette armée, la dernière que l'Europe pût lui opposer.

Certes, nous le répétons, tout est là au même degré de perfection. Prévoir que les Russes essayeront de gagner le littoral afin de rejoindre leurs magasins, et pour cela passeront l'Ale devant l'armée française, les suivre, les surprendre au moment du passage, attendre qu'ils aient presque tous franchi la rivière, leur enlever leurs ponts, et ces ponts enlevés les refouler dans l'Ale, sont de vrais prodiges où la prévoyance la plus profonde dans la conception générale, égale la présence d'esprit dans l'opération définitive, c'est-à-dire dans la bataille.

En Italie, Napoléon avait été le général dépendant, réduit à des moyens bornés; en Autriche, en Prusse, en Pologne, il avait été le général, chef d'État, disposant des ressources d'un vaste empire, donnant à ses opérations toute l'étendue de ses conceptions, et en un jour renversant l'Autriche, en un autre la Prusse, en un troisième la Russie, et tout cela à des distances où l'on n'avait jamais porté la guerre. Il avait été dans le premier cas le modèle du général subordonné, il fut dans le second le modèle du général tout-puissant et conquérant. Ici plus de ces mouvements limités autour d'une place, de ces batailles classiques où la cavalerie était aux ailes, l'infanterie au centre : les mouvements ont les proportions des empires à frapper, et les batailles la physionomie exacte du lieu où elles sont livrées. Les batailles ressemblent, en la surpassant, à celle de Leuthen; et quant aux mouvements, ils ont une bien autre portée que ceux de Frédéric, courant hors d'haleine de Breslau à Francfort-sur-l'Oder, de Francfort-sur-l'Oder à Erfurt, sans jamais frapper le coup décisif qui aurait terminé la guerre. Non pas qu'il ne faille admirer l'activité, la constance, la ténacité de Frédéric, bien digne de son surnom de grand! Il est vrai néanmoins que le général français, ajoutant à l'audace de la Révolution la sienne, étudiant les grands linéaments du sol comme jamais on ne l'avait fait avant lui, était arrivé à une étendue, à une justesse de mouvements telles, que ses coups étaient à la fois sûrs et décisifs, et en quelque sorte sans appel! L'art, on peut le dire, avait atteint ses dernières limites.

Ces succès prodigieux devaient amener les grandes fautes d'Espagne et de Russie.

Malheureusement ces succès prodigieux devaient corrompre non le général, chaque jour plus consommé dans son art, mais le politique, lui persuader que tout était possible, le conduire tantôt en Espagne, tantôt en Russie, avec des armées affaiblies par leur renouvellement trop rapide, et à travers des difficultés sans cesse accrues, d'abord par la distance qui n'était pas moindre que celle de Cadix à Moscou, ensuite par le climat qui était tour à tour celui de l'Afrique ou de la Sibérie, ce qui forçait les hommes à passer de quarante degrés de chaleur à trente degrés de froid, différences extrêmes que la vie animale ne saurait supporter. Au milieu de pareilles témérités, le plus grand, le plus parfait des capitaines devait succomber!

Aussi beaucoup de juges de Napoléon qui, sans être jamais assez sévères pour sa politique, le sont beaucoup trop pour ses opérations militaires, lui ont-ils reproché d'être le général des succès, non celui des revers, de savoir envahir, de ne savoir pas défendre, d'être le premier dans la guerre offensive, le dernier dans la guerre défensive, ce qu'ils résument par ce mot, que Napoléon *ne sut jamais faire une retraite!* C'est là, selon nous, un jugement erroné.

Lorsque dans l'enivrement du succès, Napoléon se portait à des distances comme celle de Paris à Moscou, et sous un climat où le froid dépassait trente degrés, il n'y avait plus de retraite possible, et Moreau, qui opéra l'admirable retraite de Bavière en 1800, n'eût certainement pas ramené intacte l'armée française de Moscou à Varsovie. Quand des désastres comme celui de 1812 se produisaient, ce n'était plus une de ces alternatives de la guerre qui vous obligent tantôt à avancer, tantôt à reculer, c'était tout un édifice qui s'écroulait sur la tête de l'audacieux qui avait voulu l'élever jusqu'au ciel. Les armées, poussées au dernier degré d'exaltation pour aller jusqu'à Moscou, se trouvant surprises tout à coup par un climat destructeur, se sentant à des distances immenses, sachant les peuples révoltés sur

Est-il vrai que Napoléon ne fut que le général des guerres heureuses?

leurs derrières, tombaient dans un abattement proportionné à leur enthousiasme, et aucune puissance ne pouvait plus les maintenir en ordre. Ce n'était pas une retraite faisable que le chef ne savait pas faire, c'était l'édifice de la monarchie universelle qui s'écroulait sur la tête de son téméraire auteur!

Sa ténacité, sa vigueur dans les revers.

Mais on ne serait pas général si on ne l'était dans l'adversité comme dans la prospérité, car la guerre est une telle suite d'alternatives heureuses ou malheureuses, que celui qui ne saurait pas suffire aux unes comme aux autres, ne pourrait pas commander une armée quinze jours. Or, lorsque le général Bonaparte assailli par les Autrichiens en novembre 1796, au milieu des fièvres du Mantouan, n'ayant guère plus de dix mille hommes à mettre en ligne, se jetait dans les marais d'Arcole pour y annuler la puissance du nombre, il faisait preuve d'une fermeté et d'une fertilité d'esprit dans les circonstances difficiles qui certainement n'ont pas beaucoup d'exemples. Lorsqu'en 1809, à l'époque où la série des grandes fautes politiques était commencée, il se trouvait à Essling acculé au Danube, privé de tous ses ponts par une crue extraordinaire du fleuve, et se repliait dans l'île de Lobau avec un sang-froid imperturbable, il ne montrait pas moins de solidité dans les revers. Sans doute la résistance à Essling même fut le prodige de Lannes qui y mourut, de Masséna qui y serait mort si Dieu ne l'avait fait aussi heureux qu'il était tenace; mais la fermeté de Napoléon qui, au milieu de Vienne émue, de tous nos généraux démoralisés, découvrait des ressources où ils n'en voyaient plus, et adoptait le plan ferme et patient au moyen duquel la victoire fut ramenée sous nos drapeaux à Wagram, cette fermeté, tant admirée de Masséna, appartenait bien à Napoléon, et ce moment offrit certainement l'une des extrémités de la guerre les plus grandes et les plus glorieusement traversées, dont l'histoire des nations ait conservé le souvenir.

Enfin, pour donner tout de suite la preuve la plus décisive, la campagne de 1814, où Napoléon avec une poignée d'hommes, les uns usés, les autres n'ayant jamais vu le feu, tint tête à l'Europe entière, non pas en battant en retraite, mais en profitant des faux mouvements de l'ennemi pour le ramener en arrière par des coups terribles, est un bien autre exemple de fécondité de ressources, de présence d'esprit, de fermeté indomptable dans une situation désespérée. Sans doute Napoléon ne faisait pas la guerre défensive, comme la plupart des généraux, en se retirant méthodiquement d'une ligne à une autre, défendant bien la première, puis la seconde, puis la troisième, et ne parvenant ainsi qu'à gagner du temps, ce qui n'est pas à dédaigner, mais ce qui ne suffit pas pour terminer heureusement une crise : il faisait la guerre défensive comme l'offensive; il étudiait le terrain, tâchait d'y prévoir la manière d'agir de l'ennemi, de le surprendre en faute et de l'accabler, ce qu'il fit contre Blucher et Schwarzenberg en 1814, et ce qui eût assuré son salut, si tout n'avait été usé autour de lui, hommes et choses.

S'il ne fut pas à proprement parler le général des retraites, parce qu'il pensait comme Frédéric que la

Campagne de 1814.

Aucune partie de l'homme de guerre n'avait manqué à Napoléon

meilleure défensive était l'offensive, il se montra dans les guerres malheureuses aussi grand que dans les guerres heureuses. Dans les unes comme dans les autres il conserva le même caractère de vigueur, d'audace, de promptitude à saisir le point où il fallait frapper, et s'il succomba, ce ne fut pas, nous le répétons, le militaire qui succomba en lui, c'est le politique qui avait entrepris l'impossible, en voulant vaincre l'invincible nature des choses.

Dans l'organisation des armées, Napoléon ne fut pas moins remarquable que dans la direction générale des opérations, et dans les batailles.

Progrès qu'il a fait faire à l'organisation des armées.

Ainsi avant lui les généraux de la République distribuaient leurs armées en divisions composées de toutes armes, infanterie, artillerie, cavalerie, et se réservaient tout au plus une division non engagée, composée elle-même comme les autres, afin de parer aux coups imprévus. Chacun des lieutenants livrait à lui seul une bataille isolée, et le rôle du général en chef consistait à secourir celui d'entre eux qui en avait besoin. On pouvait éviter ainsi des défaites, gagner même des batailles, mais jamais de ces batailles écrasantes, à la suite desquelles une puissance était réduite à déposer les armes. Avec la personne de Napoléon, l'organisation des corps d'armée devait changer, et changer de manière à laisser dans les mains de celui qui dirigeait tout le moyen de tout décider.

Sa manière de composer sa réserve.

En effet, son armée était divisée en corps dont l'infanterie était le fond, avec une portion d'artillerie pour la soutenir, et une portion de cavalerie pour l'éclairer. Mais, indépendamment de l'infanterie de la garde qui était sa réserve habituelle, il s'était ménagé des masses de cavalerie et d'artillerie, qui étaient comme la foudre qu'il gardait pour la lancer au moment décisif. A Eylau l'infanterie russe paraissant inébranlable, il lançait sur elle soixante escadrons de dragons et de cuirassiers, et y ouvrait ainsi une brèche qui ne se refermait plus. A Wagram Bernadotte ayant laissé percer notre ligne, il arrêtait avec cent bouches à feu le centre victorieux de l'archiduc Charles, et rétablissait le combat que Davout terminait en enlevant le plateau de Wagram. C'est pour cela qu'indépendamment de la garde il avait composé deux réserves, l'une de grosse cavalerie, l'autre d'artillerie à grande portée, lesquelles étaient dans sa main la massue d'Hercule. Mais pour la massue il faut la main d'Hercule, et avec un général moindre que Napoléon, cette organisation aurait eu l'inconvénient de priver souvent des lieutenants habiles d'armes spéciales dont ils auraient su tirer parti, pour les concentrer dans les mains d'un chef incapable de s'en servir. Aussi presque tous les généraux de l'armée républicaine du Rhin, habitués à agir chacun de leur côté d'une manière presque indépendante, et à réunir dès lors une portion suffisante de toutes les armes, regrettaient l'ancienne composition, ce qui revient à dire qu'ils regrettaient un état de choses qui leur laissait plus d'importance à la condition de diminuer les résultats d'ensemble.

Mais l'organisation ne consiste pas seulement à bien distribuer les diverses parties d'une armée, elle consiste à la recruter, à la nourrir. Sous ce

Son art pour recruter et tenir ses armées ensemble.

rapport, l'art que Napoléon déploya pour porter les conscrits de leur village aux bords du Rhin, des bords du Rhin à ceux de l'Elbe, de la Vistule, du Niémen, les réunissant dans des dépôts, les surveillant avec un soin extrême, ne les laissant presque jamais échapper, et les menant ainsi par la main jusqu'au champ de bataille, cet art fut prodigieux. Il consistait dans une mémoire des détails infaillible, dans un discernement profond des négligences ou des infidélités des agents subalternes, dans une attention continuelle à les réprimer, dans une force de volonté infatigable, dans un travail incessant qui remplissait souvent ses nuits, quand le jour avait été passé à cheval. Et malgré tous ces efforts, les routes étaient souvent couvertes de soldats débandés, mais qui n'attestaient qu'une chose, c'est la violence qu'on faisait à la nature, en portant des hommes des bords du Tage à ceux du Volga!

Ses grandes opérations pour dompter la nature.

A ces tâches si diverses du général en chef il faut souvent en joindre une autre, c'est celle de dompter les éléments, pour franchir des montagnes neigeuses, des fleuves larges et violents, et parfois la mer elle-même. L'antiquité a légué à l'admiration du monde le passage des Pyrénées et des Alpes par Annibal, et il est certain que les hommes n'ont rien fait de plus grand, peut-être même d'aussi grand. La traversée du Saint-Bernard, le transport de l'armée d'Égypte à travers les flottes anglaises, les préparatifs de l'expédition de Boulogne, enfin le passage du Danube à Wagram, sont de grandes opérations que la postérité n'admirera pas moins. La dernière surtout sera un éternel sujet d'étonnement. La difficulté consistant en cette occasion à aller chercher l'armée autrichienne au delà du Danube pour lui livrer bataille, et à traverser ce large fleuve avec cent cinquante mille hommes en présence de deux cent mille autres, qui nous attendaient pour nous précipiter dans les flots, sans qu'on pût les éviter en se portant au-dessus ou au-dessous de Vienne, car dans le premier cas on se serait trop avancé, et dans le second on eût rétrogradé, cette difficulté fut surmontée d'une manière merveilleuse. En trois heures, 150 mille hommes, 500 bouches à feu, avaient passé devant l'ennemi stupéfait, qui ne songeait à nous combattre que lorsque nous avions pris pied sur la rive gauche, et que nous étions en mesure de lui tenir tête. Le passage du Saint-Bernard, si extraordinaire qu'il soit, est loin d'égaler le passage des Alpes par Annibal; mais le passage du Danube en 1809 égale toutes les opérations tentées pour vaincre la puissance combinée de la nature et des hommes, et restera un phénomène de prévoyance profonde dans le calcul, et d'audace tranquille dans l'exécution.

Passage du Danube en 1809.

Enfin on ne dirait pas tout sur le génie militaire de Napoléon, si on n'ajoutait qu'aux qualités les plus diverses de l'intelligence il joignit l'art de dominer les hommes, de leur communiquer ses passions, de les subjuguer comme un grand orateur subjugue ses auditeurs, tantôt de les retenir, tantôt de les lancer, tantôt enfin de les ranimer s'ils étaient ébranlés, et toujours enfin de les tenir en main, comme un habile cavalier tient en main un cheval difficile. Il ne lui manqua donc aucune partie de

Influence de Napoléon sur les armées.

l'esprit et du caractère nécessaires au véritable capitaine, et on peut soutenir que si Annibal n'avait existé, il n'aurait probablement pas d'égal.

<small>Tableau résumé des progrès de l'art militaire.</small>

Ainsi, résumant ce que nous avons dit des progrès de la grande guerre, nous répéterons que deux hommes la portèrent au plus haut degré dans l'antiquité, Annibal et César; que César cependant, restreint par les habitudes du campement, y montra moins de hardiesse de mouvements, de fécondité de combinaisons, d'opiniâtreté dans toutes les fortunes qu'Annibal; qu'au moyen âge Charlemagne, chef d'empire admirable, ne nous donne pas néanmoins l'idée vraie du grand capitaine, parce que l'art était trop grossier de son temps; qu'alors l'homme de guerre fut presque toujours à cheval, et à peine aidé de quelques archers; qu'avec le développement des classes moyennes au sein des villes l'infanterie commença, qu'elle se montra d'abord dans les montagnes de la Suisse, puis dans les villes allemandes, italiennes, hollandaises; que, la poudre ayant renversé les murailles saillantes, les villes enfoncèrent leurs défenses en terre; qu'alors un art subtil, celui de la fortification moderne, prit naissance; qu'autour des villes à prendre ou à secourir, la guerre savante et hardie, la grande guerre, en un mot, reparut dans le monde; que les Nassau en furent les premiers maîtres, qu'ils y déployèrent d'éminentes qualités et une constance demeurée célèbre, que néanmoins enchaînée autour des places, elle resta timide encore; qu'une lutte sanglante s'étant engagée au Nord entre les protestants et les catholiques, laquelle dura trente ans, Gustave-Adolphe, opposant un peuple brave et solide à la cavalerie polonaise, fit faire de nouveaux progrès à l'infanterie; qu'entraîné en Allemagne, il rendit la guerre plus hardie, et la laissa moins que les Nassau, circonscrite autour des places; qu'en France, Condé, heureux mélange d'esprit et d'audace, manifesta le premier le vrai génie des batailles, Turenne, celui des grands mouvements; que cependant l'infanterie partagée en mousquetaires et piquiers n'était pas manœuvrière; que Vauban, en lui donnant le fusil à baïonnette, permit de la placer sur trois rangs; que le prince d'Anhalt-Dessau, chargé de l'éducation de l'armée prussienne, constitua le bataillon moderne qui fournit beaucoup de feux en leur offrant peu de prise; que Frédéric, prenant cet instrument en main et ayant à lutter aux frontières de la Silésie et de la Bohême, changea l'ordre de bataille classique, et le premier adapta les armes au terrain; qu'obligé de tenir tête tantôt aux Autrichiens, tantôt aux Russes, tantôt aux Français, il élargit le cercle des grandes opérations, et fut ainsi dans l'art de la guerre l'auteur de deux progrès considérables; qu'après lui vint la Révolution française, laquelle, n'ayant que des masses populaires à opposer à l'Europe coalisée, résista par le nombre et l'élan aux vieilles armées; que l'infanterie, expression du développement des peuples, prit définitivement sa place dans la tactique moderne, sans que les armes savantes perdissent la leur; qu'enfin un homme extraordinaire, à l'esprit profond et vaste, au caractère audacieux comme la Révolution française dont il sortait, porta l'art de la grande guerre à sa perfection en méditant profondément sur la configuration géographique des pays où il devait opérer, en choisissant toujours bien le point où il fallait se placer pour frapper des coups décisifs, en joignant à l'art des mouvements généraux celui de bien combattre sur chaque terrain, en cherchant toujours ou dans le sol ou dans la situation de l'ennemi l'occasion de ses grandes batailles, en n'hésitant jamais à les livrer, parce qu'elles étaient la conséquence de ses mouvements généraux, en s'y prenant si bien en un mot que chacune d'elles renversait un empire, ce qui amena malheureusement chez lui la plus dangereuse des ivresses, celle de la victoire, le désir de la monarchie universelle, et sa chute, de manière que ce sage législateur, cet habile administrateur, ce grand capitaine, fut à cause même de toutes ses supériorités très-mauvais politique, parce que perdant la raison au sein de la victoire, il alla de triomphe en triomphe finir dans un abîme.

Napoléon comparé aux grands hommes de l'histoire, quant à l'ensemble de leurs qualités et de leurs destinées.

Maintenant, si on le compare aux grands hommes, ses émules, non plus sous le rapport spécial de la guerre, mais sous un rapport plus général, celui de l'ensemble des talents et de la destinée, le spectacle devient plus vaste, plus moral, plus instructif. Si, en effet, on s'attache au bruit, à l'importance des événements, à l'émotion produite chez les hommes, à l'influence exercée sur le monde, il faut, pour lui trouver des pareils, aller chercher encore Alexandre, Annibal, César, Charlemagne, Frédéric, et en plaçant sa physionomie à côté de ces puissantes figures, on parvient à s'en faire une idée à la fois plus précise et plus complète.

Alexandre héritant de l'armée de son père, nourri du savoir des Grecs, passionné pour leurs applaudissements, se jette en Asie, ne trouve à combattre que la faiblesse persane, et marche devant lui jusqu'à ce qu'il rencontre les limites du monde alors connu. Si ses soldats ne l'arrêtaient, il irait jusqu'à l'océan Indien. Obligé de revenir, il n'a qu'un désir, c'est de recommencer ses courses aventureuses. Ce n'est pas à sa patrie qu'il songe, laquelle n'a que faire de tant de conquêtes; c'est à la gloire d'avoir parcouru l'univers en vainqueur. Sa passion c'est sa renommée, reconnue, applaudie à Athènes. Généreux et même bon, il tue son ami Clitus, ses meilleurs lieutenants, Philotas et Parménion, parce que leur langue imprudente a touché à sa gloire. La renommée, voilà son but, but le plus vain entre tous ceux qu'ont poursuivis les grands hommes, et tandis qu'après avoir laissé reposer son armée il va de nouveau courir après ce but unique de ses travaux, enivré des délices de l'Asie, il meurt sur la pourpre et dans le vin. Il a séduit la postérité par sa grâce héroïque, mais il n'y a pas une vie plus inutilement bruyante que la sienne, car il n'a point porté la civilisation grecque au delà de l'Ionie et de la Syrie où elle régnait déjà, et a laissé le monde grec dans l'anarchie, et apte uniquement à recevoir la conquête romaine. Moralement on aimerait mieux être le sage et habile Philopœmen, qui ne fit pas tout ce bruit, mais qui prolongea de quelques jours l'indépendance de la Grèce.

A côté de cette vie à la fois si pleine et si vide,

Alexandre le Grand.

Annibal.

voici la vie la plus vaste, la plus sérieuse, la plus énergique qui fut jamais : c'est celle d'Annibal. Ce mortel à qui Dieu dispensa tous les dons de l'intelligence et du caractère, et le plus propre aux grandes choses qu'on eût jamais vu, était sorti d'une famille de vieux capitaines, tous morts les armes à la main pour défendre Carthage. Son âme était une espèce de métal forgé dans le foyer ardent des haines que Rome excitait autour d'elle. A neuf ans il quitte Carthage avec son père, et va où allaient tous les siens, vivre et mourir en combattant contre les Romains. Ses jeux sont la guerre. Enfant, il couche sur les champs de bataille, se fait un corps insensible à la douleur, une âme inaccessible à la crainte, un esprit qui voit clair dans le tumulte des combats comme d'autres dans le plus parfait repos. Son père étant mort, son beau-frère aussi, l'un et l'autre les armes à la main, l'armée carthaginoise le demande pour chef à vingt-deux ans, et l'impose pour ainsi dire au sénat de Carthage, jaloux de la glorieuse famille des Barca. Il prend le commandement de cette armée, la fait à son image, c'est-à-dire pleine à la fois d'audace, de constance, et surtout de haine contre les Romains, la mène à travers l'Europe, inconnue alors comme l'est aujourd'hui le centre de l'Afrique, ose franchir les Pyrénées, puis les Alpes avec quatre-vingt mille hommes dont il perd les deux tiers dans ce trajet extraordinaire, et, dirigé par cette pensée profonde que c'est à Rome même qu'il faut combattre Rome, vient soulever contre elle ses sujets italiens mal soumis. Il fond sur les généraux romains, les force à sortir de leur camp en piquant la bravoure de l'un, la vanité de l'autre, les accable successivement, et triompherait de tous s'il ne rencontrait enfin un adversaire digne de lui. Fabius, qui veut qu'on oppose à ce géant non pas les batailles, où il est invincible, mais la vraie vertu de Rome, la persévérance. Annibal s'apercevant qu'il s'est trompé en comptant sur les Gaulois, bouillants mais inconstants comme tous les barbares, sentant Rome imprenable, va au midi de l'Italie, où se trouvait une riche civilisation, consistant en villes toutes gouvernées à l'image de Rome, c'est-à-dire par des sénats que le peuple jalousait. Il renverse partout le parti aristocratique, quoique aristocrate lui-même, donne le pouvoir au parti démocratique, fait de Capoue le centre de son empire, et ne s'endort point, comme on l'a dit, dans des délices qu'il ne sait pas goûter, mais repose, refait son armée amaigrie, amasse pour elle seule les richesses du pays, et abandonné de sa lâche nation, appelant le monde entier à son aide, étendant la guerre à la Grèce, à l'Asie, il détruit sans cesse les forces envoyées contre lui, se maintient douze ans dans sa conquête, au point de faire considérer aux Romains sa présence en Italie comme un mal sans remède. Mais un jour arrive, où les Romains à leur tour portant la guerre sous les murs de Carthage, il est rappelé, lutte avec une armée détruite contre l'armée romaine reconstituée, et sa fortune déjà ancienne est vaincue par une fortune naissante, celle de Scipion, suivant l'ordinaire succession des choses humaines. Rentré dans sa patrie, il essaye de la réformer pour la rendre capable de recommencer la lutte contre les Romains. Dénoncé par ceux dont il attaquait les abus, il fuit en Orient, essaye d'y réveiller la faiblesse des Antiochus, y est suivi par la haine de Rome, et quand il ne peut plus lutter avale le poison, et meurt le dernier de son héroïque famille, car tous ont succombé comme lui à la même œuvre, œuvre sainte, celle de la résistance à la domination étrangère. En contemplant cet admirable mortel, doué de tous les génies, de tous les courages, on cherche une faiblesse, et on ne sait où la trouver. On cherche une passion personnelle, les plaisirs, le luxe, l'ambition, et on n'en trouve qu'une, la haine des ennemis de son pays. Le Romain Tite-Live l'accuse d'avarice et de cruauté. Annibal amassa en effet des richesses immenses, sans jamais jouir d'aucune, et les employa toutes à payer son armée, laquelle, composée de soldats stipendiés, est la seule armée mercenaire qui ne se soit jamais révoltée, contenue qu'elle était par son génie et par la sage distribution qu'il lui faisait des fruits de la victoire. Il envoya à Carthage, il est vrai, plusieurs boisseaux d'anneaux de chevaliers romains immolés par l'épée carthaginoise, mais on ne cite pas un seul acte de barbarie hors du champ de bataille. Les reproches de l'historien romain sont donc des louanges, et ce que la postérité a dit, ce que les générations les plus reculées répéteront, c'est qu'il offrit le plus noble spectacle que puissent donner les hommes : celui du génie exempt de tout égoïsme, et n'ayant qu'une passion, le patriotisme, dont il est le glorieux martyr.

Voici un autre martyr, non du patriotisme, mais de l'ambition, rare mortel, rempli de séduction, mais chargé de vices, et coupable d'affreux attentats contre la constitution de son pays : ce mortel est César, le troisième des hommes prodiges de l'antiquité. Né avec tous les talents, brave, fier, éloquent, élégant, prodigue et toujours simple, mais sans le moindre souci du bien ou du mal, il n'a qu'une pensée, c'est de réussir là où Sylla et Marius ont échoué, c'est-à-dire de devenir le maître de son pays. Alexandre a voulu conquérir le monde connu; Annibal a voulu empêcher la conquête de sa patrie; César, dans cette Rome qui a presque conquis l'univers, ne veut conquérir qu'elle-même. Il y emploie tous les arts, même les plus vils, la cruauté exceptée, non par bonté de cœur, mais par profondeur de calcul, et pour ne pas rappeler les proscriptions de Marius et de Sylla aux imaginations épouvantées. Il veut être édile, préteur, pontife, et contracte des dettes immenses pour acheter les suffrages de ses concitoyens. Il corrompt les femmes, les maris, comme il a cherché à corrompre le peuple. A tous les moyens de corruption il veut ajouter les séductions les plus élevées de l'esprit, et devient le plus parfait des orateurs romains. Délice et scandale de Rome, bientôt il n'y peut plus vivre. Il coalise alors l'avare Crassus, le vaniteux Pompée dont il gouverne la faiblesse, et se fait attribuer les Gaules, seule contrée où il reste quelque chose à conquérir dans les limites naturellement assignables à l'empire romain. Il conquiert non pour agrandir sa patrie, qui n'en a guère besoin, mais pour se créer des soldats dévoués, pour acquérir des richesses, et payer ainsi ses dettes et celles de ses avides partisans. Guerroyant l'été, intriguant l'hiver, il mène de ses quartiers de Milan la vanité de Pompée, l'avarice de Crassus, domine dix ans de la sorte les affaires romaines, et enfin lorsque Crassus mort en Asie il n'y a plus personne entre lui et Pompée pour amortir le choc des ambitions, il essaye d'abord de la ruse pour retarder une lutte dont il sent le péril, puis ne pouvant plus l'éviter, franchit le Rubicon, marche contre Pompée dont les légions étaient en Espagne, le pousse d'Italie en Épire, abandonne alors, comme il l'a dit si grandement, *un général sans armée pour courir à une armée sans général*, va dissoudre en Espagne les légions de Pompée que commandait Afranius, retourne ensuite en Épire, lutte contre Pompée lui-même, et termine à Pharsale la querelle de la suprême puissance. Il lui reste en Afrique, en Espagne, les débris du parti de Pompée à détruire; il les détruit, vient triompher à Rome de tous ses ennemis, et y fonde cette grande chose qu'on appelle l'empire romain, mais se fait assassiner par les républicains pour avoir voulu trop tôt mettre le nom sur la chose. Dans cette vie, tous les moyens sont pervers comme le but, et il faut cependant reconnaître à César un mérite, c'est d'avoir voulu à la république substituer l'empire, non par le sang comme Sylla ou Marius, mais par la corruption qui allait aux mœurs de Rome, et par l'esprit qui allait à son génie; et le trait particulier de ce personnage extraordinaire, grand politique, grand orateur, grand guerrier, grand débauché surtout, et clément enfin sans bonté, sera toujours d'avoir été le mortel le plus complet qui ait paru sur la terre.

Maintenant pour trouver de tels hommes, il faut tourner bien des fois les feuillets du vaste livre de l'histoire, il faut passer à travers bien des siècles, et arriver au neuvième, où, entre le monde ancien et le monde moderne, apparaît Charlemagne!

Certes, qu'au sein de la civilisation, de son savoir si varié, si attrayant, si fécond, où le goût du savoir naît du savoir même, on trouve des mortels épris des lettres et des sciences, les aimant pour elles-mêmes et pour leur utilité, comprenant que c'est par elles que tout marche, le vaisseau sur les mers, le char sur les routes, que c'est par elles que la justice règne et que la force appuie la justice, que c'est par elles enfin que la société humaine est à la fois belle, attrayante, douce et sûre à habiter, c'est naturel et ce n'est pas miracle! Quels yeux, après avoir vu la lumière, ne l'aimeraient point? Mais qu'au sein d'une obscurité profonde, un œil qui n'a jamais connu la lumière, la pressente, l'aime, la cherche, la trouve, et tâche de la répandre, c'est un prodige digne de l'admiration et du respect des hommes. Ce prodige, c'est Charlemagne qui l'offrit à l'univers!

Barbare né au milieu de barbares qui avaient cependant reçu par le clergé quelques parcelles de la science antique, il s'éprit avec la plus noble ardeur de ce que nous appelons la civilisation, de ce qu'il appelait d'un autre nom, mais de ce qu'il aimait autant que nous, et par les mêmes motifs. A cette époque, la civilisation c'était le christianisme.

Être chrétien alors c'était être vraiment philosophe, ami du bien, de la justice, de la liberté des hommes. Par toutes ces raisons, Charlemagne devint un chrétien fervent, et voulut faire prévaloir le christianisme dans le monde barbare, livré à la force brutale et au plus grossier sensualisme. A l'intérieur de cette France inculte et sans limites définies, le Nord-est, ou *Austrasie*, était en lutte avec le Sud-ouest, ou *Neustrie*, l'un et l'autre avec le Midi, ou *Aquitaine*. Au dehors cette France était menacée de nouvelles invasions par les barbares du Nord appelés Saxons, par les barbares du Sud appelés Arabes, les uns et les autres païens ou à peu près. Si une main ferme ne venait opposer une digue, soit au Nord, soit au Midi, l'édifice des Francs à peine commencé pouvait s'écrouler, tous les peuples pouvaient être jetés encore une fois les uns sur les autres, le torrent des invasions pouvait déborder de nouveau, et emporter les semences de civilisation à peine déposées en terre. Charlemagne, dont l'aïeul et le père avaient commencé cette œuvre de consolidation, la reprit et la termina. Grand capitaine, on ne saurait dire s'il le fut, s'il lui était possible de l'être dans ce siècle. Le capitaine de ce temps était celui qui, la hache d'armes à la main, comme Pepin, comme Charles Martel, se faisait suivre de ses gens de guerre en les conduisant plus loin que les autres à travers les rangs pressés de l'ennemi. Élevé par de tels parents, Charlemagne n'était sans doute pas moins vaillant qu'eux; mais il fit mieux que de combattre en soldat à la tête de ses grossiers soldats, il dirigea pendant cinquante années, dans des vues fermes, sages, fortement arrêtées, leur bravoure aveugle. Il réunit sous sa main l'Austrasie, la Neustrie, l'Aquitaine, c'est-à-dire la France, puis refoulant les Saxons au Nord, les poursuivant jusqu'à ce qu'il les eût faits chrétiens, seule manière alors de les civiliser et de désarmer leur férocité, refoulant au Sud les Sarrasins sans prétention de les soumettre, car il aurait fallu pousser jusqu'en Afrique, s'arrêtant sagement à l'Èbre, il fonda, soutint, gouverna un empire immense, sans qu'on pût l'accuser d'ambition désordonnée, car en ce temps-là il n'y avait pas de frontières, et si cet empire trop étendu pour le génie de ses successeurs ne pouvait rester sous une seule main, il resta du moins sous les mêmes lois, sous la même civilisation, quoique sous des princes divers, et devint tout simplement l'Europe. Maintenant pendant près d'un demi-siècle ce vaste empire par la force appliquée avec une persévérance infatigable, il se consacra pendant le même temps à y faire régner l'ordre, la justice, l'humanité, comme on pouvait les entendre alors, en y employant tantôt les assemblées nationales qu'il appelait deux fois par an autour de lui, tantôt le clergé qui était son grand instrument de civilisation, et enfin ses représentants directs, ses fameux *missi dominici*, agents de son infatigable vigilance. Sachant que les bonnes lois sont nécessaires, mais que sans l'éducation les mœurs ne viennent pas appuyer les lois, il créa partout des écoles où il fit couler, non pas le savoir moderne, mais le savoir de cette époque, car de ces fontaines publiques il ne pouvait faire couler que les eaux dont il disposait. Joignant à ces laborieuses vertus quelques faiblesses qui tenaient pour ainsi dire à l'excellence de son cœur, entouré de ses nombreux enfants, établi dans ses palais qui étaient de riches fermes, y vivant en roi doux, aimable autant que sage et profond, il fut mieux qu'un conquérant, qu'un capitaine, il fut le modèle accompli du chef d'empire, aimant les hommes, méritant d'en être aimé, constamment appliqué à leur faire du bien, et leur en ayant fait plus peut-être qu'aucun des souverains qui ont régné sur la terre. Après ces terribles figures des Alexandre, des César qui ont bouleversé le monde, beaucoup plus pour y répandre leur gloire que pour y répandre le bien, avec quel plaisir on contemple cette figure bienveillante, majestueuse et sereine, toujours appliquée ou à l'étude ou au bonheur des hommes, et où n'apparaît qu'un seul chagrin, mais à la fin de ses jours, celui d'entrevoir les redoutables esquifs des Normands, dont il prévoit les ravages sans avoir le temps de les réprimer. Tant il y a qu'aucune carrière ici-bas n'est complète, pas même la plus vaste, la plus remplie, qu'aucune vie n'est heureuse jusqu'à son déclin, celle même qui a le plus mérité de l'être !

En descendant vers les temps modernes, on ne rencontre plus de ces figures colossales, soit que la proximité diminue les prestiges, soit que le monde en se régularisant laisse moins de place aux existences extraordinaires ! Charles-Quint, avec sa profondeur et sa tristesse, Henri IV, avec sa séduction et sa fine politique, les Nassau, avec leur constance, Gustave-Adolphe, vainqueur avec si peu de soldats de l'Empire germanique, Cromwell, assassin de son roi et dominateur de la révolution anglaise, Louis XIV, avec sa majesté et son bon sens, ne s'élèvent pas à la hauteur des glorieuses figures que nous avons essayé de peindre. Il faut arriver à deux hommes, Frédéric et Napoléon, que le double éclat de l'esprit et du génie militaire place, le premier assez près, le second tout à fait au niveau des grands hommes de l'antiquité. Frédéric, sceptique, railleur, chef couronné des philosophes du dix-huitième siècle, contempteur de tout ce qu'il y a de plus respectable au monde, se moquant de ses amis mêmes, prédestiné en quelque sorte pour braver, insulter, humilier l'orgueil de la maison d'Autriche et du vieil ordre de choses qu'elle représentait, osant au sein de l'Europe bien assise, où les places étaient si difficiles à changer, osant, disons-nous, entreprendre de créer une puissance nouvelle, ayant eu l'honneur d'y réussir en luttant à lui seul contre tout le continent, grâce il est vrai à la frivolité des cours de France et de Russie, grâce aussi à l'esprit étroit de la cour d'Autriche, et après avoir fait vingt ans la guerre, maintenant par la politique la plus profonde la paix du continent, jusqu'à partager audacieusement la Pologne sans être obligé de tirer un coup de canon, Frédéric est une figure originale et saisissante, à laquelle cependant il manque la grandeur bien que les grandes actions n'y manquent pas, soit parce que Frédéric après tout n'a fait que changer la proportion des forces dans l'intérieur de la Confédération germanique, soit

Frédéric le Grand.

parce que cette figure railleuse n'a point la dignité sérieuse qui impose aux hommes!

La grandeur! ce n'est pas ce qui manque à celui qui lui a succédé et l'a surpassé dans l'admiration et le ravage du monde! Il était réservé à la Révolution française, appelée à changer la face de la société européenne, de produire un homme qui attirerait autant les regards que Charlemagne, César, Annibal et Alexandre. A celui-là ce n'est ni la grandeur du rôle, ni l'immensité des bouleversements, ni l'éclat, l'étendue, la profondeur du génie, ni le sérieux d'esprit qui manquent pour saisir, attirer, maîtriser l'attention du genre humain! Ce fils d'un gentilhomme corse, qui vient demander à l'ancienne royauté l'éducation dispensée dans les écoles militaires à la noblesse pauvre, qui, à peine sorti de l'école, acquiert dans une émeute sanglante le titre de général en chef, passe ensuite de l'armée de Paris à l'armée d'Italie, conquiert cette contrée en un mois, attire à lui et détruit successivement toutes les forces de la coalition européenne, lui arrache la paix de Campo-Formio, et déjà trop grand pour habiter à côté du gouvernement de la République, va chercher en Orient des destinées nouvelles, passe avec cinq cents voiles à travers les flottes anglaises, conquiert l'Égypte en courant, songe alors à envahir l'Inde en suivant la route d'Alexandre, puis ramené tout à coup en Occident par le renouvellement de la guerre européenne, après avoir essayé d'imiter Alexandre, imite et égale Annibal en franchissant les Alpes, écrase de nouveau la coalition et lui impose la belle paix de Lunéville, ce fils du

Vaste carrière de Napoléon.

pauvre gentilhomme corse a déjà parcouru à trente ans une carrière bien extraordinaire! Devenu quelque temps pacifique, il jette par ses lois les bases de la société moderne, puis se laisse emporter à son bouillant génie, s'attaque de nouveau à l'Europe, la soumet en trois journées, Austerlitz, Iéna, Friedland, abaisse et relève les empires, met sur sa tête la couronne de Charlemagne, voit les rois lui offrir leur fille, choisit celle des Césars, dont il obtient un fils qui semble destiné à porter la plus brillante couronne de l'univers, de Cadix se porte à Moscou, succombe dans la plus grande catastrophe des siècles, refait sa fortune, la défait de nouveau, est confiné dans une petite île, en sort avec quelques centaines de soldats fidèles, reconquiert en vingt jours le trône de France, lutte de nouveau contre l'Europe exaspérée, succombe pour la dernière fois à Waterloo, et après avoir soutenu des guerres plus grandes que celles de l'empire romain, s'en va, né dans une île de la Méditerranée, mourir dans une île de l'Océan, attaché comme Prométhée sur un rocher par la haine et la peur des rois, ce fils du pauvre gentilhomme corse a bien fait dans le monde la figure d'Alexandre, d'Annibal, de César, de Charlemagne! Du génie il en a autant que ceux d'entre eux qui en ont le plus; du bruit il en a fait autant que ceux qui ont le plus ébranlé l'univers; du sang, malheureusement il en a versé plus qu'aucun d'eux. Moralement il vaut moins que les meilleurs de ces grands hommes, mais mieux que les plus mauvais. Son ambition est moins vaine que celle d'Alexandre, moins perverse que celle de

Son ambition comparée à celle

d'Alexandre, de César, d'Annibal.

César, mais elle n'est pas respectable comme celle d'Annibal, qui s'épuise et meurt pour épargner à sa patrie le malheur d'être conquise. Son ambition est l'ambition ordinaire des conquérants, qui aspirent à dominer dans une patrie agrandie par eux. Pourtant il chérit la France, et jouit de sa grandeur autant que de la sienne même. Dans le gouvernement il aime le bien, le poursuit en despote, mais n'y apporte ni la suite, ni la religieuse application de Charlemagne. Sous le rapport de la diversité des talents il est moins complet que César, qui ayant été obligé de séduire ses concitoyens avant de les dominer, s'est appliqué à persuader comme à combattre, et sait tour à tour parler, écrire, agir, en restant toujours simple. Napoléon, au contraire, arrivé tout à coup à la domination par la guerre, n'a aucun besoin d'être orateur, et peut-être ne l'aurait jamais été quoique doué d'éloquence naturelle, parce que jamais il n'aurait pris la peine d'analyser patiemment sa pensée devant des hommes assemblés, mais il sait écrire néanmoins comme il sait penser, c'est-à-dire fortement, grandement, même avec

Son esprit comparé à celui de César.

soin, parfois est un peu déclamatoire comme la Révolution française, sa mère, discute avec plus de puissance que César, mais ne narre pas avec sa suprême simplicité, son naturel exquis. Inférieur au dictateur romain sous le rapport de l'ensemble des qualités, il lui est supérieur comme militaire, d'abord par plus de spécialité dans la profession, puis par l'audace, la profondeur, la fécondité inépuisable des combinaisons, n'a sous ce rapport qu'un égal ou un supérieur (on ne saurait le dire), Annibal, car il est aussi audacieux, aussi calculé, aussi rusé, aussi fécond, aussi terrible, aussi opiniâtre que le général carthaginois, en ayant toutefois une supériorité sur lui, celle des siècles. Arrivé en effet après Annibal, César, les Nassau, Gustave-Adolphe, Condé, Turenne, Frédéric, il a pu pousser l'art à son dernier terme. Du reste, ce sont les balances de Dieu qu'il faudrait pour peser de tels hommes, et tout ce qu'on peut faire c'est de saisir quelques-uns des traits les plus saillants de leurs imposantes physionomies.

<small>Son génie militaire comparé à celui d'Annibal.</small>

Pour nous Français, Napoléon a des titres que nous ne devons ni méconnaître ni oublier, à quelque parti que notre naissance, nos convictions ou nos intérêts nous aient attachés. Sans doute en organisant notre état social par le Code civil, notre administration par ses règlements, il ne nous donna pas la forme politique sous laquelle notre société devait se reposer définitivement, et vivre paisible, prospère et libre; il ne nous donna pas la liberté, que ses héritiers nous doivent encore; mais, au lendemain des agitations de la Révolution française, il ne pouvait nous procurer que l'ordre, et il faut lui savoir gré de nous avoir donné avec l'ordre notre état civil et notre organisation administrative. Malheureusement pour lui et pour nous, il a perdu notre grandeur, mais il nous a laissé la gloire qui est la grandeur morale, et ramène avec le temps la grandeur matérielle. Il était par son génie fait pour la France, comme la France était faite pour lui. Ni lui sans l'armée française, ni l'armée française sans lui n'auraient accompli ce qu'ils ont accompli ensemble.

<small>Ses mérites et ses torts envers la France.</small>

Auteur de nos revers mais compagnon de nos exploits, nous devons le juger sévèrement, mais en lui conservant les sentiments qu'une armée doit au général qui l'a conduite longtemps à la victoire. Étudions ses hauts faits qui sont les nôtres, apprenons à son école, si nous sommes militaires l'art de conduire les soldats, si nous sommes hommes d'État l'art d'administrer les empires; instruisons-nous surtout par ses fautes, apprenons en évitant ses exemples à aimer la grandeur modérée, celle qui est possible, celle qui est durable parce qu'elle n'est pas insupportable à autrui, apprenons en un mot la modération auprès de cet homme le plus immodéré des hommes. Et, comme citoyens enfin, tirons de sa vie une dernière et mémorable leçon, c'est que, si grand, si sensé, si vaste que soit le génie d'un homme, jamais il ne faut lui livrer complétement les destinées d'un pays. Certes nous ne sommes pas de ceux qui reprochent à Napoléon d'avoir dans la journée du 18 brumaire arraché la France aux mains du Directoire, entre lesquelles peut-être elle eût péri : mais de ce qu'il fallait la tirer de ces mains débiles et corrompues, ce n'était pas une raison pour la livrer tout entière aux mains puissantes mais téméraires du vainqueur de Rivoli et de Marengo. Sans doute si jamais une nation eut des excuses pour se donner à un homme, ce fut la France lorsqu'en 1800 elle adopta Napoléon pour chef! Ce n'était pas une fausse anarchie dont on cherchait à faire peur à la nation pour l'enchaîner. Hélas non! des milliers d'existences innocentes avaient succombé sur l'échafaud, dans les prisons

Diverses leçons, et une surtout, à tirer de son règne.

de l'Abbaye, ou dans les eaux de la Loire. Les horreurs des temps barbares avaient tout à coup reparu au sein de la civilisation épouvantée, et même après que ces horreurs étaient déjà loin, la Révolution française ne cessait d'osciller entre les bourreaux auxquels on l'avait arrachée, et les émigrés aveugles qui voulaient la faire rétrograder à travers le sang vers un passé impossible, tandis que sur ce chaos se montrait menaçante l'épée de l'étranger! A ce moment revenait de l'Orient un jeune héros plein de génie, qui partout vainqueur de la nature et des hommes, sage, modéré, religieux, semblait né pour enchanter le monde! Jamais assurément on ne fut plus excusable de se confier à un homme, car jamais terreur ne fut moins simulée que celle qu'on fuyait, car jamais génie ne fut plus réel que celui auprès duquel on cherchait un refuge! Et cependant après quelques années, ce sage devenu fou, fou d'une autre folie que celle de quatre-vingt-treize, mais non moins désastreuse, immolait un million d'hommes sur les champs de bataille, attirait l'Europe sur la France qu'il laissait vaincue, noyée dans son sang, dépouillée du fruit de vingt ans de victoires, désolée en un mot, et n'ayant pour refleurir que les germes de la civilisation moderne déposés dans son sein. Qui donc eût pu prévoir que le sage de 1800 serait l'insensé de 1812 et de 1813? Oui, on aurait pu le prévoir, en se rappelant que la toute-puissance porte en soi une folie incurable, la tentation de tout faire quand on peut tout faire, même le mal après le bien. Ainsi dans cette grande vie où il y a tant à apprendre pour les militaires, les administrateurs, les politiques, que les citoyens viennent à leur tour apprendre une chose, c'est qu'il ne faut jamais livrer la patrie à un homme, n'importe l'homme, n'importent les circonstances! En finissant cette longue histoire de nos triomphes et de nos revers, c'est le dernier cri qui s'échappe de mon cœur, cri sincère que je voudrais faire parvenir au cœur de tous les Français, afin de leur persuader à tous qu'il ne faut jamais aliéner sa liberté, et, pour n'être pas exposé à l'aliéner, n'en jamais abuser.

<small>Dernier vœu d'un citoyen en terminant cette histoire.</small>

FIN.

TABLE DES MATIÈRES

CONTENUES

DANS LE TOME VINGTIÈME.

LIVRE SOIXANTIÈME.

WATERLOO.

Forces que Napoléon avait réunies pour l'ouverture de la campagne de 1815. — Les places occupées, Paris et Lyon pourvus de garnisons suffisantes, la Vendée contenue, il lui restait 124 mille hommes présents au drapeau pour prendre l'offensive sur la frontière du Nord. — En attendant un mois Napoléon aurait eu cent mille hommes de plus. — Néanmoins il se décide en faveur de l'offensive immédiate, d'abord pour ne pas laisser dévaster par l'ennemi les provinces de France les plus belles et les plus dévouées, et ensuite parce que la colonne envahissante de l'Est étant en retard sur celle du Nord, il a l'espérance en se hâtant de pouvoir les combattre l'une après l'autre. — Combinaison qu'il imagine pour concentrer soudainement son armée, et la jeter entre les Anglais et les Prussiens avant qu'ils puissent soupçonner son apparition. — Le 15 juin à trois heures du matin, Napoléon entre en action, enlève Charleroy, culbute les Prussiens, et prend position entre les deux armées ennemies. — Les Prussiens ayant leur base sur Liége, les Anglais sur Bruxelles, ne peuvent se réunir que sur la grande chaussée de Namur à Bruxelles, passant par Sombreffe et les Quatre-Bras. — Napoléon prend donc le parti de se porter sur Sombreffe avec sa droite et son centre, pour livrer bataille aux Prussiens, tandis que Ney avec la gauche contiendra les Anglais aux Quatre-Bras. — Combat de Gilly sur la route de Fleurus. — Hésitations de Ney aux Quatre-Bras. — Malgré ces hésitations tout se passe dans l'après-midi du 15 au gré de Napoléon, et il est placé entre les deux armées ennemies de manière à pouvoir le lendemain combattre les Prussiens avant que les Anglais viennent à leur secours. — Dispositions pour la journée du 16. — Napoléon est obligé de différer la bataille contre les Prussiens jusqu'à l'après-midi, afin de donner à ses troupes le temps d'arriver en ligne. — Ordre à Ney d'enlever les Quatre-Bras à tout prix, et de diriger ensuite une colonne sur les derrières de l'armée prussienne. — Vers le milieu du jour Napoléon et son armée débouchent en avant de Fleurus. — Empressement de Blucher à accepter la bataille, et position qu'il vient occuper en avant de Sombreffe, derrière les villages de Saint-Amand et de Ligny. — Bataille de Ligny, livrée le 16, de trois à neuf heures du soir. — Violente résistance des Prussiens à Saint-Amand et à Ligny. — Ordre réitéré à Ney d'occuper les Quatre-Bras, et de détacher un corps sur les derrières de Saint-Amand. — Napoléon voyant ses ordres inexécutés, imagine une nouvelle manœuvre, et avec sa garde coupe la ligne prussienne au-dessus de Ligny. — Résultat décisif de cette belle manœuvre. — L'armée prussienne est rejetée au delà de Sombreffe après des pertes immenses, et Napoléon demeure maître de la grande chaussée de Namur à Bruxelles par les Quatre-Bras. — Pendant qu'on se bat à Ligny, Ney, craignant d'avoir à combattre l'armée britannique tout entière, laisse passer le moment propice, n'entre en action que lorsque les Anglais sont en trop grand nombre, parvient seulement à les contenir, et d'Erlon de son côté, attiré tantôt à Ligny, tantôt aux Quatre-Bras, perd la journée en allées et venues, ce qui le rend inutile à tout le monde. — Malgré ces incidents le plan de Napoléon a réussi, car il a pu combattre les Prussiens séparés des Anglais, et il est en mesure le lendemain de combattre les Anglais séparés des Prussiens. — Dispositions pour la journée du 17. — Napoléon voulant surveiller les Prussiens, compléter leur défaite, et surtout les tenir à distance pendant qu'il aura affaire aux Anglais, détache son aile droite sous le maréchal Grouchy, en lui recommandant expressément de toujours communiquer avec lui. — Il compose cette aile droite des corps de Vandamme et de Gérard fatigués par la bataille de Ligny, et avec son centre, composé du corps de Lobau, de la garde et de la réserve de cavalerie, il se porte vers les Quatre-Bras, pour rallier Ney et aborder les Anglais. — Ces dispositions l'occupent une partie de la matinée du 17, et il part ensuite pour rejoindre ses troupes qui ont pris les devants. — Surprise qu'il éprouve en trouvant Ney, qui devait former la tête de colonne, immobile derrière les Quatre-Bras. — Ney, croyant encore avoir l'armée anglaise tout entière devant lui, attendait l'arrivée de Napoléon pour se mettre en mouvement. — Ce retard retient longtemps l'armée au passage des Quatre-Bras. — Orage subit qui convertit la contrée en un vaste marécage. — Profonde détresse des troupes. — Combat d'arrière-garde à Genappe. — Napoléon poursuit l'armée anglaise, qui s'arrête sur le plateau de Mont-Saint-Jean, en avant de la forêt de Soignes. — Description de la contrée. — Desseins du duc de Wellington. — Son intention est de s'établir sur le plateau de Mont-Saint-Jean, et d'y attendre les Prussiens pour livrer avec eux une bataille décisive. — Blucher quoique mécontent des Anglais pour la journée du 16, leur fait dire qu'il sera sur leur gauche le 18 au matin, en avant de la forêt de Soignes. — Longue reconnaissance exécutée par Napoléon le 17 au soir sous une grêle de boulets. — Sa vive satisfaction en acquérant la conviction que les Anglais sont décidés à combattre. — Sa confiance dans le résultat. — Ordre à Grouchy de se rapprocher et d'envoyer un détachement pour prendre à revers la gauche des Anglais. — Mouvements de Grouchy pendant cette journée du 17. — Il court inutilement après les Prussiens sur la route de Namur, et ne s'aperçoit que vers la fin du jour de leur marche sur Wavre. — Il achemine alors sur Gembloux son infanterie qui n'a fait que deux lieues et demie dans la journée. — Pourtant on est si près les uns des autres, que Grouchy peut encore, en partant à quatre heures du matin le 18, se trouver sur la trace des Prussiens, et les prévenir dans toutes les directions. — Il écrit le 17 au soir à Napoléon qu'il est sur leur piste, et qu'il mettra tous ses soins à les tenir séparés des Anglais. — Napoléon se lève plusieurs fois dans la nuit pour observer l'ennemi. — Les feux de bivouac des Anglais ne laissent aucun doute sur leur résolution de livrer bataille. — La pluie n'ayant cessé que vers six heures du matin, Drouot, au nom de l'artillerie, déclare qu'il sera impossible de manœuvrer avant dix ou onze heures du matin. — Napoléon se décide à différer la bataille jusqu'à ce moment. — Son plan pour cette journée. — Il veut culbuter la gauche des Anglais sur leur centre, et leur enlever la chaussée de Bruxelles, qui est la seule issue praticable à travers la forêt de Soignes. — Distribution de ses forces. — Aspect des deux armées. — Napoléon après avoir sommeillé quelques instants prend place sur un tertre en avant de la ferme de la Belle-Alliance. — Avant de donner le signal du combat, il expédie un nouvel officier à Grouchy pour lui faire part de la situation, et lui ordonner de venir se placer sur sa droite. — A onze heures et demie le feu commence. — Grande batterie sur le front de l'armée française, tirant à outrance sur la ligne anglaise. — A peine le feu est-il commencé qu'on aperçoit une ombre dans le lointain à droite. — Cavalerie légère envoyée en reconnaissance. — Attaque de notre gauche commandée par le général Reille contre le bois et le château de Goumont. — Le bois et le verger sont enlevés, malgré l'opiniâtreté de l'ennemi; mais le château résiste. — Fâcheuse obstination à enlever ce poste. — La cavalerie légère vient annoncer que ce sont des troupes qu'on a vues dans le lointain à droite, et que ces troupes sont prussiennes. — Nouvel officier envoyé à Grouchy. — Le comte de Lobau est chargé de contenir les Prussiens. — Attaque au centre sur la route de Bruxelles afin d'enlever la Haye-Sainte, et à droite afin d'expulser la gauche des Anglais du plateau de Mont-Saint-Jean. — Ney dirige cette double attaque. — Nos soldats enlèvent le verger de la Haye-Sainte, mais sans pouvoir s'emparer des bâtiments de ferme. — Attaque du corps de d'Erlon contre la gauche des Anglais. — Élan des troupes. — La position est d'abord emportée, et on est près de déboucher sur le plateau, lorsque nos colonnes d'infanterie sont assaillies par une charge furieuse des dragons écossais, et mises en désordre pour n'avoir pas été disposées de manière à résister à la cavalerie. — Napoléon lance sur les dragons écossais une brigade de cuirassiers. — Horrible carnage des dragons écossais. — Quoique réparé, l'échec de d'Erlon laisse la tâche à recommencer. — En ce moment, la présence des Prussiens se fait sentir, et Lobau traverse le champ de bataille pour aller leur tenir tête. — Napoléon suspend l'action contre les Anglais, ordonne à Ney d'enlever la Haye-Sainte pour s'assurer un point d'appui au centre, et de s'en tenir là jusqu'à ce qu'on ait apprécié la portée de l'attaque des Prussiens. — Le comte de Lobau repousse les premières divisions de Bulow. — Ney attaque la Haye-Sainte et s'en empare. — La cavalerie anglaise voulant se jeter sur lui, il la repousse, et la suit sur le plateau. — Il aperçoit alors l'artillerie des Anglais qui semble abandonnée, et croit le moment venu de porter un coup décisif. — Il demande des forces, et Napoléon lui confie une division de cuirassiers pour qu'il puisse se lier à Reille autour du château de Goumont. — Ney se saisit des cuirassiers, fond sur les Anglais, et renverse leur première ligne. — Toute la réserve de cavalerie et toute la cavalerie de la garde, entraînées par lui, suivent son mouvement sans ordre de l'Empereur. — Combat de cavalerie extraordinaire. — Ney accomplit des prodiges, et fait demander de l'infanterie à Napoléon pour achever la défaite de l'armée britannique. — Engagé dans un combat acharné contre les Prussiens, Napoléon ne peut pas donner de l'infanterie à Ney, car il ne lui reste que celle de la garde. — Il fait dire à Ney de se maintenir sur le plateau le plus longtemps possible, lui promettant de venir terminer la bataille contre les Anglais, s'il parvient à la finir avec les Prussiens. — Napoléon à la tête de la garde livre un combat formidable aux Prussiens. — Bulow est culbuté avec grande perte. — Ce résultat à peine obtenu Napoléon ramène la garde de la droite au centre, et la dispose en colonnes d'attaque pour terminer la bataille contre les Anglais. — Premier engagement de quatre bataillons de la garde contre l'infanterie britannique. — Héroïsme de ces bataillons. — Pendant que Napoléon va les soutenir avec six autres bataillons, il est soudainement pris en flanc par le corps prussien de Ziethen, arrivé le dernier en ligne. — Affreuse confusion. — Le duc de Wellington prend alors l'offensive, et notre armée épuisée, assaillie en tête, en flanc, en queue, n'ayant aucun corps pour la rallier, saisie par la nuit, ne voyant plus Napoléon, se trouve pendant quelques heures dans un état de véritable débandade. — Retraite désordonnée sur Charleroy. — Opérations de Grouchy pendant cette funeste journée. — Au bruit du canon de Waterloo, tous ses généraux lui demandent de se porter au feu. — Il ne comprend pas ce conseil et refuse de s'y rendre. — Combien il lui eût été facile de sauver l'armée. — A la fin du jour il est éclairé, et conçoit d'amers regrets. — Caractère de cette dernière campagne, et cause véritable des revers de l'armée française. 1 à 298

LIVRE SOIXANTE ET UNIÈME.

SECONDE ABDICATION.

Événements militaires sur les diverses frontières. — Combats heureux et armistice en Savoie. — Défaite des Vendéens et trêve avec les chefs de l'insurrection. — Arrivée de Napoléon à Laon. — Rédaction du bulletin de la bataille de Waterloo. — Napoléon examine s'il faut rester à Laon pour y rallier l'armée, ou se rendre à Paris pour y demander aux Chambres de nouvelles ressources. — Il adopte le dernier parti. — Effet produit à Paris par la fatale nouvelle de la bataille de Waterloo. — L'idée qui s'empare de tous les esprits, c'est que Napoléon, ne sachant ou ne pouvant plus vaincre, n'est désormais pour la France qu'un danger sans compensation. — Presque tous les partis, excepté les révolutionnaires et les bonapartistes irrévocablement compromis, veulent qu'il abdique pour faire cesser les dangers qu'il attire sur la France. — Intrigues de M. Fouché qui s'imagine que, Napoléon écarté, il sera le maître de la situation. — Ses menées auprès des représentants. — Il les exhorte à tenir tête à Napoléon si celui-ci veut engager la France dans une lutte désespérée. — Arrivée de Napoléon à l'Élysée le 21 juin au matin. — Son accablement physique. — Désespoir de tous ceux qui l'entourent. — Conseil des ministres auquel assistent les princes Joseph et Lucien. — Le maréchal Davout et Lucien sont d'avis de proroger immédiatement les Chambres. — Embarras et silence des ministres. — Napoléon paraît croire que le temps d'un 18 brumaire est passé. — Pendant qu'on délibère, M. Fouché fait parvenir à M. de Lafayette l'avis que Napoléon veut dissoudre la Chambre des représentants. — Grande rumeur dans cette chambre. — Sur la proposition de M. de Lafayette on déclare traître quiconque essayera de proroger ou de dissoudre les Chambres, et on enjoint aux ministres de venir rendre compte de l'état du pays. — Les esprits une fois sur cette pente ne s'arrêtent plus, et on parle partout d'abdication. — Napoléon irrité sort de son abattement et se montre disposé à des mesures violentes. — M. Regnaud, secrètement influencé par M. Fouché, essaye de le calmer, et suggère l'idée de l'abdication, que Napoléon ne repousse point. — Pendant ce temps la Chambre des représentants, vivement agitée, insiste pour avoir une réponse du gouvernement. — Les ministres se rendent enfin à la barre des deux Chambres, et proposent la formation d'une commission de cinq membres afin de chercher des moyens de salut public. — Discours de M. Jay, dans lequel il supplie Napoléon d'abdiquer. — Réponse du prince Lucien. — L'Assemblée ne veut pas arracher le sceptre à Napoléon, mais elle désire qu'il le dépose lui-même. — Elle accepte la proposition des ministres, et nomme une commission de cinq membres chargée de chercher avec le gouvernement les moyens de sauver le pays. — La Chambre des pairs suit en tout l'exemple de la Chambre des représentants. — Napoléon est entouré de gens qui lui donnent le conseil d'abdiquer. — Son frère Lucien lui conseille au contraire les mesures énergiques. — Raisons de Napoléon pour ne les point adopter. — Séance tenue la nuit aux Tuileries par les commissions des deux Chambres. — M. de Lafayette aborde nettement la question de l'abdication. — On refuse de l'écouter pour s'occuper de mesures de finances et de recrutement, mais M. Regnaud fait entendre qu'en ménageant Napoléon, on obtiendra bientôt de lui ce qu'on désire. — Rapport de cette séance à la Chambre des représentants. — Impatience causée par l'insignifiance du rapport. — Le général Solignac, longtemps disgracié, rappelle l'Assemblée au respect du malheur, et court à l'Élysée pour demander l'abdication. — Napoléon l'accueille avec douceur, et lui promet de donner à la Chambre une satisfaction complète et prochaine. — Seconde abdication. — Napoléon y met pour condition la transmission de la couronne à son fils. — L'abdication est portée à la Chambre, qui, une fois satisfaite, cède à un attendrissement général. — Nomination d'une commission exécutive pour suppléer au pouvoir impérial. — MM. Carnot, Fouché, Grenier, Caulaincourt, Quinette, nommés membres de cette commission. — M. Fouché en devient le président en se donnant sa voix. — M. Fouché rend secrètement la liberté à M. de Vitrolles, et s'abouche avec les royalistes. — Il préférerait Napoléon II, mais prévoyant que les Bourbons l'emporteront, il se décide à faire ses conditions avec eux. — Scènes dans la Chambre des pairs. — La Bédoyère voudrait qu'on proclamât sur-le-champ Napoléon II. — Altercation entre Ney et Drouot relativement à la bataille de Waterloo. — Napoléon voyant qu'on cherche à éluder la question relativement à la transmission de la couronne à son fils, se plaint à M. Regnaud d'avoir été trompé. — MM. Regnaud, Boulay de la Meurthe, Defermon, lui promettent de faire le lendemain un effort en faveur de Napoléon II. — Séance fort vive le 23 à la Chambre des représentants. — M. Boulay de la Meurthe dénonce les menées royalistes, et veut qu'on proclame sur-le-champ Napoléon II. — L'Assemblée tout entière est prête à le proclamer. — M. Manuel, par un discours habile, parvient à la calmer, et fait adopter l'ordre du jour. — Diverses mesures votées par la Chambre. — Ce qui se passe en ce moment aux frontières. — Ralliement de l'armée à Laon, et manière miraculeuse dont Grouchy s'est sauvé. — L'armée compte encore 60 mille hommes, qui au nom de Napoléon II retrouvent toute leur ardeur. — Grouchy prend le commandement, et dirige l'armée sur Paris en suivant la gauche de l'Oise. — Les généraux étrangers, dès qu'ils apprennent l'abdication, se hâtent de marcher sur Paris, mais Blucher, toujours le plus fougueux, se met de deux jours en avance sur les Anglais. — Agitation croissante à Paris. — Les royalistes songent à tenter un mouvement, mais M. Fouché les contient par M. de Vitrolles. — Les bonapartistes et les révolutionnaires voudraient que Napoléon se mît à leur tête, et se débarrassât des Chambres. — Affluence des fédérés dans l'avenue de Marigny, et leurs acclamations dès qu'ils aperçoivent Napoléon. — Inquiétudes de M. Fouché, et son désir d'éloigner Napoléon. — Il charge de ce soin le maréchal Davout, qui se rend à l'Élysée pour demander à Napoléon de quitter Paris. — Napoléon se transporte à la Malmaison, et désire qu'on lui donne deux frégates, actuellement en rade à Rochefort, pour se retirer en Amérique. — M. Fouché fait demander des sauf-conduits au duc de Wellington. — Napoléon attend la réponse à la Malmaison. — Le général Beker est chargé de veiller sur sa personne. — M. de Vitrolles insiste auprès de M. Fouché pour qu'on mette fin à la crise. — M. Fouché imagine de rejeter la difficulté sur les militaires, en faisant déclarer par eux l'impossibilité de se défendre. — Les yeux des royalistes se tournent vers le maréchal Davout. — Le maréchal Oudinot s'abouche avec le maréchal Davout. — Celui-ci déclare que si les Bourbons consentent à entrer sans l'entourage des soldats étrangers, à respecter les personnes, et à consacrer les droits de la France, il sera le premier à proclamer Louis XVIII. — Le maréchal Davout fait en ce sens une franche démarche auprès de la commission exécutive. — M. Fouché n'ose pas le soutenir. — Dans ce moment arrive un rapport des négociateurs envoyés auprès des souverains alliés, d'après lequel on se figure que les puissances européennes ne tiennent pas absolument aux Bourbons. — Ce rapport devient un nouveau prétexte pour ajourner toute résolution. — Les armées ennemies s'approchent de Paris. — On nomme de nouveaux négociateurs pour obtenir un armistice. — Dispositions particulières du duc de Wellington. — Sa parfaite sagesse. — Ses conseils à la cour de Gand. — Dispositions de cette cour. — Idées de vengeance. — Déchaînement contre M. de Blacas et grande faveur à l'égard de M. Fouché. — Empire momentané de M. de Talleyrand. — Arrivée de Louis XVIII à Cambrai. — Sa déclaration. — Le duc de Wellington ne veut pas qu'on entre de vive force à Paris, et désire au contraire qu'on y entre pacifiquement, afin de ne pas dépopulariser les Bourbons. — Violence du maréchal Blücher, qui songe à se débarrasser de Napoléon. — Nobles paroles du duc de Wellington. — Les commissaires pour l'armistice s'abouchent avec ce dernier. — Il exige qu'on lui livre Paris et la personne de Napoléon. — M. Fouché se décide à faire partir ce dernier en toute hâte. — Napoléon, informé de la marche des armées ennemies, et sachant que les Prussiens sont à deux journées en avant des Anglais, offre à la commission exécutive de prendre le commandement de l'armée pour quelques heures, promet de gagner une bataille, et de se démettre ensuite. — Cette proposition est repoussée. — Départ de Napoléon pour Rochefort le 28 juin. — Napoléon parti, le duc de Wellington ne peut plus demander sa personne, mais signifie qu'il faut se décider à accepter les Bourbons, et promet de leur part la plus sage conduite. — Entretien avec les négociateurs français. — Les agents secrets de M. Fouché lui adressent des renseignements conformes à ceux qu'envoient les négociateurs, et desquels il résulte que les Bourbons sont inévitables. — M. Fouché comprend qu'il faut en finir de ces lenteurs, et convoque un grand conseil, auquel sont appelés les bureaux des Chambres et plusieurs maréchaux. — Il veut jeter la responsabilité sur le maréchal Davout, en l'amenant à déclarer l'impossibilité où l'on est de se défendre. — Le maréchal, irrité des basses menées de M. Fouché, annonce qu'il est prêt à livrer bataille, et répond de vaincre s'il n'est pas tué dans les deux premières heures. — Embarras de M. Fouché. — Avis de Carnot soutenant que la résistance est impossible. — La question renvoyée à un conseil spécial de militaires. — M. Fouché pose les questions de manière à obtenir les réponses qu'il souhaite. — Sur les réponses de ce conseil, on reconnaît qu'il y a nécessité absolue de capituler. — Brillant combat de cavalerie livré aux Prussiens par le général Exelmans. — Malgré ce succès tout le monde sent la nécessité de traiter. — On envoie des commissaires au maréchal Blucher à Saint-Cloud. — Ces commissaires traversent le quartier du maréchal Davout. — Scènes auxquelles ils assistent. — Ils se transportent à Saint-Cloud. — Convention pour la capitulation de Paris. — Sens de ses divers articles. — L'armée française doit se retirer derrière la Loire, et la garde nationale de Paris faire seule le service de la capitale. — Scènes des fédérés et de l'armée française en traversant Paris. — M. Fouché a une entrevue avec le duc de Wellington et M. de Talleyrand à Neuilly. — Ne pouvant obtenir des conditions satisfaisantes, il se résigne et accepte pour lui le portefeuille de la police. — Ses collègues se regardent comme trahis. — Il retourne à Neuilly et obtient une audience de Louis XVIII. — Il dispose tout pour l'entrée de ce monarque, et fait fermer l'enceinte des Chambres. — L'opinion générale est qu'il a trahi tous les partis. — Résumé et appréciation de la période dite des Cent jours. 299 à 530

LIVRE SOIXANTE-DEUXIÈME.

SAINTE-HÉLÈNE.

Irritation des Bourbons et des généraux ennemis contre M. Fouché, accusé d'avoir fait évader Napoléon. — Voyage de Napoléon à Rochefort. — Accueil qu'il reçoit sur la route et à Rochefort même. — Il prolonge son séjour sur la côte, dans l'espoir de quelque évènement imprévu. — Un moment il songe à se jeter dans les rangs de l'armée de la Loire. — Il y renonce. — Divers moyens d'embarquement proposés. — Napoléon finit par les rejeter tous, et envoie un message à la croisière anglaise. — Le capitaine Maitland, commandant *le Bellérophon*, répond à ce message qu'il n'a pas d'instructions, mais qu'il suppose que la nation britannique accordera à Napoléon une hospitalité digne d'elle et de lui. — Napoléon prend le parti de se rendre à bord du *Bellérophon*. — Accueil qu'il y reçoit. — Voyage aux côtes d'Angleterre. — Curiosité extraordinaire dont Napoléon devient l'objet de la part des Anglais. — Décisions du ministère britannique à son égard. — On choisit l'île de Sainte-Hélène pour le lieu de sa détention. — Il y sera considéré comme simple général, gardé à vue, et réduit à trois compagnons d'exil. — Napoléon est transféré du *Bellérophon* à bord du *Northumberland*. — Ses adieux à la France et aux amis qui ne peuvent le suivre. — Voyage à travers l'Atlantique. — Soins dont Napoléon est l'objet de la part des marins anglais. — Ses occupations pendant la traversée. — Il raconte sa vie, et sur les instances de ses compagnons, il commence à l'écrire en la leur dictant. — Longueur de cette navigation. — Arrivée à Sainte-Hélène après soixante-dix jours de traversée. — Aspect de l'île. — Sa constitution, son sol et son climat. — Débarquement de Napoléon. — Son premier établissement à *Briars*. — Pour la première fois se trouvant à terre, il est soumis à une surveillance personnelle et continue. — Déplaisir qu'il en éprouve. — Premières nouvelles d'Europe. — Vif intérêt de Napoléon pour Ney, La Bédoyère, Lavallette, Drouot. — Après deux mois, Napoléon est transféré à *Longwood*. — Logement qu'il y occupe. — Précautions employées pour le garder. — Sa vie et ses occupations à Longwood. — Napoléon prend bientôt son séjour en aversion, et n'apprécie pas assez les soins de l'amiral Cockburn pour lui. — Au commencement de 1816, sir Hudson Lowe est envoyé à Sainte-Hélène en qualité de gouverneur. — Caractère de ce gouverneur et dispositions dans lesquelles il arrive. — Sa première entrevue avec Napoléon accompagnée d'incidents fâcheux. — Sir Hudson Lowe craint de mériter le reproche encouru par l'amiral Cockburn, de céder à l'influence du prisonnier. — Il fait exécuter les règlements à la rigueur. — Diverses causes de tracasseries. — Indigne querelle au sujet des dépenses de Longwood. — Napoléon fait vendre son argenterie. — Départ de l'amiral Cockburn, et arrivée d'un nouvel amiral, sir Pulteney Malcolm. — Excellent caractère de cet officier. — Ses inutiles efforts pour amener un rapprochement entre Napoléon et sir Hudson Lowe. — Napoléon s'emporte et outrage sir Hudson Lowe. — Rupture définitive. — Amertumes de la vie de Napoléon. — Ses occupations. — Ses explications sur son règne. — Ses travaux historiques. — Fin de 1816. — M. de Las Cases est expulsé de Sainte-Hélène. — Tristesse qu'en éprouve Napoléon. — Le premier de l'an à Sainte-Hélène. — Année 1817. — Ne voulant pas être suivi lorsqu'il monte à cheval, Napoléon ne prend plus d'exercice, et sa santé en souffre. — Il reçoit des nouvelles d'Europe. — Sa famille lui offre sa fortune et sa présence. — Napoléon refuse. — Visites de quelques Anglais et leurs entretiens avec Napoléon. — Hudson Lowe inquiet pour la santé de Napoléon, au lieu de lui offrir *Plantation-House*, fait construire une maison nouvelle. — Année 1818. — Conversations de Napoléon sur des sujets de littérature et de religion. — Départ du général Gourgaud. — Napoléon est successivement privé de l'amiral Malcolm et du docteur O'Meara. — Motifs du départ de ce dernier. — Napoléon se trouve sans médecin. — Instances inutiles de sir Hudson Lowe pour lui faire accepter un médecin anglais. — Année 1819. — La santé de Napoléon s'altère par le défaut d'exercice. — Ses jambes enflent, et de fréquents vomissements signalent une maladie à l'estomac. — On obtient de lui qu'il fasse quelques promenades à cheval. — Sa santé s'améliore un peu. — Napoléon oublie sa propre histoire pour s'occuper de celle des grands capitaines. — Ses travaux sur César, Turenne, le grand Frédéric. — La santé de Napoléon recommence bientôt à décliner. — Difficulté de le voir et de constater sa présence. — Indigne tentative de sir Hudson Lowe pour forcer sa porte. — Année 1820. — Arrivée à Sainte-Hélène d'un médecin et de deux prêtres envoyés par le cardinal Fesch. — Napoléon les trouve fort insuffisants, et se sert des deux prêtres pour faire dire la messe à Longwood tous les dimanches. — Satisfaction morale qu'il y trouve. — Sur les instances du docteur Antomarchi, Napoléon ne pouvant se décider à monter à cheval, parce qu'il était suivi, se livre à l'occupation du jardinage. — Travaux à son jardin exécutés par lui et ses compagnons d'exil. — Cette occupation remplit une partie de l'année 1820. — Napoléon y retrouve un peu de santé. — Ce retour de santé n'est que momentané. — Bientôt il ressent de vives souffrances d'estomac, ses jambes enflent, ses forces s'évanouissent, et il décline rapidement. — Satisfaction qu'il éprouve en voyant approcher la mort. — Son testament, son agonie, et sa mort le 5 mai 1821. — Ses funérailles. — Appréciation du génie et du caractère de Napoléon. — Son caractère naturel et son caractère acquis sous l'influence des événements. — Ses qualités privées. — Son génie comme législateur, administrateur et capitaine. — Place qu'il occupe parmi les grands hommes de guerre. — Progrès de l'art militaire depuis les anciens jusqu'à la Révolution française. — Alexandre, Annibal, César, Charlemagne, les Nassau, Gustave-Adolphe, Condé, Turenne, Vauban, Frédéric et Napoléon. — A quel point Napoléon a porté l'art militaire. — Comparaison de Napoléon avec les principaux grands hommes de tous les siècles sous le rapport de l'ensemble des talents et des destinées. — Leçons qui résultent de sa vie. — Fin de cette histoire. 531 à 796

FIN DE LA TABLE DU TOME VINGTIÈME.

TABLE DES LIVRES

CONTENUS

DANS LES TOMES I A XX.

TOME Ier.

Novembre 1799 à juillet 1800.

		Pages
Livre Ier.	Constitution de l'an VIII.	1
	II. Administration intérieure.	142
	III. Ulm et Gênes.	227
	IV. Marengo.	350

TOME II.

Août 1799 à avril 1801.

Livre	V. Héliopolis	1
	VI. Armistice.	73
	VII. Hohenlinden.	216
	VIII. Machine infernale.	303
	IX. Les Neutres.	361

TOME III.

Avril 1801 à août 1802.

Livre	X. Évacuation de l'Égypte.	1
	XI. Paix générale.	113
	XII. Le Concordat.	194
	XIII. Le Tribunat.	286
	XIV. Consulat à vie.	405

TOME IV.
Août 1802 à mars 1804.

		Pages
Livre XV.	Les Sécularisations．	4
XVI.	Rupture de la paix d'Amiens．	162
XVII.	Camp de Boulogne．	344
XVIII.	Conspiration de Georges．	500

TOME V.
Avril 1804 à août 1805.

Livre XIX.	L'Empire．	4
XX.	Le Sacre．	154
XXI.	Troisième coalition．	269

TOME VI.
Août 1805 à septembre 1806.

Livre XXII.	Ulm et Trafalgar．	4
XXIII.	Austerlitz．	185
XXIV.	Confédération du Rhin．	370

TOME VII.
Septembre 1806 à juillet 1807.

Livre XXV.	Iéna．	4
XXVI.	Eylau．	207
XXVII.	Friedland et Tilsit．	433

TOME VIII.
Juillet 1807 à juillet 1808.

Livre XXVIII.	Fontainebleau．	4
XXIX.	Aranjuez．	323
XXX.	Bayonne．	547

TOME IX.
Mai 1808 à février 1809.

Livre XXXI.	Baylen．	4
XXXII.	Erfurt．	238
XXXIII.	Somo-Sierra．	364

TOME X.

Janvier 1809 à juillet 1809.

	Pages
LIVRE XXXIV. Ratisbonne	1
XXXV. Wagram	183

TOME XI.

Février 1809 à avril 1810.

LIVRE XXXVI. Talavera et Walcheren	1
XXXVII. Le Divorce	247

TOME XII.

Avril 1810 à mai 1811.

AVERTISSEMENT DE L'AUTEUR.	
LIVRE XXXVIII. Blocus continental	1
XXXIX. Torrès-Védras	200
XL. Fuentès d'Oñoro	431

TOME XIII.

Mars 1811 à juin 1812.

LIVRE XLI. Le Concile	1
XLII. Tarragone	227
XLIII. Passage du Niémen	385

TOME XIV.

Juin à décembre 1812.

LIVRE XLIV. Moscou	1
XLV. La Bérézina	427

TOME XV.

Mai 1812 à mai 1813.

LIVRE XLVI. Washington et Salamanque	1
XLVII. Les Cohortes	154
XLVIII. Lutzen et Bautzen	392

TOME XVI.

Juin à novembre 1813.

	Pages
LIVRE XLIX. Dresde et Vittoria.	4
L. Leipzig et Hanau.	363

TOME XVII.

Novembre 1813 à avril 1814.

LIVRE LI. L'Invasion.	4
LII. Brienne et Montmirail.	214
LIII. Première abdication.	387

TOME XVIII.

Avril 1814 à mars 1815.

LIVRE LIV. Restauration des Bourbons.	4
LV. Gouvernement de Louis XVIII.	196
LVI. Congrès de Vienne.	396

TOME XIX.

Janvier à juin 1815.

LIVRE LVII. L'Ile d'Elbe.	4
LVIII. L'Acte additionnel.	229
LIX. Le Champ de Mai.	447

TOME XX.

Juin 1815 à mai 1821.

LIVRE LX. Waterloo.	4
LXI. Seconde abdication.	299
LXII. Sainte-Hélène.	534

TABLE DES GRAVURES

CONTENUES

DANS LES TOMES I A XX.

TOME Ier.

	Pages
1. Le portrait de M. Thiers	au titre.
2. Bonaparte Premier Consul.	22
3. Masséna au siége de Gênes	352
4. Bonaparte traversant le mont Saint-Bernard.	376
5. Desaix à Marengo.	445

TOME II.

6. Kléber à Héliopolis.	42
7. Talleyrand.	188
8. Joséphine.	195
9. Bataille de Hohenlinden.	247
10. Bonaparte indiquant le percement du canal de Saint-Quentin.	357

TOME III.

11. Duroc.	14
12. Beau fait d'armes du capitaine Troude.	130
13. Pie VII.	227
14. Revue à Lyon de l'armée d'Égypte.	396

TOME IV.

15. Prise de la ravine aux Couleuvres (Saint-Domingue).	202
16. L'amiral Bruix.	425
17. Combat sur la plage de Boulogne.	483
18. Débarquement de Georges à la falaise de Biville.	527

TOME V.

19. Berthier.	121
20. Napoléon proclamé empereur (planche double).	128
21. Fête au camp de Boulogne.	195
22. Napoléon essuyant le feu d'une frégate anglaise.	220
23. Napoléon.	267

TOME VI.

	Pages
24. Murat au combat de Wertingen.	91
25. L'amiral Magon à Trafalgar.	167
26. Le maréchal Mortier au combat de Dirnstein.	253
27. Surprise des ponts de Vienne.	260
28. Bataille d'Austerlitz.	326
29. La princesse Pauline Borghèse.	484

TOME VII.

30. Bataille d'Iéna.	123
31. Le maréchal Davout.	120
32. Charge des cuirassiers à Eylau.	385
33. Siége de Dantzig.	540
34. Oudinot à Friedland.	601

TOME VIII.

35. Gouvion Saint-Cyr.	234
36. Le maréchal Victor.	307
37. Le général Lasalle.	395
38. Insurrection à Madrid.	611

TOME IX.

39. Le maréchal Bessières.	114
40. Attaque d'un convoi.	131
41. Conférences d'Erfurt.	316
42. Combat de Somo-Sierra.	465
43. Siége de Saragosse.	571

TOME X.

44. Le maréchal Lannes à Essling.	320
45. Eugène de Beauharnais.	383
46. Bataille de Wagram.	465
47. Le maréchal Macdonald.	504

TOME XI.

48. Le maréchal Soult.	98
49. La reine Hortense.	344
50. Marie-Louise.	381

TABLE DES GRAVURES.

Tome XII.
	Pages
51. Le maréchal Suchet	214
52. Heureuse découverte du général Montbrun	375
53. Bataille de Fuentès d'Oñoro	670

Tome XIII.
54. Le Roi de Rome	au titre
55. Passage du Niémen	572

Tome XIV.
56. Les enfants de Paris au combat de Witebsk	143
57. L'armée française devant Moscou	371
58. Retraite de Russie	546
59. Le maréchal Ney	574
60. Passage de la Bérézina	629

Tome XV.
61. Le général Bertrand	259
62. Les conscrits de 1813 au combat de Weissenfels	461
63. Napoléon au passage de l'Elbe	502

Tome XVI.
	Pages
64. Caulaincourt (duc de Vicence)	219
65. Poniatowski	619
66. Bataille de Hanau	649

Tome XVII.
67. Joseph Bonaparte	91
68. Le maréchal Moncey à la barrière de Clichy	607
69. Adieux de Fontainebleau	830

Tome XVIII.
70. Louis XVIII	90
71. Le Congrès de Vienne (pl. double)	518

Tome XIX.
72. L'île d'Elbe	67
73. Retour de l'île d'Elbe	103

Tome XX.
74. Napoléon (1815)	au titre
75. Sainte-Hélène	709

ATLAS

DE

L'HISTOIRE DU CONSULAT ET DE L'EMPIRE,

DRESSÉ SOUS LA DIRECTION DE M. **THIERS**,

DESSINÉ PAR MM. A. DUFOUR ET DUVOTENAY,

GRAVÉ SUR ACIER PAR DYONNET.

66 cartes sur quart de jésus.

LISTE DES CARTES :

1. Carte de la Souabe, de la Suisse et du Piémont.
2. Carte de la Souabe.
3. — du Piémont.
4. — de la rivière de Gênes.
5. — des environs d'Engen et de Stokach.
6. — du champ de bataille de Mœsskirch.
7. — des environs d'Ulm.
8. — du Valais et de la vallée d'Aoste.
9. — des environs d'Alexandrie et de la plaine de Marengo.
10. Carte du cours du Danube au-dessus et au-dessous d'Hochstett.
11. Carte de la plaine d'Héliopolis.
12. — générale de la basse Égypte.
13. Plan du Kaire.
14. Carte de la vallée du Danube.
15. — du pays compris entre l'Isar et l'Inn.
16. — du champ de bataille de Hohenlinden.
17. Carte du Sund.
18. — de la plage d'Alexandrie.
19. Plan de la baie d'Algésiras.
20. Carte générale de l'Allemagne en 1789.
21. — générale de l'Allemagne après le recez de 1803.
22. Ile de Saint-Domingue.
23. Carte générale de la Manche.
24. — des ports d'Ambleteuse, de Wimereux, de Boulogne et d'Étaples.
25. Carte du bassin et du camp de Boulogne.
26. Plan de la bataille navale du Ferrol.
27. Carte générale de l'Europe.
28. — générale de l'Allemagne.
29. — du pays compris entre le Rhin et le Danube.
30. Plan de la bataille de Trafalgar.
31. Carte générale de la chaîne des Alpes.
32. — de l'Autriche et de la Moravie.
33. Plan du champ de bataille d'Austerlitz.
34. Carte de la Saxe et de la Franconie.
35. Plan des champs de bataille d'Iena et d'Awerstaedt.
36. Carte du nord de l'Allemagne.
37. — de la Prusse orientale et de la Pologne.
38. Carte du pays compris entre la Vistule et la Prégel.
39. Plan des environs de Czarnowo, Pultusk, Golymin et Soldau.
40. Plan du champ de bataille d'Eylau.
41. — de la ville de Dantzig et de ses environs.
42. Plan du champ de bataille de Friedland.
43. Carte générale d'Espagne et de Portugal.
44. — des environs de Baylen.
45. Plan de Saragosse et de ses environs.
46. Carte des pays compris entre le Danube et l'Isar, de Ratisbonne à Landshut.
47. Carte des environs d'Eckmühl.
48. Plan des environs de Vienne.
49. — de l'île de Lobau.
50. — du champ de bataille de Talavera.
51. Carte des Bouches de l'Escaut.

52. Plans des principales places fortes d'Espagne.
53. Carte de la partie du Portugal comprise entre le Douro, l'Océan et la Guadiana.
54. Carte de la Russie d'Europe.
55. Carte de la route de Wilna à Moscou.
56. Plan du champ de bataille de la Moskowa.
57. Plans des bords de la Bérézina, de Moscou et de Smolensk.
58. Carte générale de la Saxe.
59. Plan du champ de bataille de Bautzen.
60. Plan de Leipzig et de ses environs.
61. Carte de l'est de la France.
62. Carte des vallées de la Seine, de l'Aube et de la Marne.
63. Plans des champs de bataille de Brienne, Montmirail et Montereau.
64. Carte des environs de Laon.
65. Carte du pays compris entre Charleroy, Namur et Bruxelles.
66. Plan du champ de bataille de Waterloo.

www.ingramcontent.com/pod-product-compliance
Lightning Source LLC
Chambersburg PA
CBHW071427300426
44114CB00013B/1345